Auslandsverkehr der deutschen Justizbehörden

mit Ausnahme des Auslieferungsverfahrens.

Bearbeitet von

J. Nettesheim

Justizinspektor in Bonn.

2. Auflage

von **Nettesheim, Auslandsverkehr preußischer Gerichte.**

Berlin und München 1929

H. W. Müller Verlag.

Printed in Germany.
Druck von Dr. F. P. Datterer & Cie., Freising-München

Vorwort zur 1. Ausgabe.

Für den, der nicht häufiger mit Ersuchen nach dem Auslande zu tun hat, ist die Abfassung der erforderlichen Schreiben, insbesondere mit Rücksicht auf die vielen dabei zu beachtenden Förmlichkeiten, die dringend einer Vereinfachung bedürften, schwierig und zeitraubend. Dies heute umsomehr, als durch den Friedensvertrag von Versailles u. a. mannigfache Änderungen eingetreten sind, die meines Wissens im Zusammenhange der Allgemeinheit noch nicht zugänglich gemacht worden sind.

Da der internationale Verkehr wieder stark zugenommen hat, dürfte eine grundlegende Zusammenstellung der gültigen Vorschriften, vor allem den mit der Materie befaßten Gerichtsbeamten, in folgender Form erwünscht sein:

a) eine kurze Darstellung des Verfahrens mit entsprechenden Mustern für die gebräuchlichsten Ersuchen;

b) ein Verzeichnis der Stellen, denen die Ersuchen in den einzelnen Staaten zu übermitteln sind;

c) eine Zusammenstellung über die Kostenfragen.

Um die Übersichtlichkeit zu wahren, ist die vorliegende Abhandlung auf die am häufigsten zur Anwendung kommenden Fälle und Staaten beschränkt; sie kommt aus der Praxis und ist für die Praxis bestimmt.

Köln, im Jahre 1922.

Vorwort zur 2. Ausgabe.

Meine im Jahre 1922 im Verlage von H. W. Müller erschienene Schrift „Auslandsverkehr preußischer Gerichte“, die sich nur auf die wichtigsten Staaten und auf das Zivilrecht und die freiwillige Gerichtsbarkeit beschränkte, hat nach mir zugegangenen, zahlreichen schriftlichen und mündlichen Anerkennungen eine gute Aufnahme gefunden. Dabei ist vielfach der Wunsch zum Ausdruck gekommen, bei einer Neuauflage sämtliche Staaten der Erde zu berücksichtigen, sowie die gesamten — auch für den Verkehr in Strafsachen — geltenden Bestimmungen mit den einschlägigen Verwaltungs- u. Gesetzesvorschriften herauszubringen. Diesen Anregungen nachkommend, habe ich das Werk von Grund auf neu gestaltet. Es ist jetzt für sämtliche Länder Deutschlands benutzbar und, wie folgt, gegliedert:

1. Teil.

1. einleitende kurze, übersichtliche Darstellung der für Preußen und die übrigen deutschen Länder geltenden Bestimmungen über den Rechtsverkehr mit dem Auslande;

2. Wortlaut der preußischen, auf den neuesten Stand gebrachten Vorschriften über Rechtshilfe im Auslande (AV. vom 16. 6. 10 — JMBl. S. 189 ff. —) mit Erläuterungen;

3. Haager Abkommen über den Zivilprozeß vom 17. 7. 05 nebst Nebengesetzen und Haager Abkommen über internationales Privatrecht;

2. Teil.

4. Zusammenstellung (Anschriftenverzeichnis) der Stellen, denen die Ersuchen in den einzelnen Staaten — sämtliche Staaten der Erde in alphabetischer Reihenfolge sind berücksichtigt — zu übermitteln sind mit gleichzeitiger Angabe der Form und des Inhalts der Ersuchungsschreiben. Hierdurch wird sogar ein Laie in der Lage sein, schnell und mühelos ein allen Anforderungen gerechtes Ersuchen anzufertigen;

5. Muster für Ersuchungsschreiben, die durch ihre bedeutende Vermehrnng nunmehr für fast jeden möglichen Fall vorliegen;

6. Verzeichnisse

a) der deutschen Konsulate im Auslande,

b) der Behörden des Auslandes, mit denen unmittelbar verkehrt werden darf;

7. Zusammenstellung der Vorschriften über die Erledigung von Rechtsangelegenheiten im Inlande auf Ersuchen ausländischer Behörden;

8. Legalisation von Urkunden.

In der vorliegenden Arbeit sind die preußischen Vorschriften zu Grunde gelegt. Bekannte Abweichungen für außerpreußische Behörden sind im Abschnitt I und VII enthalten.

Besonderer Wert ist neben der Zuverlässigkeit auf die Möglichkeit schnellen Zurechtfindens und auf Übersichtlichkeit gelegt.

Möge das Werk, das durch Deckblätter auf dem laufenden gehalten werden soll, in seiner jetzigen Form einen noch besseren Anklang finden.

Für Anregungen (Berichtigungen, Ergänzungen) wäre ich sehr dankbar.

Dem Preußischen Justizministerium, das mir insbesondere bei der 1. Auflage behilflich war, sowie den Ministerien der anderen Länder spreche ich hiermit für gewährte Unterstützung auch öffentlich den wärmsten Dank aus.

Auch Herrn Justizobersekretär Borck sei hier mein Dank abgestattet für die uneigennützige Hilfe bei der Zusammenstellung und Durchsicht dieses Werkes.

Köln, im Jahre 1928.

Inhalts-Übersicht
über das Gesamtwerk.

Verzeichnis des benutzten Schrifttums.

Delius, Handbuch des Rechtshilfeverfahrens, Ausgabe 1911.
Juristische Wochenschrift.
Magnus, Tabellen zum internationalen Recht.
Dr. Mettgenberg, Verträge und Vereinbarungen in Strafsachen.
Dr. von Normann, Das internationale Zivilrecht.

Abkürzungen.

a. a. O.	= am angeführten Orte.
Abk.	= Abkommen.
Abs.	= Absatz.
Abschn.	= Abschnitt.
Anm. d. Verf.	= Anmerkung des Verfassers.
Art.	= Artikel.
AV.	= Allgemeine Verfügung des Justizministers.
betr.	= betreffend.
bzw.	= beziehungsweise.
DGKG.	= Deutsches Gerichtskostengesetz.
DJZtg.	= Deutsche Juristen-Zeitung.
Delius, Handb.	= Handbuch des Rechtshilfeverfahrens.
EGGVG.	= Einführungsgesetz zum Gerichtsverfassungs-Gesetz.
ff.	= folgende Seiten.
g. F.	= gegebenen Falls.
GV.	= gemeinschaftliche Verf.
GVG.	= Gerichtsverfassungs-Gesetz.
HGB.	= Handelsgesetzbuch.
HV.	= Haushaltsvorschriften.
JMBl.	= Justizministerialblatt.
JR.	= Juristische Rundschau.
JW.	= Juristische Wochenschrift.
KO.	= Kassenordnung.
Magnus Tab.	= Tabellen zum Internationalen Recht.
MBl. f. i. V.	= Ministerialblatt für die innere Verwaltung.
Normann	= Dr. von „Das internationale Zivilprozeßrecht".
ORK.	= Oberrechnungskammer.
PrGFG.	= Preußisches Gesetz freiw. Gerichtsbarkeit.
PrGKG.	= Preuß. Gerichtskostengesetz.
RG.	= Reichsgericht.
RGBl.	= Reichsgesetzblatt.
RGZ.	= Reichsgerichts-Entscheidungen in Zivilsachen.
RHV.	= Rechtshilfe-Vorschriften, d. i. die AV. vom 16. Juni 1910, JMBl. S. 189.
RO.	= Rechnungsordnung.
RV.	= Rundverfügung des Justizministers.
s.	= siehe.
S.	= Seite.
StGB.	= Strafgesetzbuch.
StPO.	= Strafprozeßordnung.
u. a.	= unter anderem.
vgl	= vergleiche.
VO.	= Verordnung.
Vorbem.	= Vorbemerkungen.
Ziff.	= Ziffer.
Ziv.-Proz.-Abk.	= Zivilprozeßabkommen.
ZPO.	= Zivilprozeßordnung.
z. Zt.	= zur Zeit.

Anweisung zur Handhabung des Buches.

Man stelle zunächst fest, in welchem Staate das Ersuchen zu erledigen ist, um alsdann in dem alphabetisch geordneten Verzeichnis des Abschnitts IV die für den einzelnen Fall zuständige Behörde nebst dem zutreffenden Muster zu finden.

Demjenigen, der selbständig arbeiten oder nachprüfen will, ist die Möglichkeit nach den in den Abschnitten I, II und III abgedruckten amtlichen Bestimmungen unter Zuhilfenahme der Verzeichnisse im Abschnitt VI geboten.

I. Teil.

Abschnitt I.

Einleitende, kurze Darstellung der für Preußen und die übrigen deutschen Länder geltenden Bestimmungen über den Rechtsverkehr mit dem Auslande.

I. Teil.

Abschnitt I.

Einleitende, kurze Darstellung der für Preußen und die übrigen deutschen Länder geltenden Bestimmungen über den Rechtsverkehr mit dem Auslande.

Inhalt:

A. Erörterung der gesetzlichen Grundlagen.

Der Rechtsverkehr mit dem Auslande beruht in den meisten Fällen auf den mit den einzelnen Staaten geschlossenen Verträgen. Für Belgien, Dänemark, Danzig, Deutschland, Finnland, Italien, Luxemburg, Memelgebiet*), die Niederlande, Norwegen, Österreich**), Polen**), Schweden, die Schweiz, Spanien, Tschechoslowakei**) und Ungarn gilt für den Bereich des bürgerlichen Gerichtsverfahrens (streitige wie freiwillige) eine Sondervereinbarung, das Haager Abkommen über den Zivilprozeß vom 17. Juli 1905 (RGBl. 1909 S. 409 ff.); zu vgl. ferner hierzu die Denkschrift, Begründung und das Ausführungsgesetz (RGBl. 1909 S. 430 ff.), das die „Zustellung gerichtlicher und außergerichtlicher Urkunden", „Ersuchungsschreiben", „Sicherheitsleistung für die Prozeßkosten", „Vollstreckbarkeitserklärungen von Urteilen und Kostenfestsetzungsbeschlüssen", „Armenrecht" und „Personalhaft" regelt. Im übrigen sind die für Preußen geltenden Bestimmungen in der AV. vom 16. Juni 1910 (JMBl. S. 189 ff.) unter Berücksichtigung der AV. vom 16. Juni 1911 (JMBl. S. 247 ff.) nebst den dazu ergangenen ergänzenden Verfügungen zusammengefaßt. Diese Verfügung „Rechtshilfevorschriften im Ausland", hier kurz bezeichnet RHV. (Rechtshilfe-Vorschriften), ist amtlicherseits in Sonderabdrucken herausgegeben. Die in ihr

*) Es wird vereinbarungsgemäß nach den Grundsätzen des Haager Abkommens verfahren; ein Anschluß an das Abkommen ist nicht erfolgt (Runderlaß des Justizministers vom 12. Juni 1920, I 17138).

**) Ö., P. und die Tsch. haben noch besondere Verträge geschlossen, die über das Haager Abkommen hinausgehen (s. unter B 1 e und c S. 4/5). Seit dem 28. Mai 1928 ist ferner bezüglich Portugal das Abkommen wieder in Kraft getreten.

enthaltenen Anordnungen stimmen mit geringen Ausnahmen mit den in den außerpreußischen Ländern ergangenen Bestimmungen überein (Ausnahmen siehe am Schlusse dieses Abschnitts). In ihr sind nicht nur die für den Rechtshilfeverkehr mit den einzelnen Staaten zu beobachtenden Bestimmungen enthalten, sondern auch die allgemeinen Vorschriften über „Begriff und Arten der Rechtshilfe", „Form und Inhalt, Sprache und Abfassung der Ersuchungsschreiben", „Zustellungsersuchen", „Ersuchen um Zeugenvernehmung, Eidesabnahme, Urteilsvollstreckung", „unmittelbaren Verkehr", „Verkehr mit Konsulaten, Gesandtschaften, durch Vermittlung des Justizministers und durch das Auswärtige Amt".

B. Preußische Vorschriften.

1. Änderungen gegenüber dem Stande von 1914.

Die preußischen Vorschriften über Rechtshilfe im Auslande (hier abgedruckt im Abschn. II) bestehen im großen und ganzen noch zu Recht. Hinfällig geworden sind durch Art. 287 des Vertrages von Versailles die Bestimmungen in den §§ 32, 44 und 45 (Frankreich, Portugal und Rumänien betr.) insoweit sie das Haager Abkommen über den Zivilprozeß betreffen, da die genannten Staaten aus diesem Abkommen ausgeschieden sind. Für diese 3*) Länder hat daher die Rechtshilfe durch Ersuchen der betr. diplomatischen Vertretung zu erfolgen; bezüglich Rumänien vgl. jedoch die AV. vom 15. Mai 1923 — JMBl. S. 376 —. Ferner gilt § 46 (Rußland betr.) nicht mehr infolge Art. 292 des Friedensvertrages. Mit diesem Lande sind durch die Verträge vom 12. Okt. 1925 (RGBl. 26 II S. 1 ff.) neue Übereinkommen getroffen.

Für folgende, durch den Krieg neu- bzw. umgebildete Staaten ist die Regelung der Rechtsbeziehungen erfolgt durch:

a) die RV. des Justizministers vom 12. Juni 1920 — I 17695 — betr. die freie Stadt Danzig (jetzt auch dem Haager Zivilprozeßabkommen beigetreten, unmittelbarer Verkehr, gegenseitige Anerkennung der Urteile deutscher und Danziger Gerichte in bürgerlichen Rechtsstreitigkeiten);
b) die RV. des Justizministers vom 12. Juni 1920 — I 17138 — betr. das Memelgebiet. (Unmittelbarer Verkehr nach den Grundsätzen des Haager Zivilprozeßabkommens. Es bestehen keine Bedenken gegenüber Urteilen von Gerichten des Memelgebiets in bürgerlichen Rechtsstreitigkeiten die Gegenseitigkeit als verbürgt anzusehen);
c) das Abkommen vom 5. März 1924 (RGBl. 1925 II S. 139) und vom 9. Juni 1926 (RGBl. II S. 553) **) mit Polen (unmittelbarer Verkehr);
d) den Vertrag vom 20. Januar 1922 (RGBl. 1923 II S. 57) — und die Bekanntmachungen zur Ausführung dieses Abkommens vom 25. Juni 1924 (RGBl. II S. 133 und 144)***) betr. Tschechoslowakei (unmittelbarer Verkehr);

*) Für Frankreich ist eine neue Vereinbarung abgeschlossen, wonach der Weg über die deutsche ausl. Vertretung an den zuständigen Procureur de la République vorgesehen ist (z. vgl. § 32 d. RHV.). Portugal ist neuerdings dem Abkommen wieder beigetreten.

**) und den Vertrag vom 16. Dez. 1925 (RGBl. 1926 II S. 89) über Rechtshilfe in Strafsachen.

***) und den Vertrag vom 8. Mai 1922 (RGBl. 1923 II S. 48) über Rechtshilfe in Strafsachen.

e) den Vertrag vom 21. Juni 1923 (RGBl. II 1924 S. 55 und 91) für Österreich. Die Ausführungsbestimmungen hierzu vom 26. April 1924 s. RGBl. II S. 91 (unmittelbarer Verkehr).

f) Bezüglich Jugoslawien sind die Ersuchen nach den für Serbien geltenden Bestimmungen zu behandeln.

g) Finnland ist mit Wirkung vom 23. Januar 1927 dem Haager Ziv.-Proz.-Abk. beigetreten (RGBl. 1927 II S. 16).

Das Saargebiet ist nicht Ausland. Die Ersuchen um Rechtshilfe usw. sind deshalb in der für inländische Gerichte üblichen Form abzufassen; nur sind sie mit besonderem Umschlagbogen an den „Herrn Oberpräsidenten der Rheinprovinz als Reichskommissar für die Übergabe des Saargebiets in Koblenz, Kastorpfaffenstraße 9/I, mit der Bitte um gefl. Weitergabe an den Regierungsausschuß des Saargebiets" zu übersenden.

Wichtige Änderungen sind weiter eingetreten infolge der AV. vom 21. Dez. 1926 (JMBl. S. 430) betr. Übersetzungen und vom 21. Aug. 1923 (JMBl. S. 613) betr. Beförderungswege (die AV. vom 6. Juli 1922 — JMBl. S. 256 — ist durch die vorbezogene Verfügung vom 21. Aug. 1923 ersetzt).

2. Arten der Ersuchen.

a) Zustellungen.

Den größten Teil der Ersuchen bilden die Zustellungen gerichtlicher Urkunden. Hierbei wird vielfach hinsichtlich der zuzustellenden Schriftstücke außer Acht gelassen:

1. daß eine Zustellung im Auslande ausgeschlossen ist im Mahnverfahren, wenn die Zustellung des Zahlungsbefehls im Auslande erfolgen müßte (§ 688² ZPO.). (Anders beim Vollstreckungsbefehl, der einem Versäumnisurteil gleich zu erachten ist — § 700 ZPO. —. Hier aber Festsetzung der Einspruchsfrist nach § 339² ZPO.);
2. daß eine Zustellung im Auslande aussichtslos ist bei Pfändungs- und Überweisungsbeschlüssen an den Drittschuldner (vgl. Abschnitt IV der AV. vom 11. März 1922 — JMBl. S. 83 —, abgedruckt im Abschnitt VII unter B III a);
3. bei Zustellungen von Klageschriften die Einlassungsfrist vorher festzusetzen (§ 262² [Landgericht] bzw. § 499² [Amtsgericht] ZPO.) bzw. bei Zustellung von Versäumnisurteilen die Einspruchsfrist gemäß § 339² ZPO.;
4. daß eine gesetzliche Verlängerung der Ladungsfrist nicht eintritt, daß vielmehr nur deren Festsetzung im Falle des § 239 ZPO. erforderlich ist;
5. daß die zuzustellenden Anlagen gegebenenfalls zu beglaubigen sind (§§ 170, 196 und 210 ZPO.);
6. daß nach § 8 Ziff. 4 der RHV. unmittelbar unter dem oberen Rande des zuzustellenden Schriftstückes mit roter Tinte der Vermerk zu setzen ist: „Zuzustellen an (Anschrift einrücken)."

Vgl. im übrigen die Anmerkungen zu § 8 der RHV. im Abschnitt II.

Ferner wird häufig nach erfolgter Zustellung der Klage im Auslande in derselben Sache und auf dem gleichen Wege die Zustellung weiterer Schriftstücke

(Vertagungsprotokoll, Urteil usw.) beantragt. Diese umständliche Art der Zustellung ist jedoch alsdann nicht mehr erforderlich (§§ 174, 175 ZPO.). Es gilt vielmehr für diese Fälle die Zustellung nach § 175 ZPO.*) durch Aufgabe zur Post als im Inlande bewirkt, sodaß es hier auch der besonderen Festsetzung der Frist nach § 339 Abs. 2 ZPO. nicht bedarf.

Soweit die Zustellung einer gegen einen fremden Staat gerichteten Klage oder eine sonstige Zustellung an den fremden Staat selbst für zulässig erachtet wird, ist das an den zuständigen Konsul oder Gesandten des Reichs gerichtete Ersuchungsschreiben durch Vermittlung des Justizministers oder in eiligen Fällen des Auswärtigen Amtes zu befördern; ein unmittelbarer Verkehr mit den Behörden des Auslands findet hier nicht statt (§ 8 Nr. 5 RHV. im Abschn. II und Abschn. IV der AV. vom 11. März 1922 — JMBl. S. 83 —, abgedruckt im Abschnitt VII unter B III a).

b) Ersuchen um Zeugenvernehmung usw.
(Rechtshilfe).

Hierunter ist die Hilfe oder Unterstützung zu verstehen, die das örtlich zuständige Gericht auf Antrag des ersuchenden Gerichts zwecks Vornahme gewisser Amtshandlungen leistet. Ein Ersuchen um Rechtshilfe liegt dagegen nicht vor, wenn um Erledigung einer Verwaltungshandlung, nicht um einen Akt der Gerichtsbarkeit ersucht wird. Die Fälle, in denen Rechtshilfe zwischen deutschen und ausländischen Gerichten stattfindet, sind folgende:

Zeugen- und Sachverständigenvernehmung, Eidesabnahme, Augenscheinseinnahme, Urkundenbeweis und Urteilsvollstreckung in bestimmten Fällen (s. §§ 1, 25 RHV. im Abschnitt II).

Es sei hier insbesondere auf die Bestimmung des § 9 Abs. 1 der RHV. aufmerksam gemacht, bei deren Beobachtung durch den Verzicht der Prozeßbeteiligten auf Benachrichtigung vom Termin eine wesentliche Beschleunigung in der Erledigung von Zeugenvernehmungen usw. um Wochen und sogar um Monate erreicht werden kann. Nur wenn wirklich die Absicht besteht, dem Termin im Auslande beizuwohnen, sollte um Benachrichtigung vom Termin ersucht werden. Es soll daher nie versäumt werden, an die Prozeßbeteiligten vor Erlaß der Ersuchungsschreiben eine Anfrage in der im § 9 Abs. 1 der RHV. im Abschnitt II enthaltenen Form zu richten.

Erhebliche Kosten können gespart werden, wenn bei Vernehmungen von Zeugen und Sachverständigen in bürgerlichen Rechtsstreitigkeiten, soweit solche Ersuchen nicht auf Grund von Verträgen oder Übung von den Behörden des ersuchten Staates kostenfrei (vgl. Anm. 1 zu § 9 der RHV. im Abschn. II) erledigt werden, die Parteien sich auf eine schriftliche Befragung der Zeugen oder Sachverständigen einigen und die beweispflichtige Partei nach Eingang der Äußerung des Zeugen oder Sachverständigen den Urkundenbeweis antritt.

In solchen Fällen sind die konsularischen Behörden des Deutschen Reiches bereit, die schriftliche Befragung des Zeugen oder Sachverständigen zu übernehmen, und es bestehen keine Bedenken dagegen, wenn auf Wunsch der Parteien die Gerichte an die Konsularbehörden entsprechende Ersuchen richten (AV. vom 27. Febr. 1923 — JMBl. S. 161 —, abgedruckt unter § 9 der RHV. im Abschn. II).

---

*) Bei Zustellungen von Amts wegen z. vgl. § 213 ZPO.

Bei Ersuchen um Abnahme von Parteieiden wird vielfach Art. 177 der Reichsverfassung nicht berücksichtigt (Gestattung der Eidesleistung unter Weglassung der religiösen Eidesform).

Bezüglich der Ersuchen um Vollstreckung von Kosten und anderen Entscheidungen deutscher Gerichte vgl. § 25 RHV. im Abschn. II.

c) Sonstige Ersuchen.
(Beistandsleistung).

Sie trägt den Fällen Rechnung, in denen verschiedene Behörden mit den ihnen eigentümlichen Machtmitteln zur Erreichung des vom Gesetz gewollten Zweckes zusammenwirken wollen. Handelt es sich also um eine andere Hilfeleistung, wie zu a und b vorstehend, z. B. Auskunftserteilung über ausländisches Recht, Wohnungsermittlungen, Beschaffung von Geburtsurkunden, Übersendung von Wertsachen, Gestattung der Akteneinsicht u. dgl. oder um Rücksendung von Anlagen, die von der ausländischen Behörde mit dem erledigten Rechtshilfeersuchen nicht wieder zurückgesandt worden sind, so ist diese Art von Ersuchen in die Form einer Denkschrift zu kleiden (§ 54 RHV. i. Abschn. II).

3. Abfassung der Ersuchen.

a) Form der Ersuchungsschreiben.

Die Ersuchungsschreiben sind in deutscher Sprache abzufassen und mit deutschen Buchstaben (nur für die Niederlande und die Anschriften auf den Briefumschlägen sind lateinische Buchstaben oder Maschinenschrift vorgeschrieben) auf festem, weißen Papier gut leserlich, am besten mit Maschinenschrift, zu schreiben. Schreibfehler, Durchstreichungen und Abkürzungen dürfen sie nicht enthalten. Eil- und Haftsachen sind als solche in einer, in die Augen fallenden Stelle zu bezeichnen.

Im unmittelbaren Verkehr, der zurzeit mit Dänemark, Danzig, Luxemburg, dem Memelgebiet, den Niederlanden, Österreich, Polen, der Schweiz, der Tschechoslowakei und Ungarn zugelassen ist, ist der inneren Anschrift stets zuzufügen: „oder an die sonst zuständige Behörde". Für Dänemark, Luxemburg und die Niederlande ist ein besonderes Begleitschreiben vorgeschrieben. Auf dieses — nicht auf das Ersuchungsschreiben — ist in diesen Fällen die Innenanschrift zu setzen.

Amtsbezeichnung und Amtssiegel sind der Unterschrift beizufügen. Ausnahmen: in Begleitberichten an den Justizminister und Denkschriften ist ein Siegel nicht beizudrücken (§§ 2, 54 RHV. im Abschn. II).

b) Inhalt der Ersuchungsschreiben.

aa) Allgemeine Vorschriften.

Der Gegenstand des Ersuchens muß vollständig und klar bezeichnet werden. Es hat, soweit zur ordnungsmäßigen Erledigung erforderlich, eine Darstellung des Sachverhältnisses zu enthalten. Eine Aktenübersendung zur Erläuterung des Ersuchungsschreibens ist unstatthaft. (Ausnahmen s. Danzig und Memelgebiet im Abschn. II). Die Mitteilung gerichtlicher Beschlüsse (z. B. Beweisbeschluß) ist zu vermeiden. Die Beziehung auf deutsche Gesetzesvorschriften (Anführung von Paragraphen) ist aus praktischen Gesichtspunkten zu unterlassen*). Urkunden sind in beglaubigter Abschrift beizufügen. Die Urschriften dürfen nur dann übersandt werden, wenn das Ersuchen sonst nicht sachgemäß erledigt werden kann, z. B. wenn es sich um die Frage der Echtheit einer Unterschrift handelt. In diesem Falle ist die Urkunde in einen offenen, durch Schnur und Siegel mit dem Ersuchen zu verbindenden Briefumschlag zu legen, auf dem der Inhalt zu vermerken ist.

Angaben über den erhobenen Kostenvorschuß sind im unmittelbaren Verkehr zu unterlassen (§§ 3, 22 Ziff. 2 Satz 1 der RHV.).

bb) Besondere Vorschriften betr.

a) Zustellungsersuchen § 8 RHV.;
b) Vernehmungen oder Abnahme von Eiden § 9 RHV.;
c) Zeugnisverweigerungsrecht § 22 RHV.;
d) Urteilsvollstreckungen § 25 RHV.;
e) Ersuchen außerhalb des Gebiets der Rechtshilfe (Denkschriften betr.) § 54 RHV.;
f) Vernehmung von Angeklagten § 17 RHV.;
g) Ersuchen um Zeugenvernehmung in Strafsachen § 24 RHV.;
h) Gesuche in Strafsachen § 55 RHV.;
i) Ersuchen in Kassenangelegenheiten § 56 RHV.;
k) Beitreibung von Gerichtskosten § 57 RHV.;
l) Ersuchen an Konsuln §§ 7, 15, 16, 17, 18, 19, 20 Nr. 3 und 4 RHV.;
m) Ersuchen an Gesandte § 14 RHV.;
n) Begleitbericht an den Justizminister § 5 Nr. 3 RHV.;
o) Rücksendung oder Änderung der Ersuchen § 6 RHV.;
p) Beifügung von Übersetzungen § 3 Ziff. 1 RHV. im Abschn. II, ergänzt durch die AV. vom 21. Dez. 1926 — JMBl. S. 430 —.

Hiernach — zu p — ist, wie folgt, zu verfahren:

In bürgerlichen Angelegenheiten und in Strafsachen sind im allgemeinen Übersetzungen nicht beizufügen, und zwar sowohl

A. im unmittelbaren Verkehr, als auch
B. bei Vermittelung durch die deutsche Auslandsvertretung.

Zu A ist zu bemerken:

I. Bei Anträgen auf Zwangszustellung gemäß Art. 3 des Haager Ziv.-Proz.-Abk. in Dänemark, Holland, Norwegen und der Schweiz ist die Beschaffung der Übersetzungen bei der ersuchten ausländischen Behörde zu beantragen; im übrigen ist sie innerhalb des Gebietes des Haager Abkommens nur dann beizufügen, wenn von vornherein Zwangszustellung beantragt wird. Für Einforderung ausreichender Kostenvorschüsse ist Sorge zu tragen.

II. Beizufügen sind dagegen Übersetzungen, soweit dies besonders vereinbart ist, z. B. bei
   a) Polen, und zwar nur bei Anträgen auf Zwangszustellung in bürgerlichen Sachen unter Verwendung des vorgeschriebenen, doppelsprachigen Musters für das Ersuchungsschreiben;

---

*) S. auch § 22 S. 40.

b) Tschechoslowakei, und zwar
1. bei Anträgen auf Zwangszustellung in bürgerlichen Sachen unter Verwendung des doppelsprachigen amtlichen Vordrucks für das Ersuchungsschreiben;
2. der Ersuchungsschreiben nebst Anlagen bei Rechtshilfe in bürgerlichen Angelegenheiten sowie in Strafsachen einschließlich der Zustellungsersuchen in Strafsachen (bei Deutschen brauchen die zuzustellenden Schriftstücke nicht übersetzt zu werden).

c) Brasilien. Hier sind gemäß der AV. vom 2. Nov. 1927 — JMBl. S. 337 — abweichend von der vorstehend unter p bezogenen Verfügung portugiesische Übersetzungen eines beeidigten Übersetzers beizufügen, die von einer brasilianischen Vertretung in Deutschland zu beglaubigen ist (s. § 27 im Abschn. II);

d) Bulgarien (doppelsprachiges Formular, AV. vom 24. Okt. 1927, Ziffer 1 Abs. 3 ist zu beachten — abgedruckt unter § 28 im Abschn. II —);

e) Frankreich (s. § 32 d. RHV. im Abschn. II).

Bei B ist zu beachten:

Die deutsche Auslandsvertretung ist in dem Begleitschreiben, mit dem das Ersuchen übersandt wird, unter Bezugnahme auf die AV. vom 21. Dez. 1926 — JMBl. S. 430 — um die Beschaffung der etwa erforderlichen Übersetzung zu ersuchen. (Bezüglich Frankreich s. Art. 3 Abs. 3 u. Art. 4 Schlußsatz der neuen Vereinbarung, abgedruckt unter § 32).

Für Danzig, Österreich, das Memelgebiet und die Ostschweiz erübrigt sich die Beigabe einer Übersetzung schon aus dem Grunde, weil dort die deutsche Sprache geläufig ist. Wegen Luxemburg s. Art. 3 Abs. 1 der Vereinbarung vom 1. Aug. 1909, abgedruckt unter § 38 RHV. in Anm. 3; hiernach ist die deutsche Sprache zulässig. Im Verhältnis zu Rumänien ist unter Umständen die Beifügung einer Übersetzung gemäß der AV. vom 15. Mai 1923 — JMBl. S. 376 —, abgedruckt unter § 45 RHV. in Anm. 2, erforderlich; um ihre Beschaffung ist jedoch die deutsche Auslandsvertretung zu ersuchen. Dies gilt auch z. B. für Estland, Jugoslawien, Lettland, Litauen und Rußland.

c) Beförderungswege.

Ob die Ersuchen im unmittelbaren Verkehr oder durch Vermittlung des Konsuls, Gesandten, Justizministers oder in eiligen Fällen durch das Auswärtige Amt zu befördern sind, richtet sich nach den §§ 6, 8, 14, 15, 16 und 21 RHV. Demnach sind folgende Wege möglich:

1. Preuß. Gericht — ausl. Gericht als Ausführungsbehörde z. B. Danzig, Österreich, Polen, Schweiz, Tschechoslowakei;
2. Preuß. Gericht — ausl. Entgegennahmestelle z. B. Dänemark, Luxemburg, Niederlande;
3. Preuß. Gericht — deutsches Konsulat als Ausführungsbehörde z. B. Großbritannien, Vereinigte Staaten von Amerika;
4. Preuß. Gericht — deutsches Konsulat als Vermittlungsbehörde z. B. Belgien, Bulgarien, Frankreich und Italien in Zustellungsangelegenheiten bei Nichtdeutschen;

5. Preuß. Gericht — deutsche Gesandtschaft bzw. Botschaft
   a) als Vermittlungsbehörde z. B. Gesandtschaft in Brüssel, Botschaft in Rom in Rechtshilfe-Ersuchen bei Nichtdeutschen;
   b) als Ausführungsbehörde z. B. in Rechtshilfeangelegenheiten betr. ortsansässige deutsche Staatsangehörige in Brüssel oder Rom;
6. Preuß. Gericht — Preuß. Justizminister in besonderen Fällen (s. Japan);
7. Preuß. Gericht — Auswärtiges Amt in besonderen Fällen, in denen wegen der Dringlichkeit eine vorherige Vorlage an den Justizminister untunlich erscheint.

4. Prüfung der Ersuchen vor der Absendung.

Vor Absendung der Ersuchen sind diese — soweit sie von einem Amts- oder Landgericht ausgehen — dem Landgerichtspräsidenten, oder beim Amtsgericht Berlin-Mitte dem Amtsgerichtspräsidenten, zur Prüfung vorzulegen, der sie mit einem Sichtvermerk versieht (§ 4 RHV. im Abschn. II). Gehen die Ersuchungsschreiben von einem anderen Beamten der Staatsanwaltschaft als dem Oberstaatsanwalt aus, so sind sie diesem zur Prüfung vorzulegen. Die Prüfung erstreckt sich auf alle Ersuchen, also auch auf diejenigen, die im unmittelbaren Verkehr befördert werden. Hierzu ist — wenigstens für die Gerichte am Sitze des Landgerichts — zu empfehlen, zunächst die Entwürfe der Ersuchen mit den Akten dem Verwaltungsbüro des Landgerichts (Staatsanwaltschaft) zu einer Vorprüfung zu übersenden. Viele Neuanfertigungen von Reinschriften könnten auf diese Weise vermieden werden. Zweckmäßig werden dann später die Reinschriften nebst einem Begleitschreiben dem Landgerichtspräsidenten (Oberstaatsanwalt) in einer Mappe vorgelegt, damit die Schriftstücke vor Beschädigung geschützt sind.

5. Kosten und Armenrecht.

Soweit nicht anderweit geregelt, gilt der Grundsatz, daß die ersuchende Behörde der ersuchten ausländischen Stelle Gebühren und Auslagen ersetzen muß. Wegen der sonst entstehenden Weiterungen empfiehlt es sich, den Erlaß der Ersuchungsschreiben, sofern das gesetzlich zulässig ist — §§ 379, 402 ZPO., § 84 Abs. 3 DGKG., § 6 Abs. 1 PrGKG. — von der vorherigen Zahlung eines angemessenen Vorschusses abhängig zu machen. Es sind jedoch Bemerkungen darüber, ob und welcher Kostenvorschuß erfordert oder eingegangen ist, in die Ersuchungsschreiben im allgemeinen nicht aufzunehmen, es sei denn, daß es sich um Ersuchen an Konsulate handelt (§ 3 Ziff. 3 und § 10 I Abs. 1 RHV. im Abschn. II).

Zwecks Bemessung der Höhe des Vorschusses ist im nachfolgenden Abschnitt II bei dem betr. Staat nachzuschlagen, welche Kosten erstattungspflichtig sind.

In welcher Weise die Erstattung zu erfolgen hat, regelt § 10 RHV.

Ist im Geltungsbereiche des Haager Abkommens (Belgien, Dänemark, Danzig, Finnland, Italien, Luxemburg, Memelgebiet, Niederlande, Norwegen, Österreich, Polen, Schweden, Schweiz, Spanien, Tschechoslowakei und Ungarn) einem Angehörigen der beteiligten Staaten das Armenrecht bewilligt, so ist den Ersuchungsschreiben eine beglaubigte Abschrift des das Armenrecht bewilligenden Beschlusses beizufügen; im übrigen genügt die bloße Angabe, daß das Armenrecht bewilligt ist (§ 10 Ziff. 2 RHV.).

C. Außerpreußische Vorschriften, soweit sie von der AV. vom 16. Juni 1910 (s. die Rechtshilfevorschriften im Abschnitt II) abweichen.

Anhalt.

Die in Preußen wegen des Rechtsverkehrs mit dem Ausland ergangenen Bestimmungen finden auch auf den Rechtsverkehr anhaltischer Behörden mit dem Ausland Anwendung. Nur ist den anhaltischen Behörden ein unmittelbarer Verkehr mit den ungarischen Behörden nicht gestattet.

Baden.

Grunderlasse: Bekanntmachung vom 31. Juli 1911 — Bad. JMBl. S. 101 ff. Amtsanwälte können im unmittelbaren Verkehr mit Österreich und der Schweiz selbständig ersuchen. Im übrigen wie bei Bayern.

Bayern.

a) Amtsanwälte können selbständig ersuchen.
b) Die Prüfung durch den Präsidenten des Landgerichts (Oberstaatsanwalt) erfolgt nur bei Schreiben, die unmittelbar dem Konsul oder Gesandten zugehen.
c) Der Verkehr mit Ungarn erfolgt durch die Konsulate.
d) Für Belgien, Italien, Portugal und Rumänien ist der diplomatische Weg (Vorlage mit Begleitschreiben an das Justizministerium) vorgeschrieben.

Braunschweig.

Die nach preußischem Vorbilde erlassene Bekanntmachung vom 10. Nov. 1910 (Br. GuVS. Nr. 73 S. 751) enthält die grundlegenden Bestimmungen. Sie sind abgeändert durch die Bekanntmachungen vom 4. Sept. 1911 (Br. GuVS. Nr. 67 S. 519) und 13. Juli 1915 (Br. GuVS. Nr. 24 S. 197).

Bremen.

Im allgemeinen wird nach den preußischen Vorschriften gearbeitet. An Stelle des Justizministers tritt die Justizkommission des Senats.

Hamburg.

Hier sind keine von den preußischen Vorschriften abweichende Bestimmungen erlassen worden.

Hessen.

Keine Abweichungen bekannt.

Lippe.

Von den preußischen Verfügungen abweichende Vorschriften sind nicht erlassen. Höchste Verwaltungsbehörde ist das Lippische Landespräsidium in Detmold.

Lübeck.

Es finden die preußischen Vorschriften lediglich mit der Abweichung sinngemäße Anwendung, daß an Stelle des Preußischen Justizministers die Justizkommission des Senats in Lübeck tritt.

Mecklenburg.

a) Schwerin: Grundlage ist die Bekanntmachung vom 29. Mai 1912 (Nr. 31 des Regierungsblattes). Keine erwähnenswerten Abweichungen.

b) Strelitz: Es sind keine von den preußischen Vorschriften abweichende Bestimmungen erlassen.

Oldenburg.

Die Vorschriften entsprechen im wesentlichen den preußischen.

Sachsen.

Lateinische Schrift ist außer für Holland vorgeschrieben für Belgien, Frankreich, Luxemburg, französische und italienische Schweiz sowie Ungarn. Ferner gilt auch hier das unter Bayern zu b und c Gesagte.

Thüringen.

Der Rechtsverkehr thüringischer Justizbehörden mit dem Auslande richtet sich noch nach den Sondervorschriften der einzelnen, jetzt im Lande Thüringen zusammengefaßten früheren thüringischen Staaten. Diese Vorschriften stimmen im großen und ganzen mit den preußischen Vorschriften über den Rechtsverkehr mit dem Ausland überein. Nach dem Zusammenschluß der thüringischen Länder sind ebenfalls nur solche Verfügungen zum Rechtsverkehr mit dem Auslande ergangen, die den einschlägigen preußischen Verfügungen entsprechen. Soweit kleine Abweichungen vorhanden sind, sind diese für die Allgemeinheit nicht von Interesse.

Waldeck*).

Die drei Waldeckschen Amtsgerichte Arolsen, Bad Wildungen und Corbach unterstehen dem Land- und Oberlandesgericht in Kassel. Von den preußischen Bestimmungen abweichende Verfügungen kommen daher nicht in Frage.

Württemberg.

Der Rechtsverkehr mit dem Ausland ist im wesentlichen ebenso geregelt, wie in Preußen. Es gelten jedoch auch hier die unter Bayern zu a—d aufgeführten Abweichungen.

---

*) Ist jetzt mit Preußen vereinigt.

Abschnitt II.

Die preußischen, auf den neuesten Stand gebrachten Vorschriften über Rechtshilfe im Auslande (AV. vom 16. Juni 1910, JMBl. S. 189 ff.) mit Erläuterungen.

Abschnitt II.

Die preußischen, auf den neuesten Stand gebrachten Vorschriften über Rechtshilfe im Auslande (AV. vom 16. Juni 1910, JMBl. S. 189 ff.) mit Erläuterungen.

Inhalt.

Die im Auslande zu erledigenden Ersuchen der Justizbehörden, soweit sie nicht auf Auslieferung oder Festnahme gerichtet sind. AV. vom 16. Juni 1910 (JMBl. S. 189 ff.) sowie der ergänzenden Verfügungen.

Vorbemerkungen:

Postbeförderung ins Ausland.

Sendungen an die ausländischen Behörden sind, soweit nicht der unmittelbare Geschäftsverkehr ausdrücklich gestattet ist, im Dienstwege der Zentralbehörde vorzulegen. Dasselbe gilt für Sendungen an deutsche Behörden oder an Privatpersonen im Auslande, wenn deren Inhalt aus besonderen Gründen vor den ausländischen Behörden geheim gehalten werden soll.

Wird eine Antwort erwartet, so ist der Sendung möglichst ein internationaler Antwortschein beizufügen, der bei den Postanstalten zu kaufen ist (AV. vom 14. August 1923, JMBl. S. 580, Abschnitt V).

Wegen Behandlung der gebührenpflichtigen Sendungen im Verkehr mit den schweizerischen Behörden s. AV. vom 8. April 1878, JMBl. S. 60.

AV. vom 13. November 1925, JMBl. S. 404, über Mitteilungen in das Ausland gemäß § 16 des Aufwertungsgesetzes vom 16. Juli 1925, RGBl. I S. 117 (AV. vom 17. Oktober 1925 (JMBl. S. 379):

„Von einigen Gerichten sind Anfragen ergangen, nach welchen Ländern eingeschriebene Briefe gegen Rückschein verschickt werden dürfen. Zur Vermeidung künftiger Anfragen wird darauf hingewiesen, daß eingeschriebene Briefe gegen Rückschein nach allen Ländern mit Ausnahme von Afghanistan, Arabien sowie der Lakkadiven und Malediven zugelassen sind."

Einschlägige Aufsätze usw.:

a) Betr. Eherecht im Ausland s. JW. 1925 S. 408 und Magnus, Internat. Tab.,
b) „ Handelsregister im Ausland s. JW. 1925 S. 434, 1926 S. 346, 1929,
c) „ Notariat „ „ „ „ „ „ 1736,
d) Behandlung von ausl. Nachlässen im Deutschen Reich s. JW. 1925 S. 1600.

Empfehlenswerte Werke:

1. Infolge seiner übersichtlichen Anordnung (Tabellenform, alphabetische Reihenfolge der Länder) gibt Magnus, Internationale Tabellen, schnelle und zuverlässige Auskunft über Armenrecht, Ausländervorschuß, Sicherheitsleistung und Vollstreckung von Urteilen im Auslande, auch in Ehesachen unter Angabe der Quellen.

2. Das Verzeichnis der Verträge und Vereinbarungen über die Rechtshilfe in Strafsachen (Heft 4) von Dr. Mettgenberg, das die zurzeit gültigen, mit den ausländischen Staaten abgeschlossenen Abkommen in leicht auffindbarer Weise enthält.

I. Rechtshilfe.

A. Allgemeine Vorschriften.

§ 1.

Begriff und Arten der Rechtshilfe[1]).

1. Die nachfolgenden Vorschriften beziehen sich auf die Ersuchen um Vornahme gerichtlicher Amtshandlungen im Auslande (Rechtshilfe), gleichviel ob es sich um Angelegenheiten der streitigen oder der freiwilligen Gerichtsbarkeit[2]) handelt und ob die Ersuchen von einem Gericht oder von einer Staatsanwaltschaft ausgehen[3]).

2. Amtsanwälte haben sich der Ersuchen um Rechtshilfe zu enthalten, vielmehr dieserhalb unter Darlegung des Sachverhalts an den zuständigen Oberstaatsanwalt zu berichten, der dann in geeigneten Fällen das Ersuchen erläßt.

1. Unter Rechtshilfe fallen nach von Normann „Das internationale Zivilprozeßrecht" alle auf ein gerichtliches Verfahren bezüglichen Ersuchen um Vornahme von Gerichtshoheitsakten, soweit sie nicht einerseits lediglich Zustellungsanträge darstellen, andererseits auf Vollstreckungshilfe (insbesondere Einziehung von Kosten) gerichtet sind, also in der Hauptsache Zeugen- und Sachverständigen-Vernehmung, Eidesabnahme, Augenscheinseinnahme, Urkundenbeweis (Vorlage von Handelsbüchern usw.) und Urteilsvollstreckung (wegen Rechtsbeihilfe bei Vollstreckung von ausl. Urteilen s. Anm. 2 zu § 25 d. RHV.). Doch können auch andere Akte in Frage kommen z. B. Beschlagnahmen, Verwahrungen, Versteigerungen.

Nicht unter Rechtshilfe fallen dagegen: Ersuchen um Übersendung von Akten oder Wertsachen oder um Auskunftserteilung über Tatsachen und Rechtssätze, Wohnungsermittelung oder Ersuchen um Entgegennahme und Beurkundung von Erklärungen, die an das Gericht lediglich in seiner Eigenschaft als mit „publica res" ausgestattete Urkundsstelle gerichtet werden (vgl. diesbezüglich Seite 7 und § 54 RHV.).

2. Also auch in Strafsachen.

3. Ebenso können preußische Notare um Zustellung ersuchen (AV. vom 1. Okt. 1896, — JMBl. S. 319 —). Rechtsanwälte haben sich gemäß §§ 202, 363 ZPO. an das Prozeßgericht zu wenden.

§ 2.

Form der Ersuchungsschreiben.

1. Die Ersuchen um Rechtshilfe sind in deutscher Sprache abzufassen[1]) und mit deutschen Buchstaben (vgl. aber wegen der äußeren Anschrift § 5 Abs. 2, 4, wegen der Niederlande § 41 Abs. 1 und wegen Frankreich . . . .)[2]) auf festem weißen Papiere gut leserlich[3]) niederzuschreiben. Sie dürfen keine Schreibfehler, Durchstreichungen und Abkürzungen (auch nicht bei der Bezeichnung von Gesetzen) enthalten, müssen leichtverständlich gefaßt sein und Zwischensätze und solche Wendungen, welche der Übersetzung in die Landessprache der ersuchten Behörde Schwierigkeiten bereiten, möglichst vermeiden. Randschreiben sind unstatthaft. Werden die Ersuchungsschreiben mit der Schreibmaschine hergestellt, so können sie mit lateinischen Buchstaben geschrieben werden.

2. Die Anschrift der ersuchten Behörde ist in die Ersuchungsschreiben aufzunehmen, wenn sie im unmittelbaren Geschäftsverkehre befördert werden; der inneren Anschrift ist dann aber stets hinter dem Ortsnamen hinzuzufügen: „oder an die sonst zuständige Behörde". Wegen der Begleitschreiben an die Empfangsbehörden im Verkehre mit Dänemark, Luxemburg und den Niederlanden vgl.

§ 31 Abs. 2, § 38 Abs. 2, § 41 Abs. 3. Werden die Schreiben nicht im unmittelbaren Geschäftsverkehr befördert, so ist die Anschrift wegzulassen.

3. Der Unterschrift ist die Amtsbezeichnung und das Amtssiegel beizufügen.

4. Eil- und Haftsachen sind als solche an einer in die Augen fallenden Stelle zu bezeichnen.

1. Über Amtsstil, Form der Schriftstücke vgl. AV. vom 16. Aug. 1927 — JMBl. S. 286 —.

2. Hinfällig geworden durch Artikel 287 des Vertrages von Versailles.

3. Empfehlenswert: Maschinenschrift. Von der Verwendung des Tintenstifts ist Abstand zu nehmen (Abschnitt I Ziff. 4 AV. vom 31. Juli 1922 — JMBl. S. 304 —, abgedruckt unter B III c im Abschnitt VII).

§ 3.

Inhalt der Ersuchungsschreiben.

1. Die Ersuchungsschreiben müssen den Gegenstand des Ersuchens vollständig und deutlich bezeichnen und soweit dies zur ordnungsmäßigen Erledigung des Ersuchens erforderlich ist, eine Darstellung des Sachverhältnisses enthalten. Die Übersendung von Akten zur Erläuterung des Ersuchens ist unstatthaft; auch ist die Mitteilung einer Abschrift gerichtlicher Beschlüsse zu vermeiden. Urkunden[1]) sind regelmäßig in beglaubigter Abschrift den Ersuchungsschreiben beizufügen; die Urschrift darf nur dann übersandt werden, wenn das Ersuchen sonst nicht sachgemäß erledigt werden kann. Nicht beizufügen sind Übersetzungen in die fremde Landessprache[2]). Die nach dem Haager Abkommen über den Zivilprozeß (§ 20 Abs. 1) und im Rechtshilfeverkehr mit Bulgarien (§ 28) erforderlichen Übersetzungen werden auf Kosten der ersuchenden Behörde von den mit dem Ersuchungsschreiben befaßten deutschen Gesandten oder Konsuln beschafft[2a]). Im unmittelbaren Geschäftsverkehr ist die Beschaffung der Übersetzungen der ersuchten Behörde zu überlassen (vgl. wegen Frankreich ....)[3]); sie erfolgt auf Kosten der ersuchenden Behörde. Im Rechtshilfeverkehr mit Dänemark, den Niederlanden und der Schweiz werden indes die Übersetzungskosten in bürgerlichen Sachen auf Grund besonderer Vereinbarung nur bei Anträgen auf Zwangszustellung gemäß Artikel 3 des Haager Abkommens über den Zivilprozeß (§ 20 Abs. 1) sowie für die im Artikel 19 daselbst[4]) bezeichneten Schriftstücke erstattet.

2. Die Anschriften der Personen, an die eine Zustellung erfolgen oder mit denen verhandelt werden soll, sind in den Ersuchungsschreiben genau anzugeben. Hiervon darf nur dann abgesehen werden, wenn durch Ermittelung der Anschriften erhebliche Weiterungen entstehen würden (vgl. wegen Rußland § 46 Abs. 7, wegen Spanien § 50 Abs. 2).

3. Bemerkungen darüber, ob ein Kostenvorschuß erfordert oder eingegangen ist, sind zu unterlassen (vgl. jedoch § 10 I Abs. 1).

4. Sollen in derselben Rechtshilfesache mehrere gerichtliche Amtshandlungen[5]) im Auslande vorgenommen werden, so ist, wenn für deren Vornahme dieselbe Behörde zuständig erscheint, nur ein Ersuchungsschreiben zu erlassen. Andernfalls sind, wenn nicht ausnahmsweise ein anderes Verfahren für angezeigt erachtet wird, so viele Ersuchungsschreiben zu erlassen, als Behörden für die Erledigung zuständig sind.

1. Die Urkunden — z. B. Wechsel — sind dann in einen offenen, durch Schnur und Siegel mit dem Ersuchungsschreiben zu verbindenden Briefumschlag zu legen, worauf der Inhalt zu vermerken ist (RV. vom 11. Dez. 1900 — III 7119 —).

2. Der § 3 Abs. 1 ist, soweit er von Übersetzungen handelt, ergänzt durch die nachstehende AV. vom 21. Dez. 1926:

„AV. d. JM. v. 21. Dez. 1926, JMBl. S. 430, über Beifügung von Übersetzungen bei Ersuchen um Rechtshilfe oder um Vollstreckbarkeitserklärung von Kostenentscheidungen im Auslande (I. 14572).

AV. vom 16. Juni 1910 (JMBl. S. 189 ff.), vom 16. Juni 1911 (JMBl. S. 247), vom 12. März 1912 (JMBl. S. 96), vom 20. Okt. 1913 (JMBl. S. 412 ff.), vom 6. Aug. 1921 (JMBl. S. 437), vom 22. März 1922 (JMBl. S. 98), vom 7. April 1923 (JMBl. S. 317), vom 10. April 1923 (JMBl. S. 318), vom 28. März 1924 (JMBl. S. 153) und vom 10. Dez. 1924 (JMBl. S. 417); RV. vom 23. Juni 1922 (I. 4558).

1. Unter Aufhebung der AV. vom 22. März 1922, vom 7. und 10. April 1923 sowie des Abs. 2 [a]) der AV. vom 10. Dez. 1924 ordne ich an, daß den an ausländische Behörden gerichteten Ersuchen der Justizbehörden um Rechtshilfe in bürgerlichen Angelegenheiten und in Strafsachen (einschließlich der Ersuchen um Auslieferung) und um Vollstreckbarkeitserklärung von Kostenfestsetzungsbeschlüssen und gleichartigen Beschlüssen (z. B. § 9 des Reichsgesetzes vom 5. April 1909 — RGBl. S. 430 [b]) —, Art. I § 5 der VO. vom 12. März 1926 — RGBl. II S. 179 [c]) und Art. 6 der VO. vom 29. April 1926 — RGBl. II S. 249 [d]) — sowie den Vollstreckungsersuchen auf Grund der deutsch-dänischen Vereinbarung vom 1. Juni 1914 (RGBl. S. 205) [e]) künftighin Übersetzungen der Ersuchungsschreiben und der ergänzenden Anlagen in der Regel nicht mehr beizugeben sind (vgl. aber Ziff. 3).

2. Soweit der unmittelbare Geschäftsverkehr mit ausländischen Behörden nicht zugelassen ist, werden die erforderlichen Übersetzungen auf Kosten der ersuchenden Behörde von der mit dem Ersuchungsschreiben befaßten deutschen Auslandsvertretung beschafft. Die deutsche Auslandsvertretung ist in dem Begleitschreiben, mit dem das Ersuchungsschreiben übersandt wird, unter Bezugnahme auf diese AV. um die Beschaffung der Übersetzung zu ersuchen.

Werden im unmittelbaren Geschäftsverkehr Übersetzungen erforderlich (vgl. z. B. Art. 3 Abs. 2 der Vereinbarung zwischen dem Deutschen Reich und den **Niederlanden** vom 31. Juli 1909 — RGBl. S. 908 —, Art. 1 der Vereinbarung zwischen dem Deutschen Reich und **Norwegen** vom 2. Aug. 1909 — RGBl. S. 912 —, Art. 2 Abs. 2 der Vereinbarung zwischen dem Deutschen Reich und der **Schweiz** vom 30. April 1910 — RGBl. S. 674 — und Art. 3 Abs. 2 der Vereinbarung zwischen dem Deutschen Reich und **Dänemark** vom 1. Juni 1910 — RGBl. S. 872 —), so ist, vorbehaltlich der Bestimmung der Ziff. 3, die Beschaffung der Übersetzung in dem Ersuchungsschreiben bei der ersuchten ausländischen Behörde zu beantragen.

Die Beschaffung der Übersetzungen erfolgt auf Kosten der ersuchenden Behörde. Für die Einforderung ausreichender Kostenvorschüsse ist in solchen Fällen Sorge zu tragen.

3. Soweit in zwischenstaatlichen Verträgen abweichende Vereinbarungen getroffen sind, behält es dabei sein Bewenden. Insbesondere werden die eine Beifügung von Übersetzungen oder Benutzung doppelsprachiger Formulare anordnenden Bestimmungen des Art. 7 Abs. 2 des Vertrages zwischen dem Deutschen Reich und der Tschechoslowakischen Republik über Rechtsschutz und Rechtshilfe in bürgerlichen Angelegenheiten vom 20. Jan. 1922 (RGBl. 1923 II S. 57), der Ziff. 2 und 3 des Zusatzprotokolls zu diesem Vertrage, des Art. 23 Abs. 2 des Vertrages über die Auslieferung und die sonstige Rechtshilfe in

---

Anm. d. Verf.:

a) Aus der Überschrift und dem Inhalt der AV. vom 21. Dez. 1926 ergibt sich, daß sie sich lediglich auf Übersetzungsfragen und auf sonst nichts bezieht. Daher kann die Aufhebung des Absatz 2 der AV. vom 10. Dez. 1924 nur den Sinn haben, daß der die Beifügung von Übersetzungen betreffende Teil aufgehoben ist.

b) Abgedruckt im Abschnitt III.
c) „ hier unter Rußland } betr. Gerichtskosten-Festsetzungen.
d) „ „ „ Polen
e) „ „ „ Dänemark.

Strafsachen zwischen dem Deutschen Reiche und der Tschechoslowakischen Republik vom 8. Mai 1922 (RGBl. 1923 II S. 48) und der Art. 10 Abs. 2 und 11 Abs. 2 des Deutsch-Polnischen Vertrages über den Rechtsverkehr vom 5. März 1924 (RGBl. 1925 II S. 139 f)) durch die in Ziff. 1 und 2 getroffene Regelung nicht berührt g)."

2a. Vgl. Ziff. 1 Abs. 3 der AV. vom 42. Okt. 1927, abgedruckt unter d im § 28.

3. Hinfällig geworden (vgl. Anm. Nr. 2 zu § 2). Neue Bestimmungen s. hinter § 32.

4. Betrifft Vollstreckbarkeitserklärung.

5. Ersuchen verschiedenen Inhalts (z. B. Zeugenvernehmung, Wohnungsermittelung und Zustellung von Urkunden) müssen in drei Ersuchungsschreiben getrennt werden, und zwar:

a) Zeugenvernehmungsersuchen,
b) Denkschrift wegen Wohnungsermittelung und
c) Zustellungsersuchen.

§ 4.

Vorgängige Prüfung der Ersuchungsschreiben[1]).

1. Die Ersuchungsschreiben[2]) sind, wenn sie von dem Vorsitzenden einer Kammer des Landgerichts, von einem Untersuchungsrichter oder einem Amtsgericht[3]) ausgehen, dem Präsidenten des Landgerichts, wenn sie von dem Amtsgericht Berlin-Mitte ausgehen, dem Amtsgerichtspräsidenten vor dem Abgange zur Prüfung vorzulegen[4])[5]). Ergeben sich bei dieser Prüfung Mängel, so ist auf deren Beseitigung unverzüglich hinzuwirken[6]). Auf den Begleitbericht oder das Begleitschreiben (vgl. § 2 Abs. 2, § 5 Abs. 3, 4) oder in Ermangelung eines solchen auf das Ersuchungsschreiben selbst hat der Präsident zum Zeichen, daß das Gesuch ihm vorgelegen hat, und zur Beförderung für geeignet erachtet ist, den Vermerk zu setzen: Gesehen. (Datum). Der Land-(Amts-)gerichtspräsident. Der Unterschrift des Präsidenten ist das Amtssiegel nicht beizufügen.

2. Gehen die Ersuchungsschreiben von einem anderen Beamten der Staatsanwaltschaft als dem Oberstaatsanwalt aus, so sind sie diesem zur Prüfung vorzulegen. Auf die Prüfung und das weitere Verfahren finden die Bestimmungen des Abs. 1 entsprechende Anwendung.

3. Die Bestimmungen der Abs. 1, 2 finden in eiligen Sachen, wenn durch die Vorlegung der Ersuchungsschreiben eine unzulässige Verzögerung eintreten würde, keine Anwendung. Alsdann sind in dem Begleitberichte (Begleitschreiben) die Gründe, aus denen die Vorlegung unterblieben ist, kurz anzugeben.

1. Hierfür sind nach der Preußischen Verwaltungsgebühren-Ordnung (GS. S. 327) Gebühren in Ansatz zu bringen, und zwar gemäß Tarifstelle 48 f:

„Prüfung von Ersuchen nach dem Ausland in Zivilsachen und in Angelegenheiten der freiwilligen Gerichtsbarkeit gemäß § 4 Abs. 1 der AV. vom 16. Juni 1910 (JMBl. S. 189)

a) bei Zustellungsersuchen	2 RM
b) bei Beweisbeschlüssen erster Instanz	5 „
zweiter Instanz	10 „
c) bei sonstigen Ersuchen	3—10 „

Die Erhebung der Gebühr ist durch den Landg.-Präs. (Amtsg.-Präs.) zu veranlassen. Für Prüfung von Gesuchen aus dem Auslande sind Gebühren nicht zu erheben."

Anm. d. Verf.:

f) sowie des inzwischen ratifizierten Vertrages vom 22. Dez. 1926 — RGBl. 1927 II S. 416 u. 514 — über den Rechtsverkehr mit Bulgarien (Benutzung eines doppelsprachigen Vordrucks für Zustellungsanträge; wegen Übersetzung s. Art. 9, 10 a. a. O.). Die Verträge sind hier abgedruckt unter den betr. Ländern im Abschnitt II. Wegen Brasilien s. Ziff. 5 im § 28 d. RHV. Betr. Frankreich z. vgl. § 32 d. RHV. im Abschn. II.

g) Vgl. im übrigen die Ausführungen im Abschnitt I unter B 3 bb, S. 6.

2. Auch in den Fällen, in denen der unmittelbare Geschäftsverkehr zugelassen ist (RV. vom 5. März 1923 — I. 15218 —). Die Behörden haben unter eigener Verantwortung sich über die Bearbeitung schlüssig zu machen. Ob aber nach §§ 199, 202, 363 ZPO. eine Zustellung usw. durch Ersuchen einer ausl. Behörde vorgenommen werden soll, darüber entscheidet die Justizverwaltung, nicht das Gericht. Hauptsächlich aus diesem Grunde ist die vorherige Vorlage an den Landgerichtspräsidenten vorgeschrieben (vgl. von Normann S. 23 und 36 unten).

3. Das Arbeitsgericht sowie die Einzelrichter beim Landgericht oder Landesarbeitsgericht dürften jetzt auch dazu befugt sein. Bezüglich Auskunftsersuchen in Kassenangelegenheiten vgl. § 56 RHV.

4. Nicht von Notaren ausgehende Ersuchen in Teilungssachen, die sie selbständig erledigen (vgl. Anm. 4 zu § 10 wegen Vorschußangabe). Es empfiehlt sich in dem Ersuchungsschreiben zu bemerken, daß sie gemäß Anordnung des Amtsgerichts mit der Durchführung der Teilung des Nachlasses beauftragt sind.

5. Praktischerweise (Vermeidung einer mehrmaligen Reinschrift) werden die Urschriften dem Verwaltungsbüro zu einer Vorprüfung vorgelegt; vgl. auch Abschn. I unter B Ziff. 4 S. 10.

6. Zu vgl. RV. vom 5. März 1923 — I. 15218 —, die folgenden Inhalt hat:

„Seit längerer Zeit ist vielfach wahrgenommen worden, daß bei Rechtshilfeersuchen nach dem Auslande die Bestimmungen der AV. vom 16. Juni 1910 einschließlich ihrer Ergänzungen und Abänderungen nicht genügend beachtet werden; insbesondere wird des öfteren gegen die Vorschriften über die Form und den Inhalt der Ersuchen (§§ 2, 3, 8 I, 8 II, 9) und über die Beförderung der Ersuchen (§§ 5, 8 I 1 und 3, 21) in der Fassung der AV. vom 6. Juli 1922 (JMBl. S. 256) verstoßen. Ferner ist aus einer Anzahl von Einzelfällen ersehen worden, daß die durch § 4 der AV. vom 16. Juni 1910 angeordnete vorgängige Prüfung der Ersuchungsschreiben nicht durchweg mit der erforderlichen Sorgfalt erfolgt. Bei usw."

§ 5.

Beförderung der Ersuchungsschreiben.

1. Ob die Ersuchungsschreiben im unmittelbaren Geschäftsverkehr oder durch Vermittelung, sei es des Justizministers oder in eiligen Fällen des Ministers der auswärtigen Angelegenheiten[1]), sei es eines deutschen Gesandten oder Konsuls, zu befördern sind, entscheidet sich nach den folgenden Bestimmungen (vgl. §§ 6, 8, 11, 14, 15, 16, 21).

2. Ersuchungsschreiben, welche im unmittelbaren Geschäftsverkehr befördert werden sollen, insbesondere die durch einen deutschen Gesandten oder Konsul zu erledigenden, sind von der absendenden Behörde frei zu machen. Die äußere Anschrift ist mit lateinischen Schriftzeichen zu schreiben. Ersuchungsschreiben an deutsche Gesandte oder Konsuln sind auf den Briefumschlägen nicht an die Person des Beamten, sondern an die Amtsstelle, z. B. An das Deutsche Konsulat in N., zu richten.

3. Ersuchungsschreiben, welche durch Vermittelung des Justizministers oder des Ministers der auswärtigen Angelegenheiten[1]) befördert werden sollen, sind mit einem Berichte (Begleitbericht) unverschlossen einzureichen. Dieser ist möglichst knapp zu fassen, hat die Rechtsangelegenheit kurz zu bezeichnen und soll regelmäßig eine Mitteilung über den Inhalt des Ersuchungsschreibens nicht enthalten. Ist der Justizminister oder der Minister der auswärtigen Angelegenheiten[1]) mit der Rechtssache schon früher befaßt gewesen, so ist hierauf hinzuweisen. Auch ist die Anschrift der für die Erledigung des Ersuchens zuständigen Behörde anzugeben, wenn sie der ersuchenden Behörde bekannt ist. Ebenso sind etwaige Wünsche wegen Erledigung der Ersuchen durch eine bestimmte Behörde in den Begleitbericht aufzunehmen.

4. Ersuchungsschreiben, welche durch Vermittelung eines deutschen Gesandten oder Konsuls befördert werden sollen, sind ihm mit einem Begleitschreiben zu übersenden, auf dessen Freimachung und Anschrift Absatz 2 und auf dessen Inhalt Absatz 3 entsprechende Anwendung findet[2].

1. Jetzt: des Auswärtigen Amtes (AV. vom 27. Juni 1921 — JMBl. S. 366 —).
2. Bei Ersuchen um Zustellung ist ein Begleitschreiben nicht erforderlich, soweit dies nicht ausdrücklich angeordnet ist, z. B. bei Frankreich*).

§ 6.
Änderung der Ersuchen.

Soll ein Ersuchen geändert oder zurückgenommen werden, so ist hiervon die ersuchte Behörde unter Bezeichnung der etwaigen Änderungen unverzüglich zu benachrichtigen. War das Ersuchungsschreiben nicht im unmittelbaren Geschäftsverkehre befördert, so ist das Benachrichtigungsschreiben dem Justizminister — in eiligen Fällen dem Minister der auswärtigen Angelegenheiten[1] — mit Begleitbericht einzureichen, wenn aber ein deutscher Gesandter oder Konsul die Beförderung vermittelt hatte, ihm mit Begleitschreiben zu übersenden[2].

1. Jetzt: des Auswärtigen Amtes (AV. vom 27. Juni 1921 — JMBl. S. 366 —).
2. Wegen Wiedererlangung zurückgebliebener Beilagen s. Anm. 4 zu § 54 RHV.

§ 7.
Die bei der Erledigung von Ersuchen mitwirkenden deutschen Konsuln[1].

1. Die sachliche Zuständigkeit der Konsuln im allgemeinen ergibt sich aus dem Gesetze, betreffend die Organisation der Bundeskonsulate, vom 8. November 1867 (Bundes-Gesetzbl. S. 137), die der Konsuln mit Gerichtsbarkeit insbesondere aus dem Gesetz über die Konsulargerichtsbarkeit vom 7. April 1900 (Reichs-Gesetzbl. S. 213) und aus den Anordnungen des Reichskanzlers vom 27. Oktober 1900, betreffend die Konsulargerichtsbarkeit über Schutzgenossen (Zentralblatt für das Deutsche Reich S. 574) und betreffend das Zwangsverfahren wegen Beitreibung der Gerichtskosten in den Konsulargerichtsbezirken (Zentralblatt für das Deutsche Reich S. 576) sowie aus der Dienstanweisung des Reichskanzlers zur Ausführung des Gesetzes über die Konsulargerichtsbarkeit vom 27. Oktober 1900 (Zentralblatt für das Deutsche Reich S. 577).

2. Die örtliche Zuständigkeit der Konsulate weist das alljährlich im Verlage von Ernst Siegfried Mittler & Sohn in Berlin erscheinende Verzeichnis der Deutschen Konsulate nach. Ein gleiches Verzeichnis ist in dem alljährlich erscheinenden, vom Reichsamte des Innern bearbeiteten Handbuche für das Deutsche Reich enthalten[2].

3. Die nach dem Haager Abkommen über den Zivilprozeß (§ 20 Abs. 1) den Konsuln obliegende Mitwirkung bei der Erledigung von Zustellungs- und sonstigen Rechtshilfeersuchen in bürgerlichen Sachen ist deutscherseits den Berufskonsuln und nur da, wo die örtliche Zuständigkeit eines solchen nicht begründet ist, den Wahlkonsuln übertragen. Gehört der Bezirk eines Konsuls zum weiteren Bezirk eines Generalkonsuls, so sind die in dem Bezirke des Konsuls zu erledigenden Ersuchen diesem und nicht dem Generalkonsul zu übersenden. Ein Verzeichnis der hiernach für den Rechtshilfeverkehr im Geltungsbereiche des Haager Abk. zuständigen deutschen Konsuln und ihrer Amtsbezirke ist am Schlusse dieser Verfügung abgedruckt[3].

---

*) Zu vergl. im übrigen § 8 I Ziff. 2.

1. Gliederung und Amtsbefugnisse der deutschen Konsuln s. „Jahrbuch des internationalem Rechtsverkehrs, Jahrg. 1912", Konsularwesen, S. 570 daselbst.

2. Letztes Verzeichnis der im Auslande befindlichen deutschen Konsulate s. JMBl. 27 S. 355 ff. (Bek. d. JM. vom 19. November 1927).

3. Abgeändert durch AV. vom 29. Juli 1922 — JMBl. S. 288 —; diese Abänderung ist bereits im nachstehenden Abdruck berücksichtigt.

Verzeichnis*)
der für den Rechtshilfeverkehr im Geltungsbereiche des Haager Abkommens über den Zivilprozeß vom 17. Juli 1905 zuständigen deutschen Konsuln und ihrer Amtsbezirke.
(AV. vom 29. Juli 1922 — JMBl. S. 288 —).

Belgien.

— soweit es sich um Zustellungsersuchen handelt —:

Gesandtschaft (Konsulatsabteilung) in Brüssel:
Die Provinzen Brabant, Hennegau, Lüttich, Namur und Luxemburg.

Generalkonsulat in Antwerpen:
Die Provinzen Antwerpen, West- und Ostflandern und Limburg.

Anm. des Verf.: Dem Deutschen Generalkonsulat in Antwerpen ist als weiterer Amtsbezirk ganz Belgien zugewiesen.

Im Einverständnis mit der Belgischen Regierung übt der deutsche Gesandte in Brüssel konsularische Befugnisse für den der Gesandtschaft zugewiesenen konsularischen Amtsbezirk, nämlich die Provinzen Brabant, Hennegau, Lüttich, Namur und Luxemburg aus.

Die Ersuchungsschreiben um Rechtshilfe deutscher Gerichte sind, da Belgien von dem Vorbehalt im Artikel 9 Abs. 3 des Haager Abkommens über den Zivilprozeß Gebrauch gemacht hat, sämtlich der Deutschen Gesandtschaft in Brüssel zu übermitteln. Ebenso sind an diese auch die Ersuchen um Zustellung zu leiten, soweit sie in dem der Gesandtschaft zugeteilten konsularischen Amtsbezirk vorzunehmen sind.

Dagegen sind die Zustellungsersuchen, soweit sie in dem Amtsbezirk des Generalkonsulats in Antwerpen zu bewirken sind, diesem zu übermitteln.

Dänemark.

Unmittelbarer Verkehr mit den Landesbehörden.

Anm. des Verf.: Für Island sind die Zustellungsersuchen an die Deutsche Gesandtschaft in Kopenhagen zu leiten. In Deutschland ist nur der Landgerichtspräsident zur Entgegennahme der Ersuchen zuständig.

Frankreich.

Frankreich hat sich durch Artikel 287 des Friedensvertrages von Versailles vom Haager Abkommen ausgeschlossen.

Italien.

— soweit es sich um Zustellungsersuchen handelt —:

Botschaft (Konsulatsabteilung) in Rom:
Die Provinzen Perugia, Rom, Aquila, Macerata, Ascoli und Teramo.

Generalkonsul in Mailand:
Die Provinzen Turin, Cuneo, Alessandria, Novara, Pavia, Como, Sondrio, Bergamo, Mailand, Piacenza, Cremona, Parma, Brescia, Mantua, Reggio, Emilia, Verona, Padua, Vicenza, Modena und Bologna, ferner die von Österreich abgetretenen Gebiete von Südtirol (Alto, Adige und Trentino).

Konsul in Genua:
Die Provinzen Genua, Porto, Maurizio, Massa-Carara, Lucca, Pisa, Livorno, Florenz, Siena, Arezzo und Grosseto, ferner die Insel Sardinien.

Generalkonsul in Neapel:
Die Provinzen Chieti, Campobasso, Foggia, Caserta, Neapel, Benevent, Avelino, Salerno, Potenza, Bari, Lecce, Cosenza, Catanzara und Reggio Calabria, ferner die Insel Sizilien.

---

*) Inzwischen sind weiter beigetreten: Danzig, Finnland, Polen und die Tschechoslowakei. Eine Ergänzung des Verzeichnisses bezgl. dieser Staaten ist bisher nicht erfolgt.

Konsul in Triest:

Die Provinzen Udine, Belluna, Treviso, Venedig, Rovigo, Ferrara, Ravenna, Forli, Tasero und Ancora, ferner sämtliche italienischen Gebiete an der Ostküste der Adria.

Luxemburg.

Unmittelbarer Verkehr mit den Landesbehörden.

Anm. des Verf.: In Deutschland der Landgerichtspräsident zur Entgegennahme zuständig.

Niederlande.

Unmittelbarer Verkehr mit den Landesbehörden.

Anm. des Verf.: In Deutschland der Landgerichtspräsident zur Entgegennahme zuständig.

Norwegen.

Gesandtschaft (Konsulatsabteilung) in Oslo, ... Norwegen.

Österreich.

Unmittelbarer Verkehr mit den Landesbehörden.

Anm. des Verf.: Keine Vermittlung durch den Landgerichtspräsidenten für Österreich vorgeschrieben.

Portugal.

Durch Artikel 287 des Friedensvertrages von Versailles vom Haager Abkommen zurückgetreten*).

Rumänien.

Durch Artikel 287 des Friedensvertrages von Versailles vom Haager Abkommen zurückgetreten.

Rußland.

Durch Artikel 292 des Friedensvertrages von Versailles aus dem Haager Abkommen ausgeschieden.

Schweden.

Gesandtschaft (Konsulatsabteilung) in Stockholm . . . . Schweden.

Schweiz.

Unmittelbarer Verkehr mit den Landesbehörden.

Anm. des Verf.: Keine Vermittlung durch den Landgerichtspräsidenten vorgeschrieben.

Spanien.

Botschaft (Konsulatsabteilung) in Madrid:

Die Provinzen Madrid, Toledo, Cuenca, Guadalajara, Segovia, Ciudad Real, Careres, Vallodolid, Salamanca, Avila und Zamora.

Generalkonsul in Barcelona:

Spanien mit den Balearen und den Canarischen Inseln, sowie Fernando Po, mit Ausnahme des Bezirks der Konsulatsabteilung der Botschaft in Madrid.

Ungarn.

— für die Fälle, in denen der unmittelbare Verkehr mit den Landesbehörden aus besonderen Gründen nicht angezeigt erscheint —:

Gesandtschaft (Konsulatsabteilung) in Budapest . . . . Ungarn.

§ 8.

Ersuchen um Zustellungen [1]).

I. Allgemeines.

1. Ersuchen um Zustellungen im Auslande sind zu richten [2]), [3]), [4]).

a) . . . . . (Schutzgebiete betr., fällt fort);

b) an die zuständigen Behörden des fremden Staates, soweit ein unmittelbarer Geschäftsverkehr mit ihnen zulässig ist (vgl. § 31 Dänemark, § 32 Frankreich [5]), § 38 Luxemburg, § 41 Niederlande, § 43 Österreich und Ungarn,

---

*) Seit dem 28. Mai 1928 dem Abkommen wieder beigetreten. P. hat von den Vorbehalten im Art. 1 Abs. 3 und im Art. 9 Abs. 3 dieses Abk. Gebrauch gemacht.

§ 46 Rußland[5]), § 48 Schweiz, aber auch die Ausnahmebestimmung in Abs. 5);

c) an die deutschen Konsuln, wenn ein unmittelbarer Geschäftsverkehr nicht besteht und

aa) die Person, welcher zugestellt werden soll, die Reichsangehörigkeit besitzt, oder

bb) ohne Rücksicht auf die Staatsangehörigkeit der Person,

wenn diese sich im Geltungsbereiche des Haager Abk. über den Zivilprozeß (§ 20 Abs. 1) oder in Bulgarien[6]) . . . (außer Kraft, s. Anm. unter Bulgarien);

oder wenn der Konsul mit Gerichtsbarkeit ausgestattet ist (§ 16). Ausnahmen . . . (fällt fort),

oder wenn der Konsul in Brasilien, in Großbritannien, Irland, den britischen Kolonien oder auswärtigen Besitzungen oder in den Vereinigten Staaten von Amerika seinen Sitz hat;

d) sonst an den beim fremden Staate beglaubigten diplomatischen Vertreter des Reichs;

e) bei Zustellungen in Bulgarien auch in bürgerlichen Sachen an den deutschen Gesandten in Sofia, wenn für den Ort, wo die Zustellung zu bewirken ist, ein deutscher Konsul nicht zuständig ist[6]).

2. Den Ersuchungsschreiben an deutsche Gesandte oder Konsuln sind auch außerhalb des Geltungsbereichs des Haager Abk. über den Zivilprozeß (§ 20 Abs. 1) Ersuchungsschreiben an die zuständige Behörde des fremden Staates nicht beizufügen.

3. Die Ersuchungsschreiben sind unmittelbar der ersuchten Amtsstelle zu übersenden (vgl. jedoch Abs. 5, wegen Großbritannien und Irland § 34 Abs. 4 und wegen Japan § 36).

4. In dem Ersuchungsschreiben sind die Rechtssache (bei Zivilprozessen unter Anführung des Namens und der Stellung der Parteien) nebst Aktenzeichen, die Person, welcher zugestellt werden soll, und das zuzustellende Schriftstück genau zu bezeichnen. Dabei ist anzugeben: Für den Geltungsbereich des Haager Abk. über den Zivilprozeß (§ 20 Abs. 1) sowie bei Zustellungen in Bulgarien[6]), ob für den Fall, daß die Annahme des Schriftstücks verweigert wird, die Zwangszustellung herbeigeführt werden soll (vgl. jedoch wegen Frankreich . . .[5])) in den Ersuchen an deutsche Konsuln, was über die Staatsangehörigkeit der Person der zugestellt werden soll, ermittelt ist. Auf das Schriftstück ist unmittelbar unter dem oberen Rande der ersten Seite mit roter Tinte der Vermerk zu setzen: Zuzustellen an (Name des Empfängers) in (Wohnort des Empfängers). Die Urschrift oder eine Übersetzung des Schriftstücks ist dem Ersuchungsschreiben in keinem Falle beizufügen[7]).

5. Soweit die Zustellung einer gegen einen fremden Staat[8]) gerichteten Klage oder eine sonstige Zustellung an den fremden Staat selbst für zulässig erachtet wird, ist das an den zuständigen Konsul oder Gesandten des Reichs gerichtete Ersuchungsschreiben durch Vermittelung des Justizministers oder in eiligen Fällen durch Vermittelung des Ministers der auswärtigen Angelegenheiten[9]) zu befördern; ein unmittelbarer Geschäftsverkehr mit den Behörden des Auslandes findet nicht statt.

II. Zustellung von Ladungen.

1. In Ladungen können zwar die prozessualischen Nachteile hervorgehoben werden, welche für die Geladenen durch ihr Ausbleiben im Termine entstehen würden; dagegen sind Strafen und Nachteile anderer Art, z. B. Geldstrafen bei der Ladung von Zeugen, Vorführung und Verhaftung bei der Ladung von Beschuldigten nicht anzudrohen, da solche Androhungen sich in der Regel nicht verwirklichen lassen und zu Weiterungen Anlaß geben können. Es sind deshalb die für Ladungen im Inland üblichen Formulare nicht zu benutzen. Die Bestimmungen finden keine Anwendung, wenn die Ladungen im Bezirk eines mit Gerichtsbarkeit ausgestatteten Konsuls (vgl. § 16) einer dieser Gerichtsbarkeit unterworfenen Person zugestellt werden sollen.

2. Die Termine sind mit geräumigen Fristen anzuberaumen. Bei Bemessung der Fristen ist auf die örtlichen und Verkehrsverhältnisse sowie darauf Bedacht zu nehmen, daß durch die Inanspruchnahme ausländischer Behörden häufig ein erheblicher Zeitverlust entsteht (vgl. wegen Ungarn § 43 Abs. 4, wegen Rumänien § 45 Abs. 3, wegen Rußland § 46 Abs. 6, wegen Spanien § 50 Abs. 2). Das Gleiche gilt . . . fällt fort[10]).

1. Die AV. vom 9. März 1893, betr. die Zustellung gerichtlicher Zahlungs- oder Leistungsverbote an im Auslande befindliche Drittschuldner (JMBl. S. 70) ist aufgehoben (z. vgl. auch Anm. 2 Abs. 3 nachstehend).

2. Die Zustellung im Auslande ist ausgeschlossen: im Güte- und Mahnverfahren, wenn die Zustellung der Ladung oder des Zahlungsbefehls im Auslande erfolgen müßte (§§ 495a Nr. 5, 688 Abs. 2 ZPO.); anders beim Vollstreckungsbefehl, der einem Versäumnisurteil gleich zu erachten ist (§ 700 ZPO.). Ferner ist sie ausgeschlossen in Aufwertungssachen gemäß den AV. vom 17. Okt. 1925 — JMBl. S. 379 — und 13. Nov. 1925 — JMBl. S. 404 — über Mitteilungen in das Ausland gemäß § 16 des Aufwertungsgesetzes vom 16. Juli 1925 — RGBl. I S. 117 — (zu vgl. ferner die AV. vom 26. Aug. 1925, Ziff. 8, — JMBl. S. 286 — und vom 16. Sept. 1925, Ziff. 4, S. 345, die lauten:

„Müßte die Mitteilung im Auslande zugestellt werden, so tritt an Stelle der Zustellung die Übersendung durch eingeschriebenen Brief gegen Rückschein. Der Zustellung bedarf es in diesem Falle nur dann, wenn der Empfang der Mitteilung nicht durch Rückschein nachgewiesen werden kann; das trifft zu bei Afghanistan, Arabien sowie bei den Lakkadiven und Malediven.")

Die Zustellung führt im Auslande meist nicht zum Ziel bei Zustellung von Pfändungs- und Überweisungsbeschlüssen an den Drittschuldner (zu vgl. Abschn. IV der AV. vom 11. März 1922 — JMBl. S. 83 —, abgedruckt im Abschnitt VII unter B III a). An Stelle einer an den Schuldner im Ausland zu bewirkenden Zustellung erfolgt die Zustellung durch Aufgabe zur Post (§§ 829 Abs. 2, 835 Abs. 3 ZPO.).

Die Zustellung im Auslande ist unnötig:

im Falle einer Streitverkündung an den Schuldner bei Einklagung einer überwiesenen Forderung (§ 841 ZPO.);

bei Ladungen zum Verteilungstermin (§ 875 ZPO.);

für Anhörung des Gegners bei anderer Verwertung einer gepfändeten Forderung als durch Überweisung (§ 844 ZPO.).

Es ist besonders zu beachten, daß

a) bei Zustellung von Klageschriften die Einlassungsfrist (für Amtsgerichte gemäß § 499 Abs. 2 ZPO. — Ladung durch Gerichtsschreiber besonders —, für Landgerichte auf Grund von § 262 Abs. 2 — Ladung durch Rechtsanwalt in der Klageschrift —) bzw. bei Zustellung von Versäumnisurteilen die Einspruchsfrist nach § 339 Abs. 2 ZPO. vorher festgesetzt wird. Die Berufungsfrist beträgt ohne Ausnahme ein Monat (§ 516 ZPO.); jedoch findet § 262 entsprechende Anwendung bei Zustellung der Berufungsschrift (§ 520 Abs. 2) und bei Terminsbestimmung für die Revisionsverhandlung (§ 555 Abs. 2 ZPO.);

b) bei Zustellung einer Streitverkündung darin der Grund der Streitverkündung und die Lage des Rechtsstreits angegeben ist (§ 73 ZPO.);

c) eine gesetzliche Verlängerung der Ladungsfrist nicht eintritt, daß vielmehr nur deren Festsetzung im Falle des § 239 ZPO. — Aufnahme des Verfahrens infolge Todesfalles durch den Rechtsnachfolger — erforderlich ist; ferner im Falle des § 696 ZPO. — Antrag auf Terminsbestimmung bei Widerspruch gegen einen Zahlungsbefehl —;

d) die zuzustellenden Anlagen, falls erforderlich, durch die Geschäftsstelle zu beglaubigen sind (§§ 170 Abs. 2, 196 und 210 ZPO.); daher genügt im Amtsgerichtsprozeß z. B. die Beglaubigung der Klage durch den Anwalt des Klägers nicht. In den Fällen der §§ 340a, 519a, 553a, 554 Abs. 5 ist die Beglaubigung auch durch den Anwalt zugelassen;

e) nach erfolgter Zustellung der Klage im Auslande in derselben Sache und auf dem gleichen Wege die Zustellung weiterer Schriftstücke (Vertagungsprotokoll, Urteil usw.) nicht mehr erforderlich ist (§§ 174 Abs. 2, 175 Abs. 1 ZPO.). In diesen Fällen gilt nach § 175 Abs. 1 ZPO. die Zustellung durch Aufgabe zur Post als im Inlande bewirkt, so daß es hier auch der besonderen Festsetzung der Frist nach § 339 Abs. 2 ZPO. nicht bedarf (JW. 1904 S. 296 Nr. 24, RG. 57, 335).

3. Bei Zustellungen in Strafsachen finden gemäß § 37 StPO. die Vorschriften der ZPO. §§ 199—202 entsprechende Anwendung. Für Zustellung von Ladungen zur Hauptverhandlung vgl. § 278, des Urteils § 281 StPO.

4. Wegen Zustellungen an Deutsche, welche das Recht der Exterritorialität genießen und an Vorsteher der Reichskonsulate vgl. § 200 ZPO.

5. Hinfällig geworden durch Art. 287 des Friedensvertrages von Versailles. Unmittelbarer Verkehr ist jetzt auch zulässig mit: Danzig, dem Memelgebiet, Polen, der Tschechoslowakei.

6. Siehe jetzt die neuen Bestimmungen unter § 28.

7. Vgl. AV. vom 21. Dez. 1926 (Anm. 2 zu § 3).

Soweit die Zustellung auf Grund der §§ 199 ff. ZPO. bewirkt werden kann, ist die öffentliche Zustellung gemäß § 203 Abs. 2 ZPO. nicht zulässig.

8. Zu vgl. a) die RV. vom 30. Juni 1920 — I 4845 — mit folgendem Wortlaut:

„Nach § 18 Abs. 1 Satz 1 GVG. erstreckt sich die inländische Gerichtsbarkeit nicht auf die Chefs und Mitglieder der beim Deutschen Reiche beglaubigten Missionen. Damit ist jedoch der Kreis der der inländischen Gerichtsbarkeit unterliegenden Personen nicht erschöpfend bezeichnet. Nach allgemein anerkannten Regeln des Völkerrechts, die als bindende Bestandteile des deutschen Reichsrechtes gelten (Art. 4 Reichsverfassung) muß die Exterritorialität auch den Angehörigen der auf Grund des Waffenstillstandsvertrages in Deutschland tätigen Militärmissionen, sowie allen Mitgliedern und sonstigen Angehörigen der auf Grund des Friedensvertrages in Deutschland tätigen Ausschüsse und Unterausschüsse, soweit dabei nicht etwa Personen deutscher Staatsangehörigkeit in Frage kommen, zugestanden werden. Dagegen sind die Familienmitglieder und Dienstboten der Mitglieder und sonstigen Angehörigen der interalliierten Ausschüsse (Unterausschüsse) nicht als exterritorial anzusehen.

Die vorbezeichneten exterritorialen Personen können im Inland gegen ihren Willen nicht verklagt und nicht strafrechtlich verfolgt werden. Ein Zwang, sich als Auskunftsperson vernehmen zu lassen, ist gegen sie nicht zu üben und demgemäß eine Ladung unter Straf- oder Zwangsandrohung unzulässig. Im übrigen wird wegen des Verkehrs der Justizbehörden mit den Interalliierten Ausschüssen (Unterausschüssen) auf die Verfügung vom 24. April 1920 — I. 16690 — verwiesen.

Unbeschadet des Rechts und der Pflicht der Justizbehörden, die Frage der Exterritorialität im Einzelfalle zu prüfen, werden sämtlichen Angehörigen der interalliierten Ausschüsse (Unterausschüsse) und nur diesen von der Paßstelle des Auswärtigen Amtes, nachdem diese die Legitimation der in Frage kommenden Personen in jedem einzelnen Falle einer eingehenden Prüfung unterzogen hat, „Tätigkeitsausweise“ auf gelbem Leinenpapier, die mit Lichtbild des Inhabers versehen sind, ausgestellt. Es ist angezeigt, daß die Strafverfolgungsbehörden von einem Einschreiten gegen Angehörige der interalliierten Staaten, die sich befugterweise im Besitz der bezeichneten Ausweise befinden, Abstand nehmen und sich darauf beschränken, nach Vornahme der tunlichst zu beschleunigenden Ermittelungen mir die Akten mit einem kurzen Bericht einzureichen.

Da in der Regel einige Zeit vergeht, bis die in Deutschland neu eintreffenden Angehörigen der interalliierten Ausschüsse in den Besitz der Tätigkeitsausweise gelangen, empfiehlt es sich in Fällen, in denen Ausländer, ohne im Besitz solcher Ausweise zu sein, in nicht etwa offenbar wahrheitswidriger Weise die Eigenschaft als Angehörige der interalliierten Ausschüsse (Unterausschüsse) in Anspruch nehmen, sich unmittelbar mit der Paßstelle des Auswärtigen Amtes in Berlin, Behrenstraße 21 (Fernruf Zentrum 6668, Telegrammadresse: Zentropaß) in Verbindung zu setzen. Die Paßstelle wird in der Lage sein, die Richtigkeit solcher Angaben unverzüglich nachzuprüfen."

b) RV. vom 19. Oktober 1920 — I 6568 —, die, wie folgt, lautet:

„In einer Reihe von Fällen sind in letzter Zeit bei Klagen, Zustellungen, Zwangsvollstreckungsersuchen gegen außerdeutsche Staaten Unzuträglichkeiten und insbesondere auch diplomatische Schwierigkeiten daraus entstanden, daß bei den Anordnungen und Entscheidungen der Gerichte der Grundsatz des Völkerrechts, nach dem die inländische Gerichtsbarkeit sich auf ausländische Staaten regelmäßig nicht erstreckt, unbeachtet geblieben war.

Nach diesem völkerrechtlichen anerkannten Grundsatze, der nach Art. 4 der Reichsverfassung als Bestandteil des Reichsrechtes anzusehen ist, sind gerichtliche Maßnahmen gegen ausländische Staaten, insbesondere auch solche der Zwangsvollstreckung in ihr im Inlande befindliches Vermögen regelmäßig unzulässig. Wegen der Stellung der Rechtsprechung zu dieser Frage, insbesondere auch wegen der von diesem Grundsatz zu machenden Ausnahmen (z. B. im Falle freiwilliger Unterwerfung und dinglicher Klagen) verweise ich auf die Entscheidung des Reichsgerichts in RGZ. Band 62 S. 187 ff. und das Urteil des Gerichtshofes zur Entscheidung der Kompetenzkonflikte vom 25. Juli 1910 (abgedruckt im „Jahrbuch des öffentlichen Rechtes der Gegenwart" Band V S. 225 ff.).

Eine Nichtbeachtung dieser Grundsätze verursacht, abgesehen von den diplomatischen Schwierigkeiten und der Notwendigkeit eines Kompetenzkonfliktsverfahrens auch dem inländischen Gläubiger regelmäßig die Last fruchtloser, meist erheblicher Kosten.

Die Häufigkeit der Fälle gibt mir Veranlassung, auf die Bedeutung und Wichtigkeit der Prüfungspflicht nach dieser Richtung hinzuweisen.

Ich bringe bei dieser Gelegenheit meine Rundverfügungen I 16 690 vom 24. April 1920 und I 4845 vom 30. Juni 1920 in Erinnerung."

Anmerkung: Die bezogene Verfügung vom 24. April 1920 — I 16 690 — betrifft den Verkehr mit den interalliierten Ausschüssen.

9. Jetzt: Auswärtiges Amt (AV. vom 27. Juni 1921 — JMBl. S. 366 —).

10. Bei Ungarn mindestens 6 Wochen, bei Rumänien mindestens 3 Monate, bei Rußland mindestens 2 Monate, bei Spanien mindestens 3 Monate.

§ 9.

Ersuchen um Vernehmung oder um Abnahme von Eiden [1], [2].

1. Bei Ersuchen um Vernehmungen oder um Abnahme von Eiden sind in den Ersuchungsschreiben die Personen zu bezeichnen, welche nach den inländischen Vorschriften das Recht haben, der Vernehmung oder Eidesabnahme beizuwohnen [3]. Hiervon ist abzusehen, wenn die beteiligten Personen auf Benachrichtigung von dem zur Erledigung des Ersuchens anzuberaumenden Termine verzichtet haben. Ob sie dies tun, ist vor Erlaß des Ersuchungsschreibens festzustellen. Es empfiehlt sich, ihnen dabei mitzuteilen, daß die Benachrichtigung nicht selten mit Schwierigkeiten verbunden ist und die Erledigung des Ersuchens in der Regel erheblich verzögert, und daß es deshalb sowohl im Interesse der Vereinfachung des Geschäftsverkehrs als auch im Interesse der Beschleunigung der Sache erwünscht erscheine, die Benachrichtigung nur dann zu verlangen, wenn die Absicht besteht, dem Beweistermine beizuwohnen. Wird das Ersuchungsschreiben dem Justizminister oder dem Minister der Auswärtigen Angelegenheiten [4]) eingereicht, so ist in dem Begleitbericht anzuzeigen, daß festgestellt ist, ob die Parteien auf Benachrichtigung von dem Termine verzichtet haben.

2. Im Falle des Abs. 1 Satz 1 ist in dem Ersuchungsschreiben die Bitte auszusprechen, die ersuchende Behörde von dem anberaumten Termine rechtzeitig

zu benachrichtigen. Die ersuchende Behörde hat dann nach Eingang der Benachrichtigung die Beteiligten von dem Termine sofort in Kenntnis zu setzen. Erscheint ausnahmsweise, z. B. wenn die Beteiligten in dem ausländischen Staate sich aufhalten, ihre Benachrichtigung von dem Termine durch die ersuchte Behörde angezeigt, so ist diese um Vornahme der Benachrichtigung zu ersuchen.

3. Bei Ersuchen um Vernehmung von Zeugen oder Sachverständigen ist anzugeben, ob die Vernehmung eidlich oder nicht eidlich erfolgen soll (vgl. jedoch § 24 Abs. 2 Niederlande und § 38 Abs. 3 Luxemburg)[5].

4. Wird um die Abnahme eines Parteieides ersucht, so muß das Ersuchungsschreiben außer der Eidesnorm die Eingangsformel und die Eidesformel (vgl. § 481 ZPO.) vollständig enthalten[6].

1. AV. vom 27. Febr. 1923 — JMBl. S. 161 — (zu vgl. auch AV. vom 16. Sept. 1924 — JMBl. S. 358—):

„Das Auswärtige Amt hat darauf hingewiesen, daß durch die Erledigung von Ersuchen in bürgerlichen Rechtsstreitigkeiten, welche die Vernehmung von Zeugen und Sachverständigen betreffen, den Parteien, soweit solche Ersuchen nicht auf Grund von Verträgen oder Übung von den Behörden des ersuchten Staates kostenfrei erledigt werden, erhebliche Kosten entstehen. (Anm. d. Verf.: Keine bzw. geringe Kosten entstehen z. Zt. in Bulgarien — ausgenommen Sachv.-Gebühren —, Dänemark, Danzig, Frankreich — mit Ausnahme der Sachverständigengebühren, die zu erstatten sind —, Griechenland, Luxemburg, Memelgebiet, Niederlande, Norwegen, Österreich, Polen, Rumänien, Rußland — mit Ausnahme der an Zeugen und Sachverständige gezahlten Entschädigungen —, Tschechoslowakei — Ausnahme: Zeugen- und Sachverständigengebühren. — Nur Kosten für Zeugen- und Sachverständigengebühren, g. F. Übersetzungskosten und Kosten für Zwangsmaßnahmen, entstehen bei Belgien, Italien, Schweden, Schweiz, Spanien, Ungarn). Diese Kosten können vermindert werden, wenn sich die Parteien auf eine schriftliche Befragung des Zeugen oder Sachverständigen einigen und die beweispflichtige Partei nach Eingang der Äußerung des Zeugen oder Sachverständigen den Urkundenbeweis antritt. In solchen Fällen sind die konsularischen Behörden des Deutschen Reichs bereit, die schriftliche Befragung des Zeugen oder Sachverständigen zu übernehmen, und es bestehen keine Bedenken dagegen, wenn auf Wunsch der Parteien die Gerichte an die Konsularbehörden entsprechende Ersuchen richten." (Anm. d. Verf.: Insbesondere empfiehlt sich dieses Verfahren bei Brasilien, Chile, Großbritannien, Uruguay und den Vereinigten Staaten von Nordamerika, da in diesen Ländern die Rechtshilfekosten besonders hoch sind. Zu vergleichen diesbezüglich die RV. des JM. vom 30. Mai 1925 — I 12 748 —, abgedruckt unter Nr. 1 der Vorbemerkungen zum Abschnitt IV).

2. AV. vom 19. Jan. 1923 — JMBl. S. 43 —:

„Das Auswärtige Amt hat ein Urteil eines dänischen Gerichts mitgeteilt, dem folgender Sachverhalt zugrunde liegt:

Eine deutsche Aktiengesellschaft hatte vor einem deutschen Gericht einen in Dänemark wohnenden dänischen Staatsangehörigen auf Zahlung verklagt und seine Verurteilung erzielt. In dem Rechtsstreite hatte der Beklagte durch Benennung mehrerer in Dänemark wohnender Zeugen Beweis angetreten; darauf war ein Beweisbeschluß ergangen, in dem die Vernehmung dieser Zeugen durch ein deutsches Gericht (Amtsg. Rostock) angeordnet wurde. Daran scheiterte die Vernehmung der Zeugen. Die von der deutschen Firma vor einem dänischen Gericht erhobene Klage auf Erlaß eines Vollstreckungsurteils, das ähnlich wie nach deutschem auch nach dänischem Rechte die Voraussetzung der Vollstreckbarkeit ausländischer Urteile in Dänemark bildet, wurde — entgegen der sonstigen Praxis der dänischen Gerichte — abgewiesen. Aus den Entscheidungsgründen ergibt sich, daß das dänische Gericht im Hinblick auf die erwähnte Anordnung des deutschen Beweisbeschlusses den Rechtsschutz, der dem Beklagten durch das deutsche Verfahren gewährt worden ist, mit demjenigen als tatsächlich nicht gleichwertig angesehen hat, welchen er vor einem dänischen Gerichte gefunden hätte. Zu dieser Auffassung ist das Gericht um so mehr gekommen, als nach dem sowohl von Deutschland als auch von Dänemark ratifizierten Haager Abk. über den Zivilprozeß vom 17. Juli 1905 (RGBl. 1909 S. 410) Art. 8 und 9 in Verbindung mit den Erklärungen der deutschen und dänischen Regierung vom 1. Juni 1910 (RGBl. S. 873) Art. 1 die Vernehmung der vom Beklagten benannten

Zeugen durch ein dänisches Gericht unschwer möglich gewesen wäre, und als in demselben Rechtsstreit ein in der Schweiz wohnender Zeuge auf Grund des eben erwähnten Abkommens durch ein schweizerisches Gericht vernommen worden war. Diese Entscheidung des dänischen Gerichts bringe ich zur Kenntnis der preußischen Justizbehörden; sie wird bei der Entscheidung darüber, ob von der Möglichkeit, auf Grund des Haager Abk. über den Zivilprozeß Beweisaufnahmen durch ein ausländisches Gericht erledigen zu lassen, Gebrauch zu machen ist, zu beachten sein."

3. Diese Vorschriften finden auch Anwendung in Strafsachen (vgl. § 24 der RHV.). Es wird allgemein abgelehnt, in einem gegen einen eigenen Staatsangehörigen schwebenden Strafverfahren Zeugen zu vernehmen (s. AV. vom 25. Juni 1924 — JMBl. S. 264 —, abgedruckt im Abschnitt VII unter C).

Ersuchen an die Konsuln um Zeugenvernehmung oder Eidesabnahme s. § 18 RHV. Betr. Sprache und Abfassung vgl. § 22 Nr. 1 und 2 der RHV.

4. Jetzt: Auswärtiges Amt (vgl. JMBl. 1921 S. 366).

5. Hiesige Vorschriften § 393 ZPO., § 57 StPO.

Der französische bzw. italienische Richter wird Zeugen vernehmen, obwohl nach seinem Recht Zeugenbeweis bei Wertgegenständen über 150 Francs bzw. 500 Lire nicht zulässig ist, auch wird der Richter im Kanton Zürich den Zeugen zu vereidigen haben, obwohl der Eid dort nicht besteht, ebenso, wie der deutsche Richter auf Ersuchen österreichischer Gerichte die Partei als Zeugen wird vernehmen müssen. In Basel-Land und Schaffhausen (Schweiz) kann der Richter von der Vereidigung Abstand nehmen, wenn er den Zeugen für glaubhaft hält (vgl. von Normann und Delius).

6. Art. 177 der Reichsverfassung (Gestattung der Eidesleistung unter Weglassung der religiösen Eidesform) ist zu beachten.

§ 10.

Rechtshilfekosten.

I. Gebühren und Auslagen der deutschen Konsuln.

1. Bei den nicht mit Gerichtsbarkeit ausgestatteten Konsuln werden für ihre Tätigkeit bei der Erledigung von Ersuchen Gebühren und Auslagen gemäß dem Konsulatsgebührengesetze vom 17. Mai 1910 (RGBl. S. 847)[1]) sowie gemäß §§ 2, 4 des Gesetzes vom 5. April 1909 zur Ausführung des Haager Abk. über den Zivilprozeß (RGBl. S. 430)[2]) und § 2 des Gesetzes vom 29. November 1912 zur Ausführung des Vertrags zwischen dem Reiche und Bulgarien . . . (Anm. d. Verf.: Jetzt außer Kraft; vgl. Art. 7 der Verordnung zur Ausführung des neuen Vertrags, abgedruckt hinter § 28 hier) erhoben. Wegen der sonst entstehenden Weiterungen empfiehlt es sich, den Erlaß der Ersuchungsschreiben, soweit dies gesetzlich zulässig ist (§§ 379, 402 ZPO., § 84 Abs. 1 DGKG., § 6 Abs. 1 Pr. GKG.), von der vorgängigen Zahlung eines angemessenen Vorschusses abhängig zu machen; dabei ist zu beachten, daß als Auslagen im Sinne dieser Gesetzesstellen auch die Gebühren der Konsuln anzusehen sind[3]). Wird eine entsprechende richterliche Anordnung nicht getroffen, so ist doch unverzüglich, spätestens aber gleichzeitig mit dem Erlaß der Ersuchungsschreiben, ein angemessener Vorschuß von dem Vorschußpflichtigen zu erfordern. Die Beitreibung des Vorschusses ist zu beschleunigen. In jedem Falle[4]) ist eine Mitteilung über die Einforderung oder den Eingang des Vorschusses und über seine Höhe in das Schreiben an den Konsul aufzunehmen[5]).

2. Nach Erledigung der Ersuchen sind die Gebühren und die Auslagen, zu denen g. F. auch die Übersetzungskosten und die unter III Abs. 1 bezeichneten Kosten gehören, unverzüglich und ohne Rücksicht darauf zu erstatten, ob ein Kostenschuldner vorhanden und ob der erforderte Vorschuß eingegangen ist. Die Er-

stattung der Gebühren hat jedoch in Zivilprozeßsachen, Angelegenheiten der freiwilligen Gerichtsbarkeit und in Privatklagesachen zu unterbleiben, wenn bei Eingang des Erledigungsschreibens bereits feststeht, daß sämtliche Personen, welche als Kostenschuldner in Betracht kommen, insbesondere auch diejenigen Parteien, welche z. Zt. nicht Kostenschuldner sind, das Armenrecht haben oder zahlungsunfähig sind. In diesem Falle hat die Gerichtskasse der zuständigen Stelle (vgl. Abs. 4) eine entsprechende Bescheinigung unverzüglich zu übersenden. Hat in den bezeichneten Sachen eine Erstattung der Gebühren stattgefunden, so hat der Urkundsbeamte, welchem die Prüfung des Kostenansatzes bei der Weglegung der Akten obliegt (§ 15 der Kassenordnung), die Akten vor ihrer Weglegung der Gerichtskasse vorzulegen. Sind die Gerichtskosten wegen Zahlungsunfähigkeit der Kostenschuldner, oder, weil ihnen das Armenrecht bewilligt ist, außer Ansatz gelassen oder niedergeschlagen, so hat die Gerichtskasse hierüber eine Bescheinigung auszustellen. Auf Grund dieser Bescheinigung werden die erstatteten Gebühren der Gerichtskasse auf ihren Antrag (vgl. Abs. 4) kostenfrei und ohne weitere Prüfung zurückgezahlt. Der Umstand, daß jemand sich außerhalb des Deutschen Reichs aufhält oder daß sein Aufenthaltsort unbekannt ist, genügt nicht, um eine Bescheinigung über seine Zahlungsunfähigkeit (Satz 3, 5) auszustellen. Wird nach Ausstellung der Bescheinigung die Einziehung der Gerichtskosten möglich, so sind mit ihnen auch die Konsulatsgebühren einzuziehen und nach Eingang unter kurzer Darlegung des Sachverhalts zu erstatten[6]).

3. Leisten Konsuln mit Gerichtsbarkeit[7]) Rechtshilfe durch Vornahme richterlicher Handlungen, so richtet sich die Berechnung der Kosten und die Pflicht zu ihrer Erstattung nach den §§ 18, 19, 73 des Gesetzes vom 7. April 1900 (RGBl. S. 213), den Gerichtskostengesetzen und den Gebührenordnungen sowie nach § 165 des GVG.

4. Die Erstattung[8]) der Gebühren und Auslagen hat kostenfrei an die Legationskasse des Auswärtigen Amtes in Berlin W 8, Wilhelmstr. 75, zu erfolgen, soweit nicht von dem Konsulat um Zahlung in anderer Weise ersucht wird[9]). Der Legationskasse sind auch die Anträge auf Rückzahlung erstatteter Gebühren, sowie die in Abs. 2 erwähnten Bescheinigungen zu übersenden.

II. Auslagen der deutschen Gesandten.

Auf die Erstattung der Auslagen, die den Gesandten bei der Mitwirkung zur Erledigung von Ersuchen entstanden sind, finden die Bestimmungen unter I Abs. 2 Satz 1, Abs. 4 Satz 1 entsprechende Anwendung.

III. Andere Kosten.

1. Nach dem Haager Abkommen über den Zivilprozeß (§ 20 Abs. 1) wird seitens der Vertragsstaaten die Rechtshilfe in bürgerlichen Sachen grundsätzlich kostenfrei geleistet. Zu erstatten sind jedoch regelmäßig Zeugen- und Sachverständigengebühren sowie diejenigen Auslagen, welche durch die Mitwirkung eines Vollziehungsbeamten gemäß Art. 3 Abs. 1, Art. 11 Abs. 1 des Abk. oder durch die Anwendung einer besonderen Erledigungsform gemäß Art. 3 Abs. 1, Art. 14 Abs. 2 entstanden sind (vgl. jedoch § 31 Dänemark, § 32 Frankreich[10]), § 38 Luxemburg, § 41 Niederlande, § 42 Norwegen, § 43 Österreich, § 47 Schweden).

2. Ist im Geltungsbereiche des Haager Abk. einem Angehörigen der beteiligten Staaten das Armenrecht bewilligt, so erfolgt auch in den in Abs. 1 be-

zeichneten Fällen die Mitwirkung des Vollziehungsbeamten kostenfrei. Dem Ersuchungsschreiben ist hier eine beglaubigte Abschrift des das Armenrecht bewilligenden Beschlusses beizufügen [11]).

3. Im übrigen wird auf die §§ 26 ff. verwiesen.

1. Durch Ges. vom 1. Juli 1921 (RGBl. S. 815 ff.) und 27. Nov. 1923 (RGBl. I S. 1165 ff.) außer Kraft gesetzt.

Gebührengesetz für die Auslandsbehörden nebst Tarif vom 1. Juli 1921 (RGBl. 1921 S. 815).

§ 1. Kreis: gesandtschaftl. und konsul. Behörden.

§ 2. Abs. 1 wörtlich: Im Falle der Bedürftigkeit der Beteiligten müssen die Gebühren für die in dem Tarif aufgeführten Amtshandlungen erlassen werden.

Abs. 3: Außer den Schiffsgebühren und den nach dem Werte abgestuften Gebühren können alle Gebührensätze in Ausnahmefällen auf die Hälfte ermäßigt werden.

§ 3. Abs. 2: Die . . . dann wörtlich: Die Gebühren sind in der Währung desjenigen Landes zu entrichten, in welchem die die Gebühren erhebende Behörde ihren Sitz hat *).

§ 6. Betr. Erstattung der baren Auslagen (Zeugengebühren, Insert.-Kosten, Transportkosten, Schreib- und Postgebühren usw.).

§ 9. Unberührt bleiben die Vorschriften anderer Gesetze, wodurch für die in dem Tarif aufgeführten Amtshandlungen besondere Gebühren oder Gebührenbefreiungen oder -Ermäßigungen festgesetzt werden.

§ 10. Die in dem Gesetze vorgesehenen Gebühren und Auslagen sind auf Ersuchen der erhebenden Behörde von den Behörden, denen die Beitreibung von Kosten obliegt, zwangsweise beizutreiben. Das Ersuchen kann von der Legationskasse gestellt werden. Dabei finden die gemäß § 99 DGKG. (RGBl. 1898 S. 659) erlassenen Vorschriften über den zum Zwecke der Einziehung von Gerichtskosten unter den Bundesstaaten zu leistenden Beistand entsprechende Anwendung.

§ 13. Ges. vom 17. Mai 1910 und 1. April 1920 (§§ 1—4) außer Kraft.

2. Abgedruckt im Abschnitt III dieses Buches.

3. Nach § 16 Abs. 4 b des Gebührengesetzes für die deutschen Auslandsbehörden neuester Fassung (JMBl. 1923 S. 76) ist „zur Deckung der von den Parteien zu ersetzenden baren Auslagen ein Vorschuß zu erheben, wenn die Auslagen bei einer deutschen Gesandtschaft (Anm. d. Verf.: oder sonstigen diplomatischen Vertretung, Botschaft, Geschäftsträger), einem deutschen Konsulat oder einer nichtdeutschen Behörde entstehen".

4. Auch bei Zustellungen von Amts wegen (§ 329 ZPO., § 73 DGKG.) oder bei Armensachen ist ein entsprechender Vermerk (vgl. Abschn. III Nr. 2) aufzunehmen.

5. Auch die von Notaren ausgehenden Ersuchen können nur dann erledigt werden, wenn eine entsprechende Angabe über Eingang und Höhe des Vorschusses in den Ersuchungsschreiben gemacht ist (AV. vom 1. Okt. 1896 — JMBl. S. 317 —). Vgl. im übrigen §§ 15 Ziff. 16, 16 Abs. 4 Ziff. b, 18 Ziff. 4, 19 Ziff. 4, 54 Ziff. 2 der KO.

6. Wegen Standesregistersachen vgl. Verf. des Min. d. J. vom 4. Nov. 1887 — JMBl. S. 260 —.

7. Die Orte, an denen sich mit Gerichtsbarkeit ausgestattete Konsuln befinden, sind zuletzt bekanntgegeben im JMBl. 1927 S. 355 ff. Das jetzt gültige Verzeichnis befindet sich im Abschnitt VI.

8. Zu erstatten sind unbedingt die Kosten der Ablieferung und Strafvollstreckung, die übrigen Auslagen nur insofern sie von einer zahlungsfähigen Partei eingegangen sind (§ 165 GVG.). Zahlungen in ausländischen Zahlungsmitteln nach dem Auslande haben durch die Preußische Staatsbank (Seehandlung) zu erfolgen (RV. vom 9. April 1925 — I 6641 —). Ausnahmen gestattet bei Beträgen unter 1000,— *RM* und bei Kassen außerhalb von Berlin.

Ein deutsches Generalkonsulat schreibt in einem Einzelfall:

„Für die konsularische Vermittlung in bezeichneter Angelegenheit sind nach dem Gebührengesetz für die Auslandsbehörden vom 1. Juli 1921 (RGBl. S. 85 ff.) gemäß Ziff. 2 bzw.

---

*) Anm. d. Verf.: Nicht in allen Fällen; es ist dem Ersuchen des Konsulats usw. entsprechend zu verfahren.

Ziff. 9 des Tarifs Gebühren und Kosten zu erheben, die in Guldenwährung hier vereinnahmt werden müssen. Nach den vom Auswärtigen Amt erlassenen Ausführungsbestimmungen zum vorbezeichneten Gebühren-Gesetz sollen die Antragsteller vor Beginn der Vermittlung auf die Gebühren hingewiesen und um Einsendung eines angemessenen Kostenvorschusses gebeten werden. Ich darf bitten, mir zunächst einen Kostenvorschuß von 3,60 fl. durch Scheck oder Postanweisung herzusenden. Bei Schecküberweisung erhöht sich der Betrag um 10 Cent. Die Umrechnung der im Tarif angesetzten Gebühren erfolgt zum Kurse von 1,— RM = 60 Cent.

Nach Eingang des Vorschusses wird die Bearbeitung sogleich in die Hand genommen werden. Ich werde versuchen, vom Kostenschuldner die Konsulatsgebühren und Kosten mit einzutreiben. Gelingt dies, dann wird der Vorschuß zurückerstattet, Zwangsmittel stehen mir jedoch nicht zu Gebote."

9. Nach Muster 123 der RO. — ORK. Nr. 125 — (§ 112 Abs. 9 der RO.). Verrechnungsstelle Kap. 76 Tit. 53 Abt. 2.

10. Hinfällig geworden durch Art. 287 des Vertrages von Versailles.

11. Sonst genügt bloße Bemerkung, daß das Armenrecht bewilligt ist.

B. Ersuchen an die Gerichtsbehörden in den deutschen Schutzgebieten.

(§§ 11 bis 13 sind gegenstandslos geworden).

C. Ersuchen an deutsche Gesandte.

§ 14.

Verkehr mit den Gesandten.

Ersuchungsschreiben an deutsche Gesandte sind nur in Zustellungsangelegenheiten zulässig (vgl. § 8). Wegen der Fälle, in denen bei der Beförderung von Ersuchungsschreiben an ausländische Behörden die Vermittelung eines Gesandten von den Justizbehörden in Anspruch zu nehmen ist, vgl. § 21 Abs. 1.

D. Ersuchen an deutsche Konsuln.

§ 15.

Unmittelbarer Geschäftsverkehr mit den Konsuln.

Die Ersuchungsschreiben an deutsche Konsuln sind diesen unmittelbar zu übersenden (vgl. jedoch § 18 Abs. 3 sowie wegen der britischen Kolonien und auswärtigen Besitzungen § 34 Abs. 3 und wegen Japan § 36). Der Minister der auswärtigen Angelegenheiten[1]) ist jedoch bereit, bei anderen Ersuchen als solchen um Zustellung seine Vermittelung ausnahmsweise eintreten zu lassen, wenn dies aus besonderen Gründen angezeigt erscheint. Die letzteren sind alsdann in dem Begleitberichte, mit welchem die Ersuchungsschreiben dem Justizminister oder in eiligen Fällen dem Minister der auswärtigen Angelegenheiten[1]) eingereicht werden, näher darzulegen.

1. Jetzt: Auswärtiges Amt (AV. vom 27. Juni 1921 — JMBl. S. 366 —).

§ 16.

Ersuchen an die Konsuln mit Gerichtsbarkeit.

1. Konsulargerichtsbarkeit[1]) wird z. Zt. ausgeübt: in Abessinien, China, Korea, Marokko, Persien, Rumänien, Serbien, Siam, auf den Inseln der Südsee,

soweit sie nicht zu einem deutschen Schutzgebiete gehören oder einer vom Reiche anerkannten anderweitigen Jurisdiktion unterworfen sind, sowie in der Türkei einschließlich Ägyptens [2]).

2. Eine Übersicht über die Konsuln mit Gerichtsbarkeit wird von Zeit zu Zeit durch das Justizministerialblatt zur Kenntnis der Justizbehörden gebracht [3]).

3. Soll die Rechtshilfe in einem der in Abs. 1 bezeichneten Länder (vgl. jedoch wegen Rumäniens und Serbiens Abs. 4) geleistet werden, so ist, selbst wenn der Konsul zur eigenen Erledigung nicht zuständig ist, doch das Ersuchen an ihn mit der Bitte um amtliche Verwendung zu richten. In der Regel wird der Konsul auch in solchen Fällen die Leistung der Rechtshilfe herbeiführen können. Hat die konsularische Vermittelung nicht zum Ziele geführt, oder erscheint von vornherein aus besonderen Gründen diplomatische Vermittelung angemessen, so ist unter Darlegung dieser Gründe wegen Herbeiführung der diplomatischen Vermittelung dem Justizminister oder in eiligen Fällen dem Minister der auswärtigen Angelegenheiten [4]) zu berichten. Dem Bericht ist eine Denkschrift (vgl. § 54) beizufügen, aus welcher sich der Sachverhalt, insbesondere der Inhalt des Ersuchens um Rechtshilfe ergibt.

4. Handelt es sich um die Gewährung von Rechtshilfe in Serbien [3]), und besitzt die Person, mit der verhandelt werden soll, nicht die Reichsangehörigkeit, so sind die Ersuchungsschreiben stets dem Justizminister oder in eiligen Fällen dem Minister der auswärtigen Angelegenheiten [4]) einzureichen. In dem Begleitbericht ist anzugeben, was über die Staatsangehörigkeit der Person, mit welcher verhandelt werden soll, ermittelt ist. Das gleiche gilt, wenn innerhalb Rumäniens [3]) in einer Strafsache Rechtshilfe geleistet werden soll; im übrigen vgl. § 21 Abs. 1 Satz 2 [5]).

5. Wegen der Ersuchen um Zustellung vgl. § 8.

1. Gesetz betr. Überleitung von Rechtsangelegenheiten der Konsulargerichtsbarkeit s. RGBl. 1921 S. 805.

2. Vgl. aber Anm. 3 nachstehend.

3. Letzte Bekanntmachung erfolgt durch JMBl. 1926 S. 239 ff.; danach wird z. Zt. Konsulargerichtsbarkeit nur noch ausgeübt in Abessinien, Marokko (Spanische Zone) und Persien (auch in Persien sind seit 10. Mai 1928 die Sonderrechte der Ausländer abgeschafft und diese der Rechtsprechung persischer Gerichtshöfe unterstellt. Die deutsche Gerichtsbarkeit ist auf 1 Jahr verlängert). Hinzugekommen ist Ägypten (s. RGBl. 1925 Teil II S. 735).

4. Jetzt: Auswärtiges Amt (AV. vom 27. Juni 1921 — JMBl. S. 366 —).

5. Zu vgl. Anm. 1 zu § 21.

§ 17.

Ersuchen an die Konsuln um Vernehmung von Angeklagten.

Die Befugnis zur Vernehmung von Angeklagten, die von der Verpflichtung zum Erscheinen in der Hauptverhandlung entbunden sind, steht nur den Konsuln mit Gerichtsbarkeit (§ 16) zu. Dies gilt auch dann, wenn der Angeklagte ein Deutscher ist. Soll die Vernehmung in einem Lande erfolgen, wo Konsulargerichtsbarkeit nicht ausgeübt wird, so sind die Ersuchungsschreiben dem Justizminister, oder in eiligen Fällen dem Minister der auswärtigen Angelegenheiten [1]) zur Weiterbeförderung an die zuständige ausländische Behörde einzureichen (vgl. jedoch für Großbritannien und Irland § 34 Abs. 2), sofern nicht der unmittelbare Geschäftsverkehr zulässig ist.

1. Vgl. Anm. 4 zu § 16.

§ 18.

Ersuchen an die Konsuln um Vernehmung von Zeugen oder um Abnahme von Eiden.

1. Außer den Konsuln mit Gerichtsbarkeit sind zur Vernehmung von Zeugen und zur Abnahme von Eiden nur diejenigen Konsuln befugt, welchen hierzu die Ermächtigung von dem Reichskanzler auf Grund des § 20 des Gesetzes vom 8. Nov. 1867 (Bundesgesetzbl. S. 137) ausdrücklich erteilt ist. Die allgemein hierzu ermächtigten Konsuln werden in den Konsulatsverzeichnissen (vgl. § 7 Abs. 2) sowie in den Bekanntmachungen des Justizministerialblatts (§ 16 Abs. 2) besonders ersichtlich gemacht[1]).

2. Ersuchen um Vernehmung von Zeugen oder um Abnahme von Eiden sind an die nicht mit Gerichtsbarkeit ausgestatteten Konsuln nur dann zu richten, wenn anzunehmen ist, daß der Zeuge oder der Schwurpflichtige ein Deutscher ist, daß er an dem Amtssitze des Konsuls selbst oder in dessen unmittelbarer Nähe sich aufhält und daß er voraussichtlich bereit ist, vor dem Konsul zu erscheinen (vgl. jedoch für Großbritannien, Irland, die britischen Kolonien und auswärtigen Besitzungen § 34 Abs. 2, 3).

3. Liegen die im Abs. 2 bezeichneten Voraussetzungen vor und ist der Konsul nicht allgemein zur Vernehmung von Zeugen oder zur Abnahme von Eiden ermächtigt, so sind die Ersuchungsschreiben zur Herbeiführung der Ermächtigung dem Justizminister, oder in eiligen Fällen dem Minister der auswärtigen Angelegenheiten[2]) einzureichen. Die Anschrift der ersuchten Behörde ist auch hier nicht in das Ersuchungsschreiben aufzunehmen (§ 2 Abs. 2). In dem Begleitbericht ist anzugeben, daß die bezeichneten Voraussetzungen vorhanden sind. Bestehen hierüber Zweifel, so sind diese mitzuteilen; auch ist dann anzugeben, ob für den Fall, daß die Ermächtigung nicht erteilt wird, gegen die Weiterbeförderung des Ersuchungsschreibens an die zuständige ausländische Behörde Bedenken bestehen.

4. Sind Zeugen, welche vernommen werden sollen, zur Verweigerung des Zeugnisses berechtigt, so ist hierauf in dem Ersuchungsschreiben hinzuweisen und g. F. damit die Bitte zu verbinden, die Zeugen über ihr Recht zu belehren.

1. Wegen Berechtigung der deutschen Vertretungen und Berufskonsulate, in deren Bezirke Hafenplätze liegen, zur Abhörung von Zeugen und zur Abnahme von Eiden in Strafsachen gegen deutsche Seeleute s. nachstehende Verfügung des Justizministers vom 17. Juni 1925 — I 3634 —:

„Nach § 20 des Konsulargesetzes sind zur Abhörung von Zeugen und zur Abnahme von Eiden nur diejenigen Konsuln befugt, welche dazu vom Reichskanzler besonders ermächtigt worden sind. Nach der allgemeinen Dienstinstruktion zu § 20 des Konsulargesetzes kann eine eidliche Abhörung von Zeugen nur auf Ersuchen inländischer Behörden erfolgen. Diese Vorschrift galt bisher auch bei der Strafverfolgung deutscher Seeleute, die sich an Bord deutscher Schiffe im Ausland einer Straftat schuldig gemacht hatten und zum Zwecke ihrer Aburteilung durch das zuständige deutsche Gericht nach Deutschland heimgeschafft worden waren. Wenn demnach ein als Seemannsamt tätiges deutsches Konsulat die Heimschaffung eines solchen straffälligen Seemanns bewirkte, so mußte sich die Konsularbehörde darauf beschränken, die als Zeugen in Frage kommenden Personen lediglich uneidlich zu vernehmen. Eine eidliche Vernehmung durch ein Konsulat konnte bisher nach Maßgabe der allgemeinen Dienstinstruktion nur erfolgen, wenn eine inländische deutsche Behörde ausdrücklich darum ersucht hatte.

Diese Einschränkung erscheint nach den gemachten Erfahrungen bei der Verfolgung straffälliger Seeleute vor deutschen Gerichten nicht zweckmäßig, weil die zur Durchführung des Strafverfahrens erforderlichen eidlichen Zeugenaussagen erst durch ein an das Konsulat gerichtetes besonderes Ersuchen beschafft werden können. Der Beruf des Seemanns bringt es mit sich, daß die als Zeugen zu vernehmenden Angehörigen der Schiffsbesatzung schnell und oft ihren Aufenthalt wechseln. Dadurch wird die Beschaffung eidlicher Zeugenaussagen nach den bisherigen Vorschriften oft mit bedeutendem Zeitverluste verbunden, in vielen Fällen sogar, wenn die Zeugen nicht ermittelt werden können, unmöglich sein.

Es liegt im allgemeinen Interesse, daß die für die Strafverfolgung straffälliger deutscher Seeleute zuständige inländische Gerichtsbehörde möglichst schnell die Unterlagen erhält, die eine glatte Durchführung des Strafverfahrens gewährleisten. Zu diesen Unterlagen gehören vor allem die eidlichen Zeugenaussagen, deren schleunige Beschaffung nur erreicht werden kann, wenn die eidliche Vernehmung der Zeugen durch die Konsularbehörden nicht erst von einem Ersuchen der inländischen Behörden abhängig gemacht wird.

Demgemäß wird nach Benehmen mit den zuständigen inneren Behörden die allgemeine Dienstinstruktion zu § 20 des Konsulargesetzes abgeändert, daß in den Fällen, in denen ein straffälliger deutscher Seemann zum Zwecke seiner Strafverfolgung nach Deutschland heimgeschafft wird, die die Heimschaffung veranlassende deutsche Konsularbehörde, sofern sie auf Grund des § 20 des Konsulargesetzes zur Abhörung von Zeugen und zur Abnahme von Eiden besonders ermächtigt ist, befugt ist, die in Frage kommenden Zeugen sogleich ohne Ersuchen einer inländischen Behörde eidlich zu vernehmen.

Die hierüber aufgenommenen Verhandlungen werden mit tunlichster Beschleunigung zusammen mit den sonstigen, für die Einleitung eines Strafverfahrens erforderlichen Unterlagen der zuständigen deutschen Strafverfolgungsbehörde zu übersenden sein.

Indem ich nochmals darauf hinweise, daß die Abänderung der allgemeinen Dienstinstruktion zu § 20 des Konsulargesetzes nur hinsichtlich der zum Zwecke der Strafverfolgung nach Deutschland abzuliefernden straffälligen deutschen Seeleute gilt, bitte ich, in künftigen Fällen entsprechend zu verfahren.

Verzeichnis
der deutschen Vertretungen und Berufskonsulate, in deren Bezirken Hafenplätze liegen.

Argentinien.
1. Buenos Aires, Gesandtschaft.

Belgien.
2. Brüssel, Gesandtschaft,
3. Antwerpen, Generalkonsulat, mit Zusatz: (durch die Deutsche Gesandtschaft in Brüssel)

Brasilien.
4. Rio de Janeiro, Gesandtschaft,
5. Porto Alegre, Konsulat,
6. Sao Paulo, Konsulat,

(5–6) mit Zusatz: (durch die Deutsche Gesandtschaft in Rio de Janeiro).

Chile.
7. Valparaiso, Generalkonsulat, mit Zusatz: (durch die Deutsche Gesandtschaft in Santiago).

China.
8. Kanton, Generalkonsulat,
9. Hankow, Generalkonsulat,
10. Shanghai, Generalkonsulat,
11. Tientsien, Generalkonsulat,
12. Tsinanfu, Konsulat,

(8–12) mit Zusatz: (durch die Deutsche Gesandtschaft in Peking).

Columbien.
13. Bogota, Gesandtschaft.

Cuba, Haiti, Dominikanische Republik.
14. Havana, Gesandtschaft.

Dänemark.
15. Kopenhagen, Gesandtschaft,
16. Apenrade, Konsulat, mit Zusatz: (durch die Deutsche Gesandtschaft in Kopenhagen).

Danzig.
17. Danzig, Generalkonsulat.

Egypten.

18. Alexandrien, Konsulat, mit Zusatz: (durch die Deutsche Gesandtschaft in Kairo).

Ekuador.

19. Quito, Gesandtschaft.

Estland.

20. Reval, Gesandtschaft.

Finnland.

21. Helsingfors, Gesandtschaft.

Griechenland.

22. Athen, Gesandtschaft.
23. Salonik, Konsulat, mit Zusatz: (durch die Deutsche Gesandtschaft in Athen).

Großbritannien.

24. London, Botschaft,
25. Glasgow, Konsulat,
26. Liverpool, Konsulat,

Britische Besitzungen.

27. Dublin (Irischer Freistaat), Konsulat,
28. Kalkutta, Generalkonsulat,
29. Melbourne, Generalkonsulat,
30. Montreal, Generalkonsulat,

(24–30:) mit Zusatz: (durch die Deutsche Botschaft in London).

Italien.

31. Genua, Konsulat,
32. Neapel, Generalkonsulat,
33. Triest, Konsulat,

(31–33:) mit Zusatz: (durch die Deutsche Botschaft beim Quirinal in Rom).

Japan.

34. Tokio, Botschaft (zugleich z. Zt. für Yokohama),
35. Kobe, Generalkonsulat, mit Zusatz: (durch die Deutsche Botschaft in Tokio).

Lettland.

36. Riga, Gesandtschaft.

Mexiko

s. Ziff. 61.

Mittelamerika.

37. Guatemala, Gesandtschaft.

Niederlande.

38. Amsterdam, Generalkonsulat,
39. Rotterdam, Konsulat,

(38–39:) mit Zusatz: (durch die Deutsche Gesandtschaft im Haag).

Niederländische Besitzungen.

40. Batavia, Generalkonsulat, mit Zusatz: (durch die Deutsche Gesandtschaft im Haag).

Norwegen.

41. Oslo, Gesandtschaft.

Paraguay.

42. Asuncion, Gesandtschaft.

Peru.

43. Lima, Gesandtschaft.

Portugal.

44. Lissabon, Gesandtschaft.

Portugiesische Besitzungen.

45. Lourenco Marques (Delagoa-Bai), Konsulat, mit Zusatz: (durch die Deutsche Gesandtschaft in Lissabon).

Rumänien.

46. Galatz, Konsulat, mit Zusatz: (durch die Deutsche Gesandtschaft in Bukarest).

Rußland.

47. Leningrad (Petersburg), Generalkonsulat,
48. Wladiwostok, Konsulat,
49. Tiflis (Transkaukasien), Generalkonsulat,
50. Odessa (Ukraine), Konsulat,

} mit Zusatz: (durch die Deutsche Botschaft in Moskau).

Schweden.

51. Stockholm, Gesandtschaft,
52. Gotenburg, Konsulat, mit Zusatz: (durch die Deutsche Gesandtschaft in Stockholm).

Siam.

53. Bangkok, Gesandtschaft.

Spanien.

54. Barcelona, Generalkonsulat, mit Zusatz: (durch die Deutsche Botschaft in Madrid).

Türkei.

55. Konstantinopel, Gesandtschaft,
56. Smyrna, Generalkonsulat, mit Zusatz: (durch die Deutsche Gesandtschaft in Konstantinopel).

Uruguay.

57. Montevideo, Gesandtschaft.

Vereinigte Staaten von Amerika.

58. New-Orleans, Konsulat,
59. New-York, Generalkonsulat,
60. San Francisco, Generalkonsulat,

} mit Zusatz: (durch die Deutsche Botschaft in Washington).

Mexiko.

61. Mexiko, Gesandtschaft."

2. Jetzt: Auswärtiges Amt (AV. vom 27. Juni 1921 — JMBl. S. 366 —). Zu vgl. im übrigen § 9 Seite 28.

§ 19.

Urteilsvollstreckung durch die Konsuln [1]).

1. Zur Zwangsvollstreckung in bürgerlichen Sachen sind nur die Konsuln mit Gerichtsbarkeit und auch diese nur gegen die ihrer Gerichtsbarkeit unterworfenen Personen befugt. Die Ersuchungsschreiben sind gemäß § 791 ZPO. und § 46 des Gesetzes über die Konsulargerichtsbarkeit vom 7. April 1900 (Reichsgesetzblatt S. 213) von dem Prozeßgerichte zu erlassen. Ihnen ist eine vollstreckbare Ausfertigung der Entscheidung, welche vollstreckt werden soll, beizufügen.

2. Für die Vollstreckung inländischer Strafurteile gilt Abs. 1 Satz 1. Die Konsuln dürfen außerdem auf das unmittelbare Ersuchen inländischer Behörden nur Geldstrafen und Freiheitsstrafen von nicht mehr als sechs Wochen vollstrecken lassen. Zur Vollstreckung längerer Freiheitsstrafen bedarf es einer Weisung des Reichskanzlers. Diese ist von der Strafvollstreckungsbehörde in einem Berichte zu erbitten, welcher dem Justizminister oder in eiligen Fällen dem Minister der auswärtigen Angelegenheiten [2]) einzureichen ist.

1. Im übrigen vgl. § 25 der RHV.

2. Wie bei Anm. 2 zu § 18.

E. Ersuchen an ausländische Behörden.

§ 20.

Allgemeines.

1. Der Rechtshilfeverkehr in bürgerlichen Sachen ist durch das Haager Abk. über den Zivilprozeß vom 17. Juli 1905 (RGBl. 1909 S. 410) zwischen dem Reiche, Belgien, Dänemark, Frankreich [1]), Italien, Luxemburg, den Niederlanden, Norwegen, Österreich, Ungarn, Portugal [1]), Rumänien [1]), Rußland [2]), Schweden, der Schweiz und Spanien vertragsmäßig geregelt. Die Rechtshilfe in Strafsachen [3]) ist vielfach in Auslieferungsverträgen gewährleistet (vgl. das Nähere unter F bei den einzelnen Ländern). Außerdem ist die Rechtshilfe durch fremde Behörden vertragsmäßig für Elbschiffahrtssachen durch die Additionalakte vom 13. April 1844 (Gesetzsamml. S. 458) zur Elbschiffahrtsakte vom 23. Juni 1821 (Gesetzsamml. 1822 S. 9) sowie für Rheinschiffahrtssachen durch die revidierte Rheinschiffahrtsakte vom 17. Oktober 1868 (Gesetzsamml. 1869 S. 798) zugesichert.

2. Auch die Behörden der Kulturstaaten, mit denen Verträge über Rechtshilfe nicht geschlossen sind, gewähren diese den deutschen Justizbehörden, soweit sich nicht aus internationalem Gebrauch oder aus Landesgesetzen Beschränkungen ergeben.

3. Ersuchen, welche durch einen deutschen Konsul erledigt werden können, sind an ihn und nicht an ausländische Behörden zu richten (vgl. auch § 16 Abs. 3) [4]). Soll ein an eine solche Behörde gerichtetes Ersuchen dem Konsul zur Weiterbeförderung übersandt werden, so ist doch in dem Begleitschreiben regelmäßig dem Konsul die Erledigung des Ersuchens für den Fall, daß er dazu in der Lage sein sollte, anheimzustellen.

4. Nicht erwünscht ist es, einen deutschen Konsul von einer ausländischen Behörde vernehmen zu lassen. Handelt es sich um die Feststellung von Tatsachen, die von dem Konsul bei Ausübung seines Amtes wahrgenommen sind, so empfiehlt es sich, ihn um Erteilung eines schriftlichen Zeugnisses (§ 15 des Gesetzes vom 8. Nov. 1867 — Bundesgesetzbl. S. 137 —) zu ersuchen.

1. Diese Staaten haben sich nach Art. 287 des Friedensvertrages von Versailles vom Haager Abk. ausgeschlossen. Portugal ist seit 28. Mai 1928 wieder angeschlossen.

2. Rußland ist durch Art. 292 des Friedensvertrages von Versailles ausgeschieden. Hinzugetreten sind Danzig, Finnland, Memelgebiet*), Polen, Tschechoslowakei. Besondere Verträge über Rechtshilfe in bürgerlichen Sachen sind außerdem abgeschlossen mit Bulgarien, Frankreich, Österreich, Polen, Rußland und der Tschechoslowakei.

3. Wegen der Ersuchen in Strafsachen wegen Mädchenhandels sind Sonderbestimmungen erlassen (vgl. AV. vom 17. März 1914, 7. Mai 1914, 28. Juli 1914, 28. Febr. 1923, 18. März 1924 — JMBl. S. 286, 512, 669, 167 und 127 —), s. auch die Anmerkungen zu den einzelnen Staaten unter F.

4. Sofern nicht der unmittelbare Verkehr zwischen den beteiligten Ländern zugelassen ist (vgl. § 21 a, b der RHV.). Wegen der Zustellungsersuchen s. § 8 Nr. 1 c der RHV.

§ 21.

Beförderung der Ersuchungsschreiben an fremde Behörden.

1. Geändert, s. Anm. 1 hierunter.

2. Soll die Rechtshilfe in einem Lande geleistet werden, in dem von den Konsuln Gerichtsbarkeit ausgeübt wird, so kommen die Bestimmungen des § 16 Abs. 3, 4 zur Anwendung.

---

*) Siehe Fußvermerk S. 3.

1. Gemäß AV. vom 21. Aug. 1923 — JMBl. S. 613 — hat der § 21 Abs. 1 nunmehr folgende Fassung:

„Die Ersuchungsschreiben an fremde Behörden (Anm. des Verf.: Bezüglich der Vernehmung von Reichsdeutschen durch die deutschen Konsulate s. § 18 Ziff. 2 der RHV.) sind zu übersenden:

a) im Geltungsbereich des Haager Abk. über den Zivilprozeß

aa) regelmäßig dem deutschen Konsul (§ 7 Abs. 3),

bb) sofern der unmittelbare Verkehr ausdrücklich gestattet ist (vgl. § 31 Dänemark, § 38 Luxemburg, § 41 Niederlande, § 43 Österreich und Ungarn, § 48 Schweiz) der fremden Behörde unmittelbar (Anm. d. Verf.: Jetzt auch Danzig, Memelgebiet, Polen und Tschechoslowakei),

cc) sofern ein gemäß Art. 9 Abs. 3 des Abk. ausgesprochener Vorbehalt zu berücksichtigen ist, dem deutschen Gesandten (§ 5 Abs. 4) — Anm. d. Verf.: das sind: Belgien und Italien, bei letzterem jedoch Botschafter —;

b) in den in Bulgarien (Anm. d. Verf.: vgl. jedoch Anm. 2 zu § 28) zu erledigenden bürgerlichen Sachen,

aa) sofern für den Ort, an dem die Sache zu erledigen ist, ein deutscher Konsul zuständig ist, diesem,

bb) im übrigen dem deutschen Gesandten (§ 5 Abs. 4),

c) im übrigen dem deutschen Gesandten (§ 5 Abs. 4) — Anm. d. Verf.: Sofern nicht anderes bestimmt ist z. B. Großbritannien, Japan, Frankreich, Vereinigte Staaten von Amerika, Tschechoslowakei —.

Erscheint in den Fällen, in denen hiernach regelmäßig die Ersuchungsschreiben dem deutschen Gesandten zu übersenden sind, aus besonderen Gründen diplomatische Vermittelung angemessen, so ist unter deren Darlegung das Ersuchungsschreiben mit Bericht dem Justizminister oder in eiligen Fällen dem Auswärtigen Amte einzureichen (vgl. auch §§ 34 Abs. 3 Satz 2, 36)."

Anm. d. Verf.: Die Vorschrift des § 21 Abs. 1 letzter Satz steht zu den Sonderbestimmungen der Rechtshilfevorschriften §§ 26 ff. im Verhältnis einer grundsätzlichen Regelung. Die Sondervorschriften z. B. für die britischen Kolonien und auswärtigen Besitzungen und Japan sind durch diese Vorschriften nicht aufgehoben.

Die in den Auslieferungsverträgen enthaltene Bestimmung, daß in Strafsachen die Rechtshilfeersuchen im diplomatischen Wege zu stellen seien, schließt nicht aus, diese Ersuchen von den Justizbehörden unmittelbar an die Gesandten zu geben, zumal trotz dieser Bestimmung für einzelne Länder sogar unmittelbarer Verkehr mit den ausländischen Behörden eingeführt ist (z. B. Belgien in dringenden Sachen, Niederlande). Durch die Übersendung an die Gesandten wird der diplomatische Weg im Sinne jener Bestimmung genügend gewahrt.

§ 22.

Sprache und Abfassung der Ersuchungsschreiben an fremde Behörden.

1. Wegen Form, Inhalt und Prüfung der Ersuchungsschreiben an fremde Behörden vgl. §§ 2—4.

2. Zur Vermeidung von Weiterungen ist von Ersuchen um Anwendung der Formen des deutschen Verfahrens sowie von der Verweisung auf Vorschriften der deutschen Prozeßgesetze regelmäßig abzusehen; dies gilt auch gegenüber den Behörden der an dem Haager Abk. über den Zivilprozeß (§ 20 Abs. 1) beteiligten Staaten. Es empfiehlt sich aber, in den Ersuchungsschreiben g. F. zu bemerken, daß Zeugen nach deutschem Rechte zur Verweigerung des Zeugnisses berechtigt seien[1]). Es kann dann auch darum ersucht werden, die Zeugen über ihr Recht zu belehren[2]).

1. Deutsche Vorschriften §§ 383—390 ZPO., §§ 52—55 StPO.

2. Vgl. Muster b Nr. 1 oder 2 im Abschn. V dieses Werkes, II. Teil.

§ 23.

Erledigung von Beweisbeschlüssen im Auslande durch den Beweisführer.

1. In vielen ausländischen Staaten, z. B. in Belgien [1]), Frankreich, den Niederlanden und Rußland, stößt die Erledigung von Ersuchen um Beweisaufnahme auf Schwierigkeiten, wenn die Ersuchen unmittelbar von der Partei bei den ausländischen Behörden gestellt werden. Die Gerichte werden deshalb zweckmäßig dem Beweisführer die Herbeiführung der Beweisaufnahme (§ 364 Abs. 1, 2 ZPO.) nur dann aufgeben, wenn sie z. B. auf Grund früherer Erfahrungen annehmen können, daß die Behörden des fremden Staates sich der Beweisaufnahme auf Betreiben der Partei anstandslos unterziehen werden. In allen anderen Fällen empfiehlt es sich, daß die Gerichte selbst die Ersuchungsschreiben erlassen und befördern. Dies gilt besonders dann, wenn die Beweisführer dem fremden Staate nicht angehören.

2. Bei Herbeiführung der Beweisaufnahme durch eine Partei pflegt der Minister der auswärtigen Angelegenheiten [2]) nicht mitzuwirken.

1. In einem Einzelfalle ist durch Verfügung des Justizministers vom 29. Jan. 1923 — V 208 — entschieden: „Wenn auch die belgischen Gerichtsbehörden dem gemäß § 364 ZPO. gestellten Ersuchen um Beweiserhebungen teilweise Schwierigkeiten bereiten, so erscheint es im vorliegenden Falle doch angezeigt, dem von dem Prozeßbevollmächtigten des Klägers gestellten Antrag auf Rechtshilfe nachzukommen, weil die Erledigung des Ersuchens im Interesse des deutschen Klägers liegt."

2. Jetzt: Auswärtiges Amt (JMBl. 1921 S. 366).

§ 24.

Ersuchen um Zeugenvernehmung in Strafsachen [1]).

1. In Belgien, Frankreich, Luxemburg und Spanien ist nur das nach dem Erlasse des Anklagebeschlusses (arrêt d'accusation) wissentlich falsch abgegebene eidliche Zeugnis strafbar. Ersuchen um eidliche Vernehmung von Zeugen in jenen Ländern sind deshalb, wenn tunlich, erst nach der Eröffnung des Hauptverfahrens zu erlassen (wegen der Herbeiführung uneidlicher Vernehmungen in Luxemburg vgl. § 38 Abs. 3). In den Ersuchungsschreiben ist dann zu bemerken, daß das Hauptverfahren eröffnet ist.

2. In den Niederlanden wird den Zeugen bei Vernehmungen in der Voruntersuchung nur das Versprechen abgenommen, daß sie die Wahrheit sagen werden; auch ist dort die eidliche Vernehmung von Zeugen in Strafsachen regelmäßig nur bei Anwesenheit des Angeschuldigten zulässig. Hierauf ist bei Erlaß der Ersuchungsschreiben Rücksicht zu nehmen [2]) [3]).

1. Der § 9 der RHV. findet entsprechende Anwendung, vgl. Anm. 6 daselbst.

2. Zu vgl. in der Voruntersuchung § 193 und bei der Vorbereitung der Hauptverhandlung §§ 223 Abs. 2, 224 StPO., ferner bezügl. Serbien und Rumänien § 16 Nr. 4 der RHV., sowie die AV. vom 25. Juni 1924 — JMBl. S. 264 —, abgedruckt im Abschnitt VII unter C.

Wegen Übermittelung der Ersuchungsschreiben von und nach dem Auslande in Strafsachen wegen Mädchenhandels sind zu beachten: AV. vom 17. März 1914 — JMBl. S. 286 —, 7. Mai 1914 — JMBl. S. 512 —, 28. Juli 1914 — JMBl. S. 669 —, 28. Febr. 1923 — JMBl. S. 167 —, nur Danzig betr., sowie vom 18. März 1924 — JMBl. S. 127 —; im übrigen s. die Angaben unter den einzelnen Staaten im Abschnitt II.

3. AV. d. JM. vom 25. Juli 1927 — JMBl. S. 276 — über die Beifügung von Berichtsabschriften in Angelegenheiten der internationalen Rechtshilfe in Strafsachen usw. (I. 4308):

„Jedem Bericht, der in einer Auslieferungssache oder in einer sonstigen Angelegenheit der internationalen Rechtshilfe in Strafsachen an mich erstattet wird, ist, wenn sein Inhalt zur Kenntnis des Auswärtigen Amts gebracht werden soll, eine Abschrift (ein Durchschlag) beizufügen. Sind dem Bericht Anlagen beigegeben, so sind auch von ihnen, soweit möglich, Abschriften beizufügen.

Das gleiche gilt für Berichte, welche die Einholung des Antrags einer ausländischen Regierung auf strafrechtliche Verfolgung eines Deutschen wegen eines im Auslande begangenen Verbrechens oder Vergehens oder den Fortgang der wegen solcher Verbrechen und Vergehen eingeleiteten Strafverfahren zum Gegenstand haben."

§ 25.

Urteilsvollstreckung.

1. Zur Vollstreckung deutscher Urteile in Strafsachen [1]) wird von keinem fremden Staate Rechtshilfe gewährt (Ausnahme: Abs. 3).

2. In bürgerlichen Sachen werden Kosten- und andere Entscheidungen deutscher Gerichte im Wege der Rechtshilfe (§ 791 der ZPO.) in Österreich vollstreckt; das österreichische Gericht ist von dem deutschen Gericht um Bewilligung der Exekution zu ersuchen. Dabei sind die Exekutionsmittel und die Vermögensteile, auf die Exekution geführt werden soll, sowie der Ort, wo sie sich befinden, zu bezeichnen (z. B. Pfändung und Verkauf der im Gewahrsame des Schuldners befindlichen beweglichen Sachen) [2]).

In fast allen anderen Ländern [3]) läßt sich die Vollstreckung nur von der Partei in einem besonderen Verfahren erwirken. Jedoch werden die in den Art. 18, 19 des Haager Abk. über den Zivilprozeß (§ 20 Abs. 1) erwähnten Kostenentscheidungen innerhalb des Vertragsgebiets [4]) von Amts wegen für vollstreckbar erklärt. Das Gleiche gilt für die in den Artikeln 3 und 4 des deutsch-bulgarischen Vertrags über Rechtsschutz und Rechtshilfe in bürgerlichen Angelegenheiten bezeichneten Kostenentscheidungen [5]). Behufs Stellung des erforderlichen diplomatischen Antrags hat das Gericht erster Instanz [6]) das Urteil, den Kostenfestsetzungsbeschluß oder die im § 9 des Ausführungsgesetzes zum Haager Abk. (RGBl. 1909 S. 430) bezeichnete Entscheidung in einer mit der Bescheinigung der Rechtskraft versehenen, ohne Benutzung eines Formulars auf weißem Papiere hergestellten Ausfertigung dem Justizminister einzureichen. In dem Begleitberichte sind Name und Amtsbezeichnung des Urkundsbeamten anzugeben, der die Rechtskraftbescheinigung erteilt hat [7]). Die nach dem Abkommen notwendige Übersetzung ist nicht beizufügen [8]). In der Schweiz [9]) bedarf es einer Vollstreckbarkeitserklärung der im Abkommen vorgesehenen Kostenentscheidungen nicht, da diese dort von der Partei im gewöhnlichen Betreibungsverfahren zur Vollstreckung gebracht werden können, desgleichen nicht in Österreich und Ungarn (vgl. Satz 1 dieses Absatzes und § 43 Abs. 9).

3. Die Vollstreckung von Entscheidungen der Elbzollgerichte und der Rheinschiffahrtsgerichte in Strafsachen wie in bürgerlichen Sachen ist durch § 50 der Additionalakte zur Elbschiffahrtsakte vom 13. April 1844 (Gesetzsamml. S. 458) und durch Art. 40 der revidierten Rheinschiffahrtsakte vom 17. Okt. 1868 (Gesetzsamml. 69 S. 798) auch in den beteiligten fremden Staaten gewährleistet [10]) [11]).

1. Wegen Strafvollstreckung an Ausländern bei Übertretung der Rheinschiffahrtspolizeiverordnung vgl. die bei Frankreich abgedruckte Verfügung des Reichsverkehrsministers vom 22. Oktober 1926.

2. Jetzt von dem Gläubiger unmittelbar zu stellen, vgl. Anm. zum Art. 21 des neuen Vertrages vom 21. Juni 1923 — RGBl. 24 S. 55 ff. —, hier abgedruckt unter Österreich. Der § 791 Abs. 1 ZPO. kommt z. Zt. nur gegenüber der Tschechoslowakei und bezüglich Kostenentscheidungen gegen den Kläger in Ungarn in Betracht, außerdem noch für die Elbzoll- und Rheinschiffahrtsgerichte (s. Abs. 3 hier).

3. Nach Magnus „Tabellen" ist die Gegenseitigkeit verbürgt auch bei Egypten, Brasilien, Dänemark, Danzig, Memelgebiet und Tschechoslowakei.

4. Das Haager Abk. über den Zivilprozeß findet Anwendung bei: Belgien, Dänemark (hier kann das Ersuchen um Vollstreckung mit dem Ersuchen um Vollstreckbarkeitserklärung verbunden werden), Danzig, Finnland, Italien, Luxemburg, dem Memelgebiet, den Niederlanden, Norwegen, Österreich (s. Schlußsatz im Abs. 2 hier), Polen (außer im diplomatischen Wege kann hier der Antrag bei der zuständigen Behörde durch die beteiligte Partei auch unmittelbar gestellt werden — zu vgl. Art. 3 des deutsch-polnischen Vertrags über den Rechtsverkehr vom 5. März 1924, RGBl. 25 S. 139 ff., hier abgedruckt hinter Polen unter F. —)*), Schweden, der Schweiz (s. Schlußsatz in Abs. 2 hier), Spanien, Tschechoslowakei (s. hinter § 50 hier) und Ungarn (s. Schlußsatz in Abs. 2 hier). Bezüglich Rußland s. Art. 13, 14 des Niederlassungsabk. vom 12. Okt. 1925, hier abgedruckt unter Rußland).

5. Diese Vorschriften sind außer Kraft getreten (die neuen Vorschriften s. § 28 Anm. 2).

6. Bezüglich Zwangsvollstreckung durch die Konsuln mit Gerichtsbarkeit s. § 19 der RHV.

7. Unter den Beschluß ist ein vom Urkundsbeamten der Geschäftsstelle zu vollziehender Ausfertigungsvermerk zu setzen, die für das Ausland belanglose Vollstreckungsklausel ist fortzulassen; hinter dem Ausfertigungsvermerk folgt sodann die Rechtskraftbescheinigung. Hierunter wird durch das Ministerium nachstehende Bescheinigung gesetzt:

„Es wird bescheinigt, daß der Justizobersekretär . . . . als Urkundsbeamter der Geschäftsstelle . . . . bei dem . . .-Gericht in . . . . zur Ausstellung vorstehender Rechtskraftbescheinigung gesetzlich zuständig ist.

Berlin, den . . . . . .

Der Preußische Justizminister
Im Auftrage:
. . . ."

Beifügung einer Übersetzung ist nicht erforderlich — s. Anm. 2 zu § 3 der RHV. —. Eine Gebühr für die gemäß § 9 des Ausf.Ges. zum Haager Abk. über den Zivilprozeß durch das Gericht (Urkundsbeamte sind dazu nicht befugt) festgesetzten Kosten ist nicht in Ansatz zu bringen, da eine solche dafür nicht vorgesehen ist.

Die Betreibung der Zwangsvollstreckung auf Grund des vollstreckbar erklärten Beschlusses ist Sache der Partei, die sich der Vermittelung des zuständigen Gesandten (Konsuls) bedienen kann (Ausnahme Dänemark, vgl. daselbst).

Zu beachten ist dabei die RV. vom 19. März 1928 — I 12441 — betr. Vollstreckbarkeitserklärung deutscher Kostenentscheidungen nach dem Haager Zivilprozeßabkommen und anderen vom Deutschen Reich abgeschlossenen Abkommen über Zivilrechtshilfe und Rechtsverkehr:

„I. Die bisherige Übung, Anträge auf Vollstreckbarkeitserklärung rechtskräftiger Kostenentscheidungen gemäß Art. 18 Abs. 2 des Haager Zivilprozeßabkommens auch dann an ausländische Staaten weiterzuleiten, wenn der zugrunde liegende Titel nur vorläufig vollstreckbar ist, hat im zwischenstaatlichen Verkehr zu Unzuträglichkeiten geführt und kann aus nachstehenden Gründen nicht weiter aufrechterhalten werden:

Nach dem Abkommen ist Voraussetzung für die Vollstreckbarkeitserklärung, daß „die Entscheidung die Rechtskraft erlangt hat" (Art. 19 Abs. 2 Ziff. 2). Dabei ist von dem Regelfall der ausländischen Prozeßordnungen ausgegangen, daß in der Entscheidung zur Hauptsache gleichzeitig auch die Kosten dem Betrage nach festgesetzt werden, und daß demnach die Kostenentscheidung gleichzeitig mit der Entscheidung zur Hauptsache rechtskräftig wird. Die Bestimmung des Art. 18 Abs. 2 ist auf der IV. Haager Konferenz mit Rücksicht auf die abweichende deutsche Verfahrensregelung auf deutschen Vorschlag aufgenommen worden. Der deutsche Antrag ging dahin, dem Art. 12 (jetzt 18) folgenden Abs. 2 zuzusetzen:

„Das Gleiche gilt in Ansehung der Entscheidungen, durch welche der Betrag der Prozeßkosten nachträglich festgesetzt wird"

und weiter den Art. 13 (jetzt 19) wie folgt abzuändern:

„. . . . Die für die Erteilung (der Vollstreckbarkeitserklärung) zuständige Behörde hat ihre Prüfung darauf zu beschränken, ob die Entscheidung in der Hauptsache und im Falle des Art. 12 Abs. 2 auch die Entscheidung über den Betrag der Prozeßkosten mit einer Bescheinigung der zuständigen Behörde darüber versehen ist, daß die Entscheidung die Rechtskraft erlangt hat . . ." — (vgl. Dokumente zur IV. Haager Konferenz S. 190).

*) Seit dem 28. Mai 1928 ist auch Portugal dem Abkommen wieder angeschlossen.

Wenn auch die deutsche jeden Zweifel ausschließende Fassung schließlich nicht zur Annahme gelangt ist, so wird der jetzige Wortlaut des Abkommens doch nur im Sinne des deutschen Antrages ausgelegt werden können.

Ich sehe mich deshalb fortan nicht mehr in der Lage, Anträge der im Absatz 1 bezeichneten Art weiterzureichen. Soweit solche Anträge den Landgerichtspräsidenten (dem Amtsgerichtspräsidenten) zur Prüfung vorgelegt werden, ist von einer Weitergabe an mich abzusehen; die Antragsteller sind in vorstehendem Sinne ablehnend zu bescheiden.

II. Die bisherige Übung, den Beklagten und den Fiskus getrennt voneinander die Kosten auf dem Wege der Art. 18, 19 Haager Abkommens einziehen zu lassen, hat zu weitläufigen diplomatischen Erörterungen in Einzelfällen geführt. Um solche Weiterungen in Zukunft zu vermeiden, ist es zweckmäßig, die ausländischen Gerichtsbehörden in die Lage zu versetzen, einheitlich über die Vollstreckbarkeit der gesamten, dem abgewiesenen Kläger (Intervenienten) auferlegten Kosten des Rechtsstreits befinden zu können. Soweit bei den Landgerichtspräsidenten zur Weitergabe an mich geeignete Anträge auf Vollstreckbarkeitserklärung von Kostenfestsetzungsbeschlüssen durchlaufen, ist deshalb vor Bericht an mich in jedem Falle bei der Gerichtskasse festzustellen, ob diese noch von dem Kläger (Intervenienten) Gerichtskosten zu fordern hat. Zutreffendenfalls ist über diese Kosten ein Beschluß gemäß § 9 des Ausführungsgesetzes zum Haager Abkommen (RGBl. 1909 S. 430) herbeizuführen und mir gleichzeitig mit dem Antrag der Partei vorzulegen.

III. Die Bestimmungen unter I und II finden entsprechende Anwendung, soweit unter den gleichen Voraussetzungen wie in Art. 18 und 19 des Haager Zivilprozeßabkommens nach anderen von dem Deutschen Reich mit ausländischen Staaten abgeschlossenen Abkommen die Vollstreckbarkeitserklärung deutscher Kostenentscheidungen im Auslande beantragt werden kann. Hierbei macht es keinen Unterschied, ob der Antrag auf diplomatischem Wege über das Gericht zu stellen ist (vgl. Art. 13 und 14 des deutsch-russischen Niederlassungsabkommens — RGBl. 1926 II S. 6 —), oder ob er unmittelbar durch die beteiligte Partei bei der ausländischen Behörde gestellt werden kann, und zu diesem Zwecke bei einem Landgerichtspräsidenten (Amtsgerichtspräsidenten) oder einem Oberlandesgerichtspräsidenten die Erteilung einer Bescheinigung über die Rechtskraft der Entscheidung beantragt wird (vgl. z. B. Art. 3 und 4 des deutsch-polnischen Rechtsverkehrsvertrages — RGBl. 1925 II S. 139 — und Art. 2 und 3 des deutsch-bulgarischen Rechtsverkehrsvertrages — RGBl. 1927 II S. 416 —)."

8. Siehe AV. vom 21. Dez. 1926, abgedruckt unter Anm. 2 zu § 3 der RHV.

9. Die Bestimmung des § 25 Abs. 2 letzter Satz der Rechtshilfevorschriften beruht, soweit sie sich auf die Schweiz bezieht, auf Art. 69 des schweizerischen „Bundesgesetzes über Schuldbetreibung und Konkurs", nach dem der Gläubiger zunächst beim „Betreibungsamt" einen Vollstreckungsantrag stellt, welches dann ohne sachliche Prüfung, insbesondere ohne Rücksicht auf die Vollstreckbarkeit des Titels, einen Zahlungsbefehl erläßt (vgl. im übrigen v. Normann S. 54/5).

Eine Mitwirkung der deutschen Gerichte findet dabei nicht statt; es ist vielmehr Sache der Partei, den Antrag auf Einziehung der Kostenforderung beim schweizerischen Betreibungsamt zu stellen. Dabei kann sie sich der Vermittelung des zuständigen Konsuls bedienen.

Die Bestimmung des § 25 Abs. 2 letzter Satz a. a. O. besagt aber keineswegs, daß eine Vollstreckbarkeitserklärung der Kostenentscheidung gemäß Art. 18 und 19 des Haager Abk. im Verhältnis zur Schweiz nicht erfolgen könne; das Gegenteil ergibt sich schon aus Artikel 3 der Vereinbarung zwischen dem Deutschen Reiche und der Schweiz — RGBl. 1910 S. 674 —, die in ihrem Artikel 3 besondere Bestimmungen hinsichtlich der Vollstreckbarkeitserklärung von Kostenentscheidungen getroffen hat.

Der deutsche Kostengläubiger hat daher gegenüber einem in der Schweiz ansässigen Kostenschuldner die Wahl, entweder von vornherein die Vollstreckbarkeitserklärung der deutschen Kostenentscheidung im diplomatischen Wege herbeizuführen oder zunächst einen „Vollstreckungsantrag" bei dem zuständigen Betreibungsamt zu stellen und die Herbeiführung der Vollstreckbarkeitserklärung im diplomatischen Wege nur für den Fall zu beantragen, daß der Kostenschuldner gegen den Zahlungsbefehl des schweizerischen Betreibungsamts „Rechtsvorschlag" erhebt.

Eine Verständigung im Sinne des Art. 18 Abs. 3 des Haager Abk. über den Zivilprozeß vom 17. Juli 1905 ist zwischen Deutschland und der Schweiz nicht getroffen worden.

10. Betr. gemischte Schiedsgerichtshöfe und Vollstreckung ausländischer Urteile auf Grund des Friedensvertrages von Versailles, s. RGBl. 1920 II S. 1569*), 1924 II S. 35 und 1926 I S. 479.

Betr. Schiedssprüche heißt es in der JW. 1925 S. 1189: Dagegen erwähnt die Bekanntmachung (s. RGBl. 1924 II S. 143, abgedruckt unter Tschechoslowakei) ausdrücklich, nach der Rechtsprechung des RG. könne als Grundsatz gelten, daß aus einem ausländischen Schiedsspruche bei den deutschen Gerichten ein Vollstreckungsurteil (jetzt ein Beschluß über die Vollstreckbarerklärung — § 1042 ZPO. in neuer Fassung —) beantragt werden kann, sofern der Schiedsspruch gemäß den Vorschriften der deutschen ZPO. ergangen ist

(hierzu gehört u. a., daß der ausländische Schiedsspruch auch gemäß § 1039 ZPO. zugestellt und niedergelegt ist, eine Voraussetzung, deren Erfüllung nicht selten, insbesondere auch gerade bei Anträgen auf Vollstreckung tschechoslowakischer Schuldtitel Schwierigkeiten gemacht hat)

und nicht etwa nach dem für das fragliche Rechtsverhältnis maßgebenden ausländischen Recht als unwirksam anzusehen ist. Im Anschluß hieran stellt dann die in der Bekanntmachung wiedergegebene tschechoschlowakische Regierungserklärung fest, daß auch insoweit die Gegenseitigkeit zwischen dem Deutschen Reiche und der Tschechoslowakischen Republik verbürgt sei.

(Soweit unser Recht in Betracht kommt, hat, streng genommen, die Vollstreckung ausländischer Schiedssprüche ihre Grundlagen nicht in der Gegenseitigkeitsvorschrift des § 328 in Verb. mit § 722 ZPO., da in Deutschland nicht der Schiedsspruch, sondern der Vollstreckbarkeitsbeschluß des § 1042 den Vollstreckungstitel bildet und auf dessen Erlassung § 328 nicht anwendbar ist).

11. Urteilsvollstreckung durch die Konsuln s. § 19.

F. Rechtshilfeverkehr mit einzelnen fremden Ländern.

Abessinien usw.

s. hinter Anmerkungen zu Belgien.

Belgien[1]).

§ 26.

1. Die Rechtshilfe in Strafsachen regelt sich nach dem Auslieferungsvertrage zwischen dem Reiche und Belgien vom 24. Dez. 1874 (RGBl. 1875 S. 73) Art. 13—15[2]).

2. Wegen der Rechtshilfe in bürgerlichen Sachen[3]) vgl. § 10 III Abs. 1, 2; § 20 Abs. 1. Belgien hat von dem Vorbehalt im Art. 9 Abs. 3 des Haager Abk. über den Zivilprozeß Gebrauch gemacht.

3. Wegen der Erledigung von Beweisbeschlüssen durch die Partei vgl. § 23[3]), wegen der Ersuchen um Zeugenvernehmung in Strafsachen[4]) vgl. § 24 Abs. 1.

1. Ist dem Haager Abk. über den Zivilprozeß angeschlossen und ferner folgenden Abk. über internationales Privatrecht beigetreten (z. vgl. RGBl. 1926 II S. 553):

den am 12. Juni 1902 im Haag abgeschlossenen Abkommen

a) zur Regelung des Geltungsbereichs der Gesetze auf dem Gebiete der Eheschließung (RGBl. 1904 S. 221),
b) zur Regelung des Geltungsbereichs der Gesetze und der Gerichtsbarkeit auf dem Gebiete der Ehescheidung und der Trennung von Tisch und Bett (RGBl 1904 S 231),
c) zur Regelung der Vormundschaft über Minderjährige (RGBl. 1904 S. 240),

den am 17. Juli 1905 im Haag abgeschlossenen Abkommen

d) betr. den Geltungsbereich der Gesetze in Ansehung der Wirkungen der Ehe auf die Rechte und Pflichten der Ehegatten in ihren persönlichen Beziehungen und auf das Vermögen der Ehegatten (RGBl. 12 S. 453),
e) über die Entmündigung und gleichartige Fürsorgemaßregeln (RGBl. 1912 S. 463).

Die Abkommen sind am Schluß des Abschnitts III abgedruckt.

2. Der Auslieferungsvertrag (s. Abs. 1) ist wieder in Kraft getreten (JMBl. 1920 S. 664).

---

*) Zu vgl. auch VO. vom 15. Juni 1927, abgedruckt im Anhang unter Ziff. 4.

Aus dem Auslieferungsvertrage zwischen dem Deutschen Reiche und Belgien vom 24. Dezember 1874 (RGBl. 1875 S. 73):

„Art. 13. Wenn in einem Strafverfahren wegen Handlungen, welche nicht zu den politischen Verbrechen und Vergehen gehören, einer der vertragenden Teile die Vernehmung von Zeugen, welche sich im Gebiete des anderen Teils aufhalten, oder irgendeine andere Untersuchungshandlung für notwendig erachten sollte, so wird ein entsprechendes Ersuchsschreiben auf diplomatischem Wege mitgeteilt und demselben nach Maßgabe der Gesetzgebung des Landes, wo der Zeuge vernommen oder der Akt vorgenommen werden soll, Folge gegeben werden. Die Ausführung des Antrags kann verweigert werden, wenn die Untersuchung eine Handlung zum Gegenstand hat, welche nach den Gesetzen des Staates, an welchen das Ersuchsschreiben gerichtet ist, nicht strafbar ist, oder wenn es sich um rein fiskalische Vergehen handelt.

Die vertragenden Teile verzichten gegenseitig auf alle Ersatzansprüche wegen der aus der Ausführung der Requisition entspringenden Kosten, sofern es sich nicht um Gutachten in Straf- oder Handelssachen oder Sachen der gerichtlichen Medizin handelt, welche mehrere Termine erfordern.

Art. 14. Wenn in einer Strafsache, welche nichtpolitische Verbrechen oder Vergehen zum Gegenstand hat, das persönliche Erscheinen eines Zeugen notwendig ist, so wird die Regierung des Landes, in welchem der Zeuge sich aufhält, ihn auffordern, der an ihn ergehenden Ladung Folge zu leisten. In diesem Falle werden ihm die Kosten der Reise, welche von seinem derzeitigen Aufenthaltsorte zu berechnen sind, sowie die Kosten des Aufenthaltes nach den Tarifsätzen und Reglements des Landes bewilligt, wo die Vernehmung stattfinden soll; auch kann dem Zeugen auf seinen Antrag durch die Behörden seines Wohnortes der Gesamtbetrag oder ein Teil der Reisekosten vorgeschossen werden; diese Kosten werden demnächst von der bei der Vernehmung interessierten Regierung zurückerstattet.

In keinem Falle darf ein Zeuge, welcher infolge der in dem einen Lande an ihn ergangenen Vorladung freiwillig vor den Richtern des anderen Landes erscheint, daselbst wegen früherer strafbarer Handlungen oder Verurteilungen oder unter dem Vorwande der Mitschuld an den Handlungen, welche den Gegenstand der Untersuchung, in welcher er als Zeuge erscheinen soll, bilden, zur Untersuchung gezogen oder in Haft genommen werden. Hierbei kommt es auf die Staatsangehörigkeit des Zeugen nicht an.

Art. 15. Wenn in einer Strafsache, welche nichtpolitische Verbrechen oder Vergehen zum Gegenstand hat, die Mitteilung von Beweisstücken oder von Urkunden, die in den Händen der Behörden des anderen Landes sind, für notwendig oder nützlich erachtet wird, so soll deshalb das Ersuchen auf diplomatischem Wege gestellt und demselben, wenn nicht besondere Bedenken entgegenstehen, stattgegeben werden, dies jedoch nur unter der Bedingung, daß die Beweisstücke und Urkunden zurückgesandt werden.

Die vertragenden Teile verzichten gegenseitig auf Ersatz der Kosten, welche aus der Ausantwortung und Rücksendung der Beweisstücke und Urkunden bis zur Grenze entstehen."

Betr. Strafvollstreckung an Ausländern bei Übertretung der Rheinschiffahrtspolizeiordnung s. Anm. 1 zu § 32 (Frankreich).

AV. vom 3. Oktober 1923 — JMBl. S. 653 —:

„Die Deutsche Gesandtschaft in Brüssel hat die belgische Regierung auf deren Anfrage benachrichtigt, daß die Deutsche Regierung bereit sei, belgische Beamte, die nach Deutschland zum Zwecke der Vornahme von Ermittelungen in einem näher bezeichneten Strafverfahren wegen nichtpolitischer Handlungen entsendet werden, durch die deutschen Behörden unterstützen zu lassen. Dabei ist bemerkt worden, daß Voraussetzung hierfür sein würde, daß belgischerseits in umgekehrt liegenden Fällen entsprechend verfahren werde und daß sich die Verständigung auf diejenigen Fälle beschränke, in denen die besondere Eilbedürftigkeit der Sache und besondere, nicht ohne weiteres ersetzbare Spezialkenntnisse der Organe des ersuchenden Staates, deren Tätigkeit im Gebiete des ersuchten Staates unbedingt erfordern und in denen mit Sicherheit vorausgesehen werden könne, daß durch die Inanspruchnahme der Behörden des ersuchten Staates allein der erstrebte Zweck nicht erreicht werden würde.

Soweit demnach die Entsendung preußischer Beamten nach Belgien in Frage kommt, ist zu prüfen, ob die Entsendung unbedingt erforderlich ist."

Zu vgl. ferner: Abk. zur Abwehr des Mädchenhandels (RGBl. 1905 S. 695), zur Bekämpfung des Mädchenhandels*) (RGBl. 1913 S. 31), zur Bekämpfung unzüchtiger Ver-

*) Zu vgl. Anhang S. 212.

öffentlichungen (RGBl. 1911 S. 209 und RGBl. 1925 II S. 288), zur Unterdrückung des Frauen- und Kinderhandels (RGBl. 1924 II S. 180) sowie Anm. 4.

3. Wegen Erledigung von Zustellungsersuchen in Zivilsachen vgl. Art. 6 Abs. 1 Ziff. 3 und Abs. 2 des Haager Abk. sowie die AV. vom 29. Juli 1922 — JMBl. S. 288 — (vgl. Anm. 3 zu § 7 der RHV.). Das Verzeichnis der für den Rechtshilfeverkehr im Geltungsbereiche des Haager Abk. zuständigen deutschen Stellen befindet sich im Abschn. VI bzw. unter Anm. 3 zu § 7 RHV., vgl. auch Anschriftenverzeichnis im Abschn. IV. Die Ersuchungsschreiben um Zeugenvernehmung usw. sind nach § 21 Abs. 1 der RHV. der Deutschen Gesandtschaft in Brüssel zu übersenden (Belgien hat von dem Vorbehalt im Art. 9 Abs. 3 des Haager Ziv.-Proz.-Abk. Gebrauch gemacht). Der Gesandte und sein Vertreter sind zur Abhörung von Zeugen deutscher Staatsangehörigkeit gemäß § 20 des Konsulatsgesetzes (Bundesgesetzbl. 1867 S. 137 ff.) ermächtigt.

In einem Einzelfall lehnte die belgische Regierung es ab, in Vernehmungen betr. Anerkennung der Vaterschaft oder in Unterhaltsprozessen aus einem außerehelichen Beischlafe ihre Vermittelung eintreten zu lassen. Sie hielt es für unstatthaft, Zeugen über Vorgänge zu vernehmen, die ihnen zur Unehre gereichen, und weigerte sich, bei der Aufdeckung geschlechtlicher Beziehungen mitzuwirken. Hiergegen dürften im Berichtswege an das Justizministerium diplomatische Vorstellungen zu erheben sein, da eine Ablehnung aus diesem Grunde nicht zulässig ist (zu vgl. Delius Ausg. 1911 und Dr. v. Normann S. 43).

Betr. Eupen, Malmedy usw. s. Überleitungsbestimmungen RGBl. S. 197 von 1921.

4. Gemäß Art. 13 des Auslieferungsvertrages (s. Abs. 1) ist diplomatischer Weg vorgeschrieben. Die Ersuchungsschreiben sind nach § 21 Abs. 1 der RHV. demnach im allgemeinen an die Gesandtschaft in Brüssel zu richten; vgl. jedoch die nachstehende Bekanntmachung d. RM. d. A. vom 29. April 1925 (RMBl. S. 289) über die Regelung des unmittelbaren Verkehrs zwischen deutschen und belgischen Gerichtsbehörden bei Erledigung von dringenden Rechtshilfeersuchen in Strafsachen (JM. I 3732):

„Zwischen der Deutschen und der Belgischen Regierung ist durch Schriftwechsel der Deutschen Gesandtschaft in Brüssel mit dem Belgischen Ministerium der Auswärtigen Angelegenheiten in Brüssel vom 17./18. April 1925 Einverständnis darüber erzielt worden, daß die beiderseitigen Gerichtsbehörden befugt sind, Rechtshilfeersuchen der in den Art. 13 und 15 des deutsch-belgischen Auslieferungsvertrags vom 24. Dez. 1874 bezeichneten Art in dringenden Angelegenheiten unmittelbar an die zuständige Behörde des anderen Teiles zu richten.

Der Schriftwechsel sowie ein Verzeichnis der belgischen Behörden, an die die unmittelbaren Ersuchen der deutschen Gerichtsbehörden zu richten sind, ist nachstehend abgedruckt.

Verzeichnis
der belgischen Behörden, an die die unmittelbaren Ersuchen der deutschen Gerichtsbehörden zu richten sind:

I. Rechtshilfeersuchen der im Art. 13 (Zeugenvern. usw.) des deutsch-belgischen Auslieferungsvertrages vom 24. Dez. 1874 vorgesehenen Art sind zu richten:

A. Innerhalb des Bezirkes des Appellgerichts in Brüssel (Bruxelles) — Provinzen Brabant, Antwerpen (Anvers), Hainaut — an die Staatsanwälte (Procureurs du Roi) in Brüssel (Bruxelles), Löwen (Louvain), Nivelles, Antwerpen (Anvers), Mecheln (Malines), Turnhout, Charleroi, Mons, Tournai.

B. Innerhalb des Bezirkes des Appellgerichts in Gent (Gand) — Provinzen Ost- und Westflandern — an die Staatsanwälte (Procureurs du Roi) in Gent (Gand), Audenarde, Termonde, Brügge (Bruges), Courtrai, Furnes, Ypern (Ypres).

C. Innerhalb des Bezirkes des Appellgerichts in Lüttich (Liège) — Provinzen Lüttich (Liège), Luxemburg (Luxembourg), Namur und Limburg (Limbourg) — an die Staatsanwälte (Procureurs du Roi) in Lüttich (Liège), Huy, Verviers, Hasselt, Tongres, Arlon, Marche, Neufchâteau, Dinant, Namur.

II. Rechtshilfeersuchen der im Art. 15 (Zustell. usw.) des deutsch-belgischen Auslieferungsvertrags vom 24. Dez. 1874 vorgesehenen Art sind zu richten an die Generalstaatsanwälte (Procureurs généraux) bei den Appellgerichten in Brüssel (Bruxelles), Gent (Gand) und Lüttich (Liège)."

5. Kostenfragen, Urteilsvollstreckung usw.:

a) Bürgerliche Sachen:

Einfache Zustellung kostenfrei; bei Zwangszustellung die Auslagen, welche durch die Mitwirkung eines Vollziehungsbeamten entstanden sind (Art. 3 Abs. 1 Haager

Abk.). Rechtshilfe kostenfrei; jedoch zu erstatten Zeugen- und Sachverständigengebühren sowie die Auslagen, welche für die wegen Nichterscheinens der Zeugen erforderlich gewordene Mitwirkung eines Vollziehungsbeamten gemäß Art. 11 Abs. 1 oder durch die etwaige Anwendung einer besonderen Erledigungsform nach Art. 14 Abs. 2 Haager Ziv.-Proz.-Abk. entstanden sind (vgl. Art. 7 und 16 a. a. O.). Übersetzungskosten sind erstattungspflichtig (§ 3 Nr. 1 RHV.).

b) Strafsachen:

Mit Ausnahme von Sachverständigen-Gebühren (Gutachten in Straf- oder Handelssachen oder Sachen der gerichtlichen Medizin, welche mehrere Termine erfordern) kostenfrei (Art. 13 des Auslieferungsvertrags — s. Abs. 1 —).

Nach Magnus, Tabellen: Gegenseitigkeit bei der Vollstreckung von Urteilen*) besteht nur hinsichtlich der Kostenentscheidungen gegen den Kläger oder Intervenienten (Art. 18, 19 Haager Ziv.-Proz.-Abk.).

Gegenseitigkeit bezüglich des Armenrechts im Sinne des § 114 Abs. 2 ZPO. ist ohne Rücksicht auf den Wohnsitz verbürgt.

Vorschußpflicht für Gerichtskosten nach § 85 Abs. 2 Nr. 1 DGKG. besteht nicht, ohne Rücksicht auf den Wohnsitz.

Sicherheitsleistungspflicht für Prozeßkosten nach § 110 Abs. 2 Nr. 1 ZPO. besteht nicht bei Wohnsitz in einem der Haager Vertragsstaaten, im übrigen besteht sie, außer in Handelssachen oder bei Grundbesitz im Inland.

Abessinien (Aethiopien).

Dem Haager Ziv.-Proz.-Abk. nicht angeschlossen. Freundschafts- und Handelsvertrag vom 7. März 1905 (RGBl. 1906 S. 470), der die Meistbegünstigung inbezug auf Gerichtsbarkeit im Art. 3 vorsieht. Über Rechtshilfe in Strafsachen bestehen keine Vereinbarungen. In Abessinien wird Konsulargerichtsbarkeit ausgeübt (§§ 16 Nr. 1, 17 der RHV.). Kosten nach dem Tarif vom 1. Juli 1921 (RGBl. 1921 S. 815). Wegen der Konsulatskosten s. § 10 I Nr. 3 der RHV. Betreffend Zuleitung der Ersuchen an die zuständigen Stellen vgl. das Anschriftenverzeichnis im Abschn. IV und das Konsulatsverzeichnis im Abschn. VI. Bezüglich Zwangs- und Strafvollstreckung s. § 19 der RHV.

Nach Magnus, Tabellen:

Gegenseitigkeit bei der Vollstreckung von Urteilen (§§ 328 Ziff. 5, 722, 723 ZPO.) ist nicht verbürgt;

Gegenseitigkeit bezüglich des Armenrechts im Sinne des § 114 Abs. 2 ZPO. ist zweifelhaft;

Vorschußpflicht für Gerichtskosten nach § 85 Abs. 2 Nr. 1 DGKG. besteht nicht; Sicherheitsleistungspflicht für Prozeßkosten nach § 110 Abs. 2 Nr. 1 ZPO. besteht nicht.

Aegypten

s. Egypten.

Aethiopien

s. Abessinien.

Afghanistan **).

Ist dem Haager Abk. nicht beigetreten. Der Freundschaftsvertrag vom 3. März 1926 — RGBl. II S. 9 von 1927 — enthält keine einschlägigen Bestimmungen. Über Rechtshilfe in Strafsachen bestehen keine Vereinbarungen. Gebühren und Auslagen für Zustellungen und sonstige Ersuchen. Wegen der Zuleitung der Ersuchen s. das Anschriftenverzeichnis im Abschn. IV und das Konsulatsverzeichnis im Abschn. VI. Keine Gegenseitigkeit bei der Vollstreckung deutscher Urteile (§§ 328 Ziff. 5, 722, 723 ZPO.), Gegenseitigkeit bezüglich des Armenrechts (§ 114 Abs. 2 ZPO.) zweifelhaft. Vorschußpflicht für Gerichtskosten nach § 85 Abs. 2 Nr. 1 DGKG. und Sicherheitsleistungspflicht für Prozeßkosten nach § 110 Abs. 2 Nr. 1 ZPO. dürften zu bejahen sein.

Alaska

s. Ver. St. v. Nordamerika.

---

*) Ob bezüglich Eupen und Malmedy eine weitergehende Möglichkeit der Urteilsvollstreckung besteht, ist zweifelhaft.

**) Eingeschriebene Briefe können nach diesem Lande nicht gesandt werden.

Albanien.

Rechtshilfeersuchen wegen der in der Internationalen Übereinkunft zur Bekämpfung der Verbreitung und des Vertriebs unzüchtiger Veröffentlichungen vom 4. Mai 1910, 12. Sept. 1923 — RGBl. 1911 S. 209, 215; 1925 II S. 287/8 — bezeichneten strafbaren Handlungen sind einstweilen nur auf diplomatischem Wege zu übermitteln (s. Bekanntmachung vom 22. Dez. 1925 — RGBl. 1926 II S. 88 —, hier abgedruckt bei Österreich), Übereinkunft zur Unterdrückung des Frauen- und Kinderhandels s. RGBl. 1924 II S. 180, 202 und 454. Im übrigen bestehen über Rechtshilfe in Strafsachen keine Vereinbarungen. Dem Haager Ziv.-Proz.-Abk. nicht angeschlossen. Gebühren und Auslagen usw. wie bei Afghanistan.

Algerien

s. Frankreich.

Amerika

s. Mittelamerika und Ver. Staaten von Amerika.

Andorra

(Republik in den Pyrenäen).

Steht unter dem Schutze Frankreichs. A. gehört dem Haager Ziv.-Proz.-Abk. nicht an. Vertragsloser Zustand. Die für Frankreich vorgeschriebenen Bestimmungen sind anzuwenden; Gebühren und Auslagen für Zustellungen und sonstige Ersuchen s. daselbst. Keine Gegenseitigkeit bei der Vollstreckung deutscher Urteile (§§ 328 Ziff. 5, 722, 723 ZPO.). Armenrecht im Sinne des § 114 Abs. 2 ZPO. zweifelhaft. Vorschußpflicht für Gerichtskosten nach § 85 Abs. 2 Nr. 1 DGKG. besteht. Sicherheitsleistungspflicht für Prozeßkosten nach § 110 Abs. 2 Nr. 1 ZPO. besteht (JW. 24 S. 749).

Antillen

s. Ver. St. v. Nordamerika.

Argentinien.

Dem Haager Abk. nicht angeschlossen. Freundschafts- usw. Vertrag vom 19. Sept. 1857 (Pr. GS. 1859 S. 405), der im Art. 8 freien und offenen Zutritt zu den Gerichtshöfen vorsieht. Über Rechtshilfe in Strafsachen bestehen keine Vereinbarungen. Betreffend Zuleitung von Ersuchen an die zuständigen Stellen vgl. das Anschriftenverzeichnis im Abschn. IV und das Konsulatsverzeichnis im Abschn. VI. Gebühren und Auslagen für Zustellungen und sonstige Ersuchen. Wegen der Konsulatskosten vgl. § 10 I Nr. 2 der RHB.

Nach Magnus, Tabellen:

Gegenseitigkeit bei der Vollstreckung von Urteilen (§§ 328 Ziff. 5, 722, 723 ZPO.) besteht nicht.

Gegenseitigkeit bezüglich des Armenrechts im Sinne des § 114 Abs. 2 ZPO. ist verbürgt, wenn Antragsteller seinen Wohnsitz in Argentinien oder umgekehrt in Deutschland hat. Vorschußpflicht für Gerichtskosten nach § 85 Abs. 2 Nr. 1 DGKG. besteht nicht. Sicherheitsleistungspflicht für Prozeßkosten nach § 110 Abs. 2 Nr. 1 ZPO. besteht nicht, wenn der Kläger innerhalb des Gerichtsbezirks wohnt.

Armenien

(Transkaukasische Sowj.-Republik s. Rußland).

Aserbeidschan

(Transkaukasische Sowj.-Republik s. Rußland).

Australischer Bund

s. Großbritannien.

Azoren

s. Portugal.

Belgien

s. vor Abessinien.

Bismarck-Inseln

s. Großbritannien (Neu-Guinea).

Bolivien.

Ist dem Haager Ziv.-Proz.-Abk. nicht beigetreten. Freundschafts- usw. Vertrag vom 22. Juli 1908 (RGBl. 1910 S. 507) ist außer Kraft getreten — Art. 289 des Friedensvertrages von Versailles —, tritt aber demnächst wieder in Kraft (RGBl. 1927 II S. 455). Über Rechtshilfe in Strafsachen bestehen keine Vereinbarungen. Wegen Zuleitung von Ersuchen an die zuständigen Stellen vgl. das Anschriftenverzeichnis im Abschn. IV und das Konsulatsverzeichnis im Abschn. VI. Gebühren und Auslagen für Zustellungen und sonstige Ersuchen. Wegen der Konsulatskosten s. § 10 I Nr. 2 der RHV.

Gegenseitigkeit hinsichtlich der Urteile (§§ 328 Ziff. 5, 722, 723 ZPO.) besteht nicht. Armenrecht im Sinne des § 114 Abs. 2 ZPO. zweifelhaft. Vorschußpflicht für Gerichtskosten nach § 85 Abs. 2 Nr. 1 DGKG. streitig. Sicherheitsleistungspflicht für Prozeßkosten nach § 110 Abs. 2 Nr. 1 ZPO. streitig (Magnus, Tab., bejaht sie), vgl. JW. 24 S. 749.

Bosnien

s. Österreich Anm. 4a.

§ 27.

Brasilien[1]).

1. Wegen der Rechtshilfe in Strafsachen wird auf die AV. vom 16. Juni 1926 — JMBl. S. 249 — über den Auslieferungsverkehr und den sonstigen Rechtshilfeverkehr in Strafsachen zwischen dem Deutschen Reiche und Brasilien hingewiesen[2]).

2. Wegen der Ersuchen um Zustellungen gilt folgendes:

a) Ist der Zustellungsempfänger ein Deutscher und kommt eine Vollstreckung nicht in Frage, oder soll die Zustellung nicht auch für Brasilien Rechtswirkungen hervorrufen, so verbleibt es bei der Vorschrift des § 8 Abschn. I Nr. 1 c.

b) In den Fällen, in denen die Zustellung auch Rechtswirkungen in Brasilien haben soll, finden die unter Nr. 5 gegebenen Vorschriften Anwendung. Das Ersuchen ist mit einem Begleitschreiben an die Deutsche Gesandtschaft in Rio de Janeiro zu übersenden.

3. Für Rechtshilfe in bürgerlichen Sachen berechnen die brasilianischen Gerichte Gebühren und Auslagen von solcher Höhe, daß die Kosten selten unter 150 RM betragen. Hierauf ist bei Bemessung des Kostenvorschusses Rücksicht zu nehmen.

4. Bei Ersuchen um Vernehmung von Zeugen und Sachverständigen und um Abnahme von Eiden ist der Antrag zu stellen, die zu Vernehmenden, falls sie verzogen sein sollten, bei dem für ihren derzeitigen Wohn- oder Aufenthaltsort zuständigen Gerichte zu vernehmen. Ferner empfiehlt es sich, dem Ersuchungsschreiben eine von dem Vorsitzenden des Prozeßgerichts zu beglaubigende Erklärung der die Zeugenvernehmung betreibenden Partei beizufügen, durch welche die Deutsche Gesandtschaft in Rio de Janeiro ermächtigt wird, erforderlichenfalls einen Rechtsanwalt anzunehmen.

5. Für die Form des Ersuchungsschreibens gelten folgende Bestimmungen: Am Kopfe des Ersuchens sind anzugeben der Name des ersuchenden Gerichts sowie in roter Schrift eine genaue Bezeichnung des Inhalts des Ersuchens unter Angabe des Namens und des Wohnorts der Parteien (Rubrum). Das Ersuchen selbst ist nur „an das zuständige Gericht der Republik der Vereinigten Staaten von Brasilien" zu richten und in ihm die Zusicherung der Gegenseitigkeit auszusprechen. Dem Ersuchen sowie den sämtlichen Anlagen sind abweichend von der AV. vom 21. Dez. 1926 — JMBl. S. 430 — portugiesische Übersetzungen

eines beeidigten Übersetzers beizufügen, die von einer brasilianischen Vertretung in Deutschland zu beglaubigen sind. Das Rubrum ist zweckmäßig mit „Carta rogatoria referente pp." ins Portugiesische zu übertragen. Schließlich ist das Ersuchen mit dem „Gesehen" des Landgerichtspräsidenten zu versehen.

1. Dem Haager Ziv.-Proz.-Abk. nicht angeschlossen. Keine einschlägige vertragliche Bestimmungen. Wegen Zuleitung der Ersuchen an die zuständigen Stellen vgl. das Anschriftenverzeichnis in Abschn. IV und das Konsulatsverzeichnis im Abschn. VI.

Kostenfragen, Urteilsvollstreckung usw.:

a) Bürgerliche Sachen:

Gebühren und Auslagen für Zustellungen und sonstige Ersuchen (hohe Kosten, bei Rechtshilfe selten unter 150,— *RM*). Wegen der Konsulatskosten s. § 10 I Nr. 2 der RHV.

Nach Magnus, Tabellen:

Gegenseitigkeit bei der Vollstreckung von Urteilen (§ 328 Ziff. 5, 722, 723 ZPO.) ist verbürgt.

Gegenseitigkeit bezüglich des Armenrechts im Sinne des § 114 Abs. 2 ZPO. ist zweifelhaft. Vorschußpflicht für Gerichtskosten nach § 85 Abs. 2 Nr. 1 DGKG. besteht nicht.

Sicherheitsleistungspflicht für Prozeßkosten nach § 110 Abs. 2 Nr. 1 ZPO. besteht.

b) Strafsachen:

Keine vertragliche Regelung (s. Anm. 2).

2. Der Auslieferungsvertrag ist mit dem 15. Sept. 1913 außer Kraft getreten (JMBl. S. 297). Zu vgl. jedoch die Bekanntmachung des RM. d. A. und des RM. d. Just. vom 16. Juni 1926 — JMBl. S. 249 — über den Auslieferungsverkehr und den sonstigen Rechtshilfeverkehr in Strafsachen zwischen dem Deutschen Reiche und Brasilien — RMBl. S. 595 (JM. I. 4058):

„Die Brasilianische Regierung hat sich durch Schreiben des Ministeriums der Auswärtigen Angelegenheiten an die Deutsche Gesandtschaft in Rio de Janeiro vom 8. April 1926 bereit erklärt, den Auslieferungsverkehr und den sonstigen Rechtshilfeverkehr in Strafsachen zwischen dem Deutschen Reiche und Brasilien unter der Voraussetzung der Gegenseitigkeit aufrecht zu erhalten."

Übereinkommen betr. Bekämpfung des Mädchenhandels s. RGBl. 1913 S. 31 u. 44, 1924 II S. 425 — zu vgl. auch Anhang S. 212 —.

Britisches Reich

s. Großbritannien.

§ 28.

Bulgarien [1]).

1. Die Rechtshilfe in Strafsachen regelt sich nach dem Auslieferungsvertrage zwischen dem Reiche und Bulgarien vom 29. Sept. 1911 (RGBl. 1913 S. 468ff.), Art. 19 bis 25 [2]).

2. Die Rechtshilfe in bürgerlichen Sachen regelt sich nach dem Vertrage zwischen dem Reiche und Bulgarien über Rechtsschutz und Rechtshilfe in bürgerlichen Angelegenheiten vom 29. Sept. 1911 (RGBl. 1913 S. 457). Sie erfolgt kostenfrei, jedoch werden die an Zeugen und Sachverständige gezahlten Entschädigungen sowie die Auslagen, die durch die Anwendung einer besonderen Form gemäß Art. 11 Abs. 1 Satz 2 des Vertrags entstanden sind, erstattet; außerdem entstehen Kosten durch die Übersetzung der Ersuchungsschreiben [2]).

3. Wegen der Ersuchen um Zustellungen vgl. § 8 I Abs. 1 c, d und e und Abs. 4, wegen der sonstigen Ersuchen um Rechtshilfe § 21 Abs. 1 Satz 1 [3]), wegen der Vollstreckbarkeit der Kostenentscheidungen § 25 Abs. 2 [4]).

4. . . . . . [4]).

1. Der Inhalt des § 28 ist weggefallen (z. vergl. Ziffer 7 unter d nachstehend). Beitritt zum Haager Abk. über den Ziv.-Proz. ist nicht erfolgt. Wegen Zuleitung der

Ersuchen an die zuständigen Stellen s. das Anschriftenverzeichnis im Abschn. IV und das Konsulatsverzeichnis im Abschn. VI. Rechtshilfeersuchen wegen der in der Internationalen Übereinkunft zur Bekämpfung der Verbreitung und des Vertriebs unzüchtiger Veröffentlichungen vom 12. Sept. 1923 — RGBl. 1925 II S. 287 — bezeichneten strafbaren Handlungen sind einstweilen nur auf diplomatischem Wege zu übermitteln (s. Bekanntmachung vom 22. Dez. 1925 — RGBl. 1926 II S. 88 —, hier abgedruckt bei Österreich).

2. Die Verträge sind bestimmungsgemäß infolge Aufkündigung am 23. Sept. 1926 außer Kraft getreten, s. RGBl. 1925 II S. 952. Zu vgl. jedoch die nachstehende **Bek. über den Auslieferungsverkehr, den sonstigen Rechtshilfeverkehr in Strafsachen** und die Mitteilung von Verurteilungen zwischen dem Deutschen Reiche und Bulgarien.

VO. vom 27. Sept. 1926 — RGBl. II S. 581 —.

„Zwischen der Deutschen und der Bulgarischen Regierung ist durch Schriftwechsel der Deutschen Gesandtschaft in Sofia und des Bulgarischen Ministeriums der auswärtigen Angelegenheiten vom 7./8. September 1926 Einverständnis darüber erzielt worden, daß vom 23. September 1926, dem Tage des Außerkrafttretens des deutsch-bulgarischen Auslieferungsvertrages vom 29. September 1911, bis zum Abschluß eines neuen Auslieferungsvertrags der Auslieferungsverkehr, die sonstige Rechtshilfe in Strafsachen und die Mitteilung von Verurteilungen zwischen dem Deutschen Reiche und Bulgarien auf Grund der Gegenseitigkeit stattfinden."

Übereinkunft zur Unterdrückung des Frauen- und Kinderhandels s. RGBl. 1924 II S. 180/202, RGBl. 1925 II S. 659, desgleichen zur Bekämpfung unzüchtiger Veröffentlichungen s. oben. Betr. Mädchenhandel s. Anhang S. 212.

Inzwischen sind für den bürgerlichen Rechtsbereich nachstehende neue Vereinbarungen getroffen worden, die seit dem 17. August 1927 in Kraft getreten sind:

a) Deutsch-Bulgarischer Vertrag über den Rechtsverkehr vom 22. Dez. 1926 — RGBl. 1927 II S. 416 —.

„Das Deutsche Reich und Bulgarien haben, von dem Wunsche geleitet, den wechselseitigen Rechtsverkehr zu fördern, den nachstehenden Vertrag abgeschlossen:

Erster Abschnitt.

Sicherheitsleistung für die Prozeßkosten. Armenrecht.

Artikel 1.

(1) Den Angehörigen des einen Staates, die vor den Gerichten des anderen Staates als Kläger oder Intervenienten auftreten, darf wegen ihrer Eigenschaft als Ausländer oder wegen Mangels eines inländischen Wohnsitzes oder Aufenthalts keine Sicherheitsleistung oder Hinterlegung, unter welcher Benennung es auch sei, auferlegt werden.

(2) Das gleiche gilt für die Vorauszahlung, die von den Klägern oder Intervenienten zur Deckung der Gerichtskosten einzufordern wäre.

Artikel 2.

(1) Ergeht im Gebiete des einen Staates eine Verurteilung in die Prozeßkosten gegen einen Kläger oder Intervenienten, der von der Sicherheitsleistung, Hinterlegung oder Vorauszahlung auf Grund des Artikel 1 oder eines im Staate der Klageerhebung geltenden Gesetzes befreit ist, so ist diese Verurteilung auch im Gebiete des anderen Staates durch die zuständige Behörde kostenfrei für vollstreckbar zu erklären. Der Antrag kann im diplomatischen Wege oder unmittelbar bei der zuständigen Behörde durch den Kostengläubiger gestellt werden.

(2) Die gleiche Regel findet Anwendung auf gerichtliche Entscheidungen, durch die die Prozeßkosten später festgesetzt werden.

(3) Unter gerichtlichen Entscheidungen sind auch die von Gerichtsschreibern*) innerhalb ihrer Zuständigkeit erlassenen Kostenfestsetzungsbeschlüsse zu verstehen.

Artikel 3.

(1) Die im Artikel 2 erwähnten Kostenentscheidungen werden, unbeschadet eines späteren Rekurses der verurteilten Partei gemäß der Gesetzgebung des Staates, in dessen Gebiet die Vollstreckung betrieben wird, ohne Anhörung der Parteien für vollstreckbar erklärt.

*) jetzt Urkundsbeamten der Geschäftsstelle.

(2) Dabei ist nur zu prüfen:

1. ob nach den Gesetzen des Landes, wo die Verurteilung ausgesprochen ist, die Ausfertigung der Entscheidung die für ihre Beweiskraft erforderlichen Bedingungen erfüllt;
2. ob nach diesen Gesetzen die Entscheidung rechtskräftig ist.

(3) Zum Nachweis dieser Erfordernisse ist eine Bescheinigung des Präsidenten des zuständigen Landgerichts (Gerichtshof erster Instanz) oder, wenn das entscheidende Gericht ein Gericht höherer Ordnung ist, des Präsidenten dieses Gerichts ausreichend, daß die Entscheidung rechtskräftig ist.

(4) Dem Antrage ist eine Übersetzung des entscheidenden Teils der Entscheidung sowie der in Abs. 3 erwähnten Bescheinigung in die amtliche Sprache des ersuchten Staates beizufügen. Die Übersetzungen sind durch den diplomatischen oder konsularischen Vertreter oder einen beeidigten Dolmetscher des ersuchenden oder ersuchten Staates zu beglaubigen.

Artikel 4.

Die Angehörigen des einen Staates werden im anderen Staate zum Armenrecht unter denselben Bedingungen wie die Landesangehörigen zugelassen.

Artikel 5.

(1) Die Bescheinigung des Unvermögens muß von den Behörden des gewöhnlichen Aufenthaltsorts des Antragstellers oder in Ermangelung eines solchen von den Behörden seines derzeitigen Aufenthaltsorts ausgestellt sein.

(2) Hält sich der Antragsteller nicht in einem der beiden Staaten auf, so ist die Bescheinigung des für den Antragsteller zuständigen diplomatischen oder konsularischen Vertreters seines Staates ausreichend.

Artikel 6.

(1) Die zur Ausstellung der Bescheinigung über das Unvermögen zuständige Behörde kann bei den Behörden des anderen Staates Auskünfte über die Vermögenslage des Antragstellers einziehen.

(2) Die Behörde, die über den Antrag auf Bewilligung des Armenrechts zu entscheiden hat, behält in den Grenzen ihrer Amtsbefugnisse das Recht, die Bescheinigungen und Auskünfte einer Nachprüfung zu unterziehen.

(3) Ist einem Angehörigen des einen Staates von der zuständigen Behörde das Armenrecht bewilligt, so soll ihm dieses Recht auch in allen Prozeßhandlungen einschließlich der zur Vollstreckungsinstanz gehörigen zustehen, die sich auf denselben Rechtsstreit beziehen und vor den Gerichten des anderen Staates auf Grund des ersten und zweiten Abschnitts dieses Vertrages vorgenommen werden.

Artikel 7.

Die oberste Justizverwaltungsbehörde jedes Staates — im Deutschen Reiche das Reichsjustizministerium, in Bulgarien das Justizministerium — erteilt auf ein Ersuchen der obersten Justizverwaltungsbehörde des anderen Staates, das im diplomatischen Wege weiterzuleiten ist, Auskunft über das in ihrem Staate geltende Recht.

Zweiter Abschnitt.

Rechtshilfe in bürgerlichen Angelegenheiten.

Artikel 8.

(1) In Zivil- und Handelssachen werden Anträge auf Zustellung von Schriftstücken, die für eine im Gebiete des anderen Staates befindliche Person bestimmt sind (Zustellungsanträge), sowie Ersuchen gerichtlicher Behörden um Vornahme gerichtlicher Handlungen im Gebiete des anderen Staates (Rechtshilfeersuchen) durch den Konsul des ersuchenden Staates im Deutschen Reiche dem Landgerichtspräsidenten, in Bulgarien dem Kreisgerichtspräsidenten übermittelt.

(2) Die in Erledigung der Zustellungsanträge und Rechtshilfeersuchen entstandenen Schriftstücke werden dem Konsul übersandt.

(3) Im Falle der örtlichen Unzuständigkeit der ersuchten Behörde ist der Zustellungsantrag oder das Rechtshilfeersuchen von Amts wegen an die zuständige Behörde abzugeben und der Konsul hiervon unverzüglich zu benachrichtigen.

Artikel 9.

(1) Die Zustellungsanträge und Rechtshilfeersuchen sind in der amtlichen Sprache des ersuchenden Staates abzufassen. Eine Übersetzung in die amtliche Sprache des ersuchten Staates ist beizufügen.

(2) Für die Zustellungsanträge und ihre Übersetzungen sind die von den beiden Regierungen einander mitzuteilenden doppelsprachigen Vordrucke zu benutzen.

(3) Die dem Rechtshilfeersuchen beizufügenden Übersetzungen sind gemäß Artikel 3 Abs. 4 Satz 2 zu beglaubigen.

(4) Die Zustellungsanträge und Rechtshilfeersuchen haben die ersuchende Behörde sowie den Namen und die Stellung der Parteien anzugeben. Zustellungsanträge haben außerdem die Anschrift des Empfängers und die Art des zuzustellenden Schriftstücks zu bezeichnen.

Artikel 10.

(1) Für die Zustellung hat die zuständige Behörde des ersuchten Staates Sorge zu tragen. Diese Behörde kann sich, abgesehen von den im Abs. 2 vorgesehenen Fällen, darauf beschränken, die Zustellung durch Übergabe des Schriftstücks an den Empfänger zu bewirken, sofern er zur Annahme bereit ist.

(2) Auf Wunsch der ersuchenden Behörde hat die ersuchte Behörde das zuzustellende Schriftstück, wenn es in der amtlichen Sprache des ersuchten Staates abgefaßt oder von einer Übersetzung in diese Sprache begleitet ist, in der durch ihre innere Gesetzgebung für die Bewirkung gleichartiger Zustellungen vorgeschriebenen Form oder in einer besonderen Form zuzustellen, sofern diese ihre Gesetzgebung nicht zuwiderläuft.

(3) Hinsichtlich der Beglaubigung der Übersetzungen findet die Bestimmung des Artikel 3 Abs. 4 Satz 2 Anwendung.

Artikel 11.

(1) Die Zustellung wird nachgewiesen entweder durch ein mit Datum versehenes und beglaubigtes Empfangsbekenntnis des Empfängers oder durch ein Zeugnis der ersuchten Behörde, aus dem sich die Tatsache, die Form und die Zeit der Zustellung ergeben.

(2) Ist das zuzustellende Schriftstück in zwei gleichen Stücken übermittelt worden, so soll das Empfangsbekenntnis oder das Zeugnis auf eines der beiden Stücke gesetzt oder damit verbunden werden.

Artikel 12.

(1) Die Gerichtsbehörde, an die das Rechtshilfeersuchen gerichtet wird, ist verpflichtet, ihm zu entsprechen und dabei dieselben Zwangsmittel anzuwenden, wie bei der Erledigung eines Ersuchens der eigenen Behörden oder eines zum gleichen Zwecke gestellten Antrags einer beteiligten Partei. Die Zwangsmittel brauchen nicht angewendet zu werden, wenn es sich um das persönliche Erscheinen streitender Parteien handelt.

(2) Die ersuchende Behörde ist auf ihr Verlangen von der Zeit und dem Orte der auf das Ersuchen vorzunehmende Handlung zu benachrichtigen, damit die beteiligte Partei in der Lage ist, ihr beizuwohnen.

Artikel 13.

Rechtshilfeersuchen werden in der durch die Gesetzgebung des ersuchten Staates vorgeschriebenen Form erledigt. Jedoch ist dem Antrage der ersuchenden Behörde, daß nach einer besonderen Form verfahren werde, zu entsprechen, wenn diese Form der Gesetzgebung des ersuchten Staates nicht zuwiderläuft.

Artikel 14.

Zustellungsanträge und Rechtshilfeersuchen können nur abgelehnt werden, wenn der Staat, in dessen Gebiet sie erledigt werden sollen, sie für geeignet hält, seine Hoheitsrechte oder seine Sicherheit zu gefährden.

Artikel 15.

(1) Jeder der beiden Staaten hat die Befugnis, Zustellungen an eigene Staatsangehörige, die sich im Gebiete des anderen Staates befinden, durch seine diplomatischen und konsularischen Vertreter ohne Anwendung von Zwang bewirken zu lassen.

(2) Das gleiche gilt für die Erledigung von Rechtshilfeersuchen.

Artikel 16.

(1) Für die Erledigung von Zustellungsanträgen und Rechtshilfeersuchen werden Gebühren und Auslagen irgendwelcher Art, mit Ausnahme der an Sachverständige gezahlten Entschädigungen, nicht erhoben.

(2) Die ersuchte Behörde hat jedoch den Betrag der ihr erwachsenen Auslagen, die nach Abs. 1 vom ersuchenden Staat nicht zu erstatten sind, der ersuchenden Behörde mitzuteilen, damit diese sie von der zur Erstattung verpflichteten Person einziehen kann. Die eingezogenen Beträge behält der ersuchende Staat.

Dritter Abschnitt.

Beglaubigung (Legalisation) von Urkunden.

Artikel 17.

(1) Urkunden, die von einem deutschen Landgericht oder einem bulgarischen Gerichtshof erster Instanz oder einem deutschen oder bulgarischen Gericht höherer Ordnung, von einer der obersten oder höheren deutschen oder bulgarischen Verwaltungsbehörden oder von einem obersten Verwaltungsgericht aufgenommen, ausgestellt oder beglaubigt und mit dem Siegel oder Stempel der Behörde versehen sind, bedürfen zum Gebrauch im Gebiete des anderen Staates keiner Beglaubigung (Legalisation).

(2) Für Urkunden, die von einem der im Abs. 1 nicht erwähnten deutschen oder bulgarischen Gerichte, einem Gerichtsvollzieher oder einem Grundbuchamt oder einer Hinterlegungsstelle oder einem deutschen oder bulgarischen Notar aufgenommen, ausgestellt oder beglaubigt sind, genügt zum Gebrauch im Gebiet des anderen Staates die Beglaubigung (Legalisation) durch den zuständigen Landgerichtspräsidenten (Präsidenten des Gerichtshofes erster Instanz) unter Beifügung des Amtssiegels oder Amtsstempels. Das gleiche gilt für die von einem Gerichtsschreiber*) eines deutschen oder bulgarischen Gerichts aufgenommenen, ausgestellten oder beglaubigten Urkunden. Gehört der Gerichtsschreiber*) einem Gericht höherer Ordnung an, so erfolgt die Beglaubigung durch den Präsidenten dieses Gerichts.

Vierter Abschnitt.

Schlußbestimmungen.

Artikel 18.

Schwierigkeiten, die etwa bei Ausführung des Vertrages entstehen, werden im diplomatischen Wege geregelt.

Artikel 19.

(1) Die Deutsche und die Bulgarische Regierung werden sich die örtliche Gliederung ihrer Gerichte, die unter Artikel 17 fallenden Verwaltungsgerichte, obersten Verwaltungsbehörden und höheren Verwaltungsbehörden sowie deren Änderungen mitteilen.

(2) Das Verzeichnis der höheren Verwaltungsbehörden kann nur im Einverständnis beider Regierungen ergänzt werden.

Artikel 20.

Dieser Vertrag soll auch für den Fall in Wirksamkeit bleiben, daß Bulgarien dem Haager Abkommen über den Zivilprozeß vom 17. Juli 1905 beitritt.

Artikel 21.

(1) Der Vertrag tritt in Kraft zwei Monate nach Austausch der Ratifikationsurkunden und gilt für die Dauer von fünf Jahren.

(2) Wird der Vertrag von keinem der vertragschließenden Teile ein Jahr vor Ablauf des fünfjährigen Zeitraums gekündigt, so bleibt er in Geltung bis zum Ablauf eines Jahres von dem Tage an, wo er von einem der beiden Teile gekündigt wird.

Zu Urkund dessen usw."

b) **Bekanntmachung über die Ratifikation und Ausführung des deutsch-bulgarischen Vertrags über den Rechtsverkehr vom 16. August 1927** — RGBl. II S. 514 —.

„1. Der am 22. Dezember 1926 unterzeichnete Vertrag zwischen dem Deutschen Reiche und dem Königreiche Bulgarien über den Rechtsverkehr (Reichsgesetzbl. 1927 II S. 416) ist ratifiziert worden. Der Austausch der Ratifikationsurkunden hat am 17. Juni 1927 in Berlin stattgefunden.

2. Die Deutsche und die Bulgarische Regierung haben einander in Ausführung des Artikel 9 Abs. 2 des Vertrags die nachstehend abgedruckten doppelsprachigen Vordrucke für Zustellungsanträge**) mitgeteilt, die im Rechtshilfeverkehre verwendet werden.

3. Die bulgarische Regierung hat gemäß Artikel 19 Abs. 1 des Vertrags folgende Übersichten der bulgarischen Behörden***) in bulgarischer Sprache mitgeteilt, die unter Beifügung der entsprechenden deutschen Bezeichnungen gleichfalls abgedruckt werden:

a) Verzeichnis der bulgarischen Justizbehörden,

b) Verzeichnis der bulgarischen obersten und höheren Verwaltungsbehörden."

*) jetzt Urkundsbeamten der Geschäftsstelle.

**) Zu vergl. in Preußen das amtliche Formular Nr. 136.

***) Abgedruckt im Abschnitt VI dieses Werkes.

c) **Verordnung zur Ausführung des deutsch-bulgarischen Vertrags über den Rechtsverkehr vom 22. Dezember 1926 (Reichsgesetzbl. 1927 II S. 416). Vom 16. August 1927.**

„Auf Grund des § 2 des Gesetzes wegen des deutsch-bulgarischen Vertrags über den Rechtsverkehr vom 27. Mai 1927 (Reichsgesetzbl. II S. 416) verordnet die Reichsregierung:

Artikel 1.

Für die Erledigung der im Artikel 8 des Vertrags vorgesehenen Rechtshilfeangelegenheiten ist das Amtsgericht zuständig, in dessen Bezirk die Amtshandlung vorgenommen werden soll.

Artikel 2.

Die im Artikel 2 des Vertrags bezeichneten Kostenentscheidungen der bulgarischen Gerichte werden durch Beschluß des Amtsgerichts für vollstreckbar erklärt.

Örtlich zuständig ist das Gericht, bei dem der Kostenschuldner seinen allgemeinen Gerichtsstand hat, und in Ermangelung eines solchen das Gericht, in dessen Bezirk sich Vermögen des Kostenschuldners befindet oder die Vollstreckungshandlung vorzunehmen ist.

Artikel 3.

Ist der Antrag auf Vollstreckbarkeitserklärung auf diplomatischem Wege gestellt, so hat das Amtsgericht eine von Amts wegen zu erteilende Ausfertigung seines Beschlusses der Landesjustizverwaltung einzureichen; die Ausfertigung ist, sofern dem Antrag stattgegeben wird, mit der Vollstreckungsklausel zu versehen. Ist der Antrag auf Vollstreckbarkeitserklärung durch die beteiligte Partei unmittelbar gestellt worden, so ist der Beschluß beiden Teilen von Amts wegen zuzustellen.

Artikel 4.

Gegen Beschlüsse, durch die der Antrag auf Vollstreckbarkeitserklärung abgelehnt wird, findet die Beschwerde nach Maßgabe der §§ 568 bis 571, 573 bis 575 der Zivilprozeßordnung statt. Die Beschwerde steht, sofern der Antrag auf diplomatischem Wege gestellt ist, dem Staatsanwalt, sofern er durch die beteiligte Partei unmittelbar gestellt ist, dem Antragsteller zu.

Gegen Beschlüsse, durch die dem Antrag auf Vollstreckbarkeitserklärung stattgegeben wird, steht dem Kostenschuldner die sofortige Beschwerde nach Maßgabe der §§ 568 bis 575, 577 der Zivilprozeßordnung zu.

Artikel 5.

Aus den für vollstreckbar erklärten Kostenentscheidungen findet die Zwangsvollstreckung gemäß den Vorschriften der Zivilprozeßordnung statt; die Vorschrift des § 798 findet entsprechende Anwendung.

Artikel 6.

Für die gerichtlichen Entscheidungen, die über den Betrag der Gerichtskosten nach Artikel 2 Abs. 2 des Vertrags zur Herbeiführung der Vollstreckbarkeitserklärung in Bulgarien zu erlassen sind, ist das Gericht der Instanz zuständig. Die Entscheidungen ergehen auf Antrag der für die Beitreibung der Gerichtskosten zuständigen Behörde.

Gegen die Entscheidung findet die sofortige Beschwerde nach Maßgabe der §§ 568 bis 575, 577 der Zivilprozeßordnung statt. Die Einlegung kann durch Erklärung zum Protokoll des Gerichtsschreibers*) oder schriftlich ohne Mitwirkung eines Anwalts erfolgen. Die von einem Oberlandesgerichte getroffene Entscheidung unterliegt der Anfechtung nicht.

Artikel 7.

Für die Übermittlung eines Zustellungsantrags durch den Konsul des Reichs gemäß Artikel 8 Abs. 1 des Vertrags beträgt die Gebühr 1,50 Reichsmark.

Die gleiche Gebühr wird für eine von dem diplomatischen oder konsularischen Vertreter des Reichs gemäß Artikel 15 des Vertrags unmittelbar bewirkte Zustellung erhoben.

Artikel 8.

Die für die Erhebung von Auslagen geltenden reichs- und landesrechtlichen Vorschriften finden auf die gemäß Artikel 16 Abs. 2 des Vertrags von der ersuchten bulgarischen Behörde mitgeteilten Auslagen entsprechende Anwendung."

d) **AV. vom 24. Okt. 1927 — JMBl. S. 327 — über die Rechtshilfe in bürgerlichen Angelegenheiten im Verkehr mit Bulgarien (I. 14021).** AV. vom 20. Okt. 1913 (JMBl. S. 412):

„1. Für die Ersuchen um Zustellung von Schriftstücken, die für Personen in Bulgarien bestimmt sind — vgl. Bekanntmachung über die Ratifikation und Ausführung des deutsch-bulgarischen Vertrags über den Rechtsverkehr vom 16. Aug. 1927 (RGBl. II S. 514) —, ist der Vordruck Nr. 136 eingeführt worden. Der Vordruck ist vom Strafgefängnis in Berlin-Tegel zu beziehen.

*) jetzt Urkundsbeamten der Geschäftsstelle.

In dem Vordruck ist als ersuchte Behörde das aus dem Verzeichnis der Justizbehörden des Königreichs Bulgarien (RGBl. 1927 II S. 517) ersichtliche, für die Erledigung des Ersuchens örtlich zuständige bulgarische Gericht erster Instanz einzurücken.

Das ersuchende Gericht hat nur den in deutscher Sprache abgefaßten Teil des Vordrucks auszufüllen; die Ausfüllung des in bulgarischer Sprache gehaltenen Teils des Vordrucks sowie die Beschaffung der erforderlichen Übersetzungen zuzustellender Schriftstücke wird auf Kosten der ersuchenden Behörde von dem mit dem Ersuchungsschreiben befaßten deutschen Konsulat beschafft. Im übrigen wird auf Ziff. 2 der AV. vom 21. Dez. 1926 — JMBl. S. 430 — verwiesen.

2. Die von den preußischen Gerichten ausgehenden und nach Art. 8 Abs. 1 des Vertrages an den örtlich zuständigen deutschen Konsul unmittelbar abzusendenden Zustellungsanträge und Rechtshilfeersuchen sind, soweit sie von dem Vorsitzenden einer Kammer oder einem Einzelrichter des Landgerichts oder einem Amtsgericht ausgehen, vor Absendung gemäß § 4 RhV. dem LGPräs. zur Prüfung vorzulegen, ob gegen die Absendung Bedenken bestehen.

3. Die Landgerichtspräsidenten haben die bei ihnen eingehenden bulgarischen Zustellungsanträge und Rechtshilfeersuchen vor Weitergabe an das für die Erledigung zuständige Gericht daraufhin zu prüfen, ob ihrer Erledigung Bedenken auf Grund von Art. 14 des Vertrages (Gefährdung staatlicher Hoheitsrechte oder Staatssicherheit) entgegenstehen; bejahendenfalls sind sie zunächst mir mit Begleitbericht vorzulegen. Unbeschadet dieser verwaltungsmäßigen Prüfungspflicht haben auch die für die Erledigung zuständigen Amtsgerichte (vgl. Art. 1 der Verordnung vom 16. Aug. 1927 zur Ausführung des deutsch-bulgarischen Vertrags über den Rechtsverkehr — RGBl. II S. 521 —) dies zu prüfen und gegebenenfalls mir das Ersuchen durch den LGPräs. mit Begleitbericht zur Entscheidung vorzulegen.

Eingehende Anträge auf förmliche Zustellung von Urkunden (Klagen, Streitverkündungen usw.) an das Reich oder ein deutsches Land (Reichs- oder Landesfiskus) sind zunächst mir mit Begleitbericht vorzulegen. Im übrigen wird auf Abschnitt A IV der AV. vom 11. März 1922 — JMBl. S. 83 — verwiesen.

4. Wird die Ausführung eines bulgarischen Zustellungsantrags oder Rechtshilfeersuchens aus einem anderen als zu 3 angegebenen Grunde abgelehnt, so hat die Rücksendung nicht gemäß Art. 8 Abs. 2 unmittelbar an den bulgarischen Konsul zu erfolgen, sondern die Vorgänge sind mir, zur Rücksendung vollständig vorbereitet, mit Begleitbericht durch den LGPräs. mit dessen Stellungnahme zur endgültigen Entscheidung vorzulegen.

5. Für die Erledigung von Zustellungsanträgen und Rechtshilfeersuchen sind Gebühren und Auslagen irgendwelcher Art mit Ausnahme der an Sachverständige gezahlten Entschädigungen von dem ersuchenden Staat nicht zu zahlen. Die ersuchte Gerichtsbehörde hat jedoch den Betrag derjenigen Auslagen, die von dem ersuchenden Staat nicht zu erstatten sind, dem ersuchenden Gericht bei Rückleitung der Erledigungsvorgänge mitzuteilen, damit dieses sie von der zur Erstattung verpflichteten Person einziehen kann (Art. 16 des Vertrages).

Die preußischen Gerichte haben für diese Mitteilung folgendes Muster zu verwenden:

Amtsgericht ...., den .... 19....

....
(Deutsches Aktenzeichen.)

An

....

.... (Bulgarien).

Für die Erledigung des mit Schreiben vom ..... 19... ....
(bulgarisches Aktenzeichen)

übersandten — Zustellungsantrages — Rechtshilfeersuchens — in Sachen ....
.... könnten nach den deutschen Vorschriften von der zur Erstattung verpflichteten Person folgende Auslagen eingezogen werden:

Gemäß § .... Ziff. .... GKG. .... RM.

Dies wird zufolge Art. 16 Abs. 2 des deutsch-bulgarischen Vertrages über den Rechtsverkehr mitgeteilt.

(Stempel) ....
(Unterschrift)
(Amtsbezeichnung)

Als Auslagen sind nur solche Beträge anzugeben, die nach den bestehenden reichsrechtlichen und preußischen Kostenvorschriften (§ 72 DGKG. und § 109 PrGKG.) erhoben werden können.

Gehen von den bulgarischen Gerichten Mitteilungen dieser Art über die Kosten ein, so ist hinsichtlich ihrer Einziehung nach Art. 8 der Verordnung vom 16. Aug. 1927 zur Ausführung des deutsch-bulgarischen Vertrages über den Rechtsverkehr — RGBl. 1927 II S. 521 — zu verfahren.

6. Die von preußischen Gerichtsbehörden ausgehenden Zustellungsanträge und Rechtshilfeersuchen sowie die für die ersuchende bulgarische Behörde bestimmten Begleitschreiben, mit denen die in Erledigung bulgarischer Zustellungsanträge und Rechtshilfeersuchen entstandenen Schriftstücke zurückgesandt werden, sind stets von einem richterlichen Beamten unterschriftlich zu vollziehen.

7. Ziffer XV der AV. vom 20. Okt. 1913 (RHV. § 28) — JMBl. S. 412 — wird aufgehoben."

3., **4.**, **5.** } s. Satz 1 in Anm. 1.

Kostenfragen, Urteilsvollstreckung usw.:

a) Bürgerliche Sachen:

Für die Erledigung von Zustellungsanträgen und Rechtshilfeersuchen werden Gebühren und Auslagen, mit Ausnahme der Sachverständigengebühren, nicht erhoben. Der ersuchenden Behörde sind jedoch die entstandenen Auslagen zwecks Einziehung für eigene Rechnung mitzuteilen*). Die Konsulatsgebühr für Übermittelung eines Zustellungsantrags beträgt 1,50 RM. Derselbe Betrag wird für eine unmittelbar vom dipl. oder konf. Vertreter des Reichs bewirkte Zustellung erhoben.

b) Strafsachen:

Die Kosten der Erledigung gemäß Art. 21, 22, 23 des Ausl.-Vertrages (RGBl. 1913 S. 468) werden von dem ersuchten Teil getragen, soweit sie auf seinem Gebiet entstehen (Art. 25 a. a. O.).

Kostenentscheidungen, auch solche von Urkundsbeamten erlassenen, gegen den Kläger oder Intervenienten werden im diplomatischen Wege oder unmittelbar kostenfrei für vollstreckbar erklärt.

Gegenseitigkeit bezüglich des Armenrechts im Sinne des § 114 Abs. 2 ZPO. Vorschußpflicht für Gerichtskosten nach § 85 Abs. 2 Nr. 1 DGKG. besteht nicht, ohne Rücksicht auf den Wohnsitz. Sicherheitsleistungspflicht für Prozeßkosten nach § 110 Abs. 2 Nr. 1 ZPO. besteht nicht ohne Rücksicht auf den Wohnsitz.

Canada

s. Großbritannien.

Carolinen

s. Japan.

Ceylon

s. Großbritannien.

§ 29.

Chile[1]).

Bei der Erledigung von Ersuchen in bürgerlichen Sachen durch chilenische Justizbehörden entstehen erhebliche Kosten; hierauf ist bei Bemessung des Kostenvorschusses Rücksicht zu nehmen.

1. Gehört dem Haager Ziv.-Proz.-Abk. nicht an. Freundschafts- usw. Vertrag von 1. Febr. 1862, Pr. GS. 1863 S. 761, der keine einschlägigen Bestimmungen enthält. Über

---

*) Muster hierfür s. AV. vom 27. Okt. 1927, vorstehend abgedruckt.

Rechtshilfe in Strafsachen bestehen keine Vereinbarungen. Wegen Zuleitung der Ersuchen an die zuständigen Stellen vgl. das Anschriftenverzeichnis im Abschn. IV und das Konsulatsverzeichnis im Abschn. VI. Gebühren und Auslagen für Zustellungen und sonstige Ersuchen, wegen der Konsulatskosten s. § 10 I Nr. 2 der RHV.

Nach Magnus, Tabellen:

Die Gegenseitigkeit bei der Vollstreckung von Urteilen (§§ 328 Ziff. 5, 722, 723 ZPO.) ist nicht verbürgt. Die Gegenseitigkeit bezüglich des Armenrechts im Sinne des § 114 Abs. 2 ZPO. ist nicht verbürgt. Gerichtskostenvorschußpflicht nach § 85 Abs. 2 Nr. 1 DGKG. besteht nicht.

Sicherheitsleistungspflicht für Prozeßkosten nach § 110 Abs. 2 Nr. 1 ZPO. besteht nicht.

China.

Dem Haager Ziv.-Proz.-Abk. nicht angeschlossen, auch besteht kein allgemeiner Vertrag über Rechtshilfe in Strafsachen*). Vgl. aber Abk. zur Abwehr des Mädchenhandels**) (RGBl. 1905 S. 695/705, sowie RGBl. 1913 S. 31/44), Abk. zur Bekämpfung unzüchtiger Veröffentlichungen (RGBl. 1911 S. 209/215, 1925 II S. 287/8) und die Übereinkunft zur Unterdrückung des Frauen- und Kinderhandels (RGBl. 1924 II S. 180, 1926 II S. 353). Wegen Zuleitung der Ersuchen an die zuständigen Stellen s. das Anschriftenverzeichnis im Abschn. IV und das Konsulatsverzeichnis im Abschn. VI. Vgl. ferner § 16 Nr. 1 und 2, insbesondere Anm. Nr. 3 (Konsulargerichtsbarkeit wird nicht mehr ausgeübt). Gebühren und Auslagen für Zustellungen und sonstige Ersuchen. Wegen der Konsulatskosten s. § 10 I Nr. 2 der RHV.

Nach Magnus, Tabellen:

Gegenseitigkeit bei der Vollstreckung von Urteilen (§§ 328 Ziff. 5, 722, 723 ZPO.) besteht nicht.

Gegenseitigkeit bezüglich des Armenrechts im Sinne des § 114 Abs. 2 ZPO. ist nicht verbürgt.

Vorschußpflicht für Gerichtskosten nach § 85 Abs. 2 Nr. 1 DGKG. besteht nicht.

Sicherheitsleistungspflicht für Prozeßkosten nach § 110 Abs. 2 Nr. 1 ZPO. besteht, außer bei Grundbesitz im Inlande.

§ 30.

Columbien [1]).

Wegen der Rechtshilfe in Strafsachen vgl. den Freundschafts-, Handels- und Schiffahrtsvertrag zwischen dem Reiche und dem Freistaate Columbien vom 23. Juli 1892 (RGBl. 1894 S. 471) Art. 23. Der Vertrag gilt nicht mehr zwischen dem Reiche und dem Freistaate Panama [2]).

1. Beitritt zum Haager Ziv.-Proz.-Abk. ist nicht erfolgt. Wegen Zuleitung der Ersuchen an die zuständigen Stellen s. das Anschriftenverzeichnis im Abschn. IV und das Konsulatsverzeichnis im Abschn. VI. Art. 4 des bezogenen Vertrages ordnet die Gleichstellung mit den Inländern im Prozeßverfahren an.

2. Der Art. 23 lautet:

„Über die gegenseitige Auslieferung von Verurteilten und Angeschuldigten sowie die Erledigung von Requisitionen in Strafsachen wird zwischen den vertragschließenden Teilen eine besondere Vereinbarung getroffen werden. Bis zum Inkrafttreten dieser Vereinbarung sollen dem ersuchenden Teile gegenüber dem ersuchten Teile dieselben Rechte und Vergünstigungen, welche von dem letzteren der meistbegünstigten Nation mit Bezug auf die Auslieferung von Verurteilten und Angeschuldigten, sowie in Betreff der Erledigung von Requisition in Strafsachen eingeräumt sind oder in Zukunft eingeräumt werden sollten, insoweit zustehen, als seitens des ersuchenden Teiles bei Stellung des Antrages für gleichwertige Fälle die Gegenseitigkeit dem ersuchten Teile zugesichert wird."

Bisher sind weitere Vereinbarungen nicht erfolgt.

Gebühren und Auslagen für Zustellungen und sonstige Ersuchen. Wegen der Konsulatskosten s. § 10 I Nr. 2 der RHV.

---

*) Wegen Rechtshilfe in Strafsachen bei Verfahren wegen unzüchtiger Veröffentlichungen s. Ziff. 5 der Bekanntmachung vom 25. April 1927, abgedruckt bei Großbritannien.

**) Siehe Anhang S. 212.

Nach Magnus, Tabellen:

Die Gegenseitigkeit bei der Vollstreckung von Urteilen (§§ 328 Ziff. 5, 722, 723 ZPO.) ist nicht verbürgt. Gegenseitigkeit bezüglich des Armenrechts im Sinne des § 114 Abs. 2 ZPO. ist zweifelhaft.

Vorschußpflicht für Gerichtskosten nach § 85 Abs. 2 Nr. 1 DGKG. besteht nicht.

Sicherheitsleistungspflicht für Prozeßkosten nach § 110 Abs. 2 Nr. 1 ZPO. besteht nicht.

Congostaat

s. Belgien.

Costarika.

Dem Haager Ziv.-Proz.-Abk. nicht angeschlossen. Der Vertrag vom 13. Mai 1875 (RGBl. 1877 S. 13) ist nicht mehr in Kraft (vgl. RGBl. 1897 S. 785). Über Rechtshilfe in Strafsachen bestehen keine Vereinbarungen. Wegen Zuleitung der Ersuchen an die zuständigen Stellen s. das Anschriftenverzeichnis im Abschn. IV und das Konsulatsverzeichnis im Abschn. VI. Gebühren und Auslagen für Zustellungen und sonstige Ersuchen. Wegen der Konsulatskosten vgl. § 10 I Nr. 2 der RHV.

Nach Magnus, Tabellen:

Keine Gegenseitigkeit bei der Vollstreckung ausländischer Urteile (§§ 328 Ziff. 5, 722, 723 ZPO.). Armenrecht (§ 114 Abs. 2 ZPO.) zweifelhaft. Vorschußpflicht für Gerichtskosten nach § 85 Abs. 2 Nr. 1 DGKG. besteht nicht. Sicherheitsleistungspflicht für Prozeßkosten nach § 110 Abs. 2 Nr. 1 ZPO. besteht.

Croatien

s. Serbien.

Cuba.

Dem Haager Ziv.-Proz.-Abk. nicht beigetreten. Abk. zur Abwehr bzw. Bekämpfung des Mädchenhandels*) s. RGBl. 1905 S. 695, 705; 1913 S. 31; 1923 II S. 491 bzw. 1913 S. 31, 44; 1923 II S. 491; Übereinkunft zur Unterdrückung des Frauen- und Kinderhandels s. RGBl. 1924 II S. 180, 202. Ein Vertrag über sonstige Rechtshilfe in Strafsachen besteht nicht. Wegen Zuleitung von Ersuchen an die zuständigen Stellen s. das Anschriftenverzeichnis im Abschn. IV und das Konsulatsverzeichnis im Abschn. VI. Zustellungen werden kostenfrei bewirkt, Gebühren und Auslagen für sonstige Ersuchen. Wegen der Konsulatskosten s. § 10 I Nr. 2 der RHV.

Nach Magnus, Tabellen:

Vollstreckung von Urteilen (§§ 328 Ziff. 5, 722, 723 ZPO.) und Armenrecht (§ 114 Abs. 2 ZPO.) zweifelhaft. Vorschußpflicht für Gerichtskosten nach § 85 Abs. 2 Nr. 1 DGKG. besteht. Sicherheitsleistungspflicht für Prozeßkosten nach § 110 Abs. 2 Nr. 1 ZPO. besteht, außer bei Grundbesitz im Inland.

Curaçao

s. Niederlande.

Cypern

s. Großbritannien.

§ 31.

Dänemark.

1. In schleunigen Strafsachen dürfen die Justizbehörden im Bezirke des Oberlandesgerichts in Kiel mit den dänischen Behörden unter Beschränkung auf das tatsächliche Verhältnis und mit Vermeidung jeden Eingehens auf grundsätzliche Fragen nach Maßgabe des Zirkulars der Schleswig-Holsteinischen Landesregierung vom 17. Februar 1865 und des Ausschreibens der Regierung des Herzogtums Lauenburg vom 18. desselben Monats unmittelbar verkehren (Verordnungsblatt für Schleswig-Holstein und Lauenburg 1865 S. 27; offizielles

*) Zu vgl. Anhang S. 212.

Wochenblatt für Lauenburg 1865 S. 29). Dieser unmittelbare Geschäftsverkehr erstreckt sich nicht auf die Ersuchen um Zustellung oder um Aushändigung gerichtlicher Schriftstücke. Für Rechtshilfe in Strafsachen berechnen die dänischen Justizbehörden Auslagen. Zustellungen werden kostenfrei bewirkt [1]).

2. Wegen der Rechtshilfe in bürgerlichen Sachen vgl. § 10 III Abs. 1, 2; § 20 Abs. 1. Für die auf der Insel Island (vgl. RGBl. 1912 S. 401) zu erledigenden Zustellungen und sonstigen Rechtshilfeersuchen hat Dänemark von den Vorbehalten im Art. 1 Abs. 3 und im Art. 9 Abs. 3 des Haager Abk. über den Ziv.-Proz. Gebrauch gemacht; für alle anderen Zustellungs- und Rechtshilfeersuchen ist den deutschen und den dänischen gerichtlichen Behörden nach der Erklärung vom 1. Juni 1910 (RGBl. S. 871 ff.) der unmittelbare Geschäftsverkehr miteinander gestattet [2]). Die außerhalb Kopenhagens zu erledigenden Ersuchen sind dem für den Erledigungsamt zuständigen Amtmanne, die in Kopenhagen zu erledigenden Zustellungsersuchen dem dortigen Magistrat, die in Kopenhagen zu erledigenden sonstigen Rechtshilfeersuchen dem dänischen Justizministerium mit Begleitschreiben zu übersenden. Nach derselben Erklärung werden Zeugenentschädigungen und Auslagen für die wegen Nichterscheinens eines Zeugen erforderlich gewordene Mitwirkung eines Vollziehungsbeamten nicht erstattet. Auch werden Zwangszustellungen, abgesehen von den Kosten für die Übersetzung des zuzustellenden Schriftstücks, unentgeltlich bewirkt, wenn sie nur für den Fall beantragt waren, daß die Zustellung durch einfache Übergabe nicht zum Ziele führt; im Interesse der Kostenersparnis empfiehlt es sich, etwaige Anträge auf Zwangszustellungen regelmäßig in solcher bedingten Form zu stellen. Für das Verfahren vor den dänischen Gerichten bei der Erledigung von Ersuchen um Zeugenvernehmungen in bürgerlichen Sachen ist es von Wichtigkeit, welche Partei die Vernehmung veranlaßt hat; in dem Ersuchen ist daher die beweisführende Partei als solche zu bezeichnen.

3. Wegen Freimachung der Schreiben im unmittelbaren Geschäftsverkehre vgl. § 5 Abs. 2 [3]).

1. Abk. zur Abwehr des Mädchenhandels s. RGBl. 1905 S. 695/705; Abk. zur Bekämpfung unzüchtiger Veröffentlichungen s. RGBl. 1911 S. 209/215; Übereinkunft zur Unterdrückung des Frauen- und Kinderhandels s. RGBl. 1924 II S. 180/202; Abk. über Amtshilfe im Kraftfahrzeugverkehr (RGBl. 1925 II S. 111). Ein Vertrag über sonstige Rechtshilfe in Strafsachen besteht nicht.

Nach einer mit der Dänischen Regierung getroffenen Vereinbarung ist den dänischen Behörden die unmittelbare Inanspruchnahme des Deutschen Fahndungsblatts gestattet worden, während andererseits sämtliche deutsche Justizbehörden das Recht haben, sich künftig wegen Ausschreibung deutscher Justizflüchtlinge unmittelbar an die Redaktion des dänischen „Politiefterretninger" zu wenden. Die Adresse des Blattes ist „Kobenhavens Politiefterretninger Kopenhagen". Das Ersuchen ist in deutscher Sprache abzufassen und muß ergeben, daß entweder ein Haftbefehl oder ein Urteil vorliegt, daß es sich um eine die Auslieferung aus Dänemark begründende Straftat handelt (vgl. Ziffer 33 der Auslieferungsvorschriften sowie Just.-Minist.-Bl. 1910 S. 166 und 327, Just.-Minist.-Bl. 1913 S. 15) und daß im Falle der Ergreifung die Auslieferung auch tatsächlich beantragt werden wird. Die Ausschreibung erfolgt in dänischer Sprache, und zwar unentgeltlich. Nach Erledigung eines Fahndungsersuchens ist unverzüglich seine Zurücknahme zu veranlassen (z. vgl. JMBl. 1913 S. 95).

2. Ist dem Haager Abk. über den ZivProz. vom 17. Juli 1905 angeschlossen. Die dänischen Amtillen sind mit dem 31. März 1917 an die Vereinigten Staaten von Nordamerika abgetretem.

Weitere Vereinbarungen im Anschluß an das Haager Ziv.-Proz.-Abk. (diese finden aber keine Anwendung für Island und Grönland):

Erklärung vom 1. Juni 1910 über eine Vereinbarung zwischen dem Deutschen Reich und Dänemark (RGBl. 1910 S. 873).

„Art. 1. Gemäß den Vorbehalten im Art. 1 Abs. 4 und im Art. 9 Abs. 4 des Haager Abk. über den Zivilprozeß vom 17. Juli 1905 ist den deutschen und den dänischen gerichtlichen Behörden der unmittelbare Geschäftsverkehr miteinander in allen Fällen gestattet, in denen durch das Abk. der Rechtshilfeverkehr in Zivil- und Handelssachen für die Mitteilung gerichtlicher und außergerichtlicher Urkunden, sowie für die Erledigung von Ersuchungsschreiben geregelt ist.

Art. 2. Auf Seiten des Reichs sind für die unmittelbare Übermittelung von Zustellungs- und sonstigen Rechtshilfeersuchen alle gerichtlichen Behörden, für ihre Entgegennahme die Landgerichtspräsidenten zuständig.

Auf Seiten Dänemarks sind für die unmittelbare Übermittelung von Zustellungs- und sonstigen Rechtshilfeersuchen alle gerichtlichen Behörden zuständig, für ihre Entgegennahme außerhalb Kopenhagens der Amtmann des Ortes, wo die Zustellung zu bewirken oder die nachgesuchte Handlung vorzunehmen ist, in Kopenhagen bei Zustellungsersuchen der Magistrat und bei sonstigen Rechtshilfeersuchen das Justizministerium.

Im Falle der örtlichen Unzuständigkeit der ersuchten Behörde ist das Ersuchen von Amts wegen an die zuständige Behörde abzugeben und die ersuchende Behörde hiervon unverzüglich zu benachrichtigen.

Art. 3. In dem unmittelbaren Geschäftsverkehre werden die Schreiben der beiderseitigen Behörden in deren Landessprache abgefaßt.

Die Bestimmungen des Art. 3 des Haager Abk. über den Ziv.-Proz. wegen Abfassung oder Übersetzung der dort bezeichneten Schriftstücke bleiben unberührt. Sind diesen Schriftstücken die vorgeschriebenen Übersetzungen nicht beigegeben, so werden sie von der ersuchten Behörde auf Kosten der ersuchenden Behörde beschafft.

Art. 4. Die Bestimmungen des Art. 3 Abs. 2 dieser Erklärung finden Anwendung auf die im Art. 19 des Haager Abk. über den Ziv.-Proz. bezeichneten Schriftstücke, die den auf diplomatischem Wege zu stellenden Anträgen wegen Vollstreckbarkeitserklärung von Kostenentscheidungen beizufügen sind.

Art. 5. Gemäß dem Vorbehalt im Art. 7 Abs. 2 des Haager Abk. über den Ziv.-Proz. soll die Erstattung der durch die Mitwirkung eines Vollziehungsbeamten in den Fällen des Art. 3 des Abk. entstandenen Auslagen nicht verlangt werden, wenn der in diesem Art. vorgesehene Antrag nur für den Fall gestellt war, daß das im Art. 2 des Abk. geregelte Verfahren nicht zum Ziele führt.

Ferner soll gemäß dem Vorbehalt im Art. 16 Abs. 2 des Abk. die Erstattung der Auslagen für Zeugenentschädigungen und für die wegen Nichterscheinens eines Zeugen erforderlich gewordene Mitwirkung eines Vollziehungsbeamten nicht verlangt werden. Das Gleiche gilt in Ansehung der im Art. 23 Abs. 2 des Abk. erwähnten Auslagen für Zeugenentschädigungen.

Art. 6. Soweit nach dem Haager Abk. über den Ziv.-Proz. in Verbindung mit dem Art. 5 dieser Erklärung Kosten in Rechnung gestellt werden können, werden sie nach den Vorschriften berechnet, die in dem ersuchten Staate für gleiche Handlungen in einem ausländischen Verfahren gelten."

Vereinbarung

vom 1. Juni 1914 zwischen dem Deutschen Reich und Dänemark (RGBl. 1914 S. 206).

„Zwischen der Kaiserlich Deutschen Regierung und der Königlich Dänischen Regierung ist im Anschluß an die Vereinbarung vom 1. Juni 1910 zur Vereinfachung des Rechtshilfeverkehrs die nachstehende weitere Vereinbarung getroffen worden:

Artikel 1.

Jede der beiden Regierungen wird ihre Vermittlung eintreten lassen, um die gemäß Art. 18, 19 des Haager Abk. über den Zivilprozeß vom 17. Juli 1905 für vollstreckbar erklärten Kostenentscheidungen der Behörden des anderen Teiles zur Vollstreckung zu bringen, wenn ihr der von dem Gläubiger oder in seinem Namen gestellte Vollstreckungsantrag auf diplomatischem Wege übermittelt wird.

Der Antrag muß in der Sprache des ersuchten Teiles abgefaßt oder von einer Übersetzung in diese Sprache begleitet sein; die Übersetzung ist durch einen diplomatischen oder konsularischen Vertreter des ersuchenden Teiles oder einen beeidigten Dolmetscher des ersuchten Teiles zu beglaubigen. Ist die vorgeschriebene Übersetzung nicht beigefügt, so wird sie von dem ersuchten Teile auf Kosten des ersuchenden Teiles beschafft.

Der Antrag kann dem ersuchten Teile gleichzeitig mit dem Antrag auf Vollstreckbarkeitserklärung der Kostenentscheidung übermittelt werden.

Artikel 2.

Auf den gemäß Art. 1 dieser Erklärung gestellten Antrag findet die Vollstreckung der Kostenentscheidung nur in bewegliche körperliche Sachen statt.

Mit den in der Kostenentscheidung festgesetzen Kosten sind auch die gemäß Art. 19 des Haager Abk. über den Zivilprozeß, Art. 4 der Vereinbarung vom 1. Juni 1910 und Art. 1 Abs. 2 der gegenwärtigen Erklärung entstehenden Übersetzungskosten sowie die sonstigen Kosten des Vollstreckungsverfahrens beizutreiben.

Der Vollstreckungsbeamte des ersuchten Teiles darf zur Deckung seiner Gebühren und Auslagen einen Kostenvorschuß nicht erheben. Soweit die Vollstreckung nicht zur Deckung der Gebühren und Auslagen führt, ist der ersuchende Teil verpflichtet, diese Kosten zu erstatten.

Artikel 3.

Die gegenwärtige Erklärung tritt am 1. Juli 1914 in Wirksamkeit und bleibt in Kraft bis zum Ablauf von 6 Monaten nach erfolgter Kündigung seitens des einen oder des anderen der beiden Teile.

Die Erklärung wird gegen eine entsprechende Erklärung der Königlich Dänischen Regierung ausgetauscht werden."

AV. vom 1. Juli 1914 (JMBl. S. 566) betr. Vollstreckung der im Art. 18, 19 des Haager Ziv.-Proz.-Abk. bezeichneten Kostenentscheidungen im Rechtshilfeverkehr.

„Zwischen dem Deutschen Reiche und Dänemark ist im Anschluß an das Haager Ziv.-Proz.-Abk. (RGBl. 1909 S. 410) und die Vereinbarung vom 1. Juni 1910 (RGBl. S. 871 ff.) eine weitere Vereinbarung zur Vereinfachung des Rechtshilfeverkehrs getroffen, die mittels Bekanntmachung des Reichskanzlers vom 6. Juli 1914 (RGBl. S. 205, 206) veröffentlicht worden ist. Hiernach wird jede der beiden Regierungen ihre Vermittelung eintreten lassen, um die gemäß Art. 18, 19 des Haager Ziv.-Proz.-Abk. für vollstreckbar erklärten Kostenentscheidungen der Behörden des anderen Teiles zur Vollstreckung zu bringen, wenn ihr der von dem Gläubiger oder in seinem Namen gestellte Vollstreckungsantrag auf diplomatischem Wege übermittelt wird.

Soll die Zwangsvollstreckung gegen einen in Dänemark wohnenden Kostenschuldner betrieben werden, so ist der Vollstreckungsantrag mir mit den im § 25 Abs. 2 der RHV. bezeichneten Urkunden einzureichen und im Hinblick auf Art. 2 Abs. 3 der Erklärung vom 1. Juni 1914 von dem Gläubiger ein Kostenvorschuß zu erheben, der für die Gebühren und Auslagen des Vollstreckungsbeamten Deckung bietet. In den Begleitbericht ist eine Mitteilung über den Eingang des Vorschusses und über seine Höhe aufzunehmen. Die nach der Erklärung notwendige Übersetzung des Vollstreckungsantrages ist nicht beizufügen.

Für das Verfahren, das zu beobachten ist, wenn auf Grund dänischer Kostenentscheidungen die Zwangsvollstreckung in Preußen erfolgen soll, behalte ich mir Weisung von Fall zu Fall vor."

Dänemark ist ferner folgenden Abkommen über internationales Privatrecht beigetreten (zu vgl. RGBl. 1926 II S. 553 usw. wie bei Belgien Anm. 1).

Wegen Zuleitung der Ersuchen an die zuständigen Stellen vgl. das Anschriftenverzeichnis im Abschn. IV bzw. das Konsulatsverzeichnis im Abschn. VI.

3. Kostenfragen, Urteilsvollstreckung usw.:

a) Bürgerliche Sachen:

Einfache Zustellungen kostenfrei, bei bedingter Zwangszustellung nur Übersetzungskosten, bei unbedingter Zwangszustellung Gebühren und Auslagen.

Rechtshilfe kostenfrei, auch Zeugenentschädigungen und Auslagen für die wegen Nichterscheinens eines Zeugen erforderlich gewordene Mitwirkung eines Vollziehungsbeamten werden nicht erstattet. Bezügl. Übersetzungskosten s. § 3 Nr. 1 Schlußsatz der RHV. (außer bei Zwangszustellung — Art. 3 Ziv.-Proz.-Abk. — sind diese nur noch bei Vollstreckbarkeitserklärungen gemäß Art. 19 des Haager Ziv.-Proz.-Abk. erstattungsfähig). Wegen der Konsulatskosten vgl. § 10 I Nr. 2 der RHV.

b) Strafsachen:

Zustellungen kostenfrei, im übrigen werden nur Auslagen erstattet.

Nach Magnus, Tabellen:

Gegenseitigkeit bei der Vollstreckung von Urteilen (§§ 328 Ziff. 5, 722, 723 ZPO.) ist verbürgt*). Gegenseitigkeit bezüglich des Armenrechts (§ 114 Abs. 2 ZPO.) ist ohne Rücksicht auf den Wohnsitz verbürgt. Vorschußpflicht für Gerichtskosten nach § 85 Abs. 2 Nr. 1 DGKG. besteht nicht bei Wohnsitz in einem der Haager Vertragsstaaten. Sicherheitsleistungspflicht für Prozeßkosten nach § 110 Abs. 2 Nr. 1 ZPO. besteht nicht, ohne Rücksicht auf den Wohnsitz.

Danzig.

Gehört dem Haager Ziv.-Proz.-Abk. an (RGBl. 1926 II S. 553).

RV. vom 12. Juni 1920 — I 17695 —:

„Betr.: Vorläufige Regelung des Rechtshilfeverkehrs mit der freien Stadt Danzig. Vorgang: Erlaß vom 25. März 1920 — I 4599 — (Abdruck erübrigt sich).

An Stelle der in dem vorbezeichneten Erlaß enthaltenen Richtlinien über den Rechtshilfeverkehr mit der freien Stadt Danzig sollen bis zum Abschlusse des geplanten Rechtspflegeabk. folgende Grundsätze gelten:

1. Die in dem Haager Ziv.-Proz.-Abk. vom 17. Juli 1905 (RGBl. 1909 S. 410 ff.) niedergelegten Bestimmungen über den Rechtshilfeverkehr in Zivilsachen finden vorläufig entsprechende Anwendung.

2. Wegen der Form, des Inhalts und der Prüfung der in deutscher Sprache zu haltenden Ersuchungsschreiben sind die Bestimmungen der §§ 2—4 der AV. vom 16. Juni 1910 und vom 20. Oktober 1913 — JMBl. 1910 S. 189 und 1913 S. 412, abgedruckt im Abschn. II — zu beachten, die auch Bestimmungen über Rechtshilfe in Strafsachen enthalten und sonst sinngemäß anzuwenden sind.

3. Für die Rechtshilfe wird der unmittelbare Verkehr mit den Danziger Gerichtsbehörden gestattet, doch sind die Auslieferungsersuchen und Anträge auf Strafverfolgung von Ausländern wegen eines im Deutschen Reiche begangenen Verbrechens und Vergehens vor den Danziger Gerichten nur in diplomatischem Wege zu erledigen**).

4. Kosten der an Danziger Gerichte geleisteten Rechtshilfe sollen vorerst außer Ansatz bleiben, auch soweit es sich um die in Art. 7 Abs. 2, Art 14, Art. 16 Abs. 2 des Haager Ziv.-Proz.-Abk. bezeichneten Gebühren und Auslagen handelt.

5. Von der Versendung der Akten im Wege der Rechtshilfe ist im allgemeinen Abstand zu nehmen, doch darf der Oberlandesgerichtspräsident oder der Generalstaatsanwalt in geeigneten Fällen die Versendung genehmigen, wenn die Gefährdung des Staatswohls oder der Verlust nicht wieder herzustellender Urkunden dadurch nicht zu befürchten ist.

---

*) In dem Rechtszustande hinsichtlich der Verbürgung der Gegenseitigkeit bei der Vollstreckung von Urteilen im Verhältnis zu Dänemark ist, abgesehen von der im Art. 1, § 11 des deutsch-dänischen Abk. betr. die Überleitung der Rechtspflege im nordschleswigischen Abtretungsgebiete vom 12. Juli 1921 (RGBl. 1922 I S. 45) getroffenen Sonderregelung für das nordschleswigische Abstimmungsgebiet, eine Änderung gegenüber der Vorkriegszeit nicht eingetreten. Soweit es sich, von der eben genannten Bestimmung abgesehen, nicht um die in dem Art. 18 des Haager Abk. über den Ziv.-Proz. vom 17. Juli 1905 (RGBl. 1909 S. 410) bezeichneten Kostenentscheidungen oder die in Art. 56 des Internationalen Übereinkommens über den Eisenbahnfrachtverkehr vom 14. Oktober 1890 (RGBl. 1892 S. 793) genannten Urteile handelt, ist die Gegenseitigkeit durch Staatsvertrag nicht gewährleistet. Zur Vollstreckung eines rechtskräftigen deutschen Urteils in Dänemark bedarf es einer im allgemeinen Gerichtsstande des Beklagten zu erhebenden Klage auf Erfüllung der in dem deutschen Urteile ausgesprochenen Verpflichtung. Inwieweit hierbei dem deutschen Urteile materielle Rechtskraft zukommt, ist in der dänischen Gesetzgebung nicht geregelt. Nach der feststehenden Rechtsprechung der dänischen Gerichte findet jedoch in dem Verfahren eine sachliche Nachprüfung des deutschen Urteils nicht statt, falls es von einem auch nach den dänischen Gesetzesbestimmungen zuständigen Gericht erlassen worden ist und nicht gegen die zwingenden Vorschriften des dänischen Rechts verstößt. Angesichts dieser Praxis wird die Gegenseitigkeit in der Rechtsprechung wie im Schrifttum als verbürgt angesehen (zu vgl. Rechtsprechung der Oberlandesgerichte Bd. 17 S. 157; Stein, ZPO. des Deutschen Reichs, 10. Aufl. zu § 328 VII; Förster-Kann, 3. Aufl. Bd. I S. 887; Möller, Vollstreckung ausländischer Urteile in Dänemark, in den Blättern für vergleichende Rechtswissenschaft und Volkswirtschaftslehre, 17. Jahrg. S. 159).

**) Zu vgl. AV. vom 19. Aug. 1923 — JMBl. S. 619 —.

6. Im Ansehung des Armenrechts und der Befreiung von der Sicherstellung der Gerichtskosten ist die Gegenseitigkeit als verbürgt anzusehen. Es wird daher den Angehörigen der freien Stadt Danzig unter den gleichen Voraussetzungen wie den Reichsdeutschen das Armenrecht zu bewilligen und von einer zuvorigen Sicherstellung der Gerichtskosten (§ 85 DGKG.) abzusehen sein. Die gleichen Anordnungen werden im Verwaltungswege durch die Freie Stadt Danzig für die Danziger Gerichte getroffen werden. Sollte sich in einzelnem Fällen ergeben, daß nicht hiernach verfahren wird, so ist darüber unverzüglich an mich zu berichten.

Ich ersuche usw."

Die freie Stadt Danzig hat am 9. Juni 1926 das Protokoll über den Beitritt zum Haager Abk. über den Ziv.-Proz. vom 17. Juli 1905 gezeichnet, wodurch dieses Abkommen zwischen Polen und Danzig einerseits und den alten Signatarstaaten (mit Ausnahme Frankreichs) andererseits am 9. August 1926 in Kraft getreten ist (RGBl. 1926 II S. 553).

AV. vom 4. April 1923 — JMBl. S. 314 — über die Beistandsleistung in Verwaltungssachen gegenüber Behörden der freien Stadt Danzig:

„Die Gerichte werden hiermit angewiesen, den Behörden der freien Stadt Danzig in Verwaltungssachen in derselben Weise wie preußischen Behörden Beistand zu gewähren, insbesondere durch Bewirkung von Zustellungen und durch Vernehmung von Zeugen und Sachverständigen. Hinsichtlich der Zustellungen gelten die Bestimmungen der AV. vom 11. März 1922 (JMBl. S. 83) zu B und der AV. vom 31. Juli 1922 (JMBl. S. 303), abgedruckt im Abschnitt VII unter B III a und c entsprechend; hiernach ist die Ersatzzustellung (§ 181 ff. ZPO.) und die Zwangszustellung (§ 186 ZPO.) unzulässig. Ebenso dürfen zur Herbeiführung der Vernehmung eines Zeugen oder Sachverständigen Zwangsmaßnahmen nicht angewandt werden, und es darf eine Beistandsleistung, die in Vornahme vom Vollstreckungsakten bestände, nicht erfolgen. Der Beistand wird durch die Amtsgerichte gewährt. Der Schriftverkehr ist durch die Hand des Landgerichtspräsidenten zu leiten, welcher darüber zu wachen hat, daß sich die Beistandsleistung innerhalb der obigen Richtlinien hält."

Zu vgl. hierzu auch Erlaß des JM. vom 23. März 1927 — V 1294 —, mitgeteilt durch die RV. vom 22. April 1927 — Fr. 674 —, der, wie folgt, lautet:

„Bei einer zwangsweise erfolgenden Beitreibung Danziger Gerichtskosten aus der Zeit nach dem Wegfalle der preußischen Justizhoheit können die preußischen Justizbehörden nach den geltenden Vorschriften zurzeit nur in bestimmten Fällen mitwirken (zu vgl. Ziffer 4 der Bekanntmachung vom 9. Sept. 1926 — RGBl. II S. 553 — in Verbindung mit Art. 18, 19 des Haager Abk. über den Zivilprozeß und §§ 5 ff. des Gesetzes vom 5. April 1909 — RGBl. S. 430). Im übrigen haben in Kostensachen die preußischen Gerichtskassen den Danziger Justizkassen sinngemäß nach der Allgemeinen Verfügung vom 4. April 1923 (JMBl. S. 314) Amtshilfe durch gütliche Einwirkung auf den Kostenschuldner zu leisten, wie auch die Danziger Gerichtsbehörden nach der Allgemeinen Verfügung des Senats der Freien Stadt Danzig vom 18. April 1923 (J. 2494/23) verpflichtet sind, bei entsprechenden preußischen Einziehungsersuchen in diesem Umfange Amtshilfe zu leisten. Es empfiehlt sich, daß die Grenzen, in denen diese Amtshilfe gewährt wird, nicht zu eng gezogen werden, und ich halte es deshalb für vertretbar, daß der Kassenkurator in S. sich im Rahmen des beiliegenden Ersuchens allen Aufgaben — abgesehen von der Durchführung von Zwangsmaßnahmen — unterzieht, deren Erledigung durch ihn nach den gesamten Umständen besser als durch die den Verhältnissen fernstehende Justizhauptkasse in Danzig erfolgen kann."

AV. d. JM. vom 18. Mai 1927 — JMBl. S. 170 — über Vereinfachung des Geschäftsverkehrs bei Anordnung vormundschaftsgerichtlicher Maßnahmen für Danziger Staatsangehörige, die sich in Preußen aufhalten, und für preußische Staatsangehörige, die sich im Gebiet der Freien Stadt Danzig aufhalten (I. Fr. 785).

„Zur Vereinfachung des Geschäftsverkehrs bei der Anordnung und Durchführung vormundschaftsgerichtlicher Maßnahmen kann

a) bei Prüfung der Frage, ob über einen Danziger Staatsangehörigen, der sich dauernd in Preußen aufhält, gemäß Art. 23 EG.BGB. von dem preußischen Vormundschaftsgericht eine Vormundschaft oder Pflegschaft anzuordnen ist, grundsätzlich von der Annahme ausgegangen werden, daß die Freie Stadt Danzig die Fürsorge nicht übernimmt,

b) bei Prüfung der Frage, ob von dem nach §§ 36 Abs. 2, 38 RFG. zuständigen preußischen Gericht eine Vormundschaft oder Pflegschaft anzuordnen ist über einen preußischen Staatsangehörigen, der sich dauernd im Gebiet der Freien Stadt Danzig aufhält, grundsätzlich von der Annahme ausgegangen werden, daß diese Vormundschaft oder Pflegschaft von den Gerichten der Freien Stadt Danzig angeordnet wird,

und von einer Rückfrage bei den Danziger Gerichten lediglich wegen der Zuständigkeit für den Einzelfall abgesehen werden.

Die Gerichte der Freien Stadt Danzig werden dementsprechend bei Anwendung des Art. 23 EG.BGB. im Verkehr mit den preußischen Gerichten grundsätzlich davon ausgehen, daß

a) Preußen die Vormundschaft oder Pflegschaft über preußische Staatsangehörige, die sich dauernd im Gebiet der Freien Stadt Danzig aufhalten, nicht übernimmt,
b) die Vormundschaft oder Pflegschaft über Danziger Staatsangehörige, die sich dauernd in Preußen aufhalten, von den preußischen Gerichten angeordnet wird.

Sollten sich in einem Einzelfalle bei Beobachtung dieses Verfahrens Unzuträglichkeiten ergeben, so ist auf dem Dienstwege zu berichten."

Danzig ist dem Abk. über die Erhaltung oder Wiederherstellung der durch den Weltkrieg betroffenen gewerblichen Eigentumsrechte beigetreten (RGBl. 1921 S. 1532). Generalkonsulat in Danzig seit 30. Nov. 1921 eingerichtet (vgl. JMBl. 1922 S. 3 und das Konsulatsverzeichnis im Abschn. IV).

Betr. Zulassung von dienstlichen Aktenbriefen nach der freien Stadt Danzig s. JMBl. 1922 S. 57.

Ein allgemeines Abkommen über Rechtshilfe in Strafsachen besteht nicht. Zu vergleichen jedoch Abk. zur Abwehr des Mädchenhandels*) s. RGBl. 1905 S. 695/705; 1913 S. 31/44; 1923 II S. 491; Abk. zur Bekämpfung unzüchtiger Veröffentlichungen**) s. RGBl. 1911 S. 209/215; 1923 II S. 491; 1925 II S. 287/8; Übereinkunft zur Unterdrückung des Frauen- und Kinderhandels (RGBl. 1924 II S. 180, 202 u. 454); Vereinbarung über die Vollstreckung Danziger Strafurteile s. RGBl. 1923 I S. 1167 sowie über Veröffentlichung von Ausschreibungen von 1924/25.

Ersuchungsschreiben in Strafsachen wegen Mädchenhandels, die für die Justizbehörden in Danzig bestimmt sind, sind diesen unmittelbar zuzuleiten (JMBl. 1923 S. 167); Ersuchen um Auslieferungen dagegen im diplomatischen Wege (JMBl. 1923 S. 619).

Gesetz betr. Strafvollstreckung aus Urteilen der Gerichte in den Gebieten der freien Stadt Danzig s. RGBl. I 1923 S. 1167.

Kostenfragen, Urteilsvollstreckung usw.:

Alles kostenfrei, auch bezügl. Art. 7 Abs. 2, Art. 14, Art. 16 Abs. 2 des Haager Abk. (Verf. des JM. vom 12. Juni 1920 — I 17695 —). Gebührenfreiheit bezügl. § 8 Abs. 1 Ziff. 2—7 DGKG. (JMBl. 1921 S. 672), vgl. auch betr. Gerichtskosten RGBl. 1920 S. 1703. Niederschlagung von Stempeln aus Tarifstelle 77 betr. Regelung von Optionsfragen s. JMBl. 1922 S. 3.

Nach Magnus, Tabellen:

Die Gegenseitigkeit bei der Vollstreckung von Urteilen (§§ 328 Ziff. 5, 722, 723 ZPO.) ist verbürgt; zu vgl. AV. vom 7. Sept. 1921 — JMBl. S. 464 — über die Anerkennung der Urteile Danziger Gerichte in bürgerlichen Rechtsstreitigkeiten:

„Die Verwaltung der freien Stadt Danzig hat unter dem 22. Juli 1921 folgende Allgemeine Verfügung erlassen:

Im Hinblick auf die §§ 328, 723 der im Deutschen Reich und in der freien Stadt Danzig gleichmäßig geltenden deutschen ZPO. sind die Voraussetzungen für die gegenseitige Anerkennung der rechtskräftigen Urteile Danziger und deutscher Gerichte in bürgerlichen Rechtsstreitigkeiten erfüllt.

Von den Gerichten im Gebiete der freien Stadt Danzig wird demnach auch die nach § 328 Ziff. 5 a. a. O. erforderliche Verbürgung der Gegenseitigkeit bei Urteilen deutscher Gerichte als erfüllt anzusehen sein.

---

*) S. hier den folgenden Absatz und Anhang S. 212.

**) Wegen Rechtshilfe in Strafsachen bei Verfahren wegen unzüchtiger Veröffentlichungen s. Ziffer 5 der Bekanntmachung vom 25. April 1927, abgedruckt bei Großbritannien.

In gleichem Sinne hat sich die Ferienkammer für Handelssachen des Landgerichts in Danzig in einem Urteil vom 26. Juli 1921 ausgesprochen. Abschrift des Urteils kann den Gerichten auf Antrag erteilt werden.

Hiernach werden keine Bedenken bestehen, gegenüber Urteilen Danziger Gerichte in bürgerlichen Rechtsstreitigkeiten die Gegenseitigkeit als verbürgt anzusehen (§ 328 Ziff. 5 ZPO.)."

Gegenseitigkeit bezgl. des Armenrechts im Sinne des § 114 Abs. 2 ZPO. ist verbürgt, ohne Rücksicht auf den Wohnsitz. Vorschußpflicht für Gerichtskosten nach § 85 Abs. 2 Nr. 1 DGKG. besteht nicht. Sicherheitsleistungspflicht für Prozeßkosten nach § 110 Abs. 2 Nr. 1 ZPO. besteht nicht.

Deutsches Reich (Saargebiet)

s. Saargebiet.

Dominika — San Domingo —,

Dominikanische Republik.

Dem Haager Ziv.-Proz.-Abk. nicht beigetreten. Der Handelsvertrag vom 30. Jan. 1885 (RGBl. 86 S. 3) ist außer Kraft getreten (RGBl. 97 S. 5). Über Rechtshilfe in Strafsachen bestehen keine Vereinbarungen. Wegen Zuleitung der Ersuchen an die zuständigen Stellen s. das Anschriftenverzeichnis im Abschn. IV und das Konsulatsverzeichnis im Abschn. VI. Gebühren und Auslagen für Zustellungen und sonstige Ersuchen.

Nach Magnus, Tabellen:

Die Gegenseitigkeit bei der Vollstreckung von Urteilen (§§ 328 Ziff. 5, 722, 723 ZPO.) ist nicht verbürgt. Gegenseitigkeit bezügl. des Armenrechts im Sinne des § 114 Abs. 2 ZPO. ist zweifelhaft. Vorschußpflicht für Gerichtskosten nach § 85 Abs. 2 Nr. 1 DGKG. besteht. Sicherheitsleistungspflicht für Prozeßkosten nach § 110 Abs. 2 Nr. 1 ZPO. besteht.

Ecuador.

Ist dem Haager Ziv.-Proz.-Abk. nicht beigetreten. Freundschaftsvertrag vom 28. März 1887 (RGBl. 88 S. 136) ist außer Kraft (Art. 289 Friedensvertrag von Versailles). Über Rechtshilfe in Strafsachen bestehen keine Vereinbarungen. Betr. Zuleitung der Ersuchen an die zuständigen Stellen s. das Anschriftenverzeichnis im Abschn. IV und das Konsulatsverzeichnis im Abschn. VI. Gebühren und Auslagen für Zustellungen und sonstige Ersuchen. Wegen der Konsulatskosten vgl. § 10 I Nr. 2 der RHV.

Nach JW. 1924 S. 749:

Die Gegenseitigkeit bei der Vollstreckung von Urteilen (§§ 328 Ziff. 5, 722, 723 ZPO.) ist nicht verbürgt. Gegenseitigkeit bezügl. des Armenrechts im Sinne des § 114 Abs. 2 ZPO. ist zweifelhaft. Vorschußpflicht für Gerichtskosten nach § 85 Abs. 2 Nr. 1 DGKG. ist zweifelhaft. Sicherheitsleistungspflicht für Prozeßkosten nach § 110 Abs. 2 Nr. 1 ZPO. ist streitig. — Magnus (Tabellen) bejaht sie —.

Egypten.

Gehört dem Haager Ziv.-Proz.-Abk. nicht an. Handelsvertrag vom 14. Juli 1892 (RGBl. 1893 S. 17) und 17. März 1910 (RGBl. 1910 S. 901). Die Konsulargerichtsbarkeit ist wieder eingeführt (Gesetz vom 24. Juli 1925 — RGBl. II S. 735 —). Vgl. § 16 Nr. 1 u. 2 der RHV., insbesondere Anm. 3 daselbst. Bezüglich Zwangs- und Strafvollstreckung s. § 19 der RHV. Wegen Zuleitung der Ersuchen an die zuständigen Stellen s. das Anschriftenverzeichnis im Abschn. IV und das Konsulatsverzeichnis im Abschn. VI. Wegen der Konsulatskosten vgl. § 10 I Nr. 3 der RHV.

AV. vom 21. April 1926 — JMBl. S. 160 —:

„Schriftstücke, deren Zustellung an britische Untertanen in Egypten erfolgen soll, sind in zwei Ausfertigungen nebst englischer Übersetzung der Deutschen Gesandtschaft (Konsulatsabteilung) in Kairo mit Begleitschreiben zu übersenden." Zu vgl. jedoch AV. vom 26. Dez. 1926 — JMBl. S. 430 —, abgedruckt unter Anm. 2 zu § 3 der RHV. im Abschn. II.

AV. d. JM. vom 31. Mai 1927 — JMBl. S. 181 — über Vollstreckbarkeitserklärung deutscher Urteile in Egypten (I. 12671). AV. vom 7. Dez. 1925 (JMBl. S. 430).

„Nach Mitteilung der Deutschen Gesandtschaft in Kairo vom 3. März 1927 kann die Anerkennung einer deutschen Entscheidung über Ehe- und Familienrechtsangelegenheiten, bei denen eine Partei egyptischer Mohammedaner ist, in Egypten nur nach sachlicher Nachprüfung erfolgen.

Dies wird mit Rücksicht auf § 328 Ziff. 5 ZPO. und unter Bezugnahme auf die in der AV. vom 7. Dez. 1925 enthaltene Mitteilung zur Kenntnis der Justizbehörden gebracht."

Rechtshilfeersuchen wegen der in der Internationalen Übereinkunft zur Bekämpfung der Verbreitung und des Vertriebs unzüchtiger Veröffentlichungen vom 12. Sept. 1923 — RGBl. 1925 II S. 287 — bezeichneten strafbaren Handlungen sind einstweilen nur auf diplomatischem Wege zu übermitteln (s. Bekanntm. vom 22. Dez. 1925 — RGBl. 1926 II S. 88 —, hier abgedruckt bei Österreich). Zu vgl. ferner das frühere Abk. RGBl. 1911 S. 209, 215, RGBl. 1925 II S. 287/8.

Nach Magnus, Tabellen:

Die Gegenseitigkeit bei der Vollstreckung von Urteilen (§§ 328 Ziff. 5, 722, 723 ZPO.) ist verbürgt, siehe auch AV. vom 7. Dez. 1925 — JMBl. S. 430 —:

„Nach Mitteilung der Deutschen Gesandtschaft in Kairo vom 18. Nov. 1925 hat der Gemischte Gerichtshof in Kairo ein von dem Landgericht in Hamburg erlassenes rechtskräftiges Urteil ohne sachliche Nachprüfung für vollstreckbar erklärt (zu vgl. § 328 Ziff. 5 ZPO.)."

Die Gegenseitigkeit bezüglich des Armenrechts im Sinne des § 114 Abs. 2 ZPO. ist verbürgt. Vorschußpflicht für Gerichtskosten nach § 85 Abs. 2 Nr. 1 DGKG. besteht nicht. Sicherheitsleistungspflicht für Prozeßkosten nach § 110 Abs. 2 Nr. 1 ZPO. besteht nicht.

El Salvador

s. Salvador.

Elsaß-Lothringen

s. Frankreich.

England

s. Großbritannien.

Estland.

E. ist als russischer Nachfolgestaat in das Haager Abk. nicht eingetreten. Konsularvertrag vom 28. Mai 1926 — RGBl. II S. 327/462 — und Wirtschaftsabk. vom 27. Juni 1923 — RGBl. 1924 S. 159 — ratifiziert am 5. Sept. 1924 — RGBl. II S. 369 —). Wegen Zuleitung der Ersuchen an die zuständigen Stellen s. das Anschriftenverzeichnis im Abschn. IV und das Konsulatsverzeichnis im Abschn. VI. Betreffend Konsulatskosten vgl. § 10 I Nr. 2 der RHV.

Abk. zur Bekämpfung unzüchtiger Veröffentlichungen s. RGBl. 1911 S. 209/215, 1925 II S. 4. Ein Vertrag über sonstige Rechtshilfe in Strafsachen besteht nicht.

Gegenseitiger Verzicht auf Erstattung der bei Erledigung von Ersuchungsschreiben in Strafsachen erwachsenen Kosten mit Ausnahme derjenigen, die durch Gutachten von Sachverständigen entstehen (RGBl. 1926 II S. 254).

Nach Magnus, Tabellen:

Gegenseitigkeit bei der Vollstreckung von Urteilen (§§ 328 Ziff. 5, 722, 723 ZPO.) besteht nicht. Gegenseitigkeit bezüglich des Armenrechts im Sinne des § 114 Abs. 2 ZPO. ist nicht verbürgt. Vorschußpflicht für Gerichtskosten nach § 85 Abs. 2 Nr. 1 DGKG. besteht nicht. Sicherheitsleistungspflicht für Prozeßkosten nach § 110 Abs. 2 Nr. 1 ZPO. besteht, sofern Kläger in E. kein Grundeigentum hat.

Eupen

s. Belgien.

Finnland.

Der Vertrag vom 7. März 1918 (RGBl. S. 701) ist gemäß Art. 292 des Vertrages von Versailles außer Kraft gesetzt. Finnland ist mit Wirkung vom 23. Jan. 1927 ab dem Haager Ziv.-Proz.-Abk. beigetreten (s. RGBl. 1927 II S. 16). Das Gesetz vom 19. Nov. 1926 über das vorläufige Handelsabkommen vom 19. Nov. 1926 enthält u. a. Bestimmungen über Behandlung der finnländischen Staatsangehörigen und juristischen Personen (RGBl. 1926 II S. 557, 638, 722). Schiedsgerichts- und Vergleichsvertrag s. RGBl. 1925 II S. 872, 1926 S. 143. Abk. zur Abwehr des Mädchenhandels*) s. RGBl. 1905 S. 695/705, 1913 S. 31, 44, 1923 II S. 491, Abk. zur Bekämpfung unzüchtiger Veröffentlichungen s. RGBl. 1911 S. 209, 215, 1923 II S. 491 u. 1925 II S. 287/973, Übereinkunft zur Unterdrückung des Frauen- und Kinderhandels s. RGBl. 1924 II S. 180/202. Ein Vertrag über sonstige Rechtshilfe in Strafsachen besteht nicht. Für die Übermittelung von Rechtshilfeersuchen**) an finnl. Behörden ist der diplomatische Weg vorgeschrieben (RGBl. 1926 II S. 88). Wegen Zuleitung der Ersuchen an die zuständigen Stellen vgl. das Anschriftenverzeichnis im Abschn. IV und das Konsulatsverzeichnis im Abschn. VI. Wegen Erstattung von Kosten s. § 10 Abschn. III dieses Abschnitts.

Betreffend Übersetzungen s. RV. vom 23. Juni 1922 — I 4558 —. Hiernach sind Übersetzungen in finnischer oder schwedischer Sprache abzufassen; vgl. jedoch Anm. 2 zu § 3 der RHV.

Kostenfragen: in bürgerlichen Sachen wie bei Belgien, im übrigen keine Vereinbarungen.

Nach Magnus, Tabellen:

Die Gegenseitigkeit bei der Vollstreckung von Urteilen (§§ 328 Ziff. 5, 722, 723 ZPO.) besteht nur bezüglich der Kostenentscheidungen gegen den Kläger oder Intervenienten gemäß Art. 18, 19 des Haager Ziv.-Proz.-Abk. Die Gegenseitigkeit bezüglich des Armenrechts im Sinne des § 114 Abs. 2 ZPO. ist ohne Rücksicht auf den Wohnsitz verbürgt. Vorschußpflicht für Gerichtskosten nach § 85 Abs. 2 Nr. 1 DGKG. und Sicherheitsleistungspflicht für Prozeßkosten nach § 110 Abs. 2 Nr. 1 ZPO. bestehen nicht bei Wohnsitz in einem der Haager Vertragsstaaten.

Fiume

s. Italien.

§ 32.

Frankreich.

1. **Die Rechtshilfe in Strafsachen[1]) erfolgt regelmäßig kostenfrei; für Zustellungen werden aber Kosten berechnet, wenn die Zustellung wegen Verweigerung der Annahme durch einen Gerichtsvollzieher bewirkt werden muß. Ersuchen in Strafsachen mit Ausnahme der Ersuchen um Zustellungen, werden von den französischen Behörden nur erledigt, wenn sie von einem Gericht ausgehen; wegen der Ersuchen um Zeugenvernehmung vgl. § 24 Abs. 1[2]).**

2. [3]).

3. **Wegen der Erledigung von Beweisbeschlüssen durch die Partei vgl. § 23[4]).**

1. Übersendung erfolgt im diplomatischen Wege (Deutsche Botschaft Paris). Wegen der Kolonien und betreffend Ersuchen in Strafsachen wegen Mädchenhandels*) s. AV. vom 18. März 1924 — JMBl. S. 127 —; RGBl. 1905 S. 695/705, 1919 S. 687/8, 1920 S. 31, 95, 50 — sowie RGBl. 1913 S. 31, Übereinkommen zur Unterdrückung des Frauen- und Kinderhandels s. RGBl. 1921 II S. 180, 202, 1926 II S. 353, Abk. zur Bekämpfung unzüchtiger Veröffentlichungen s. RGBl. 1911 S. 209/215, 1919 S. 687/8, 1920 S. 31, 95, Vereinbarung über Strafnachrichtenaustausch s. RMBl. 1925 S. 231.

Erweiterung und Ergänzung des Auslieferungsvertrages vom 21. Juni 1845 (GS. S. 579) s. AV. vom 17. April 1920 — JMBl. S. 158 —. Betreffend Strafregister s. AV. vom 13. Sept. 1920 (JMBl. S. 480) und 15. Juni 1921 (JMBl. S. 348).

---

*) Zu vgl. Anhang S. 212.
**) in Strafsachen (s. Satz 2 oben).

Verf. des Reichsverkehrsministers vom 22. Okt. 1926 — W v II a 4857 — wegen Strafvollstreckung an Ausländern bei Übertretung der Rheinschiffahrtspolizeiordnung:

„Die Rheinuferländer mit Ausnahme von Hessen, dessen Antwort noch aussteht, sind übereinstimmend mit mir der Auffassung, daß Frankreich an das Zusatzprotokoll vom 18. September 1895 gebunden sei. Frankreich hat sich bisher auch nicht geweigert, den Ersuchen deutscher Behörden um Vollstreckung polizeilicher Straffestsetzungen zu entsprechen, sondern nur auf den diplomatischen Weg verwiesen.

Das Recht, den diplomatischen Weg zu fordern, muß Frankreich zugestanden werden.

Was für Frankreich gilt, muß entsprechend auch von Belgien anerkannt werden.

Unter Wiederbeifügung sämtlicher Unterlagen ersuche ich, die Verfolgung der vorliegenden sowie aller künftigen Fälle von Straffestsetzungen gegen französische oder belgische Staatsangehörige von dort aus im vorgeschriebenen Instanzenzuge auf dem diplomatischen Wege zu betreiben. Hinsichtlich der Niederlande verbleibt es bei dem bisherigen Verfahren.“ usw.

Hierzu Verfügung des Preußischen Justizministers vom 3. Nov. 1926 — I 1930 —:

„Vorstehende auszugsweise Abschrift eines Erlasses des Reichsverkehrsministers übersende ich mit dem Ersuchen, sie zur Kenntnis der Rheinschiffahrtsgerichte des dortigen Bezirks zu bringen. Das von dem Reichsverkehrsminister angeordnete Verfahren ist in gleicher Weise auch bei Ersuchen um Zustellung und Vollstreckung von richterlichen Strafbefehlen zur Anwendung zu bringen.“

Betreffend Strafnachrichten (Elsaß-Lothringen) s. RGBl. 1920 S. 1995 Art. 11, im übrigen JMBl. 1925 S. 163. Wegen Fahndungsersuchen vgl. AV. vom 8. März 1912 — JMBl. S. 95 — bei Belgien.

2. AV. vom 29. Dez. 1913 (JMBl. 1914 S. 4):

„Die französische Regierung hat Widerspruch dagegen erhoben, daß die deutschen Konsuln in Frankreich auf Ersuchen deutscher Gerichte in Strafsachen Zeugen und Sachverständige vernehmen. Der Widerspruch bezieht sich auch auf die Fälle, in denen die zu vernehmenden Personen Deutsche sind. Es sind daher künftighin alle gerichtlichen Ersuchen in Strafsachen an die zuständige französische Behörde zu richten und regelmäßig unmittelbar der Deutschen Botschaft in Paris mit Begleitschreiben zu übersenden, sofern jedoch Bedenken gegen die Zulässigkeit des Ersuchens bestehen, dem Justizminister oder in eiligen Fällen dem Auswärtigen Amte mit Begleitberichte einzureichen. Dabei weise ich darauf hin, daß die französischen Behörden in einem Verfahren gegen einen französischen Staatsangehörigen den deutschen Justizbehörden keine Rechtshilfe leisten, wenn sich der Beschuldigte nicht in Deutschland befindet.“

3. Gemäß Art. 287 des Friedensvertrages von Versailles bleibt die Wiederinkraftsetzung des Haager Abk. (s. auch am Schlusse dieser Anmerkung) über den Zivilprozeß (in weitestem Sinne also auch auf Ehesachen, Entmündigung und gleichartige Fürsorgemaßregeln) jetzt und fernerhin ohne Wirksamkeit. Der Abs. 2 ist daher hinfällig geworden.

Maßgebend ist jetzt folgende **AV. d. JM. vom 2. Jan. 1928 — JMBl. S. 12 — über den Rechtsschutz und die Rechtshilfe in bürgerlichen Angelegenheiten im Verkehr mit Frankreich (I. 14 777/27).**

AV. vom 16. Juni 1910, 16. Juni 1911, 12. März 1912, 25. März 1920, 25. Aug. 1920, 6. Aug. 1921, 30. Aug. 1921, 14. Dez. 1923 (JMBl. 1910 S. 189; 1911 S. 247; 1912 S. 96; 1920 S. 131 u. 452; 1921 S. 437 u. 459; 1923 S. 758) und RV. vom 18. Mai 1920 (I. 17 120).

I. 1. Die deutsch-französischen Erklärungen über den Rechtsverkehr vom 5. Okt. 1927 (RGBl. II S. 892) sind am 30. Nov. 1927 in Kraft getreten (RGBl. II S. 1103). Die bisherigen Rechtshilfevorschriften des § 32 Ziff. 2 der AV. vom 16. Juni 1910, der Ziffern I bis III und VII der AV. vom 16. Juni 1911 und der AV. vom 12. März 1912, vom 6. Aug. u. 30. Aug. 1921 sowie der RV. vom 18. Mai 1920 (I. 17 120) werden hiermit aufgehoben, die Vorschriften der AV. vom 25. März und 25. Aug. 1920 und vom 14. Dez. 1923 nur insoweit, als sie sich auf die Rechtshilfe in bürgerlichen Angelegenheiten beziehen.

2. Die von den preußischen Gerichten ausgehenden Zustellungsanträge und Rechtshilfeersuchen sind mit Begleitschreiben unmittelbar an den örtlich zuständigen deutschen Konsul zu senden, der sie gemäß Artikel 1 der Erklärung über den Rechtshilfeverkehr der zustän-

digen französischen Behörde übermittelt. Soweit die Ersuchen von dem Vorsitzenden einer Kammer oder einem Einzelrichter des LG. oder einem Amtsgericht oder einem Landesarbeitsgericht oder Arbeitsgericht ausgehen, sind sie vor Absendung gemäß § 4 RHV. dem Landgerichtspräsidenten zur Prüfung vorzulegen, ob gegen die Absendung Bedenken bestehen.

3. In dem Zustellungsantrage ist außer dem zustellenden Schriftstück und der genauen Bezeichnung der Person, der zugestellt werden soll, auch die Rechtssache sowie Name und Stellung der Parteien und die Art des zuzustellenden Schriftstücks genau anzugeben (§ 8 Ziff. 4 S. 1 RHV.).

4. Hinsichtlich der Form, in welcher der Zustellungsantrag erledigt werden soll (Art. 3 der Erklärung über den Rechtshilfeverkehr), sind etwaige Wünsche nicht in den Zustellungsantrag, sondern lediglich in das Begleitschreiben an das Konsulat aufzunehmen. In der Regel wird die einfache Übergabe des Schriftstückes zum Ziele führen und daher eine Zustellung in anderer Form (vgl. Abs. 3 a. a. O.), zumal dadurch erstattungspflichtige Kosten entstehen, nur hilfsweise oder nur in Ausnahmefällen zu erbitten sein.

5. Die für die Zustellung in besonderer Form (vgl. Ziff. 4) und bei allen Rechtshilfeersuchen vorgeschriebenen Übersetzungen (Art. 3 Abs. 3, Art. 4 der Erklärung über den Rechtshilfeverkehr) werden auf Kosten der ersuchenden Behörden von der mit der Übermittelung befaßten deutschen Auslandsbehörde beschafft. Diese ist in dem Begleitschreiben unter Bezugnahme auf die AV. vom 21. Dez. 1926 (JMBl. S. 430) um die Beschaffung der Übersetzung zu bitten. Für die Einforderung ausreichender Kostenvorschüsse ist in solchen Fällen Sorge zu tragen.

6. Die Landgerichtspräsidenten haben die bei ihnen eingehenden französischen Zustellungsanträge und Rechtshilfeersuchen vor Weitergabe an das für die Erledigung zuständige Gericht daraufhin zu prüfen, ob ihrer Erledigung Bedenken auf Grund von Art. 3 Abs. 1 und Art. 4 Abs. 1 der Erklärung über den Rechtshilfeverkehr entgegenstehen; bejahendenfalls sind sie zunächst mir mit Begleitbericht vorzulegen. Unbeschadet dieser verwaltungsmäßigen Prüfungspflicht haben auch die für die Erledigung zuständigen Amtsgerichte (vgl. VO. vom 22. Nov. 1927 zur Ausführung der deutsch-französischen Erklärung wegen Mitteilung gerichtlicher Urkunden usw. — RGBl. II S. 1103 —) dies zu prüfen und gegebenenfalls mir das Ersuchen durch den Landgerichtspräsidenten mit Begleitbericht zur Entscheidung vorzulegen.

Eingehende Anträge auf förmliche Zustellung von Urkunden (Klagen, Streitverkündungen usw.) an das Reich oder ein deutsches Land (Reichs -oder Landesfiskus) sind zunächst mir mit Begleitbericht vorzulegen. Im übrigen wird auf Abschnitt A IV der AV. vom 11. März 1922 (JMBl. S. 83) verwiesen.

7. Für die Erledigung

a) französischer Zustellungsanträge, die Erteilung von Zustellungsnachweisen und das Verfahren bei Undurchführbarkeit der Zustellung gelten entsprechend die Bestimmungen von Abschnitt A I bis III der AV. vom 11. März 1922 (JMBl. S. 83),

b) französischer Rechtshilfeersuchen sind die Bestimmungen des Art. 4 Abs. 2 bis 4 der Erklärung über den Rechtshilfeverkehr zu beachten.

8. Wird die Ausführung eines französischen Zustellungsantrages oder Rechtshilfeersuchens aus einem anderen als dem zu 6 angegebenen Grunde abgelehnt, so hat die Rücksendung nicht unmittelbar an den französischen diplomatischen oder konsularischen Vertreter zu erfolgen, sondern die Vorgänge sind mir, zur Rücksendung vollständig vorbereitet, mit Begleitbericht durch den LGPräs. mit dessen Stellungnahme zur endgültigen Entscheidung vorzulegen.

9. Für die Erledigung von Zustellungsanträgen und Rechtshilfeersuchen sind Gebühren und Auslagen irgendwelcher Art nur in den in Art. 5 der Erklärung über den Rechtshilfeverkehr vorgesehenen Fällen von dem ersuchenden Staat zu zahlen.

10. Die von preußischen Gerichtsbehörden ausgehenden Zustellungsanträge und Rechtshilfeersuchen sowie die für die ersuchende französische Behörde bestimmten Begleitschreiben, mit denen die in Erledigung französischer Zustellungsanträge und Rechtshilfeersuchen entstandenen Schriftstücke zurückgesandt werden, sind stets von einem richterlichen Beamten unterschriftlich zu vollziehen.

II. Die deutsch-französische Übereinkunft wegen Bewilligung des Armenrechts vom 20. Febr. 1880 (RGBl. 1881 S. 81) ist am 6. Sept. 1927 endgültig wieder in Wirksamkeit getreten (vgl. Bek. vom 26. Nov. 1927 über das Inkrafttreten des Handelsabkommens zwischen Deutschland und Frankreich — RGBl. II S. 1105 —).

a) Gesetz über den deutsch-französischen Rechtsverkehr vom 28. Oktober 1927 — RGBl. II S. 891 —.

§ 1.

„Den am 5. Oktober 1927 in Paris unterzeichneten deutsch-französischen Erklärungen über den Rechtsverkehr wird zugestimmt.

Die Erklärungen werden nachstehend veröffentlicht.

§ 2.

Die Reichsregierung wird ermächtigt, die zur Ausführung der Erklärungen erforderlichen Maßnahmen zu treffen.

§ 3.

Dieses Gesetz tritt mit dem auf die Verkündung folgenden Tage in Kraft.

Der Tag, an dem die Erklärungen in Kraft treten, ist im Reichsgesetzblatt bekanntzumachen."

b) Erklärung des Deutschen Reichs und Frankreichs wegen Mitteilung gerichtlicher und außergerichtlicher Urkunden und Erledigung von Rechtshilfeersuchen in Zivil- und Handelssachen — RGBl. 1927 II S. 892 —.

„Nachdem die Deutsche und die Französische Regierung übereingekommen sind, wegen der Übermittlung gerichtlicher und außergerichtlicher Urkunden und der Erledigung von Rechtshilfeersuchen in Zivil- und Handelssachen eine Vereinbarung zu treffen, haben die ordnungsmäßig bevollmächtigten Unterzeichneten folgende Bestimmungen vereinbart:

Artikel 1.

In Zivil- und Handelssachen sollen die gerichtlichen und außergerichtlichen Urkunden, die für Personen bestimmt sind, die in dem Gebiete eines der vertragschließenden Staaten wohnen, sowie die auf diesem Gebiete zu erledigenden Rechtshilfeersuchen, die von der Behörde des anderen Teiles ausgehen, durch die diplomatischen oder konsularischen Vertreter übermittelt werden, und zwar

a) in Deutschland dem Präsidenten des Landgerichts,

b) in Frankreich dem Procureur de la République, für dessen Geschäftsbereich die Urkunde bestimmt ist, oder in dessen Geschäftsbereich das Rechtshilfeersuchen erledigt werden soll.

Die Übermittlungsschreiben sollen in der Sprache der ersuchten Behörde abgefaßt sein und die Behörde, von der das übermittelte Schriftstück ausgeht, den Namen und die Stellung der Parteien und die Namen und die Anschriften der Empfänger und der zu vernehmenden Zeugen angeben, ebenso die Art des Schriftstücks, um das es sich handelt.

Artikel 2.

Im Falle der Unzuständigkeit der Behörde, der ein Schriftstück oder ein Rechtshilfeersuchen übersandt ist, wird diese hiervon unverzüglich den ersuchenden diplomatischen oder konsularischen Vertreter in Kenntnis setzen und von Amts wegen das Schriftstück oder das Rechtshilfeersuchen an die zuständige Behörde desselben Staates weiterleiten. In allen Fällen, in denen ein Schriftstück dem Adressaten nicht übermittelt oder ein Rechtshilfeersuchen nicht erledigt werden kann, wird die ersuchte Behörde unverzüglich den ersuchenden diplomatischen oder konsularischen Vertreter benachrichtigen und zugleich die Gründe angeben, aus denen dem Ersuchen nicht Folge gegeben werden konnte.

Artikel 3.

Die Übermittlung der Schriftstücke kann abgelehnt werden, wenn der Staat, auf dessen Gebiet sie erfolgen soll, sie für geeignet hält, seine Hoheitsrechte oder seine Sicherheit zu gefährden.

Im allgemeinen wird sich die ersuchte Behörde darauf beschränken, die Urkunde demjenigen Empfänger zu übergeben, der sie freiwillig annimmt. Der Nachweis der Zustellung erfolgt entweder durch ein mit Datum versehenes und unterzeichnetes Zeugnis des Empfängers oder durch eine Bescheinigung der Behörde des ersuchten Staates, aus denen sich die Tatsache und die Form der Übergabe ergibt. Eines dieser beiden Dokumente soll der ersuchenden Behörde unverzüglich übersandt werden. Ist das zuzustellende Schriftstück in zwei gleichen Stücken übermittelt worden, so kann das Empfangsbekenntnis oder das Zeugnis auf dasjenige der beiden Stücke gesetzt werden, das zurückgesandt wird.

Falls der Adressat sich weigert, das Schriftstück in Empfang zu nehmen, wird die ersuchte Behörde es unverzüglich dem ersuchenden diplomatischen oder konsularischen Vertreter zurücksenden unter Angabe des Grundes, aus dem die Übergabe nicht stattfinden konnte. Auf ausdrückliches Ersuchen der diplomatischen oder konsularischen Vertreter soll die ersuchte Behörde die Urkunde durch einen örtlichen Vollziehungsbeamten zustellen lassen, entweder in der durch die Gesetze des ersuchten Staates vorgeschriebenen Form oder in einer besonderen Form, sofern diese der Gesetzgebung des ersuchten Staates nicht zuwiderläuft. Im letzteren Fall muß die zuzustellende Urkunde von einer Übersetzung in die Sprache des ersuchten Staates begleitet sein. Diese Übersetzung ist von dem diplomatischen oder konsularischen Vertreter des ersuchenden Staates oder von einem beeidigten Übersetzer eines der beiden Staaten zu beglaubigen.

Artikel 4.

Die ersuchte Behörde kann die Erledigung eines Rechtshilfeersuchens nur ablehnen:

1. wenn der Staat, in dessen Gebiet die Erledigung stattfinden soll, sie für geeignet hält, seine Hoheitsrechte oder seine Sicherheit zu gefährden;
2. wenn in dem ersuchten Staate die Ausführung der Maßnahme, um die ersucht wird, nicht in den Bereich der Gerichtsgewalt fällt.

Die Personen, um deren Vernehmung als Zeugen ersucht ist, sind zum Erscheinen durch einfache Ladung im Verwaltungswege aufzufordern. Im Falle ihrer Weigerung soll die ersuchte Behörde die in der Gesetzgebung des ersuchten Staates vorgesehenen Zwangsmittel zur Anwendung bringen, um ihr Erscheinen zu erzwingen.

Auf ausdrücklichen Wunsch der ersuchenden Behörde soll die ersuchte Behörde

1. das Rechtshilfeersuchen in einer besonderen Form erledigen, sofern diese der Gesetzgebung des ersuchten Staates nicht zuwiderläuft;
2. rechtzeitig die ersuchende Behörde von dem Zeitpunkt und dem Ort der Erledigung des Rechtshilfeersuchens benachrichtigen, damit die beteiligten Parteien daran teilnehmen können.

Die Ersuchen müssen stets von einer Übersetzung in die Sprache des ersuchten Staates begleitet sein. Diese Übersetzung ist von dem diplomatischen oder konsularischen Vertreter des ersuchenden Staates oder von einem beeidigten Übersetzer eines der beiden Staaten zu beglaubigen.

Artikel 5.

Eine Erstattung irgendwelcher Kosten findet aus Anlaß der Übermittlung gerichtlicher und außergerichtlicher Schriftstücke oder der Erledigung von Ersuchungsschreiben nicht statt bis auf folgende Ausnahmen:

1. Kosten, die durch die Zustellung einer Urkunde durch einen Vollziehungsbeamten des ersuchten Landes, entweder in den Formen des örtlichen Gesetzes oder in einer besonderen Form entstanden sind, falls es sich nicht um eine einfache Zustellung in der in Artikel 3 Abs. 2 vorgesehenen Form handelt;
2. Zusätzliche Kosten, welche durch die Erledigung eines Ersuchens in einer besonderen Form entstanden sind;
3. Kosten für die Vorladung durch einen Vollziehungsbeamten von Personen, deren Zeugenvernehmung verlangt ist, wenn sie der Ladung auf dem Verwaltungswege keine Folge geleistet haben;
4. Entschädigungen für Sachverständige;
5. Übersendungskosten für Pakete für den Fall, daß sie nicht durch die Post gesandt werden können.

Artikel 6.

Die ersuchte Behörde wird von dem ersuchenden diplomatischen oder konsularischen Vertreter die Kostenerstattung gleichzeitig mit der Übersendung der Schriftstücke verlangen, aus denen sich die Ausführung des an sie gerichteten Ersuchens ergibt. Die Kosten sind nach den in dem ersuchten Staate geltenden Tarifen zu berechnen.

Artikel 7.

Alle Schwierigkeiten, die sich aus dieser Erklärung ergeben, sollen auf diplomatischem Wege geregelt werden.

Artikel 8.

Die vorliegende Erklärung wird ratifiziert werden, und der Austausch der Ratifikationsurkunden wird in Paris stattfinden. Die Erklärung wird 14 Tage nach dem Austausch der Ratifikationsurkunden in Kraft treten. Sie wird sechs Monate nach Kündigung durch eine der vertragschließenden Parteien unwirksam.

Zu Urkund dessen usw."

c) **Erklärung** — RGBl. 1927 II S. 895 —.

„Aus Anlaß der heute unterzeichneten Erklärung über den Rechtshilfeverkehr und in dem Wunsche, jedes Mißverständnis auszuschließen, das durch die Fassung des ersten Absatzes des Zeichnungsprotokolls zu Artikel 25 des am 17. August 1927 unterzeichneten Handelsabkommens zwischen Deutschland und Frankreich entstehen könnte, haben die gehörig bevollmächtigten Unterzeichner des Deutschen Reichs und der Französischen Republik heute folgendes vereinbart:

Artikel 1.

Keine Sicherheitsleistung oder Hinterlegung, unter welcher Benennung es auch sei, darf Angehörigen des einen vertragschließenden Staates, die vor den Gerichten des anderen Staates als Kläger oder als Intervenienten auftreten, wegen ihrer Eigenschaft als Ausländer oder wegen Mangel eines inländischen Wohnsitzes oder Aufenthaltes auferlegt werden.

Die gleiche Regel findet Anwendung auf die Vorauszahlungen, die von den Klägern oder Intervenienten zur Deckung der Gerichtskosten einzufordern wären.

Artikel 2.

Auf die in Artikel 26 des Handelsabkommens zwischen Deutschland und Frankreich vom 17. August 1927 aufgeführten Gesellschaften finden die Bestimmungen des vorstehenden Artikels Anwendung.

Artikel 3.

Der erste Absatz des Zeichnungsprotokolls zu Artikel 25 des Handelsabkommens zwischen Deutschland und Frankreich vom 17. August 1927 wird aufgehoben.

Artikel 4.

Da die vorliegende Erklärung mit der Erklärung über den Rechtshilfeverkehr vom gleichen Tage verbunden ist, wird ihre Ratifikation, Inkraftsetzung und Kündigung unter den gleichen Bedingungen und gleichzeitig wie die der letztgenannten Erklärung erfolgen."

Zu vgl. wegen Elsaß-Lothringen AV. vom 25. März, 25. Aug. und 13. Sept. 1920 (JMBl. S. 131, 452, 480) und AV. vom 14. Dez. 1923 (JMBl. S. 758)*).

Bekanntm. betr. die Anwendung des Art. 291 des Vertrages von Versailles zwischen Deutschland und den alliierten Mächten gegenüber Frankreich (RGBl. 1921 S. 732):

„Die französische Regierung hat durch eine Note ihrer Botschaft in Berlin vom 25. April 1921 mitgeteilt, daß sie gemäß Art. 291 des Friedensvertrages zwischen Deutschland und den alliierten und assoziierten Mächten (RGBl. 1919 S. 687) für die französischen Staatsangehörigen die aus den Art. 2 und 5 des Deutsch-Bulgarischen Vertrages über Rechtsschutz und Rechtshilfe in bürgerlichen Angelegenheiten vom 29. Sept. 1911 (RGBl. 1913 S. 457) sich ergebenden Rechte sowie für die französischen Konsularbeamten in Deutschland die Anwendung der Bestimmungen des Deutsch-Bulgarischen Konsularvertrages vom gleichen Tage (RGBl. 1913 S. 435) in Anspruch nimmt."

Die Rechtsgültigkeit dieser Bestimmung ist bestritten (JW. 1922 S. 719); um so mehr jetzt, nachdem der Deutsch-Bulgarische Vertrag keine Gültigkeit mehr hat.

Betr. unmittelbaren Verkehr in Standesamtssachen s. RGBl. 1920 S. 1995.

Handelsabk. vom 14. Aug. 1926 — RGBl. II S. 435/534 —, gewährt im Art. 8 freien und ungehinderten Zutritt zu den Gerichten.

Abk. über die Durchführung der deutschen Aufwertung in Frankreich s. RGBl. 1926 II S. 347.

Frankreich ist neuerdings folgenden Abk. über Internationales Privatrecht beigetreten (zu vgl. RGBl. 1926 II S. 553) usw. s. bei Belgien. Frankreich hat sich jedoch vor-

---

*) Aufgehoben insoweit, als sie sich auf die Rechtshilfe in bürgerlichen Angelegenheiten beziehen (s. AV. vom 2. Jan. 1928, abgedruckt unter Anm. 3).

behalten, daß diese Abk. zwischen Frankreich und den neu beitretenden Staaten nicht zur Anwendung gelangen sollen. Gegenüber Deutschland dürften die am 17. Juli 1905 abgeschlossenen beiden Abkommen nicht in Wirksamkeit sein (zu vgl. Anm. 3 eingangs).

4. Kostenfragen, Urteilsvollstreckung usw.:

a) Bürgerliche Sachen:
Kostenerstattung gemäß Art. 5 des Vertrages unter Anm. 3 a.

b) Strafsachen:
Keinerlei Kostenerstattung, es sei denn, daß es sich um Abgabe eines Sachverständigengutachtens in einer Strafrechts- oder Handelssache oder in einer die gerichtliche Medizin berührenden Frage handelt (§ 12 des Auslieferungsvertrages).

Die Gegenseitigkeit bei der Vollstreckung von Urteilen (§§ 328 Ziff. 5, 722, 723 ZPO.) ist nicht verbürgt*). Die Gegenseitigkeit bezüglich des Armenrechts im Sinne des § 114 Abs. 2 ZPO. besteht. (Nach einer in dem Zeichnungsprotokolle getroffenen Verabredung zu Art. 25 des Handelsabkommens [RGBl. 1927 II S. 864] gilt hinsichtlich der Bewilligung des Armenrechts wieder die Übereinkunft zwischen Deutschland und Frankreich vom 20. Febr. 1880 [RGBl. 1881 S. 81] mit der Maßgabe, daß die für Armutszeugnisse nach Art. 2 Abs. 2 der Übereinkunft notwendige Beglaubigung auch von einem Konsul vorgenommen werden kann.) Vorschußpflicht für Gerichtskosten nach § 85 Abs. 2 Nr. 1 DGKG. besteht nicht. Sicherheitsleistungspflicht für Prozeßkosten nach § 110 Abs. 2 Nr. 1 ZPO. besteht nicht.

Georgien

(Transkaukasische Sowj.-Republik)

s. Rußland.

Gibraltar

s. Großbritannien.

Goldküste

s. Großbritannien.

---

*) Zwischen Deutschland und Frankreich einschließlich Elsaß-Lothringen besteht keine Gegenseitigkeit wegen Anerkennung und Vollstreckung gerichtlicher Entscheidungen (zu vgl. JW. 1926 S. 759).

Betr. französische Urteile s. Art. 302 des Vertrages von Versailles, der lautet:

„Soweit nach dem gegenwärtigen Vertrage die Zuständigkeit der Gerichte einer alliierten oder assoziierten Macht reicht (Anm. d. Verf.: z. B. französische Militärgerichte im besetzten Gebiet, Gemischte Schiedsgerichte — Art. 291 a. a. O. —), schaffen ihre Urteile in Deutschland Rechtskraft und sind ohne weitere Vollstreckbarkeitserklärung vollstreckbar (RGBl. 1920 S. 1569 und 1924 II S. 35)."

Verordnung über die Vollstreckung ausländischer Urteile auf Grund des Art. 302 Abs. 1 des Friedensvertrags vom 11. Okt. 1926 — RGBl. I S. 479:

„Auf Grund des Artikel III Abs. 1 des Gesetzes zur Ausführung der Bestimmungen des Friedensvertrages über Gemischte Schiedsgerichtshöfe und die Vollstreckung ausländischer Urteile vom 10. August 1920 (RGBl. S. 1569) wird hiermit nach Zustimmung des Reichsrats verordnet:

Bei der Vollstreckung ausländischer Urteile auf Grund des Artikel 302 Abs. 1 des Friedensvertrags (Artikel II des Gesetzes vom 10. Aug. 1920) gilt als Ausfertigung im Sinne des § 724 der ZPO. eine beglaubigte deutsche Übersetzung des vollständigen Urteils einschließlich der Entscheidungsgründe. Die Beglaubigung erfolgt, falls zwischen dem Deutschen Reiche und dem Staate, von dessen Gericht das Urteil gefällt ist, ein Gemischter Schiedsgerichtshof gebildet ist, durch den bei diesem bestellten deutschen Staatsvertreter, im übrigen durch den deutschen Staatsvertreter bei dem deutsch-französischen Gemischten Schiedsgerichtshofe. Die Vollstreckungsklausel wird von dem Gerichtsschreiber**) auf Anordnung des Vorsitzenden erteilt."

**) jetzt Urkundsbeamten der Geschäftsstelle.

§ 33.

Griechenland [1]).

1. Die Rechtshilfe in Strafsachen regelt sich nach dem Auslieferungsvertrage [2]) zwischen dem Reiche und Griechenland vom 12. März / 27. Febr. 1907 (RGBl. S. 545) Art. 15 bis 18.

2. **Die Rechtshilfe in bürgerlichen Sachen erfolgt regelmäßig kostenfrei; jedoch entstehen Kosten durch die Übersetzung der Ersuchungsschreiben** [3]).

1. Ist dem Haager Ziv.-Proz.-Abk. nicht beigetreten. Wegen Zuleitung der Ersuchen an die zuständigen Stellen s. das Anschriftenverzeichnis im Abschn. IV und das Konsulatsverzeichnis im Abschn. VI. Der Handelsvertrag vom 9. Juli 1884 (RGBl. 1885 S. 24) ist durch Art. 289 des Vertrages von Versailles außer Kraft gesetzt. Neuer Handels- und Schiffahrtsvertrag vom 31. März 1928 — RGBl. II S. 239 ff. —.

2. Auslieferungsvertrag wieder in Kraft (JMBl. 1920 S. 439).

Aus dem Auslieferungsvertrage zwischen Deutschland und Griechenland vom 12. März 1907 (RGBl. S. 545):

„Art. 15. Wenn im Verlauf eines nichtpolitischen Strafverfahrens die Vernehmung von Personen, die sich in einem der beiden Länder aufhalten, oder irgendeine andere Untersuchungshandlung für notwendig erachtet werden sollte, so soll zu diesem Zwecke ein Ersuchungsschreiben nebst beglaubigter Übersetzung in der Sprache des ersuchten Landes auf diplomatischem Wege übersandt und ihm nach Maßgabe der Gesetzgebung des Landes, wo der Zeuge vernommen oder die Untersuchungshandlung vorgenommen werden soll, Folge gegeben werden.

Indes sollen die Ersuchungsschreiben, die auf Vornahme einer Haussuchung oder einer Beschlagnahme des Gegenstandes der strafbaren Handlung oder von Überführungsstücken abzielen, nur wegen einer der im Art. 2 aufgeführten Straftaten und unter dem im letzten Absatze des obigen Art. 11 zum Ausdrucke gebrachten Vorbehalt erledigt werden.

Die beiden Regierungen verzichten auf Erstattung der ihnen durch die Erledigung von Ersuchungsschreiben in Strafsachen erwachsenden Kosten, selbst, wenn es sich um eine Begutachtung handelt, sofern nur diese Begutachtung nicht mehr als einen Termin erforderlich gemacht hat.

Art. 16. Wenn in nichtpolitischen Strafsachen die Regierung eines der beiden Länder die Bekanntmachung einer im Verfahren erlassenen Verfügung oder eines Urteils an eine im Gebiete des anderen Landes sich aufhaltende Person für notwendig erachtet, so soll das auf diplomatischem Wege zu übermittelnde Schriftstück mit einer beglaubigten Übersetzung in der Sprache des ersuchten Landes versehen, sofern die Gesetze des ersuchten Landes nicht entgegenstehen, auf Veranlassung der Staatsanwaltschaft des Aufenthaltsorts durch einen zuständigen Beamten der Person zugestellt werden, und es soll die Urschrift mit Zustellungsurkunde auf demselben Wege der ersuchenden Regierung zurückgesandt werden ohne Erhebung von Kosten.

Art. 17. Wenn in einer nichtpolitischen Strafsache das persönliche Erscheinen eines Zeugen für notwendig erachtet wird, so soll die Regierung des Landes, wo der Zeuge sich aufhält, ihn auffordern, der Ladung Folge zu leisten, die auf diplomatischem Wege zu diesem Zwecke von seiten der Behörde des anderen Landes an ihn ergeht.

Stimmt der Zeuge zu, so werden ihm die Kosten der Reise und des Aufenthalts nach seiner Wahl entweder nach den Sätzen und Bestimmungen, die in dem Lande gelten, wo die Vernehmung stattfinden soll, oder nach den Sätzen und Bestimmungen des ersuchten Staates gewährt werden. Der ersuchende Staat wird den Betrag angeben, den der ersuchte Staat unter dem Vorbehalte, daß der ersuchende Staat ihn zurückzahlt, dem Zeugen auf die Gesamtsumme vorschießen kann.

Ein Zeuge, der auf Ladung in einem der beiden Länder freiwillig vor den Richtern des anderen Landes erscheint, darf daselbst — ohne daß es dabei auf seine Staatsangehörigkeit ankäme — weder wegen früherer Zivil- oder strafrechtlicher Vorkommnisse oder Verurteilungen noch unter dem Vorwande der Mitschuld an den Handlungen, die Gegenstand des Verfahrens sind, worin er als Zeuge erscheinen soll, verfolgt und in Haft genommen werden.

Art. 18. Wenn in einer nichtpolitischen, in einem der beiden Länder anhängigen Strafsache die Mitteilung von Überführungsstücken oder Urkunden, die sich in den Händen der Behörden des anderen Landes befinden, für notwendig oder nützlich erachtet wird, so soll das Ersuchen dieserhalb auf diplomatischem Wege gestellt werden und es soll ihm, sofern nicht besondere Bedenken entgegenstehen, stattgegeben werden gegen die Verpflichtung zur möglichst baldigen Rücksendung der Beweisstücke und Urkunden.

Die vertragschließenden Regierungen verzichten auf den Ersatz der Kosten, die ihnen, je innerhalb der Grenzen des eigenen Gebiets, durch die Hin- und Rücksendung der Beweisstücke und Urkunden verursacht worden sind."

Übereinkunft zur Unterdrückung des Frauen- und Kinderhandels s. RGBl. 1924 II S. 180/202.

Wegen Austausches von Strafnachrichten s. AV. vom 11. Juli 1923 — JMBl. S. 532 —.

3. Betr. Konsulatsgebühren vgl. § 10 I Nr. 2 der RHV.

Bekanntmachung über die Anwendung des Art. 291 des Vertrages von Versailles gegenüber Griechenland:

„Die Griechische Regierung hat gemäß Art. 291 des Vertrages von Versailles (RGBl. 1919 S. 687) für die griechischen Staatsangehörigen die aus den Art. 2 und 5 des Deutsch-Bulgarischen Vertrags über Rechtsschutz und Rechtshilfe in bürgerlichen Angelegenheiten vom 29. Sept. 1911 (RGBl. 1913 S. 457) sich ergebenden Rechte in Anspruch genommen." (Anm. d. Verf.: Dieser Vertrag ist inzwischen außer Kraft getreten, Anm. 3 unter § 32 der RHV.); vgl. im übrigen RGBl. 1924 II S. 419, Bekanntmachung vom 22. Okt. 1924.

Kostenfragen, Urteilsvollstreckung usw.:

a) Bürgerliche Sachen:

Kostenfrei mit Ausnahme der Übersetzungskosten. Wegen der Konsulatsgebühren s. eingangs dieser Anm.

b) Strafsachen:

Keinerlei Kostenerstattung, sofern Begutachtung nicht mehr als einen Termin erforderlich gemacht hat (Art. 15 des Auslieferungsvertrags).

Nach Magnus, Tabellen:

Die Gegenseitigkeit bei der Vollstreckung von Urteilen (§§ 328 Ziff. 5, 722, 723 ZPO.) besteht nur dann, wenn beide Parteien oder die Partei, gegen die das ausländische Urteil vollstreckt werden soll, Ausländer sind. Die Gegenseitigkeit bezgl. des Armenrechts im Sinne des § 114 Abs. 2 ZPO. ist verbürgt bei Wohnsitz in Deutschland oder Griechenland. Vorschußpflicht für Gerichtskosten nach § 85 Abs. 2 Nr. 1 DGKG. besteht nicht. Sicherheitsleistungspflicht für Prozeßkosten nach § 110 Abs. 2 Nr. 1 ZPO. besteht nicht bei Wohnsitz in Deutschland oder Griechenland.

AV. d. JM. vom 23. Sept. 1925 — S. 358 — über die Anwendbarkeit des § 85 Abs. 2 Ziff. 1 des Gerichtskostengesetzes und der §§ 110 Abs. 2 Ziff. 5 und 114 Abs. 2 der Zivilprozeßordnung auf griechische Staatsangehörige (I. 13 634):

Bekanntmachung des Reichsministers des Auswärtigen vom 22. Oktober 1924 (RGBl. II S. 419), AV. vom 12. Mai 1922 (JMBl. S. 182).

„In der Griechischen Regierungszeitung Band I Nr. 207 vom 10. Aug. 1925 ist eine Verordnung mit Gesetzeskraft über die Befreiung der Deutschen in Griechenland von der Sicherheitsleistung in Rechtsstreitigkeiten und über ihre Zulassung zum Armenrecht auf der Grundlage der Gegenseitigkeit bekanntgegeben. Eine Übersetzung dieser VO. wird mit Rücksicht auf die oben näher bezeichneten gesetzlichen Vorschriften nachstehend zur Kenntnis der Justizbehörden gebracht.

Die AV. vom 12. Mai 1922 ist hierdurch gegenstandslos.

Übersetzung.

Griechische Republik.

Im Hinblick auf den Beschluß der IV. verfassungsgebenden Versammlung in Athen vom 1. Juli 1925 und auf das Gutachten der parlamentarischen Kommission für die Verordnungen mit Gesetzeskraft unter Nr. 3 vom 14. Juli 1925 haben wir auf den Vorschlag unseres Ministerrats beschlossen und verordnen:

Einziger Artikel.

1. Von dem Inkrafttreten der gegenwärtigen Verordnung an werden die vor griechischen Gerichten in bürgerlichen Rechtsstreitigkeiten als Kläger oder Nebenkläger auftretenden deutschen Reichsangehörigen von jeder Sicherheitsleistung oder Kaution als Ausländer oder in Ermangelung eines Wohnsitzes oder Aufenthalts in Griechen-

land, jedoch unter der Voraussetzung, daß sie in Deutschland ihren Wohnsitz haben, befreit. Das gleiche gilt auch hinsichtlich des Vorschusses der Gerichtskosten durch den Kläger oder Nebenkläger.

2. Die nämlichen deutschen Reichsangehörigen sind in Griechenland unter den gleichen Bedingungen wie die griechischen Staatsangehörigen zum Armenrecht zugelassen.

3. Der Rechtsschutz unter Nr. 1 und 2 wird den deutschen Reichsangehörigen unter der Bedingung der Gegenseitigkeit und so lange bewilligt, als den griechischen Staatsangehörigen in Deutschland die gleichen Rechte zuerkannt werden. Die etwaige Aufhebung des Rechtsschutzes wird durch Bekanntmachung des Ministers des Äußern in der Regierungszeitung erfolgen.

Die gegenwärtige Verordnung tritt mit der Veröffentlichung in der Regierungszeitung in Kraft.

Athen, den 7. August 1925.

Der Präsident der Republik."

Grönland

s. Dänemark.

§ 34.*)

Vereinigtes Königreich von Großbritannien und Irland nebst den britischen Kolonien und auswärtigen Besitzungen[1]).

1. Ersuchen um Rechtshilfe sind an britische Justizbehörden wegen der Weiterungen, die sonst leicht entstehen, nicht zu richten. Soll dies ausnahmsweise doch geschehen, so ist das Ersuchungsschreiben unter Darlegung der Gründe dem Justizminister einzureichen.

2. Um Gewährung von Rechtshilfe, insbesondere um die Vernehmung von Zeugen oder Sachverständigen und um die Abnahme von Eiden, sind die deutschen Konsuln zu ersuchen; diese sind regelmäßig in der Lage, die Rechtshilfe entweder selbst zu gewähren oder deren Gewährung bei den Landesbehörden zu erwirken. Die Vernehmung von Beschuldigten läßt sich überhaupt nicht erreichen.

3. Soll die Rechtshilfe in Großbritannien oder Irland geleistet werden, so ist das Ersuchungsschreiben stets an den Generalkonsul[2]) in London zu richten; in dem Schreiben ist zu beantragen, daß das Ersuchen nach deutschem Rechte erledigt und die aufgenommene Verhandlung unmittelbar an das ersuchende Gericht geschickt wird. Handelt es sich um die Leistung von Rechtshilfe in einer britischen Kolonie oder auswärtigen Besitzung, so ist das Ersuchungsschreiben, dessen Anschrift offen zu lassen ist, dem Justizminister[3]) oder in eiligen Fällen dem Minister der auswärtigen Angelegenheiten[4]) einzureichen. In dem Begleitbericht ist anzugeben, ob die Person, welche vernommen werden oder einen Eid leisten soll, die Reichsangehörigkeit besitzt oder ob sie, wenn dies nicht der Fall ist, voraussichtlich bereit sein wird, vor dem Konsul zu erscheinen.

4. Schreiben, in denen um eine Zustellung ersucht wird, sind ausnahmslos an den zuständigen Konsul zu richten, jedoch, wenn die Zustellung in Großbritannien oder Irland bewirkt werden soll, mit der äußeren Anschrift des Generalkonsuls[5]) in London abzusenden.

5. Vernehmungen von Zeugen und Sachverständigen sind meist mit sehr erheblichen Kosten verbunden; hierauf ist bei Bemessung des Kostenvorschusses (vgl. § 10 I) Rücksicht zu nehmen[6]).

*) Am 20. März 1928 ist ein deutsch-englisches Rechtshilfeabkommen unterzeichnet worden. Das Abkommen soll auf Zivil- und Handelssachen einschließlich nicht streitiger Angelegenheiten Anwendung finden. Es regelt die Rechtshilfe bei Zustellung gerichtlicher und außergerichtlicher Schriftstücke, sowie bei der Beweisaufnahme und enthält eine Reihe allgemeiner Bestimmungen. Die amtliche Bekanntgabe ist z. Zt. noch nicht erfolgt.

1. Dem Haager Ziv.-Proz.-Abk. nicht beigetreten.

Gesetz über den Handels- und Schiffahrtsvertrag zwischen dem Deutschen Reich und dem Vereinigten Königreiche von Großbritannien und Irland vom 17. Aug. 1925 und Bekanntmachung über seine Ratifikation vom 10. Sept. 1925 (RGBl. II S. 777 u. S. 947):

Der Vertrag vom 2. Nov. 1924 ist am 8. Sept. 1925 ratifiziert worden und nach Art. 33 mit diesem Tage in Kraft getreten. Er enthält u. a. Bestimmungen über die Behandlung der englischen Staatsangehörigen und juristischen Personen, die Stellung und Amtsbefugnisse der Konsuln, die Behandlung des Nachlasses englischer Staatsangehöriger, Meistbegünstigungsklausel u. a. m.

2. An Stelle von „Generalkonsul in London" ist jetzt zu setzen: „Deutsche Botschaft — Konsulatsabteilung — in London. Wegen der Konsulate in Glasgow und Liverpool s. die AV. vom 29. Juli 1922 — JMBl. S. 288 —.

3. Ausnahme von § 21 Abs. 1 Satz 2 der RHV.

4. Jetzt: Auswärtiges Amt (AV. vom 27. Juni 1921 — JMBl. S. 366 —).

5. An Stelle „des Generalkonsuls" ist entsprechend der Anm. 2 zu setzen: „Deutsche Botschaft — Konsulatsabteilung —".

6. In einem Einzelfalle schreibt das Konsulat in Liverpool am 13. Febr. 1923 — Tb. Nr. B. 201 —:

„Nach Auskunft des Rechtsbeistands des Konsulats bestehen nach englischem Recht gegen eine eidliche Vernehmung der Zeugin im vorliegenden Falle keine Bedenken. Jedoch können eidliche Zeugenvernehmungen in Großbritannien durch fremde konsularische Vertretungen in der Regel nur auf Grund einer für den einzelnen Fall zu erteilenden Ordre des High Court of Justice erfolgen. Die Staatsangehörigkeit der Zeugen ist hierbei ohne Bedeutung. Eine solche Ordre würde nach dem jetzigen Stande des Wechselkurses etwa . . . ℳ Kosten verursachen. Hierzu treten die hierzulande verhältnismäßig hohen Zeugengebühren und die Reisekosten, die etwa mit . . . ℳ in Ansatz zu bringen wären. Unter Hinzurechnung der konsularischen Gebühren in Höhe von . . . ℳ und der baren Portoauslagen würde also die Vernehmung etwa . . . ℳ Kosten verursachen. Falls die Zeugin bereit wäre, sich freiwillig zur Vernehmung vor dem Konsulat einzufinden, könnte g. F. auf die Erwirkung der Ordre verzichtet werden. Die Kosten würden sich daher in diesem Falle um den oben angegebenen Betrag verringern, immerhin jedoch noch etwa . . . ℳ betragen, es sei denn, die Zeugin würde auf Ersatz der Fahrtauslagen und auf die Zeugengebühr verzichten. Ich mache jedoch ergebenst darauf aufmerksam, daß beim Nichteinholen der Ordre es zweifelhaft erscheint, ob, falls trotz der Vereidigung falsche Aussagen gemacht würden, das englische Strafgericht hierauf eine Verurteilung wegen Meineides aussprechen würde.

Ich stelle es dem dortigen Ermessen ergebenst anheim, ob unter Berücksichtigung der vorstehend geschilderten Verhältnisse, falls die Klägerin nicht imstande ist, die genannten Gebühren und Kosten aufzubringen, die Vernehmung ohne Einholung einer Ordre erfolgen soll, und ob ferner der Klägerin anheimzugeben wäre, die Zeugin zu veranlassen, freiwillig zu erscheinen und auf Gebühren und Auslagen zu verzichten."

Vgl. hierzu die AV. vom 27. Febr. 1923 — JMBl. S. 161 —, abgedruckt hier Anm. 1 zu § 9.

Abk. zur Abwehr des Mädchenhandels*) s. RGBl. 1905 S. 695, 705; RGBl. 1919 S. 687/8 und 1920 S. 31/95; Abk. zur Bekämpfung unzüchtiger Veröffentlichungen s. RGBl. 1911 S. 209/215, 687/8 und 1920 S. 31/95, sowie RGBl. 1925 II S. 287/8**), sowie über-

---

*) Zu vgl. Anhang S. 212.

**) und die nachstehende Bekanntmachung vom 25. April 1927 — RGBl. 1927 II S. 325 —:

1. Die Internationale Übereinkunft zur Bekämpfung der Verbreitung und des Vertriebs unzüchtiger Veröffentlichungen vom 12. September 1923 (Reichsgesetzbl. 1925 II S. 287) ist von Großbritannien mit Wirkung vom 11. Dezember 1925 ratifiziert worden, und zwar zugleich für Nordirland, Neuseeland mit Einschluß des Mandatsgebiets West-Samoa, die Südafrikanische Union mit Einschluß des Mandatsgebiets Südwestafrika und Britisch-Indien.

2. Die Übereinkunft haben ferner ratifiziert die Schweiz mit Wirkung vom 20. Januar 1926, China mit Wirkung vom 24. Februar 1926, die Freie Stadt Danzig mit Wirkung vom 31. März 1926, Rumänien mit Wirkung vom 7. Juni 1926, Belgien mit Wirkung vom 31. Juli 1926 und Polen mit Wirkung vom 8. März 1927.

3. Der Übereinkunft sind beigetreten Kanada und Peru mit Wirkung vom 7. August 1924, Großbritannien für Südrhodesien und Neufundland mit Wirkung vom 31. Dezember

einkunft zur Unterdrückung des Frauen- und Kinderhandels s. RGBl. 1924 II S. 180. Betr. Mädchenhandel s. auch AV. vom 7. Mai 1914 — JMBl. S. 512 —, AV. vom 18. März 1924 — JMBl. S. 127 —. Wegen Fahndungsersuchen vgl. AV. vom 8. März 1912 — JMBl. S. 95 — bei Belgien.

Nach Magnus Tabellen:

Gegenseitigkeit bei der Vollstreckung von Urteilen (§§ 328 Ziff. 5, 722, 723 ZPO.) besteht nicht; vgl. auch JW. 1925 S. 1231 und DJZ. 1926 S. 142. Die Gegenseitigkeit bezgl. des Armenrechts im Sinne des § 114 Abs. 2 ZPO. ist verbürgt, wenn der Engländer in Deutschland oder umgekehrt der Deutsche in England wohnt. Vorschußpflicht für Gerichtskosten nach § 85 Abs. 2 Nr. 1 DGKG. besteht nicht. Sicherheitsleistungspflicht für Prozeßkosten nach § 110 Abs. 2 Nr. 1 ZPO. besteht nicht bei Wohnsitz im Inland.

Wegen der Kolonien usw. s. Anschriftenverzeichnis im Abschnitt IV unter „Britisches Reich".

Guatemala.

Gehört dem Haager Ziv.-Proz.-Abk. nicht an. Handelsabk. vom 4. Okt. 1924 — RGBl. II 155 —; es enthält keine einschlägigen Bestimmungen. Über Rechtshilfe in Strafsachen bestehen keine Vereinbarungen. Wegen Zuleitung von Ersuchen an die zuständigen

---

1925, für Barbados, Basutoland, Betschuanaland, Britisch-Honduras, die Britischen Salomon-Inseln, Ceylon, Cypern, die Fidschi-Inseln, Gambia, Gibraltar, die Gilbert- und Ellice-Inseln, die Goldküste, Hongkong, Kenia, die Leeward-Inseln, die Verbündeten Malayischen Staaten, die Nichtverbündeten Malayischen Staaten (Brunei, Johore, Kedah, Kelantan, Trengganu), Malta, Mauritius, Nigeria, Nordrhodesien, Nyassaland, die Seychellen, Sierra Leone, Somaliland, die Straits Settlements, Swaziland, das Tanganyika-Gebiet, Trinidad, Uganda, die Windward-Inseln (Grenada, St. Lucia, St. Vincent) und Zanzibar mit Wirkung vom 3. November 1926, endlich die Republik San Marino mit Wirkung vom 21. April 1926.

4. Die Reichsregierung hat beschlossen, für die Übermittlung der Rechtshilfeersuchen aus dem Britischen Reiche, China, Peru, Rumänien und San Marino nur den diplomatischen Weg zuzulassen. Dasselbe gilt für Belgien, soweit die Ersuchen nicht unter das Abkommen vom 17./18. April 1925 zur Erledigung dringender Rechtshilfeersuchen der in Artikel 13 und 15 des deutsch-belgischen Auslieferungsvertrags vom 24. Dezember 1874 bezeichneten Art fallen. Für Rechtshilfeersuchen aus der Freien Stadt Danzig und der Schweiz ist der unmittelbare Verkehr mit den deutschen Gerichtsbehörden zugelassen.

5. Für deutsche Rechtshilfeersuchen wird von der Freien Stadt Danzig und der Schweiz der unmittelbare Verkehr mit ihren Gerichtsbehörden zugelassen, während Monako, China, Siam und das Britische Reich den diplomatischen Weg vorgeschrieben haben, soweit nicht für einzelne Teile des Britischen Reichs die nachstehend angegebenen Übermittelungswege zugelassen sind.

6. Im Britischen Reiche ist der unmittelbare Verkehr mit den Gerichtsbehörden zugelassen für: die Fidschi-Inseln, Gibraltar (Anschrift: Registrar, Supreme Court), die Goldküste, Kenia (Anschrift: Registrar, Supreme Court), die Leeward-Inseln, die Nichtverbündeten Malayischen Staaten (Anschriften: British Resident von Brunei, General Adviser von Johore, British Adviser von Kedah, British Adviser von Kelantan, British Adviser von Trengganu), die Verbündeten Malayischen Staaten (Anschrift: Commissioner of Police), Nyassaland, Sierra Leone (Anschrift: Master and Registrar of Supreme Court), Südrhodesien (Anschrift: Registrar of the High Court in Salisbury), Trinidad, Uganda (Anschrift: Chie Justice), die Windward-Inseln und Zanzibar.

7. Im britischen Reiche ist neben dem diplomatischen Wege für die Übermittlung deutscher Rechtshilfeersuchen die Vermittlung des örtlich zuständigen deutschen Konsuls zugelassen für: Britisch-Honduras, Cypern (Anschrift: Supreme Court), Gambia, Mauritius, Nigeria, die Straits Settlements, die Südafrikanische Union, zugleich für das Mandatsgebiet Südwestafrika (Anschrift: Secretary for Justice, Departement of Justice, in Pretoria) und das Tanganyika-Gebiet. Rechtshilfeersuchen, die durch Vermittlung des deutschen Konsuls der zuständigen Behörde im Britischen Reiche übermittelt werden sollen, sind über das Auswärtige Amt zu leiten.

Diese Bekanntmachung ergeht im Anschluß an die Bekanntmachung vom 22. Dezember 1925 (Reichsgesetzbl. 1926 II S. 88).

Stellen s. das Anschriftenverzeichnis im Abschn. IV und das Konsulatsverzeichnis im Abschnitt VI. Gebühren und Auslagen für Zustellungen und sonstige Ersuchen.

Nach Magnus Tabellen:

Gegenseitigkeit bei der Vollstreckung von Urteilen (§§ 328 Ziff. 5, 722, 723 ZPO.) besteht nicht. Gegenseitigkeit bezügl. des Armenrechts im Sinne des § 114 Abs. 2 ZPO. ist zweifelhaft. Vorschußpflicht für Gerichtskosten nach § 85 Abs. 2 Nr. 1 DGKG. besteht nicht. Sicherheitsleistungspflicht für Prozeßkosten nach § 110 Abs. 2 Nr. 1 ZPO. besteht, außer in Handelssachen.

Haiti.

Beitritt zum Haager Ziv.-Proz.-Abk. nicht erfolgt. Vertragsloser Zustand. Wegen Zuleitung usw. s. vorstehend unter Guatemala. Bezüglich Konsulatskosten s. § 10 I Nr. 2 der RHV.

Nach Magnus, Tabellen:

Die Gegenseitigkeit bei der Vollstreckung von Urteilen (§§ 328 Ziff. 5, 722, 723 ZPO.) besteht nicht. Die Gegenseitigkeit bezügl. des Armenrechts im Sinne des § 114 Abs. 2 ZPO. ist nicht verbürgt. Vorschußpflicht für Gerichtskosten nach § 85 Abs. 2 Nr. 1 DGKG. ist zweifelhaft (s. JW. 1924 S. 749). Sicherheitsleistungspflicht für Prozeßkosten nach § 110 Abs. 2 Nr. 1 ZPO. besteht, außer bei hinreichendem Grundbesitz im Inland und allgemein in Handelssachen.

Hawaische Inseln

s. Vereinigte Staaten von Amerika.

Hedschas.

Im Hedschas bestehen zurzeit noch keine deutschen Vertretungen. Da aber in Kairo ein Gesandter des Königreichs Hedschas residiert, dürfte immerhin eine gewisse Möglichkeit bestehen, auf dem Wege über die Deutsche Gesandtschaft in Kairo und die dortige Agentur des Königreichs Hedschas etwaige Ersuchen zu stellen. Vertragsloser Zustand. Wegen Zuleitung usw. s. Guatemala. Bezüglich Konsulatskosten s. § 10 I Nr. 2 der RHV.

Vorschußpflicht für Gerichtskosten nach § 85 Abs. 2 Nr. 1 DGKG. ist streitig, ebenso die Sicherheitsleistungspflicht für Prozeßkosten nach § 110 Abs. 2 Nr. 1 ZPO. (JW. 1924 S. 749).

Heiliger Stuhl

s. Italien (Vatikan).

Herzegowina

s. Österreich Anm. 4a.

Holland

s. Niederlande.

Honduras.

Beitritt zum Haager Ziv.-Proz.-Abk. nicht erfolgt. Handelsabk. vom 4. März 1926 (RGBl. II S. 325/550), das Meistbegünstigung gewährt; es enthält keine einschlägigen Bestimmungen. Über Rechtshilfe in Strafsachen bestehen keine Vereinbarungen. Wegen Zuleitung der Ersuchen usw. wie bei Guatemala.

Nach Magnus, Tabellen:

Die Gegenseitigkeit bei der Vollstreckung von Urteilen (§§ 328 Ziff. 5, 722, 723 ZPO.) besteht nicht. Die Gegenseitigkeit bezügl. des Armenrechts im Sinne des § 114 Abs. 2 ZPO. ist nicht verbürgt. Vorschußpflicht für Gerichtskosten nach § 85 Abs. 2 Nr. 1 DGKG. streitig (JW. 1924 S. 749). Sicherheitsleistungspflicht für Prozeßkosten nach § 110 Abs. 2 Nr. 1 ZPO. besteht.

Hongkong

s. Großbritannien.

Hultschiner Land

s. Tschechoslowakei.

Indien
Irak } s. Großbritannien.
Irland
(Irischer Freistaat)

Island

s. Dänemark.

§ 35.

Italien[1]).

1. Die Rechtshilfe in Strafsachen regelt sich nach dem Auslieferungsvertrage zwischen dem Reiche und Italien vom 31. Okt. 1871 (RGBl. S. 446) Art. 12—14.

2. Wegen der Rechtshilfe in bürgerlichen Sachen vgl. § 10 III Abs. 1, 2; § 20 Abs. 1. Italien hat von dem Vorbehalt im Art. 9 Abs. 3 des Haager Abk. über den Zivilprozeß Gebrauch gemacht[2]).

1. Ist dem Haager Abk. über den Ziv.-Proz. vom 17. Juli 1905 wieder angeschlossen (Art. 287 des Vertrags von Versailles). Italien ist ferner folgenden Abk. über Internationales Privatrecht beigetreten (zu vgl. RGBl. 1926 II S. 553) usw. s. bei Belgien. Durch den Handelsvertrag vom 31. Okt. 1925 (RGBl. II S. 1020/1158) sind den Angehörigen jedes vertragschließenden Teiles ohne Unterschied hinsichtlich ihres Wohnsitzes vor Gericht die gleichen Rechte und Vorrechte eingeräumt, die den Inländern zustehen oder künftig zustehen werden. Betr. Erledigung von Zustellungsersuchen vgl. Art. 6, Abs. 1 Ziff. 3 und Abs. 2 des Haager Ziv.-Proz.-Abk. sowie die AV. vom 29. Juli 1922 — JMBl. S. 288 — (vgl. Anm. 3 zu § 7). Nach dem Kriege sind wieder in Kraft getreten (zu vgl. AV. vom 2. Sept. 1920 — JMBl. S. 459 —):

a) Konf.-Vertrag vom 21. Dez. 1868 (Bundesgesetzbl. 69 S. 113);
b) Zusatzvertrag (RGBl. S. 113 von 1891) betr. Eheschließung durch Konsuln;
c) Auslief.-Vertrag nebst Zusatz betr. Hehlerei und Begünstigung vom 31. Okt. 1879 (RGBl. S. 446)*);

---

*) Aus dem Auslieferungsvertrag zwischen dem Deutschen Reiche und Italien vom 31. Okt. 1871 (RGBl. S. 446):

„Art. 12. Wenn im Laufe eines nichtpolitischen Strafverfahrens einer der vertragenden Staaten im Gebiete des anderen vertragenden Teiles die Vernehmung von Zeugen oder irgendeine andere Untersuchungshandlung für notwendig erachtet, so wird zu diesem Zwecke ein Ersuchungsschreiben auf diplomatischem Wege übersandt, und es soll denselben nach Maßgabe der Gesetzgebung des Landes, wo der Zeuge vernommen oder der Akt vorgenommen werden soll, stattgegeben werden: die Ausführung des Antrags kann verweigert werden, wenn das Verfahren gegen einen von der requirierenden Behörde noch nicht verhafteten Angehörigen des requirierten Staates gerichtet ist, oder wenn die Untersuchung eine Handlung zum Gegenstande hat, welche nach den Gesetzen des Staates, an welchen das Ersuchungsschreiben gerichtet ist, nicht gerichtlich strafbar ist. Die beteiligten Regierungen entsagen jedem Anspruche auf Erstattung der aus der Ausführung der Requisition entstehenden Kosten, soweit es sich nicht um strafgerichtliche, kommerzielle oder medizinische Gutachten Sachverständiger handelt.

Art. 13. Wenn in einer nichtpolitischen Untersuchungssache das persönliche Erscheinen eines Zeugen notwendig ist, so soll die Regierung des Landes, in welchem der Zeuge wohnt, denselben auffordern, der Vorladung, welche die andere Regierung an ihn gerichtet hat, Folge zu leisten.

Stimmt der Zeuge zu, so werden ihm die Kosten der Reise und des Aufenthalts nach seiner Wahl entweder nach den Tarifsätzen und Reglements des Landes, wo die Vernehmung stattfinden soll, oder nach demjenigen des requirierten Staates bewilligt werden; auch kann dem Zeugen auf seinen Antrag durch die Behörden seines Wohnorts der Gesamt-

d) Übereinkunft über Zulassung der beiderseitigen Staatsangehörigen zum Armenrecht (vgl. RGBl. S. 312 von 1879).

Abk. zur Abwehr des Mädchenhandels*) s. RGBl. 1905 S. 695, 705; 1919 S. 687/8; 1920 S. 31, 95; 1913 S. 31/44; 1924 II S. 425; Übereinkunft zur Unterdrückung des Frauen- und Kinderhandels s. RGBl. 1924 II S. 180, 202; Abk. zur Bekämpfung unzüchtiger Veröffentlichungen s. RGBl. 1911 S. 209, 215; 1919 S. 687/8; 1920 S. 31, 95.

Rechtshilfeersuchen wegen der in der Internationalen Übereinkunft zur Bekämpfung der Verbreitung und des Vertriebs unzüchtiger Veröffentlichung vom 12. Sept. 1923 — RGBl. 1925 II S. 287/8 — bezeichneten strafbaren Handlungen sind einstweilen nur auf diplomatischem Wege zu übermitteln (s. Bekanntmachung vom 22. Dez. 1925 — RGBl. 1926 II S. 88 —, hier abgedruckt bei Österreich).

Wegen Austausches von Strafnachrichten s. AV. vom 11. Juli 1923 — JMBl. S. 532 —. Wegen Fahndungsersuchen vgl. AV. vom 8. März 1912 — JMBl. S. 95 — bei Belgien.

Betr. frühere österreichische Gebiete s. JMBl. 1920 S. 585:

„Nach einem Berichte der Deutschen Botschaft in Rom an das Auswärtige Amt haben die österreichischen Gesetze in den an Italien abgetretenen früheren österreichischen Gebieten noch Gültigkeit. Ersuchen um Rechtshilfe sind jedoch bis zum Erlasse besonderer Bestimmungen auf dem diplomatischen Wege an das zuständige Gericht zu leiten."

Für Rechtshilfe im Bereich des Vatikans bestehen keine Ausnahmen. Es empfiehlt sich jedoch in jedem Falle der diplomatische Weg.

Bezüglich Kyrenaika und Tripolis s. Abschn. IV unter Italien.

2. Kostenfragen, Urteilsvollstreckung usw.:

a) Bürgerliche Sachen:

wie bei Belgien.

b) Strafsachen:

Keine Kostenerstattung, soweit es sich nicht um strafgerichtliche, kommerzielle oder medizinische Gutachten von Sachverständigen handelt (Art. 12 des Auslief.-Vertr.).

Nach Magnus, Tabellen:

Die Gegenseitigkeit bei der Vollstreckung von Urteilen**) (§§ 328 Ziff. 5, 722, 723 ZPO.) besteht nicht, mit Ausnahme der Kostenentscheidungen gegen den Kläger oder Intervenienten gemäß Art. 18, 19 des Haager Ziv.-Proz.-Abk. Gegenseitigkeit bezüglich des Armenrechts im Sinne des § 114 Abs. 2 ZPO. ist ohne Rücksicht auf den Wohnsitz verbürgt. Vorschußpflicht für Gerichtskosten nach § 85 Abs. 2 Nr. 1 DGKG. besteht nicht, ohne Rücksicht auf den Wohnsitz. Sicherheitsleistungspflicht für Prozeßkosten nach § 110 Abs. 2 Nr. 1 ZPO. besteht nicht, ohne Rücksicht auf den Wohnsitz.

---

betrag oder ein Teil der Reisekosten vorgeschossen werden; diese Kosten werden demnächst von der dabei interessierten Regierung zurückerstattet.

In keinem Falle darf ein Zeuge, welcher infolge der in dem einen Lande an ihn ergangenen Vorladung freiwillig vor den Richtern des anderen Landes erscheint, daselbst wegen früherer strafbarer Handlungen oder Verurteilungen oder unter dem Vorwand der Mitschuld an den Handlungen, welche den Gegenstand der Untersuchung bilden, worin er als Zeuge erscheinen soll, zur Untersuchung gezogen oder in Haft genommen werden. Hierbei kommt es auf die Staatsangehörigkeit des Zeugen nicht an.

Art. 14. Wenn es bei einer Untersuchung, welche in einem der beiden vertragenden Staaten geführt wird, notwendig werden sollte, den Angeschuldigten mit in dem anderen Lande verhafteten Schuldigen zu konfrontieren, oder Beweisstücke oder gerichtliche Urkunden, welche letzterem Staate gehören, vorzulegen, so soll ein Gesuch dieser Art auf diplomatischem Wege gestellt werden, und es soll demselben, sofern nicht etwa außergewöhnliche Bedenken dagegen obwalten, stets entsprochen werden, unter der Bedingung jedoch, daß sobald als möglich die Verhafteten zurückgeliefert und die obigen Beweisstücke und Urkunden zurückgesandt werden.

Die Kosten des Transports der oben erwähnten Individuen und Gegenstände von einem Staat zum anderen werden von derjenigen Regierung getragen, welche den bezüglichen Antrag gestellt hat."

*) Zu vgl. Anhang S. 212.

**) Zu vgl. die Abhandlung in der JW. 1926 S. 1883.

§ 36.

Japan.

Die Ersuchungsschreiben mit Einschluß der Ersuchen um Zustellung sind stets durch Vermittelung des Justizministers oder in eiligen Fällen durch Vermittelung des Auswärtigen Amts zu befördern¹).

1. Ist dem Haager Ziv.-Proz.-Abk. nicht angeschlossen. Der am 20. April 1927 unterzeichnete Handels- und Schiffahrtsvertrag wurde am 1. April 1928 von Japan ratifiziert. Der Vertrag tritt am 17. April 1928 in Kraft — RGBl. 27 II S. 1087, 28 II S. 238 —. Ein Vertrag über Rechtshilfe in Strafsachen besteht nicht. Abkommen zur Abwehr des Mädchenhandels *) s. RGBl. 1905 S. 695, 705, 1913 S. 31, 44; Übereinkommen zur Unterdrückung des Frauen- und Kinderhandels s. RGBl. 1924 II S. 180/353.

AV. d. JM. vom 6. Aug. 1927 — JMBl. S. 282 — über Rechtshilfeverkehr in bürgerlichen Angelegenheiten mit Japan (I. 13295):

„Zustellungsanträge und Rechtshilfeersuchen, deren Erledigung durch japanische Justizbehörden herbeigeführt werden soll, haben außer dem Namen, Wohnsitz oder Aufenthaltsort derjenigen Person, an welche die Zustellung erfolgen soll, oder um deren Vernehmung ersucht wird, nach Möglichkeit auch Angaben über ihre Staatsangehörigkeit zu enthalten.

Die Deutsche Botschaft in Tokio (vgl. dazu § 8 I Abs. 1 d und § 36 der AV. vom 16. Juni 1910, JMBl. S. 189) ist in dem Begleitschreiben zu ersuchen, bei Übermittlung des Zustellungsantrages oder Rechtshilfeersuchens an die zuständige japanische Justizbehörde die Erklärung abzugeben, daß die durch die Erledigung des Ersuchens entstehenden Kosten erstattet werden, und daß bei Ersuchen japanischer Justizbehörden in gleicher Weise Rechtshilfe geleistet wird.

Von Ersuchen um Anwendung von Vorschriften sowie von der Verweisung auf Vorschriften des deutschen Prozeßrechts ist abzusehen, da Japan ausländische Ersuchen nur nach den Vorschriften der japanischen Gesetze erledigt.

Für die Beschaffung von Übersetzungen gelten die Bestimmungen der Ziffer 2 Abs. 1 der AV. vom 21. Dez. 1926 (JMBl. S. 430).

Die Erledigung von Zustellungsanträgen und Rechtshilfeersuchen erfolgt durch die japanischen Behörden nur gegen Erstattung der durch die Erledigung entstehenden Kosten. Hierauf ist bei Einforderung des Kostenvorschusses Rücksicht zu nehmen."

J. macht eine Ausnahme von § 21 Abs. 1 Satz 2 der RHV. (vgl. auch § 8 Nr. 3 a. a. O.).

Nach Magnus, Tabellen:

Die Gegenseitigkeit bei der Vollstreckung von Urteilen (§§ 328 Ziff. 5, 722, 723 ZPO.) besteht nicht. Die Gegenseitigkeit bezüglich des Armenrechts im Sinne des § 114 Abs. 2 ZPO. ist nicht verbürgt. Vorschußpflicht für Gerichtskosten nach § 85 Abs. 2 Nr. 1 DGKG. besteht nicht. Sicherheitsleistungspflicht für Prozeßkosten nach § 110 Abs. 2 Nr. 1 ZPO. besteht.

Jugoslavien

s. Serbien.

Kaiser Wilhelmland

s. Britisches Reich unter Austr. Bund.

Kamerun

s. Völkerbund.

Kanada

s. Großbritannien.

Karolinen

s. Völkerbund.

Kiautschou

s. China.

---

*) Zu vgl. Anhang S. 212.

Kolumbien

s. Columbien.

Kongostaat

s. Belgien.

Korea

s. Japan.

Konsulargerichtsbarkeit wird nicht mehr ausgeübt; s. Anm. 2 zu § 16 der RHV.

Kostarika

s. Costarika.

Kroatien

s. Serbien.

Kyrenaika

s. Italien.

§ 37.

Kuba.

Zustellungen werden in Kuba kostenfrei bewirkt[1])*).

Lettland.

Gehört dem Haager Ziv.-Proz.-Abk. nicht an. Abk. über Aufnahme der Beziehungen s. RGBl. 20 S. 1623 ff. Gesetz vom 19. Nov. 1926 über den Vertrag zwischen dem Deutschen Reiche und der Lettländischen Republik zur Regelung der wirtschaftlichen Beziehungen zwischen Deutschland und Lettland und Bekanntmachung über seine Ratifikation vom 1. Dez. 1926, RGBl. II Nr. 46 S. 631 und Nr. 48 S. 722 —: Der Vertrag ist nebst dem Schlußprotokoll am 1. Dez. 1926 in Kraft getreten; er enthält u. a. Bestimmungen über die Behandlung der lettländischen Staatsangehörigen und juristischen Personen — Meistbegünstigungsklausel z. B. bei gewerblichem Rechtsschutz, bei Urheberrechten an Werken der Literatur und Kunst, bei Erwerb von Grundstücken usw. —. Wegen Zuleitung der Ersuchen an die zuständigen Stellen s. das Anschriftenverzeichnis im Abschn. IV und das Konsulatsverzeichnis im Abschn. VI. Gebühren und Auslagen für Zustellungen und sonstige Ersuchen. Betr. Konsulatskosten s. § 10 I Nr. 2 der RHV.

Beim Rechtshilfeverkehr in Strafsachen findet, soweit es sich nicht um strafgerichtliche, kommerzielle oder medizinische Gutachten Sachverständiger handelt, eine Kostenerstattung nicht statt. Der Verkehr findet mangels vertraglicher Abmachung auf der Grundlage tatsächlicher Gegenseitigkeit statt (AV. vom 5. April 1924 — JMBl. S. 165 —).

Rechtshilfeersuchen wegen der in der Internationalen Übereinkunft zur Bekämpfung der Verbreitung und des Vertriebs unzüchtiger Veröffentlichungen vom 12. Sept. 1923 — RGBl. 1925 II S. 287 — bezeichneten strafbaren Handlung sind einstweilen nur auf diplomatischem Wege zu übermitteln (s. Bekanntmachung vom 22. Dez. 1925 — RGBl. 1926 II S. 88 —, hier abgedruckt bei Österreich). Abk. zur Bekämpfung unzüchtiger Veröffentlichungen s. RGBl. 1911 S. 209, 215, 1925 II S. 287/288, 1926 II S. 88; Übereinkunft zur Unterdrückung des Frauen- und Kinderhandels s. RGBl. 1924 II S. 180, 202.

Nach Magnus, Tabellen:

Die Gegenseitigkeit bei der Vollstreckung von Urteilen (§§ 328 Ziff. 5, 722, 723 ZPO.) besteht nicht. Gegenseitigkeit bezüglich des Armenrechts im Sinne des § 114 Abs. 2 ZPO. ist nicht verbürgt. Vorschußpflicht für Gerichtskosten nach § 85 Abs. 2 Nr. 1 DGKG. besteht nicht. Sicherheitsleistungspflicht für Prozeßkosten nach § 110 Abs. 2 Nr. 1 ZPO. besteht, außer bei hinreichendem Grundbesitz im Inlande.

Libanon

s. Frankreich.

*) Vgl. die Anm. unter Cuba.

Liberia.

Dem Haager Ziv.-Proz.-Abk. nicht beigetreten. Handels- usw. Vertrag vom 31. Okt. 1867 — Bundesgesetzbl. 1868 S. 197 — ist durch Art. 289 des Vertrags von Versailles außer Kraft. Über Rechtshilfe in Strafsachen bestehen keine Vereinbarungen. Wegen Zuleitung von Ersuchen an die zuständigen Stellen s. das Anschriftenverzeichnis im Abschn. IV und das Konsulatsverzeichnis im Abschn. VI. Gebühren und Auslagen für Zustellungen und sonstige Ersuchen. Wegen der Konsulatskosten vgl. § 10 I Nr. 2 der RHV.

Nach Magnus, Tabellen:

Die Gegenseitigkeit bei der Vollstreckung von Urteilen (§§ 328 Ziff. 5, 722, 723 ZPO.) besteht nicht. Gegenseitigkeit bezüglich des Armenrechts im Sinne des § 114 Abs. 2 ZPO. ist zweifelhaft. Vorschußpflicht für Gerichtskosten nach § 85 Abs. 2 Nr. 1 DGKG. ist streitig (JW. 1924 S. 749). Sicherheitsleistungspflicht für Prozeßkosten nach § 110 Abs. 2 Nr. 1 ZPO. besteht.

Liechtenstein

(liegt in Vorarlberg).

— Bezirke: Innsbruck und Bregenz —.

Keine vertragliche Regelung. Wegen Zuleitung von Ersuchen an die zuständigen Stellen s. das Anschriftenverzeichnis im Abschn. IV. Über Rechtshilfe in Strafsachen bestehen keine Vereinbarungen.

Wegen Austauschs von Strafnachrichten s. AV. vom 11. Juli 1923 — JMBl. S. 532 —.

Nach Magnus, Tabellen:

Die Gegenseitigkeit bei der Vollstreckung von Urteilen (§§ 328 Ziff. 5, 722, 723 ZPO.) besteht nicht. Gegenseitigkeit bezüglich des Armenrechts im Sinne des § 114 Abs. 2 ZPO. ist verbürgt. Vorschußpflicht für Gerichtskosten nach § 85 Abs. 2 Nr. 1 DGKG. besteht nicht. Sicherheitsleistungspflicht für Prozeßkosten nach § 110 Abs. 2 Nr. 1 ZPO. besteht nicht.

Litauen*).

L. ist als Nachfolgestaat eines Vertragsstaates (Rußland) in das Haager Abk. über den Zivilprozeß nicht eingetreten. Handelsvertrag vom 1. Juni 1923 — RGBl. 1924 II S. 205 — enthält keine einschlägigen Bestimmungen. Auch über Rechtshilfe in Strafsachen bestehen keine Vereinbarungen. Wegen Zuleitung von Ersuchen an die zuständigen Stellen vgl. das Anschriftenverzeichnis im Abschn. IV und das Konsulatsverzeichnis im Abschn. VI. Gebühren und Auslagen für Zustellungen und sonstige Ersuchen. Wegen der Konsulatskosten s. § 10 I Nr. 2 der RHV.

Nach Magnus, Tabellen:

Die Gegenseitigkeit bei der Vollstreckung von Urteilen (§§ 328 Ziff. 5, 722, 723 ZPO.) besteht nicht. Gegenseitigkeit bezüglich des Armenrechts im Sinne des § 114 Abs. 2 ZPO. ist nicht verbürgt. Vorschußpflicht für Gerichtskosten nach § 85 Abs. 2 Nr. 1 DGKG. besteht nicht. Sicherheitsleistungspflicht für Prozeßkosten nach § 110 Abs. 2 Nr. 1 ZPO. besteht, außer bei hinreichendem Grundbesitz im Inlande.

Lothringen

s. Frankreich.

§ 38.

Luxemburg[1]).

1. Die Rechtshilfe in Strafsachen regelt sich nach dem Auslieferungsvertrage[2]) zwischen dem Reiche und Luxemburg vom 9. März 1876 (RGBl. S. 223), Art. 13—15, in der Fassung des Zusatzvertrags vom 6. Mai 1912 (RGBl. S. 491). Anträge, deren Ausführung nach Art. 4 des Zusatzvertrags verweigert werden kann, sind nicht zu stellen. Wegen der Ersuchen um Zeugenvernehmung vgl. § 24 Abs. 1.

2. Wegen der Rechtshilfe in bürgerlichen Sachen vgl. § 10 III Abs. 1, 2; § 20 Abs. 1. Nach der Erklärung vom 1. August 1909 (RGBl. S. 907)[3]) ist den deutschen und den luxemburgischen gerichtlichen Behörden für Zustellungs- und

*) Ein Konsularvertrag und ein Abkommen über Rechtshilfe in bürgerlichen Angelegenheiten sind im Mai 1928 fertiggestellt, jedoch noch nicht veröffentlicht worden.

sonstige Rechtshilfeersuchen der unmittelbare Geschäftsverkehr miteinander gestattet. Die Ersuchen sind je nach dem Bezirksgericht, in dessen Bereiche sie zu erledigen sind, dem Staatsanwalt in der Stadt Luxemburg oder in Diekirch[4]) mit Begleitschreiben zu übersenden. Nach derselben Erklärung werden Zeugenentschädigungen und Auslagen für die wegen Nichterscheinens eines Zeugen erforderlich gewordene Mitwirkung eines Vollziehungsbeamten nicht erstattet. Auch werden Zwangszustellungen unentgeltlich bewirkt, wenn sie nur für den Fall beantragt waren, daß die Zustellung durch einfache Übergabe nicht zum Ziele führt; bei Zustellungen empfiehlt es sich, stets einen solchen bedingten Antrag zu stellen, da den zuzustellenden Schriftstücken Übersetzungen auch im Falle der Zwangszustellung nicht beizufügen sind, Kosten also überhaupt nicht erwachsen werden.

3. Eine uneidliche Vernehmung von Zeugen durch die Gerichte ist nach luxemburgischem Rechte sowohl in Strafsachen wie in bürgerlichen Sachen nur wegen Verwandtschaft des Zeugen mit einem Beteiligten zulässig; sonst kann die uneidliche Vernehmung nur auf dem Verwaltungswege durch die Polizei erfolgen.

4. Wegen Freimachung der Schreiben im unmittelbaren Geschäftsverkehre vgl. § 5 Abs. 2[5]).

1. Ist dem Haager Abk. über den Ziv.-Proz. vom 17. Juli 1905 angeschlossen. L. ist ferner folgenden Abk. über Internationales Privatrecht beigetreten (zu vgl. RGBl. 1926 II S. 553) usw. wie bei Belgien.

2. Aus dem Auslieferungsvertrage zwischen dem Deutschen Reiche und Luxemburg vom 9. März 1876 (RGBl. S. 223):

„Art. 13 (in der Fassung des Zusatzvertrages vom 6. Mai 1912 — RGBl. S. 491 —). Wenn in einem Strafverfahren wegen Handlungen, welche nicht zu den politischen Verbrechen und Vergehen gehören, eine Justizbehörde eines der beiden vertragschließenden Teile die Vernehmung von Zeugen, welche sich im Gebiete des anderen Teils aufhalten, oder irgendeine andere Untersuchungshandlung (mit Einschluß von Zustellungen) für notwendig erachten sollte, so wird ein entsprechendes Ersuchungsschreiben auf diplomatischem Wege mitgeteilt oder von den Gerichtsbehörden des einen Teils unmittelbar an die Gerichtsbehörden des anderen Teils gerichtet werden. Solchen Ersuchungsschreiben wird nach Maßgabe der Gesetzgebung des Landes, wo der Zeuge vernommen oder der Akt vorgenommen werden soll, Folge gegeben werden. Die Ausführung des Antrags kann verweigert werden, wenn die Untersuchung eine Handlung zum Gegenstande hat, welche nach den Gesetzen des ersuchten Teiles nicht strafbar ist, oder wenn es sich um rein fiskalische Vergehen handelt, oder endlich, wenn sich die Untersuchung gegen einen Angehörigen des ersuchten Teiles richtet, der sich nicht im Gebiete des ersuchenden Teiles befindet.

Die vertragenden Teile verzichten gegenseitig auf alle Ersatzansprüche wegen der aus der Ausführung der Requisition entspringenden Kosten, sofern es sich nicht um Gutachten in Straf- oder Handelssachen oder Sachen der gerichtlichen Medizin handelt, welche mehrere Termine erfordern.

Art. 14. Wenn in einer Strafsache, welche nichtpolitische Verbrechen oder Vergehen zum Gegenstande hat, das persönliche Erscheinen eines Zeugen notwendig ist, so wird die Regierung des Landes, in welchem der Zeuge sich aufhält, ihn auffordern, der an ihn ergehenden Ladung Folge zu leisten. Leistet er Folge, so werden ihm die Kosten der Reise und des Aufenthalts nach den Tarifsätzen und den Reglements des Landes, wo die Vernehmung stattfinden soll, bewilligt, auch kann dem Zeugen auf seinen Antrag durch die Behörden seines Wohnorts der Gesamtbetrag oder ein Teil der Reisekosten vorgeschossen werden. Diese Kosten werden demnächst von der bei der Vernehmung interessierten Regierung zurückerstattet.

In keinem Falle darf ein Zeuge, welcher infolge der in dem einen Lande an ihn ergangenen Vorladung freiwillig vor den Richtern des anderen Landes erscheint, daselbst wegen früherer strafbarer Handlungen oder Verurteilungen oder unter dem Vorwande der Mitschuld an den Handlungen, welche den Gegenstand der Untersuchung, in welcher er als Zeuge erscheinen soll, bilden, zur Untersuchung gezogen oder in Haft genommen werden. Hierbei kommt es auf die Staatsangehörigkeit des Zeugen nicht an.

Art. 15. Wenn in einer Strafsache, welche nichtpolitische Verbrechen oder Vergehen zum Gegenstande hat, die Mitteilung von Beweisstücken oder von Urkunden, die in den Händen der Behörden des anderen Landes sind, oder die Konfrontation des Angeschuldigten mit im anderen Lande verhafteten Schuldigen für notwendig oder nützlich erachtet wird, so soll deshalb das Ersuchen auf diplomatischem Wege gestellt und demselben, wenn nicht besondere Bedenken entgegenstehen, stattgegeben werden, dies jedoch nur unter der Bedingung, daß sobald als möglich die Beweisstücke und Urkunden zurückgesandt und die Verhafteten zurückgeliefert werden.

Die vertragenden Teile verzichten gegenseitig auf Ersatz der Kosten, welche aus der Ausantwortung der Beweisstücke und Urkunden und aus dem Transport der eben erwähnten Personen bis zur Grenze entstehen."

Abk. zur Abwehr des Mädchenhandels s. RGBl. 1905 S. 695, 705, 1911 S. 861, Abk. zur Bekämpfung unzüchtiger Veröffentlichungen s. RGBl. 111 S. 209„ 215, 908.

Wegen Austauschs von Strafnachrichten s. AV. vom 11. Juli 1923 — JMBl. S. 532 —.

3. Erklärung vom 1. August 1909 über eine Vereinbarung zwischen dem Deutschen Reich und Luxemburg zur weiteren Vereinfachung des Rechtshilfeverkehrs (RGBl. S. 910 ff.):

„Art. 1. Gemäß den Vorbehalten im Art. 1 Abs. 4 und im Art. 9 Abs. 4 des Haager Abk. über den Ziv.-Proz. vom 17. Juli 1905 ist den deutschen und den luxemburgischen gerichtlichen Behörden der unmittelbare Geschäftsverkehr miteinander in allen Fällen gestattet, in denen durch das Abkommen der Rechtshilfeverkehr in Zivil- und Handelssachen für die Mitteilung gerichtlicher und außergerichtlicher Urkunden sowie für die Erledigung von Ersuchungsschreiben geregelt ist.

Art. 2. Zuständig für den unmittelbaren Geschäftsverkehr sind auf Seiten des Reichs: Alle gerichtlichen Behörden, für die Entgegennahme von Zustellungs- und sonstigen Rechtshilfeersuchen jedoch nur die Landgerichtspräsidenten; auf seiten Luxemburgs: der Generalstaatsanwalt in Luxemburg sowie die Staatsanwälte in Luxemburg und Diekirch, für die Entgegennahme der Ersuchen jedoch nur die bezeichneten Staatsanwälte.

Im Falle der örtlichen Unzuständigkeit der ersuchten Behörde ist das Ersuchen von Amts wegen an die zuständige Behörde abzugeben und die ersuchende Behörde hiervon unverzüglich zu benachrichtigen.

Art. 3. In dem unmittelbaren Geschäftsverkehre sind die Schreiben der beiderseitigen Behörden sowie die im Art. 3 des Haager Abkommens über den Zivilprozeß bezeichneten Schriftstücke in deutscher Sprache abzufassen.

Die luxemburgischen Behörden können sich auch der französischen Sprache bedienen; doch müssen in diesem Falle die im Art. 3 bezeichneten Schriftstücke von einer deutschen Übersetzung begleitet sein.

Art. 4. Die Bestimmung des Art. 3 dieser Erklärung finden Anwendung auf die im Art. 19 des Haager Abk. über den Ziv.-Proz. bezeichneten Schriftstücke, die den auf diplomatischem Wege zu stellenden Anträgen wegen Vollstreckbarkeitserklärung von Kostenentscheidungen beizufügen sind.

Art. 5. Gemäß dem Vorbehalt im Art. 7 Abs. 2 des Haager Abk. über den Ziv.-Proz. soll die Erstattung der durch die Mitwirkung eines Vollziehungsbeamten in den Fällen des Art. 3 des Abk. entstandenen Auslagen nicht verlangt werden, wenn der in diesem Artikel vorgesehene Antrag nur für den Fall gestellt war, daß das im Art. 2 des Abk. geregelte Verfahren nicht zum Ziele führt.

Ferner soll gemäß dem Vorbehalt im Art. 16 Abs. 2 des Abk. die Erstattung der Auslagen für Zeugenentschädigungen und für die wegen Nichterscheinens eines Zeugen erforderlich gewordene Mitwirkung eines Vollziehungsbeamten nicht verlangt werden. Das Gleiche gilt in Ansehung der im Art. 23 Abs. 2 des Abk. erwähnten Auslagen für Zeugenentschädigungen.

Art. 6. Soweit nach dem Haager Abk. über den Zivilprozeß in Verbindung mit dem Art. 5 dieser Erklärung Kosten in Rechnung gestellt werden können, werden sie nach den Vorschriften berechnet, die in dem ersuchten Staate für gleiche Handlungen in einem inländischen Verfahren gelten.

Art. 7. Die gegenwärtige Erklärung tritt am 1. Sept. 1909 in Wirksamkeit und bleibt in Kraft bis zum Ablaufe von 6 Monaten nach erfolgter Kündigung seitens des einen oder anderen der beiden Teile.

Diese Erklärung wird gegen eine entsprechende Erklärung der Großherzoglich-Luxenburgischen Regierung ausgetauscht werden."

4. Zuständigkeit s. Abschn. VI.

5. Kostenfragen, Urteilsvollstreckung usw.:

a) Bürgerliche Sachen:

Zustellungen kostenfrei, auch Zwangszustellung, wenn bedingt beantragt; bei unbedingter Zwangszustellung die Auslagen, welche durch die Mitwirkung eines Vollziehungsbeamten entstanden sind (Art. 3 Abs. 1 Haager Ziv.-Proz.-Abk.). Rechtshilfe kostenfrei; keine Erstattung von Zeugenentschädigungen und Auslagen für die wegen Nichterscheinens eines Zeugen erforderlich gewordene Mitwirkung eines Vollziehungsbeamten. Etwaige Übersetzungskosten sind erstattungspflichtig (vgl. jedoch § 38 Ziff. 2 Schlußsatz).

b) Strafsachen:

Keine Kostenerstattung, sofern es sich nicht um Gutachten in Straf- oder Handelssachen oder Sachen der gerichtlichen Medizin handelt, welche mehrere Termine erfordern (Art. 13 des Auslief.-Vertr.).

Nach Magnus, Tabellen:

Die Gegenseitigkeit bei der Vollstreckung von Urteilen (§§ 328 Ziff. 5, 722, 723 ZPO.) besteht nicht, mit Ausnahme der Kostenentscheidungen gegen den Kläger oder Intervenienten (Art. 18, 19 Haager Ziv.-Proz.-Abk.). Gegenseitigkeit bezügl. des Armenrechts im Sinne des § 114 Abs. 2 ZPO. ist ohne Rücksicht auf den Wohnsitz verbürgt. Vorschußpflicht für die Gerichtskosten nach § 85 Abs. 2 Nr. 1 DGKG. besteht nicht, ohne Rücksicht auf den Wohnsitz. Sicherheitsleistungspflicht für Prozeßkosten nach § 110 Abs. 2 Nr. 1 ZPO. besteht nicht bei Wohnsitz in einem der Haager Vertragsstaaten.

Madagaskar

s. Frankreich.

Madeira

s. Portugal.

Malmedy

s. Belgien.

Mandate des Völkerbunds

s. Völkerbund.

Mariannen

s. Japan.

Marino

s. San Marino.

Marokko (span. Zone).

In M. (spanische Zone) wird Konsulargerichtsbarkeit ausgeübt, s. § 16 Nr. 1 der RHV. Betr. Zwangs- und Strafvollstreckung s. § 19 der RHV. Kosten nach dem Tarif vom 1. Juli 1921 (RGBl. S. 815). **Das Haager Abk. über den Zivilprozeß findet auf die Zone des spanischen Protektorats nunmehr Anwendung (RGBl. 25 II S. 4). Wegen der Konsulatskosten vgl. § 10 I Nr. 2 oder 3 der RHV. Betr. Zuleitung der Ersuchen an die zuständigen Stellen s. das Anschriftenverzeichnis in Abschn. IV und das Konsulatsverzeichnis in Abschn. VI.**

Nach Magnus, Tabellen:

Die Gegenseitigkeit bei der Vollstreckung von Urteilen (§§ 328 Ziff. 5, 722, 723 ZPO.) besteht nicht, mit Ausnahme der Kostenentscheidungen gegen den Kläger oder Intervenienten gemäß Art. 18, 19 des Haager Ziv.-Proz.-Abk. Gegenseitigkeit bezgl. des Armenrechts im Sinne des § 114 Abs. 2 ZPO. ist verbürgt ohne Rücksicht auf den Wohnsitz. Vorschußpflicht für Gerichtskosten nach § 85 Abs. 2 Nr. 1 DGKG. besteht nicht, ohne Rücksicht auf den Wohnsitz. Sicherheitsleistungspflicht für Prozeßkosten nach § 110 Abs. 2 Nr. 1 ZPO. besteht nicht bei Wohnsitz in einem der Haager Vertragsstaaten.

Marokko (franz. Zone)

s. bei Frankreich.

Marschall-Inseln

s. Japan.

Memelgebiet

(zur Zeit unter Hoheit Litauens).

Es wird nach den Grundsätzen des Haager Ziv.-Proz.-Abk. verfahren.

RV. vom 12. Juni 1920 — I 17138 —:

Betr.: Vorläufige Regelung des Rechtshilfe-Verkehrs mit dem Memelgebiet.

Bezug: Erlaß vom 25. März 1920 — I 4599 — [Abdruck erübrigt sich].

„Der Gouverneur des Memelgebiets hat unter dem 28. April 1920 folgende Dienstnote erlassen, die inzwischen aufgehoben ist (s. nachst.).

„Indem ich davon ausgehe, daß auch die anderen Gerichte und die Staatsanwaltschaften des Memelgebietes eine Unterstützung bei Erledigung von Rechtshilfe-Angelegenheiten nicht versagen werden, bestimme ich unter Vorbehalt jederzeitigen Widerrufs bis zum Abschluß eines Rechtshilfe-Abkommens über Rechtshilfe-Verkehr mit dem Memelgebiet folgendes:

1. Für den Rechtshilfe-Verkehr in Zivilsachen mit dem Memelgebiet gelten die in dem Haager Abkommen vom 17. Juli 1905 — RGBl. S. 410ff. — niedergelegten Grundsätze.

2. Wegen der Form, des Inhalts und der Prüfung der in deutscher Sprache zu haltenden Ersuchungsschreiben sind die §§ 2—4 der AV. vom 16. Juni 1910 und vom 20. Okt. 1913 — JMBl. 1910 S. 189 und 1913 S. 412 — zu beachten, die auch Bestimmungen über Rechtshilfe in Strafsachen enthalten und auch sonst sinngemäß anzuwenden sind.

3. Solange von den Gerichtsbehörden des Memelgebiets die Rechtshilfe im unmittelbaren Verkehr erledigt wird, soll der unmittelbare Verkehr gestattet sein. Dies gilt usw. aufgehoben durch die nachstehende Verfg. vom 8. Nov. 1921 — I 21467 —.

4. Kosten der an Memeler Gerichtsbehörden geleisteten Rechtshilfe sollen vorerst außer Ansatz bleiben, auch soweit es sich um die in Art. 7 Abs. 2, Art. 14, 16 Abs. 2 des Haager Abk. über den Zivilprozeß bezeichneten Gebühren und Auslagen handelt.

5. Die Versendung von Akten im Wege der Rechtshilfe, insbesondere zur Ansicht, ist im allgemeinen nicht zulässig. In Ausnahmefällen darf sie jedoch der Oberlandesgerichtspräsident oder der Generalstaatsanwalt genehmigen, falls die Gefährdung des Staatswohls oder der Verlust nicht wiederherzustellender Urkunden dadurch nicht zu befürchten ist.

6. Den deutschen Bewohnern des Memelgebiets ist unter den gleichen Voraussetzungen, wie den im Deutschen Reiche wohnenden Deutschen das Armenrecht zu bewilligen und von einer zuvorigen Sicherstellung der Gerichtskosten (§ 85 DGKG.) durch sie abzusehen.

Die gleichen Anordnungen werden im Verwaltungswege im Memelgebiet getroffen werden. Sollte sich in einzelnen Fällen ergeben, daß nicht hiernach verfahren worden ist, so ist darüber unverzüglich an mich zu berichten usw."

Bekanntmachung vom 2. Nov. 1920 über den Rechtshilfeverkehr mit dem Memelgebiet (JMBl. 1920 S. 600).

Nachstehende, in Nr. 51 des Amtsblatts des Memelgebiets vom 16. Okt. 1920 veröffentlichte Verordnung über den Rechtshilfe-Verkehr wird unter Hinweis auf die RV. vom 12. Juni 1920 — I 17138 — hiermit veröffentlicht.

Verordnung:

„Im Interesse einer glatten Abwickelung der Geschäfte der Justizverwaltung, in Anbetracht der durch die Abtrennung des Memelgebiets von Deutschland geschaffenen Lage und zur Herstellung der Gegenseitigkeit für die deutscherseits vom preußischen Justizminister angeordneten Maßnahmen wird hiermit folgendes bestimmt:

§ 1. Die Gerichte des Memelgebiets (Memel, Heydekrug, Prökuls, Ruhs und Wischwill) können den deutschen Gerichten Rechtshilfe gewähren in demselben Umfange, wie letztere den Rechtshilfe-Ersuchen der Gerichte des Memelgebiets nachkommen.

Die Mitteilung der Akten ist zulässig, jedoch kann der Landgerichtspräsident bzw. der Oberstaatsanwalt von dieser Regel abweichen, falls die Versendung der Akten das Wohl des Gebiets gefährden sollte oder der Verlust nicht wiederherzustellender Urkunden dadurch zu befürchten ist.

§ 2. Für den Rechtshilfeverkehr in Zivilsachen zwischen Gerichten des Memelgebiets und deutschen Gerichten gelten die im Haager Abk. vom 17. Juli 1905 (RGBl. 1909 S. 410 ff.) niedergelegten Grundsätze.

§ 3. Wegen der Form, des Inhalts und der Prüfung der Ersuchungsschreiben sind die §§ 2—4 der AV. vom 16. Juni 1910 und vom 20. Okt. 1913 (JMBl. 1910 S. 189 und 1913 S. 412) zu beachten, die auch Bestimmungen über Rechtshilfe in Strafsachen enthalten.

§ 4. Der unmittelbare Verkehr zwischen Gerichten beider Staaten ist gestattet. Diese Bestimmung findet jedoch keine Anwendung auf Auslieferungs-, Strafverfolgungs- und Strafvollstreckungs-Ersuchen, deren Erledigung stets auf diplomatischem Wege zu erfolgen hat.

§ 5. Hinsichtlich der Vorschußpflicht für die Gerichtskosten sowie des Armenrechts sind von den Gerichten des Memelgebiets im Deutschen Reiche wohnende Deutsche ebenso zu behandeln, wie Angehörige des Memelgebiets.

Kosten der an deutsche Gerichtsbehörden geleisteten Rechtshilfe bleiben außer Ansatz.

§ 6*). Durch diese Verordnung wird die am 28. April 1920 vom Gouverneur des Memelgebiets erlassene, die Amtsgerichte betreffende Dienstnote aufgehoben.

Diese Bestimmungen finden nur insoweit Anwendung, als von deutschen Gerichten die Gegenseitigkeit gewahrt wird."

RV. vom 8. Nov. 1921 — I 21 467 —:

„Betr.: Rechtshilfeverkehr in Strafsachen mit dem Memelgebiet.

Für den Rechtshilfeverkehr in Strafsachen mit dem Memelgebiet gelten gegenwärtig die folgenden Bestimmungen:

I. Im allgemeinen ist für die Rechtshilfe in Strafsachen der unmittelbare Geschäftsverkehr gestattet (Erlaß vom 12. Juni 1920 — I 17138 — Ziff. 3).

II. Ausnahmsweise ist die Einhaltung des diplomatischen Weges geboten, und zwar:

1. Für Auslieferungsersuchen,
2. Für Strafverfolgungsersuchen,

und zwar nicht nur für Anträge auf Strafverfolgung, sondern auch für Anträge auf verantwortliche Vernehmung eines Beschuldigten.

Die Ersuchen unter II 1 sind mittels Berichts hierher zu reichen. Dagegen sind die Ersuchen zu II 2, sofern sie von preußischen Gerichten ausgehen, durch den Generalstaatsanwalt in Königsberg an den deutschen Reichs- und Staatskommissar für das Memelgebiet in Gumbinnen zu leiten, der sie der Justizverwaltung des Memelgebietes übermitteln wird.

Gleichartige Ersuchen von Justizbehörden des Memelgebietes sind nur zu erledigen, wenn sie über den deutschen Reichs- und Staatskommissar und den Generalstaatsanwalt in Königsberg an hiesige Gerichte gelangen.

III. Strafvollstreckungsersuchen deutscher Behörden wird von den Behörden des Memelgebietes nicht mehr stattgegeben, vielmehr gegebenenfalls nur die Auslieferung des Verurteilten bewilligt. Demzufolge sind auch Strafvollstreckungsersuchen Memeler Behörden nicht mehr zu erledigen; von der Verweisung der ersuchenden Behörde auf die Stellung eines Auslieferungsantrages ist abzusehen. Die Auslieferung kommt, solange die Angehörigen des Memelgebietes — entsprechend der gegenwärtig von der Reichs- und preußischen Staatsregierung vertretenen Auffassung — als preußische Staatsangehörige anzusehen sind, nur bezügl. solcher Personen in Frage, die weder im Deutschen Reich noch im Memelgebiet staatsangehörig sind."

Es bestehen keine Bedenken, gegenüber Urteilen von Gerichten des Memelgebiets in bürgerlichen Rechtsstreitigkeiten die Gegenseitigkeit als verbürgt anzusehen (§ 328 Ziff. 5 ZPO.), zu vgl. AV. vom 26. Nov. 1921 — JMBl. S. 593 —.

Gewährung von Stempelfreiheit für gerichtliche und notarielle Unterschriftsbeglaubigungen und Zeugnisse unter Urkunden, die sich auf memelländische Grundstücke beziehen (AV. vom 2. Februar 1922 — JMBl. S. 38 —).

---

*) Trotz der inzwischen eingetretenen Angliederung an Litauen ist diese Verordnung noch in Kraft.

Gesetz betr. Strafvollstreckung aus Urteilen der Gerichte in dem Gebiete des Memellands s. RGBl. I S. 1167 von 1923.

Gesetz betr. memelländische Rechtsangelegenheiten s. RGBl. 1924 I S. 169.

Betr. Strafnachrichten s. JMBl. 1925 S. 411.

„Das Recht im Memelgebiet" vgl. JW. 1925 S. 1223.

In Angelegenheiten der Justizverwaltung ist der Schriftwechsel mit Persönlichkeiten, die im Memeler Dienst beschäftigt sind, nicht unmittelbar zu führen, sondern über das Deutsche Generalkonsulat in Memel durch die vorgesetzte Dienstbehörde zu leiten (RV. vom 20. April 1925 — I. Fr. 1049. —).

Nach Magnus, Tabellen:

Die Gegenseitigkeit bei der Vollstreckung von Urteilen (§§ 328 Ziff. 5, 722, 723 ZPO.) besteht. Gegenseitigkeit bezgl. des Armenrechts im Sinne des § 114 Abs. 2 ZPO. ist verbürgt. Vorschußpflicht für Gerichtskosten nach § 85 Abs. 2 Nr. 1 DGKG. besteht nicht. Sicherheitsleistungspflicht für Prozeßkosten nach § 110 Abs. 2 Nr. 1 ZPO. besteht nicht.

Mesopotamien (Irak)

s. Großbritannien.

§ 39.

Mexiko[1]).

1. Alle Ersuchungsschreiben an mexikanische Justizbehörden und die Anlagen dieser Schreiben sowie Schriftstücke, welche wegen Verweigerung der Annahme oder aus anderen Gründen nicht ohne Inanspruchnahme der mexikanischen Behörden zugestellt werden können, bedürfen, zur Vorbereitung der in Mexiko erforderlichen Legalisation, der Beglaubigung durch das Auswärtige Amt in Berlin, die im Instanzenzuge herbeizuführen ist. Der Kostenersparnis wegen empfiehlt es sich, Anlagen mit den Ersuchungsschreiben durch Schnur und Siegel zu verbinden, weil sonst jedes einzelne Schriftstück beglaubigt werden muß.

2. Zu den Kosten der Legalisation treten noch Übersetzungs-, Stempel- und Sachwalterkosten[2]).

1. Dem Haager Ziv.-Proz.-Abk. nicht beigetreten. Freundschafts- usw. Vertrag vom 5. Dez. 1882 (RGBl. 1883 S. 247). Dieser Vertrag ist am 21. Okt. 1925 gekündigt worden; er ist am 21. Okt. 1926 außer Kraft getreten*). Auch über Rechtshilfe in Strafsachen bestehen keine Vereinbarungen. Wegen Zuleitung der Ersuchen an die zuständigen Stellen s. das Anschriftenverzeichnis im Abschn. IV und das Konsulatsverzeichnis im Abschn. VI. Gebühren und Auslagen für Zustellungen und sonstige Ersuchen. Wegen der Konsulatskosten s. § 10 I Nr. 2 der RHV.

2. Vgl. AV. vom 27. Febr. 1923 — JMBl. S. 161 —, abgedruckt hier unter Anm. 1 zu § 9.

Nach Magnus, Tabellen:

Die Gegenseitigkeit bei der Vollstreckung von Urteilen (§§ 328 Ziff. 5, 722, 723 ZPO.) besteht nicht. Gegenseitigkeit bezügl. des Armenrechts im Sinne des § 114 Abs. 2 ZPO. ist zweifelhaft (JW. 1926 S. 854 bejaht sie). Vorschußpflicht für Gerichtskosten nach § 85 Abs. 2 Nr. 1 DGKG. besteht nicht. Sicherheitsleistungspflicht für Prozeßkosten nach § 110 Abs. 2 Nr. 1 ZPO. besteht nicht.

Mittelamerika

(siehe die einzelnen Länder: Costarika, Guatemala, Honduras, Panama, Salvador).

Die Konsulate aus diesen Staaten sind aus dem Konsulatsverzeichnis im Abschn. VI unter Mittelamerika zu ersehen.

---

*) Der Zeitpunkt für das Außerkrafttreten ist bis zum 31. Dez. 1928 hinausgeschoben (RGBl. 1928 II S. 2/3).

§ 40.

Monaco.

1. Die Rechtshilfe erfolgt kostenfrei; jedoch entstehen Kosten durch die Übersetzung der Ersuchungsschreiben.

2. Schreiben, in denen um eine Zustellung in Monaco ersucht wird, sind an den Deutschen Konsul in Nizza[1]) zu richten[2]).

1. Gehört dem Haager Ziv.-Proz.-Abk. nicht an.

Ein Konsulat ist noch nicht wiedereingerichtet. Vorläufig ist die Deutsche Botschaft in Paris um Vermittlung der Weiterleitung zu ersuchen.

2. Abk. zur Abwehr bzw. Bekämpfung des Mädchenhandels*) s. RGBl. 1905 S. 695, 705; 1913 S. 31, 44; 1923 II, S. 491; Abk. zur Bekämpfung unzüchtiger Veröffentlichungen s. RGBl. 1911 S. 209, 215; 1925 II, S. 287/8, 973**). Ein Vertrag über sonstige Rechtshilfe in Strafsachen besteht nicht. Rechtshilfeersuchen wegen der in der Internationalen Übereinkunft zur Bekämpfung der Verbreitung und des Vertriebs unzüchtiger Veröffentlichungen vom 12. Sept. 1923 — RGBl. 1925 II S. 287 — bezeichneten strafbaren Handlungen sind einstweilen nur auf diplomatischem Wege zu übermitteln (s. Bekanntmachung vom 22. Dez. 1925 — RGBl. 1926 II S. 88 —, hier abgedruckt bei Österreich).

Nach Magnus, Tabellen:

Die Gegenseitigkeit bei der Vollstreckung von Urteilen (§§ 328 Ziff. 5, 722, 723 ZPO. besteht nicht. Gegenseitigkeit bezügl. des Armenrechts im Sinne des § 114 Abs. 2 ZPO. ist zweifelhaft. Vorschußpflicht für Gerichtskosten nach § 85 Abs. 2 Nr. 1 DGKG. besteht nicht. Sicherheitsleistungspflicht für Prozeßkosten nach § 110 Abs. 2 Nr. 1 ZPO. besteht, außer in Handelssachen.

Montenegro

s. Serbien.

Moresnet

s. Belgien.

Neuguinea
Neufundland
Neuseeland
Neusüdwales
} s. Großbritannien.

Nicaragua.

Beitritt zum Haager Abk. nicht erfolgt. Freundschafts- usw. Vertrag vom 4. Febr. 1896 (RGBl. 1897 S. 171) wieder in Kraft getreten (RGBl. 1924 II S. 371), der im Art. 5 die Gleichstellung mit den Inländern in Bezug auf die Rechtspflege anordnet. Über Rechtshilfe in Strafsachen bestehen keine Vereinbarungen. Gebühren und Auslagen für Zustellungen und sonstige Ersuchen.

Nach Magnus, Tabellen:

Die Gegenseitigkeit bei der Vollstreckung von Urteilen (§§ 328 Ziff. 5, 722, 723 ZPO.) besteht nicht. Gegenseitigkeit bezügl. des Armenrechts im Sinne des § 114 Abs. 2 ZPO. ist zweifelhaft. Vorschußpflicht für Gerichtskosten nach § 85 Abs. 2 Nr. 1 DGKG. besteht nicht. Sicherheitsleistungspflicht für Prozeßkosten nach § 110 Abs. 2 Nr. 1 ZPO. besteht nicht.

§ 41.

Niederlande.

1. Alle für die niederländischen Behörden bestimmten Schriftstücke sind mit lateinischen Buchstaben zu schreiben.

2. Die Rechtshilfe . . . . .[1]) [2]).

3. Wegen der Rechtshilfe in bürgerlichen Sachen[3]) vgl. § 10 III Abs. 1, 2; § 20 Abs. 1. Nach der Erklärung vom 31. Juli 1909 (RGBl. S. 907 ff.)[4]) ist den deutschen und den niederländischen gerichtlichen Behörden für Zustellungs-

*) Zu vgl. Anhang S. 212.

**) Wegen Rechtshilfe in Strafsachen bei Verfahren wegen unzüchtiger Veröffentlichungen s. Ziff. 5 der Bekanntmachung vom 25. April 1927, abgedruckt bei Großbritannien.

und sonstige Rechtshilfeersuchen in bürgerlichen Sachen[5]) der unmittelbare Geschäftsverkehr miteinander gestattet. Die Ersuchen sind den Staatsanwälten bei den Arrondissementsgerichten mit Begleitschreiben zu übersenden. Sitz und Bezirk der Staatsanwälte ergeben sich aus dem im Justiz-Ministerial-Blatt von 1899 Seite 251 abgedruckten Verzeichnisse[6]). Nach derselben Erklärung werden Zeugenentschädigungen und Auslagen für die wegen Nichterscheinens eines Zeugen erforderlich gewordene Mitwirkung eines Vollziehungsbeamten nicht erstattet. Auch werden Zwangszustellungen, abgesehen von den Kosten für die Übersetzung des zuzustellenden Schriftstücks, unentgeltlich bewirkt, wenn sie nur für den Fall beantragt waren, daß die Zustellung durch einfache Übergabe nicht zum Ziele führt; im Interesse der Kostenersparnis empfiehlt es sich, etwaige Anträge auf Zwangszustellungen regelmäßig in solcher bedingten Form zu stellen. Von der im Art. 1 Abs. 2 der Erklärung vorbehaltenen Befugnis, Zustellungen gemäß Art. 1 Abs. 1 des Haager Abk. über den Zivilprozeß durch Vermittelung des Konsuls zu bewirken, ist kein Gebrauch zu machen.

4. Für die Rechtshilfe in Rheinschiffahrtsangelegenheiten ist Art. 40 der revidierten Rheinschiffahrts-Akte[7]) vom 17. Oktober 1868 (Gesetzsamml. 69 S. 798) maßgebend (vgl. § 20 Abs. 1, § 25 Abs. 3). In derartigen Angelegenheiten findet zwischen den Rheinschiffahrtsgerichten und den niederländischen Behörden unmittelbarer Schriftwechsel statt; die Ersuchungsschreiben sind an die niederländischen Kantongerichte zu richten[7a]).

5. Wegen der Erledigung von Beweisbeschlüssen durch die Partei vgl. § 23; wegen Freimachung der Schreiben im unmittelbaren Geschäftsverkehr vgl. § 5 Abs. 2[8]).

1. Der Abs. 2 hat durch die AV. vom 5. Juli 1915 — JMBl. S. 134 — folgende Fassung erhalten:

„Die Rechtshilfe in Strafsachen regelt sich nach dem Auslieferungsvertrage zwischen dem Reiche und den Niederlanden vom 31. Dez. 1896 (RGBl. 1897 S. 731 ff.), Art. 12—14, 18. Jedoch ist allgemein der unmittelbare Verkehr zwischen den deutschen und den niederländischen Justizbehörden für die nach Art. 12 Abs. 1 des Auslief.-Vertrages zu erledigenden Rechtshilfeersuchen zugelassen. Die in den Niederlanden zu erledigenden Ersuchen sind von den zuständigen deutschen Justizbehörden dem Staatsanwalt bei dem Bezirksgericht (Officier van Justitie bij de Arrondissements = Rechtbank), die in Deutschland zu erledigenden Ersuchen von den zuständigen niederländischen Behörden dem Landgerichtspräsidenten zu übermitteln. Ist einem unzuständigen Landgerichtspräsidenten ein Rechtshilfeersuchen zugesandt worden, so hat er es unmittelbar an den zuständigen weiterzugeben und die ersuchende Behörde ohne Verzug davon zu benachrichtigen. Die ersuchte Behörde kann die Erledigung eines Rechtshilfeersuchens verweigern, wenn die Untersuchung sich gegen einen Angehörigen des eigenen Staates richtet, der sich nicht auf dem Gebiete des anderen Staates befindet. Ein unmittelbarer Schriftwechsel findet daneben nach der AV. vom 9. Nov. 1909 (JMBl. S. 357) bei der Erteilung von Strafregisterauszügen und von Auskünften in Strafsachen statt (vgl. § 55 der RHV.). Wegen der Ersuchen um Zeugenvernehmungen vgl. § 24 Abs. 2. Privatklagesachen sind nicht als solche, sondern als Strafsachen in den Ersuchungsschreiben zu bezeichnen."

Aus dem Auslieferungsvertrage zwischen dem Deutschen Reiche und den Niederlanden, vom 31. Dezember 1896 (RGBl. 1897 S. 731):

„Art. 12. Wenn die Behörden eines der vertragschließenden Teile in einem Strafverfahren wegen nichtpolitischer Handlungen, die auch durch die Gesetze des anderen Teiles mit Strafe bedroht sind, die Vernehmung im Gebiete des anderen Teiles befindlicher Zeugen oder irgendeine andere Untersuchungshandlung für notwendig erachten, so wird ein entsprechendes Ersuchungsschreiben auf diplomatischem Wege mitgeteilt und dem Ersuchen nach Maßgabe der Gesetzgebung des Landes, wo der Zeuge vernommen oder die sonstige Untersuchungshandlung vorgenommen werden soll, Folge gegeben werden.

In dringenden Fällen kann ein solches Ersuchen unmittelbar von der Gerichtsbehörde des einen Teiles an die Gerichtsbehörde des anderen Teiles gerichtet werden.

Art. 13. Wenn die Behörden eines der vertragschließenden Teile in einem Strafverfahren wegen nichtpolitischer Handlungen, die auch durch die Gesetze des anderen Teiles mit Strafe bedroht sind, das persönliche Erscheinen eines Zeugen für notwendig oder erwünscht erachten, so wird auf den im diplomatischem Wege zu stellenden Antrag die Regierung des Landes, in welchem der Zeuge sich befindet, ihm von der an ihn ergehenden Ladung Kenntnis geben. Erklärt sich der Zeuge bereit, der Ladung Folge zu leisten, so werden ihm die Kosten der Reise und des Aufenthalts nach den Tarifsätzen und Vorschriften des Landes, in welchem die Vernehmungen erfolgen sollen, bewilligt, sofern nicht die ersuchende Regierung eine höhere Entschädigung gewährt.

Dem Zeugen kann auf seinen Antrag durch die Behörden seines Wohnorts der Gesamtbetrag oder ein Teil der im vorhergehenden Absatze bezeichneten Reisekosten vorgeschossen werden; diese Kosten werden demnächst von der ersuchenden Regierung zurückerstattet. In keinem Falle darf ein Zeuge, gleichviel welchem Staate er angehört, wenn er infolge der in dem einen Lande ihm zugegangenen Ladung freiwillig vor den Richtern des anderen Landes erscheint, daselbst auf Grund einer Beschuldigung oder Verurteilung wegen früherer strafbarer Handlungen oder unter dem Vorwande der Mitschuld an den Handlungen, welche den Gegenstand des Strafverfahrens bilden, in dem er als Zeuge auftritt, zur Untersuchung gezogen oder festgenommen werden.

Art. 14. Wenn die Behörden eines der vertragschließenden Teile in einem Strafverfahren wegen nichtpolitischer Handlungen, die auch durch die Gesetze des anderen Teiles mit Strafe bedroht sind, die Zuführung von Personen, die sich in dessen Gebiet in Untersuchungs- oder Strafhaft befinden und dort nicht die Staatsangehörigkeit besitzen, zum Zwecke einer Gegenüberstellung oder die Mitteilung von Beweisgegenständen oder Urkunden, die in den Händen der anderseitigen Behörden sind, für notwendig oder nützlich erachten, so wird ein entsprechender Antrag auf diplomatischem Wege gestellt und diesem Antrag unter der Verpflichtung der Zurücklieferung der Personen, Beweisgegenstände oder Urkunden stattgegeben werden, sofern nicht besondere Bedenken entgegenstehen.

Art. 18. Die Bestimmungen des gegenwärtigen Vertrages finden auf die Niederländischen Kolonien und auswärtigen Besitzungen derart Anwendung, daß, wo im Vertrage von den Niederlanden die Rede ist oder diese unter der Bezeichnung des ersuchten oder ersuchenden Teiles, Staates oder Landes zu verstehen sind, die Kolonien und Besitzungen darunter gleichfalls begriffen sein sollen, mit der Maßgabe jedoch, daß

1. die Auslieferung aus den Kolonien und Besitzungen nur insoweit beansprucht werden kann, als die dort vermuteten Personen sich innerhalb des Bereichs der daselbst bestehenden Behörden befinden;
2. als Gesetze und Gesetzgebung, wo der Vertrag auf solche verweist, die Gesetze und Gesetzgebung der betreffenden Kolonie oder Besitzung zu gelten haben;
3. für die vorläufige Festhaltung an Stelle der im Art. 9 vorgesehenen 20 tägigen Frist eine Frist von 3 Monaten tritt."

Allgemeine Verfügung vom 9. November 1909 über den unmittelbaren Verkehr mit den niederländischen Justizbehörden in Strafsachen (JMBl. S. 357):

„Auf Grund einer mit der Königlich Niederländischen Regierung getroffenen Vereinbarung wird unter Aufhebung der Allgemeinen Verfügung vom 4. März 1907 (JMBl. S. 48) folgendes bestimmt:

1. Den Generalstaatsanwälten im Haag, in Amsterdam, in Herzogenbusch, in Arnhem und in Leeuwarden sowie den niederländischen Staatsanwälten sind auf ihr Ersuchen zum Zwecke der strafrechtlichen Verfolgung von Ausländern oder von solchen Deutschen, die sich in den Niederlanden befinden, Auszüge aus dem Sachregister, Mitteilungen über das Vorleben einer Person und andere Auskünfte im Wege des unmittelbaren Geschäftsverkehrs zu erteilen. Das gleiche gilt, Auszüge aus dem Strafregister ausgenommen, in Ansehung der niederländischen Untersuchungsrichter.

Behufs strafrechtlicher Verfolgung von Deutschen, die sich außerhalb der Niederlande befinden, sind solche Auszüge und Mitteilungen zu versagen.

2. Die niederländischen Justizbehörden werden die Ersuchen an die landgerichtlichen Staatsanwaltschaften richten. Der Oberstaatsanwalt hat, sofern sich sonst keine Bedenken ergeben, die Erteilung der erforderten Strafregisterauszüge anzuordnen und den Ersuchen

um Auskunftserteilung, erforderlichenfalls nach Beschaffung polizeilicher Feststellungen, zu entsprechen.

3. In dem den Bestimmungen zu 1 entsprechenden Umfange wird den Ersuchen der zuständigen preußischen Justizbehörden von den niederländischen Behörden stattgegeben werden. Die Befugnis, zu diesem Zwecke mit den niederländischen Justizbehörden in unmittelbaren Geschäftsverkehr zu treten, bleibt auf die Staatsanwaltschaften bei den Landgerichten und die Untersuchungsrichter, denen im Falle des § 183 der Strafprozeßordnung die Amtsrichter gleichzustellen sind, beschränkt.

Andere Justizbehörden haben sich der Vermittlung der Staatsanwaltschaften zu bedienen.

4. Zur Erteilung von Strafregisterauszügen sind in den Niederlanden die Generalstaatsanwälte und die Staatsanwälte zuständig.

Um die Erteilung von Auskünften ist der Regel nach der Generalstaatsanwalt bei demjenigen Gerichtshofe zu ersuchen, in dessen Bezirke der Geburtsort oder der letzte Wohnsitz der von dem Ersuchen betroffenen Person belegen ist. Bezieht sich das Ersuchen um Auskunft dagegen auf ein in den Niederlanden gegen denselben Beschuldigten oder auch gegen eine andere Person eingeleitetes Strafverfahren, so ist das Ersuchen an den mit der Strafverfolgung befaßten niederländischen Staatsanwalt oder Untersuchungsrichter zu richten.

5. Der Geschäftsbereich des Generalstaatsanwalts im Haag umfaßt die Provinzen Südholland und Zeeland, der Geschäftsbereich des Generalstaatsanwalts in Amsterdam die Provinzen Nordholland und Utrecht, der Geschäftsbereich des Generalstaatsanwalts in Herzogenbusch die Provinzen Nordbrabant und Limburg, der Geschäftsbereich des Generalstaatsanwalts in Arnheim die Provinzen Geldern und Overyssel und der Geschäftsbereich des Generalstaatsanwalts in Leeuwarden die Provinzen Friesland, Groningen und Drenthe.

Sitz und Amtsbezirk der niederländischen Staatsanwälte ergeben sich aus dem im JMBl. 1899 S. 251 abgedruckten Verzeichnisse, abgedruckt im Abschnitt VI.

6. Diese Verfügung tritt am 1. Dezember 1909 in Kraft."

Abk. zur Abwehr bzw. Bekämpfung des Mädchenhandels*) s. RGBl. 1905 S. 695, 705; 1908 S. 481, RGBl. 1913 S. 31, 44, 703; 1923 II S. 491; Abk. zur Bekämpfung unzüchtiger Veröffentlichungen s. RGBl. 1911 S. 209, 215, 1912 S. 417, 1923 II S. 491; Übereinkunft zur Unterdrückung des Frauen- und Kinderhandels s. RGBl. 1924 II S. 180/202; Abk. über die Grenzabfertigung (Rechtshilfeverkehr s. Art. II und X) s. RGBl. II S. 345, 1924 II S. 85, 87.

Wegen Austauschs von Strafnachrichten s. AV. vom 11. Juli 1923 — JMBl. S. 532 —.

Betr. Fahndungsersuchen vgl. AV. vom 8. März 1912 — JMBl. S. 95 — bei Belgien.

2. Aushändigung von Strafakten an einen niederländischen Richter zu einer Zivilsache ist nicht statthaft (vgl. Müller, Justizverwaltung, Aufl. 1910 S. 1225).

3. Ist dem Haager Abk. über den Ziv.-Proz. beigetreten.

Die Niederlande sind folgenden Abk. über Internationales Privatrecht beigetreten; zu vgl. RGBl. 1926 II S. 553 usw. wie bei Belgien.

4. Staatsvertrag im Anschluß an das Haager Ziv.-Proz.-Abk.:

Erklärung über eine Vereinbarung zwischen dem Deutschen Reich und den Niederlanden zur Vereinfachung des Rechtshilfeverkehrs vom 31. Juli 1909 (RGBl. S. 908):

„Art. 1. Gemäß den Vorbehalten im Art. 1 Abs. 4 und im Art. 9 Abs. 4 des Haager Abk. über den Ziv.-Proz. vom 17. Juli 1905 ist den deutschen und den niederländischen gerichtlichen Behörden der unmittelbare Geschäftsverkehr miteinander in allen Fällen gestattet, in denen durch das Abk. der Rechtshilfeverkehr in Zivil- und Handelssachen für die Mitteilung gerichtlicher und außergerichtlicher Urkunden, sowie für die Erledigung von Ersuchungsschreiben geregelt ist.

Doch steht es jedem Teile frei, die Mitteilung gerichtlicher und außergerichtlicher Urkunden auch gemäß Art. 1 Abs. 1 des Abk. durch den Konsul beantragen zu lassen.

Art. 2. Zuständig für den unmittelbaren Geschäftsverkehr sind auf Seiten des Reichs: alle gerichtlichen Behörden, für die Entgegennahme von Zustellungs- und sonstigen Rechtshilfeersuchen jedoch nur die Landgerichtspräsidenten; auf Seiten der Niederlande: alle gerichtlichen Behörden, für die Entgegennahme von Zustellungs- und sonstigen Rechtshilfeersuchen jedoch nur die Staatsanwälte bei den Arrondissementsgerichten.

---

*) Zu vgl. Anhang S. 212.

Im Falle der örtlichen Unzuständigkeit der ersuchten Behörde ist das Ersuchen von Amts wegen an die zuständige Behörde abzugeben und die ersuchende Behörde hiervon unverzüglich zu benachrichtigen.

Art. 3. In dem unmittelbaren Geschäftsverkehre werden die Schreiben der beiderseitigen Behörden in deren Landessprache abgefaßt.

Die Bestimmungen des Art. 3 des Haager Abk. über den Zivilprozeß wegen Abfassung oder Übersetzung der dort bezeichneten Schriftstücke bleiben unberührt. Sind diesen Schriftstücken die vorgeschriebenen Übersetzungen nicht beigegeben, so werden sie von der ersuchten Behörde auf Kosten der ersuchenden Behörde beschafft.

Art. 4. Die Bestimmungen des Art. 3 Abs. 2 dieser Erklärung finden Anwendung auf die im Art. 19 des Haager Abk. über den Zivilprozeß bezeichneten Schriftstücke, die den auf diplomatischem Wege zu stellenden Anträgen wegen Vollstreckbarkeitserklärung von Kostenentscheidungen beizufügen sind.

Art. 5. Gemäß dem Vorbehalt im Art. 6 Abs. 2 des Haager Abk. über den Zivilprozeß kann jeder Teil Zustellungen im Gebiete des anderen Teiles in allen Fällen, wo es sich nicht um dessen Angehörige handelt, ohne Anwendung von Zwang durch seine diplomatischen oder konsularischen Vertreter unmittelbar bewirken lassen.

Das Gleiche gilt gemäß dem Vorbehalt im Art. 15 des Abk. für die Erledigung von Ersuchungsschreiben.

Art. 6. Gemäß dem Vorbehalt im Art. 7 Abs. 2 des Haager Abk. über den Ziv.-Proz. soll die Erstattung der durch die Mitwirkung eines Vollziehungsbeamten in den Fällen des Art. 3 des Abk. entstandenen Auslagen nicht verlangt werden, wenn der in diesem Artikel vorgesehene Antrag nur für den Fall gestellt war, daß das im Art. 2 des Abk. geregelte Verfahren nicht zum Ziele führt.

Ferner soll gemäß dem Vorbehalt im Art. 19 Abs. 2 des Abk. die Erstattung der Auslagen für Zeugenentschädigungen und für die wegen Nichterscheinens eines Zeugen erforderlich gewordene Mitwirkung eines Vollziehungsbeamten nicht verlangt werden. Das Gleiche gilt in Ansehung der im Art. 23 Abs. 2 des Abk. erwähnten Auslagen für Zeugenentschädigungen.

Art. 7. Soweit nach dem Haager Abk. über den Ziv.-Proz. in Verbindung mit dem Art. 6 dieser Erklärung Kosten in Rechnung gestellt werden können, werden sie nach den Vorschriften berechnet, die in dem ersuchten Staate für gleiche Handlungen in einem inländischen Verfahren gelten.

Art. 8. Die gegenwärtige Erklärung usw."

5. Mitteilungen an niederländische Behörden betr. Vormundschaften über Minderjährige s. § 54 der RHV.

Merkblätter des Deutschen Generalkonsulats für die Niederlande in Amsterdam

a) über die gerichtliche Verfolgung von Ansprüchen in den Niederlanden.

Zuständigkeit.

„Gerichte erster Instanz für bürgerliche Rechtsstreitigkeiten sind nach niederländischem Rechte:

1. Das Kantongerecht, das etwa dem deutschen Amtsgericht entspricht. Dieses ist im allgemeinen für Streitigkeiten über vermögensrechtliche Ansprüche bis zum Werte von 200 fl. zuständig. Bei Gegenständen bis zum Werte von 50 fl. urteilt das Kantongerecht zugleich in letzter Instanz, während bei den übrigen Fällen Berufung an die Arrondissements-Rechtbank zulässig ist.

Das Gesetz geht bei dem Verfahren vor dem Kantongerecht von der Voraussetzung aus, daß die Parteien sich nicht durch Rechtsanwälte vertreten lassen, sondern ihre Angelegenheiten persönlich verfechten. Die Vertretung durch Anwälte ist gleichwohl zulässig. Jeder, der sich vor dem Kantongerecht vertreten läßt, also auch die obsiegende Partei, mag sie im Inland oder im Auslande wohnen, muß aber die Kosten seiner Vertretung selbst tragen. Es ist daher zweckmäßig, vor der Eintreibung von Forderungen geringerer Höhe mit Hilfe eines Rechtsanwaltes sich über die Höhe der dadurch entstehenden Kosten genau zu unterrichten.

Dagegen sind die gesamten Gerichtskosten von der unterliegenden Partei zu tragen; jede Partei muß jedoch die Hälfte der voraussichtlichen Kosten zunächst vorschießen.

2. Die Arrondissements-Rechtbank, die etwa dem deutschen Landgericht entspricht. Diese entscheidet in erster Instanz über Forderungen von mehr als 200 fl. sowie über dingliche Rechtsansprüche. Entscheidungen über Ansprüche bis zum Betrage von 400 fl. (mit Ausnahme der dinglichen Rechtsansprüche) sind unanfechtbar; im übrigen steht das Rechtsmittel der Berufung an den Gerechtshof (dem deutschen Oberlandesgerichte vergleichbar) offen.

Bei Streitsachen vor der Arrondissements-Rechtbank ist die Vertretung durch einen Rechtsanwalt gesetzlich vorgeschrieben. Darum wird in die von der unterliegenden Partei zu tragenden Kosten auch immer ein — vom Gerichte nach freiem Ermessen festzusetzender — Teil der Anwaltskosten der obsiegenden Partei einbegriffen; den Rest ihrer Vertretungskosten muß diese selbst tragen. Die Höhe der Anwaltskosten richtet sich hierbei nicht nach dem Werte des Streitgegenstandes, sondern nach der von dem Anwalt aufgewendeten Zeit und Mühe sowie nach der Bedeutung des strittigen Anspruches. Bei kleineren Sachen ist daher mit höheren Anwaltskosten zu rechnen als in Deutschland, wo allein der Wert des Streitgegenstandes zur Grundlage der Berechnung dient.

Kosten.

Die Kosten für die Tätigkeit des Rechtsanwaltes vor Anstrengung eines Prozesses — wie Prüfung der Angelegenheit, Unterhandlungen mit der Gegenpartei, Versuche, die Angelegenheit in Güte zu regeln — braucht die Gegenpartei nicht zu erstatten, auch nicht, wenn diese in dem sich anschließenden Prozeß unterliegt. Diese Kosten können 15—50 fl. und mehr betragen, je nach Schwierigkeit der Sache und Art der von dem Anwalt unternommenen Schritte.

Die Höhe der Gerichtskosten kann niemals im voraus festgestellt werden, da der Wert des Streitgegenstandes hierfür nicht von gleicher Bedeutung wie im deutschen Rechte ist. Die Kostensumme hängt vielmehr vor allem von dem Verlaufe des Prozesses und zwar namentlich davon ab, ob die Gegenpartei sich verteidigt, ob Beweis erhoben wird (durch Zeugen oder durch Urkunden, die in der Regel in das Niederländische zu übersetzen sind) u. dgl.

Die Gerichtskosten müssen von dem Rechtsanwalte verauslagt werden; die Erhebung eines Kostenvorschusses ist üblich.

Ferner ist folgendes zu beachten:

1. Das niederländische Recht kennt kein besonderes Verfahren für Wechselklagen.

Wechselrügen („Proteste") und Rückkosten muß der Schuldner bezahlen, wenn er nach niederländischem Rechte zur Bezahlung des Wechsels verpflichtet war.

Die Wechselrüge ermöglicht Indossanten die Geltendmachung von Ansprüchen. Die Kosten einer Wechselrüge betragen jedoch meist 10 fl. mindestens. Sofern es sich daher nicht um die Wahrung derartiger Rechte handelt, dürfte der Aufwand dieser Kosten nicht lohnen.

2. Ein Rechtsanspruch auf Zinsen besteht erst von dem Tage ab, an dem ein angenommener („akzeptierter") Wechsel zurückgewiesen („protestiert") oder an dem der Schuldner durch gerichtliche Ladung in Verzug gesetzt wird.

Die gesetzlichen Zinsen betragen in bürgerlichen Sachen 5%, in Handelssachen 6% jährlich.

3. Wer auf Grund eines obsiegenden Urteils pfändet, erwirbt hierdurch kein Vorzugspfandrecht, insbesondere auch nicht für die Prozeßkosten. Falls daher noch andere Gläubiger pfänden, ist jener mit diesen nur gleichberechtigt. Stark verschuldeten Personen gegenüber ist es daher meist nicht ratsam, Klage anzustrengen; es empfiehlt sich vielmehr, zu versuchen, durch außergerichtliche Bemühungen oder durch Beantragung des Konkurses das Guthaben soweit möglich einzutreiben.

Rücksichtslose Klageerhebung kann leicht zu Verlusten führen.

4. Deutsche, die aus den Niederlanden eine Ladung oder sonstige gerichtliche Zustellung in niederländischer Sprache erhalten und die nicht über Verbindungen verfügen, die mit der niederländischen Sprache und den niederländischen Rechtsverhältnissen vertraut sind, tun gut, die Schriftstücke umgehend einem niederländischen Rechtsanwalte zu übersenden. Sie setzen sich sonst der Gefahr aus, daß ein Versäumnisurteil gegen sie erlassen und alsbald in den Niederlanden vollstreckt wird.

5. Ein ausländisches Urteil ist in den Niederlanden nicht vollstreckbar.

Nur beim Vorliegen der Voraussetzungen des Haager Abkommens vom 17. Juli 1905, Art. 18 ff. (Deutsches Reichsgesetzblatt 1909, S. 409 ff.), sind Entscheidungen ausländischer Gerichte, durch die der Kläger oder Intervenient (nicht der Beklagte!) in die Prozeßkosten verurteilt ist, hierzulande in bezug auf diese Prozeßkosten vollstreckbar. Hierzu muß auf diplomatischem Weg eine Vollstreckungsbewilligung der zuständigen Arrondissements-Rechtbank erwirkt werden; sachlich wird in dem dazu erforderlichen Verfahren auf die betreffende Entscheidung des ausländischen Gerichtes nicht mehr eingegangen.

6. Die niederländischen Rechtsanwälte können nicht nur vor den Gerichten ihres Wohnsitzes, sondern vor jedem Gerichte des Landes Prozesse führen. Die größeren Rechtsanwaltskanzleien haben Verbindungen über das ganze Land.

7. Forderungen gegen einen in Konkurs befindlichen Schuldner sind beim Konkursverwalter (niederl. „Curator") anzumelden. Dieser wird von der zuständigen Arrondissements-Rechtbank ernannt. Gewisse Forderungen (Steueransprüche des Staates, Lohnforderungen u. a.) sind bevorrechtet.

8. Auch ein Ausländer kann im Armenrechte klagen. Hierzu bedarf er eines gerichtlichen Armenscheines. Diesen muß er vom zuständigen niederländischen Konsul beglaubigen lassen und ihn alsdann mit einem Gesuch um Erteilung des Armenrechtes an das „Consultatiebureau der Anwälte bei der Arrondissements-Rechtbank" des Bezirkes der Gegenpartei einsenden. Das Gesuch hat Namen und Wohnort des Antragstellers und des Prozeßgegners sowie den Gegenstand des Streites zu enthalten; es kann auch in deutscher Sprache (lateinischen Buchstaben) abgefaßt sein. Zugleich kann in dem Gesuch um Zuteilung eines Armenanwaltes gebeten werden. Wer im Armenrechte klagt, kann sich aber auch durch einen bezahlten Anwalt vertreten lassen.

Niederländische Rechtsanwälte.

Als zuverlässige Rechtsanwälte sind bekannt:

in Amsterdam: C. J. Pekelharing und M. van Regteren Altena, beide Nieuwendijk 121;
im Haag: J. & L. G. van Praag, Anna-Paulowna-Str. 71;
in Rotterdam: Ed. Jacobson, G. Nauta, J. J. van Walsem, W. M. E. van Rossem und J. Osterhaus, sämtlich Wijnhaven 67.

Diese schreiben auch deutsch. Sie erheben für die Behandlung der Angelegenheiten von Ausländern im allgemeinen folgende Vorschüsse:

1. Für außergerichtliche Sachen: 15—50 fl.;
2. Für gerichtlich zu verfolgende Sachen: 25—400 fl."

b) über Eintreibung von Forderungen in den Niederlanden.

Zur Eintreibung von Forderungen in den Niederlanden kommen folgende Wege in Betracht:

1. Inanspruchnahme eines Inkassobüros, z. B.
 a) Instituut Schimmelpfeng, Amsterdam, Keizersgracht 308, und Rotterdam, Nieuwehaven 163;
 b) Vereeniging Credietreform, Amsterdam, Prinsengracht 1013, und Rotterdam, Leuvehaven 55 b;
 c) N. V. v. d. Graaf & Co., Amsterdam, Keizersgracht 410, und Rotterdam, Wijnhaven 100; — diese (a bis c) haben Verbindungen über das ganze Land —
 d) Intbur, Internationales Büro zur Förderung von Handel und Industrie, Amsterdam, Damrak 60;
 e) N. V. Inkasso-Informatie-en Bemiddelingsbureau, v/h H. A. Nolten, Rotterdam, Henegouwerlaan 61 b.

Die Inkassobüros berechnen im algemeinen an Kosten mindestens 5% der eingezogenen Beträge, jedoch nicht weniger als 1—2 fl.

2. Mahnung durch einen niederländischen Rechtsanwalt und Beschreitung des Rechtsweges (vgl. Merkblatt über die Verfolgung von Rechtsansprüchen in den Niederlanden mit Anschriften zuverlässiger Rechtsanwälte).

3. Beauftragung eines Deurwaarders (= Gerichtsvollziehers), bei Forderungen geringerer Höhe. Diesen ist nach niederländischem Rechte die übernahme derartiger Angelegenheiten als Privatsachen gestattet. Die Kosten betragen in der Regel 10% der Forderung und sind möglichst vorher zu vereinbaren.

4. Beantragung des Konkurses. Der Antrag kann nur durch Vermittlung eines niederländischen Rechtsanwaltes gestellt werden (Kosten mindestens 20—30 fl.). Voraussetzung ist das Vorliegen zweier unbestrittener Forderungen."

c) Über Geltendmachung von Unterhaltsansprüchen unehelicher Kinder in den Niederlanden.

Gerichtsstand.

„Der örtliche Gerichtsstand für die Unterhaltsklage eines unehelichen Kindes gegen seinen Erzeuger wird nach niederländischem Recht (Art. 344 b des niederländischen bürgerlichen Gesetzbuches) durch den Wohnsitz des Kindes bestimmt. Nach einer Entscheidung des obersten niederländischen Gerichtshofes (Hooge Raad) vom Jahre 1917 kann für außerhalb der Niederlande wohnende uneheliche Kinder ein Gerichtsstand auch durch Ernennung eines in den Niederlanden wohnenden Vormundes begründet werden. Der Wohnort des Vormundes gilt in diesem Fall als Wohnsitz des Kindes. Die Bestallung des Vormundes muß durch das deutsche Vormundschaftsgericht erfolgen. Die Ernennung eines Pflegers, Gegenvormundes oder Mitvormundes ist nicht ausreichend.

Ernennung eines „besonderen Vertreters", Armenrecht.

Der so ernannte Vormund muß bei dem zuständigen Gericht die Ernennung eines „besonderen Vertreters", der gemäß Art. 344 h des niederländischen BGB. allein zur Durchführung der Unterhaltsklage berechtigt ist, sowie gemäß Art. 20—23 des Haager Abkommens über den Zivilprozeß (Reichsgesetzblatt 1909, Seite 410) die Verleihung des Armenrechts beantragen.

In dem Antrage sind Name und Anschrift des Erzeugers, sowie der Sachverhalt anzugeben; ferner sind die deutsche vormundschaftliche Bestallung und ein Armutszeugnis des Mündels, ausgestellt vom zuständigen deutschen Gericht und legalisiert vom zuständigen niederländischen Konsulat in Deutschland (gebührenfrei!) beizufügen.

Das Armenrecht bezieht sich auch auf die Vollstreckung des Urteils einschließlich der Lohnpfändungen.

Nach Zuerkennung des Armenrechts kann der besondere Vertreter, falls er nicht selbst Rechtsanwalt ist, die Zuteilung eines Armenanwalts beantragen.

Unterhaltsklage.

Die Unterhaltsklage ist in der Regel bei der Arrondissements-Rechtbank (Landgericht) zu erheben. Nur, falls der Erzeuger in dem Termin, in welchem über die Ernennung des besonderen Vertreters Beschluß gefaßt wird, die Vaterschaft widerspruchslos anerkannt hat und es sich lediglich noch um die Festsetzung der Höhe der Unterhaltsbeträge handelt, kann das Kantongericht (Amtsgericht) entscheiden.

Der Klageantrag wird zweckmäßig auf „Feststellung der Vaterschaft zwecks Unterhaltsleistung" gerichtet.

Dem Klageantrag sind beizufügen:

1. eine Geburtsurkunde des Mündels;
2. Urschrift oder beglaubigte Abschrift der Vaterschaftsanerkennung;
3. ein etwa ergangenes Urteil eines deutschen Gerichtes (da deutsche Urteile in den Niederlanden nicht vollstreckbar sind, hat dieses lediglich Bedeutung als Beweismittel; ein Versäumnisurteil ist völlig wertlos);
4. Aufzeichnung des Sachverhaltes in ausführlicher Darstellung unter Anführung etwa vorhandener weiterer Beweismittel (Briefe, Namen und Anschriften von etwaigen Zeugen usw.).

Das niederländische Gericht hat den Klageanspruch dem Grunde nach neu zu prüfen. Wenn keine urkundliche Anerkennung der Vaterschaft vorliegt und der Beklagte sie bestreitet, ist die Klage in sehr vielen Fällen von vornherein aussichtslos. Der Beweis der Vaterschaft kann zwar auch durch Vorlegung von Briefen, die eine Anerkennung enthalten, oder durch Zeugenaussagen geführt werden. Das Zeugnis (auch das eidliche Zeugnis) der Mündelmutter allein genügt jedoch nicht, da im Falle des Zeugenbeweises die Aussage von mindestens zwei Zeugen notwendig ist. Zu bedenken ist, daß die Vernehmung von Zeugen außerhalb der Niederlande im Wege der Rechtshilfe auf Grund des Haager Abkommens über den Zivilprozeß langwierig ist. Außerdem kann der Schuldner durch eine Reihe von Einreden das Gerichtsverfahren unter Umständen mehrere Jahre in die Länge ziehen. Es lohnt sich auch in den meisten Fällen nicht, gegen Schuldner gerichtlich vorzugehen, die ständig ihren Wohnort und ihre Arbeitsstelle wechseln, da in solchen Fällen Zustellungen schwer zu bewirken sind und die Zwangsvollstreckung meist aussichtslos ist.

Umfang des Unterhaltsanspruchs.

Als Erzeuger gilt nach § 344 a des niederländischen BGB., wer der Mutter zwischen dem 301. und dem 179. Tage vor der Geburt des Kindes beigewohnt hat.

Die Unterhaltsklage wird abgewiesen

a) wenn der Richter die Überzeugung gewonnen hat, daß der Beklagte nicht der Erzeuger ist;

b) wenn der Beklagte die exceptio plurium geltend machen kann.

Die Unterhaltsklage des § 344 a ff. richtet sich nicht auf die Feststellung eines Familienverhältnisses zwischen dem Kinde und seinem Erzeuger, sondern lediglich auf die Erfüllung einer durch die Vaterschaft begründeten Unterhaltsverpflichtung.

Ein Familienverhältnis kann nur durch Anerkennung des außerehelich erzeugten Kindes gegenüber dem Standesamt begründet werden. Die Vaterschaft braucht bei der Anerkennung nicht nachgewiesen zu werden. Die Anerkennung kann daher durch den Erzeuger selbst oder z. B. durch den Ehemann der Mutter (unabhängig davon, ob er der Erzeuger ist) erfolgen.

Falls der Unterhalt eines durch einen anderen als den Erzeuger anerkannten Kindes durch den Anerkennenden ganz oder teilweise sichergestellt ist, wird der Unterhaltsbeitrag des Erzeugers entsprechend herabgesetzt, höchstens jedoch auf die Hälfte des gesetzlichen Unterhaltsbeitrages.

Die Höhe des gesetzlichen Unterhaltsbeitrages richtet sich nach den Bedürfnissen des Kindes, dem Einkommen des Erzeugers und der Zahl seiner übrigen unterhaltsberechtigten Familienangehörigen.

Der Unterhalt kann auch für die Vergangenheit verlangt werden, so weit er nicht verjährt ist (Verjährungsfrist 5 Jahre, vgl. unten).

Bei einer Änderung der Einkommensverhältnisse, sowohl des Erzeugers wie des Kindes, kann eine Abänderung der gerichtlich festgestellten Unterhaltsleistungen durch die zuständige Arrondissementsrechtbank erfolgen.

Die Unterhaltspflicht dauert bis zum vollendeten 21. Lebensjahre des Kindes. Darüber hinaus bleibt sie bestehen, falls das Kind infolge körperlicher oder geistiger Gebrechen außerstande ist, seinen Lebensunterhalt zu erwerben.

Verjährung.

Die Klage auf Unterhaltsleistung verjährt nach niederländischem Recht innerhalb von 5 Jahren nach der Geburt des Kindes.

Der Ablauf der Verjährungsfrist wird unterbrochen durch:

a) Zustellung einer gerichtlichen Aufforderung oder Ladung an den Erzeuger;

b) Anerkennung des Rechtes des Kindes seitens des Erzeugers durch Worte oder Taten (z. B. freiwillige Unterhaltsbeiträge).

Rückständige Unterhaltsbeiträge verjähren gleichfalls innerhalb 5 Jahren.

Der Anspruch auf Entbindungskosten und Sechswochenkosten der Kindesmutter verfällt innerhalb eines Jahres nach der Geburt des Kindes.

Gütliche Vermittlung.

Mit Rücksicht auf die Schwierigkeit und Langwierigkeit der Prozeßführung empfiehlt es sich, in allen Fällen zunächst die Vermittlung des zuständigen Deutschen Konsulats zwecks Herbeiführung einer gütlichen Einigung in Anspruch zu nehmen.

Auskunftserteilung.

Nähere Auskünfte über die Geltendmachung von Unterhaltsansprüchen erteilen die deutschen Konsulate in den Niederlanden und das Archiv für Berufsvormünder in Frankfurt a. M., Stiftsstr. 30."

6. S. Abschn. IV dieses Buches.

7. Art. 40 der Rheinschiffahrtsakte lautet:

„Erkenntnisse und Beschlüsse der Rheinschiffahrtsgerichte eines Uferstaates sollen in jedem anderen Uferstaate unter Beobachtung der in denselben vorgeschriebenen Formen vollstreckbar sein.

In Bezug auf die Zuschrift sollen sowohl die gedachten Erkenntnisse und Beschlüsse als Vorladungen und alle sonstigen Verfügungen in den bei den Rheinschiffahrtsgerichten anhängigen Sachen in allen Uferstaaten so angesehen werden, als ob sie von einer Behörde des eigenen Staates erlassen seien. Vorladung und Zustellungen an Personen, welche in einem der Rheinuferstaaten einen bekannten Wohnsitz haben, müssen in letzterem bewirkt werden."

„Ersuchen in Rheinschiffahrtssachen nach Holland, insbesondere um Zustellung von Strafverfügungen und Ersuchen um Einziehung von Geldstrafen sind an den ‚Ambtenaar van het Openhaar Ministerie bij het Kantongerecht', in dessen Amtsbezirk die in Frage kommende Person ihren Wohnsitz hat, zu richten.

Nähere Angaben über die Zuständigkeit sind in dem „Staatsalmanak van Nederland" oder in dem „Gids voor de Rechterlijke Macht in het Koninkrijk der Nederlanden" zu finden, welche Schriften im Buchhandel zu haben sind oder bei den niederländischen Konsulaten eingesehen werden können." (Zu vgl. RV. vom 12. Mai 1927 — I 1068 —).

8. Kostenfragen, Urteilsvollstreckung usw.:

a) Bürgerliche Sachen:

Einfache Zustellung kostenfrei. Bei bedingter Zwangszustellung Übersetzungskosten (vgl. § 8 Abs. 1 RHV.); bei unbedingter Zwangszustellung ferner die Auslagen, welche durch die Mitwirkung eines Vollziehungsbeamten entstanden sind. Rechtshilfe kostenfrei. Auch Zeugenentschädigungen und Auslagen für die wegen Nichterscheinens eines Zeugen erforderlich gewordene Mitwirkung eines Vollziehungsbeamten werden nicht erstattet. Übersetzungskosten sind nur bei Vollstreckbarkeitserklärungen gemäß Art. 19 und bei Zwangszustellungen nach Art. 3 des Haager Ziv.-Proz.Abk. erstattungsfähig, vgl. § 3 Nr. 1 Schlußsatz der RHV. Betr. Rheinschiffahrtsangelegenheiten s. Art. 39 der Rheinsch.-Akte (PrGS. 69 S. 798), der lautet:

„Bei dem richterlichen Verfahren in Rheinschiffahrtsangelegenheiten findet weder der Gebrauch von Stempelpapier noch die Anwendung von Sporteltaxen für die Richter und Gerichtsschreiber statt; die Parteien haben keine anderen Kosten als diejenigen zu tragen, welche durch Zeugen oder Sachverständige und deren Vorladung, durch Insinuationen, Porto usw. veranlaßt und nach der für andere Streitsachen bestehenden Taxordnung erhoben werden."

b) Strafsachen:

Keine Kostenerstattung (Art. 15 des Auslief.-Vertrags).

Nach Magnus, Tabellen:

Die Gegenseitigkeit bei der Vollstreckung von Urteilen (§§ 328 Ziff. 5, 722, 723 ZPO.) besteht nicht, mit Ausnahme der Kostenentscheidungen gegen den Kläger oder Intervenienten gemäß Art. 18, 19 des Haager Ziv.-Proz.-Abk. Gegenseitigkeit bezügl. des Armenrechts im Sinne des § 114 Abs. 2 ZPO. ist ohne Rücksicht auf den Wohnsitz verbürgt. Vorschußpflicht für Gerichtskosten nach § 85 Abs. 2 Nr. 1 DGKG. besteht nicht bei Wohnsitz in einem der Haager Vertragsstaaten. Sicherheitsleistungspflicht für Prozeßkosten nach § 110 Abs. 2 ZPO. besteht nicht bei Wohnsitz in einem der Haager Vertragsstaaten.

Wegen Niederländisch-Indien, Surinam und Curaçao s. Magnus Tabellen und AV. vom 18. März 1924 — JMBl. S. 127 — betr. Mädchenhandel.

§ 42.

Norwegen.

1. Die Rechtshilfe in Strafsachen regelt sich nach dem Auslieferungsvertrage[1]) zwischen dem Reiche und Schweden und Norwegen vom 19. Januar 1878 (RGBl. S. 110) Art. 12—14; vgl. auch den Zusatzvertrag zwischen dem Reiche und Norwegen vom 7. März 1907 (a. a. O. S. 239).

2. Wegen der Rechtshilfe in bürgerlichen Sachen[2]) vgl. § 10 III Abs. 1, 2; § 20 Abs. 1; § 21 Abs. 1 Satz 1. Nach der Erklärung[3]) vom 2. August 1909 (RGBl. S. 907, 912) werden Zeugenentschädigungen und Auslagen für die wegen Nichterscheinens eines Zeugen erforderlich gewordene Mitwirkung eines Vollziehungsbeamten nicht erstattet. Auch werden Zwangszustellungen, abgesehen von den Kosten für die Übersetzung des zuzustellenden Schriftstücks, unentgeltlich bewirkt, wenn sie nur für den Fall beantragt waren, daß die Zustellung durch einfache Übergabe nicht zum Ziele führt; im Interesse der Kostenersparnis empfiehlt es sich, etwaige Anträge auf Zwangszustellungen regelmäßig in solcher bedingten Form zu stellen.[4])

1. Aus dem Auslief.-Vertr. zwischen dem Deutschen Reiche und den Königreichen Schweden und Norwegen vom 19. Jan. 1878 (RGBl. S. 110):

„Art. 12. Wenn in einem Strafverfahren wegen Handlungen, die nichtpolitischer Art sind, einer der vertragenden Teile die Vernehmung von Zeugen, welche sich im Gebiete des anderen Teils aufhalten, oder irgendeine andere Untersuchungshandlung für notwendig erachten sollte, so wird ein entsprechendes Ersuchungsschreiben auf diplomatischem Wege mitgeteilt und demselben nach Maßgabe der Gesetzgebung des Landes, wo der Zeuge vernommen oder die Handlung vorgenommen werden soll, Folge gegeben werden, wenn die Untersuchung eine Handlung zum Gegenstand hat, welche nach den Gesetzen des Staates, an welchen das Ersuchungsschreiben gerichtet ist, nicht strafbar ist.

Die vertragenden Teile verzichten gegenseitig auf alle Ersatzansprüche, welche aus der Ausführung der Requisition wegen Vernehmung von Zeugen erwachsen, wogegen die Kosten wegen der Bewerkstelligung anderer Untersuchungshandlungen von dem Staate, der die Handlung beantragt hat, erstattet werden sollen.

Art. 13. Wenn in einer Strafsache, welche nichtpolitische strafbare Handlungen zum Gegenstande hat, das persönliche Erscheinen eines Zeugen notwendig ist, so wird die Regierung des Landes, in welchem der Zeuge sich aufhält, ihn auffordern, der an ihn ergehenden Ladung Folge zu leisten, und werden die respektiven Regierungen über den Betrag der Erstattung für Reise und Aufenthalt, welche der ersuchende Staat dem Zeugen mit Rücksicht auf die Länge der Reise und dessen Aufenthalt an dem Orte zu bewilligen hat, sowie über den Vorschuß, der dem Zeugen ausbezahlt werden soll, übereinkunft treffen.

In keinem Falle darf ein Zeuge, welcher infolge der in den Staaten des einen vertragenden Teils an ihn ergangenen Vorladung freiwillig vor den Richtern der Staaten des anderen Teils erscheint, daselbst wegen früherer strafbarer Handlungen, wegen früherer Verurteilungen oder unter dem Vorwande der Mitschuld an den Handlungen, welche den Gegenstand der Untersuchung, in welcher der Zeuge erscheinen soll, bilden, zur Untersuchung gezogen oder in Haft genommen werden. Hierbei kommt es auf die Staatsangehörigkeit des Zeugen nicht an.

Art. 14. Wenn in einer Strafsache, welche nichtpolitische strafbare Handlungen zum Gegenstand hat, die Mitteilung von Beweisstücken oder von Urkunden, die in den Händen der Behörden der Staaten des anderen vertragenden Teiles sind, für notwendig oder nützlich erachtet wird, so soll deshalb das Ersuchen auf diplomatischem Wege gestellt und demselben, wenn nicht besondere Bedenken entgegenstehen, stattgegeben werden, dies jedoch nur unter der Bedingung, daß die Beweisstücke und Urkunden zurückgesandt werden.

Die vertragenden Teile verzichten gegenseitig auf Ersatz der Kosten, welche aus der Ausantwortung und Zurücksendung der Beweisstücke und Urkunden bis zur Grenze entstehen."

Abk. zur Abwehr bzw. Bekämpfung des Mädchenhandels*) s. RGBl. 1905 S. 695, 705; 1913 S. 31, 44; 1923 II S. 491; Abk. zur Bekämpfung unzüchtiger Veröffentlichungen s. RGBl. 1911 S. 209, 215; 1912 S. 187; übereinkunft zur Unterdrückung des Frauen- und Kinderhandels s. RGBl. 1924 II S. 180, 202.

Wegen Austausch von Strafnachrichten s. AV. vom 11. Juli 1923 — JMBl. S. 532 —.

2. Ist dem Haager Abk. über den Zivilprozeß vom 17. Juli 1905 angeschlossen und folgenden Abk. über Internationales Privatrecht beigetreten (zu vgl. RGBl. 1926 II S. 553) usw. wie bei Belgien.

3. Vereinbarung vom 2. Aug. 1909 zwischen dem Deutschen Reich und Norwegen (RGBl. S. 912):

„Art. 1. Gemäß den Vorbehalten im Art. 3 Abs. 2, im Art. 10 und im Art. 19 Abs. 2 Nr. 3 des Haager Abk. über den Zivilprozeß vom 17. Juli 1905 können die in diesen Artikeln vorgeschriebenen übersetzungen der dort bezeichneten Schriftstücke auch von einem beeidigten Dolmetscher des ersuchenden Staates beglaubigt werden.

Sind diesen Schriftstücken die vorgeschriebenen übersetzungen ausnahmsweise nicht beigegeben, so werden sie von der ersuchten Behörde auf Kosten der ersuchenden Behörde beschafft.

Art. 2. Gemäß dem Vorbehalt im Art. 7 Abs. 2 des Haager Abk. über den Zivilprozeß soll die Erstattung der durch die Mitwirkung eines Vollziehungsbeamten in den Fällen des Art. 3 des Abk. entstandenen Auslagen nicht verlangt werden, wenn der in diesem Art. vorgesehene Antrag nur für den Fall gestellt war, daß das im Art. 2 des Abk. geregelte Verfahren nicht zum Ziele führt.

Ferner soll gemäß dem Vorbehalt im Art. 16 Abs. 2 des Abk. die Erstattung der Auslagen für Zeugenentschädigungen und für die wegen Nichterscheinens eines Zeugen

---

*) Zu vgl. Anhang S. 212.

erforderlich gewordene Mitwirkung eines Vollziehungsbeamten nicht verlangt werden. Das gleiche gilt in Ansehung der im Art. 23 Abs. 2 des Abk. erwähnten Auslagen für Zeugenentschädigungen.

Art. 3. Soweit nach dem Haager Abk. über den Zivilprozeß in Verbindung mit dem Art. 2 dieser Erklärung Kosten in Rechnung gestellt werden können, werden sie nach den Vorschriften berechnet, die in dem ersuchten Staate für gleiche Handlungen in einem inländischen Verfahren gelten.

Art. 4. Die gegenwärtige Erklärung usw."

4. Kostenfragen, Urteilsvollstreckung usw.:

a) Bürgerliche Sachen:

Einfache Zustellung kostenfrei. Bei bedingter Zwangszustellung Übersetzungskosten; bei unbedingter Zwangszustellung Gebühren und Auslagen. Rechtshilfe kostenfrei, auch Zeugenentschädigung und Auslagen für die wegen Nichterscheinens eines Zeugen erforderlich gewordene Mitwirkung eines Vollziehungsbeamten werden nicht erstattet, jedoch Übersetzungskosten (§ 3 Nr. 1 der RHV.).

b) Strafsachen:

Kosten, die durch Ersuchen um Zeugenvernehmung oder Ausantwortung und Zurücksendung von Beweisstücken und Urkunden bis zur Grenze entstehen, werden nicht erstattet (Art. 12, 14 des Auslief.-Vertr.).

Nach Magnus, Tabellen:

Die Gegenseitigkeit bei der Vollstreckung von Urteilen (§§ 328 Ziff. 5, 722, 723 ZPO.) ist nicht verbürgt, mit Ausnahme der Kostenentscheidungen gegen den Kläger oder Intervenienten gemäß Art. 18, 19 des Haager Ziv.-Proz.-Abk. Gegenseitigkeit bezügl. des Armenrechts im Sinne des § 114 Abs. 2 ZPO. ist ohne Rücksicht auf den Wohnsitz verbürgt. Vorschußpflicht für Gerichtskosten nach § 85 Abs. 2 Nr. 1 DGKG. besteht nicht bei Wohnsitz in einem der Haager Vertragsstaaten. Sicherheitspflicht für Prozeßkosten nach § 110 Abs. 2 Nr. 1 ZPO. besteht nicht bei Wohnsitz in einem der Haager Vertragsstaaten.

Oberschlesien

s. Polen.

§ 43.

Österreich und Ungarn.

1. Zwischen den preußischen Justizbehörden und den Justizbehörden Österreichs und Ungarns ist der unmittelbare Geschäftsverkehr gestattet. Erscheint dieser im einzelnen Falle aus besonderen Gründen, z. B. wegen sprachlicher Schwierigkeiten, nicht angezeigt, so ist die diplomatische Vermittelung auf dem Instanzenwege nachzusuchen, in bürgerlichen Sachen jedoch, die in Ungarn zu erledigen sind, die Vermittelung des Deutschen Generalkonsuls in Budapest[3]) (vgl. das Verzeichnis zu § 7 Abs. 3) unmittelbar in Anspruch zu nehmen. Ein unmittelbarer Geschäftsverkehr findet ferner in Rechtssachen, welche den Schutz des gewerblichen Eigentums betreffen, zwischen den preußischen Gerichten und dem österreichischen Patentamt und Patentgerichtshof statt.

2. Im Rechtshilfeverkehr .... [4a])

3. Die Rechtshilfe in Elbschiffahrtsangelegenheiten regelt sich nach § 50 der Additionalakte zur Elbschiffahrtsakte vom 13. April 1844 (Gesetzsamml. S. 458), vgl. § 20 Abs. 1, § 25 Abs. 3.[4b])

4. Ersuchen um Zustellungen werden, soweit nicht eine Zustellung nach Art. 3 des Haager Abk. über den Ziv.-Proz. (§ 20 Abs. 1) gewünscht wird, von den ungarischen Justizbehörden nur in der Weise erledigt, daß diejenige Person, welcher das Schriftstück ausgehändigt werden soll, aufgefordert wird, es binnen 8 Tagen persönlich oder durch einen Bevollmächtigten an der Gerichtsstelle abzuholen, widrigenfalls angenommen werde, daß sie die Empfangnahme des Schriftstücks ablehne und mit dessen Rücksendung an die ersuchende Gerichtsbehörde einverstanden sei. Wenn die Partei zur Abholung des Schriftstücks

erscheint, so wird ihr von der ungarischen Gerichtsbehörde der Inhalt mitgeteilt und sie wird darauf aufmerksam gemacht, daß sie das Schriftstück annehmen oder die Annahme ablehnen könne. Es sind deshalb bei Ladungen (vgl. § 8 II Abs. 2) die Termine in der Regel mit einer Frist von mindestens 6 Wochen anzuberaumen.

5. Sollen ungarische Gerichte um Bewirkung von Zwangszustellungen gemäß Art. 3 des Haager Abk. über den Ziv.=Proz. (§ 20 Abs. 1) ersucht werden, so ist der Weg des unmittelbaren Geschäftsverkehrs nur dann zu wählen, wenn die Partei eine von einem beeidigten Dolmetscher des ungarischen Staates beglaubigte Übersetzung der zuzustellenden Schriftstücke beibringt; in allen anderen Fällen ist wegen der mit der Beschaffung gehörig beglaubigter Übersetzungen verbundenen Schwierigkeiten die Vermittelung des zuständigen deutschen Konsuls (vgl. das Verzeichnis zu § 7 Abs. 3) in Anspruch zu nehmen.[7])

6. Zustellungen in Strafsachen werden in Österreich=Ungarn kostenfrei bewirkt. Im übrigen werden für Rechtshilfe in Strafsachen[5]) Auslagen, jedoch mit Ausnahme von Portobeträgen und Schreibgebühren, berechnet.

7. Wegen der Rechtshilfe in bürgerlichen Sachen . . . . .[6])

8. Beim unmittelbaren Geschäftsverkehre mit den ungarischen Gerichten sind den Ersuchungsschreiben Übersetzungen nicht beizufügen. Wenn im Einzelfalle die deutsche Sprache dem ungarischen Gerichte nicht geläufig ist und letzteres eine Übersetzung hat anfertigen lassen, so sind die Übersetzungskosten zu erstatten.[7])

9. Die im Art. 18 des Haager Abk. über den Ziv.=Proz. (§ 20 Abs. 1) erwähnten Kostenentscheidungen bedürfen in Österreich und in Ungarn keiner besonderen Vollstreckbarkeitserklärung. Sie werden in Österreich, wie andere Entscheidungen deutscher Gerichte, vollstreckt (vgl. § 25 Abs. 2). Soll auf Grund einer Kostenentscheidung eine Zwangsvollstreckung in Ungarn betrieben werden, so ist nach § 25 Abs. 2 Satz 5—7 zu verfahren. Den hiernach dem Justizminister einzureichenden Schriftstücken ist noch ein Ersuchen an das zuständige ungarische Gericht um Bewilligung der Exekution beizufügen. In diesem Ersuchen sind „die Exekutionsmittel und die Vermögensteile, auf die Exekution geführt werden soll, sowie der Ort, wo sie sich befinden", zu bezeichnen (z. B. Pfändung und Verkauf der im Gewahrsam des Verpflichteten befindlichen beweglichen Sachen). Auch empfiehlt es sich, anzugeben, ob der Vollzug der Exekution von Amts wegen oder unter Intervention des „Exekutionswerbers" (betreibenden Gläubigers) gewünscht wird. Über die Vollstreckung in Forderungen gegen öffentliche Kassen oder in gerichtlich hinterlegte Beträge sowie in Grundstücke finden sich Einzelheiten in den §§ 84, 135, 203 des ungarischen Gesetzartikels LX vom Jahre 1881.

10. Wegen Freimachung der Schreiben im unmittelbaren Geschäftsverkehre vgl. § 5 Abs. 2.

11. Ein Verzeichnis der österreichischen und der ungarischen Gerichte ist in dem Justizministerialblatt 1884 S. 117 abgedruckt.[8])

1. Die Republik Ö. ist als Rechtsnachfolger des bisherigen Ö. anzusehen und gehört demnach dem Haager Abk. über den Ziv.=Proz. vom 17. Juli 1905 an (s. RGBl. 1924 II S. 382). Es hat jedoch nachträglich einen noch weitergehenden Vertrag abgeschlossen, und zwar den Vertrag vom 21. Juni 1923 — RGBl. II 1924 S. 55 — Ausf.=Verordnung vom 26. April 1924 — RGBl. II S. 91 —. Die Art. 2—18 dieses Vertrages treten an die Stelle des Haager Ziv.=Proz.=Abk.

Vorm.- und Nachlaß-Abk. vom 16. Juli 1927 — RGBl. 27 II S. 505/510; ratifiziert am 23. Aug. 1927, in Kraft seit 24. Okt. 1927 — RGBl. 27 II S. 878*).

2. Wortlaut der neuen Bestimmungen:

a) **Gesetz über den Vertrag über Rechtsschutz und Rechtshilfe und den Beglaubigungsvertrag zwischen dem Deutschen Reiche und der Republik Österreich vom 6. März 1924** (RGBl. II S. 55).

„Der Reichstag hat das folgende Gesetz beschlossen, das mit Zustimmung des Reichsrats hiermit verkündet wird:

§ 1. Dem am 21. Juni 1923 unterzeichneten Vertrag über Rechtsschutz und Rechtshilfe zwischen dem Deutschen Reiche und der Republik Österreich und dem an demselben Tage unterzeichneten Beglaubigungsvertrage zwischen dem Deutschen Reiche und der Republik Österreich wird hiermit zugestimmt. Die Verträge werden nachstehend veröffentlicht.

§ 2. Die Reichsregierung wird ermächtigt, die zur Ausführung der Verträge erforderlichen Maßnahmen zu treffen.

§ 3. Dieses Gesetz tritt mit dem Tage der Verkündung in Kraft."

b) **Vertrag über Rechtsschutz und Rechtshilfe zwischen dem Deutschen Reiche und der Republik Österreich vom 21. Juni 1923.** (RGBl. II 1924 S. 55 ff.).

„Das Deutsche Reich und die Republik Österreich haben, von dem Wunsche geleitet, zur Förderung der Rechtspflege und des wechselseitigen Verkehrs den Rechtsschutz und die Rechtshilfe in bürgerlichen Rechtssachen zu regeln,

den nachstehenden Vertrag abgeschlossen:

I. Abschnitt.

Rechtsschutz in bürgerlichen Angelegenheiten.

Artikel 1

Die Angehörigen jedes der vertragschließenden Staaten genießen in dem Gebiete des anderen Staates in Ansehung des gesetzlichen und gerichtlichen Schutzes ihrer Person und ihres Eigentums die gleiche Behandlung wie die Inländer. Sie haben freien und ungehinderten Zutritt zu den Gerichten und können dort unter denselben Bedingungen und in derselben Weise wie die Inländer auftreten.

Artikel 2

(1) Keine Sicherheitsleistung oder Hinterlegung, unter welcher Benennung es auch sei, darf den Angehörigen des einen Staates, die vor den Gerichten des anderen Staates als Kläger oder Intervenienten auftreten, wegen ihrer Eigenschaft als Ausländer oder mangels eines inländischen Wohnsitzes oder Aufenthalts auferlegt werden.

(2) Das gleiche gilt für die Vorauszahlung, die von den Klägern oder Intervenienten zur Deckung der Gerichtskosten einzufordern wäre.

Artikel 3 **)

(1) Ergeht im Gebiete des einen Staates eine Verurteilung in die Prozeßkosten gegen einen Kläger oder Intervenienten, der von Sicherheitsleistung, Hinterlegung oder Vorauszahlung auf Grund des Artikel 2 oder eines im Staate der Klageerhebung geltenden Gesetzes befreit ist, so ist diese Verurteilung auf Antrag des Kostengläubigers in dem Gebiete des anderen Staates durch die zuständige Behörde kostenfrei für vollstreckbar zu erklären.

(2) Die gleiche Regel findet Anwendung auf gerichtliche Entscheidungen, durch die der Betrag der Kosten des Prozesses später festgesetzt wird.

Artikel 4

(1) Die im Artikel 3 bezeichneten Kostenentscheidungen werden ohne Anhörung der Parteien, jedoch unbeschadet eines späteren Rekurses der verurteilten Partei, gemäß der Gesetzgebung des vertragschließenden Staates, in dessen Gebiete die Vollstreckung betrieben wird, für vollstreckbar erklärt.

---

*) Zu vergl. die AV. v. 29. Mai 1928 S. 212/3.

**) Anm. d. Verf.: S. die AusfVO. unter e nachstehend.

(2) Die für die Entscheidung über den Antrag auf Vollstreckbarerklärung zuständige Behörde hat ihre Prüfung darauf zu beschränken, ob nach dem Gesetze des vertragschließenden Staates, in dessen Gebiete die Verurteilung ausgesprochen ist, die Entscheidung die Rechtskraft erlangt hat.

(3) Zum Nachweis dieser Erfordernisse ist eine Bescheinigung des zuständigen Gerichts ausreichend, daß die Entscheidung die Rechtskraft erlangt hat.

Artikel 5.

Die Angehörigen des einen Staates werden im Gebiete des anderen Staates zur Wohltat des Armenrechts unter denselben Bedingungen wie die Angehörigen dieses Staates zugelassen.

Artikel 6

(1) Die Bescheinigung des Unvermögens muß von den Behörden des gewöhnlichen Aufenthaltsorts des Antragstellers und, in Ermangelung eines solchen, von den Behörden seines derzeitigen Aufenthaltsorts ausgestellt sein.

(2) Hält sich der Antragsteller nicht im Gebiet eines der vertragschließenden Staaten auf, so ist die Bescheinigung des für den Antragsteller zuständigen diplomatischen oder konsularischen Vertreters seines Staates ausreichend.

Artikel 7

(1) Die zur Ausstellung der Bescheinigung über das Unvermögen zuständige Behörde kann bei den Behörden des anderen vertragschließenden Staates Auskünfte über die Vermögenslage des Antragstellers einziehen.

(2) Die Behörde, die über den Antrag auf Bewilligung des Armenrechts zu entscheiden hat, behält in den Grenzen ihrer Amtsbefugnisse das Recht, die ihr vorgelegten Bescheinigungen und Auskünfte einer Nachprüfung zu unterziehen.

Artikel 8

Ist einem Angehörigen des einen vertragschließenden Staates von den zuständigen Behörden das Armenrecht zuerkannt, so soll ihm dieses Recht auch in allen Prozeßhandlungen zustehen, die sich auf denselben Rechtsstreit beziehen und vor den Gerichten des anderen Staates auf Grund der Artikel 1 bis 18 vorgenommen werden.

Artikel 9

Die oberste Justizverwaltungsbehörde jedes der vertragschließenden Staaten — im Deutschen Reiche das Reichsministerium der Justiz, in der Republik Österreich das Bundeskanzleramt (Justiz) — erteilt der anderen auf Ansuchen Auskunft über das in ihrem Gebiete geltende Recht.

II. Abschnitt.

Rechtshilfe in bürgerlichen Angelegenheiten.

Artikel 10*)

(1) In bürgerlichen Angelegenheiten erfolgt die Zustellung von Schriftstücken und die Erledigung von Ersuchen, welche die Vornahme einer Prozeßhandlung oder einer anderen gerichtlichen Handlung innerhalb des Geschäftskreises der ersuchten Behörde zum Gegenstande haben, im unmittelbaren Geschäftsverkehre der Behörden beider vertragschließenden Staaten.

(2) Im Falle der Unzuständigkeit der ersuchten Behörde ist das Ersuchen von Amts wegen an die zuständige Behörde abzugeben und die ersuchende Behörde hievon unverzüglich zu benachrichtigen.

Artikel 11

Der Zustellungsantrag hat die Behörde, von der das übermittelte Schriftstück ausgeht, den Namen und die Stellung der Parteien, die Anschrift des Empfängers sowie die Art des in Rede stehenden Schriftstücks anzugeben.

Artikel 12

(1) Für die Zustellung hat die zuständige Behörde des ersuchten Staates Sorge zu tragen. Diese Behörde kann sich, abgesehen von den im Absatz 2 vorgesehenen Fällen,

*) Anm. d. Verf.: Zu vgl. die AusfVO. nachstehend unter e.

darauf beschränken, die Zustellung durch Übergabe des Schriftstücks an den Empfänger zu bewirken, sofern er zur Annahme bereit ist.

(2) Auf Wunsch der ersuchenden Behörde hat die ersuchte Behörde das zuzustellende Schriftstück in der durch ihre innere Gesetzgebung für die Bewirkung gleichartiger Zustellungen vorgeschriebenen Form oder in einer besonderen Form, sofern diese ihrer Gesetzgebung nicht zuwiderläuft, zuzustellen.

Artikel 13

Die Zustellung wird nachgewiesen entweder durch ein mit Datum versehenes und beglaubigtes Empfangsbekenntnis des Empfängers oder durch ein Zeugnis der Behörde des ersuchten Staates, aus dem sich die Tatsache, die Form und die Zeit der Zustellung ergibt.

Artikel 14

Jeder der vertragschließenden Staaten hat die Befugnis, Zustellungen an eigene Staatsangehörige, die sich in dem Gebiete des anderen Staates befinden, durch seine diplomatischen oder konsularischen Vertreter ohne Anwendung von Zwang bewirken zu lassen.

Artikel 15

(1) Die Gerichtsbehörde, an die das Rechtshilfeersuchen gerichtet ist, ist verpflichtet, ihm zu entsprechen. Insbesondere wird den Ersuchen deutscher Gerichte um Abnahme von Parteieiden in Österreich und den Ersuchen österreichischer Gerichte um eidliche Vernehmung einer Partei im Deutschen Reiche entsprochen werden, wenn die zu beeidigende Person nach dem Rechte des ersuchten Staates eidesmündig ist.

(2) Die ersuchte Behörde hat bei Erledigung des Ersuchens dieselben Zwangsmittel anzuwenden, wie bei der Erledigung eines Ersuchens der Behörden des ersuchten Staates oder eines zum gleichen Zwecke gestellten Antrags einer beteiligten Partei. Diese Zwangsmittel brauchen nicht angewendet werden, wenn es sich um das persönliche Erscheinen streitender Parteien handelt.

(3) Die ersuchende Behörde ist auf ihr Verlangen von der Zeit und dem Orte der auf das Ersuchen vorzunehmenden Handlung zu benachrichtigen.

Artikel 16

Die Erledigung von Zustellungsanträgen und Ersuchen kann nur abgelehnt werden, wenn der vertragschließende Staat, in dessen Gebiete die Erledigung stattfinden soll, sie für geeignet hält, seine Hoheitsrechte oder seine Sicherheit zu gefährden.

Artikel 17

Die ersuchte Behörde hat die Erledigung des Rechtshilfeersuchens in Ansehung der zu beobachtenden Formen die Gesetze ihres Landes anzuwenden. Dem Verlangen der suchenden Behörde, nach einer besonderen Form zu verfahren, ist zu entsprechen, wenn diese Form der Gesetzgebung des ersuchten Staates nicht zuwiderläuft.

Artikel 18

(1) Für die Erledigung von Zustellungsanträgen und Rechtshilfeersuchen dürfen Gebühren und Auslagen irgendwelcher Art mit Ausnahme der an Sachverständige gezahlten Entschädigungen nicht erhoben werden.

(2) Die ersuchte Behörde hat jedoch den Betrag der ihr erwachsenen Auslagen, die nach Absatz 1 vom ersuchenden Staate nicht zu erstatten sind, der ersuchenden Behörde mitzuteilen, damit diese sie von der zur Erstattung verpflichteten Person einziehen kann. Die eingezogenen Beträge behält der ersuchende Staat.

III. Abschnitt.

Zwangsvollstreckung.

Artikel 19

(1) Rechtskräftige Entscheidungen der bürgerlichen Gerichte des einen Staates sind ohne Unterschied ihrer Benennung (Urteile, Beschlüsse, Zahlungsbefehle, Zahlungsaufträge, Vollstreckungsbefehle) im Gebiete des anderen Staates nach Maßgabe der nach-

stehenden Bestimmungen vollstreckbar. Ausgenommen bleiben Arreste und einstweilige Verfügungen *).

(2) Als bürgerliche Gerichte gelten auch die Sondergerichte und diejenigen Schiedsgerichte, die ohne Rücksicht auf einen Schiedsvertrag vermöge einer besonderen staatlichen Anordnung zur Entscheidung privatrechtlicher Ansprüche zuständig sind *).

Artikel 20

Zur Entscheidung über die Bewilligung der Zwangsvollstreckung sind im Deutschen Reiche die Amtsgerichte, in Österreich die Bezirksgerichte zuständig. Örtlich zuständig ist das Gericht, bei dem der Verpflichtete seinen allgemeinen Gerichtsstand hat und in Ermangelung eines solchen das Gericht, in dessen Bezirk sich Vermögen des Verpflichteten befindet oder die Vollstreckungshandlung vorzunehmen ist.

Artikel 21

(1) Der Antrag des Gläubigers auf Bewilligung der Zwangsvollstreckung hat zu enthalten:

1. die genaue Bezeichnung des Gläubigers und des Verpflichteten sowie ihrer gesetzlichen Vertreter;
2. die Angabe der Umstände, die für die Zuständigkeit des angerufenen Gerichts wesentlich sind;
3. die bestimmte Bezeichnung des zu vollstreckenden Anspruchs und der vollstreckbaren Entscheidung;
4. soweit nach dem Rechte des Staates, in dessen Gebiete die Zwangsvollstreckung stattfinden soll, deren Vollzug von Amts wegen stattfindet, die Bezeichnung der anzuwendenden Zwangsmittel und bei Vollstreckung in das Vermögen des Verpflichteten die Bezeichnung der Vermögensteile, auf welche die Zwangsvollstreckung gerichtet werden soll, sowie des Ortes, an dem sie sich befinden, ferner nach Beschaffenheit des Falles alle weiteren Angaben, die für den Vollzug der Zwangsvollstreckung von Wichtigkeit sind.

(2) Dem Antrag soll für jeden Antragsgegner eine Abschrift beigefügt sein **).

---

*) AV. d. JM. vom 15. Dez. 1924, betr. die Vollstreckbarkeit der amtlichen Auszüge aus österreichischen Liquidierungsprotokollen gemäß § 19 des deutsch-österreichischen Vertrages über Rechtsschutz und Rechtshilfe vom 21. Juni 1923 — RGBl. 1924, II, S. 55 —.

Das österreichische Bundeskanzleramt (Justiz) hat in dem am 29. Nov. 1924 ausgegebenen Stück 9 des Amtsblatts der österreichischen Justizverwaltung (S. 103) folgendes veröffentlicht:

Vollstreckbarkeit der amtlichen Auszüge aus der Konkurstabelle (Anmeldungsverzeichnis) im Verhältnis zum Deutschen Reich.

Die mit der Wirkung der Vollstreckbarkeit ausgestatteten amtlichen Auszüge aus dem Liquidierungsprotokoll, das in einem bei einem österreichischen Gericht anhängigen Konkursverfahren aufgenommen wurde, waren im Verhältnisse zum Deutschen Reiche seinerzeit durch die JMV. vom 21. Dez. 1899, RGBl. Nr. 253, ausdrücklich als Exekutionstitel erklärt worden. Auf eine Anfrage, ob solche Auszüge auch nach dem Staatsvertrag über Rechtsschutz und Rechtshilfe vom 21. Juni 1923, BGBl. Nr. 138 von 1924, als Exekutionstitel anzusehen sind, hat der deutsche Reichsminister der Justiz erwidert: „Was die Frage der Vollstreckbarkeit amtlicher Auszüge aus der Konkurstabelle bzw. dem Liquidierungsprotokoll anlangt, so wird durch § 145 Abs. 2, in Verbindung mit § 164 Abs. 2 der deutschen Konkursordnung die Eintragung in die Tabelle rücksichtlich der festgestellten Forderungen einem rechtskräftigen Urteil gleichgestellt (zu vgl. Jaeger, Konkursordnung, Anm. 3 zu § 164); eine ähnliche Regelung trifft für das österreichische Recht § 61 der österreichischen Konkursordnung. Danach werden nach meinem Dafürhalten die Gerichte in der Lage sein, die genannten Auszüge mit unter die rechtskräftigen Entscheidungen des § 19 des Vertrags zu rechnen."

**) Anm. d. Verf.: Nach dem Wortlaute des Artikels 21 des am 21. Juni 1923 unterzeichneten Vertrages über Rechtsschutz und Rechtshilfe zwischen der Republik Österreich und dem Deutschen Reich kann der Antrag auf Bewilligung der Zwangsvollstreckung vom Gläubiger unmittelbar bei dem zuständigen österr. Bezirksgerichte gestellt werden. Zu vgl.

Artikel 22

Dem Antrag ist eine vollständige Ausfertigung der Entscheidung beizufügen, auf Grund deren die Zwangsvollstreckung gegen den Verpflichteten erfolgen soll. Die Rechtskraft der Entscheidung ist, soweit sie sich nicht schon aus der Ausfertigung ergibt, durch öffentliche Urkunden nachzuweisen.

Artikel 23

Hängt die Vollstreckung der Entscheidung nach deren Inhalt von dem Ablauf einer Frist oder von dem Eintritt einer anderen Tatsache ab oder wird die Bewilligung der Zwangsvollstreckung zugunsten eines anderen als des in der Entscheidung bezeichneten Gläubigers oder gegen einen anderen als den dort bezeichneten Verpflichteten nachgesucht, so bestimmt sich die Frage, inwieweit die Bewilligung der Zwangsvollstreckung von dem Nachweis besonderer Voraussetzungen abhängig ist oder, ob die Entscheidung für oder gegen den anderen vollstreckbar ist, nach dem Rechte des Staates, dessen Gericht die Entscheidung erlassen hat. Die nach den maßgebenden Vorschriften erforderlichen Nachweise sind, sofern nicht die nachzuweisenden Tatsachen bei dem über die Bewilligung der Zwangsvollstreckung entscheidenden Gericht offenkundig sind, durch öffentliche oder öffentlich beglaubigte Urkunden zu führen. Kann ein solcher Nachweis nicht erbracht werden, so ist nach Artikel 24, Abs. 2, Satz 2 zu verfahren.

Artikel 24

(1) Über den Antrag auf Bewilligung der Zwangsvollstreckung wird durch Beschluß entschieden. Entspricht der Antrag nicht den Bestimmungen der Artikel 20 bis 22 oder ergeben sich Anhaltspunkte für das Vorliegen eines Versagungsgrundes (Artikel 25), so hat das Gericht zunächst dem Antragsteller die Beseitigung der Mängel aufzugeben. Es kann dem Antragsteller hierzu eine Ausschlußfrist bestimmen. Das Gericht kann auch das Gericht, das die zu vollstreckende Entscheidung erlassen hat, um Aufklärung ersuchen.

(2) Das Gericht kann, soweit ihm dies zur Behebung von Zweifeln sachgemäß erscheint, den Verpflichteten unter Mitteilung einer Abschrift des Antrags hören. In dieser Abschrift sind dem Schuldner die in Artikel 21, Abs. 1, Zahl 4 vorgeschriebenen Angaben nicht mitzuteilen. Das Gericht kann auch eine mündliche Verhandlung anordnen. Eine solche muß angeordnet werden, wenn im Falle des Artikel 23 die erforderlichen Nachweise für Tatsachen, die bei dem Gerichte nicht offenkundig sind, durch öffentliche oder öffentlich beglaubigte Urkunden nicht geführt werden können.

Artikel 25

(1) Die Zwangsvollstreckung ist zu versagen, wenn die Mängel des Antrags nicht innerhalb der im Artikel 24 bestimmten Ausschlußfrist behoben sind.

(2) Sie ist ferner zu versagen,

1. wenn nach den Gesetzen des Vollstreckungsstaats in diesem Staate ein ausschließlicher Gerichtsstand für die Rechtsstreitigkeit besteht;
2. wenn durch die Zwangsvollstreckung ein Rechtsverhältnis zur Anerkennung oder ein Anspruch zur Verwirklichung gelangen soll, dem im Gebiete des Vollstreckungsstaats aus Rücksichten der öffentlichen Ordnung oder der Sittlichkeit die Gültigkeit, Verfolgbarkeit oder Klagbarkeit versagt ist.

(3) Sie ist außerdem zugunsten eines inländischen Beteiligten zu versagen,

1. wenn in der Entscheidung bei Beurteilung seiner Handlungs- oder Prozeßfähigkeit oder seiner gesetzlichen Vertretung oder bei Beurteilung eines für den Anspruch maßgebenden familien- oder erbrechtlichen Verhältnisses oder der dafür maßgebenden Feststellung des Todes einer Person zu seinem Nachteil andere als die nach dem Rechte des Vollstreckungsstaats anzuwendenden Gesetze zugrunde gelegt sind;
2. wenn er sich auf den Rechtsstreit nicht eingelassen hatte und ihm die Ladung oder die Verfügung, durch die das Verfahren eingeleitet worden war, lediglich im Wege

---

auch die Bestimmungen des § 52 des Gesetzes vom 27. Mai 1896, RGBl. Nr. 79 der österr. Exekutionsordnung, der lautet:

„Im Exekutionsverfahren können die Parteien und sonstigen Beteiligten sowohl in Person als durch Bevollmächtigte handeln. Die Vertretung durch Advokaten ist im Exekutionsverfahren weder vor den Bezirksgerichten noch vor den Gerichtshöfen erster Instanz geboten."

der Ersatzzustellung oder der öffentlichen Zustellung (deutsche Zivilprozeßordnung §§ 181 bis 184, 203 bis 206, österreichische Zivilprozeßordnung §§ 102 bis 105, 115) zugestellt war. Dies gilt jedoch nur, wenn er bereits bei Einleitung des Verfahrens die inländische Staatsangehörigkeit besessen hat;

3. wenn für die Entscheidung des erkennenden Gerichts lediglich der Gerichtsstand des Vermögens (deutsche Zivilprozeßordnung § 23, österreichische Jurisdiktionsnorm § 99) oder der Gerichtsstand des § 88, Abs. 2 der österreichischen Jurisdiktionsnorm gegeben war, es sei denn, daß sich in letzterem Falle der Beklagte auf den Rechtsstreit eingelassen hatte.

(4) Das Gericht ist bei Prüfung der Versagungsgründe an die tatsächlichen Feststellungen der Entscheidung nicht gebunden. Eine weitere Nachprüfung der Gesetzmäßigkeit der zu vollstreckenden Entscheidung findet nicht statt.

Artikel 26

(1) Gegen den Beschluß, durch den über den Antrag auf Bewilligung der Zwangsvollstreckung entschieden wird, findet im Deutschen Reiche die sofortige Beschwerde, in Österreich der Rekurs statt.

(2) Gegen die Bewilligung der Zwangsvollstreckung findet außerdem der Widerspruch statt, wenn ein Grund zur Versagung der Zwangsvollstreckung vorliegt, der nicht bereits gemäß Abs. 1 geltend gemacht worden ist. Sofern der Widerspruch nicht auf die Versagungsgründe des Artikel 25, Abs. 2 oder Abs. 3, Zahl 1 gestützt wird, ist er binnen 14 Tagen nach Zustellung des die Zwangsvollstreckung bewilligenden Beschlusses zu erheben.

Artikel 27

Im Wege der sofortigen Beschwerde (des Rekurses) oder des Widerspruchs kann der Schuldner ferner geltend machen Einwendungen gegen den Anspruch im Sinne des § 767 der deutschen Zivilprozeßordnung und des § 35 der österreichischen Exekutionsordnung, sowie Einwendungen, welche die in den §§ 732, 768 der deutschen Zivilprozeßordnung und im § 36 der österreichischen Exekutionsordnung bezeichneten Voraussetzungen der Vollstreckbarkeit betreffen. Derartige Einwendungen können auch in den in diesen Vorschriften bezeichneten besonderen Verfahren geltend gemacht werden.

Artikel 28

(1) Über den Widerspruch ist nach mündlicher Verhandlung durch Urteil zu entscheiden.

(2) Ist Widerspruch erhoben, so kann das Gericht auf Antrag oder von Amts wegen anordnen, daß die Zwangsvollstreckung gegen oder ohne Sicherheitsleistung einstweilen eingestellt (aufgeschoben) werde oder nur gegen Sicherheitsleistung stattfinde oder daß die erfolgten Vollstreckungsmaßregeln gegen Sicherheitsleistung aufzuheben seien.

Artikel 29

Für die Verkündung und Zustellung des über den Antrag auf Bewilligung der Zwangsvollstreckung ergehenden Beschlusses gelten im Deutschen Reiche die Vorschriften des § 329, Abs. 1 und 3, der Zivilprozeßordnung, in Österreich die Vorschriften des § 64 der Exekutionsordnung. Die Zustellung des die Zwangsvollstreckung bewilligenden Beschlusses an den Schuldner erfolgt indessen im Deutschen Reiche in jedem Falle auf Betreiben des Gläubigers.

Artikel 30

(1) Soweit nach den Gesetzen des Vollstreckungsstaats die Zwangsvollstreckung von Amts wegen erfolgt, ist ihr Vollzug unverzüglich einzuleiten, es sei denn, daß sich der Gläubiger vorbehalten hat, wegen der Vornahme des Vollzugs noch besonders einzuschreiten.

(2) Findet ein Vollzug von Amts wegen nicht statt, so erfolgt die Zwangsvollstreckung auf Betreiben des Gläubigers auf Grund einer mit der Vollstreckungsklausel versehenen Ausfertigung (vollstreckbare Ausfertigung) des Beschlusses über die Bewilligung der Zwangsvollstreckung, die der Gerichtsschreiber unverzüglich dem Gläubiger von Amts wegen zu erteilen hat.

(3) Die Zwangsvollstreckung auf Betreiben des Gläubigers darf nur beginnen, wenn der Bewilligungsbeschluß dem Verpflichteten bereits zugestellt ist oder gleichzeitig zugestellt wird. Soweit nach dem Rechte des Vollstreckungsstaats der Beginn der Zwangsvollstreckung aus inländischen gleichartigen Vollstreckungstiteln von dem Ablauf gewisser Fristen seit der Zustellung abhängig ist, müssen diese Fristen seit Zustellung des Bewilligungsbeschlusses verstrichen sein.

Artikel 31

(1) Soweit dieser Vertrag nicht besondere Bestimmungen enthält, sind die in dem Gebiete des Vollstreckungsstaats geltenden Vorschriften über das Verfahren, insbesondere die Vorschriften über die Aufschiebung und Einstellung der Zwangsvollstreckung sowie über den Widerspruch und sonstige Rechte Dritter ihr gegenüber auch auf die Zwangsvollstreckungen anzuwenden, die nach diesem Vertrage bewilligt werden. Soweit nach diesen Vorschriften das Prozeßgericht erster Instanz für Vollstreckungshandlungen oder für die eine Zwangsvollstreckung betreffenden Klagen zuständig ist, tritt an seine Stelle das Gericht, welches die Zwangsvollstreckung bewilligt hat.

(2) Wird in dem Gebiete des Staates, dessen Gericht die zu vollstreckende Entscheidung erlassen hat, im Nichtigkeits- oder Wiederaufnahmeverfahren die Aufschiebung oder Einstellung der Zwangsvollstreckung angeordnet, so ist auch das Verfahren in dem Vollstreckungsstaat aufzuschieben oder einzustellen.

Artikel 32

Die Bestimmungen der Artikel 19 bis 31 finden entsprechende Anwendung.

1. auf die vor einem bürgerlichen Gericht im streitigen Verfahren abgeschlossenen Vergleiche und auf die gerichtlich bestätigten Vermögensauseinandersetzungen und Dispachen;
2. auf die gerichtlichen und notariellen Urkunden, in denen sich der Verpflichtete der Zwangsvollstreckung unterworfen hat.

Artikel 33

Bei der Bewilligung der Zwangsvollstreckung auf Grund von Akten der im Artikel 32 bezeichneten Art dürfen keine höheren Gebühren eingehoben werden, als bei der Bewilligung der Zwangsvollstreckung auf Grund einer ausländischen gerichtlichen Entscheidung.

IV. Abschnitt

Anerkennung gerichtlicher Entscheidungen

Artikel 34

Rechtskräftige Entscheidungen, denen keiner der im Artikel 25 angeführten Gründe entgegensteht, werden unbeschadet der Bestimmungen des Artikel 36, Abs. 2, Zahl 1, auch im Gebiete des anderen Staates als wirksam anerkannt.

V. Abschnitt

Übergangs- und Schlußbestimmungen

Artikel 35

Die Bestimmungen der Artikel 2 bis 18 treten im Verhältnis zwischen den vertragschließenden Staaten an die Stelle der Vorschriften des Haager Abkommens über den Zivilprozeß vom 17. Juli 1905.

Artikel 36

(1) Von dem Tage des Inkrafttretens dieses Vertrags an treten für die Rechtsbeziehungen zwischen den vertragschließenden Staaten frühere Staatsverträge, Vereinbarungen und Regierungserklärungen über Fragen, die durch den vorstehenden Vertrag geregelt sind, außer Kraft.

(2) Unberührt bleiben

1. die in den beiden vertragschließenden Staaten geltenden Vorschriften über Ehesachen, über Rechtsstreitigkeiten, welche die Feststellung des Rechtsverhältnisses zwischen Eltern und Kindern betreffen, sowie über das Konkursverfahren und die Todeserklärung;
2. die Bestimmungen der Artikel 2 und 24 des deutsch-österreichischen Wirtschaftsabkommens vom 1. September 1920;
3. die internationalen Kollektivverträge, an denen beide vertragschließende Staaten beteiligt sind.

Artikel 37

Dieser Vertrag tritt drei Monate nach dem Austausch der Ratifikationsurkunden in Kraft. Der Vertrag kann von jedem der vertragschließenden Staaten gekündigt werden. Er bleibt jedoch nach erfolgter Kündigung noch sechs Monate in Kraft.

Artikel 38

Dieser Vertrag wird ratifiziert und die Ratifikationsurkunden werden sobald wie möglich in Berlin ausgetauscht werden.

Urkund dessen haben usw."

c) **Beglaubigungsvertrag zwischen dem Deutschen Reiche und der Republik Österreich** vom 21. Juni 1923 (RGBl. 1924 II S. 61—62).

„Das Deutsche Reich und die Republik Österreich haben, von dem Wunsche geleitet, zur Förderung der Rechtspflege und des wechselseitigen Verkehrs Erleichterungen für die Beglaubigung der von den öffentlichen Behörden und Beamten ausgestellten oder beglaubigten Urkunden einzuführen,

den nachstehenden Vertrag abgeschlossen:

Artikel 1

Urkunden, die von einer Gerichts- oder Verwaltungsbehörde des einen vertragschließenden Staates ausgestellt wurden, bedürfen zum Gebrauch im Gebiete des anderen Staates keiner weiteren Beglaubigung, wenn sie mit dem Siegel oder Stempel der Gerichts- oder Verwaltungsbehörde versehen sind.

Artikel 2

Auszüge aus den Kirchenbüchern über Taufen, Trauungen oder Todesfälle, die im Deutschen Reiche unter dem Kirchensiegel erteilt werden, sowie Auszüge aus den Geburts-, Trauungs- und Sterberegistern, die in Österreich geführt werden und mit dem Siegel oder Stempel des Matrikelführers versehen sind, bedürfen zum Gebrauch im Gebiete des anderen Staates keiner weiteren Beglaubigung.

Artikel 3

Die von Notaren ausgefertigten und mit dem amtlichen Siegel des Notars versehenen Urkunden, die von Standesbeamten des Deutschen Reichs ausgefertigten und mit ihrem Siegel oder Stempel versehenen Urkunden, ferner die von den Gerichtskanzleien und gerichtlichen Hilfsämtern, Gerichtsvollziehern oder anderen gerichtlichen Hilfsbeamten ausgefertigten und mit dem Gerichtssiegel versehenen Urkunden bedürfen zum Gebrauch im Gebiete des anderen Staates keiner weiteren Beglaubigung.

Artikel 4

Die einer Privaturkunde von einer Gerichts- oder Verwaltungsbehörde oder einem Notare beigefügte Beglaubigung bedarf keiner weiteren Beglaubigung.

Artikel 5

(1) Von dem Tage des Inkrafttretens dieses Vertrags an treten für die Rechtsbeziehungen zwischen den vertragschließenden Staaten frühere Staatsverträge, Vereinbarungen und Regierungserklärungen über Fragen, die durch den vorstehenden Vertrag geregelt sind, außer Kraft.

(2) Unberührt bleiben jedoch

1. die Bestimmungen der Artikel XVII und XVIII des Vertrags zwischen dem Deutschen Reiche und Österreich über Rechtsschutz und Rechtshilfe in Steuersachen vom 23. Mai 1922;
2. die für Reisepässe und Reiselegitimationen bestehenden Vorschriften;
3. die Erleichterungen, die auf Grund besonderer Vereinbarungen namentlich für den Handelsverkehr und das Zollverfahren gewährt sind.

Artikel 6

(1) Der gegenwärtige Vertrag soll ratifiziert und die Ratifikationsurkunden werden sobald wie möglich in Berlin ausgetauscht werden.

(2) Der Vertrag tritt drei Monate nach dem Austausch der Ratifikationsurkunden in Kraft. Der Vertrag kann von jedem der vertragschließenden Staaten gekündigt werden. Er bleibt jedoch nach erfolgter Kündigung noch durch sechs Monate in Kraft.

Urkund dessen haben usw."

d) **Bekanntmachung über die Ratifikation der am 21. Juni 1923 unterzeichneten deutsch-österreichischen Rechtsverträge. Vom 15. April 1924 (RGBl. II S. 91).**

„Der am 21. Juni 1923 in Wien unterzeichnete Vertrag über Rechtsschutz und Rechtshilfe zwischen dem Deutschen Reiche und der der Republik Österreich und der an demselben Tage unterzeichnete Beglaubigungsvertrag zwischen dem Deutschen Reiche und der Republik Österreich (Reichsgesetzbl. 1924 II S. 55) sind ratifiziert worden. Der Austausch der Ratifikationsurkunden hat am 14. April 1924 in Berlin stattgefunden."

e) **Verordnung zur Ausführung des Vertrags über Rechtsschutz und Rechtshilfe zwischen dem Deutschen Reiche und der Republik Österreich vom 21. Juni 1923 (Reichsgesetzbl. II 1924 S. 55). Vom 26. April 1924 (RGBl. II S. 91).**

„Auf Grund des § 2 des Gesetzes über den Vertrag über Rechtsschutz und Rechtshilfe und den Beglaubigungsvertrag zwischen dem Deutschen Reiche und der Republik Österreich vom 6. März 1924 (Reichsgesetzbl. II S. 55) verordnet die Reichsregierung:

Artikel I

Für die Erledigung der im Artikel 10 des Vertrags vorgesehenen Rechtshilfeangelegenheiten ist das Amtsgericht zuständig, in dessen Bezirke die Amtshandlung vorgenommen werden soll.

Artikel II

Die im Artikel 3 des Vertrags bezeichneten Kostenentscheidungen werden durch Beschluß des Amtsgerichts für vollstreckbar erklärt.

Örtlich zuständig ist das Gericht, bei dem der Kostenschuldner seinen allgemeinen Gerichtsstand hat, und in Ermangelung eines solchen das Gericht, in dessen Bezirke sich Vermögen des Kostenschuldners befindet oder die Vollstreckungshandlung vorzunehmen ist.

Gegen Beschlüsse, durch die der Antrag auf Vollstreckbarkeitserklärung abgelehnt wird, findet die Beschwerde nach Maßgabe der §§ 568 bis 571, 573 bis 575 der Zivilprozeßordnung statt.

Gegen Beschlüsse, durch die dem Antrag auf Vollstreckbarkeitserklärung stattgegeben wird, steht dem Kostenschuldner die sofortige Beschwerde nach Maßgabe der §§ 568 bis 575, 577 der Zivilprozeßordnung zu.

Aus den für vollstreckbar erklärten Kostenentscheidungen findet die Zwangsvollstreckung gemäß den Vorschriften der Zivilprozeßordnung statt; die Vorschrift des § 798 findet entsprechende Anwendung.

Artikel III

Für die gerichtlichen Entscheidungen, die über den Betrag der Gerichtskosten nach Artikel 3 Abs. 2 des Vertrags zur Herbeiführung der Vollstreckbarkeitserklärung in der Republik Österreich zu erlassen sind, ist das Gericht der Instanz zuständig; die Entscheidungen ergehen auf Antrag der für die Beitreibung der Gerichtskosten zuständigen Behörde.

Gegen die Entscheidung findet sofortige Beschwerde nach Maßgabe der §§ 568 bis 575, 577 der Zivilprozeßordnung statt. Die Einlegung kann durch Erklärung zum Protokolle des Gerichtsschreibers oder schriftlich ohne Mitwirkung eines Anwalts erfolgen. Die von einem Oberlandesgericht getroffene Entscheidung unterliegt der Anfechtung nicht.

Artikel IV

Für das Verfahren über Anträge auf Bewilligung der Zwangsvollstreckung gemäß Artikel 20 des Vertrags wird die volle Gebühr (§ 8 des Gerichtskostengesetzes) erhoben. Die Gebühr erhöht sich auf das Doppelte, wenn durch Urteil entschieden wird (Artikel 28 des Vertrags).

Abs. 1 gilt auch für das Beschwerdeverfahren (Artikel 26, 27 des Vertrags).

Artikel V

Der Rechtsanwalt erhält in dem Verfahren über einen Antrag auf Bewilligung der Zwangsvollstreckung die in den §§ 13 bis 17 der Gebührenordnung für Rechtsanwälte bestimmten Gebühren.

Im Beschwerdeverfahren erhält der Rechtsanwalt die gleichen Gebühren. Im Berufungsverfahren erhöhen sie sich um drei Zehnteile."

3. Anschrift für Budapest lautet jetzt: Deutsche Gesandtschaft, Konsulatsabteilung. Fiume steht jetzt unter italienischer Hoheit.

4. a) Bosnien und die Herzegowina gehören jetzt zu Jugoslawien, der Abs. 2 zu § 43 ist daher gegenstandslos geworden.

b) Durch die Aufteilung Ö. dürften diese Bestimmungen nicht mehr anwendbar sein.

5. Ersuchen um Zeugenvernehmung in Strafsachen wegen Verbrechens gehen an die Landesgerichte, wegen Vergehens usw. an die Bezirksgerichte.

Bekanntmachung über die Internationale Übereinkunft zur Bekämpfung der Verbreitung und des Vertriebs unzüchtiger Veröffentlichungen vom 12. Sept. 1923. Vom 22. Dez. 1925 — RGBl. 1926 II S. 88 —.

„Die Internationale Übereinkunft zur Bekämpfung der Verbreitung und des Vertriebs unzüchtiger Veröffentlichungen vom 12. Sept. 1923 (RGBl. 1925 II S. 287) ist von Lettland ratifiziert worden. Die Ratifikationsurkunde ist am 7. Okt. 1925 im Archiv des Völkerbundssekretariats in Genf hinterlegt worden.

Die Reichsregierung hat gemäß Art. III Abs. 1 der Übereinkunft beschlossen, daß ausländische Rechtshilfeersuchen wegen der in dieser Übereinkunft bezeichneten strafbaren Handlungen einstweilen nur auf diplomatischem Wege übermittelt werden dürfen, soweit nicht besondere Vereinbarungen über den unmittelbaren Verkehr mit den deutschen Behörden bestehen.

Demgemäß hat die Übermittlung der Rechtshilfeersuchen aus den Vertragsstaaten Ägypten, Albanien, Bulgarien, Finnland, Italien, Lettland, Monako, Siam und Spanien auf diplomatischem Wege zu erfolgen, während für Rechtshilfeersuchen aus Österreich der unmittelbare Verkehr mit den deutschen Gerichtsbehörden zugelassen ist.

Die österreichische Regierung hat mitgeteilt, daß sie für deutsche Rechtshilfeersuchen ebenfalls den unmittelbaren Verkehr mit den österreichischen Gerichtsbehörden zuläßt.

Die spanische Regierung hat erklärt, daß deutsche Rechtshilfeersuchen ihr auf diplomatischem Wege zu übermitteln sind.

Diese Bekanntmachung ergeht im Anschluß an die Bekanntm. vom 20. Nov. 1925 — RGBl. II S. 973 —."

Zu vgl. auch RGBl. 1911 S. 209, 215; 1912 S. 417; 1924 II S. 381. Handels- und Zollvertrag vom 6. Dez. 1891 (RGBl. 1892 S. 3/11; 1906 S. 143/287, Vereinbarungen über Rechtshilfe in Zollstrafsachen s. RGBl. 1892 S. 63.

Abk. zur Abwehr und Bekämpfung des Mädchenhandels*) s. RGBl. 1905 S. 695, 705, 1924 II S. 381, RGBl. 1913 S. 31, 44, 1924 II S. 381. Übereinkunft zur Unterdrückung des Frauen- und Kinderhandels s. RGBl. 1924 II S. 180/202. Wegen Rechtshilfe in Steuersachen s. RGBl. 1923 II S. 94, 69, 292. Ein Vertrag über sonstige Rechtshilfe in Strafsachen besteht nicht.

Wegen Austauschs von Strafnachrichten s. AV. vom 11. Juli 1923 — JMBl. S. 532 —.

6. Abnahme eines Eides von Parteien in Ö. ist zulässig, obwohl Ö. einen Parteieid nicht mehr kennt (vgl. Art. 15 des neuen Vertrages; im übrigen s. Anm. 1).

Betr. Ansprüche der österreichischen unehelichen Kindesmutter gegen den unehelichen Schwängerer vor den deutschen Gerichten s. Zeitschrift: Justizamtmann, 31. Jahrg., S. 190.

Das Landesgericht Brünn schreibt in einem Einzelfalle:

„In dem angeschlossenen Ersuchungsschreiben wird um Bewilligung der Exekution durch Mobiliarpfändung, nötigenfalls durch Pfändung und Überweisung eines Teiles des Gehaltes ersucht. In dem Exekutionsbegehren ist jedoch nicht ausgedrückt, für welchen Fall die Gehaltspfändung verlangt wird und es dürfte sich empfehlen, die Bewilligung beider Exekutionsarten kumulativ zu beantragen, was nach dem österreichischen Recht zulässig ist.

Da der Verkauf gepfändeter Mobilien nach österr. Recht nur über Antrag bewilligt wird, wäre das Exekutionsverfahren auch in dieser Richtung zu ergänzen usw." (vgl. Abs. 9 des § 43 und Art. 21 des neuen Vertrages).

Neuestes Verzeichnis der österr. Gerichte s. im Abschn. VI.

Kostenfragen, Urteilsvollstreckung usw.:

a) Bürgerliche Sachen:

Für die Erledigung von Zustellungsanträgen und Rechtshilfeersuchen dürfen Gebühren und Auslagen irgendwelcher Art, mit Ausnahme der an Sachverständige gezahlten Entschädigungen, nicht erhoben werden.

---

*) Zu vgl. Anhang S. 212.

Die ersuchte Behörde hat jedoch den Betrag der ihr erwachsenen Auslagen, die nach Abs. 1 vom ersuchenden Staate nicht zu erstatten sind, der ersuchenden Behörde mitzuteilen, damit diese sie von der zur Erstattung verpflichteten Person einziehen kann. Die eingezogenen Beträge behält der ersuchende Staat (Art. 18 des neuen Vertrages).

b) Strafsachen:

Zustellungen kostenfrei, im übrigen werden für Rechtshilfe in Strafsachen Auslagen, jedoch mit Ausnahme von Portobeträgen und Schreibgebühren, berechnet.

Nach Magnus, Tabellen:

Die Gegenseitigkeit bei der Vollstreckung*) von Urteilen (§§ 328 Ziff. 5, 722, 723 ZPO.) besteht. Gegenseitigkeit bezüglich des Armenrechts im Sinne des § 114 Abs. 2 ZPO. ist ohne Rücksicht auf den Wohnsitz verbürgt. Vorschußpflicht für Gerichtskosten nach § 85 Abs. 2 Nr. 1 DGKG. und Sicherheitsleistungspflicht für Prozeßkosten nach § 110 Abs. 2 Nr. 1 ZPO. bestehen nicht, ohne Rücksicht auf den Wohnsitz.

Ungarn (§ 43).

7. Das Königreich Ungarn ist als Rechtsnachfolger des bisherigen U. anzusehen. U. ist dem Haager Abk. über den Ziv.-Proz. angeschlossen (zu vgl. AV. vom 19. Mai 1924 — JMBl. 1924 S. 230 u. RGBl. 1924 II S. 456).

U. ist folgenden Abk. über Internationales Privatrecht beigetreten (zu vgl. RGBl. 1926 II S. 553) usw. wie bei Belgien.

Unterhaltspflicht des unehelichen Vaters nach ungarischem Recht:

Kgl. Ung. Justizminister. Nr. 43318/1921. I. M. I.

„In Angelegenheiten des Memorandums des Amtsgerichts ..... betreffs Aufklärung über die auf die Substentationsverpflichtung des natürlichen Vaters bezüglichen ungarischen Rechtsnormen habe ich die Ehre in Beantwortung Euerer Exzellenz sehr geschätzter Zuschrift vom 31. Juli 1921 Zahl — 64217/1921 — die gewünschten Aufklärungen im folgenden zu erteilen:

Ich muß vorausschicken, daß im ungarischen Rechte das Rechtsverhältnis des außerehelich geborenen Kindes zu seinem natürlichen Vater überhaupt nicht durch geschriebene Rechtsnormen geregelt wird; diese Rechtsnormen sind vielmehr in erster Reihe aus der richterlichen Praxis zu erkennen. In den vorgelegten Fragen befolgt die ständige richterliche Praxis die folgenden Normen:

1. Der Vater ist verpflichtet, sein natürliches Kind zu erhalten.

2. Vom Gesichtspunkte der Erhaltungspflicht wird die natürliche Vaterschaft auf Grund der an die Tatsache des geschlechtlichen Verkehres sich knüpfende gesetzliche Subposition festgestellt. Diese gesetzliche Subposition besteht auch dann, wenn erwiesen wird, daß derjenige, gegen den Erhaltungsanspruch erhoben wird, mit der Mutter in der kritischen Zeit — zwischen dem 182. und 300. Tage vor der Geburt, den Tag der Geburt und des geschlechtlichen Verkehrs nicht eingerechnet — geschlechtlich verkehrt hat.

Der Umstand, daß die Mutter in der kritischen Zeit auch mit anderen geschlechtlich verkehrt hat — exceptio plurium concubentium — enthebt an und für sich den Vater nicht der Erhaltungspflicht, nur in dem Falle, wenn der Vater den unsittlichen Lebenswandel der Mutter nachweist — z. B. daß die Mutter in skandalöser Weise oder erwerbsmäßig geschlechtlichen Verkehr treibt —.

3. Substentation ist nicht in natura, sondern in barem Gelde zu leisten und in monatlich wiederkehrenden Zeiträumen zu bezahlen; sie kann aber mit vormundschaftsbehördlicher Genehmigung im Vergleichswege auch mit einer Pauschalsumme abgelöst werden. Das Ausmaß der Substentation richtet sich nach den Vermögens- und Einkommensverhältnissen des Vaters und auch nach der gesellschaftlichen Stellung der Mutter. Die Substentation wird von den Gerichten in der Regel bis zum Ende des 14.—16. Lebensjahres des Kindes zugesprochen; genauer genommen hängt die Altersgrenze davon ab, in welchem Alter das Kind — unter Beachtung der gesellschaftlichen Stellung der Mutter — voraussichtlich seine Erwerbsfähigkeit wird erreichen können.

Budapest, am 30. August 1921.

Für den Minister:
der Staatssekretär."

---

*) Vgl. Abhandlung JW. 1926 S. 1888.

AV. vom 10. Dez. 1924 — JMBl. S. 417 — über den Auslieferungs- und Rechtshilfeverkehr mit Ungarn (Strafsachen):

„Die Übermittelung der Rechtshilfeersuchen aller Art erfolgt im diplomatischen Wege. Die usw. [ist durch die AV. vom 21. Dez. 1926 — JMBl. S. 430 — abgedruckt in Anm. 2 zu § 3 der RHV. gegenstandslos geworden].

Gesetz vom 29. Juni 1925 über die Verträge zwischen dem Deutschen Reiche und dem Königreich Ungarn zur Ausgleichung der in- und ausländischen Besteuerung und über Rechtsschutz und Rechtshilfe in Steuersachen s. RGBl. 1925 II S. 641, 969.

Abk. zur Abwehr und Bekämpfung des Mädchenhandels*) s. RGBl. 1905 S. 695, 705, 1913 S. 31, 44, 1924 II S. 455; Abk. zur Bekämpfung unzüchtiger Veröffentlichungen s. RGBl. 1911 S. 209, 215, 1912 S. 417, 1924 II S. 455; Übereinkunft zur Unterdrückung des Frauen- und Kinderhandels s. RGBl. 1924 II S. 180, 202, 1925 II S. 450. Ein Vertrag über sonstige Rechtshilfe in Strafsachen besteht nicht.

8. Neuestes Verzeichnis der ungarischen Gerichte s. Abschn. VI.

9. Kostenfragen, Urteilsvollstreckung usw.:

a) Bürgerliche Sachen:

Zustellungen, auch Zwangszustellungen, kostenfrei. Übersetzungen sind nicht erstattungspflichtig (§ 3 Nr. 1 der RHV.). Rechtshilfe kostenfrei; zu erstatten sind jedoch Zeugen- und Sachverständigengebühren sowie die Auslagen, welche für die wegen Nichterscheinens der Zeugen erforderlich gewordene Mitwirkung eines Vollziehungsbeamten gemäß Art. 11 Abs. 1 oder durch die etwaige Anwendung einer besonderen Erledigungsform nach Art. 14 Abs. 2 des Haager Ziv.-Proz.-Abk. entstanden sind (vgl. Art. 7 und 16 Haager Ziv.-Proz.-Abk.).

b) Strafsachen:

Zustellungen kostenfrei, im übrigen werden Auslagen mit Ausnahme von Portobeträgen und Schreibgebühren berechnet.

Nach Magnus, Tabellen:

Die Gegenseitigkeit bei der Vollstreckung von Urteilen (§§ 328 Ziff. 5, 722, 723 ZPO.) besteht nicht, mit Ausnahme der Kostenentscheidungen gegen den Kläger oder Intervenienten auf Grund der Art. 18, 19 des Haager Ziv.-Proz.-Abkommens. Gegenseitigkeit bezüglich des Armenrechts im Sinne des § 114 Abs. 2 ZPO. ist ohne Rücksicht auf den Wohnsitz verbürgt. Vorschußpflicht für Gerichtskosten nach § 85 Abs. 2 Nr. 1 DGKG. und Sicherheitsleistungspflicht für Prozeßkosten nach § 110 Abs. 2 Nr. 1 ZPO. bestehen nicht bei Wohnsitz in einem der Haager Vertragsstaaten.

Ostafrika

s. Völkerbund.

Palästina

s. Großbritannien.

Panama.

Vertragsloser Zustand (s. § 30 letzter Satz der RHV.). Übereinkunft zur Unterdrückung des Frauen- und Kinderhandels s. RGBl. 1924 II S. 180/202. Ein Vertrag über sonstige Rechtshilfe in Strafsachen besteht nicht. Wegen Zuleitung der Ersuchen an die zuständigen Stellen s. das Anschriftenverzeichnis im Abschn. IV und das Konsulatsverzeichnis im Abschn. VI. Gebühren und Auslagen für Zustellungen und sonstige Ersuchen. Betr. Auslieferungsverfahren s. JMBl. 1914 — S. 177 —.

Nach Magnus, Tabellen:

Die Gegenseitigkeit bei der Vollstreckung von Urteilen (§§ 328 Ziff. 5, 722, 723 ZPO.) besteht nicht. Armenrecht zweifelhaft. Vorschußpflicht für Gerichtskosten nach § 85 Abs. 2 Nr. 1 DGKG. und Sicherheitsleistungspflicht für Prozeßkosten nach § 110 Abs. 2 Nr. 1 ZPO. sind streitig (JW. 1924 S. 749).

---

*) Zu vgl. Anhang S. 212.

§ 43 a.[1])

Paraguay.

Die Rechtshilfe in Strafsachen regelt sich nach dem Auslieferungs-Vertrage zwischen dem Deutschen Reiche und dem Freistaate Paraguay vom 26. Nov. 1909 (RGBl. 1915 S. 571 ff.) Art. 12 und 13.[2])

1. Einfügung angeordnet durch die AV. vom 27. Sept. 1915 (JMBl. S. 215). Aus dem Auslief.-Vertrage zwischen dem Deutschen Reiche und dem Freistaate Paraguay vom 26. Nov. 1909 — RGBl. S. 571 —:

„Art. 12. Wenn in einer Strafsache wegen einer im Art. 2 erwähnten nichtpolitischen Straftat eine der beiden Regierungen die Vernehmung von Zeugen, die im anderen Lande wohnen, oder irgendeine andere Untersuchungshandlung für notwendig erachtet, soll zu diesem Zwecke ein Ersuchungsschreiben auf diplomatischem Wege übersandt und ihm nach Maßgabe der Gesetzgebung des ersuchten Landes mit Beschleunigung Folge gegeben werden.

Die beiden Regierungen verzichten auf Erstattung der ihnen durch die Erledigung von Ersuchungsschreiben in Strafsachen erwachsenen Kosten, sofern es sich nicht um strafrechtliche, handelsrechtliche oder gerichtsärztliche Gutachten handelt. Ebensowenig kann eine Ersatzforderung geltend gemacht werden für die Kosten gerichtlicher Handlungen, die von den Beamten eines der beiden Staaten von Amts wegen vorgenommen werden zum Zwecke der Verfolgung oder der Feststellung von Straftaten, die auf seinem Gebiete von einem Angehörigen des anderen Landes begangen wurden und in diesem demnächst verfolgt werden.

Art. 13. Wenn in einer nichtpolitischen Strafsache das persönliche Erscheinen eines Zeugen für notwendig erachtet wird, so soll die Regierung des Landes, wo der Zeuge sich aufhält, ihn auffordern, der Ladung Folge zu leisten, die auf diplomatischem Wege zu diesem Zwecke von seiten der Behörden des anderen Landes an ihn ergeht.

Stimmt der Zeuge zu, so werden ihm die Kosten der Reise und des Aufenthalts nach seiner Wahl entweder nach den Sätzen und Bestimmungen des Landes, wo die Vernehmung stattfinden soll, oder nach den Sätzen und Bestimmungen des ersuchten Staates gewährt werden. Der ersuchende Staat wird den Betrag angeben, den der ersuchte Staat unter dem Vorbehalte, daß er ihm von dem ersuchenden Staate erstattet wird, dem Zeugen auf die Gesamtsumme vorschießen kann.

Ein Zeuge, der auf Ladung in einem der beiden Länder freiwillig vor den Richtern des anderen Landes erscheint, darf daselbst, ohne daß es hierbei auf seine Staatsangehörigkeit ankäme, weder wegen früherer zivil- oder strafrechtlicher Vorkommnisse oder Verurteilungen noch unter dem Vorwande der Mitschuld an den Handlungen, die Gegenstand des Verfahrens sind, worin er als Zeuge erscheinen soll, verfolgt oder in Haft genommen werden."

Wegen Austauschs von Strafnachrichten s. AV. vom 11. Juli 1923 — JMBl. S. 532.

2. Der Vertrag vom 21. Juli 1887 (RGBl. 1888 S. 178) ist aufgekündigt und tritt mit dem 27. Febr. 1929 außer Kraft (RGBl. 1928 II S. 11). P. ist dem Haager Ziv.-Proz.-Abk. nicht beigetreten. Wegen Zuleitung von Ersuchen an die zuständigen Stellen vgl. das Anschriftenverzeichnis in Abschn. IV und das Konsulatsverzeichnis in Abschn. VI. Gebühren und Auslagen für Zustellungen und sonstige Ersuchen. Wegen der Konsulatskosten vgl. § 10 I Nr. 2 der RHV.

Nach Magnus, Tabellen:

Die Gegenseitigkeit bei der Vollstreckung von Urteilen (§§ 328 Ziff. 5, 722, 723 ZPO.) besteht nicht. Gegenseitigkeit bezügl. des Armenrechts im Sinne des § 114 Abs. 2 ZPO. ist zweifelhaft. Vorschußpflicht für Gerichtskosten nach § 85 Abs. 2 Nr. 1 DGKG. und Sicherheitsleistungspflicht für Prozeßkosten nach § 110 Abs. 2 Nr. 1 ZPO. bestehen nicht.

Persien.

Freundschaftsvertrag ist aufgekündigt; er tritt am 31. Dez. 1928 außer Kraft (RGBl. 1928 II S. 11/13).

Beitritt zum Haager Ziv.-Proz.-Abk. ist nicht erfolgt. Keine Vereinbarungen in Strafsachen.

In P. wird Konsulargerichtsbarkeit ausgeübt (§ 16 Nr. 1 der RHV.)*). Wegen Zwangs- und Strafvollstreckung s. § 19 der RHV. Wegen Zuleitung der Ersuchen an die zuständigen

*) Am 10. Mai 1928 ist eine persische Verfügung in Kraft getreten, die die Sonderrechte der Ausländer abschafft, frühere Übereinkünfte mit auswärtigen Regierungen aufhebt und Ausländer der Rechtsprechung persischer Gerichtshöfe unterstellt. Die deutsche Gerichtsbarkeit ist auf 1 Jahr verlängert. Eine amtliche Bekanntmachung ist noch nicht erfolgt.

Stellen s. das Anschriftenverzeichnis im Abschn. IV und das Konsulatsverzeichnis im Abschnitt VI. Bezüglich Kosten vgl. § 10 I Nr. 3 der RHV.

Nach Magnus, Tabellen:

Die Gegenseitigkeit bei der Vollstreckung von Urteilen (§§ 328 Ziff. 5, 722, 723 ZPO.) besteht nicht. Gegenseitigkeit bezügl. des Armenrechts im Sinne des § 114 Abs. 2 ZPO. ist nicht verbürgt. Sicherheitsleistungspflicht für Prozeßkosten nach § 110 Abs. 2 Nr. 1 ZPO. besteht nicht.

Vorschußpflicht für Gerichtskosten nach § 85 Abs. 2 Nr. 1 DGKG. besteht nicht (JW. 1924 S. 749).

Peru.

Gehört dem Haager Ziv.-Proz.-Abk. nicht an. Auch über Rechtshilfe in Strafsachen bestehen keine Vereinbarungen.

Wegen Zuleitung von Ersuchen an die zuständigen Stellen s. das Anschriftenverzeichnis in Abschn. IV und das Konsulatsverzeichnis im Abschn. VI. Gebühren und Auslagen für Zustellungen und sonstige Ersuchen. Wegen der Konsulatskosten vgl. § 10 I Nr. 2 der RHV.

Nach Magnus, Tabellen:

Die Gegenseitigkeit bei der Vollstreckung von Urteilen (§§ 328 Ziff. 5, 722, 723 ZPO.) besteht nicht. Gegenseitigkeit bezügl. des Armenrechts im Sinne des § 114 Abs. 2 ZPO. ist verbürgt, wenn Nachsuchender seinen Wohnsitz in Deutschland bzw. in Peru hat. Sicherheitsleistungspflicht für Prozeßkosten nach § 110 Abs. 2 Nr. 1 ZPO. besteht nicht.

Vorschußpflicht für Gerichtskosten nach § 85 Abs. 2 DGKG. streitig (JW. 1924 S. 749).

Philippinen

s. Vereinigte Staaten von Amerika.

Polen.

Die früheren preußischen Amtsgerichte Kattowitz, Königshütte, Myslowitz, Tarnowitz, Lublinitz, Nikola, Pleß, Loslau, Rybnik und Sohrau sind nunmehr polnisch, s. JMBl. 1922 S. 244.

P. hat für sich und die Freie Stadt Danzig am 9. Juni 1926 das Protokoll über den Beitritt zum Haager Abk. über den Ziv.-Proz. vom 17. Juli 1905 gezeichnet, wodurch dieses Abk. zwischen Polen und Danzig einerseits und den alten Signatarstaaten (mit Ausnahme von Frankreich) andererseits am 9. Aug. 1926 in Kraft getreten ist (zu vgl. RGBl. II S. 553).

Durch den Vertrag über den Rechtsverkehr vom 5. März 1924 — RGBl. II 1925 S. 139 ff. — ist eine über das Haager Ziv.-Proz.-Abk. hinausgehende neue Vereinbarung geschlossen, die zwei Monate nach Austausch der Ratifikationsurkunden (vgl. RGBl. 1925 II S. 237), d. i. am 1. Juni 1926, in Kraft getreten ist. Bekanntmachungen zur Ausführung dieses Abk. vom 28./29. April 1926 s. RGBl. 1926 II S. 237/249, sowie die AV. vom 27. Mai 1926 — JMBl. S. 206 —. Im Verhältnis zwischen dem Deutschen Reiche und Polen bleibt der vorbezeichnete deutsch-polnische Vertrag nach seinem Art. 22 in Bezug auf das Haager Ziv.-Proz.-Abk. in Wirksamkeit.

Zustellungs- und Rechtshilfe-Ersuchen können nunmehr im unmittelbaren Geschäftsverkehr der Behörden beider Staaten erledigt werden. Zur Entgegennahme der Ersuchen ist in Deutschland der Landgerichtspräsident, in Polen sind die Präsidenten der Gerichtshöfe I. Instanz zuständig. Falls die zuzustellenden Schriftstücke in der Sprache des ersuchten Staates vorgelegt werden, kann auf Antrag zwangsweise Zustellung erfolgen. Vorgeschrieben ist im übrigen die Beifügung einer Übersetzung nicht (s. JW. 1925 S. 1188). Ihre Beglaubigung erfolgt durch den diplomatischen oder konsularischen Vertreter des ersuchenden oder ersuchten Staates oder durch einen Richter des ersuchenden Staates. Jeder der beiden Staaten hat die Befugnis, Zustellungen an eigene Staatsangehörige, die sich im Gebiete des anderen Staates befinden, durch seine diplomatischen oder konsularischen Vertreter ohne Anwendung von Zwang bewirken zu lassen.

Mit dem Inkrafttreten dieses Vertrages verlieren die Bestimmungen des Art. 4 des deutsch-polnischen Abk. betr. die Überleitung der Rechtspflege im oberschlesischen Abstimmungsgebiet vom 12. April 1922 ihre Geltung.

Der Wortlaut der neuen Bestimmungen lautet:

a) **Gesetz wegen des deutsch-polnischen Vertrags über den Rechtsverkehr und wegen des deutsch-polnischen Vormundschaftsabkommens vom 19. März 1925** (RGBl. II S. 139).

„Der Reichstag hat das folgende Gesetz beschlossen, das mit Zustimmung des Reichsrats hiermit verkündet wird.

§ 1. Dem am 5. März 1924 unterzeichneten Vertrag zwischen dem Deutschen Reiche und der Republik Polen über den Rechtsverkehr und dem an demselben Tage unterzeichneten deutsch-polnischen Vormundschaftsabkommen wird zugestimmt. Die Verträge werden nachstehend veröffentlicht.

§ 2. Die Reichsregierung wird ermächtigt, die zur Ausführung der Verträge erforderlichen Maßnahmen zu treffen.

§ 3. Dieses Gesetz tritt mit dem Tage nach der Verkündung in Kraft."

b) **Deutsch-polnischer Vertrag über den Rechtsverkehr vom 5. März 1924** (RGBl. 1925 II S. 139 ff.).

„Das Deutsche Reich und die Republik Polen haben, von dem Wunsche geleitet, den wechselseitigen Rechtsverkehr zu fördern, den nachstehenden Vertrag abgeschlossen:

Erster Abschnitt.

Rechtsschutz in bürgerlichen Angelegenheiten.

Artikel 1.

Die Angehörigen eines der vertragschließenden Staaten genießen im Gebiete des anderen Staates in bürgerlichen Angelegenheiten hinsichtlich des gerichtlichen Schutzes ihrer Person und ihres Eigentums die gleiche Behandlung wie die Landesangehörigen. Der gerichtliche Schutz besteht darin, daß sie freien und ungehinderten Zutritt zu den Gerichten haben und dort unter denselben Bedingungen wie die Landesangehörigen auftreten können.

Artikel 2.

(1) Den Angehörigen des einen Staates, die vor den Gerichten des anderen Staates als Kläger oder Intervenienten auftreten, darf wegen ihrer Eigenschaft als Ausländer oder wegen Mangels eines inländischen Wohnsitzes oder Aufenthalts keine Sicherheitsleistung oder Hinterlegung, unter welcher Benennung es auch sei, auferlegt werden.

(2) Das gleiche gilt für die Vorauszahlung, die von den Klägern oder Intervenienten zur Deckung der Gerichtskosten einzufordern wäre.

Artikel 3*).

(1) Ergeht im Gebiete des einen Staates eine Verurteilung in die Prozeßkosten gegen einen Kläger oder Intervenienten, der von der Sicherheitsleistung, Hinterlegung oder Vorauszahlung auf Grund des Artikel 2 oder eines im Staate der Klageerhebung geltenden Gesetzes befreit ist, so ist diese Verurteilung auch im Gebiete des anderen Staates durch die zuständige Behörde kostenfrei für vollstreckbar zu erklären. Der Antrag kann im diplomatischem Wege oder unmittelbar bei der zuständigen Behörde durch die beteiligte Partei gestellt werden.

(2) Die gleiche Regel findet Anwendung auf gerichtliche Entscheidungen, durch die die Prozeßkosten später festgesetzt werden.

(3) Unter gerichtlichen Entscheidungen sind auch die von Gerichtsschreibern innerhalb ihrer Zuständigkeit erlassenen Kostenfestsetzungsbeschlüsse zu verstehen.

Artikel 4.

(1) Die im Artikel 3 erwähnten Kostenentscheidungen werden ohne Anhörung der Parteien, gemäß der Gesetzgebung des Staates, in dessen Gebiet die Vollstreckung betrieben wird, für vollstreckbar erklärt.

(2) dabei ist nur zu prüfen:

1. ob nach den Gesetzen des Landes, wo die Verurteilung ausgesprochen ist, die Ausfertigung der Entscheidung die für ihre Beweiskraft erforderlichen Bedingungen erfüllt;

2. ob nach diesen Gesetzen die Entscheidung rechtskräftig ist.

---

*) Anm. d. Verf.: Zu vgl. Art. 2 der AusfVO. unter e nachstehend.

(3) Zum Nachweis dieser Erfordernisse ist eine Bescheinigung des Präsidenten des zuständigen Landgerichts (Gerichtshof erster Instanz) oder, wenn das entscheidende Gericht höherer Ordnung ist, des Präsidenten dieses Gerichts ausreichend, daß die Entscheidung rechtskräftig ist.

(4) Dem Antrage ist eine Übersetzung des entscheidenden Teils der Entscheidung sowie der im Abs. 3 erwähnten Bescheinigung in die offizielle Sprache des ersuchten Staates beizufügen. Die Übersetzungen sind durch den diplomatischen oder konsularischen Vertreter des ersuchenden oder ersuchten Staates oder durch einen Richter des ersuchenden Staates zu beglaubigen.

Artikel 5.

Die Angehörigen des einen Staates werden im anderen Staate zum Armenrecht unter denselben Bedingungen wie die Landesangehörigen zugelassen.

Artikel 6.

(1) Die Bescheinigung des Unvermögens muß von den Behörden des gewöhnlichen Aufenthaltsortes des Antragstellers oder in Ermangelung eines solchen von den Behörden seines derzeitigen Aufenthaltsortes ausgestellt sein.

(2) Hält sich der Antragsteller nicht in einem der beiden Staaten auf, so ist die Bescheinigung des für den Antragsteller zuständigen diplomatischen oder konsularischen Vertreters seines Staates ausreichend.

Artikel 7.

(1) Die zur Ausstellung der Bescheinigung über das Unvermögen zuständige Behörde kann bei den Behörden des anderen Staates Auskünfte über die Vermögenslage des Antragstellers einziehen.

(2) Die Behörde, die über den Antrag auf Bewilligung des Armenrechts zu entscheiden hat, behält in den Grenzen ihrer Amtsbefugnisse das Recht, die Bescheinigungen und Auskünfte einer Nachprüfung zu unterziehen.

(3) Ist einem Angehörigen des einen Staates von der zuständigen Behörde das Armenrecht bewilligt, so soll ihm dieses Recht auch in allen Prozeßhandlungen einschließlich der zur Vollstreckungsinstanz gehörigen zustehen, die sich auf denselben Rechtsstreit beziehen und vor den Gerichten des anderen Staates auf Grund des ersten und zweiten Abschnittes dieses Vertrages vorgenommen werden.

Artikel 8.

Die oberste Justizverwaltungsbehörde jedes Staates — im Deutschen Reiche das Reichsministerium der Justiz, in Polen das Justizministerium — erteilt auf ein Ersuchen der obersten Justizverwaltungsbehörde des anderen Staates, das im diplomatischen Wege weiterzuleiten ist, Auskunft über das in ihrem Staate geltende Recht.

Zweiter Abschnitt.

Rechtshilfe in bürgerlichen Angelegenheiten.

Artikel 9*).

(1) In bürgerlichen Rechtsstreitigkeiten und Angelegenheiten der freiwilligen Gerichtsbarkeit erfolgt die Zustellung von Schriftstücken und die Erledigung von Rechtshilfeersuchen im unmittelbaren Geschäftsverkehr der Behörden der beiden Staaten.

(2) Für die Absendung von Zustellungsanträgen und Rechtshilfeersuchen sind alle gerichtlichen Behörden, für ihre Entgegennahme sind auf seiten des Deutschen Reichs nur die Landgerichtspräsidenten, auf seiten Polens nur die Präsidenten der Gerichtshöfe erster Instanz zuständig. Die in Erledigung der Zustellungsanträge und Rechtshilfeersuchen entstandenen Schriftstücke werden der ersuchenden Behörde unmittelbar übersandt.

(3) Im Falle der örtlichen Unzuständigkeit der ersuchten Behörde ist das Ersuchen von Amts wegen an die zuständige Behörde abzugeben und die ersuchende Behörde hiervon unverzüglich zu benachrichtigen.

Artikel 10.

(1) Zustellungsanträge und Ersuchungsschreiben sind in der offiziellen Sprache des ersuchenden Staates abzufassen. Sie haben die ersuchende Behörde sowie den Namen und

---

*) Anm. d. Verf.: S. Art. 1 der AusfVO. unter e und die dahinter abgedruckte AV. vom 27. Mai 1926.

die Stellung der Parteien anzugeben. Zustellungsanträge haben außerdem die Anschrift des Empfängers und die Art des zuzustellenden Schriftstücks zu bezeichnen.

(2) Für Zustellungsanträge werden die von den beiden Regierungen einander mitzuteilenden doppelsprachigen Formulare benutzt.

Artikel 11.

(1) Für die Zustellung hat die zuständige Behörde des ersuchten Staates Sorge zu tragen. Diese Behörde kann sich, abgesehen von den im Abs. 2 vorgesehenen Fällen, darauf beschränken, die Zustellung durch Übergabe des Schriftstücks an den Empfänger zu bewirken, sofern er zur Annahme bereit ist.

(2) Auf Wunsch der ersuchenden Behörde hat die ersuchte Behörde das zuzustellende Schriftstück, wenn es in der offiziellen Sprache des ersuchten Staates abgefaßt oder von einer Übersetzung in dieser Sprache begleitet ist, in der durch ihre innere Gesetzgebung für die Bewirkung gleichartiger Zustellungen vorgeschriebenen Form oder in einer besonderen Form zuzustellen, sofern diese ihrer Gesetzgebung nicht zuwiderläuft.

(3) Hinsichtlich der Beglaubigung der Übersetzungen finden die Vorschriften des Artikel 4 Abs. 4 Anwendung.

Artikel 12.

(1) Die Zustellung wird nachgewiesen entweder durch ein mit Datum versehenes und beglaubigtes Empfangsbekenntnis des Empfängers oder durch ein Zeugnis der ersuchten Behörde, aus dem sich die Tatsache, die Form und die Zeit der Zustellung ergeben.

(2) Ist das zuzustellende Schriftstück in zwei gleichen Stücken übermittelt worden, so soll das Empfangsbekenntnis oder das Zeugnis auf eines der beiden Stücke gesetzt oder damit verbunden werden.

Artikel 13.

Jeder der beiden Staaten hat die Befugnis, Zustellungen an eigene Staatsangehörige, die sich im Gebiete des anderen Staates befinden, durch seine diplomatischen oder konsularischen Vertreter ohne Anwendung von Zwang bewirken zu lassen.

Artikel 14.

(1) Die Gerichtsbehörde, an die das Rechtshilfeersuchen gerichtet wird, ist verpflichtet, ihm zu entsprechen und dabei dieselben Zwangsmittel anzuwenden, wie bei der Erledigung eines Ersuchens der eigenen Behörden oder eines zum gleichen Zwecke gestellten Antrages einer beteiligten Partei. Die Zwangsmittel brauchen nicht angewendet zu werden, wenn es sich um das persönliche Erscheinen streitender Parteien handelt*).

(2) Die ersuchende Behörde ist auf ihr Verlangen von der Zeit und dem Orte der auf das Ersuchen vorzunehmenden Handlung zu benachrichtigen, damit die beteiligte Partei in der Lage ist, ihr beizuwohnen.

Artikel 15.

Rechtshilfeersuchen werden in der durch die Gesetzgebung des ersuchten Staates vorgeschriebenen Form erledigt. Jedoch ist dem Antrage der ersuchenden Behörde, daß nach einer besonderen Form verfahren werde, zu entsprechen, wenn diese Form der Gesetzgebung des ersuchten Staates nicht zuwiderläuft.

Artikel 16.

Zustellungsanträge und Rechtshilfeersuchen können nur abgelehnt werden, wenn der Staat, in dessen Gebiet sie erledigt werden sollen, sie für geeignet hält, seine Hoheitsrechte oder seine Sicherheit zu gefährden.

Artikel 17.

(1) Für die Erledigung von Zustellungsanträgen und Rechtshilfeersuchen werden Gebühren und Auslagen irgendwelcher Art mit Ausnahme der an Sachverständige gezahlten Entschädigungen nicht erhoben.

(2) Die ersuchte Behörde hat jedoch den Betrag der ihr erwachsenen Auslagen, die nach Abs. 1 vom ersuchenden Staate nicht zu erstatten sind, der ersuchenden Behörde mitzuteilen, damit diese sie von der zur Erstattung verpflichteten Person einziehen kann. Die eingezogenen Beträge behält der ersuchende Staat.

*) Anm. d. Verf.; z. vgl. § 380 ZPO.

Dritter Abschnitt.
Beglaubigung (Legalisation) von Urkunden.

Artikel 18.

(1) Urkunden, die von einem deutschen Landgericht oder einem polnischen Gerichtshof erster Instanz oder einem deutschen oder polnischen Gericht höherer Ordnung, von einer der obersten oder höheren deutschen oder polnischen Verwaltungsbehörden oder von einem obersten Verwaltungsgericht aufgenommen, ausgestellt oder beglaubigt und mit dem Siegel oder Stempel der Behörde versehen sind, bedürfen zum Gebrauch im Gebiete des anderen Staates keiner Beglaubigung (Legalisation).

(2) Für Urkunden, die von einem der in Abs. 1 nicht erwähnten deutschen oder polnischen Gerichte, einem Gerichtsvollzieher oder einem Grundbuchamt oder einer Hinterlegungsstelle (Depositenamt) oder einem deutschen oder polnischen Notar aufgenommen, ausgestellt oder beglaubigt sind, genügt zum Gebrauch im Gebiete des anderen Staates die Beglaubigung (Legalisation) durch den zuständigen Landesgerichtspräsidenten (Präsidenten des Gerichtshofs erster Instanz) unter Beifügung des Amtssiegels oder Amtsstempels. Das gleiche gilt für die von einem Gerichtsschreiber eines deutschen oder polnischen Gerichts aufgenommenen, ausgestellten oder beglaubigten Urkunden. Gehört der Gerichtsschreiber einem Gericht höherer Ordnung an, so erfolgt die Beglaubigung durch den Präsidenten dieses Gerichts.

Vierter Abschnitt.
Mitteilung standesamtlicher Urkunden.

Artikel 19.

(1) Die Behörden beider Staaten werden auf Antrag Auszüge aus den Registern für Geburten, Eheschließungen und Todesfälle oder beglaubigte Abschriften der Eintragung erteilen.

(2) Anträge von Behörden werden unmittelbar an die für die Registerführung zuständige oberste Verwaltungsbehörde des anderen Staates gerichtet. Hinsichtlich der Sprache der Ersuchungsschreiben finden die Bestimmungen des Artikel 10 Abs. 1 entsprechende Anwendung. Die ersuchte Registerbehörde übersendet die Urkunde unmittelbar an die ersuchende Behörde. Gebühren werden nicht erhoben, wenn der Antrag ausdrücklich im amtlichen Interesse gestellt wird.

(3) Privatpersonen können Anträge unmittelbar an die Registerbehörde des anderen Staates richten. Sie haben für die Erledigung keine höheren Gebühren zu zahlen als die Landesangehörigen. Legt ein Antragsteller eine Bescheinigung des Unvermögens gemäß Artikel 6 dieses Vertrags vor, so wird der Antrag gebührenfrei erledigt.

Fünfter Abschnitt.
Schlußbestimmungen.

Artikel 20.

Als offizielle Sprache im Sinne dieses Vertrags gilt für das Deutsche Reich die deutsche, für Polen die polnische Sprache.

Artikel 21.

(1) Die Deutsche und die Polnische Regierung werden sich die örtliche Gliederung ihrer Gerichte, der unter Artikel 18 fallenden Verwaltungsgerichte, obersten Verwaltungsbehörden und höheren Verwaltungsbehörden, der für die Ausführung des Artikel 19 zuständigen obersten Verwaltungsbehörde sowie deren Änderungen mitteilen.

(2) Das Verzeichnis der höheren Verwaltungsbehörden kann nur im Einverständnis beider Regierungen ergänzt werden.

Artikel 22.

Dieser Vertrag soll auch für den Fall in Wirksamkeit bleiben, daß Polen dem Haager Abkommen über den Zivilprozeß vom 17. Juli 1905 beitritt.

Artikel 23.

Mit dem Inkrafttreten dieses Vertrags verlieren die Bestimmungen des Artikel 4 des deutsch-polnischen Abkommens, betreffend die Überleitung der Rechtspflege im oberschlesischen Abstimmungsgebiet, vom 12. April 1922 ihre Geltung.

Artikel 24.

(1) Dieses Abkommen soll ratifiziert und die Ratifikationsurkunden sollen so bald wie möglich in Warschau ausgetauscht werden.

(2) Das Abkommen tritt zwei Monate nach dem Austausch der Ratifikationsurkunden in Kraft. Es kann von jedem der beiden Staaten ganz oder hinsichtlich einzelner Abschnitte gekündigt werden; es bleibt jedoch nach der Kündigung noch sechs Monate in Geltung."

c) **Deutsch-polnisches Vormundschaftsabkommen vom 5. März 1924.**

(RGBl. 1925 II S. 145).

„Das Deutsche Reich und die Republik Polen haben, von dem Wunsche geleitet, gemeinsame Bestimmungen zur Regelung der Vormundschaft über Minderjährige zu treffen, das nachstehende Abkommen abgeschlossen:

Artikel 1.

Für die Vormundschaft*) über einen Minderjährigen sind die Behörden des Staates zuständig, dem er angehört (Heimatstaat).

Artikel 2.

(1) Hat der Minderjährige seinen gewöhnlichen Aufenthaltsort in dem anderen Staate, so kann die Vormundschaft von den Behörden des Aufenthaltsortes angeordnet werden, wenn es im dringenden Interesse des Minderjährigen geboten ist.

(2) Von der Anordnung ist den Behörden des Heimatstaates Mitteilung zu machen.

Artikel 3.

Ist die Vormundschaft gemäß Artikel 2 angeordnet, so kann von den Behörden des Heimatstaates ihre Aufhebung verlangt und eine neue Vormundschaft auf Grund des Artikel 1 angeordnet werden.

Artikel 4.

Liegt Anlaß vor, für einen minderjährigen Angehörigen des anderen Staates die Vormundschaft anzuordnen, und beabsichtigen die Behörden des Aufenthaltsstaates nicht, diese Anordnung gemäß Artikel 2 zu treffen, so haben sie von dem Sachverhalt, sobald dieser ihnen bekannt wird, die Behörden des Heimatstaates zu benachrichtigen**).

Artikel 5.

(1) Die vormundschaftliche Verwaltung erstreckt sich auf die Person sowie auf das gesamte Vermögen des Minderjährigen, gleichviel an welchem Orte sich die Vermögensgegenstände befinden.

(2) Von dieser Regel sind solche Grundstücke ausgenommen, welche nach dem Gesetze der belegenen Sache einer besonderen Güterordnung unterliegen.

Artikel 6.

(1) Solange die Vormundschaft nicht angeordnet ist, sowie in allen dringenden Fällen können die zuständigen Ortsbehörden die Maßregeln treffen, die zum Schutze der Person und der Interessen eines minderjährigen Angehörigen des anderen Staates erforderlich sind.

(2) Von der Anordnung ist der zuständigen Behörde des Heimatstaates Mitteilung zu machen. Auf Erfordern der Behörden des Heimatstaates sind solche Maßregeln aufzuheben.

Artikel 7.

Die zuständige Heimatbehörde kann, wenn dies im Interesse des Minderjährigen liegt, die Vormundschaft auf die Behörde des anderen Staates mit deren Einverständnis gemäß den dafür geltenden Bestimmungen übertragen.

Artikel 8.

In den Fällen der Artikel 2 und 7 ist das Recht des Heimatstaates dafür maßgebend, wann und aus welchen Gründen eine Vormundschaft beginnt oder endigt. In allen übrigen Beziehungen finden die Gesetze des Staates Anwendung, von dessen Behörden die Vormundschaft geführt wird.

---

*) Anm. d. Verf.: Beginn und Ende der Vormundschaft in Polen s. JR. 1926 S. 78.
**) Betr. Vorm.-Abk. s. Anhang Ziff. 2.

Artikel 9.

Dieses Abkommen gilt nur für die Vormundschaft über Minderjährige, die Angehörige eines Vertragsstaates sind.

Artikel 10.

Auf die Mitteilungen, die nach diesem Vertrage von den Behörden des einen Staates den Behörden des anderen Staates zu machen sind, finden die Bestimmungen des deutsch-polnischen Vertrags über den Rechtsverkehr Anwendung.

Artikel 11.

In allen Fällen, in denen das gegenwärtige Abkommen auf das Heimatgesetz verweist, gilt in Polen die Gesetzgebung des Gebietes, welche nach polnischem Recht auf die betreffende Person Anwendung zu finden hat.

Artikel 12.

(1) Dieses Abkommen soll ratifiziert und die Ratifikationsurkunden sollen so bald wie möglich in Berlin ausgetauscht werden.

(2) Das Abkommen tritt zwei Monate nach dem Austausch der Ratifikationsurkunden in Kraft. Es kann von jedem der beiden Staaten gekündigt werden, bleibt jedoch nach der Kündigung noch sechs Monate in Geltung."

d) **Bekanntmachung über die Ratifikation und Ausführung der deutsch-polnischen Rechtsverträge vom 28. April 1926** (RGBl. 1926 II S. 237).

„1. Der am 5. März 1924 unterzeichnete Vertrag zwischen dem Deutschen Reiche und der Republik Polen über den Rechtsverkehr (Reichsgesetzbl. 1925 II S. 139) ist ratifiziert worden. Der Austausch der Ratifikationsurkunden hat am 31. März 1926 in Warschau stattgefunden.

2. Das am 5. März 1924 unterzeichnete deutsch-polnische Vormundschaftsabkommen (Reichsgesetzbl. 1925 II S. 139) ist ratifiziert worden. Der Austausch der Ratifikationsurkunden hat am 31. März 1926 in Berlin stattgefunden.

3. Die Deutsche und die Polnische Regierung haben einander in Ausführung des Artikel 10 Abs. 2 des Vertrags über den Rechtsverkehr die nachstehend abgedruckten doppelsprachigen Formulare für Zustellungsanträge mitgeteilt, die im Rechtshilfeverkehr verwendet werden*).

4. Die Polnische Regierung hat gemäß Artikel 21 Abs. 1 des Vertrags über den Rechtsverkehr folgende Übersichten der polnischen Behörden mitgeteilt, die unter Beifügung der entsprechenden deutschen Bezeichnungen gleichfalls abgedruckt werden:

a) Verzeichnis der polnischen Gerichte (Artikel 9 des Vertrags)**);

b) Verzeichnisse der polnischen Behörden, deren Urkunden in Deutschland keiner Beglaubigung bedürfen (Artikel 18 Abs. 1 des Vertrags), nämlich:

aa) der polnischen obersten und höheren Verwaltungsbehörden**),

bb) der polnischen obersten Verwaltungsgerichte**);

c) Verzeichnis der polnischen obersten Verwaltungsbehörden für die Führung der Standesregister (Artikel 19 Abs. 2 des Vertrags)**).

5. Die Polnische Regierung hat ferner in Ausführung von Nr. 2 des deutsch-polnischen Notenwechsels über den Rechtsverkehr in Strafsachen vom 16. Dezember 1925 (Reichsgesetzbl. 1926 II S. 89) ein Verzeichnis der polnischen Strafregisterbehörden mitgeteilt, das in Übersetzung nachstehend ebenfalls abgedruckt ist**)."

e) **Verordnung zur Ausführung des deutsch-polnischen Vertrags über den Rechtsverkehr vom 5. März 1924 (Reichsgesetzbl. 1925 II S. 139) vom 29. April 1926** (RGBl. 1926 II S. 249).

„Auf Grund des § 2 des Gesetzes wegen des deutsch-polnischen Vertrags über den Rechtsverkehr und wegen des deutsch-polnischen Vormundschaftsabkommens vom 19. März 1925 (Reichsgesetzbl. II S. 139) verordnet die Reichsregierung zur Ausführung des Vertrags über den Rechtsverkehr:

Artikel 1.

Für die Erledigung der im Artikel 9 des Vertrags vorgesehenen Rechtshilfeangelegenheiten ist das Amtsgericht zuständig, in dessen Bezirke die Amtshandlung vorgenommen werden soll.

---

*) Vgl. in Preußen das amtliche Formular Nr. 119.

**) Abgedruckt im Abschnitt VI dieses Werkes.

Artikel 2.

Die im Artikel 3 des Vertrags bezeichneten Kostenentscheidungen der polnischen Gerichte werden durch Beschluß des Amtsgerichts für vollstreckbar erklärt.

Örtlich zuständig ist das Gericht, bei dem der Kostenschuldner seinen allgemeinen Gerichtsstand hat, und in Ermangelung eines solchen das Gericht, in dessen Bezirke sich Vermögen des Kostenschuldners befindet oder die Vollstreckungshandlung vorzunehmen ist.

Artikel 3.

Ist der Antrag auf Vollstreckbarkeitserklärung auf diplomatischem Wege gestellt, so hat das Amtsgericht eine von Amts wegen zu erteilende Ausfertigung seines Beschlusses der Landesjustizverwaltung einzureichen; die Ausfertigung ist, sofern dem Antrag stattgegeben wird, mit der Vollstreckungsklausel zu versehen.

Ist der Antrag auf Vollstreckbarkeitserklärung durch die beteiligte Partei unmittelbar gestellt worden, so ist der Beschluß beiden Teilen von Amts wegen zuzustellen.

Artikel 4.

Gegen Beschlüsse, durch die der Antrag auf Vollstreckbarkeitserklärung abgelehnt wird, findet die Beschwerde nach Maßgabe der §§ 568 bis 571, 573 bis 575 der Zivilprozeßordnung statt. Die Beschwerde steht, sofern der Antrag auf diplomatischem Wege gestellt ist, dem Staatsanwalt, sofern er durch die beteiligte Partei unmittelbar gestellt worden ist, dem Antragsteller zu.

Gegen Beschlüsse, durch die dem Antrag auf Vollstreckbarkeitserklärung stattgegeben wird, steht dem Kostenschuldner die sofortige Beschwerde nach Maßgabe der §§ 568 bis 575, 577 der Zivilprozeßordnung zu.

Artikel 5.

Aus den für vollstreckbar erklärten Kostenentscheidungen findet die Zwangsvollstreckung gemäß den Vorschriften der Zivilprozeßordnung statt; die Vorschrift des § 798 findet entsprechende Anwendung.

Artikel 6.

Für die gerichtlichen Entscheidungen, die über den Betrag der Gerichtskosten nach Artikel 3 Abs. 2 des Vertrags zur Herbeiführung der Vollstreckbarkeitserklärung in der Republik Polen zu erlassen sind, ist das Gericht der Instanz zuständig; die Entscheidungen ergehen auf Antrag der für die Beitreibung der Gerichtskosten zuständigen Behörde.

Gegen die Entscheidung findet sofortige Beschwerde nach Maßgabe der §§ 568 bis 575, 577 der Zivilprozeßordnung statt. Die Einlegung kann durch Erklärung zum Protokoll des Gerichtsschreibers oder schriftlich ohne Mitwirkung eines Anwalts erfolgen. Die von einem Oberlandesgerichte getroffene Entscheidung unterliegt der Anfechtung nicht.

Artikel 7.

Für eine Zustellung in der Republik Polen, die von dem darum ersuchten diplomatischen oder konsularischen Vertreter des Reichs gemäß Artikel 13 des Vertrags unmittelbar bewirkt wird, beträgt die Gebühr 1,50 Reichsmark.

Artikel 8.

Die für die Erhebung von Auslagen geltenden reichs- und landesrechtlichen Vorschriften finden auf die gemäß Artikel 17 Abs. 2 des Vertrags von der ersuchten polnischen Behörde mitgeteilten Auslagen entsprechende Anwendung."

AV. d. JM. vom 27. Mai 1926 — JMBl. S. 206 — über den Rechtsschutz und die Rechtshilfe in bürgerlichen Angelegenheiten im Verkehr mit Polen (I. Fr. 1015).

AV. vom 2. Juni 1921 (JMBl. S. 331), vom 3. Juli 1922 (JMBl. S. 252) und vom 27. Febr. 1923 (JMBl. S. 167); RV. vom 25. März 1920 (I. 4599), vom 5. Juli 1920 (I. 5314) und vom 22. Dez. 1920 (I. 7013).

„1. Die Urkunden über die Ratifikation des deutsch-polnischen Vertrages vom 5. März 1924 über den Rechtsverkehr — RGBl. 1925 II S. 139 — sind am 31. März 1926 ausgetauscht worden — RGBl. 1926 II S. 237 —; der Vertrag tritt demgemäß am 1. Juni 1926 in Kraft. Mit diesem Tage verlieren die Bestimmungen des Art. 4 des deutsch-polnischen Abkommens, betr. die Überleitung der Rechtspflege im oberschlesischen Abstimmungsgebiet vom 12. April 1922 — RGBl. II S. 550 — ihre Geltung.

Die bisherigen Rechtshilfevorschriften der Ziff. III der AV. vom 2. Juni 1921 und der AV. vom 27. Febr. 1923 sowie der RV. vom 25. März, vom 5. Juli und vom 22. Dez. 1920 werden mit Wirkung vom 1. Juni 1926 aufgehoben. Die AV. vom 3. Juli 1922 über Gewährung des Armenrechts wird mit dem gleichen Tage gegenstandslos.

2. Für die Ersuchen um Übermittelung von Urkunden, die für Personen im Gebiete der Republik Polen bestimmt sind (Zustellungsanträge), ist der »Vordruck Nr. 119, Zustellungsersuchen nach Polen« eingeführt worden. Der Vordruck ist von der Druckerei des Strafgefängnisses in Tegel zu beziehen.

In dem Formular ist als ersuchte Behörde das aus dem Verzeichnis der Gerichte der Republik Polen (RGBl. 1926 II S. 240) ersichtliche, zur Erläuterung in Klammern als Amtsgericht bezeichnete, für die Erledigung des Ersuchens örtlich zuständige polnische Gericht einzurücken.

3. Die von den preußischen Gerichten ausgehenden und nach Art. 9 Abs. 2 des Vertrages unter der Anschrift des zuständigen Präsidenten des polnischen Gerichtshofs erster Instanz — in dem Verzeichnis der Gerichte der Republik Polen (vgl. oben Ziff. 2 Abs. 2) zur Erläuterung in Klammern als Landgericht bezeichnet — unmittelbar abzusendenden Zustellungsanträge und Rechtshilfeersuchen sind, soweit sie von dem Vorsitzenden einer Kammer oder einem Einzelrichter des Landgerichts oder einem Amtsgericht ausgehen, vor Absendung gemäß § 4 RHV. dem Landgerichtspräsidenten zur Prüfung vorzulegen, ob gegen die Absendung Bedenken bestehen.

Auf Grund von Art. 16 des Vertrages schließe ich Ersuchen um förmliche Zustellung von Urkunden (Klagen, Streitverkündungen usw.), die für den polnischen Staat (polnischen Staatsfiskus) selbst bestimmt sind, von der unmittelbaren Übersendung aus. Derartige Ersuchen sind mir vom Landgerichtspräsidenten nach Prüfung mit Begleitschreiben zur Weiterleitung auf diplomatischem Wege vorzulegen.

Die Verwaltungsgebührenordnung vom 3. Febr. 1925 — JMBl. S. 52 — wird bei dieser Gelegenheit in Erinnerung gebracht (vgl. B lfde. Nr. 6 des Tarifs).

4. Die Landgerichtspräsidenten haben die bei ihnen eingehenden polnischen Zustellungsanträge und Rechtshilfeersuchen vor Weitergabe an das für die Erledigung zuständige Gericht daraufhin zu prüfen, ob ihrer Erledigung Bedenken auf Grund von Art. 16 des Vertrages (Gefährdung staatlicher Hoheitsrechte oder Staatssicherheit) entgegenstehen; bejahendenfalls sind sie zunächst mir mit Begleitbericht vorzulegen. Unbeschadet dieser verwaltungsmäßigen Prüfungspflicht haben auch die für die Erledigung zuständigen Amtsgerichte (vgl. Art. 1 der Verordnung vom 29. April 1926 zur Ausführung des deutsch-polnischen Vertrages über den Rechtsverkehr — RGBl. II S. 249 —) dies zu prüfen und gegebenenfalls mir das Ersuchen durch den Landgerichtspräsidenten mit Begleitbericht zur Entscheidung vorzulegen.

Eingehende Anträge auf förmliche Zustellung von Urkunden (Klagen, Streitverkündungen usw.) an das Reich oder ein deutsches Land (Reichs- oder Landesfiskus) sind zunächst mir mit Begleitbericht vorzulegen. Im übrigen wird auf Abschn. A IV der AV. vom 11. März 1922 — JMBl. S. 83 — verwiesen.

5. Wird die Ausführung eines polnischen Zustellungsantrages oder Rechtshilfeersuchens aus einem anderen als zu 4 angegebenen Grunde abgelehnt, so hat die Rücksendung nicht gemäß Art. 9 Abs. 2 Satz 2 unmittelbar an die ersuchende polnische Behörde zu erfolgen, sondern die Vorgänge sind mir, zur Rücksendung vollständig vorbereitet, mit Begleitbericht durch den Landgerichtspräsidenten mit dessen Stellungnahme zur endgültigen Entscheidung vorzulegen.

6. Für die Erledigung von Zustellungsanträgen und Rechtshilfeersuchen sind Gebühren und Auslagen irgendwelcher Art mit Ausnahme der an Sachverständige gezahlten Entschädigungen von dem ersuchenden Staate nicht zu zahlen. Die ersuchte Gerichtsbehörde hat jedoch den Betrag derjenigen Auslagen, die von dem ersuchenden Staat nicht zu erstatten sind, dem ersuchenden Gericht bei Rückleitung der Erledigungsvorgänge mitzuteilen, damit dieses sie von der zur Erstattung verpflichteten Person einziehen kann (Art. 17 des Vertrages).

Die preußischen Gerichte haben für diese Mitteilung folgendes Muster zu verwenden:

Amtsgericht ...., den .... 192 ....

....

(Deutsches Aktenzeichen)

An

....

..............(Polen)

Für die Erledigung des mit Schreiben vom .... 192 ... .

(Polnisches Aktenzeichen)

übersandten — Zustellungsantrages — Rechtshilfeersuchens — in Sachen ....
.... könnten nach den deutschen Vorschriften von der zur Erstattung verpflichteten Person folgende Auslagen eingezogen werden:

Gemäß § ..... Ziff. ....GKG. ....RM.

Dies wird zufolge Art. 17 Abs. 2 des deutsch-polnischen Vertrages über den Rechtsverkehr mitgeteilt.

(Stempel) ....

(Unterschrift)

....

(Amtsbezeichnung)

Als Auslagen sind nur solche Beträge anzugeben, die nach den bestehenden reichsrechtlichen und preußischen Kostenvorschriften (§ 72 D.GKG. und § 109 Pr.GKG.) erhoben werden können.

Gehen von den polnischen Gerichten Mitteilungen dieser Art über die Kosten ein, so ist hinsichtlich ihrer Einziehung nach Art. 8 der VO. vom 29. April 1926 zur Ausführung des deutsch-polnischen Vertrages über den Rechtsverkehr — RGBl. 1926 II S. 249 — zu verfahren.

7. Die von preußischen Gerichtsbehörden ausgehenden Zustellungsanträge und Rechtshilfeersuchen sowie die für die ersuchende polnische Behörde bestimmten Begleitschreiben, mit denen die in Erledigung polnischer Zustellungsanträge und Rechtshilfeersuchen entstandenen Schriftstücke zurückgesandt werden, sind stets von einem richterlichen Beamten unterschriftlich zu vollziehen."

RV. d. JM. vom 12. Juli 1926 — I. Fr. 1039 —:

„Dem im RGBl. 1926 S. 240ff. veröffentlichten Verzeichnis der Gerichte der Republik Polen sind die früheren amtlichen oder sonst allgemein gebräuchlichen deutschen Ortsbezeichnungen beigefügt. Dies bezweckt lediglich die Aufklärung der deutschen Behörden über die örtliche Lage der polnischen Justizbehörden.

Nach hier vorliegenden Mitteilungen wird eine Verpflichtung zur Erledigung deutscher Ersuchen, die gemäß dem deutsch-polnischen Vertrage vom 5. März 1924 über den Rechtsverkehr — RGBl. 1925 II S. 139 — und dem deutsch-polnischen Notenwechsel vom 16. Dezember 1925 über Rechtshilfeverkehr in Strafsachen und Veröffentlichung von Fahndungsersuchen — RGBl. 1926 II S. 89 — an polnische Gerichts- und sonstige Behörden gerichtet werden, polnischerseits nur anerkannt, wenn bei der Bezeichnung polnischer Behörden ausschließlich die polnischen Behörden- und Ortsnamen ohne jeglichen deutschen Zusatz, auch auf den Außenumschlägen, gebraucht werden (also z. B. nur Sad Powiatowy Chojnice, nicht Sad Powiatowy Chojnice [Konitz] oder Kreisgericht Chojnice [Konitz] oder Sad Powiatowy Konitz oder Kreisgericht [Konitz] und bei Übersendung eines deutschen Zustellungsantrages oder Rechtshilfeersuchens gemäß Art. 9 Abs. 2 Satz 1 der Vertrages nur „An den Präsidenten des Sad Okregowy Chojnice"). Doch wird auf den Außenumschlägen zur richtigen postalischen Leitung die Zufügung des Wortes „Polen" in deutscher Schrift empfohlen."

AV. d. JM. vom 28. Sept. 1926 — JMBl. S. 358 — betr. Beschaffung deutscher Übersetzungen der von polnischen Gerichtsbehörden ausgehenden Schreiben im deutsch-polnischen Rechtsverkehr (I. Fr. 1733).

„Gesetz wegen des deutsch-polnischen Vertrags über den Rechtsverkehr und wegen des deutsch-polnischen Vormundschaftsabkommens vom 19. März 1925 (RGBl. II S. 139) und Bekanntmachung über den deutsch-polnischen Rechtshilfeverkehr in Strafsachen und über die Veröffentlichung von Fahndungsersuchen im deutschen und polnischen Fahndungsblatt vom 2. Jan. 1926 (RGBl. II S. 89); AV. vom 10. April 1926 — JMBl. S. 147 — und vom 27. Mai 1926 — JMBl. S. 206 —.

Die Beschaffung deutscher Übersetzungen polnischer Zustellungsanträge in bürgerlichen Angelegenheiten wird sich in der Regel mit Rücksicht darauf erübrigen, daß die polnischen Gerichtsbehörden gemäß Art. 10 Abs. 2 des deutsch-polnischen Vertrags über den Rechtsverkehr für Zustellungsanträge das im RGBl. 1926 Teil II S. 239 abgedruckte doppelsprachige Formular zu verwenden haben. Aus dem Inhalt des ausgefüllten Formulars, insbesondere aus der Bezeichnung der Art des zuzustellenden Schriftstücks und der Parteibezeichnung wird sich auch in der Mehrzahl der Fälle entnehmen lassen, ob, insbesondere im Hinblick auf die durch Ziff. 4 der AV. vom 27. Mai 1926 angeordnete verwaltungsmäßige Prüfung, eine Übersetzung des zuzustellenden Schriftstücks und etwaiger Anlagen von Amts wegen herbeizuführen ist.

Dagegen werden polnische Zustellungsanträge in Strafsachen sowie polnische Rechtshilfeersuchen, soweit sie in polnischer Sprache abgefaßt sind (vgl. Art. 10 Abs. 1 Satz 1 und Art. 20 des deutsch-polnischen Vertrags über den Rechtsverkehr, Art. 10 des deutsch-polnischen Vormundschaftsabkommens und Ziff. 4 des Notenwechsels über den deutsch-polnischen Rechtshilfeverkehr in Strafsachen), zum Zwecke ihrer sachgemäßen Erledigung in der Regel in die deutsche Sprache zu übersetzen sein.

Soweit Übersetzungen in die deutsche Sprache erforderlich sind, haben die Landgerichtspräsidenten und die Oberstaatsanwälte bei Gelegenheit der durch Abschn. II der AV. vom 10. April 1926 und Ziff. 4 der AV. vom 27. Mai 1926 angeordneten verwaltungsmäßigen Vorprüfung für ihre Beschaffung Sorge zu tragen. Die hierdurch entstehenden Kosten sind als eigene Verwaltungskosten*) und nicht etwa als an „Sachverständige" gezahlte Entschädigungen zu behandeln; eine Mitteilung ihrer Höhe an die ersuchende polnische Gerichtsbehörde gemäß Art. 17 Abs. 2 des deutsch-polnischen Vertrags über den Rechtsverkehr findet nicht statt."

GV. d. MfV. u. d. JM. vom 11. April 1927 — JMBl. S. 146 — über Geltendmachung von Unterhaltsansprüchen unehelicher Kinder in Polen (MfV. III. F. 709, JM. I. 12520).

„Zur Kenntnis gebracht wird folgendes

Merkblatt für die Geltendmachung von Unterhaltsansprüchen unehelicher Kinder in Polen.

I. In den ehemals preußischen und den ehemals österreichischen Gebietsteilen ist der beim Übergang der Staatshoheit vorhanden gewesene Rechtszustand bestehen geblieben.

II. In den ehemals russischen Gebietsteilen gilt das Bürgerliche Gesetzbuch für das (ehemalige) Königreich Polen von 1825 und das Russische Gesetz vom 3. Juni 1902 in der Fassung des Sondergesetzes vom 13. Mai 1913, betr. die Verbesserung der Lage der unehelichen Kinder usw.

1. Zuständig für die Unterhaltsklage sind im allgemeinen die Landgerichte, da als Streitwert das Zehnfache der geforderten Jahresrente festgesetzt wird und diese Summe stets mehr als 1000 Zloty betragen wird.

2. Die Bestellung eines besonderen Vertreters für die Klageerhebung ist nicht erforderlich.

3. Beizufügen sind der Klageschrift: Armutszeugnis, Geburtsschein des Kindes und etwaige schriftliche Beweise der Vaterschaft. Mangels anderer Beweise kann die Vaterschaft gegebenenfalls durch Zeugen nachgewiesen werden, deren Vernehmung im ersten

*) Anm. d. Verf.: Verrechnung auf Kap. 74, Titel 26, Abt. 5. Zur Anweisung ist der Urkundsbeamte nicht zuständig (AV. vom 28. Sept. 1926, letzter Absatz — und § 111 Abs. 3 HV. in der Fassung der AV. vom 14. Sept. 1914 — JMBl. S. 709 —); bei Benutzung des Formulars ORK 116 ist daher stets der linke Teil zu benutzen.

Punkte des Klageantrags zu beantragen wäre. Die Mutter kann als Partei nicht Zeuge sein. Parteieid ist unzulässig. Die Einrede des Mehrverkehrs ist zugelassen. Als Empfängniszeit gilt der 306. bis 180. Tag vor der Geburt des Kindes. Die Höhe des Unterhaltsbeitrags richtet sich nach der Vermögenslage des Beklagten und der gesellschaftlichen Stellung der Mutter. Der Vater hat diesen Betrag, wenn das Kind bedürftig ist, bis zur Volljährigkeit des Kindes oder bis zur Verheiratung der minderjährigen Tochter zu leisten. Daneben ist zu berücksichtigen, zu welchem Betrage die Mutter zu den Unterhaltskosten beitragen kann. Der einmal festgesetzte Betrag des Unterhalts für das Kind kann, entsprechend den veränderten Umständen, erhöht oder herabgesetzt werden. Die bedürftige Mutter hat Anspruch auf Erstattung der Entbindungs- und Wochenbettkosten, jedoch kann das Verlangen nur bis zum Ablauf eines Jahres seit der Entbindung gestellt werden; sie hat ferner Anspruch auf eigenen Unterhalt, wenn sie bedürftig und nicht erwerbsfähig ist. Der Anspruch auf Unterhaltsleistung verjährt nach Aufhören der Unterhaltspflicht; rückständige Unterhaltsbeiträge können nur für ein Jahr nachgefordert werden.

4. Der Klageantrag wird zweckmäßig gerichtet auf Verurteilung des Beklagten, an die Klägerin für ihr Kind N. N. und für sie als Unterhalt je . . . Zloty monatlich zahlbar und im voraus, beginnend von der Geburt, zu bezahlen, nebst den gesetzlichen Verzugszinsen sowie den Prozeß- und Gerichtskosten. Ferner ist zu beantragen: vorläufige Vollstreckbarkeit, Verhandlung auch in Abwesenheit der Klägerin und Bewilligung des Armenrechts.

5. Unter Zustimmung des Vormundschaftsrats können die Parteien eine einmalige Abfindung vereinbaren. Eine solche kann mit Rücksicht auf die etwaige Schwierigkeit und Langwierigkeit der Prozeßführung empfehlenswert sein.

III. Nach dem deutsch-polnischen Vertrag über den Rechtsverkehr vom 5. März 1924 (RGBl. 1925 II S. 139, 1926 II S. 237) haben die Angehörigen des einen Staates allgemein Anspruch darauf, vor den Gerichten im gesamten Gebiete des anderen Staates zum Armenrecht unter den gleichen Bedingungen wie die Landesangehörigen zugelassen zu werden; auch sind sie von der Sicherheitsleistung wegen der Prozeßkosten befreit (Art. 5 ff. 2).

IV. Nach dem am 13. Nov. 1926 in Kraft getretenen Polnischen Gesetze vom 2. Aug. 1926, betreffend das für internationale Privatverhältnisse geltende Recht (Internationales Privatrecht), wird das Verhältnis eines unehelichen Kindes zu seiner Mutter nach dem Rechte desjenigen Staates beurteilt, dem die Mutter und das Kind angehören; sollten jedoch später für die Mutter und für das Kind verschiedene und abweichende Rechte anzuwenden sein, so gilt das zuletzt gemeinschaftliche Recht (Art. 20). Für die Feststellung der unehelichen Vaterschaft, der gegenseitigen Rechte und Pflichten des Vaters und des Kindes sowie des Vaters und der Mutter ist das Recht desjenigen Staates maßgebend, dem die Mutter und das Kind zur Zeit der Geburt des Kindes angehört haben (Art. 21 Abs. 1). Haben zu dieser Zeit sowohl der uneheliche Vater als auch die Mutter ihren Wohnsitz in Polen, so ist das in Polen geltende einschlägige Recht anzuwenden, wenn es für das Kind vorteilhafter ist (Art. 21 Abs. 2).

V. Nach dem am 13. Nov. 1926 in Kraft getretenen Polnischen Gesetze vom 2. Aug. 1926, betr. das für die inneren privaten Verhältnisse geltende Recht (Interterritoriales Privatrecht), wird das Verhältnis eines unehelichen Kindes zu seiner Mutter nach demjenigen Rechte bewertet, dem die Mutter und das Kind hinsichtlich ihrer Person unterstehen; sollten jedoch später für die Mutter und das Kind verschiedene und abweichende Rechte anzuwenden sein, so gilt das zuletzt gemeinschaftliche Recht (Art. 20). Für die Feststellung der unehelichen Vaterschaft, der gegenseitigen Rechte und Pflichten des Vaters und des Kindes sowie des Vaters und der Mutter gilt dasjenige Recht, welchem die Mutter und das Kind zur Zeit der Geburt des Kindes unterstehen. Das Recht des unehelichen Vaters ist jedoch dann anzuwenden, wenn es für das Kind vorteilhafter ist."

Nachstehendes Merkblatt über die Aufwertung von Sparkassenguthaben in Polen — Stand März 1926 — wird hiermit zur Kenntnis, insbesondere der Vormundschaftsgerichte, gebracht — z. vgl. JMBl. 1926 S. 203 —:

„Einlagen, die nach dem **31. Dez. 1922** gemacht sind, werden nicht aufgewertet. Die Aufwertung der früheren findet auf Grund ziemlich komplizierter Feststellungen statt. Zunächst wird das Vermögen der Sparkasse unter Aufsicht der Behörden festgestellt. Der Maßstab für die Aufwertung richtet sich danach, wie die eingezahlten Guthaben bei der Sparkasse angelegt worden sind. Die Aufwertung bei den einzelnen Sparkassen wird demnach verschieden sein. Eine Mindestgrenze, wie sie das neue deutsche Aufwertungsgesetz in

Höhe von 12½ v. H. vorschreibt, ist nicht bestimmt. Im allgemeinen rechnet man in Polen mit einem niedrigeren Aufwertungssatz.

Die Frage, ob bei den polnischen Sparkassen eine höhere Aufwertung der als mündelsicherer angelegten Spareinlagen erfolgen wird, ist noch nicht entschieden.

Da die Berechnung der Aufwertungsquoten noch längere Zeit dauert, ist mit einer Auszahlung der aufgewerteten Guthaben für die nächste Zeit kaum zu rechnen.

Eine Frist zur Anmeldung von Sparkassenforderungen ist bisher nicht festgesetzt.

Eine deutsche Übersetzung der polnischen Aufwertungsverordnungen, kommentiert von Rechtsanwalt Spitzer, ist bereits in 6. Auflage erschienen im Verlage von A. Dittmann in Bromberg (jetzt Bydgoszcz); Preis 2 Zloty. Diese Druckschrift ist auch erhältlich bei der Buchhandlung Bahr in Berlin, Linkstraße, zum Preise von 2 RM.

Eine eingehende Besprechung über „Das polnische Aufwertungsrecht unter besonderer Berücksichtigung der Aufwertung der deutschen Forderungen in Polen" von Gerichtsassessor Dr. jur. et rer. pol. Bredfeldt, Berlin, ist veröffentlicht in der Berliner Zeitschrift „Sparkasse", Nr. 23 vom 15. Dez. 1925 und Nr. 3 vom 1. Febr. 1926. Abdrucke sind erhältlich im Verlage Berlin C 19, Gertraudenstr. 16/17.

Die Schaffung einer besonderen Stelle in Posen zur Wahrnehmung der Interessen deutscher Aufwertungsgläubiger ist ins Auge gefaßt. Sobald die weiteren Einzelheiten festgelegt worden sind, wird Näheres in der Presse bekanntgegeben werden.

Es wird sich empfehlen, daß die deutschen Spargläubiger von Zeit zu Zeit sich unmittelbar an diese Stelle wenden, um den Zeitpunkt der Auszahlung der Aufwertungsbeträge zu erfahren."

Familiengüterabkommen.

Auf Grund des Artikel 3 § 9 und des Artikel 4 § 6 des deutsch-polnischen Abkommens, betreffend die Überleitung der Rechtspflege, vom 20. Sept. 1920 (RGBl. S. 2043), sowie auf Grund des Artikel 3 § 9 und des Artikel 5 § 6 des deutsch-polnischen Abkommens, betreffend die Überleitung der Rechtspflege im oberschlesischen Abstimmungsgebiete, vom 12. April 1922 (RGBl. II S. 550) ist am 16. Dez. 1925 das deutsch-polnische Familiengüterabkommen zur Regelung der Rechtsverhältnisse der fideikommissarisch gebundenen Vermögen, soweit diese sich teils in Preußen, teils in Polen befinden, abgeschlossen worden.

Das Abkommen ist veröffentlicht im RGBl. 1926 II S. 94 ff. Es tritt 2 Monate nach Unterzeichnung in Kraft, das ist am 16. Februar 1926 (z. vgl. AV. vom 13. Febr. 1926 — JMBl. S. 65 —, in der auch die Ausf.-Bestimmungen enthalten sind).

Übereinkommen vom 16. Dez. 1925 — RGBl. 1926 II S. 89 — über den deutsch-polnischen Rechtshilfeverkehr in Strafsachen und über die Veröffentlichung von Fahndungsersuchen.

„I. Rechtshilfeverkehr.

1. Für Ersuchen um Zustellung von Schriftstücken, um Vornahme von Untersuchungshandlungen, um Auskunft aus dem Strafregister und um Ausantwortnng von Gegenständen, die als Beweismittel für die Untersuchung von Bedeutung sein können, wird der unmittelbare Geschäftsverkehr zwischen den Gerichtsbehörden der beiden Staaten zugelassen.

Eine Übersicht der Einteilung der Gerichtsbehörden ist in Ausführung des deutsch-polnischen Vertrags über den Rechtsverkehr vom 5. März 1924 veröffentlicht (zu vgl. Abschn. VI).

2. Für die Absendung von Rechtshilfeersuchen dieser Art sind alle Gerichtsbehörden zuständig.

Für die Entgegennahme der Rechtshilfeersuchen sind im Deutschen Reiche die Ersten Beamten der Staatsanwaltschaft bei den Landgerichten, in Polen die Präsidenten der Gerichtshöfe erster Instanz (Sad Okregowy) zuständig. Soweit es sich um Auskunft aus dem Strafregister handelt, werden die Ersuchen unmittelbar an die Strafregisterbehörde*) gerichtet.

*) Anm. d. Verf.: s. AV. vom 27. Dez. 1926 — JMBl. S. 435 — und wegen der zuständigen Gerichte Abschnitt VI dieses Werkes.

3. Die in Erledigung der Ersuchen entstandenen Schriftstücke werden der ersuchenden Behörde unmittelbar übersandt.

4. Die Rechtshilfeersuchen werden von den deutschen Gerichtsbehörden in deutscher Sprache und können von den polnischen Gerichtsbehörden in polnischer Sprache abgefaßt werden.

5. Rechtskräftige auf Strafe lautende Entscheidungen, die von den Behörden des einen Staates gegen Angehörige des andern Staates ergehen, werden dem andern Staate durch Übersendung einer Abschrift des für das Strafregister bestimmten Auszugs der Entscheidung (Strafnachricht, Strafkarte) mitgeteilt. Der Austausch erfolgt durch Vermittlung des Reichsministers der Justiz in Berlin und des Polnischen Justizministeriums in Warschau.

Diese Bestimmung findet keine Anwendung, wenn nach den für die entscheidende Behörde geltenden Vorschriften die Verurteilung in das Strafregister nicht aufgenommen wird.

In gleicher Weise und in gleichem Umfang werden weitere Entscheidungen mitgeteilt, die sich auf eine in Abs. 1 bezeichnete Verurteilung beziehen.

6. Auf Ersatz der durch Gewährung der Rechtshilfe und durch Mitteilung der Strafnachrichten entstandenen Kosten wird beiderseits verzichtet. Die an Sachverständige gezahlten Entschädigungen werden jedoch erstattet.

7. Die Bestimmungen der deutsch-polnischen Abkommen zur Überleitung der Rechtspflege vom 20. Sept. 1920 und vom 12. April 1922 bleiben unberührt.

II. Fahndungsersuchen.

1. Die Gerichtsbehörden des einen Staates können zur Vorbereitung der Auslieferung die Schriftleitung des in dem andern Staate erscheinenden Fahndungsblatts (im Deutschen Reiche: Deutsches Fahndungsblatt in Berlin NO 43, Georgenkirchstr. 30; in Polen: Gazeta Sledcza za posrednictwem Ministerstwa Sprawiedliwosci (Fahndungsblatt durch Vermittlung des Justizministeriums in Warschau) ersuchen, die Ausschreibung eines Verfolgten zu veröffentlichen.

2. Die Ersuchen können schriftlich oder telegraphisch in der Amtssprache der ersuchenden Behörde unmittelbar bei der Schriftleitung des Fahndungsblatts gestellt werden. Um die Veröffentlichung soll nur in wichtigeren Fällen ersucht werden. Wird um die Wiedergabe eines Lichtbildes ersucht, so soll nach Möglichkeit der Druckstock beigefügt werden.

3. In dem Ersuchen ist außer den zur Feststellung der Persönlichkeit erforderlichen Angaben mitzuteilen, was über die Staatsangehörigkeit des Verfolgten bekannt ist, wegen welcher Straftat die Ausschreibung beantragt wird, daß ein rechtskräftiges Urteil, ein gerichtlicher Haftbefehl oder ein Schriftstück vorliegt, das die gleiche Geltung hat, und daß für den Fall der Ermittlung des Verfolgten die vorläufige Inhaftnahme zum Zwecke der späteren Auslieferung begehrt wird.

4. Die Veröffentlichung des Ausschreibens erfolgt in der Sprache, in der das Fahndungsblatt erscheint. Eine Verpflichtung zur Veröffentlichung besteht nicht, wenn die Angaben in dem Ersuchen unzulänglich sind oder Anhaltspunkte dafür vorliegen, daß der Verfolgte die Staatsangehörigkeit des ersuchten Staates besitzt, oder wenn die Auslieferung aus anderen Gründen von vornherein unzulässig erscheint. Wird die Veröffentlichung abgelehnt, so wird diese Entschließung unmittelbar der ersuchenden Behörde mitgeteilt.

5. Ausschreibungen, die ihre Erledigung gefunden haben, sind von den Gerichtsbehörden durch entsprechende Benachrichtigung der Schriftleitung des Fahndungsblatts unverzüglich zurückzuziehen.

6. Kosten werden für die Veröffentlichung und den damit zusammenhängenden Schriftwechsel nicht erstattet.

7. Wird auf Grund einer Ausschreibung der Verfolgte ermittelt, so soll er in vorläufige Auslieferungshaft genommen werden, sofern sich die Festnahme nicht aus besonderen Gründen erübrigt. Von der Ermittlung oder der Festnahme wird der Behörde, welche die Ausschreibung beantragt hat, unverzüglich Nachricht gegeben. Das weitere Verfahren richtet sich nach den Grundsätzen für den Auslieferungsverkehr.

8. Die Schriftleitungen der Fahndungsblätter werden einander fortlaufend zwei Stück der Fahndungsblätter kostenlos übermitteln.

AV. d. JM. vom 10. April 1926 — JMBl. S. 147 — betr. Auskunft aus dem Strafregister und Austausch von Strafnachrichten sowie die sonstige Rechtshilfe in Strafsachen im Verkehr mit Polen (I. Fr. 718).

„AV. vom 4. Aug. 1922 (JMBl. S. 302), 12. März 1923 (JMBl. S. 211), 11. Juli 1923 (JMBl. S. 531), 2. April 1924 (JMBl. S. 153) und 22. Juli 1925 (JMBl. S. 269); Bek. d. RMdA. u. d. RJM. vom 2. Jan. 1926 (RGBl. II S. 89).

I. Auskunft aus dem Strafregister und Austausch von Strafnachrichten.

Die AV. vom 4. Aug. 1922, 12. März 1923, 2. April 1924, 22. Juli 1925 werden aufgehoben.

1. Auskunft aus dem Strafregister" usw. (aufgehoben und neu gefaßt durch d. AV. vom 27. Dez. 1926 — JMBl. S. 435 —).

AV. d. JM. vom 27. Dez. 1926 — JMBl. S. 435 — betr. Auskunft aus dem Strafregister und Austausch von Strafnachrichten sowie die sonstige Rechtshilfe in Strafsachen im Verkehr mit Polen (I. Fr. 2022). AV. vom 10. April 1926 (JMBl. S. 147).

„Die Ziff. 1 und 2 des Abschn. I und des Abschn. II der AV. vom 10. April 1926 werden aufgehoben; an ihre Stelle treten die nachstehenden Bestimmungen:

I. Auskunft aus dem Strafregister und Austausch von Strafnachrichten.

1. Auskunft aus dem Strafregister.

a) Unmittelbarer Geschäftsverkehr. Für Ersuchen der deutschen und polnischen Gerichtsbehörden um Auskunft aus dem Strafregister des anderen Landes ist nach den durch Notenwechsel vom 16. Dez. 1925 (RGBl. II S. 89) getroffenen Vereinbarungen der unmittelbare Geschäftsverkehr zugelassen. Zu den Gerichtsbehörden gehören im Sinne des Notenwechsels auch die Staatsanwaltschaften. Die deutschen Gerichtsbehörden bedienen sich hierbei der deutschen Sprache, während die polnischen Gerichtsbehörden ihren Antrag in polnischer Sprache abfassen werden. Bei Bezeichnung der polnischen Behörden und der in Polen liegenden Orte ist die RV. vom 12. Juli 1926 (I. Fr. 1039) zu beachten.

Behörden, die hiernach nicht zu den Gerichtsbehörden gehören, ist eine Anfrage im unmittelbaren Verkehr nicht gestattet; sie haben sich vielmehr hierzu des diplomatischen Weges zu bedienen. Eine Ausnahme von dieser Vorschrift besteht nur in den unter b erwähnten Fällen.

b) Die Bestimmungen der deutsch-polnischen Abkommen zur Überleitung der Rechtspflege vom 20. Sept. 1920 (RGBl. S. 2043) und vom 12. April 1922 (RGBl. II S. 550), die in Ziff. 7 des Notenwechsels vom 16. Dez. 1925 ausdrücklich aufrecht erhalten worden sind, behalten auch weiterhin in allen den Fällen ihre Bedeutung, in denen Verwaltungsbehörden des einen Landes Strafregisterauszüge über Personen benötigen, deren Geburtsort in dem an Polen abgetretenen Gebiet oder in einem von der neuen Landesgrenze durchschnittenen früheren preußischen Landgerichtsbezirk liegt. Anfragen über solche Personen sind demnach auch weiterhin — abweichend von der unter a Abs. 2 erwähnten allgemeinen Regelung — im unmittelbaren Verkehr der Behörden zu erledigen.

Es ist also, wenn die erwähnten Voraussetzungen bezüglich des Geburtsorts vorliegen, allen anfragenden polnischen Behörden, auch denjenigen, die nicht zu den Gerichtsbehörden gehören, Auskunft aus dem Strafregister im unmittelbaren Verkehr zu erteilen.

c) Soweit polnische Behörden, die nicht zu den Gerichtsbehörden gehören, Auskunft aus dem deutschen Strafregister zu erhalten wünschen (vgl. a Abs. 2 und b), ist diese Auskunft zu erteilen ohne Rücksicht darauf, ob die anfragende polnische Behörde einer auskunftberechtigten deutschen Behörde gleichsteht.

d) Ersuchen preußischer Gerichtsbehörden um Auskunft aus dem polnischen Strafregister. Von unmittelbaren Anfragen in Polen ist — abgesehen von Fällen besonderer Dringlichkeit — Abstand zu nehmen, da die polnischen Strafregister Verurteilungen durch deutsche Gerichte aus der Zeit von Anfang 1920 bis Frühjahr 1924 in der Regel nicht enthalten werden. Die Auskunft ist vom Strafregister des Reichsjustizministeriums in Berlin W 9, Voßstr. 4/5, das durch Rückfrage bei den jetzt polnischen Strafregistern bereits in weitem Umfange ergänzt worden ist, zu erbitten; dieses wird nötigenfalls von Amts wegen Rückfrage in Polen halten.

Soweit in besonders dringenden Fällen über eine Person, für welche das Strafregister beim Reichsjustizministerium zu führen ist, Auskunft aus dem polnischen Strafregister unmittelbar eingeholt wird, ist Abschrift der erteilten Auskunft dem Strafregister des Reichsjustizministeriums zu übersenden. Dies hat auch dann zu geschehen, wenn die betroffene Person nach dem Inhalt der Auskunft eine Verurteilung nicht erlitten hat.

2. Austausch von Strafnachrichten.

Der Austausch von Strafnachrichten und anderen Mitteilungen an das Strafregister vollzieht sich nach Ziff. 5 des Notenwechsels vom 16. Dez. 1925. Ergänzend wird folgendes bestimmt: Bei Verurteilungen von polnischen Staatsangehörigen, über die das Strafregister beim Reichsjustizministerium geführt wird, ist diesem Strafregister zugleich mit der Strafnachricht oder einer Mitteilung nach § 2 Abs. 3, §§ 3 bis 8 der Strafregisterverordnung eine durch Beidrückung des Dienststempels beglaubigte Abschrift dieser Mitteilung zu übersenden, die zur Weiterleitung an die polnische Regierung benutzt werden wird. Bei Verurteilung von polnischen Staatsangehörigen, deren Strafregister nicht beim Reichsjustizministerium, sondern bei einer anderen deutschen Strafregisterbehörde geführt wird, ist eine in gleicher Weise beglaubigte Abschrift der für das zuständige deutsche Strafregister bestimmten Mitteilung dem Preußischen Justizministerium mittels Berichts zu übersenden (vgl. Nr. 37 der AV. vom 14. April 1926 — JMBl. S. 138 —).

In der AV. vom 11. Juli 1923 (JMBl. S. 531) in der Fassung der AV. vom 10. April 1926 (JMBl. S. 147) erhält der Abschnitt »Polen« folgende Fassung: »Polen: Gegenseitigkeit auf Grund des Notenwechsels vom 16. Dez. 1925 zu Nr. 5 (Bek. des RMdA. und des RJM. vom 2. Jan. 1926 — RGBl. II S. 89 —; vgl. auch AV. vom 27. Dez. 1926 — JMBl. S. 435 —)«.

II. Sonstige Rechtshilfe in Strafsachen.

Die Staatsanwaltschaft hat die auf Grund der Bek. vom 2. Jan. 1926 im unmittelbaren Verkehr bei ihr eingehenden Ersuchen daraufhin vorzuprüfen, ob sie mit den getroffenen Abmachungen übereinstimmen, und ob auch sonst ihrer Erledigung keine Bedenken entgegenstehen. Diese Vorprüfung überhebt aber die zur Erledigung der Ersuchen zuständigen Stellen nicht der eigenen Prüfung. Auch die Rückleitung der erledigten Ersuchen erfolgt durch die Staatsanwaltschaft."

Abk. zur Abwehr bzw. Bekämpfung des Mädchenhandels*) s. RGBl. 1905 S. 695, 705; 1913 S. 31, 44, 1921 S. 1231; Abk. zur Bekämpfung unzüchtiger Veröffentlichungen s. RGBl. 1911 S. 209, 215, 1921 S. 1238, 1925 II S. 287/8; Übereinkunft zur Unterdrückung des Frauen- und Kinderhandels s. RGBl. 1924 II S. 180, 202, 454; Abk. über Grenzbahnhöfe (auch Rechtshilfe in Strafsachen — Art. 16, 18, 25 —) s. RGBl. 1922 II S. 238, 573, 585.

Nach Magnus, Tabellen:

Die Gegenseitigkeit bei der Vollstreckung von Urteilen (§§ 328 Ziff. 5, 722, 723 ZPO.) besteht nicht, mit Ausnahme der Kostenentscheidungen gegen den Kläger oder Intervenienten auf Grund des Art. 3, 4 des neuen Vertrages.

Die Vollstreckbarkeit der Urteile des einen Staates im anderen ist grundsätzlich nicht vorgesehen; es kommt also nur die im Zusammenhang mit der Befreiung von der Sicherheitsleistung für die Prozeßkosten nach dem Vorbilde des Haager Abk. über den Ziv.-Proz. geregelte Vollstreckbarkeit von Kostenentscheidungen in Frage (s. JW. 1925 S. 1187, 1263).

Gegenseitigkeit bezüglich des Armenrechts im Sinne des § 114 Abs. 2 ZPO. ist ohne Rücksicht auf den Wohnsitz verbürgt. Vorschußpflicht für Gerichtskosten nach § 85 Abs. 2 Nr. 1 DGKG. und Sicherheitsleistungspflicht für Prozeßkosten nach § 110 Abs. 2 Nr. 1 ZPO. bestehen nicht, ohne Rücksicht auf den Wohnsitz.

Bezüglich Oberschlesien, Posen und Westpreußen s. Magnus, Tabellen.

Porto Rico

s. Vereinigte Staaten von Nordamerika.

§ 44.

Portugal[1]).

1. Zustellungen in Strafsachen werden in Portugal kostenfrei bewirkt.
2. Wegen der Rechtshilfe in bürgerlichen Sachen vgl. § 10 III Abs. 1, 2;

*) Zu vgl. Anhang S. 212.

§ 20 Abs. 1. Portugal hat von den Vorbehalten im Artikel 1 Abs. 3 und im Artikel 9 Abs. 3 des Haager Abk. über den Zivilprozeß Gebrauch gemacht[2]).

3. Ersuchen um Zustellungen an Deutsche sind in Strafsachen und in bürgerlichen Sachen an denjenigen deutschen Konsul zu richten, in dessen Amtsbezirke die Person, welcher zugestellt werden soll, sich befindet; andere Ersuchen um Zustellungen sind an den Deutschen Gesandten in Lissabon zu richten.

1. Abk. zur Abwehr und Bekämpfung des Mädchenhandels*) s. RGBl. 1905 S. 695, 705, 715, 1913 S. 31, 44, 763, 1919 S. 687/8, 1920 S. 31, 95, 622; Abk. zur Bekämpfung unzüchtiger Veröffentlichungen s. RGBl. 1911 S. 209, 215, 957, 1919 S. 687/8, 1920 S. 31, 95, 622; Übereinkunft zur Unterdrückung des Frauen- und Kinderhandels s. RGBl. 1924 II S. 180, 202. Ein Vertrag über sonstige Rechtshilfe in Strafsachen besteht nicht. Vgl. im übrigen Abs. 3.

2. Seit dem 28. Mai 1928 ist P. dem Haager Ziv.-Proz.-Abk. wieder beigetreten (RGBl. II 1927 S. 1182, 1928 S. 302; JMBl. 1928 S. 260).

P. ist folgenden Abk. über Internationales Privatrecht beigetreten (zu vgl. RGBl. 1926 II S. 553) usw. wie bei Belgien; vgl. jedoch die Anmerkung bei Frankreich.

Gebühren und Auslagen werden zu erstatten sein, da eine vertragliche Vereinbarung bisher nicht erfolgt ist.

Wegen der Zuleitung von Ersuchen an die ausländischen Stellen s. das Anschriftenverzeichnis im Abschn. IV und das Konsulatsverzeichnis im Abschn. VI.

Nach Magnus, Tabellen:

Die Gegenseitigkeit bei der Vollstreckung von Urteilen (§§ 328 Ziff. 5, 722, 723 ZPO.) ist nicht verbürgt, mit Ausnahme der Kostenentscheidungen gegen den Kläger oder Intervenienten gemäß Art. 18, 19 des Haager Ziv.-Proz.-Abk. Gegenseitigkeit bezügl. des Armenrechts im Sinne des § 114 Abs. 2 ZPO. ist ohne Rücksicht auf den Wohnsitz verbürgt. Vorschußpflicht für Gerichtskosten nach § 85 Abs. 2 Nr. 1 DGKG. besteht nicht bei Wohnsitz in einem der Haager Vertragsstaaten. Sicherheitspflicht für Prozeßkosten nach § 110 Abs. 2 Nr. 1 ZPO. besteht nicht bei Wohnsitz in einem der Haager Vertragsstaaten.

Posen

s. Polen.

Republik des fernen Ostens

s. Rußland.

Rhodesia

s. Großbritannien.

§ 45.

Rumänien.

1. Die Rechtshilfe in Strafsachen erfolgt kostenfrei; jedoch entstehen Kosten durch die Übersetzung der Ersuchungsschreiben. Wegen der Beförderung der Ersuchungsschreiben vgl. § 16 Abs. 4.[1])

2. Wegen der Rechtshilfe in bürgerlichen Sachen . . .[2])

3. Ersuchen um Zustellungen . . .[3])

1. Abk. zur Bekämpfung unzüchtiger Veröffentlichungen s. RGBl. 1911 S. 209, 215; 1925 II 287/8, 1926 II 88; Übereinkunft zur Unterdrückung des Frauen- und Kinderhandels s. RGBl. 1924 II S. 180, 202. Ein Vertrag über sonstige Rechtshilfe in Strafsachen besteht nicht.

2. Nach Art. 287 des Vertrages von Versailles ist das Haager Ziv.-Proz.-Abk. nicht mehr anwendbar. Konsulargerichtsbarkeit wird nicht mehr ausgeübt, s. Anm. 3 zu § 16 der RHV. Es wird jedoch außervertraglich Rechtshilfe gewährt (vgl. § 20 Abs. 2 und 3). Wegen Zuleitung der Ersuchen siehe das Anschriftenverzeichnis im Abschnitt IV und das Konsulatsverzeichnis im Abschnitt VI.

---

*) Zu vgl. Anhang S. 212.

Rumänien ist folgenden Abk. über Internationales Privatrecht beigetreten (zu vgl. RGBl. 1926 II S. 553) usw. wie bei Belgien, vgl. jedoch die Anm. bei Frankreich.

AV. vom 15. Mai 1923 — JMBl. S. 376 — über den Rechtshilfeverkehr in bürgerlichen Rechtsstreitigkeiten mit R. (AV. vom 13. Febr. 1922 — JMBl. S. 46 —):

„Die rumänischen Behörden erledigen Zustellungsanträge und Rechtshilfeersuchen nur dann, wenn eine rumänische Übersetzung des Ersuchungsschreibens und seiner sämtlichen Anlagen, einschl. der zuzustellenden Schriftstücke beigefügt ist. Die hiernach erforderlichen Übersetzungen sind von der ersuchenden Behörde zu beschaffen und dem Ersuchungsschreiben bei Übermittelung an die Deutsche Gesandtschaft in Bukarest (§ 21 der AV. vom 16. Juni 1910 — JMBl. S. 189 — in der Fassung der AV. vom 6. Juli 1922 — JMBl. S. 256 —) beizufügen*).

Übrigens wird die Zustellung an deutsche Reichsangehörige sowie die Vernehmung von reichsdeutschen Zeugen oder Sachverständigen und die Abnahme des Eides von einer reichsdeutschen Partei durch die Gesandtschaft in Bukarest oder einen zur Vornahme der vorerwähnten Akte ermächtigten Berufskonsul bewirkt, wenn der Zustellungsempfänger am Sitze der Gesandtschaft (des Konsulats) oder der zu vernehmende Zeuge (Sachverständige) oder die zu beeidigende Partei in nicht zu großer Entfernung von dem Sitze der Gesandtschaft (des Konsulats) wohnt. In derartigen Fällen empfiehlt es sich, nicht die Rechtshilfe der rumänischen Behörden in Anspruch zu nehmen, sondern, unter Hervorhebung der Reichsangehörigkeit des zuständigen Adressaten oder der zu vernehmenden oder zu vereidigenden Person, das Ersuchen an die deutsche Gesandtschaft (das deutsche Konsulat) zu richten; der Beifügung rumänischer Übersetzungen bedarf es alsdann nicht." *)

3. Kostenfragen, Urteilsvollstreckung usw.:

Es sind keinerlei Kosten zu berechnen oder zu erstatten.

Nach Magnus, Tabellen:

Die Gegenseitigkeit bei der Vollstreckung von Urteilen (§§ 328 Ziff. 5, 722, 723 ZPO.) besteht nicht. Gegenseitigkeit bezüglich des Armenrechts im Sinne des § 114 Abs. 2 ZPO. ist verbürgt. Vorschußpflicht für Gerichtskosten nach § 85 Abs. 2 Nr. 1 DGKG. und Sicherheitsleistungspflicht für Prozeßkosten nach § 110 Abs. 2 Nr. 1 ZPO. bestehen nicht.

§ 46.

Rußland.

— Union der Sozialistischen Sowjet-Republiken —.

1. Nach Maßgabe . . .¹)

1. Die früheren Bestimmungen gelten nicht mehr. Über Rechtshilfe in Strafsachen bestehen keine Vereinbarungen. R. ist dem Haager Abk. über den Ziv.-Proz. nicht mehr angeschlossen (s. von Normann).

Durch die Verträge vom 12. Oktober 1925 — RGBl. 1926 II S. 1ff. — nebst Schlußprotokoll sowie den Konsularvertrag nebst Schlußprotokoll und das Abk. über Rechtshilfe in bürgerlichen Angelegenheiten vom gleichen Tage sind die Rechtsbeziehungen neu geordnet worden. Die Übereinkommen sind einen Monat nach Austausch der Ratifikationsurkunden (RGBl. 1927 II S. 138), d. i. am 12. März 1926, in Kraft getreten. Bekanntmachung zur Ausführung des Rechtshilfeabk. s. RGBl. 1926 II S. 179.

Der erstgenannte Vertrag besteht außer „Allgemeinen Bestimmungen" aus folgenden Abk.:

I. Abk. über Niederlassung und allgemeinen Rechtsschutz (Niederlassungsabk.),
II. Wirtschaftsabk.,
III. Eisenbahnabk.,
IV. Seeschiffahrtsabk.,
V. Steuerabk.,
VI. Abk. über Handelsschiedsgerichte,
VII. Abk. über gewerblichen Rechtsschutz.

Der Vertrag von Rapallo vom 16. April 1922 ist unberührt geblieben.

---

*) Anm. der Verf. Wegen der Übersetzungen s. jetzt die AV. vom 21. Dez. 1926, abgedruckt unter Anm. 2 zu § 3 der RHV.

Die Zustellung von Schriftstücken erfolgt auf einen Antrag, der von dem Konsul des ersuchenden Staates an den Landgerichtspräsidenten (für Deutschland) oder an den Vorsitzenden des Gouvernementsgerichts (für die U. d. S.-R.) gerichtet wird und zwar unmittelbar (s. Anm. nachstehend), Art. 2 u. 3 des Abk. über Rechtshilfe.

Zustellungen an eigene Staatsangehörige sind auch durch die Konsulate möglich (Art. 7 a. a. O.).

Die Schriftstücke, die den Nachweis der Zustellung oder den Grund der Nichtzustellung enthalten, die Antworten auf Ersuchungsschreiben und die in Erledigung der Ersuchungsschreiben aufgenommenen Schriftstücke werden nur auf Begehren des ersuchenden Staates gegen Erhebung der Übersetzungskosten mit Übersetzung versehen (Art. 3 Abs. 3 a. a. O.).

Die Übermittelung der Rechtshilfeersuchen erfolgt auf diplomatischem Wege (Art. 2 Abs. 2, 3 a. a. O.).

Die Beglaubigung der Übersetzungen (dies gilt auch für Zustellungsanträge) hat durch einen diplomatischen oder konsularischen Vertreter des ersuchenden Staates oder durch einen beeidigten oder amtlich bestellten Dolmetscher des ersuchenden oder ersuchten Staates zu erfolgen.

Zahl und Inhalt der Anlagen von Rechtshilfeersuchen sind kurz anzugeben (Art. 3).

Wortlaut der neuen Bestimmungen:

a) **Gesetz über die deutsch-russischen Verträge vom 12. Oktober 1925. Vom 6. Januar 1926.** (RGBl. 1926 II S. 1).

„Der Reichstag hat das folgende Gesetz beschlossen, das mit Zustimmung des Reichsrats hiermit verkündet wird:

Artikel 1.

Dem in Moskau am 12. Oktober 1925 unterzeichneten Vertrage zwischen dem Deutschen Reiche und der Union der Sozialistischen Sowjet-Republiken nebst Schlußprotokoll sowie dem Konsularvertrage nebst Schlußprotokoll und dem Abkommen über Rechtshilfe in bürgerlichen Angelegenheiten vom gleichen Tage wird zugestimmt.

Die Übereinkommen nebst Schlußprotokollen werden nachstehend veröffentlicht.

Artikel 2.

Die Reichsregierung wird ermächtigt, zur Ausführung der Vereinbarungen die erforderlichen Maßnahmen zu treffen.

Artikel 3.

Die Anlage zu Artikel 22 des Konsularvertrags findet gemäß der darin im § 19 enthaltenen Bestimmung auf alle nach dem 22. Mai 1922 eingetretenen Erbfälle Anwendung.

Artikel 4.

Die erbrechtlichen Verhältnisse einer Person, die vor dem Inkrafttreten des Gesetzes die russische Staatsangehörigkeit verloren und eine andere Staatsangehörigkeit nicht erworben hat, bestimmen sich nach den deutschen Gesetzen, wenn der Erblasser zur Zeit seines Todes seinen Wohnsitz oder in Ermangelung eines Wohnsitzes seinen Aufenthalt im Inland hatte. Dies gilt nicht für Gegenstände, die sich im Gebiet eines anderen Staates befinden und nach den Gesetzen dieses Staates besonderen Vorschriften unterliegen.

Die Vorschriften des Abs. 1 finden auch Anwendung, wenn der Erblasser vor dem Inkrafttreten dieses Gesetzes gestorben, der Nachlaß aber noch nicht vollständig abgewickelt ist.

Artikel 5.

Dieses Gesetz tritt mit dem auf die Verkündung folgenden Tage in Kraft."

b) **Vertrag zwischen dem Deutschen Reich und der Union der Sozialistischen Sowjet-Republiken vom 12. Oktober 1925** (RGBl. 1926 II S. 2 ff.).

„Der Deutsche Reichspräsident einerseits und das Zentral-Exekutiv-Komitee der Union der Sozialistischen Sowjet-Republiken andererseits haben in dem Wunsche, ihre freundschaftlichen Beziehungen zu festigen und zu diesem Zwecke für die praktische Zusammenarbeit auf wirtschaftlichem Gebiet und auf dem Gebiete der internationalen Rechtsbeziehungen Grundlagen zu schaffen, den nachstehenden Vertrag vereinbart:

Allgemeine Bestimmungen.

Artikel 1.

Der Vertrag besteht außer diesen Allgemeinen Bestimmungen aus folgenden Abkommen:

I. Abkommen über die Niederlassung und allgemeinen Rechtsschutz (Niederlassungsabkommen),
II. Wirtschaftsabkommen,
III. Eisenbahnabkommen,
IV. Seeschiffahrtsabkommen,
V. Steuerabkommen,
VI. Abkommen über Handelsschiedsgerichte,
VII. Abkommen über gewerblichen Rechtsschutz.

Diese Abkommen bilden mit den Allgemeinen Bestimmungen und unter sich ein einheitliches Ganze, so daß der Begriff „Vertrag" die einzelnen Abkommen umfaßt.

Artikel 2.

Die Union der Sozialistischen Sowjetrepubliken wird im Vertrage mit U. d. S. S. R. bezeichnet.

Artikel 3 usw.

Artikel 8.

Dieser Vertrag wird in deutscher und in russischer Sprache abgeschlossen. Beide Texte haben gleiche Geltung.

Der Vertrag soll sobald als möglich ratifiziert werden. Der Austausch der Ratifikationsurkunden soll in Berlin stattfinden.

Der Vertrag tritt einen Monat nach Austausch der Ratifikationsurkunden in Kraft.

Die Geltungsdauer der unter I, II, III, IV und V des Artikels 1 der Allgemeinen Bestimmungen genannten Abkommen beträgt zwei, die der unter VI und VII genannten Abkommen vier Jahre.

Die einzelnen Abkommen können sechs Monate vor Ablauf des zwei-, beziehungsweise vierjährigen Zeitraums gekündigt werden. Soweit eine Kündigung nicht erfolgt, verlängert sich die Gültigkeitsdauer der einzelnen Abkommen um weitere je sechs Monate, bis eine Kündigung mit sechsmonatiger Frist erfolgt.

I. Abkommen über Niederlassung und Allgemeinen Rechtsschutz (Niederlassungsabkommen).

Artikel 1 usw.

Artikel 10.

Die Angehörigen jedes vertragschließenden Teils genießen nach Maßgabe des Völkerrechts im Gebiete des anderen Teils in Ansehung ihrer Person und ihres Vermögens dasjenige Maß gerichtlichen oder behördlichen Schutzes, welches den eigenen Staatsangehörigen oder den Staatsangehörigen der meistbegünstigten Nation zuteil wird.

Sie haben auf dem Gebiete des anderen Teils zur Verfolgung und Verteidigung ihrer Rechte freien Zutritt zu den Gerichten und anderen dem Rechtsschutz dienenden Organen und genießen in dieser Beziehung alle Rechte und Befreiungen, die den Inländern zustehen. Sie sollen wie diese frei sein, ihre Anwälte und sonstigen Rechtsbeistände unter denjenigen Personen auszusuchen, die zur Ausübung dieses Berufs nach den Gesetzen des Landes zugelassen sind.

Bei der Ausübung der in Abs. 2 genannten Rechte dürfen die Staatsangehörigen jedes vertragschließenden Teils nicht ungünstiger behandelt werden als die Staatsangehörigen der meistbegünstigten Nation.

Artikel 11.

Jeder der vertragschließenden Teile verpflichtet sich, Maßnahmen dahin zu treffen, daß der Konsul des anderen Teils in kürzester Frist von allen Fällen der Festnahme eines Staatsangehörigen des von ihm vertretenen Teils in seinem Amtsbezirk in Kenntnis gesetzt wird*).

Entsprechend soll bei einem Wechsel der Gewahrsamsbehörde verfahren werden.

---

*) Anm. des Verf.: Siehe die nachstehende RV. vom 14. Aug. 1926 — I Fr. 1188 —.

Artikel 12.

Keine Sicherheitsleistung oder Hinterlegung, unter welcher Benennung es auch sei, darf Angehörigen eines vertragschließenden Teils, die vor den Gerichten des anderen Teils als Kläger oder Intervenienten auftreten, wegen ihrer Eigenschaft als Ausländer oder wegen Mangels eines inländischen Wohnsitzes oder Aufenthaltes auferlegt werden, vorausgesetzt, daß sie ihren Wohnsitz im Gebiete des einen oder anderen Teils haben.

Die gleiche Regel findet Anwendung auf die Vorauszahlungen, die zur Deckung der Gerichtskosten einzufordern wären.

Artikel 13*).

Ergeht im Gebiete des einen vertragschließenden Teils eine Verurteilung in die Prozeßkosten gegen einen Kläger oder Intervenienten, der von Sicherheitsleistung, Hinterlegung oder Vorauszahlung auf Grund des Artikel 12 oder der im Lande der Klageerhebung geltende Gesetze befreit ist, so ist diese Entscheidung gemäß einem auf diplomatischem Wege zu stellenden Antrag durch die zuständige Behörde des anderen Teils kostenfrei für vollstreckbar zu erklären.

Die gleiche Regel findet Anwendung auf gerichtliche Entscheidungen, durch die der Betrag der Prozeßkosten später festgesetzt wird.

Artikel 14.

Die in Artikel 13 erwähnten Kostenentscheidungen werden ohne Anhörung der Parteien gemäß Gesetzgebung des Landes, wo die Vollstreckung betrieben wird, jedoch unbeschadet eines späteren Rekurses der verurteilten Parteien, für vollstreckbar erklärt.

Die für die Entscheidung über den Antrag auf Vollstreckbarkeitserklärung zuständige Behörde hat ihre Prüfung darauf zu beschränken:

1. ob nach dem Gesetze des Landes, wo die Verurteilung ausgesprochen worden ist, die Ausfertigung der Entscheidung, die für ihre Beweiskraft erforderlichen Bedingungen erfüllt,
2. ob nach demselben Gesetze die Entscheidung die Rechtskraft erlangt hat,
3. ob der verfügende Teil der Entscheidung von einer Übersetzung begleitet wird, die vorbehaltlich anderweiter Übereinkunft in der Sprache der erwähnten Behörde abgefaßt und durch den diplomatischen Vertreter oder einen Konsul des ersuchenden Teils oder durch einen vereidigten Dolmetscher des ersuchten Teils beglaubigt wird.

Dem Erfordernisse des Abs. 2 Ziff. 1 und 2 wird durch eine Erklärung der zuständigen Behörde des ersuchenden Teils genügt, daß die Entscheidung die Rechtskraft erlangt hat. Die Zuständigkeit der Behörde ist durch die oberste Justizbehörde zu bescheinigen. Die Erklärung und die Bescheinigung müssen nach Maßgabe des Abs. 2 Ziffer 3 übersetzt sein. Bis zu einer anderweiten Vereinbarung zwischen den beiden Regierungen wird den Anträgen stets die in Satz 1 bezeichnete Erklärung beigefügt werden.

Artikel 15.

Hinsichtlich der Vergünstigungen, die unvermögende Parteien bei der Prozeßführung genießen (Armenrecht), stehen in dem Gebiete des einen vertragschließenden Teils die Staatsangehörigen des anderen Teils den Inländern gleich.

Artikel 16 usw.

II. Wirtschaftsabkommen).**

Artikel 1 usw.

III. Eisenbahnabkommen.

Artikel 1 usw.

IV. Schiffahrtsabkommen.

Artikel 1 usw.

V. Steuerabkommen.

Artikel 1 usw.

---

*) Anm. d. Verf.: Zu vgl. die AusfVO. unter d nachstehend.
**) Anm. d. Verf.: S. hier die unter e abgedruckte AV.

VI. Abkommen über Schiedsgerichte in Handelssachen und anderen bürgerlichen Angelegenheiten *).

Artikel 1.

Schriftliche Schiedsabkommen, die in Handelssachen und anderen bürgerlichen Angelegenheiten zwischen deutschen Parteien und Parteien der U. d. S. S. R. zur Austragung von Rechtsstreitigkeiten aus einem Vertrage oder anderen bestimmten Rechtsverhältnissen, sei es im Vertrage oder in einem Sonderabkommen, vereinbart sind, und den Erfordernissen des Artikel 2 entsprechen, werden ohne weitere Förmlichkeit als gültig anerkannt. Diese Anerkennung erfolgt mit der Maßgabe, daß das Schiedsabkommen die Entscheidung der Rechtsstreitigkeit durch Gerichte oder andere Behörden ausschließt, es sei denn, daß die Parteien etwas anderes schriftlich vereinbart haben.

Die Bestimmungen dieses Artikels beziehen sich nicht auf Angelegenheiten des Personenstandes und familienrechtliche Angelegenheiten sowie auf Streitigkeiten aus dem Arbeitsverhältnis. Sie beziehen sich ferner nicht auf Streitigkeiten über Bodenbenutzung nach Maßgabe der Agrargesetze der vertragschließenden Teile.

Artikel 2.

Die Schiedsabkommen müssen enthalten:

1. Die Bezeichnung eines bestimmten Rechtsverhältnisses.
2. Angaben über die Art der Zusammensetzung des Schiedsgerichts. Das Schiedsgericht muß aus mindestens 2 Schiedsrichtern und einem Obmann bestehen.
3. Angaben über den Sitz des Schiedsgerichts. Ist in dem Schiedsabkommen lediglich der Staat bezeichnet, in dem das Schiedsgericht seinen Sitz haben soll, so gilt mangels besonderer nachträglicher Vereinbarung der Parteien als Sitz des Schiedsgerichts die Hauptstadt dieses Staates.

Artikel 3.

Mangels einer Vereinbarung der Parteien wird das Schiedsgericht in folgender Weise gebildet:

1. Die betreibende Partei bezeichnet durch eingeschriebenen Brief gegen Rückschein der Gegenpartei die Person des von ihr ernannten Schiedsrichters und seine Adresse mit der Aufforderung, ihrerseits einen Schiedsrichter in der gleichen Weise zu bezeichnen. Die Gegenpartei hat die betreffende Mitteilung spätestens zwei Wochen nach Empfang der Aufforderung abzusenden.

   Nach fruchtlosem Ablauf der Frist wird der fehlende Schiedsrichter auf Antrag der betreibenden Partei,
   a) wenn das Schiedsgericht seinen Sitz im Deutschen Reiche hat, durch den Präsidenten desjenigen Oberlandesgerichts, in dessen Bezirk die Handelsvertretung der U. d. S. S. R. ihren Sitz hat,
   b) wenn das Schiedsgericht seinen Sitz in der U. d. S. S. R. hat, durch den Präsidenten des Obersten Gerichtshofs derjenigen der Sowjetrepubliken, auf deren Gebiet das Schiedsverfahren stattfindet,

   innerhalb einer Frist von zwei Wochen nach Eingang des Antrags bestellt. Von der Bestellung sind beide Parteien sofort zu benachrichtigen.
   c) Wenn das Schiedsgericht in einem anderen Staate seinen Sitz hat, so soll der Präsident des Obersten Gerichtshofs der Hauptstadt dieses Staates von der betreibenden Partei um die Ernennung des Schiedsrichters und dessen sofortige Bezeichnung gegenüber beiden Parteien gebeten werden. Lehnt dieser die Ernennung ab, so steht es der betreibenden Partei frei, sich an eine Universität oder Handelskammer dieses Staates mit der Bitte um Ernennung des Schiedsrichters zu wenden.
2. Die Schiedsrichter wählen gemeinschaftlich den Obmann. Kommt eine Einigung zwischen ihnen nicht binnen zwei Wochen, nachdem beide die Mitteilung von ihrer Bestellung erhalten haben, zustande, so wird auf Antrag eines der Schiedsrichter durch die gemäß Ziff. 1 Abs. 2 zuständige Stelle eine Liste von fünf geeigneten Persönlichkeiten — und zwar in den Fällen zu a und b innerhalb einer Frist von zwei Wochen — aufgestellt und den beiden Schiedsrichtern übersandt. Ist der Obmann innerhalb einer Woche nach Eingang der Liste bei beiden Schiedsrichtern

*) Anm. d. Verf.: Vgl. auch die Ausführungen unter VII nachstehend.

nicht gewählt, so wird er auf Antrag eines der Schiedsrichter von der gemäß Ziffer 1 Abs. 2 zuständigen Stelle aus der Liste binnen zwei Wochen nach Eingang des Antrags ernannt und beiden Schiedsrichtern sofort bezeichnet.

Die in den vorstehenden Bestimmungen vorgesehene Mitwirkung der Gerichte erfolgt in den Vertragsstaaten frei von Gebühren, Kosten und Stempeln.

Artikel 4.

Wenn ein nicht in dem Schiedsabkommen ernannter Schiedsrichter stirbt oder aus einem anderen Grunde wegfällt oder die Übernahme oder die Ausführung des Schiedsrichteramts verweigert, so hat die Partei, die ihn ernannt hat oder für die er gemäß Artikel 3 Ziffer 1 Abs. 2 bestellt worden ist, auf Aufforderung der Gegenpartei binnen einer Frist von zwei Wochen nach Empfang der Aufforderung einen anderen Schiedsrichter in der in Artikel 3 Ziffer 1 Abs. 1 vorgesehenen Weise zu bestellen. Nach fruchtlosem Ablauf der Frist erfolgt die Bestellung des Schiedsrichters gemäß Artikel 3 Ziffer 1 Abs. 2.

Wenn ein nicht in dem Schiedsabkommen ernannter Obmann stirbt oder aus einem anderen Grunde fortfällt oder die Übernahme oder die Ausführung seines Amtes verweigert, so haben die Schiedsrichter sofort gemeinschaftlich einen anderen Obmann zu wählen. Kommt eine Einigung nicht zustande, so finden die Vorschriften des Artikel 3 Ziffer 2 entsprechende Anwendung.

Die Bestimmungen der Abs. 1 und 2 finden nur Anwendung, soweit nicht eine andere Vereinbarung getroffen ist.

Artikel 5.

Wenn in dem Schiedsabkommen bestimmte Personen zu Schiedsrichtern oder zum Obmann ernannt sind und ein Schiedsrichter oder der Obmann stirbt oder aus einem anderen Grunde wegfällt oder die Übernahme oder die Ausführung des Schiedsrichteramts verweigert, so finden die Bestimmungen des Artikel 4 entsprechende Anwendung, es sei denn, daß nach Vereinbarung der Parteien das Schiedsabkommen in diesen Fällen außer Kraft tritt.

Artikel 6.

Für die Ablehnung eines Schiedsrichters sind die Gesetze desjenigen Staates maßgebend, in dem das Schiedsgericht seinen Sitz hat.

Über die Ablehnung entscheidet die nach Artikel 3 zuständige Stelle.

Die Vorschrift des letzten Absatzes des Artikel 3 findet entsprechende Anwendung.

Artikel 7.

Der Schiedsspruch ist unter Angabe des Tages und des Ortes der Abfassung, der Zusammensetzung des Schiedsgerichts und unter Angabe über die Gewährung des Gehörs an die Parteien von den Schiedsrichtern zu unterschreiben und den Parteien in je einer von den Schiedsrichtern unterschriebenen Ausfertigung zu übermitteln.

Die Beifügung einer Begründung ist nicht erforderlich.

Artikel 8.

Schiedssprüche, denen keine der im Artikel 10 enthaltenen Gründe zur Versagung der Vollstreckung entgegenstehen, haben unter den Parteien die Wirkung eines rechtskräftigen gerichtlichen Urteils und werden auf dem Gebiete des anderen vertragschließenden Teils als wirksam anerkannt.

Artikel 9.

Jeder der vertragschließenden Teile gewährleistet die Vollstreckung der Schiedssprüche nach Maßgabe des Artikel 10.

Zuständig für die Anordnung der Vollstreckung eines Schiedsspruchs ist in Ermangelung von Bestimmungen im Schiedsabkommen jedes Gericht, das für die gerichtliche Geltendmachung des Anspruchs zuständig sein würde. Vor der Entscheidung ist der Gegner zu hören.

Artikel 10.

Die Anordnung der Vollstreckung eines Schiedsspruchs ist nur zu versagen,

1. wenn das Verfahren gemäß Artikel 1 Abs. 2 unzulässig war;
2. wenn der Schiedsspruch von einem Schiedsgericht gefällt worden ist, dessen Bildung nicht entsprechend den Parteivereinbarungen oder den Bestimmungen der Artikel 2 bis 6 erfolgt ist oder wenn eine Partei nicht nach Maßgabe ihrer Landesgesetze bei

Abschluß des Schiedsabkommens oder im Schiedsverfahren vertreten war, es sei denn, daß die Partei die Prozeßführung ausdrücklich genehmigt hat;
3. wenn der Partei in dem Verfahren das rechtliche Gehör nicht gewährt war;
4. wenn die Partei ein in derselben Sache erlassenes, früher rechtskräftig gewordenes Urteil vorlegt;
5. falls eine der Voraussetzungen vorliegt, auf Grund deren
   a) in Deutschland die Restitutionsklage in den Fällen der Ziffern 1 bis 6 des § 580 der deutschen Zivilprozeßordnung,
   b) in der U. d. S. S. R. die Wiederaufnahme des Verfahrens in den Fällen der Buchstaben b und c des § 251 der Zivilprozeßordnung der R. S. F. S. R. und der entsprechenden Artikel der Zivilprozeßordnung der anderen in der U. d. S. S. R. vereinigten Sowjet-Republiken stattfindet;
6. wenn der Schiedsspruch die Partei zu einer Handlung verurteilt hat, deren Vornahme nach den Gesetzen des Vollstreckungslandes unzulässig ist.

Eine sachliche Nachprüfung des Schiedsspruchs findet nicht statt. Im übrigen erfolgt die Anordnung wie auch die Durchführung der Vollstreckung des Schiedsspruchs nach Maßgabe der Landesgesetze.

Artikel 11.

Die vertragschließenden Teile verpflichten sich, die Verfahrenshandlungen der Schiedsgerichte, die auf ihrem Gebiete vorgenommen werden, in jeder Weise zu erleichtern. Erachtet ein Schiedsgericht eine richterliche Handlung für erforderlich, zu deren Vornahme es nicht befugt ist, so ist in jedem der beiden Länder auf Antrag des Schiedsgerichts von dem nach Artikel 9, Abs. 2 zuständigen Gericht die Vornahme dieser Handlung, sofern sie den Gesetzen des Landes nicht widerspricht, anzuordnen und die Durchführung dieser Anordnung zu veranlassen.

Artikel 12.

Die Schiedsgerichte haben bei der Regelung der ihnen unterbreiteten Angelegenheiten unter Würdigung des Gesamtinhalts der Verhandlungen und des Ergebnisses einer etwaigen Beweisaufnahme die internationalen Handelsgebräuche anzuwenden.

Artikel 13.

Schiedsabkommen, die vor dem Inkrafttreten des gegenwärtigen Abkommens abgeschlossen worden sind, brauchen, um gültig zu sein, die Erfordernisse dieses Abkommens nicht zu erfüllen.

Schiedssprüche, die auf Grund solcher Schiedsabkommen ergangen sind, werden nach Maßgabe des gegenwärtigen Abkommens vollstreckt.

Artikel 14.

Die Bestimmungen dieses Abkommens sind auch anwendbar, wenn einer der vertragschließenden Teile als Partei oder als Haupt- oder Nebenintervenient beteiligt ist.

Artikel 15.

Die vertragschließenden Teile werden den Abschluß von Schiedsabkommen zwischen ihren Wirtschaftsorganen nach Maßgabe der vorstehenden Bestimmungen und die Durchführung dieser Schiedsabkommen in jeder Weise erleichtern.

VII. Abkommen über gewerblichen Rechtsschutz.

Artikel 1 usw.

Zum Abkommen über Schiedsgerichte in Handelssachen und anderen bürgerlichen Angelegenheiten.

Zu Artikel 1.

1. Parteien im Sinne dieses Abkommens sind die Staatsangehörigen jedes der vertragschließenden Teile sowie Gesellschaften und juristische Personen jeder Art, die im Gebiet eines der vertragschließenden Teile ihren Sitz haben.
2. Zur Wahrung der Schriftform genügt Briefwechsel.

Zu Artikel 2.

1. Ist als Sitz des Schiedsgerichts ein Staat bezeichnet, zu dem zur Zeit der Anrufung des Schiedsgerichts einer der vertragschließenden Teile keine diplomatischen Beziehungen

unterhält oder werden diese vor Fällung des Schiedsspruchs abgebrochen, oder ist ein Angehöriger eines solchen Staates als Schiedsrichter oder Obmann vorgesehen oder tätig, so tritt das Schiedsabkommen außer Kraft, es sei denn, daß die Parteien für diese Fälle die Verlegung des Sitzes des Schiedsgerichts in einen anderen Staat oder eine andere Zusammensetzung des Schiedsgerichts in dem Schiedsabkommen vereinbart haben oder nachträglich vereinbaren.

2. In den in Ziffer 3 Satz 2 des Artikel 2 vorgesehenen Fällen soll der Sitz des Schiedsgerichts im Deutschen Reich Berlin, in der U. d. S. S. R. Moskau sein.

Zu Artikel 5.

1. Das Schiedsabkommen tritt mangels anderweiter Vereinbarung durch den Tod einer Partei außer Kraft.

2. Fällt eine an dem Schiedsabkommen beteiligte Partei durch Umorganisation, Auflösung oder aus einem sonstigen Grunde fort, so hat der vertragschließende Teil, dem die fortgefallene Partei angehört, soweit nicht seine Gesetzgebung für diese Fälle Vorsorge trifft, der anderen Partei auf deren Antrag diejenige Stelle zu bezeichnen, mit der das Schiedsverfahren fortzusetzen ist.

Zu Artikel 14.

Der Artikel 14 bezieht sich auch auf die Beteiligung der zu den beiden vertragschließenden Teilen gehörenden Länder beziehungsweise verbündeten Sowjet-Republiken.

Konsularvertrag

zwischen dem Deutschen Reich und der Union der Sozialistischen Sowjet-Republiken vom 12. Oktober 1925 (RGBl. 1926 II S. 60 ff.).

Erster Abschnitt.

Zulassung der Konsuln.

Artikel 1 usw.

c) **Abkommen**

zwischen dem Deutschen Reich und der Union der Sozialistischen Sowjet-Republiken über Rechtshilfe in bürgerlichen Angelegenheiten vom 12. Oktober 1925 (RGBl. 1926 II S. 84 ff.).

Der Deutsche Reichspräsident einerseits und das Zentral-Exekutiv-Komitee der Union der Sozialistischen Sowjet-Republiken andererseits haben zwecks Abschlusses eines Abkommens über Rechtshilfe in bürgerlichen Angelegenheiten usw. das nachstehende Abkommen vereinbart:

Artikel 1.

Im Verhältnis zwischen den beiden vertragschließenden Staaten sollen in bürgerlichen Angelegenheiten für die Zustellung von Schriftstücken und die Erledigung von Ersuchen, die die Vornahme einer Prozeßhandlung oder eine andere gerichtliche Handlung betreffen, die folgenden Bestimmungen Anwendung finden.

Artikel 2.

Die Zustellung von Schriftstücken erfolgt auf einen Antrag, der von dem Konsul des ersuchenden Staates im Deutschen Reiche an den Landgerichtspräsidenten, in der U. d. S. S. R. an den Vorsitzenden des Gouvernementsgerichts gerichtet wird.

Die Übermittlung von Rechtshilfeersuchen erfolgt auf diplomatischem Wege.

Im Falle der Unzuständigkeit der ersuchten Behörde ist der Zustellungsantrag oder das Rechtshilfeersuchen an die zuständige Behörde abzugeben und die ersuchende Behörde hiervon unverzüglich zu benachrichtigen.

Artikel 3.

Die Zustellungsanträge*) und Rechtshilfeersuchen sind in der Sprache des ersuchenden Staates abzufassen. Eine beglaubigte deutsche beziehungsweise russische Übersetzung ist beizufügen. Die Beglaubigung der Übersetzung hat durch einen diplomatischen oder konsularischen Vertreter des ersuchenden Staates oder durch einen beeidigten oder amtlich bestellten Dolmetscher des ersuchenden oder ersuchten Staates zu erfolgen.

---

*) Anm. d. Verf.: Vergl. auch die unter e abgedruckte AV.

In den Zustellungsanträgen und Rechtshilfeersuchen ist Zahl und Inhalt der zuzustellenden Schriftstücke beziehungsweise der Anlagen von Rechtshilfeersuchen kurz anzugeben. Die Vorschrift des Artikel 5 Abs. 2 bleibt unberührt.

Die Schriftstücke, die den Nachweis der Zustellung oder den Grund der Nichtzustellung enthalten, die Antworten auf Ersuchungsschreiben und die in Erledigung der Ersuchungsschreiben aufgenommenen Schriftstücke werden nur auf Begehren des ersuchenden Staates und gegen Ersatz der Übersetzungskosten mit Übersetzungen versehen.

Artikel 4.

Die Zustellungsanträge und Rechtshilfeersuchen haben die ersuchende Behörde sowie den Namen und die Stellung der Parteien anzugeben. Die Zustellungsanträge haben außerdem die Anschrift des Empfängers und die Art des zuzustellenden Schriftstücks zu bezeichnen.

Für die Zustellungsanträge sollen Formulare benutzt werden, die die vertragschließenden Staaten einander mitteilen werden.

Artikel 5.

Für die Zustellung hat die zuständige Behörde des ersuchten Staates Sorge zu tragen. Diese Behörde kann sich, abgesehen von den im Abs. 2 vorgesehenen Fällen, darauf beschränken, die Zustellung durch Übergabe des Schriftstücks an den Empfänger zu bewirken, sofern er zur Annahme bereit ist.*)

Ist das zuzustellende Schriftstück in der Sprache des ersuchten Staates abgefaßt oder von einer gemäß Artikel 3 Abs. 1 Satz 2 beglaubigten Übersetzung begleitet, so hat auf Wunsch der ersuchenden Behörde die ersuchte Behörde das zuzustellende Schriftstück in der durch ihre innere Gesetzgebung für die Bewirkung gleichartiger Zustellungen vorgeschriebenen Form oder in einer besonderen Form, insofern diese ihrer Gesetzgebung nicht zuwiderläuft, zuzustellen.

Artikel 6.

Die Zustellung wird nachgewiesen entweder durch ein mit Datum versehenes und beglaubigtes Empfangsbekenntnis des Empfängers oder durch ein Zeugnis der Behörde des ersuchten Staates, aus dem sich die Tatsache, die Form und die Zeit der Zustellung ergibt.

Diese Bescheinigungen werden von der ersuchten Behörde auf dem in Artikel 2 Abs. 1 bezeichneten Wege zurückgeleitet.

Artikel 7.

Jeder der vertragschließenden Staaten hat die Befugnis, Zustellungen an eigene Staatsangehörige, die sich im Gebiete des andern Staates befinden, durch seine diplomatischen oder konsularischen Vertreter ohne Anwendung von Zwang bewirken zu lassen.

Artikel 8.**)

Die Gerichtsbehörde, an die das Rechtshilfeersuchen gerichtet ist, ist verpflichtet, ihm zu entsprechen und dabei dieselben Zwangsmittel anzuwenden, wie bei der Erledigung von Ersuchen der Behörden des ersuchten Staates. Auch die Formen richten sich nach den Gesetzen des ersuchten Staates; doch ist auf Antrag der ersuchenden Behörde nach einer besonderen Form zu verfahren, sofern diese der Gesetzgebung des ersuchten Staates nicht zuwiderläuft.

Die ersuchende Behörde ist auf ihr Verlangen von der Zeit und dem Orte der auf das Ersuchen vorzunehmenden Handlung zu benachrichtigen, damit die beteiligte Partei in der Lage ist, ihr beizuwohnen.

Artikel 9.

Die Erledigung von Zustellungsanträgen und Rechtshilfeersuchen kann abgelehnt werden, wenn der Staat, in dessen Gebiete die Erledigung stattfinden soll, sie für geeignet hält, seine Hoheitsrechte oder seine Sicherheit zu gefährden.

Entstehen Zweifel an der Echtheit von Rechtshilfeersuchen, so kann ihre Erledigung bis zur Beseitigung dieser Zweifel ausgesetzt werden.

Artikel 10.

Für die Erledigung von Zustellungsanträgen und Rechtshilfeersuchen dürfen Gebühren, Stempel und Auslagen irgendwelcher Art mit Ausnahme der an Zeugen und Sachverständige gezahlten Entschädigungen nicht erhoben werden.

---

*) Anm. d. Verf.: S. die AusfVO. unter d.

**) Anm. d. Verf.: Vgl. die AV. unter e.

Diese sowie etwaige Übersetzungskosten nach Art. 3 Abs. 3 werden in jedem Einzelfalle bei Rückgabe des Ersuchens erstattet.

Artikel 11.

Alle Schwierigkeiten, die etwa aus Anlaß eines Zustellungsantrags oder eines Rechtshilfeersuchens entstehen, werden auf diplomatischem Wege geregelt.

Artikel 12.

Dieses Abkommen, das in deutscher und russischer Sprache abgeschlossen wird, tritt einen Monat nach Austausch der Ratifikationsurkunden in Kraft und gilt für die Dauer von fünf Jahren. Der Austausch der Ratifikationsurkunden wird in Berlin erfolgen.

Wird das Abkommen von keinem der vertragschließenden Teile ein Jahr vor Ablauf des fünfjährigen Zeitraums gekündigt, so bleibt es in Geltung bis zum Ablauf eines Jahres von dem Tage an, wo es von einem der beiden Teile gekündigt wird."

d) **Verordnung zur Ausführung der Verträge zwischen dem Deutschen Reiche und der Union der Sozialistischen Sowjet-Republiken vom 12. Oktober 1925 (RGBl. II S. 2).** Vom 12. März 1926 — RGBl. II S. 179 —.

„Auf Grund des Artikel 2 des Gesetzes über die deutsch-russischen Verträge vom 6. Januar 1926 — RGBl. 1926 II S. 1 — verordnet die Reichsregierung:

Artikel I (Niederlassungsabkommen).

§ 1.

Die im Artikel 13 des Niederlassungsabkommens bezeichneten Kostenentscheidungen der Gerichte der Union der Sozialistischen Sowjet-Republiken werden durch Beschluß des Amtsgerichts für vollstreckbar erklärt.

Örtlich zuständig ist das Gericht, bei dem der Kostenschuldner seinen allgemeinen Gerichtsstand hat, und in Ermangelung eines solchen das Gericht, in dessen Bezirke sich Vermögen des Kostenschuldners befindet oder die Vollstreckungshandlung vorzunehmen ist.

§ 2.

Das Amtsgericht hat eine von Amts wegen zu erteilende Ausfertigung seines Beschlusses der Landesjustizverwaltung einzureichen; die Ausfertigung ist, sofern dem Antrag stattgegeben wird, mit der Vollstreckungsklausel zu versehen.

§ 3.

Gegen Beschlüsse, durch die der Antrag auf Vollstreckbarkeitserklärung abgelehnt wird, steht dem Staatsanwalte die Beschwerde nach Maßgabe der §§ 568 bis 571, 573 bis 575 der ZPO. zu.

Gegen Beschlüsse, durch die dem Antrag auf Vollstreckbarkeitserklärung stattgegeben wird, steht dem Kostenschuldner die sofortige Beschwerde nach Maßgabe der §§ 568 bis 575, 577 der ZPO. zu.

§ 4.

Aus den für vollstreckbar erklärten Kostenentscheiden findet die Zwangsvollstreckung gemäß den Vorschriften der ZPO. statt; die Vorschrift des § 798 findet entsprechende Anwendung.

§ 5.

Für die gerichtlichen Entscheidungen, die über den Betrag der Gerichtskosten nach Art. 13 Abs. 2 des Niederlassungsabkommens zur Herbeiführung der Vollstreckbarkeitserklärung in der U. S. S. R. zu erlassen sind, ist das Gericht der Instanz zuständig. Die Entscheidungen ergehen auf Antrag der für die Beitreibung der Gerichtskosten zuständigen Behörde.

Gegen die Entscheidung findet sofortige Beschwerde nach Maßgabe der §§ 568—575, 577 der ZPO. statt; die Einlegung kann durch Erklärung zum Protokoll des Gerichtsschreibers oder schriftlich ohne Mitwirkung eines Anwalts erfolgen. Die von einem Oberlandesgerichte getroffene Entscheidung unterliegt der Anfechtung nicht.

Artikel II (Rechtshilfeabkommen).

§ 1.

Für die Erledigung der im Art. 5 Abs. 1 und Art. 8 Satz 1 des Rechtshilfeabkommens vorgesehenen Rechtshilfeangelegenheiten ist das Amtsgericht zuständig, in dessen Bezirke die Amtshandlung vorgenommen werden soll.

§ 2.

Für eine Zustellung in der U. S. S. R., die von dem darum ersuchten Konsul des Reichs auf dem im Art. 2 Abs. 1 des Rechtshilfeabkommens vorgesehenen Wege bewirkt wird, beträgt die Gebühr 1.50 RM.

Die gleiche Gebühr wird für eine vom Konsul gemäß Art. 7 des Rechtshilfeabkommens unmittelbar bewirkte Zustellung erhoben.

Artikel III (Nachlaßabkommen).

Zuständige Behörde im Sinne des § 13 Abs. 5, 6 des Nachlaßabkommens (Anlage zu Art. 22 des Konsularvertrags) ist die höhere Verwaltungsbehörde.

Die Landesregierungen bestimmen, welche Behörde als höhere Verwaltungsbehörde im Sinne dieser Vorschrift gilt."

e) **AV. d. JM. vom 12. April 1926 — JMBl. S. 138 — zu den deutsch-russischen Verträgen vom 12. Okt. 1925 — RGBl. 1926 II S. 2 — (I. Fr. 683).**

„Nach Art. 7 Satz 1 des Wirtschaftsabkommens werden die in Deutschland vorgenommenen, für die U. d. S. S. R. verbindlichen Rechtshandlungen der russischen Handelsvertretung nach den deutschen Gesetzen behandelt und unterliegen der deutschen Gerichtsbarkeit. In diesem Umfang können Zustellungen an die Handelsvertretung der U. d. S. S. R. nach den Vorschriften der ZPO. ohne Inanspruchnahme des diplomatischen Weges erfolgen.

2. Über eine beabsichtigte Zwangsvollstreckung in das in Deutschland befindliche Vermögen der U. d. S. S. R. (vgl. Art. 7 Satz 2 a. a. O.) ist mir unverzüglich unmittelbar Anzeige zu erstatten.

Die Pflicht zur Anzeige erstreckt sich nicht auf beabsichtigte Zwangsvollstreckungsmaßnahmen in das in Deutschland befindliche Vermögen staatlicher Unternehmen der U. d. S. S. R. (Art. 9 und Ziff. 1 des Schlußprotokolls a. a. O.), es sei denn, daß sie gegen die Handelsvertretung selbst gerichtet sind.

3. Bei Erledigung der nach Ziff. 2 des Schlußprotokolls zu Art. 3 des Wirtschaftsabkommens zulässigen Anfragen der Handelsvertretung der U. d. S. S. R. ist die AV. vom 30. Aug. 1922 — JMBl. S. 357 — entsprechend anzuwenden; das gleiche gilt für die nach Art. 16 Abs. 2 des Konsularvertrages zulässigen Anfragen der Konsuln der U. d. S. S. R.

4. Nach Art. 11 des Schiedsgerichtsabkommens haben die Gerichte den auf Grund dieses Abkommens gebildeten Schiedsgerichten Rechtshilfe zu leisten."

f) **RV. vom 14. Aug. 1926 — I. Fr. 1188 —. Betr.: Mitteilungen im dienstlichen Verkehr mit den Behörden der U. d. S. S. R. auf Grund der deutsch-russischen Verträge** vom 12. Okt. 1925 — RGBl. 1926 II S. 1 ff. —.

„I. a) Nach Art. 11 des zwischen dem Deutschen Reich und der Union der Sozialistischen Sowjet-Republiken abgeschlossenen Niederlassungsabkommens ist der zuständige Konsul der U. d. S. S. R. von allen Fällen der in seinem Amtsbezirk erfolgenden Festnahme eines Staatsangehörigen der U. d. S. S. R. und auch von einem späteren Wechsel der Gewahrsamsbehörde in Kenntnis zu setzen. Gemäß Ziff. 1 des Schlußprotokolls zu diesem Artikel ist die Kenntnis des zuständigen Konsuls von der Festnahme oder dem Wechsel der Gewahrsamsbehörde entweder dadurch herbeizuführen, daß eine Mitteilung des Festgenommenen an den Konsul abgesandt wird, oder dadurch, daß die Behörde selbst die Mitteilung unmittelbar bewirkt. Die Mitteilungen sind binnen höchstens siebenmal 24 Stunden, in größeren Städten, einschließlich der Kreisstädte, binnen höchstens dreimal 24 Stunden abzusenden.

Über die Durchführung dieser Regelung sind zwischen den beiden Regierungen folgende weitere Einzelheiten vereinbart worden:

Die von den Behörden gemachten Mitteilungen haben folgende Angaben über die festgenommenen Personen zu enthalten: Name, Geburtsort und Geburtstag, Heimatort, Grund der Festhaltung, Festhaltungsort, festhaltende oder die Festhaltung veranlassende Behörde.

Mitteilungen durch eingeschriebenen Brief, telegraphische oder telephonische Mitteilung hat zu erfolgen, wenn die Kosten vorgeschossen werden.

b) Weiter schreibt Ziff. 2 des Schlußprotokolls zu Art. 11 des Niederlassungsabkommens vor, daß die Gefangenenanstalten aller Art den Wünschen der konsularischen Vertreter, in Haft befindliche Angehörige der U. d. S. S. R. zu besuchen oder durch Bevollmächtigte besuchen zu lassen, beschleunigt entgegenkommend stattgeben sollen, daß aber die Entfernung von richterlichen und Gefängnisbeamten während der Unterredung mit den Gefangenen von dem konsularischen Vertreter oder dessen Bevollmächtigten nicht verlangt werden kann.

II. a) Demgemäß ordne ich an*), daß jede durch eine preußische Justizbehörde auf Grund eines Haftbefehls erfolgende Festnahme eines Angehörigen der U. d. S. S. R., jede Einlieferung eines solchen Angehörigen zum Zwecke des Strafvollzugs oder zur Vollstreckung von Haft in Zivilsachen und jeder spätere Wechsel der Gefangenanstalt dem zuständigen Konsul der U. d. S. S. R. innerhalb der oben zu I a. angegebenen Frist, die vom Zeitpunkt der Festnahme, der Einlieferung in eine Gefangenanstalt oder dem Wechsel der Gewahrsamsbehörde zu berechnen ist, mitzuteilen ist, sofern nicht innerhalb der angegebenen Fristen von dem festgenommenen oder eingelieferten Angehörigen der U. d. S. S. R. eine solche Mitteilung gefertigt und zur Absendung gebracht worden ist.

Im Falle der Festnahme auf Grund eines richterlichen Haftbefehls in Strafsachen obliegt die Mitteilung demjenigen Gericht, das den Verhafteten als erstes vernimmt, gegebenenfalls demjenigen Gericht, das über die Fortdauer der Untersuchungshaft zu entscheiden hat.

Tritt während der Dauer der Untersuchungshaft ein Wechsel der Gewahrsamsbehörde ein, so obliegt die Pflicht zur Mitteilung dem für die Entscheidung über die Fortdauer der Untersuchungshaft zuständigen Gericht. Erfolgt ein Wechsel der Gewahrsamsbehörde während der Dauer der Strafhaft, so ist die Mitteilung von dem Vorsteher derjenigen Gefangenenanstalt vorzunehmen, in welche die Verlegung erfolgt ist.

Es ist in geeigneter Weise dafür zu sorgen, daß die notwendigen Ermittelungen nicht erschwert werden.

b) Die zu I b wiedergegebene Bestimmung der Ziff. 2 des Schlußprotokolls zu Art. 11 des Niederlassungsabkommens enthebt die für die Entscheidung über die Zulassung von Besuchen zuständigen preußischen Justizbehörden nicht der Verpflichtung, in jedem Einzelfalle zu prüfen, ob gegen die Zulassung des Besuches eines Konsuls der U. d. S. S. R. Bedenken bestehen oder nicht. Soweit in dieser Hinsicht Bedenken bestehen, ist mir beschleunigt zu berichten.

III. Die in Art. 11 Abs. 2 des Konsularvertrages für den Fall der Strafverfolgung oder Verhaftung eines Konsularbeamten vorgesehene Mitteilung an die Botschaft der U. d. S. S. R. wird von hier aus erfolgen. Zu diesem Zwecke ist mir in diesen Fällen telegraphisch und unmittelbar Mitteilung zu machen und sogleich beschleunigt auf dem Dienstwege zu berichten.

Eure usw." ....

g) AV. v. 23. Juli 1927 — I Fr. 886 — betr. Mitteilungen im dienstlichen Verkehr mit den Behörden der U. d. S. S. R. auf Grund der deutsch-russischen Verträge vom 12. Okt. 1925 — RGBl. 1926 S. 1 ff. —:

„Die Rundverfügung vom 14. August 1926 — I Fr. 1188 — ist in der letzten Zeit nicht immer beachtet worden. Ich ersuche daher, die nachgeordneten Dienststellen erneut in geeigneter Weise auf ihren Inhalt hinzuweisen und auch dafür Sorge zu tragen, daß sie nicht in Vergessenheit gerät. Bei dieser Gelegenheit bestimme ich in Ergänzung meiner früheren Anordnung zu II a folgendes:

1. Von jeder Mitteilung an den Konsul der U. d. S. S. R. sind mir unverzüglich auf unmittelbarem Wege zwei Durchschläge zu übersenden.

2. Soweit in den Fällen der Zeugniszwangs- und Ordnungsstrafhaft in Zivil- und Strafsachen sowie bei der sonstigen Haft in Zivilsachen der Verhaftete einem Gericht zur ersten Vernehmung vorgeführt wird, liegt die vorgeschriebene Mitteilung an den Konsul diesem Gericht ob. Erfolgt eine Vorführung nicht, so ist die Mitteilung von dem Gericht, das den Haftbefehl erlassen oder die Vollstreckung der Ordnungsstrafe angeordnet hat, zu erstatten. In den Fällen der Strafhaft liegt die Mitteilung dem Vorsteher derjenigen Gefangenanstalt ob, in welche der Häftling eingeliefert ist.

*) Anm. des Verf.: z. vgl. auch die nachfolgende AV. vom 23. Juli 1927 — I Fr. 886 —.

Ich gehe ferner davon aus, daß die Vorsteher der Gefangenanstalten in allen übrigen Fällen von Haft jeglicher Art, in denen bereits bei der Einlieferung eines Häftlings das Vorliegen einer Staatsangehörigkeit der Union der Sozialistischen Sowjetrepubliken festgestellt oder vermutet wird, hiervon das nach Vorstehendem zuständige Gericht unter Hinweis auf Art. 11 des deutsch-russischen Niederlassungsabkommens und auf die Mitteilungspflichten nach der Rundverfügung vom 14. August 1926 und nach dieser Rundverfügung in Kenntnis gesetzt werden.

Ich ersuche, die nachgeordneten Dienststellen in geeigneter Form auch von dem Inhalt dieser neuen Bestimmungen zu verständigen und das etwa zur Durchführung Erforderliche zu veranlassen."

Kostenfragen, Urteilsvollstreckung usw.:

Für die Erledigung von Zustellungsanträgen und Rechtshilfeersuchen dürfen Gebühren, Stempel und Auslagen irgendwelcher Art, mit Ausnahme der an Zeugen und Sachverständige gezahlten Entschädigungen nicht erhoben werden.

Diese sowie etwaige Übersetzungskosten nach Abs. 3 werden in jedem Einzelfalle bei Rückgabe des Ersuchens erstattet (Art. 10 a. a. O.).

Nach Magnus, Tabellen:

Die Gegenseitigkeit bei der Vollstreckung von Urteilen (§§ 328 Ziff. 5, 722, 723 ZPO.) besteht nicht. Dagegen ist die Vollstreckbarkeitserklärung von Kostenentscheidungen gegen den Kläger oder Intervenienten, durch die der Betrag der Prozeßkosten festgesetzt wird, zulässig (Art. 13, 14 des Abk. I). Außerdem werden Schiedssprüche, die in Handelssachen und in anderen bürgerlichen Angelegenheiten zwischen deutschen Parteien und Parteien der U. d. S. S. R. zur Austragung von Rechtsstreitigkeiten aus einem Vertrage oder anderen bestimmten Rechtsverhältnissen vereinbart sind und den Erfordernissen des Art. 2 des Schiedsabk. entsprechen, ohne weitere Förmlichkeiten als gültig anerkannt (Art. 1 des Abk. VI). Die Vollstreckung regeln die Art. 9, 10 dieses Abk. (eingehende Erörterung s. JW. 1926 S. 1886, 1941, 2427). Gegenseitigkeit bezügl. des Armenrechts im Sinne des § 114 Abs. 2 ZPO. ist ohne Rücksicht auf den Wohnsitz verbürgt (Art. 15 des Abk. I). Sicherheitsleistungspflicht für Prozeßkosten nach § 110 Abs. 2 Nr. 1 ZPO. und Vorschußpflicht für Gerichtskosten nach § 85 Abs. 2 Nr. 1 DGKG. bestehen nicht.

Saargebiet.

Das Saargebiet ist nicht Ausland (zu vgl. § 16 der Anl. zu Art. 50 des Vertrages von Versailles — JW. 1926 S. 391 —). Die Ersuchen sind daher in der für inländische Gerichte üblichen Form abzufassen. Dabei sind die aus Nachstehendem sich ergebenden Förmlichkeiten zu beachten:

RV. vom 9. September 1921 — I 20724 —:

„Die Regierungskommission des Saargebiets hat mitgeteilt, daß sie vom 1. Sept. ds. Js. ab einen unmittelbaren Schriftverkehr zwischen den saarländischen und den außerhalb gelegenen deutschen Justizbehörden nicht mehr zulassen wolle. Eine Einschränkung dieser Maßnahme auf wichtigere Angelegenheiten (Haftbefehle, Festnahmen, Verhandlungen und Strafvollstreckungen) soll im Verhandlungswege erstrebt werden.

Bis auf weiteres sind alle an Justizbehörden des Saargebiets gerichteten Ersuchen, Anfragen usw. in der bisherigen Weise abzufassen, jedoch mit besonderem Umschlagbogen

An den Herrn Oberpräsidenten der Rheinprovinz als Reichskommissar für die
Übergabe des Saargebiets in

Koblenz
Kastorpfaffenstr. 9 I

zur gefälligen Weitergabe an den Regierungsausschuß des Saargebiets zu übersenden."

a) **RV. vom 30. Januar 1925** — I Fr. 4085 —.

Betr.: Schriftverkehr mit den im **Saargebiet** gelegenen Behörden.

„Es ist wiederholt beobachtet worden, daß die Justizbehörden unter Außerachtlassung der für alle Reichs- und Staatsbehörden bestehenden Regelung mit den im Saargebiet gelegenen Behörden in unmittelbaren Schriftverkehr getreten sind. Ich weise daher erneut darauf hin, daß dieser Verkehr stets durch die Hand des Herrn **Oberpräsidenten der**

Rheinprovinz als Reichskommissars für die Übergabe des Saargebiets in Koblenz zu leiten ist.

Nach einer Mitteilung des Reichskommissars kommt es nicht selten vor, daß den Schreiben, die zur Weiterleitung an die im Saargebiet gelegenen Behörden bei ihm eingehen, französische Übersetzungen beiliegen, und daß insbesondere den Rechtshilfeersuchen außerdem noch Abschriften der einschlägigen deutschen prozessualen Bestimmungen nebst Übersetzung ins Französische beigefügt sind. Er hat ferner beobachtet, daß sich häufig in den an das Strafregister der Staatsanwaltschaft in Saarbrücken gerichteten Ersuchen um Erteilung von Strafregisterauszügen in dem von der ersuchenden Behörde ausgefüllten Vordruck, Angaben, wie z. B.: „Geburtsort Neunkirchen, Land: S a a r g e b i e t" finden.

Derartige bedauerliche Vorkommnisse beruhen auf einer völligen Verkennung der staatsrechtlichen Verhältnisse des Saargebiets, das auch während der derzeitigen Verwaltung durch die dem Völkerbund verantwortliche Regierungskommission zum Deutschen Reich und zu Preußen (Bayern) gehört. Sie sind geeignet, die deutschgesinnte Bevölkerung des Saargebiets zu verletzen und schaden so den Bestrebungen zur Erhaltung des Deutschtums im Saargebiet. Daher ist von allen Justizbehörden besonders darauf zu achten, daß Mißgriffe der erwähnten Art vermieden werden.

Die preußischen Gemeindeeinheiten und Ortschaften, die im Saargebiet liegen, sind aus der Zusammenstellung F in dem vom Preußischen Statistischen Landesamt herausgegebenen Werk: „Die von Preußen abgetretenen Gebiete (einschließlich des unter preußischer Staatshoheit verbleibenden Saargebiets)" ersichtlich, das allen Justizbehörden zugegangen ist. Eine eingehendere Übersicht über die im gesamten Saargebiet gelegenen Gemeinden und Ortschaften bietet das von der gleichen Dienststelle bearbeitete „Gemeinde- und Ortschaftsverzeichnis des Regierungsbezirks Trier und des preußischen und bayerischen Teils des Saargebiets", auf das ich bereits in der Verfügung vom 29. März 1923 — I Fr. 1071 — mit dem Ersuchen hingewiesen habe, dafür Sorge zu tragen, daß es in dem für erforderlich gehaltenen Umfange zur Bestellung gelangt."

RV. vom 3. Juni 1926 — I Fr. 992 —.

„Nach einer Mitteilung des Reichskommissars für die Übergabe des Saargebiets werden die für den Verkehr der Reichs- und Staatsbehörden mit den im Saargebiet gelegenen Behörden bestehenden Vorschriften noch immer in zahlreichen Fällen nicht gebührend beachtet. Insbesondere lassen auch in neuester Zeit bei dem Reichskommissar eingehende, zur Weiterleitung an die im Saargebiet gelegenen Behörden bestimmte Schreiben in zahlreichen Fällen erkennen, daß nicht nur über die staatsrechtlichen Verhältnisse des Saargebiets, sondern auch über die Zugehörigkeit zahlreicher Ortschaften zu diesem Gebiet vielfach Unklarheit herrscht. Dies gibt mir Veranlassung, unter Bezugnahme auf meine Rundverfügungen vom 30. Januar 1925 — I. Fr. 4085 — und vom 22. Aug. 1925 — I. Fr. 2406 — wiederholt darauf hinzuweisen, daß derartige Mißgriffe in besonderem Maße geeignet sind, den auf Erhaltung des Deutschtums im Saargebiet gerichteten Bestrebungen Abbruch zu tun und die deutsche Bevölkerung des Saargebiets in ihrem nationalen Empfinden zu verletzen. Ich mache es daher allen Justizbehörden erneut zur ernsten Pflicht, auf die Vermeidung derartiger Fehler besonders bedacht zu sein. Bei Zweifeln über die Zugehörigkeit einer Ortschaft zum Saargebiet wird stets Einsicht in das vom preußischen statistischen Landesamt herausgegebene Werk „Die von Preußen abgetretenen Gebiete (einschließlich des unter preußischer Staatshoheit verbleibenden Saargebietes)" oder in das von der gleichen Dienststelle bearbeitete „Gemeinde- und Ortschaftenverzeichnis des Regierungsbezirks Trier und des preußischen und bayerischen Teils des Saargebiets" zu nehmen sein, auf die ich bereits in den Rundverfügungen vom 29. März 1923 (I. Fr. 1071) und vom 30. Januar 1925 (I. Fr. 4085) hingewiesen habe.

Zugleich bringe ich wiederholt in Erinnerung, daß der gesamte Schriftverkehr mit den im Saargebiet gelegenen Behörden über „den Oberpräsidenten der Rheinprovinz als Reichskommissar für die Übergabe des Saargebiets in Koblenz, Kastorpfaffenstraße 9" zu leiten ist. Die genaue Angabe der Anschrift dieser Dienststelle ist zur Vermeidung unliebsamer Belastung und unnötiger Verzögerung des Geschäftsganges unerläßlich.

Die von dem Oberpräsidenten der Rheinprovinz als Reichskommissar für die Übergabe des Saargebiets in der Zeit vom 27. März bis 27. April 1926 gesammelten fehlerhaften Zuschriften füge ich, soweit sie von Behörden des dortigen Bezirks ausgegangen sind, zur geneigten weiteren Veranlassung bei."

b) **AV. d. JM. vom 30. April 1926 — JMBl. S. 179 ff. — über den Verkehr mit den Behörden des Saargebiets bei Verhaftungs- und Vollstreckungsersuchen (I. Fr. 582).**

RV. vom 26. Sept. 1921 (I. 20765), vom 22. Nov. 1921 (I. 21913), vom 12. Juni 1922 (I. 18367), vom 30. Nov. 1923 (I. Fr. 6147), vom 14. Jan. 1924 (I. Fr. 6139), vom 10. Juni 1925 (I. Fr. 1679, an die Präs. d. Strafvollzugsämter gerichtet); AV. vom 7. Sept. 1925 (JMBl. S. 338) und vom 11. Nov. 1925 (JMBl. S. 398).

„Für den Verkehr mit den Behörden des Saargebiets bei Verhaftungs- und Vollstreckungsersuchen sind künftig folgende Vorschriften zu beachten:

I. Den von Behörden des Saargebiets an preußische Justizbehörden außerhalb des Saargebiets gerichteten Ersuchen um Strafvollstreckung, Verhaftung oder Zuführung von Personen darf nach § 3 des Reichsgesetzes vom 10. März 1922 — RGBl. I S. 241 — nur mit meiner Genehmigung stattgegeben werden. Sie sind von den Justizbehörden, an die sie gelangen, unverzüglich unmittelbar an mich einzureichen*).

Sofern es im Hinblick auf die Schwere der Straftat oder aus sonstigen Gründen geboten erscheint, einem Festnahme- (Verhaftungs-) Ersuchen zunächst stattzugeben, ist die Festnahme zu veranlassen und der Festgenommene über den Sachverhalt sogleich eingehend zu vernehmen, und zwar auch dann, wenn die Festnahme auf Grund eines Steckbriefs erfolgt ist. Das Vernehmungsprotokoll ist mir sodann mit dem Festnahmeersuchen oder einer Abschrift des Steckbriefs schleunigst einzureichen.

Soll ein Gefangener, der außerhalb des Saargebiets eine Strafe verbüßt, einem Gericht des Saargebiets vorgeführt werden, so bin ich, ohne daß es einer Einreichung des Ersuchens an mich bedarf, mit der Überführung einverstanden, wenn entweder

a) der Gefangene vor jenem Gericht lediglich als Zeuge vernommen werden soll und seine Haftentlassung so nahe bevorsteht, daß seine Rücküberführung nicht mehr in Betracht kommt,

oder

b) die ersuchende Behörde zuvor die alsbaldige Rücküberführung des Gefangenen nach dem Termine ausdrücklich zugesichert hat.

Ist außer dem Falle zu a) eine solche Zusicherung von der ersuchenden Justizbehörde des Saargebiets nicht zu erlangen, so ist das an die Gefangenanstalt gerichtete Ersuchen um Veranlassung der Überführung oder um Bereitstellung des betreffenden Gefangenen zum Abtransport mir mit den Personalakten des Gefangenen unmittelbar von der Gefangenanstalt zur Entscheidung über die Zulässigkeit der Überführung einzureichen. Das in derselben Sache jeweils an die Polizeibehörde gerichtete Überführungsersuchen ist von dieser unter Hinweis auf die Notwendigkeit meiner Genehmigung beizuziehen und mir nachzureichen. Ferner wird es in diesen Fällen regelmäßig erforderlich sein, daß der Gefangene, auf dessen Überführung in das Saargebiet das Ersuchen gerichtet ist, unter Bekanntgabe dieses Ersuchens über den ihm zugrunde liegenden Sachverhalt zuvor gehört wird. Das Vernehmungsprotokoll ist mir gleichfalls einzureichen.

II. Die an Behörden des Saargebiets gerichteten Ersuchen um Strafvollstreckung, Verhaftung oder Zuführung von Personen sind — entsprechend meinen für den gesamten Verkehr mit den Behörden des Saargebiets geltenden RV. vom 9. Sept. 1921 (I. 20724) und vom 30. Jan. 1925 (I. Fr. 4085) — über »den Oberpräsidenten der Rheinprovinz als Reichskommissar für die Übergabe des Saargebiets in Koblenz, Castorpfaffenstraße 9« zu leiten. Die Straftat ist in dem Ersuchen nicht nur durch Angabe der Gesetzesbestimmungen oder der gesetzlichen Merkmale, sondern auch des konkreten Sachverhalts zu bezeichnen; zu diesem Zwecke ist den Strafvollstreckungsersuchen in den geeigneten Fällen eine abschriftliche Mitteilung der Urteilsgründe beizufügen.

Über jedes Ersuchen der im vorstehenden Absatz bezeichneten Art ist mir unter kurzer Darstellung des Sachverhalts unmittelbar zu berichten, sobald der ersuchenden Justizbehörde die Entschließung der Behörden des Saargebiets über die Ausführung oder Ablehnung von Ersuchen bekannt geworden, oder wenn eine Beantwortung des Ersuchens nicht erfolgt ist.

III. Hinsichtlich der Rechtshilfe und des Rechtsbeistands bei der Einziehung von Vermögensstrafen und Gerichtskosten im Verkehr mit dem Saargebiet bleiben die Bestimmungen der RV. vom 14. Jan. 1924 (I. Fr. 6139)**) zu beachten.

---

*) Siehe Anlage c.

**) Der jetzt noch gültige Text ist hinter dieser AV. abgedruckt.

IV. Zu der Frage der Bildung von Gesamtstrafen aus den von saarländischen Gerichten und deutschen Gerichten außerhalb des Saargebiets erkannten Einzelstrafen wird auf die RV. vom 30. Nov. 1923 (I. Fr. 6147) verwiesen.

V. Wegen der Erstattung von Strafvollstreckungskosten im wechselseitigen Geschäftsverkehr mit den Behörden des Saargebiets verbleibt es bei den AV. vom 7. Sept. und 11. Nov. 1925 (JMBl. S. 338 und 398).

VI. Die RV. vom 26. Sept. 1921 (I. 20765), vom 22. Nov. 1921 (I. 21913), vom 12. Juni 1922 (I. 18367), vom 17. März 1925 (I. Fr. 837) und die an die Präsidenten der Strafvollzugsämter gerichtete RV. vom 10. Juni 1925 (I. Fr. 1679) werden hierdurch gegenstandslos. Auf die vorstehend unter I getroffene Abänderung der bisher für die Überführung von Strafgefangenen in das Saargebiet geltenden Vorschriften wird besonders hingewiesen."

Der Justizminister. 14. Jan. 1924. I. Fr. 6139.

Rechtshilfe und Rechtsbeistand bei der Einziehung von Vermögensstrafen und Gerichtskosten im Verkehr mit dem Saargebiet.

„I. Die Regierungskommission des Saargebiets hat der Landeskasse in Saarbrücken nach der Einführung der Frankenwährung im Saargebiet die nachstehend im Auszuge wiedergegebenen Richtlinien zugehen lassen, durch die das Verfahren bei der Einziehung von Gerichtskosten geregelt wird, die von Zahlungspflichtigen im Deutschen Reich außerhalb des Saargebiets geschuldet werden:

1. Dem Kostenschuldner ist eine Rechnung über den geschuldeten Frankenbetrag zu übersenden. Sendet der Schuldner auf diese Aufforderung hin an Stelle des Franken- einen Markbetrag ein, so ist derselbe in bar von der Post abzuheben und bei einer Bank oder Wechselstelle in Franken umzutauschen. Der Erlös ist auf die Kostenschuld zu verrechnen. Verbleibt alsdann noch ein Fehlbetrag, so ist derselbe niederzuschlagen, wenn er die Kosten einer Neueinforderung übersteigt. Andernfalls ist dem Schuldner über den Restbetrag nochmals eine Kostenrechnung in der oben beschriebenen Weise zuzusenden.
2. Zahlt der Kostenschuldner auf die ihm in der zu 1 beschriebenen Weise zugegangene Zahlungsaufforderung nicht, so ist die zuständige deutsche Behörde um die Beitreibung eines Markbetrages zu ersuchen, der nach dem Kurse des Tages des Ersuchens dem geschuldeten Frankenbetrage entspricht. Der Eingang des Ersuchens hat demnach zu lauten: »Der .... verschuldet der unterzeichneten Kasse in Sachen .... Franken = ... Mark.« Wird hierauf von der ersuchten Stelle der Markbetrag beigetrieben und eingesandt, so ist mit demselben in gleicher Weise zu verfahren, wie zu 1 ausgeführt. Die nach Umtausch der eingesandten Summe in Franken etwa verbleibende Restkostenschuld ist jedoch in jedem Falle niederzuschlagen.
3. Mit Rücksicht auf die Einführung des Franken als alleiniges gesetzliches Zahlungsmittel im Saargebiet sind saarländische Kassen nicht mehr in der Lage, Ersuchen deutscher Behörden um Beitreibung von Markbeträgen stattzugeben. Derartige Ersuchen sind vielmehr unter Hinweis auf die hier durch die Frankeneinführung geschaffene Rechtslage und mit dem Anheimgeben, um Beitreibung eines entsprechenden Frankenbetrages zu ersuchen, abzulehnen. Die Übersendung des beigetriebenen Frankenbetrages wird .....

II. Für die preußischen Justizbehörden gelten für die Beitreibung von Geldsummen im Rechtshilfeverkehr mit den Justizbehörden des Saargebiets die folgenden Bestimmungen:

A. Ersuchen, die von den Justizbehörden des Saargebiets ausgehen.

1. (1) Bei Anträgen auf Gewährung von Rechtshilfe bei der Einziehung von Vermögensstrafen sind die Anordnungen [in der vorstehenden AV.] zu beachten. (2) Ersuchen, die auf Beitreibung von Frankenbeträgen gerichtet sind, sind mir jedoch nicht einzureichen, sondern der ersuchenden Behörde unerledigt mit dem Anheimstellen zurückzusenden, die Frankenbeträge in entsprechender Anwendung der für die Beitreibung von Gerichtskosten gegebenen Richtlinien der Regierungskommission des Saargebiets in deutsche Währung umzurechnen und das Ersuchen, aus dem die vorgenommene Umrechnung ersichtlich sein muß, auf Beitreibung der errechneten Marksumme zu richten; die so berichtigten Ersuchen sind mir .... zum Zwecke der Genehmigung der Strafvollstreckung (§ 3 Abs. 2 des Reichsges. vom 10. März 1922 — RGBl. I S. 241 —) einzureichen. (3) Bei der

Beitreibung der von der ersuchenden Behörde des Saargebiets angegebenen Marksumme ist als Höchstgrenze, bis zu der die Vollstreckung statthaft ist, der zum letzten Mittelkurse der Berliner Börse aus der erkannten Frankenstrafe errechnete Markbetrag anzusehen. (4) Dem Verurteilten steht es in jedem Falle frei, sich durch Erlegung der in dem Erkenntnis angegebenen Frankensumme von seiner Zahlungspflicht zu befreien. (5) Bei der Durchführung der Vollstreckung ist § 43 Abs. 1 Satz 4 der Kassenordnung zu berücksichtigen*). (6) Die Absendung der für die ersuchende Behörde beigetriebenen Beträge erfolgt nicht durch den Gerichtsvollzieher, sondern nach Prüfung der ordnungsmäßigen Erledigung des Auftrags durch die Gerichtskasse. (7) Die Übersendung des Geldes ist mittels Wertbriefs oder mittels Postanweisung zu bewirken.

2. (1) Anträgen auf Gewährung von Rechtsbeistand bei der Einziehung von Gerichtskosten ist zu entsprechen, wenn die Ersuchen der Ziff. 2 der zu I mitgeteilten Richtlinien der Regierungskommission des Saargebiets entsprechen. (2) Auf die Erledigung dieser Anträge finden die Bestimmungen zu II. A. 1 Satz 5—7 dieser Verfügung sinngemäß Anwendung. (3) Ersuchen, die ausschließlich auf die Einziehung von Frankenbeträgen abgestellt sind, sind unter Hinweis auf die von der Regierungskommission erlassenen Richtlinien unerledigt zurückzusenden.

B. Forderungen preußischer Justizbehörden an Zahlungspflichtige im Saargebiet.

1. (1) Kostenrechnungen und Zahlungsaufforderungen [haben auf Reichsmark zu lauten]. (2) . . . . (3) Der Hinweis auf die Folgen der Nichtbeachtung der Zahlungsaufforderung ist darauf zu richten, daß für den Fall nicht pünktlicher Zahlung die Beitreibung eines entsprechenden Frankenbetrages angedroht wird. (4) Der Hinweis auf die Möglichkeit der Einzahlung im Postscheckwege ist zu streichen. (5) Sendet der Zahlungspflichtige den angeforderten Betrag in anderen als inländischen, kassenmäßigen Zahlungsmitteln, [insbesondere in Franken] ein, so ist nach Bestimmung des Kassenkurators der eingegangene Betrag in kassenmäßige Zahlungsmittel umzutauschen. (6) Der Erlös ist auf die Schuld zu verrechnen. (7) Fehlbeträge an Gerichtskosten, die unter Berücksichtigung der einschlägigen besonderen Verhältnisse weitere Maßnahmen nicht lohnen, zur Zeit also Beträge etwa bis zu 1 [Reichs-] Mark, werden niedergeschlagen; höhere Fehlbeträge werden von den Zahlungspflichtigen nachgefordert. (8) Über die Nachforderung von Fehlbeträgen an Vermögensstrafen befindet die Strafvollstreckungsbehörde (wegen der vor dem Inkrafttreten des Gesetzes vom 13. Okt. 1923 — RGBl. I S. 943 — rechtskräftig festgesetzten Strafen zu vgl. in diesem Zusammenhang auch die AV. vom 29. Okt. 1923 — JMBl. S. 702 —). (9) Ist der eingegangene Betrag höher als die Forderung der Staatskasse, so sind solche Mehrbeträge als Gerichtskosten oder Geldstrafen in Soll- und Isteinnahme zu buchen und in der Regel unter Abstandnahme von einer Zurückzahlung bei den Akten zur künftigen Verrechnung zugunsten des Zahlungspflichtigen zu vermerken.

2. (1) Kommt der Zahlungspflichtige mit der Zahlung ganz oder teilweise in Verzug, so hat die Strafvollstreckungsbehörde — bei Gerichtskostenforderungen die Gerichtskasse — sich schlüssig zu machen, ob die zwangsweise Einziehung in die Wege geleitet werden soll. (2) Von Zwangsmaßnahmen soll grundsätzlich abgesehen werden, wenn der einzuziehende Betrag 1 [Reichs-] Mark nicht übersteigt. (3) Wird die zwangsweise Einziehung in Aussicht genommen, so ist die zuständige Behörde des Saargebiets um Beitreibung der Schuld und um Übermittelung des eingezogenen Betrages zu ersuchen; dabei sind die für die Behandlung von Ersuchen an Behörden des Saargebiets erlassenen Bestimmungen (RV. vom 9. Sept. 1921 — I. 20 724 — und vom [30. Jan. 1925 — I. Fr. 4085 —])**) zu beachten. (4) Als beizutreibende Summe ist derjenige Frankenbetrag anzugeben, der nach dem zur Zeit des Ersuchens geltenden Mittelkurse der Berliner Börse der Forderung der Staatskasse entspricht. (5) Im Eingange des Ersuchens ist je nach der Sachlage anzugeben, daß der Zahlungspflichtige an (Strafe und) Kosten einschl. der Postgebühr für das Ersuchungsschreiben . . . . . [Reichs-] Mark = ... Franken schulde. (6) Auf die Behandlung des eingehenden Betrags finden die Bestimmungen unter II B 1 Satz 5, 6, 9 dieser Verfügung sinngemäß Anwendung. (7) Bleibt ein Rest ungedeckt, so befindet über die weitere Behandlung der nicht gedeckten Vermögensstrafe die Strafvollstreckungsbehörde. (8) Unge-

*) Mitberücksichtigung der Postgebühr für das Ersuchungsschreiben und für die Mitteilung über das Ergebnis der Zwangsvollstreckung.

**) Vgl. Ziff. II Abs. 1 Satz 1 der oben abgedruckten AV. v. 30. April 1926 [unter b].

deckte Gerichtskosten sind regelmäßig niederzuschlagen, sofern der Unterschied auf den Währungsverhältnissen beruht. (9) Hat die Zwangsvollstreckung aus anderen Gründen nicht zu einem vollen Erfolge geführt, so kann von der Niederschlagung abgesehen werden, wenn Aussicht auf späteren Eingang der Gerichtskosten besteht; von einer wiederholten Inanspruchnahme der Justizbehörden des Saargebietes soll dann aber in der Regel abgesehen werden."

c) Aus Anlaß eines Einzelfalls hat der Herr Justizminister durch Verfg. vom 27. Nov. 1924 — I Fr. 10089 — angeordnet:

„Ferner ist das Amtsgericht ..... zu veranlassen, das Amtsgericht ..... auf sein oben erwähntes Ersuchen zunächst um Überlassung der Strafakten auf kurze Zeit zur Einsichtnahme oder, falls diese nicht entbehrlich sein sollten, um Übersendung einer Abschrift des Urteils und, sofern dieses den Sachverhalt nicht ausführlich wiedergibt, einer ergänzenden Sachdarstellung zu ersuchen. Dabei ist das Amtsgericht ..... darauf hinzuweisen, daß die genauere Kenntnis des Sachverhalts für die Entscheidung der obersten Landesbehörde über die Zulässigkeit der Vollstreckung (§ 3 Abs. 2 des Gesetzes vom 10. März 1922 — RGBl. I S. 241 —) notwendig ist."

d) Durch **die AV. vom 7. Sept. 1925** — JMBl. S. 338/9 — ist unter Aufhebung der RV. vom 26. Jan. 1925 (VIII 9389/24) angeordnet worden, daß vom 1. Okt. 1925 ab die von den Behörden des Saargebiets ausgehenden Ersuchen um Erstattung von Strafvollstreckungskosten von den beteiligten preußischen Justizbehörden unmittelbar zu erledigen sind.

Die Verfügung hat folgenden Wortlaut:

„1. Bis zum 30. Sept. 1925 erfolgt der Ausgleich der Strafvollstreckungskosten im wechselseitigen Geschäftsverkehr mit den Behörden des Saargebiets nach Maßgabe der RV. vom 26. Jan. 1925 unter Beteiligung des Präsidenten des Strafvollzugsamts in Köln.

2. Vom 1. Okt. 1925 an tritt die RV. vom 26. Jan. 1925 außer Kraft. Es sind alsdann gemäß einer mit der Regierungskommission des Saargebiets erzielten Verständigung die von den Behörden des Saargebiets ausgehenden Ersuchen um Erstattung von Strafvollstreckungskosten von den beteiligten preußischen Justizbehörden unmittelbar zu erledigen. Entsprechend werden die Behörden des Saargebiets die Kosten des Strafvollzugs in Gefangenanstalten der preuß. Justizverwaltung auf Anforderung der ersuchten Behörde dieser von Fall zu Fall unmittelbar erstatten.

3. Als Haftkosten sind den Behörden des Saargebiets die gleichen Beträge in Rechnung zu stellen, die im Falle der Erhebung vom Verurteilten anzusetzen sein würden (zu vgl. zur Zeit die GV. vom 18. Dez. 1923 — JMBl. S. 759 —). Die Zuständigkeit zur Anforderung dieser Kosten und das Verfahren (einschl. der buchmäßigen Behandlung) regeln sich sinngemäß nach den allgem. Bestimmungen (zu vgl. KassO. — in der Fassung d. AV. vom 18. März 1925 — JMBl. S. 117 — § 12 Abs. 3a; GeschAnw. für die Kassen der besonderen Gefangenanstalten — in der Fassung der AV. vom 18. März 1925 — JMBl. S. 117 —, § 12 Abs. 8). Anzufordern sind die Haftkosten in der Regel nach Vorschrift des § 15 Abs. 6 Satz 1 KassO., jedoch kann am Schlusse des Rechnungsjahres die Anforderung der bis dahin erwachsenen Kosten zunächst ausgesetzt werden, wenn die Haftzeit im neuen Rechnungsjahre endigt. Der die Geltendmachung der Kosten betreffende Schriftwechsel ist nach den Bestimmungen über den Schriftverkehr mit dem Saargebiet zu behandeln, mithin durch die Hand des Oberpräsidenten der Rheinprovinz in Koblenz als Reichskommissars für die Übergabe des Saargebiets zu leiten. Der Geldverkehr vollzieht sich unmittelbar.

4. Postanweisungen aus dem Saargebiet lauten auf Reichsmark (Höchstbetrag für die einzelne Postanweisung zurzeit 200 RM.). Postanweisungen nach dem Saargebiet sind unter Benutzung des Vordrucks für Auslandspostanweisungen in französischen Franken auszustellen, aber in Reichswährung einzuzahlen (Meistbetrag für die einzelne Postanweisung zurzeit 1000 Franken; das Umrechnungsverhältnis wird im Amtsblatt des RPM. bekanntgegeben und kann auch bei den Postämtern erfragt werden). Ist im Einzelfall ausnahmsweise die Benutzung des Postanweisungsverkehrs untunlich, so ist der Gegenwert des angeforderten Frankenbetrags in Reichswährung durch Wertbrief zu übersenden.

5. Die Behörden des Saargebiets berechnen an Haftkosten folgende Tagessätze — die Sätze gelten mit Wirkung vom 1. Aug. 1925. Für die Zeit vorher betragen die Haftkostensätze 3,50, 3,80, 3,00 und 2,50 Franken —:

a) für Personen, die eine Zuchthaus-, Gefängnis- oder Haftstrafe verbüßen, sowie für Untersuchungs-, Zivilhaft- und Polizeigefangene 4,00 Franken,
b) für die Festungsgefangenen 4,50 Franken.

Bei gestatteter Selbstbeköstigung ermäßigt sich der Satz für Festungsgefangene auf 3,60 Franken, im übrigen auf 3,00 Franken.

Ergeben sich bei der Anweisung der von den Behörden des Saargebiets berechneten Beträge, insbesondere hinsichtlich der Höhe der Sätze, Zweifel, so kann auch nach dem 30. Sept. 1925 zur Klarstellung zunächst bei dem Präsidenten des Strafvollzugsamts in Köln angefragt werden.

6. Unterschiede in der Höhe der durch die Behörden der preußischen Justizverwaltung angeforderten und der durch die Behörden des Saargebiets zur Erstattung gelangenden Beträge, die durch die Umrechnung sich erklären oder sonst nicht besonders erheblich sind, sollen nicht zum Anlaß weiteren Schriftwechsels genommen werden.

7. Die durch die Saargebietsbehörden zur Erstattung gelangenden Strafvollstreckungskosten werden bei den Gerichtskosten (Kap. 30 Tit. 1) vereinnahmt; vgl. auch oben Ziffer 3 Satz 2. Zahlungen auf Strafvollstreckungskosten und sonstige damit zusammenhängende Ausgaben an die Saargebietsbehörden sind in der Regel bei Kap. 77 Tit. 2*) zu verrechnen.

8. Bei § 12 Abs. 3a und § 15 Abs. 6 der KassO. sowie bei § 12 Abs. 8 der GeschAnw. für die Kassen der besonderen Gefangenanstalten ist auf diese AV. zu verweisen."

AV. d. JM. vom 1. Nov. 1926 (JMBl. S. 388) über Erstattung von Strafvollstreckungskosten im Geschäftsverkehr mit den Behörden im Saargebiet (VIII. 1076). Ziff. 5 d. AV. vom 7. Sept. 1925 (JMBl. S. 338).

Die von den Behörden im Saargebiet berechneten Haftkostentagessätze sind geändert. Es werden dort anderweitig erhoben:

	vom 1. Mai 1926 ab	vom 1. September 1926 ab
a) für Personen, die eine Zuchthaus-, Gefängnis- oder Haftstrafe verbüßen, sowie für Untersuchungs-, Zivilhaft- und Polizeigefangene	6 Franken	7,50 Franken
b) für die Festungsgefangenen	6,80 "	8,50 "
Bei gestatteter Selbstbeköstigung ermäßigt sich der Satz für Festungsgefangene auf	5,50 "	7,00 "
im übrigen auf	4,50 "	5,70 "

e) **AV. d. JM. vom 11. Nov. 1925 — JMBl. S. 398 — über Kostenerstattung bei dem Vollzug von Gesamtstrafen im wechselseitigen Geschäftsverkehr mit den Behörden im Saargebiet** (I. Fr. 3079).

RV. vom 30. Nov. 1923 (I. Fr. 6147); AV. vom 7. Sept. 1925 (JMBl. S. 338); § 12 Abs. 3a u. § 15 Abs. 6 der KassO., § 12 Abs. 8 der GeschAnw. f. d. Kassen der bes. Gefangenanstalten.

„I. In einem Einzelfall, in dem die Regierungskommission des Saargebiets dem Vollzug einer aus Einzelstrafen saarländischer Gerichte und Einzelstrafen deutscher Gerichte außerhalb des Saargebiets gebildeten Gesamtstrafe (Ziff. I der RV. vom 30. Nov. 1923) in einer Gefangenanstalt des Saargebiets zugestimmt hatte, ist mit der Regierungskommission außerdem eine Verständigung dahin erzielt worden, daß seitens der saarländischen Behörde Erstattung nur desjenigen Teiles der Gesamtkosten der Strafvollstreckung zu beanspruchen sei, der dem Verhältnis der von den deutschen Gerichten außerhalb des Saargebiets erkannten Einzelstrafen zu den in die Gesamtstrafe einbezogenen Einzelstrafen saarländischer Gerichte entspricht. Die preußischen Justizbehörden haben diese zunächst für den Einzelfall erzielte Vereinbarung auch für künftige gleichartige Fälle als bindend zu behandeln, und zwar sowohl dann, wenn die Vollstreckung der Gesamtstrafe im Saargebiet erfolgt und demgemäß Kosten an die Saargebietsbehörde zu erstatten sind, als auch dann, wenn die Strafe außerhalb des Saargebiets vollstreckt wird und demgemäß ein

*) Jetzt Kap. 76 Tit. 53 Abs. 2.

Teil der Strafvollstreckungskosten den Behörden im Saargebiet in Rechnung zu stellen ist. Bei Feststellung des Kostenanteils sind der Art nach verschiedene Einzelstrafen nach ihrem gesetzlichen Geltungsverhältnis anzusetzen; wählt die Saargebietsbehörde einen anderen Berechnungsmaßstab und ergeben sich dadurch für die preußische Staatskasse erhebliche Mehraufwendungen, so ist zu berichten.

II. Im Innenverhältnis der deutschen Justizbehörden außerhalb des Saargebiets regelt sich auch in den zu I behandelten Fällen die Kostenlast nach den allgemeinen Vorschriften.

(Zu vgl. die Grundsätze vom 11. Juni 1885, mitgeteilt durch die AV. vom 8. Sept. 1885 — JMBl. S. 309 —; die AV. vom 22. Mai 1900 — S. 431 —; die durch die AV. vom 7. März 1907 — S. 55 —, 11. Dez. 1914 — S. 826 — und 21. Jan. 1924 — S. 29 — mitgeteilten Grundsätze sowie die AV. vom 4. Febr. 1925 — S. 56 —; ferner — für das Verhältnis zwischen Preußen und dem Reich — die Ziff. 2 der AV. vom 11. Juni 1925 — S. 214 — und damit inhaltlich übereinstimmend die Ziff. 2 der Bekanntm. d. Reichsmin. der Justiz vom 10. Okt. 1925 — RMBl. S. 1278 —)."

Der Justizminister. I. Fr. 6147. Berlin W 8, den 30. November 1923.

f) **Betr. die Anerkennung von Strafurteilen der Saargebietsgerichte.**

„Es sind Zweifel darüber entstanden, ob bei der Bildung von Gesamtstrafen und bei der Feststellung der Voraussetzungen des strafschärfenden Rückfalls die Urteile der Gerichte des Saargebiets den Urteilen der übrigen deutschen Gerichte gleichgeachtet werden können.

I. Gegen die Bildung von Gesamtstrafen aus den von saarländischen Gerichten und deutschen Gerichten außerhalb des Saargebiets erkannten Einzelstrafen bestehen keine grundsätzlichen Bedenken. Da indessen die Vollstreckung der Gesamtstrafe auch die Vollstreckung der im Saargebiet erkannten Einzelstrafe in sich schließt, die nach ihrer Einbeziehung in die Gesamtstrafe einer gesonderten Vollstreckung nicht mehr fähig ist, erscheint die durch § 3 Abs. 2 des Reichsgesetzes vom 10. März 1922 — RGBl. S. 241 — (vgl. die Rundverfg. vom 12. Juni 1922 — I 18367 —) vorgeschriebene Genehmigung der obersten Landesbehörde auch erforderlich für die Bildung von Gesamtstrafen aus Urteilen, unter denen sich solche von Saargebietsgerichten befinden.

Eure Hochwohlgeboren ersuche ich, die beteiligten Behörden über diese Rechtsauffassung der Justizverwaltung zu unterrichten. Die Staatsanwaltschaften haben gegen abweichende Entscheidungen der Gerichte die zulässigen Rechtsmittel einzulegen.

II. Saarländische Strafurteile sind als rückfallbegründend anzuerkennen, weil das Saargebiet ungeachtet der Tatsache, daß die Ausübung der Staatshoheit gemäß dem Friedensvertrag der vom Völkerbund berufenen Regierungskommission übertragen ist, nach wie vor Bestandteil des Deutschen Reiches geblieben ist, die dortigen Gerichte also deutsche sind. Reichsgesetzliche Maßnahmen, durch welche die rückfallbegründende Wirkung ihrer Urteile eingeschränkt würde, sind von der preußischen Justizverwaltung bislang nicht angeregt worden, weil es sich bei den Saargebietsurteilen, die für die Feststellung der Voraussetzungen des strafschärfenden Rückfalls in Frage kommen, in der Regel um Verurteilungen handelt, deren Anerkennung nach den bisher gemachten Erfahrungen keinen sachlichen Bedenken unterliegt.

Die Staatsanwaltschaften sind anzuweisen, diesen Standpunkt vor den Gerichten zu vertreten und gegen abweichende Entscheidungen die zulässigen Rechtsmittel einzulegen."

Die Grundlage für den Rechtshilfeverkehr in Strafsachen enthält § 3 des Gesetzes vom 10. März 1922 (RGBl. 1922 II S. 241).

Nach Magnus, Tabellen:

Die Vollstreckung saarländischer Urteile im übrigen Deutschland erfolgt ohne weiteres, da sie keine Urteile ausländischer Gerichte sind. Wegen Vollstreckung von Urteilen und einstweiligen Verfügungen in Ehesachen s. JW. 1925 S. 346. Dagegen bedarf die Zwangsvollstreckung aus deutschen Urteilen im Saargebiet der Zulassung durch den obersten Gerichtshof in Saarlouis (JW. 1924 S. 1351). Betr. Vollstreckung französischer Urteile im Saargebiet (JW. 1925 S. 492):

„Gemäß § 722 ZPO. kann ein französisches Urteil nur dann ohne weitere Prüfung im Saargebiet für vollstreckbar erklärt werden, wenn der Verurteilte Franzose ist. Diese Voraussetzung ist aber nicht gegeben. Außer dem Falle des § 722 Abs. 2 ZPO. kann ein französisches Urteil im Saargebiet überhaupt nicht vollstreckt werden, weil die Gegenseitigkeit nicht verbürgt ist (§ 328 ZPO. in seiner früheren Fassung)."

Deutsche, die im Saargebiet wohnen, haben im übrigen Deutschland Anspruch auf Gewährung des Armenrechts, umgekehrt erhalten alle Reichsangehörige im Saargebiet das Armenrecht. Auch bezüglich Frankreich und des Saargebiets ist die Gegenseitigkeit verbürgt (JW. 1925 S. 1302).

Vorschußpflicht für Gerichtskosten besteht für Franzosen und Deutsche nicht (JW. 1923 S. 188).

Sicherheitsleistungspflicht für Prozeßkosten nach § 110 Abs. 2 Nr. 1 ZPO. besteht für Deutsche, die im Saargebiet wohnen, im übrigen Deutschland und umgekehrt für Reichsangehörige im Saargebiet nicht.

Salvador

s. San Salvador.

Samoa

s. Völkerbund.

San Domingo

s. Dominika.

San Marino (Italien).

Abk. zur Bekämpfung unzüchtiger Veröffentlichungen s. RGBl. S. 1911 S. 209, 215, 1925 II S. 287/8; ein Vertrag über sonstige Rechtshilfe in Strafsachen besteht nicht. Beitritt zum Haager Ziv.-Proz.-Abk. ist nicht erfolgt.

Vorschußpflicht für Gerichtskosten nach § 85 Abs. 2 Nr. 1 DGKG. besteht nicht. Sicherheitsleistungspflicht für Prozeßkosten nach § 110 Abs. 2 Nr. 1 ZPO. besteht nicht (JW. 1924 S. 749).

San oder El Salvador.

Gehört dem Haager Abk. über den Ziv.-Proz. nicht an.

Handelsvertrag vom 14. April 1908 (RGBl. 1909 S. 405), der keine einschlägigen Bestimmungen enthält. Über Rechtshilfe in Strafsachen bestehen keine Vereinbarungen. Gebühren und Auslagen für Zustellungen und sonstige Ersuchen. Wegen der Zuleitung der Ersuchen an die ausländischen Stellen s. das Anschriftenverzeichnis im Abschnitt IV und das Konsulatsverzeichnis im Abschnitt VI.

Nach Magnus, Tabellen:

Die Gegenseitigkeit bei der Vollstreckung von Urteilen (§§ 328 Ziff. 5, 722, 723 ZPO.) besteht nicht. Gegenseitigkeit bezüglich des Armenrechts im Sinne des § 114 Abs. 2 ZPO. ist nicht verbürgt. Vorschußpflicht für Gerichtskosten nach § 85 Abs. 2 Nr. 1 DGKG. und Sicherheitsleistungspflicht für Prozeßkosten nach § 110 Abs. 2 Nr. 1 ZPO. bestehen.

Schiffer-Inseln.

Ein Teil ist 1920 neuseeländisches Mandatsgebiet (s. Großbritannien) geworden, der übrige Teil gehört den Vereinigten Staaten von Nordamerika an (s. diese).

Schottland

s. Großbritannien.

§ 47.

Schweden.[1])

1. Die Rechtshilfe in Strafsachen regelt sich nach dem Auslieferungsvertrage[2]) zwischen dem Reiche und Schweden und Norwegen vom 19. Januar 1878 (RGBl. S. 110) Art. 12—14.

2. Wegen der Rechtshilfe in bürgerlichen Sachen vgl. § 10 III Abs. 1, 2; § 20 Abs. 1; § 21 Abs. 1 Satz 1. Nach der Erklärung vom 1. Februar 1910 (RGBl. S. 455)[3]) werden Auslagen für die wegen Nichterscheinens eines Zeugen erforderlich gewordene Mitwirkung eines Vollziehungsbeamten nicht erstattet; auch werden Zwangszustellungen unentgeltlich bewirkt, doch entstehen hierbei Kosten durch die Übersetzung des zuzustellenden Schriftstücks.[4])

1. Ist dem Haager Ziv.-Proz.-Abk. vom 17. Juli 1905 angeschlossen.

Sch. ist folgenden Abk. über Internationales Privatrecht beigetreten (zu vgl. RGBl. 1926 II S. 553) usw. wie bei Belgien.

Deutsch-schwedischer Handelsvertrag (RGBl. 1926 II S. 383/424) enthält keine einschlägigen Bestimmungen.

2. Der Auslieferungsvertrag ist abgedruckt unter Norwegen. Abk. zur Abwehr bzw. Bekämpfung des Mädchenhandels*) s. RGBl. 1905 S. 695, 705, 1913 S. 31, 44, 1925 II S. 812; übereinkunft zur Unterdrückung des Frauen- und Kinderhandels s. RGBl. 1924 II S. 180, 202, 1925 II S. 812.

AV. vom 4. April 1923 — JMBl. S. 313 —:

Ersuchen um Rechtshilfe in Strafsachen im Verkehr mit Schweden.

„Mit der schwedischen Regierung ist vereinbart worden, daß künftig den Ersuchen um Rechtshilfe in Strafsachen beiderseits Übersetzungen in der Sprache des andern Teils beigefügt werden. Soweit Ersuchen von deutscher Seite zu stellen sind, wird das Auswärtige Amt beim Durchgange die erforderlichen Übersetzungen herstellen lassen und dem Ersuchen beifügen; die durch die Anfertigung der Übersetzungen entstehenden Kosten wird das Auswärtige Amt unmittelbar bei der Justizbehörde, von der das Ersuchen ausgeht, zur Erstattung anfordern."

3. Staatsvertrag im Anschluß an das Haager Ziv.-Proz.-Abk., Vereinbarung vom 1. Febr. 1910 zwischen dem Deutschen Reiche und Schweden (RGBl. 1910 S. 455):

„Art. 1. Gemäß den Vorbehalten im Art. 3 Abs. 2, im Art. 10 und im Art. 19 Abs. 2 Nr. 3 des Haager Abk. über den Ziv.-Proz. vom 17. Juli 1905 können die in diesen Artikeln vorgeschriebenen Übersetzungen der dort bezeichneten Schriftstücke auch von einem beeidigten Dolmetscher des ersuchenden Staates beglaubigt werden.

Art. 2. Gemäß dem Vorbehalt im Art. 6 Abs. 2 des Haager Abk. über den Ziv.-Proz. kann jeder Teil Zustellungen im Gebiete des anderen Teils in allen Fällen, wo es sich nicht um dessen Angehörige handelt, ohne Anwendung von Zwang durch seine diplomatischen oder konsularischen Vertreter unmittelbar bewirken lassen.

Das Gleiche gilt gemäß dem Vorbehalt im Art. 15 des Abk. für die Erledigung von Ersuchungsschreiben.

Art. 3. Gemäß dem Vorbehalt im Art. 7 Abs. 2 des Haager Abk. über den Ziv.-Proz. soll die Erstattung der durch die Mitwirkung eines Vollziehungsbeamten in den Fällen des Art. 3 des Abk. entstandenen Auslagen nicht verlangt werden.

Das Gleiche gilt gemäß dem Vorbehalt im Art. 16 Abs. 2 des Abk. in Ansehung der Auslagen für die wegen Nichterscheinens eines Zeugen erforderlich gewordene Mitwirkung eines Vollziehungsbeamten.

Art. 4. Soweit nach dem Haager Abk. über den Ziv.-Proz. in Verbindung mit dem Art. 3 dieser Erklärung Kosten in Rechnung gestellt werden können, werden sie nach den Vorschriften berechnet, die in dem ersuchten Staate für gleiche Handlungen in einem inländischen Verfahren gelten.

Art. 5. Die gegenwärtige Erklärung tritt am 1. März 1910 in Wirksamkeit und . . ."

4. Kostenfragen, Urteilsvollstreckung usw.

a) Bürgerliche Sachen:

Einfache Zustellung kostenfrei. Bei Zwangszustellung nur Übersetzungskosten. Rechtshilfe kostenfrei, jedoch sind Zeugen- und Sachverständigengebühren erstattungspflichtig. Auslagen für die wegen Nichterscheinens eines Zeugen erforderlich gewordene Mitwirkung eines Vollziehungsbeamten werden nicht erstattet. Übersetzungskosten sind erstattungspflichtig (§ 3 Nr. 1 der RHV.).

b) Strafsachen:

Kosten, die durch Ersuchen um Zeugenvernehmung oder Ausantwortung und Zurücksendung von Beweisstücken und Urkunden entstehen, werden nicht erstattet (Art. 12, 14 des Auslief.-Vertrages).

Nach Magnus, Tabellen:

Die Gegenseitigkeit bei der Vollstreckung von Urteilen (§§ 328 Ziff. 5, 722, 723 ZPO.) besteht nicht, mit Ausnahme der Kostenentscheidungen gegen den Kläger oder Intervenienten gemäß Art. 18, 19 des Haager Ziv.-Proz.-Abk. Gegenseitigkeit bezügl. des Armenrechts im Sinne des § 114 Abs. 2 ZPO. ist ohne Rücksicht auf den Wohnsitz verbürgt. Vorschußpflicht

---

*) Zu vgl. Anhang S. 212.

für Gerichtskosten nach § 85 Abs. 2 Nr. 1 DGKG. und Sicherheitsleistungspflicht für Prozeßkosten nach § 110 Abs. 2 Nr. 1 ZPO. bestehen nicht bei Wohnsitz in einem der Haager Vertragsstaaten.

§ 48.

Schweiz.[1])

1. Die Rechtshilfe in Strafsachen regelt sich nach dem Auslieferungsvertrage zwischen dem Reiche und der Schweiz vom 24. Januar 1874 (RGBl. S. 113) Art. 12—14.[2])

2. Wegen der Rechtshilfe in bürgerlichen Sachen vgl. § 10 III Abs. 1, 2; § 20 Abs. 1 und wegen der Vollstreckung der im Art. 18 des Haager Abk. über den Ziv.-Proz. (§ 20 Abs. 1) erwähnten Kostenentscheidungen § 25 Abs. 2.[3])

3. Zwischen den deutschen und schweizerischen Justizbehörden ist unmittelbarer Schriftwechsel in allen Fällen zulässig, in denen nicht der diplomatische Verkehr durch Staatsverträge vorgeschrieben ist oder aus besonderen Gründen angezeigt erscheint (vgl. Art. 12, 14 des Auslieferungs-Vertrags, das Abk. vom 1./10. Dez. 1878 — JMBl. 1879 S. 20 — und Art. 1 der Erklärung vom 30. April 1910 — RGBl. S. 674 —).[4]) Ein unmittelbarer Geschäftsverkehr findet ferner in Rechtssachen, welche den Schutz des gewerblichen Eigentums betreffen, zwischen den preußischen Gerichten und dem schweizerischen eidgenössischen Amte für geistiges Eigentum statt.

4. Wegen Freimachung der Schreiben im unmittelbaren Geschäftsverkehre vgl. § 5 Abs. 2 und JMBl. 78 S. 60.

5. Verzeichnisse der schweizerischen Gerichtsbehörden sind in dem Justiz-Ministerial-Blatte von 1888 S. 103 und von 1890 S. 74 abgedruckt;[5]) die schweizerischen Amtsstellen, an welche sich die deutschen Behörden wegen Rechtshilfe in Strafsachen[6]) wenden können, sind im Justiz-Ministerial-Blatte 1903 S. 216 bezeichnet.[7]) [8])

1. Ist dem Haager Abk. über den Ziv.-Proz. angeschlossen.
Unmittelbarer Verkehr findet auch statt zwischen den deutschen Gerichten und dem deutschen Mitgliede der Vertrauensstelle für schweizerische Goldhypotheken in Zürich (Art. 3 der vierten Verordnung zur Durchführung des Gesetzes vom 23. Juni 1923 betr. schweizerische Goldhypotheken in Deutschland — RGBl. 1924 II S. 145 —).

2. Aus dem Vertrage zwischen Deutschland und der Schweiz wegen gegenseitiger Auslieferung der Verbrecher vom 24. Jan. 1874 (RGBl. S. 113):

„Art. 12. Wenn im Laufe eines nichtpolitischen Strafverfahrens einer der vertragenden Teile die Vernehmung von Zeugen oder irgendeine andere Untersuchungshandlung in dem Gebiete des anderen Teils für notwendig erachtet werden sollte, so wird zu diesem Zwecke ein Ersuchungsschreiben auf diplomatischem Wege oder direkt von der zuständigen Behörde des einen Landes an die zuständige Behörde des anderen Landes übersandt, und es soll demselben nach Maßgabe der Gesetzgebung des Landes, wo der Zeuge vernommen oder der Akt vorgenommen werden soll, stattgegeben werden; die Ausführung des Antrags kann verweigert werden, wenn das Verfahren gegen einen von der requirierenden Behörde noch nicht verhafteten Angehörigen des requirierten Landes gerichtet ist, oder wenn die Untersuchung eine Handlung zum Gegenstande hat, welche nach den Gesetzen des Staates, an welchen das Ersuchungsschreiben gerichtet ist, nicht gerichtlich strafbar ist.

Die beteiligten Regierungen entsagen jedem Anspruche auf Erstattung der aus der Ausführung der Requisition entstandenen Kosten, soweit es sich nicht um strafgerichtliche, kommerzielle oder medizinische Gutachten Sachverständiger handelt.

Art. 13. Wenn in einer nichtpolitischen Untersuchungssache das persönliche Erscheinen eines in dem anderen Lande wohnhaften Zeugen notwendig oder wünschenswert ist, so wird seine Regierung ihn auffordern, der an ihn ergehenden Ladung Folge zu leisten. Leistet er Folge, so werden ihm die Kosten der Reise und des Aufenthalts nach seiner Wahl entweder nach den Tarifsätzen und Reglements des Landes, wo die Vernehmung stattfinden soll, oder nach denjenigen des requirierten Staates bewilligt werden; auch kann dem Zeugen auf seinen Antrag durch die Behörden seines Wohnorts der Gesamtbetrag oder ein Teil der Reisekosten vorgeschossen werden. Diese Kosten werden demnächst von der dabei interessierten Regierung zurückerstattet.

In keinem Falle darf ein Zeuge, welcher infolge der in dem einen Lande an ihn ergangenen Vorladung freiwillig vor den Richtern des anderen Landes erscheint, daselbst wegen früherer strafbarer Handlungen oder Verurteilungen oder unter dem Vorwand der Mitschuld an den Handlungen, welche den Gegenstand der Untersuchung bilden, worin er als Zeuge erscheinen soll, zur Untersuchung gezogen oder in Haft genommen, oder für zivilrechtliche Ansprüche irgendwie belästigt werden. Hierbei kommt es auf die Staatsangehörigkeit des Zeugen nicht an.

Art. 14. Wenn es bei einer Untersuchung, welche in einem der vertragenden Staaten geführt wird, notwendig werden sollte, den Angeschuldigten mit in dem anderen Lande verhafteten Schuldigen zu konfrontieren oder Beweisstücke oder gerichtliche Urkunden, welche letzterem Staate gehören, vorzulegen, so soll ein Gesuch dieser Art auf diplomatischem Wege oder im direkten Verkehr unter den zuständigen Behörden der vertragenden Teile gestellt werden und es soll demselben, sofern nicht etwa außergewöhnliche Bedenken dagegen obwalten, stets entsprochen werden, unter der Bedingung jedoch, daß sobald als möglich die Verhafteten zurückgeliefert und die obigen Beweisstücke und Urkunden zurückgesandt werden.

Die Kosten des Transports der oben erwähnten Personen und Gegenstände von einem Staate zum andern werden von derjenigen Regierung getragen, welche den bezüglichen Antrag gestellt hat."

Ersuchen um Auskunft aus den schweizerischen Strafregistern sind ausschließlich an das „Schweizerische Zentralpolizeibüro in Bern" zu richten (AV. vom 17. Nov. 1925 — JMBl. 1925 S. 404 —).

Wegen Austauschs von Strafnachrichten s. AV. vom 11. Juli 1923 — JMBl. S. 532 — sowie RV. vom 2. Okt. 1926 — I 4491 —.

Abk. zur Abwehr bzw. Bekämpfung des Mädchenhandels*) s. RGBl. 1905 S. 695, 705; 1913 S. 31, 44; Abk. zur Bekämpfung unzüchtiger Veröffentlichungen**) s. RGBl. 1911 S. 209, 215; 1925 II S. 288; 1926 II S. 88; Übereinkunft zur Unterdrückung des Frauen- und Kinderhandels s. RGBl. 1924 II S. 180/353. Wegen unmittelbaren Verkehrs in Strafsachen s. JMBl. 1888 S. 103; 1890 S. 73; 1903 S. 215.

3. Unmittelbar von der Partei zu beantragen; die ausländische Behörde erläßt sodann wegen der Summe einen Zahlungsbefehl (s. Anm. 9 zu § 25 dieses Abschnitts).

4. Staatsvertrag im Anschluß an das Haager Ziv.-Proz.-Abk.:

Vereinbarung vom 30. April 1910 zwischen dem Deutschen Reiche und der Schweiz (RGBl. 1910 S. 674).

„Art. 1. Gemäß den Vorbehalten im Art. 1 Abs. 4 und im Art. 9 Abs. 4 des Haager Abk. über den Ziv.-Proz. vom 17. Juli 1905 wird in allen Fällen, in denen durch das Abk. der Rechtshilfeverkehr in Zivil- und Handelssachen für die Mitteilung gerichtlicher und außergerichtlicher Urkunden sowie für die Erledigung von Ersuchungsschreiben geregelt ist, der zwischen den deutschen und den schweizerischen gerichtlichen Behörden auf Grund der Vereinbarung vom 1./10. Dez. 1878 bestehende unmittelbare Geschäftsverkehr beibehalten.

Art. 2. In dem unmittelbaren Geschäftsverkehre werden die Schreiben der beiderseitigen Behörden in deren Landessprache abgefaßt.

Die Bestimmung des Art. 3 des Haager Abk. über den Ziv.-Proz. wegen Abfassung oder Übersetzung der dort bezeichneten Schriftstücke bleiben unberührt. Sind diesen Schriftstücken die vorgeschriebenen Übersetzungen nicht beigegeben, so werden sie von der ersuchten Behörde auf Kosten der ersuchenden Behörde beschafft.

Art. 3. Die Bestimmungen des Art. 2 Abs. 2 dieser Erklärung finden Anwendung auf die im Art. 19 des Haager Abk. über den Ziv.-Proz. bezeichneten Schriftstücke, die den auf diplomatischem Wege zu stellenden Anträgen wegen Vollstreckbarkeitserklärung von Kostenentscheidungen beizufügen sind.

Gemäß dem Vorbehalt im Art. 19 Abs. 3 des Abk. soll die dort vorgesehene Bescheinigung des höchsten Justizverwaltungsbeamten über die Zuständigkeit der Behörde,

---

*) Zu vgl. Anhang S. 212.

**) Wegen Rechtshilfe in Strafsachen bei Verfahren wegen unzüchtiger Veröffentlichungen s. Ziff. 5 der Bekanntmachung vom 25. April 1927, abgedruckt bei Großbritannien.

welche die Erklärung über die Rechtskraft der Kostenentscheidung abgibt, nicht verlangt werden, wenn die Erklärung nach dem Beglaubigungsvertrage vom 14. Febr. 1907 keiner Beglaubigung bedarf.

Art. 4. Soweit nach dem Haager Abk. über den Ziv.-Proz. Kosten in Rechnung gestellt werden können, werden sie nach den Vorschriften berechnet, die in dem ersuchten Staate für gleiche Handlungen in einem inländischen Verfahren gelten.

Art. 5. Die gegenwärtige Erklärung tritt am 1. Juni 1910 usw."

Die Schweiz ist ferner folgenden Abk. über Internationales Privatrecht beigetreten (zu vgl. RGBl. 1926 II S. 553) usw. wie bei Belgien.

Betr. den Verkehr in Vormundschaftssachen s. AV. vom 30. Juli 1914 — JMBl. S. 670 —.

Handelsvertrag vom 14. Juli 1926 (RGBl. II S. 675/722) enthält keine einschlägigen Bestimmungen.

5. Letzte Bekanntmachung s. JMBl. 1906 S. 152 und 1923 S. 376; Verzeichnis abgedruckt im Abschn. VI.

6. Vgl. auch § 55 der RHV. (Unmittelbarer Verkehr außerhalb des Gebiets der Rechtshilfe).

7. Rechtskräftige Entscheidungen der Oberlandes- und Landgerichte, welche die Vollstreckung schweizerischer Urteile im Inlande berühren, sind in Abschrift dem Reichsjustizamt einzureichen (AV. vom 10. Jan. 1905 — JMBl. S. 12 —).

Kostenfragen, Urteilsvollstreckung usw.:

a) Bürgerliche Sachen:

Einfache Zustellung kostenfrei. Bei Zwangszustellung die Auslagen, welche durch die Mitwirkung eines Vollziehungsbeamten entstanden sind — Art. 3 Haager Ziv.-Proz.-Abk. —. Wegen Übersetzungskosten vgl. § 3 Nr. 1 der RHV. (nur bei Zwangszustellung und Vollstreckbarkeitserklärung gemäß Art. 3 und 19 Haager Ziv.-Proz.-Abk. erstattungsfähig). Rechtshilfe kostenfrei; zu erstatten sind jedoch Zeugen- und Sachverständigengebühren sowie die Auslagen, welche für die wegen Nichterscheinens der Zeugen erforderlich gewordene Mitwirkung eines Vollziehungsbeamten — Art. 11 Abs. 1 — oder durch die etwaige Anwendung einer besonderen Erledigungsform — Art. 14 Abs. 2 Haager Ziv.-Proz.-Abk. — entstanden sind (vgl. Art. 7 und 16 Haag. Ziv.-Proz.-Abk.).

b) Strafsachen:

Keine Kostenerstattung, soweit es sich nicht um strafgerichtliche, kommerzielle und medizinische Gutachten von Sachverständigen handelt (Art. 12 des Auslief.-Vertr.).

Nach Magnus, Tabellen:

Die Gegenseitigkeit bei der Vollstreckung*) von Urteilen (§§ 328 Ziff. 5, 722, 723 ZPO.) besteht nicht, mit Ausnahme der Kostenentscheidungen gegen den Kläger oder Intervenienten gemäß Art. 18, 19 des Haager Ziv.-Proz.-Abk. Gegenseitigkeit bezüglich des Armenrechts im Sinne des § 114 Abs. 2 ZPO. ist ohne Rücksicht auf den Wohnsitz verbürgt. Vorschußpflicht für Gerichtskosten nach § 85 Abs. 2 Nr. 1 DGKG. und Sicherheitsleistungspflicht für Prozeßkosten nach § 110 Abs. 2 Nr. 1 ZPO. bestehen nicht bei Wohnsitz in einem der Haager Vertragsstaaten.

§ 49.

Serbien.[1] [2]

— Jugoslavien —

1. Ersuchen um Zustellungen an Deutsche sind an den Deutschen Konsul in Belgrad,[3]) andere Ersuchen um Zustellungen an den dortigen Deutschen Gesandten zu richten. In den Ersuchungsschreiben ist anzugeben, was über die Staatsangehörigkeit der Person, welcher zugestellt werden soll, ermittelt ist.

2. Wegen sonstiger Ersuchen um Gewährung von Rechtshilfe vgl. § 16 Abs. 4.[4])

3. In Strafsachen[5]) werden Ersuchen um Rechtshilfe von den serbischen Justizbehörden regelmäßig unter denselben Voraussetzungen erledigt, unter denen

*) Vgl. Abhandlung JW. 1926 S. 1886.

dies nach den vom Reiche abgeschlossenen Auslieferungsverträgen geschieht. Die Erledigung erfolgt in der Regel kostenfrei, jedoch werden die Kosten, welche durch Vernehmung von Sachverständigen entstehen, berechnet, wenn die Vernehmung mehr als einen Termin erfordert.

4. Ersuchen um Vernehmung von Zeugen oder Sachverständigen in bürgerlichen Sachen werden in Serbien regelmäßig von Hinterlegung der Zeugen- und Sachverständigengebühren abhängig gemacht. Es ist daher vor Einreichung des Ersuchungsschreibens ein angemessener Kostenvorschuß zu erfordern; in dem Begleitschreiben ist anzuzeigen, ob der Vorschuß eingegangen ist. Im übrigen erfolgt die Rechtshilfe in bürgerlichen Sachen kostenfrei.[6])

1. Dem Haager Ziv.-Proz.-Abk. nicht beigetreten. Handels- und Schiffahrtsvertrag vom 14. Dezbr. 1927 — RGBl. II S. 1126 —, der u. a. freien Zutritt zu den Gerichten gewährt, ist in Kraft getreten am 20. Dez. 1927 — RGBl. II S. 1148, 1186 —.

2. Wegen Zuleitung von Ersuchen an die zuständigen Stellen s. das Anschriftenverzeichnis im Abschn. IV und das Konsulatsverzeichnis im Abschn. VI.

3. Deutsche Gesandtschaft — Konsulatsabteilung — in Belgrad.

4. Konsulargerichtsbarkeit wird nicht mehr ausgeübt (s. Anm. 3 zu § 16 der RHV.).

5. Ein Vertrag über Rechtshilfe in Strafsachen besteht nicht.

6. Kostenfragen, Urteilsvollstreckung usw.:
a) Bürgerliche Sachen s. Abs. 4.
b) Strafsachen s. Abs. 3.

Nach Magnus, Tabellen:

Die Gegenseitigkeit bei der Vollstreckung von Urteilen (§§ 328 Ziff. 5, 722, 723 ZPO.) besteht nicht. (Z. vgl. AV. vom 17. Febr. 1922 — JMBl. S. 52 —.) Gegenseitigkeit bezüglich des Armenrechts im Sinne des § 114 Abs. 2 ZPO. ist nicht verbürgt. Vorschußpflicht für Gerichtskosten nach § 85 Abs. 2 Nr. 1 DGKG. besteht nicht. Sicherheitsleistungspflicht für Prozeßkosten nach § 110 Abs. 2 Nr. 1 ZPO. besteht für Kroatien, Slowenien und Montenegro nicht, für das österreichische Rechtsgebiet und für Altserbien besteht sie, bei letzterem nicht, wenn der Kläger ortsansässig ist.

Siam.

Freundschafts- usw. Vertrag vom 7. Febr. 1862 — Pr. Ges. Samml. 1864 S. 717 — ist durch Art. 289 des Vertrages von Versailles außer Kraft getreten. Das vorläufige Wirtschaftsabk. vom 28. Febr. 1924 (RGBl. 1925 II S. 67) enthält keine einschlägigen Bestimmungen. Am 7. April 1928 ist ein neuer Freundschafts-, Handels- und Schiffahrts-Vertrag unterzeichnet worden. Der neue Vertrag soll an die Stelle des vorbez. Wirtschaftsabkommens treten. Konsulargerichtsbarkeit wird nicht mehr ausgeübt (s. Anm. 3 zu § 16 der RHV.). Dem Haager Ziv.-Proz.-Abk. ist Siam nicht angeschlossen.

Rechtshilfeersuchen wegen der in der Internationalen Übereinkunft zur Bekämpfung der Verbreitung und des Vertriebs unzüchtiger Veröffentlichungen*) vom 12. Sept. 1923 — RGBl. 1925 II S. 287/8 — bezeichneten strafbaren Handlungen sind einstweilen nur auf diplomatischem Wege zu übermitteln (s. Bekanntmachung vom 22. Dez. 1925 — RGBl. 1926 II S. 88 —, hier abgedruckt bei Österreich), s. auch RGBl. 1911 S. 209, 215, 1923 II S. 491; Abk. zur Abwehr und Bekämpfung des Mädchenhandels**) s. RGBl. 1905 S. 695, 705, 1913 S. 31, 44, 1923 II S. 491; Übereinkunft zur Unterdrückung des Frauen- und Kinderhandels s. RGBl. 1924 II S. 180/202. Ein Vertrag über sonstige Rechtshilfe in Strafsachen besteht nicht.

Kostenfragen:

Kostenerstattung bzw. Berechnung der Kosten nach § 105 Pr. GKG. wird nach Weisung der Verwaltungsbehörde zu erfolgen haben.

*) Siehe Fußnote unter „Schweiz".

**) Zu vgl. Anhang S. 212.

Nach Magnus, Tabellen:

Die Gegenseitigkeit bei der Vollstreckung von Urteilen (§§ 328 Ziff. 5, 722, 723 ZPO.) besteht nicht. Sicherheitsleistungspflicht für Prozeßkosten nach § 110 Abs. 2 Nr. 1 ZPO. besteht. Armenrecht zweifelhaft. Vorschußpflicht für Gerichtskosten nach § 85 Abs. 2 Nr. 1 DGKG. streitig (JW. 1924 S. 749).

Slowenien

s. Serbien.

Sowjetrußland

s. Rußland.

§ 50.

Spanien.[1])

1. Die Rechtshilfe in Strafsachen[2]) regelt sich nach dem Auslieferungsvertrage zwischen dem Reiche und Spanien vom 2. Mai 1878 — RGBl. S. 213 — Art. 13—15.[3]) Wegen der Ersuchen um Zeugenvernehmung vgl. § 24 Abs. 1.

2. Wegen der Rechtshilfe in bürgerlichen Sachen vgl. § 10 III Abs. 1, 2; § 20 Abs. 1; § 21 Abs. 1 Satz 1. In den Schreiben an die deutschen Konsuln ist die Staatsangehörigkeit der Person, der zugestellt oder mit der verhandelt werden soll, anzugeben; auch ist die Anschrift dieser Person genau — in größeren Städten tunlichst nach Stadtteil, Straße und Hausnummer — zu bezeichnen. Bei Ladungen (vgl. § 8 II Abs. 2) sind die Termine mit einer Frist von mindestens 3 Monaten anzuberaumen. Bei Zustellungen empfiehlt es sich, von vornherein die Zwangszustellung gemäß Art. 3 des Haager Abk. über den Ziv.-Proz. (§ 20 Abs. 1) zu beantragen, da die Zustellung durch einfache Übergabe vielfach nicht zum Ziele führt.[4])

1. Ist dem Haager Abk. über den Ziv.-Proz. vom 17. Juli 1905 angeschlossen. Es findet auch Anwendung auf die Zone des spanischen Protektorats in Marokko. Wegen Zuleitung der Zustellungsersuchen s. AV. vom 29. Juli 1922 — JMBl. S. 289 — (vgl. § 7 Anm. 3).

Spanien ist folgenden Abk. über Internationales Privatrecht beigetreten (z. vgl. RGBl. 1926 II S. 553) usw. wie bei Belgien.

2. Ersuchungsschreiben in Strafsachen wegen Mädchenhandels müssen im diplomatischen Wege übermittelt werden (AV. vom 28. Juli 1914 — JMBl. S. 669 —). Rechtshilfeersuchen wegen der in der Internationalen Übereinkunft zur Bekämpfung der Verbreitung und des Vertriebs unzüchtiger Veröffentlichungen vom 12. Sept. 1923 — RGBl. 1925 II S. 287 — bezeichneten strafbaren Handlungen sind einstweilen nur auf diplomatischem Wege zu übermitteln (s. die Bekanntmachung vom 22. Dez. 1925 — RGBl. 1926 II S. 88 —, hier abgedruckt bei Österreich). Zu vgl. auch vorletzten Absatz in Anm. 3.

3. Aus dem Auslieferungsvertrage zwischen dem Deutschen Reich und Spanien vom 2. Mai 1878 (RGBl. S. 213):

„Art. 13. Wenn in einem Strafverfahren wegen Handlungen, welche nicht zu den politischen Verbrechen und Vergehen gehören, einer der vertragenden Teile die Vernehmung von Zeugen, welche sich im Gebiet des anderen Teils aufhalten, oder irgendeine andere Untersuchungshandlung für notwendig erachten sollte, so wird ein entsprechendes Ersuchschreiben auf diplomatischem Wege mitgeteilt und demselben nach Maßgabe der Gesetzgebung des Landes, wo der Zeuge vernommen oder der Akt vorgenommen werden soll, Folge gegeben werden. Die Ausführung des Antrages kann verweigert werden, wenn die Untersuchung eine Handlung zum Gegenstande hat, welche nach den Gesetzen des Staates, an welchen das Ersuchschreiben gerichtet ist, nicht strafbar ist, oder wenn es sich um rein fiskalische Vergehen handelt.

Die vertragenden Teile verzichten gegenseitig auf alle Ersatzansprüche wegen der aus der Ausführung der Requisition entspringenden Kosten, sofern es sich nicht um Gutachten in Straf- oder Handelssachen oder Sachen der gerichtlichen Medizin handelt, welche mehrere Termine erfordern.

Art. 14. Wenn in einer Strafsache, welche nichtpolitische Verbrechen oder Vergehen zum Gegenstand hat, das persönliche Erscheinen eines Zeugen notwendig ist, so wird die Regierung des Landes, in welchem der Zeuge sich aufhält, ihn auffordern, der an ihn ergehenden Ladung Folge zu leisten. In diesem Falle werden ihm die Kosten der Reise, welche von seinem derzeitigen Aufenthaltsorte zu berechnen sind, sowie die Kosten des Aufenthaltes nach den Tarifsätzen und Reglements des Landes bewilligt, wo die Vernehmung stattfinden soll; auch kann dem Zeugen auf seinen Antrag durch die Behörden seines Wohnorts der Gesamtbetrag oder ein Teil der Reisekosten vorgeschossen werden; diese Kosten werden demnächst von der bei der Vernehmung interessierten Regierung zurückerstattet.

In keinem Falle darf ein Zeuge, welcher infolge der in einem Lande an ihn ergangenen Vorladung freiwillig vor den Richtern des anderen Landes erscheint, daselbst wegen früherer strafbarer Handlungen oder Verurteilungen oder unter dem Vorwande der Mitschuld an den Handlungen, welche den Gegenstand der Untersuchung, in welcher er als Zeuge erscheinen soll, bilden, zur Untersuchung gezogen oder in Haft genommen werden. Hierbei kommt es auf die Staatsangehörigkeit des Zeugen nicht an.

Art. 15. Wenn in einer Strafsache, welche nichtpolitische Verbrechen oder Vergehen zum Gegenstande hat, die Mitteilung von Beweisstücken oder von Urkunden, die in den Händen der Behörden des anderen Landes sind, für notwendig oder nützlich erachtet wird, so soll deshalb das Ersuchen auf diplomatischem Wege gestellt und demselben, wenn nicht besondere Bedenken entgegenstehen, stattgegeben werden, dies jedoch nur unter der Bedingung, daß die Beweisstücke und Urkunden zurückgesandt werden.

Die vertragenden Teile verzichten gegenseitig auf Ersatz der Kosten, welche aus der Auswortung und Rücksendung der Beweisstücke und Urkunden bis zur Grenze entstehen."

Abk. zur Abwehr bzw. Bekämpfung des Mädchenhandels*) s. AV. vom 28. Juli 1914 — JMBl. S. 669 —; RGBl. 1905 S. 695, 705, 1913 S. 31, 44, 45; Abk. zur Bekämpfung unzüchtiger Veröffentlichungen s. RGBl. 1911 S. 209, 215, 1925 II S. 287/88, 1926 II S. 88; Übereinkunft zur Unterdrückung des Frauen- und Kinderhandels s. RGBl. 1924 II S. 180, 202.

Wegen Austauschs von Strafnachrichten s. AV. vom 11. Juli 1923 — JMBl. S. 532 —.

4. Kostenfragen, Urteilsvollstreckung usw.:

a) Bürgerliche Sachen:

Einfache Zustellung kostenfrei. Bei Zwangszustellung die Auslagen, welche durch die Mitwirkung eines Vollziehungsbeamten entstanden sind. Rechtshilfe kostenfrei, jedoch Zeugen- und Sachverständigengebühren sowie die Auslagen sind erstattungspflichtig, welche für die wegen Nichterscheinens von Zeugen erforderlich gewordene Mitwirkung eines Vollziehungsbeamten (Art. 11 Abs. 1) oder durch die etwaige Anwendung einer besonderen Erledigungsform (Art. 14 Abs. 2 Haager Ziv.-Proz.-Abk.) entstanden sind (vgl. Art. 7 und 16 Haager Ziv.-Proz.-Abk.).

b) Strafsachen:

Keine Kostenerstattung, sofern es sich nicht um Gutachten in Strafsachen oder Handelssachen oder Sachen der gerichtlichen Medizin handelt, welche mehrere Termine erfordern (Art. 13 des Auslief.-Vertrags).

Nach Magnus, Tabellen:

Die Gegenseitigkeit bei der Vollstreckung von Urteilen (§§ 328 Ziff. 5, 722, 723 ZPO.) besteht. Wegen der Art und Weise des hierbei einzuschlagenden Verfahrens vgl. die Abhandlung i. d. JW. 1926 S. 1887. Gegenseitigkeit bezüglich des Armenrechts im Sinne des § 114 Abs. 2 ZPO. ist ohne Rücksicht auf den Wohnsitz verbürgt. Vorschußpflicht für Gerichtskosten nach § 85 Abs. 2 Nr. 1 DGKG. und Sicherheitsleistungspflicht für Prozeßkosten nach § 110 Abs. 2 Nr. 1 ZPO. bestehen nicht bei Wohnsitz in einem der Haager Vertragsstaaten. Wegen Spanisch-Marokko gilt das Gleiche mit der Ausnahme, daß hier nur die Kostenentscheidungen gegen den Kläger oder Intervenienten gemäß Art. 18, 19 Haager Abk. vollstreckt werden können.

Straits Settlements

s. Großbritannien.

St. Vith

s. Belgien.

Südafrikanische Union

s. Großbritannien.

*) Zu vgl. Anhang S. 212.

Südsee-Inseln.

Unterstehen teils England, teils Frankreich bzw. Japan und den Vereinigten Staaten von Nordamerika.

Südslawien

s. Serbien.

Südwestafrika

s. Großbritannien.

Surinam

s. Niederlande.

Syrien

s. Frankreich.

Tobago

s. Großbritannien.

Togo.

Untersteht Frankreich und Großbritannien; s. diese.

Tonga.

Freundschaftsvertrag vom 1. Nov. 1876 (RGBl. 1877 S. 51) ist außer Kraft (RGBl. 1900 S. 37 u. 39).

Transjordanien

s. Großbritannien.

Transkaukasische Sowjetrepublik

s. Rußland.

Trinidad

s. Großbritannien.

Tripolis

s. Italien.

Tschechoslowakei.

Die Verträge der österreichischen Monarchie haben nach ihrer Auflösung im Verhältnisse zur Tsch. Republik ihre Gültigkeit verloren (Art. 277 des Vertrages von Versailles). Die Tsch. ist mit Wirkung vom 20. Dez. 1926 ab dem Haager Ziv.-Proz.-Abk. beigetreten. Durch den Rechtshilfevertrag vom 20. Jan. 1922 — RGBl. 1923 II S. 57ff. — ist jedoch eine über das Haager Abk. hinausgehende neue Vereinbarung abgeschlossen, die einen Monat nach Austausch der Ratifikationsurkunden (vgl. RGBl. 1924 II S. 133), d. i. am 28. Juni 1924, in Kraft getreten ist. Bekanntmachungen zur Ausführung dieses Abk. s. RGBl. 1924 S. 133 und 144. Die weitergehenden Bestimmungen dieses Vertrages werden durch den Beitritt zum Haager Abk. nicht berührt (RGBl. 1927 II S. 16).

Nunmehr können Zustellungs- und Rechtshilfeersuchen im unmittelbaren Verkehr erledigt werden. Zur Entgegennahme der Ersuchen ist in Deutschland der Landgerichtspräsident zuständig, in der Tsch. sind es die Präsidien der Gerichtshöfe erster Instanz (Art. 5). Falls die zuzustellenden Schriftstücke in der Sprache des ersuchten Staates vorgelegt werden, kann auf Antrag zwangsweise Zustellung erfolgen (vgl. Besprechung i. d. JW. 1926 S. 1940). Vorgeschrieben ist die Beglaubigung der Übersetzungen durch die diplomatischen oder konsularischen Vertreter des ersuchenden Staates oder durch einen beeidigten Dolmetscher des ersuchten Staates oder durch den Richter (Art. 7), vgl. im übrigen Anm. 2 zu § 3.

Die Bekanntmachung über Ratifikation und Ausführung des Vertrages sowie die Bestimmungen über Vollstreckung von Entscheidungen deutscher Gerichte, sonstiger deutscher Vollstreckungstitel und Schiedssprüche, insbesondere auch das bei Zustellungsersuchen anzuwendende Formular befinden sich S. 23ff. des RGBl. von 1924, Teil II.

Wortlaut der Bestimmungen:

a) **Gesetz über den Vertrag zwischen dem Deutschen Reiche und der Tschechoslowakischen Republik über Rechtsschutz und Rechtshilfe in bürgerlichen Angelegenheiten vom 7. Febr. 1923** (RGBl. II S. 57).

„Der Reichstag hat das folgende Gesetz beschlossen, das hiermit verkündet wird:

§ 1.

Dem am 20. Januar 1922 unterzeichneten Vertrage zwischen dem Deutschen Reiche und der Tschechoslowakischen Republik über Rechtsschutz und Rechtshilfe in bürgerlichen Angelegenheiten nebst Zusatzprotokoll vom gleichen Tage wird hiermit zugestimmt. Das Abkommen nebst Zusatzprotokoll wird nachstehend veröffentlicht.

§ 2.

Die Reichsregierung wird ermächtigt, die zur Erfüllung des Vertrags erforderlichen Maßnahmen zu treffen.

§ 3.

Dieses Gesetz tritt mit dem Tage der Verkündung in Kraft."

b) **Vertrag zwischen dem Deutschen Reiche und der Tschechoslowakischen Republik über Rechtsschutz und Rechtshilfe in bürgerlichen Angelegenheiten vom 20. Jan. 1922** (RGBl. 1923 II S. 57 ff.).

„Das Deutsche Reich und die Tschechoslowakische Republik sind übereingekommen, zur Sicherstellung des bürgerlichen Rechtsschutzes der Angehörigen des Deutschen Reichs in der Tschechoslowakischen Republik und der Angehörigen der Tschechoslowakischen Republik im Deutschen Reich sowie zur Regelung der Rechtshilfe zwischen den beiderseitigen Gerichtsbehörden in bürgerlichen Angelegenheiten einen Vertrag zu schließen:

Erster Abschnitt.

Rechtsschutz in bürgerlichen Angelegenheiten.

Artikel 1.

In bürgerlichen Angelegenheiten genießen die Angehörigen des einen vertragschließenden Teiles in Ansehung des gesetzlichen und gerichtlichen Schutzes ihrer Person und ihres Eigentums im Gebiete des anderen Teiles, unbeschadet der dort geltenden Sprachengesetze, die gleiche Behandlung wie die Landesangehörigen.

Sie haben zu diesem Zwecke freien und ungehinderten Zutritt zu den Gerichten und können dort unter denselben Bedingungen wie die Landesangehörigen auftreten.

Artikel 2.

Die Rechte und Pflichten aus der Pariser Verbandsübereinkunft vom 20. März 1883 zum Schutze des gewerblichen Eigentums, revidiert in Brüssel am 14. Dezember 1900 und in Washington am 2. Juni 1911, werden im Verhältnis der vertragschließenden Teile zueinander von der am 28. Oktober 1918 vollzogenen Errichtung des unabhängigen Tschechoslowakischen Staates an als verbindlich anerkannt.

Artikel 3.

Keine Sicherheitsleistung oder Hinterlegung, unter welcher Benennung es auch sei, darf den Angehörigen des einen vertragschließenden Teiles, die vor den Gerichten des anderen Teiles als Kläger oder Intervenienten auftreten, wegen ihrer Eigenschaft als Ausländer oder wegen Mangels eines inländischen Wohnsitzes oder Aufenthalts auferlegt werden.

Die gleiche Regel findet Anwendung auf die Vorauszahlungen, die von den Klägern oder Intervenienten zur Deckung der Gerichtskosten einzufordern wären.

Artikel 4.

Die Angehörigen des einen vertragschließenden Teiles werden im Gebiete des anderen Teiles zur Wohltat des Armenrechts unter denselben Bedingungen wie die Angehörigen dieses Teiles zugelassen.

Zweiter Abschnitt.

Rechtshilfe in bürgerlichen Angelegenheiten.

Artikel 5.

In Zivil- oder Handelssachen erfolgt die Zustellung von Schriftstücken und die Erledigung von Rechtshilfeersuchen im unmittelbaren Geschäftsverkehr der Behörden der vertragschließenden Teile.

Auf seiten des Deutschen Reichs sind für die unmittelbare Übermittelung von Zustellungsanträgen und Rechtshilfeersuchen alle gerichtlichen Behörden, für ihre Entgegennahme die Landgerichtspräsidenten zuständig.

Auf seiten der Tschechoslowakischen Republik sind sowohl für die unmittelbare Übermittelung von Zustellungsanträgen und Rechtshilfeersuchen als auch für ihre Entgegennahme die Präsidien der Gerichtshöfe erster Instanz zuständig.

Im Falle der örtlichen Unzuständigkeit der ersuchten Behörde ist das Ersuchen von Amts wegen an die zuständige Behörde abzugeben und die ersuchende Behörde hiervon unverzüglich zu benachrichtigen.

Artikel 6.

Die Zustellungsanträge und Rechtshilfeersuchen sind in der offiziellen Sprache des ersuchenden Staates abzufassen. Sie haben die ersuchende Behörde sowie den Namen und die Stellung der Parteien anzugeben. Die Zustellungsanträge haben außerdem die Adresse des Empfängers und die Art der zuzustellenden Schriftstücke zu bezeichnen.

Als offizielle Sprache im Sinne dieses Vertrags gilt auf deutscher Seite die Amtssprache, auf tschechoslowakischer Seite die Staatssprache.

Artikel 7.

Für die Zustellung hat die zuständige Behörde des ersuchten Teiles Sorge zu tragen. Diese Behörde kann sich, abgesehen von dem im Absatz 2 vorgesehenen Falle, darauf beschränken, die Zustellung durch Übergabe des Schriftstücks an den Empfänger zu bewirken, sofern er zur Annahme bereit ist.

Auf Wunsch der ersuchenden Behörde hat die ersuchte Behörde das zuzustellende Schriftstück, wenn es in der offiziellen Sprache des ersuchten Staates abgefaßt oder von einer Übersetzung in diese Sprache begleitet ist, in der durch ihre innere Gesetzgebung für die Bewirkung gleichartiger Zustellungen vorgeschriebenen Form zuzustellen. In diesem Falle ist auch dem in der offiziellen Sprache des ersuchenden Staates abgefaßten Zustellungsantrag eine solche Übersetzung beizufügen.

Die im vorstehenden Absatz vorgesehenen Übersetzungen sind zu beglaubigen. Die Beglaubigung hat durch den diplomatischen oder konsularischen Vertreter des ersuchenden Staates oder durch einen beeidigten Dolmetscher des ersuchenden oder ersuchten Staates zu erfolgen. Jedem vertragschließenden Teile bleibt es überlassen, auch seine Richter zur Vornahme der Beglaubigung zu ermächtigen.

Artikel 8.

Der Nachweis der Zustellung erfolgt entweder durch ein mit Datum versehenes und beglaubigtes Empfangsbekenntnis des Empfängers oder durch ein Zeugnis der Behörde des ersuchten Teiles, aus dem sich die Tatsache, die Form und die Zeit der Zustellung ergibt.

Artikel 9.

Die Gerichtsbehörde, an die das Rechtshilfeersuchen gerichtet wird, ist verpflichtet, ihm zu entsprechen und dabei dieselben Zwangsmittel anzuwenden, wie bei der Erledigung eines Ersuchens der Behörden des ersuchten Teiles oder eines zum gleichen Zwecke gestellten Antrags einer beteiligten Partei. Auch die Formen der Erledigung richten sich nach den Gesetzen des ersuchten Teiles; doch ist auf Antrag der ersuchenden Behörde nach einer besonderen Form zu verfahren, sofern diese der Gesetzgebung des ersuchten Teiles nicht zuwiderläuft.

Die ersuchende Behörde ist auf ihr Verlangen von der Zeit und dem Orte der auf das Rechtshilfeersuchen vorzunehmenden Handlung zu benachrichtigen, damit die beteiligte Partei in der Lage ist, ihr beizuwohnen.

Artikel 10.

Die Erledigung von Zustellungsanträgen und Rechtshilfeersuchen kann abgelehnt werden, wenn der Teil, in dessen Gebiet die Erledigung stattfinden soll, sie für geeignet hält, seine Hoheitsrechte oder seine Sicherheit zu gefährden.

Artikel 11.

Für die Erledigung von Zustellungsanträgen und Rechtshilfeersuchen dürfen Gebühren oder Auslagen irgendwelcher Art nicht erhoben werden; ausgenommen sind, vorbehaltlich anderweitiger Übereinkunft, die an Zeugen oder Sachverständige gezahlten Entschädigungen sowie die Auslagen, die durch Mitwirkung eines Vollziehungsbeamten in dem Falle des Artikel 7 Abs. 2 oder durch die Anwendung einer besonderen Form gemäß Art. 9 Abs. 1 entstanden sind.

Artikel 12.

Dieser Vertrag, dessen Wortlaut in beiden Sprachen authentisch ist, soll ratifiziert und die Ratifikationsurkunden sollen sobald als möglich in Berlin ausgetauscht werden.

Der Vertrag tritt einen Monat nach dem Austausch der Ratifikationsurkunden in Kraft.

Er bleibt in Geltung bis zum Ablauf von sechs Monaten seit dem Tage, an dem er von einem der beiden Teile gekündigt wird."

c) **Zusatzprotokoll zum Deutsch-Tschechoslowakischen Vertrag über Rechtsschutz und Rechtshilfe in bürgerlichen Angelegenheiten vom 20. Januar 1922.**
(RGBl. 1923 II S. 62).

„Die bevollmächtigten Vertreter des Deutschen Reichs und der Tschechoslowakischen Republik, im Begriffe zur Unterzeichnung des Vertrags über Rechtsschutz und Rechtshilfe in bürgerlichen Angelegenheiten zu schreiten, stellen namens ihrer Regierungen das Einverständnis über folgende Punkte fest:

1. Durch die Bestimmungen des Artikel 1 Abs. 1 werden die zwischen den vertragschließenden Teilen in anderen Verträgen oder Übereinkommen getroffenen Meistbegünstigungs-Vereinbarungen nicht berührt.
2. Die vertragschließenden Teile werden für Zustellungsanträge Formulare verwenden, die sie einander mitteilen werden.
3. Den gemäß Art. 6 des Vertrags in der offiziellen Sprache des ersuchenden Teiles abgefaßten Rechtshilfeersuchen sowie deren Anlagen ist eine Übersetzung in die offizielle Sprache des ersuchten Teiles beizufügen.

   Die beiderseitigen Bevollmächtigten haben sich bei diesem Punkte dahin geäußert, daß in den Fällen, in denen aus berücksichtigungswerten Gründen der ersuchenden Behörde die Beschaffung der Übersetzung besondere Schwierigkeiten bereiten sollte, die ersuchte Behörde ihr dabei tunlichst behilflich sein wird.
4. Die vertragschließenden Teile werden einander eine nach den Bezirken der Gerichtshöfe erster Instanz beziehungsweise der Landgerichte geordnete Übersicht ihrer Gerichtseinteilung mitteilen. Die Übersicht wird durch Beifügung einer Karte erläutert werden, soweit eine solche vorhanden sein sollte."

d) **Bekanntmachung über die Ratifikation und Ausführung des am 20. Januar 1922 unterzeichneten deutsch-tschechoslowakischen Rechtshilfevertrags sowie über die Vollstreckung von Entscheidungen deutscher Gerichte und von sonstigen deutschen Vollstreckungstiteln und Schiedssprüchen in der Tschechoslowakei, vom 25. Juni 1924** (RGBl. 24 II S. 133).

„1. Der am 20. Januar 1922 unterzeichnete Vertrag zwischen dem Deutschen Reiche und der Tschechoslowakischen Republik über Rechtsschutz und Rechtshilfe in bürgerlichen Angelegenheiten nebst Zusatzprotokoll vom gleichen Tage (Reichsgesetzbl. 1923 II S. 57) ist ratifiziert worden. Der Austausch der Ratifikationsurkunden hat am 28. Mai 1924 in Berlin stattgefunden.

2. Die Deutsche und die Tschechoslowakische Regierung haben einander in Ausführung der Ziffer 2 des Zusatzprotokolls die nachstehend abgedruckten Formulare für Zustellungsanträge mitgeteilt, die im Rechtshilfeverkehr verwendet werden*).

---

*) Vgl. in Preußen den amtlichen Vordruck Nr. 111.

3. Die Tschechoslowakische Regierung hat in Gemäßheit der Ziffer 4 des Zusatzprotokolls die ferner abgedruckte übersicht der Einteilung der tschechoslowakischen Gerichte mitgeteilt*).

4. Das Tschechoslowakische Justizministerium hat wegen der Vollstreckung von Entscheidungen deutscher Gerichte und von sonstigen deutschen Vollstreckungstiteln und Schiedssprüchen in der Tschechoslowakei die in übersetzung weiter abgedruckte Kundmachung Nr. 131 vom 25. Juni 1924 (Tschechoslowakische Gesetzsammlung Nr. 67 S. 825 ff.) veröffentlicht."

e) Aus dem RGBl. 1924 II S. 143: **Kundmachung Nr. 131 des Tschechoslowakischen Justizministeriums vom 25. Juni 1924, mit der der Umfang der durch die Vorschriften der deutschen Zivilprozeßordnung über die Zwangsvollstreckung aus ausländischen Urteilen verbürgten Gegenseitigkeit bekanntgegeben wird.**

(Tschechoslowakische Gesetzsammlung Nr. 67 S. 825 ff.).

„Die im Deutschen Reiche geltende Zivilprozeßordnung enthält über die Zwangsvollstreckung aus ausländischen Urteilen die nachstehenden Vorschriften:

(Es folgt die Wiedergabe der §§ 722, 723, 328 der deutschen Zivilprozeßordnung).

Die Deutsche Regierung hat erklärt, daß bei Anwendung dieser gesetzlichen Vorschriften im Deutschen Reiche, soweit die bisherige Übung der deutschen Gerichte einen Schluß gestattet, alle Beschlüsse und Entscheidungen tschechoslowakischer Gerichte die Zwangsvollstreckung begründen können, die einen Rechtsstreit zwischen den Parteien auf Grund eines beiden Parteien Gehör gewährenden ordentlichen prozessualen Verfahrens erledigen, wobei es nicht darauf ankomme, ob die Beschlüsse und Entscheidungen auch in der äußeren Form eines Urteils ergangen sind und ob auch tatsächlich beide Parteien verhandelt haben.

Hinsichtlich der Sprüche von Schiedsrichtern und Schiedsgerichten erklärte die Deutsche Regierung, daß auf sie zwar nicht die §§ 722 und 723, wohl aber die Vorschriften des zehnten Buches der deutschen Zivilprozeßordnung Anwendung finden. Nach der Rechtsprechung des Reichsgerichts könne als Grundsatz gelten, daß aus einem ausländischen Schiedsspruche bei den deutschen Gerichten ein Vollstreckungsurteil beantragt werden kann, sofern der Schiedsspruch gemäß den bezeichneten Vorschriften der deutschen Zivilprozeßordnung ergangen und nicht etwa nach dem für das fragliche Rechtsverhältnis maßgebenden ausländischen Rechte als unwirksam anzusehen ist.

Für die Zwangsvollstreckung im Deutschen Reiche kommen sonach in Betracht die im § 1 der Exekutionsordnung vom 27. Mai 1896 (Reichsgesetzbl. Nr. 79) unter Nr. 1, 2, 3 und im Gesetzesartikel LX, 1881, § 1 in der Fassung des Gesetzartikels LIV, 1912, § 31 Nr. 1 angeführten Vollstreckungstitel, einschließlich der Entscheidungen über die Kosten des Verfahrens, ferner die mit der Wirkung der Vollstreckbarkeit ausgestatteten amtlichen Auszüge aus Liquidierungsprotokollen im Konkursverfahren (§ 1 Nr. 7 der Exekutionsordnung, Gesetzesartikel XVII, 1881, § 141), sowie die Urteile der Gewerbegerichte (§ 1 Nr. 11 der Exekutionsordnung), und endlich unter den im zehnten Buche der deutschen Zivilprozeßordnung, insbesondere in den §§ 1025, 1026, 1039, 1041, 1042, 1045 bis 1048 erwähnten Voraussetzungen, auch die einer Anfechtung von einer höheren schiedsgerichtlichen Instanz nicht mehr unterliegenden Sprüche von Schiedsrichtern und Schiedsgerichten (§ 1 Nr. 16 der Exekutionsordnung, Gesetzesartikel LX, 1881, § 1e, Gesetzesartikel LIV, 1912, § 31 Nr. 7).

In diesem Umfange kann die Gegenseitigkeit auch als verbürgt angesehen werden, wenn es sich gemäß § 79 der Exekutionsordnung oder gemäß dem Gesetzesartikel LIV, 1912, § 33 um die Zwangsvollstreckung auf Grund von Akten und Urkunden handelt, die im Deutschen Reiche errichtet worden sind.

Bei der Entscheidung über Vollstreckungsanträge, die sich auf Erkenntnisse deutscher Gerichte gründen, hat der § 80 Ziffer 2 der Exekutionsordnung keine Anwendung zu finden. Wegen Mangelhaftigkeit des Vorganges bei Zustellung der den Prozeß einleitenden Verfügungen kann die Vollstreckung nur unter solchen Voraussetzungen abgelehnt werden, unter denen gemäß § 328 Nr. 2 der deutschen Zivilprozeßordnung die Anerkennung eines tschechoslowakischen Urteils im Deutschen Reiche ausgeschlossen ist."**)

---

*) Abgedruckt im Abschnitt VI dieses Werkes.

**) Vgl. die nachstehende AV. vom 6. Okt. 1926 und die Entscheidung des Obersten Gerichtshofs in Prag.

f) **Verordnung zur Ausführung des Vertrags zwischen dem Deutschen Reiche und der Tschechoslowakischen Republik über Rechtsschutz und Rechtshilfe in bürgerlichen Angelegenheiten vom 20. Januar 1922 (Reichsgesetzbl. 1923 II S. 57) vom 25. Juni 1924** (RGBl. II S. 144).

„Auf Grund des § 2 des Gesetzes über den Vertrag zwischen dem Deutschen Reiche und der Tschechoslowakischen Republik über Rechtsschutz und Rechtshilfe in bürgerlichen Angelegenheiten vom 7. Februar 1923 (Reichsgesetzbl. II S. 57) verordnet die Reichsregierung:

Einziger Artikel.

Für die Erledigung der im Artikel 5 des Vertrags vorgesehenen Rechtshilfeangelegenheiten ist das Amtsgericht zuständig, in dessen Bezirke die Amtshandlung vorgenommen werden soll."

A. V. d. JM. vom 6. Oktober 1926 — JMBl. S. 365 — **betr. Schiedssprüche der tschechoslowakischen Börsenschiedsgerichte** (I. 13988).

„Die Regierung der tschechoslowakischen Republik hat mitgeteilt, daß die in der Tschechoslowakei bestehenden Börsenschiedsgerichte nach tschechoslowakischem Recht Schiedsgerichte, nicht staatliche Sondergerichte sind.

Dies wird mit Rücksicht auf die Vorschriften der §§ 722, 723 und 1042 der ZPO. und die im RGBl. 1924 Teil II S. 143 veröffentlichte Kundmachung des tschechoslowakischen Justizministeriums vom 25. Juni 1924 zur Kenntnis der Justizbehörden gebracht."

Oberster Gerichtshof Prag. Entscheidung vom 23. Juli 1925 — R I 614/25 —:

„§ 79 ExOrdn. sagt, daß ein ausländisches Urteil im Inlande nur in dem Maße vollstreckbar ist, als die Gegenseitigkeit verbürgt ist. Das bedeutet, daß im Inlande ein ausländisches Urteil nicht vollstreckt werden kann, falls es, wenn es im Inlande erfließen würde, im Auslande nicht vollstreckbar wäre, im gegebenen Falle somit in Deutschland. In Deutschland aber wäre ein solcher schiedsgerichtlicher Anspruch, der hier als Exekutionstitel vorliegt, nicht vollstreckbar, denn nach dem vorletzten Absatz der tschechoslowakischen Regierungskundmachung vom 25. Juni 1924 GS. S. 131, kann in Deutschland ein ausländischer Schiedsspruch nur dann vollstreckt werden, wenn dort für denselben vorher ein Vollstreckungsurteil erwirkt wurde. Somit kann auch bei uns vice versa ein reichsdeutscher Schiedsspruch nicht vollstreckt werden, wenn nicht zugleich ein Vollstreckungsurteil vorgelegt wird. Wir sind zwar auf solche Urteile nicht eingerichtet, aber dies ist kein Hindernis, auch der betreibende Gläubiger kann sich dieses in Deutschland beschaffen, denn nach § 1042 der deutschen ZPO. muß auch in Deutschland selbst zuerst ein Vollstreckungsurteil erwirkt werden, bevor auf Grund des Schiedsspruches Exekution geführt werden kann. Wenn der betreibende Gläubiger auch in Deutschland, dem Ursprungslande des Exekutionstitels, ein solches Urteil haben müßte, darf er sich die Sache nicht dadurch erleichtern, daß er in der Tschechoslowakei direkt um die Exekution ansucht."

Die am 19. und 23. Nov. ratifizierten und an diesem Tage in Kraft getretenen Übereinkommen zwischen dem Deutschen Reich und der Tschechoslowakischen Republik über **die Regelung der Arbeits- und Dienstverhältnisse usw. der Besatzung von tschechoslowakischen Schiffen,** die auf der Oder und Elbe verkehren, vom 7. Dez. 1925 — **RGBl. II S. 1139** und 1142 enthalten Vorschriften über das für die Besatzungen geltende Arbeitsrecht und über die Leistung von Rechtshilfe auf diesem Rechtsgebiet.

Betr. Rechtshilfe in Strafsachen:

Aus dem Auslieferungs- und Rechtshilfe-Vertrag in Strafsachen vom 8. Mai 1922, RGBl. 1923 II S. 48 ff.:

„Artikel 14.

Übergabe von Sachen.

1. Die vertragschließenden Teile verpflichten sich, auf Ersuchen einer zuständigen Behörde einander Beweisstücke oder Sachen zu übergeben, die der Täter durch die strafbare Handlung erlangt hat oder die der Einziehung, Vernichtung oder Verfallerklärung unterliegen.

2. Wird die Übergabe von Sachen in Verbindung mit der Auslieferung oder Durchlieferung einer Person begehrt, so erfolgt die Übergabe tunlichst gleichzeitig mit der Auslieferung oder Durchlieferung.

3. Wird bei der Übergabe die Rücklieferung vorbehalten, so sind die Beistücke und Sachen auf Verlangen ohne Verzug zurückzugeben. In jedem Falle bleiben die Rechte dritter Personen unberührt.

Artikel 15.

Zustellung und Ladungen.

1. Die vertragschließenden Teile verpflichten sich, auf Ersuchen einer zuständigen Behörde die ein Strafverfahren betreffenden Schriftstücke, mit Einschluß der Urteile, zuzustellen.

2. Ein Zeuge oder Sachverständiger, der auf eine durch die Behörden des ersuchten Teiles ihm zugestellte Ladung vor den Behörden des ersuchten Teiles freiwillig erscheint, darf, gleichviel welchem Staate er angehört, während seiner Anwesenheit im Gebiete des ersuchenden Teiles in keinem Falle unter den Verdacht der Täterschaft, Teilnahme, Hehlerei oder Begünstigung hinsichtlich der den Gegenstand des Strafverfahrens bildenden oder einer anderen vorher begangenen Tat strafgerichtlich verfolgt werden. Ebensowenig darf er zur Vollstreckung eines vor seinem Eintreffen ergangenen Strafurteils oder aus einem anderen vorher eingetretenen Rechtsgrunde festgenommen werden.

Artikel 16.

Untersuchungshandlungen.

Die vertragschließenden Teile verpflichten sich, auf Ersuchen einer zuständigen Behörde Untersuchungshandlungen, insbesondere die Vernehmung von Beschuldigten, Zeugen oder Sachverständigen, die Einnahme des richterlichen Augenscheins oder die Durchsuchung und Beschlagnahme vorzunehmen.

Artikel 17.

Ablehnungsgründe.

1. Die Rechtshilfe nach Art. 14—16 kann abgelehnt werden, wenn in dem Strafverfahren, für das sie geleistet werden soll, die Pflicht zur Auslieferung nach den Bestimmungen dieses Vertrags nicht bestehen würde.

2. Das Ersuchen um Zustellung einer Ladung wird abgelehnt, wenn dem Geladenen für den Fall seines Ausbleibens Zwangsmaßnahmen oder sonstige Nachteile angedroht werden.

Artikel 18.

Übermittelung der Ersuchen.

Die Ersuchen um Rechtshilfe nach Art. 14—16 sind in der Regel von Behörde zu Behörde im unmittelbaren Geschäftsverkehr zu übermitteln.

Artikel 19.

Erledigung der Ersuchen.

Die Ersuchen um Rechtshilfe nach Art. 14—16 werden von den Behörden des ersuchten Teiles, die nach dessen Gesetzen für gleichartige Amtshandlungen in eigenen Strafsachen zuständig sind, in den für diese Amtshandlungen vorgeschriebenen Formen und mit den entsprechenden Zwangsmaßnahmen erledigt.

Artikel 20.

Mitteilung von Verurteilungen.

1. Die vertragschließenden Teile verpflichten sich, einander von den rechtskräftigen, auf Strafe lautenden Entscheidungen Mitteilung zu machen, die von den Behörden des einen Teiles gegen Angehörige des anderen Teiles erlassen werden und nach den Vorschriften des Teiles, dessen Behörden sie ausgesprochen haben, in das Strafregister aufzunehmen sind. Ebenso werden sie einander die Nachrichten zugehen lassen, die sich auf derartige Entscheidungen beziehen und in das Strafregister aufgenommen werden.

2. Die Mitteilung geschieht dadurch, daß eine Abschrift der auf Strafe lautenden Entscheidung oder der dem Strafregister zugehenden Nachricht übersandt wird. Der Austausch wird durch den Reichsminister der Justiz in Berlin und das Justizministerium in Prag vermittelt.

Artikel 21.

Auskunft aus dem Strafregister.

1. Die vertragschließenden Teile verpflichten sich, einander auf Ersuchen einer zuständigen Behörde aus dem Strafregister Auskunft zu erteilen.

2. Ersuchen um Auskunft aus dem Strafregister sind an die zuständige Strafregisterbehörde unmittelbar zu richten.

Artikel 22.

Kosten des Rechtshilfeverkehrs.

1. Die durch den Rechtshilfeverkehr nach den Bestimmungen dieses Vertrags erwachsenen Kosten werden von dem Teile getragen, in dessen Gebiet sie entstehen.

2. Die Kosten, die aus Anlaß einer Durchlieferung oder durch ein Ersuchen um Gutachten von Sachverständigen oder Fakultäten entstehen, werden von dem ersuchenden Teile ersetzt.

Artikel 23.

Sprache der Rechtshilfeersuchen.

1. Die Ersuchen und deren Anlagen sind in der Staatssprache (offizielle Sprache) des ersuchenden Teils abzufassen. Als Staatssprache (offizielle Sprache) im Sinne dieses Vertrages gilt deutscherseits die Amtssprache, tschechoslowakischerseits die tschechische oder slowakische Sprache.

2. Den in der Staatssprache des ersuchenden Teiles abgefaßten Urkunden ist, abgesehen von den Ersuchen und Mitteilungen nach Art. 9*), 20 und 21 dieses Vertrags eine diplomatisch oder durch einen vereidigten Dolmetscher beglaubigte Übersetzung in die Staatssprache des ersuchenden Teils beizufügen. Die Beifügung einer Übersetzung kann unterbleiben, sofern es sich um Anlagen der Ersuchungsschreiben handelt, die für einen Staatsangehörigen des ersuchenden Teiles bestimmt sind.

3. In Fällen, in denen die Beschaffung der Übersetzung der ersuchenden Behörde außerordentliche Schwierigkeiten bereitet, wird ihr die ersuchte Behörde dabei tunlichst behilflich sein. Die durch Beschaffung der Übersetzung entstehenden Kosten sind von dem ersuchenden Teile zu tragen.

Artikel 24.

Beglaubigung der Urkunden.

Für die Beglaubigung der von öffentlichen Behörden und Beamten der vertragschließenden Teile ausgestellten oder beglaubigten Urkunden gelten die Bestimmungen des in der Mitteilung der Tschechoslowakischen Regierung vom 9. Juli 1920 erwähnten Beglaubigungsvertrags vom 25. Februar 1880."

AV. d. JM. vom 22. Nov. 1923 — JMBl. S. 726 — **über die Rechtshilfe in Strafsachen** im Verkehr mit der Tschechoslowakischen Republik (I. 4928):

„Am 4. Oktober 1923 sind die Ratifikationsurkunden zu dem Vertrag über die Auslieferung und die sonstige Rechtshilfe in Strafsachen zwischen dem Deutschen Reiche und der Tschechoslowakischen Republik vom 8. Mai 1922 (RGBl. 1923 II S. 48) ausgetauscht worden. Nach Art. 25 Abs. 2 des Vertrages ist er demnach am 4. Nov. 1923 in Kraft getreten.

In Ausführung von Nr. 3 des Zusatzprotokolls vom 8. Mai 1922 (RGBl. 1923 II S. 55) hat die Reichsregierung der Tschechoslowakischen Regierung ein Verzeichnis der deutschen Strafregisterbehörden übermittelt und als Gerichtsbehörden, die zur Entgegennahme der Ersuchen nach Art. 18 des Vertrages zuständig sind, die Ersten Beamten der Staatsanwaltschaften bei den deutschen Landgerichten bezeichnet. Die Staatsanwaltschaft hat die eingehenden Ersuchen daraufhin vorzuprüfen, ob sie mit den vertraglichen Abmachungen übereinstimmen und ob ihre Erledigung zu erfolgen hat. Diese Vorprüfung überhebt aber die zur Erledigung der Ersuchen zuständigen Stellen nicht der eigenen Prüfung. Auch die Rückleitung der erledigten Ersuchen erfolgt durch die Staatsanwaltschaften.

Die Tschechoslowakische Regierung hat der Reichsregierung eine Übersicht über die Einteilung der Gerichte und Staatsanwaltschaften in der Tschechoslowakischen Republik mitgeteilt. Den Preußischen Staatsanwaltschaften wird je ein Abdruck dieses Verzeichnisses von hier aus zugehen**). Für die Entgegennahme eines Rechtshilfeersuchens hat die Tschechoslowakische Regierung gemäß Nr. 3 des Zusatzprotokolles in Verbindung mit Art. 18 des Vertrages das Präsidium des Kollegialgerichts erster Instanz (das sind die Kreisgerichte, Landesgerichte, Landesstrafgerichte und Sedrien) bestimmt, in dessen Bezirk die Rechts-

*) Betrifft Anträge auf vorläufige Festnahme.

**) Abgedruckt im Abschnitt VI.

handlung durchzuführen ist. Ein Verzeichnis der in Betracht kommenden Gerichte ist unten abgedruckt. Zur Erteilung einer Auskunft aus dem Strafregister (Art. 21 des Vertrages) ist nach Mitteilung der Tschechoslowakischen Regierung die Staatsanwaltschaft (die Staatsanwaltschaften sind bei den Kollegialgerichten erster Instanz eingerichtet) verpflichtet, in deren Bezirk der Geburtsort dessen liegt, über den Auskunft begehrt wird. Handelt es sich um eine Person, die außerhalb der Tschechoslowakischen Republik geboren ist, oder um einen Zigeuner, so wird die Auskunft aus dem Strafregister von der Staatsanwaltschaft in Brünn erteilt.

Bei Ersuchungsschreiben nach der Tschechoslowakei sind Abkürzungen der offiziellen Staatsbezeichnung, wie „Tschechei", „Tschechien" nicht zu verwenden.

Verzeichnis der Kollegialgerichte erster Instanz.

(Die tschechische — ungarische — Ortsbezeichnung ist in Klammern angegeben.)

I. Bezirk des Oberlandesgerichts in Prag.

1. Landesstrafgericht in Prag.
2. Kreisgericht in Jungbunzlau (Boleslav Mladà).
3. „ „ Budweis (Ceské Budéjovice).
4. „ „ Kuttenberg (Kutnà Hora).
5. „ „ Königgrätz (Hradeé Kràlové).
6. „ „ Eger (Cheb).
7. „ „ Chrudim (Chrudím).
8. „ „ Jicin (Jicín).
9. „ „ Reichenberg (Liberec).
10. „ „ Böhmisch-Leipa (Ceska Lípa).
11. „ „ Leitmeritz (Litomerice).
12. „ „ Brüx (Most).
13. „ „ Pisek (Písek).
14. „ „ Pilsen (Plzen).
15. „ „ Tabor (Tàbor).

II. Bezirk des Oberlandesgerichts Brünn.

1. Landesstrafgericht in Brünn (Brno).
2. Kreisgericht in Ungarisch-Hradisch (Hradiste Ukérské).
3. „ „ Neutitschein (Nocy Jicin).
4. „ „ Iglau (Jihlava).
5. „ „ Olmütz (Olomouc).
6. „ „ Znaim (Znojomo).
7. Landesgericht in Troppau (Opava).
8. Kreisgericht in Mährisch-Ostrau (Ostrava-Moroskà).

III. Bezirk der Gerichtstafel in Preßburg.

1. Sedrie in Neusohl (Bánská Bystrice).
2. „ „ Preßburg (Bratislava).
3. „ „ Komorn (Komárno).
4. „ „ Neutra (Nitra).
5. „ „ Rosenberg (Rúzomberg).
6. „ „ Trencin (Trencin).

IV. Bezirk der Gerichtstafel in Kaschau.

1. Sedric in Kaschau (Kosice).
2. „ „ Leutschau (Levoca).
3. „ „ Eperjes (Presow).
4. „ „ Groß-Steffelsdorf (Rimavská Sobota, ungarisch: Rimaszembat).
5. „ „ Sächs. Bereg (Beregsáz).
6. „ „ Hußt (Húszt).
7. „ „ Uzhorod (Uzhorod, ungarisch: Ungvár).

Betr. Übersetzungen:

Den Rechtshilfeersuchen und ihren Anlagen sind regelmäßig beglaubigte Übersetzungen in die Staatssprache des ersuchten Teiles beizufügen (JMBl. 1924 — S. 153 —), soweit der Vertrag nicht Ausnahmen zuläßt, das ist im Falle des Art. 9 des Vertrages und in folgenden 5 Fällen:

1. bei Ersuchen um vorläufige Festnahme (vgl. nachsteh. Verf. vom 25. Juni 1924),
2. bei Übersendung von Strafnachrichten (Art. 20),
3. bei Ersuchen um Auskunft aus dem Strafregister (Art. 21),
4. bei Zustellungsersuchen hinsichtlich der zuzustellenden Anlagen,
5. bei außerordentlichen Schwierigkeiten in der Beschaffung der Übersetzungen.

AV. vom 30. Jan. 1924 — JMBl. S. 51 —:

„Die Tsch. Regierung hat zur Sprache gebracht, daß von deutschen Justizbehörden Strafbefehl und Strafurteile zuweilen durch die Post ohne Vermittlung der tsch. Behörden an tsch. Staatsangehörige in der Tsch. gesandt würden.

Ein solches Verfahren ist, da dadurch der Anschein eines Eingriffs in die tsch. Gerichtshoheit erweckt werden kann, zu vermeiden."

AV. d. JM. vom 25. Juni 1924 über den Rechtshilfeverkehr mit der Tschechoslowakei in Strafsachen, soweit er im diplomatischen Wege stattfindet (I. 3945).

AV. vom 28. März 1924 (JMBl. S. 153).

„Nach dem Vertrage über die Auslieferung und die sonstige Rechtshilfe in Strafsachen zwischen dem Deutschen Reiche und der Tschechoslowakischen Republik vom 8. Mai 1922 (RGBl. 1923 II S. 48, 396) ist der diplomatische Weg bei der Übermittelung der Rechtshilfeersuchen vorgeschrieben für die Ersuchen um Auslieferung (Art. 10 Abs. 1) und Durchlieferung (Art. 13 Abs. 2), zugelassen für die Ersuchen um vorläufige Festnahme (Art. 9 Abs. 2) und um Rechtshilfemaßnahmen nach Art. 14 bis 16 (Art. 18), dagegen grundsätzlich ausgeschlossen für die Mitteilung von Verurteilungen (Art. 20 Abs. 2) und die Ersuchen um Auskunft aus dem Strafregister (Art. 21 Abs. 2).

In Einzelfällen sind Schwierigkeiten dadurch entstanden, daß nach Aufnahme der diplomatischen Verhandlungen von den örtlichen Stellen sachliche Mitteilungen im unmittelbaren Geschäftsverkehr übermittelt worden sind. Insbesondere hat es sich als unzuträglich erwiesen, daß im unmittelbaren Geschäftsverkehr die Aufhebung der vorläufigen Auslieferungshaft nachgesucht worden ist, obwohl das Auslieferungsersuchen bereits im diplomatischen Wege gestellt war. Nach Art. 9 Abs. 2 des Auslieferungsvertrages können das Ersuchen um vorläufige Festnahme und die Mitteilung über die Erledigung des Ersuchens im unmittelbaren Geschäftsverkehr übermittelt werden. Hiernach wird auch das Ersuchen um Entlassung aus der vorläufigen Auslieferungshaft unmittelbar gestellt werden können. Diese Möglichkeit entfällt aber, sobald das Auslieferungsersuchen nach Art. 10 Abs. 1 des Vertrags auf diplomatischem Wege angebracht und die vorläufige Auslieferungshaft damit zur eigentlichen Auslieferungshaft geworden ist. In dem Vertrag ist ein unmittelbarer Geschäftsverkehr für Verhandlungen, die nach diesem Zeitpunkte stattfinden, nicht vorgesehen. Es sprechen aber auch praktische Gesichtspunkte gegen einen weiteren unmittelbaren Geschäftsverkehr (vgl. Ziffer 26 der Anweisung über das von den Justizbehörden behufs Erwirkung von Auslieferungen zu beobachtende Verfahren — JMBl. 1889 S. 8, 1905 S. 177 —). Werden der örtlichen Behörde, welche die diplomatischen Verhandlungen angeregt hat, Umstände bekannt, die für die Führung oder Beschleunigung der angeregten Verhandlungen Bedeutung haben können, so werden diese in der Regel derselben Stelle mitzuteilen sein, bei der die diplomatischen Verhandlungen angeregt worden sind. In Fällen besonderer Dringlichkeit — insbesondere bei Nachrichten über den Zeitpunkt einer im unmittelbaren Geschäftsverkehr herbeigeführten vorläufigen Festnahme — können die Mitteilungen mit Bericht über den Sachstand sowie Bezeichnung der in der Sache tätigen tschechoslowakischen Behörde und deren Aktenzeichen der Deutschen Gesandtschaft in Prag unmittelbar zugeleitet werden.

Die der Tschechoslowakischen Regierung auf diplomatischem Wege zu übermittelnden Ersuchen sind bisher der Gesandtschaft ohne eine tschechische oder slowakische Übersetzung zugegangen und ohne eine solche Übersetzung an das Tschechoslowakische Außenministerium in Prag weitergeleitet worden. Da das Ministerium jedoch auf der Beifügung der Übersetzung besteht und bei diplomatisch übermittelten Ersuchen ausnahmslos gemäß Art. 23 des Vertrags einen Anspruch auf die Übersetzung hat, wird eine solche im allgemeinen beigefügt werden müssen. In Ausnahmefällen ist die Deutsche Gesandtschaft in Prag bereit, ihrerseits die Übersetzungen herstellen zu lassen. Nach ihrem Berichte hat sich ihr Übersetzer bereit erklärt, bis auf weiteres die Übersetzung von Schriftstücken in die tschechische oder slowakische Sprache zum Preise von 10 tschechischen Kronen für jede angefangene Schreibmaschinenseite anzufertigen."

Bek. über den Rechtshilfeverkehr zwischen dem Deutschen Reiche und der Tschechoslowakischen Republik in Zollstrafsachen vom 7. Januar 1926 (RGBl. II S. 100).

„Zwischen der Deutschen und Tschechoslowakischen Regierung ist durch Schriftwechsel der Deutschen Gesandtschaft in Prag mit dem Tschechoslowakischen Ministerium der auswärtigen Angelegenheiten vom 28. Nov. 1922 / 9. Okt. 1924 nach Artikel XIV des Wirtschaftsabkommens zwischen der Deutschen Regierung und der Tschechoslowakischen Regierung vom 29. Juni 1920 (RGBl. 1920 S. 2227 u. 2240; 1922 II S. 763) vereinbart worden, daß die Bestimmungen der §§ 1 bis 5 und des § 24 Nr. 3 des Zollkartells zwischen dem Deutschen Reiche und Österreich-Ungarn vom 6. Dez. 1891 (RGBl. 1892 S. 63) in beiden Staaten wechselseitig Anwendung finden sollen.

Der Tschechoslowakische Finanzminister hat die tschech. Zollbehörden davon in Kenntnis gesetzt, daß die genannten Bestimmungen des Zollkartells dem Deutschen Reiche gegenüber in Geltung sind. Entsprechend hat der Reichsfinanzminister angeordnet, daß die Bestimmungen der §§ 1 bis 5 und des § 24 Nr. 3 (in Verbindung mit § 25) des Zollkartells zwischen dem Deutschen Reiche und Österreich-Ungarn gegenüber der Tschech. Republik in Anwendung zu bringen sind.

Der Tschech. Finanzminister hat empfohlen, daß sich die deutschen Behörden und Gerichte wegen der Zustellung von Ladungen und Erkenntnissen gemäß § 24 Nr. 3 des Zollkartells unmittelbar an die Tschech. Finanzdirektion, in deren Bezirk sich der Beschuldigte aufhält, wenden mögen. Deutscherseits ist der Tschech. Regierung mitgeteilt worden, daß entsprechende Ersuchen im Deutschen Reiche an das für den Aufenthaltsort des Beschuldigten zuständige Hauptzollamt oder an den Ersten Beamten der Staatsanwaltschaft bei dem Landgerichte, zu dessen Bezirk der Aufenthaltsort des Beschuldigten gehört, zu richten sind.

Übereinkünfte zur Verhütung von Übertretungen an der Landesgrenze und Abk. über die gerichtliche Nacheile s. RGBl. 1921 S. 504; Abk. zur Abwehr bzw. Bekämpfung des Mädchenhandels*) s. RGBl. 1905 S. 695, 705, 1913 S. 31, 44, 1923 II S. 491; Abk. zur Bekämpfung unzüchtiger Veröffentlichungen s. RGBl. 1911 S. 209, 215, 1923 II S. 491; Übereinkunft zur Unterdrückung des Frauen- und Kinderhandels s. RGBl. 1924 II S. 180, 202. Betr. Rechtshilfe in Zollstrafsachen s. Art. XIV des Wirtschaftsabkommens (RGBl. 1920 S. 2240, 1922 II S. 763/9, 1926 II S. 100 (zu vgl. die vorstehende Bekanntmachung), und Rechtshilfe in Steuersachen s. RGBl. 1923 II S. 69, 224. Abk. von 1924 über die Veröffentlichung von Fahndungsabkommen, zu vgl. AV. vom 20. Febr. 1924 — JMBl. S. 76 —.

Strafnachrichten werden gegenseitig ausgetauscht (JMBl. 1923 S. 532).

Kostenfragen, Urteilsvollstreckung usw.:

a) Bürgerliche Sachen:

Gebühren und Auslagen dürfen nicht erhoben werden; ausgenommen sind die an Zeugen und Sachverständige gezahlten Entschädigungen, sowie die Auslagen, die durch Mitwirkung eines Vollziehungsbeamten (Art. 7 Abs. 2) oder durch Anwendung einer besonderen Erledigungsform (Art. 9 Abs. 1) entstanden sind (Art. 11).

b) Strafsachen:

Nur die durch ein Gutachten von Sachverständigen oder Fakultäten entstandenen Auslagen werden erstattet.

Nach Magnus, Tabellen:

Die Gegenseitigkeit bei der Vollstreckung von Urteilen (§§ 328 Ziff. 5, 722, 723 ZPO.) besteht. Bezüglich der Vollstreckung von Urteilen s. die Abhandlungen i. d. JW. 1926 S. 456, 1888, 2871 und i. d. DJZ. 1926 S. 308; hinsichtlich Ehetrennungsurteile besteht keine Gegenseitigkeit. Der Antrag ist in doppelter Ausfertigung einzureichen mit Angabe, auf welche Weise die Zwangsvollstreckung vorgenommen werden soll (Forderungspfändung, Verkauf von . . . .). Gegenseitigkeit bezüglich des Armenrechts im Sinne des § 114 Abs. 2 ZPO. ist ohne Rücksicht auf den Wohnsitz verbürgt. Vorschußpflicht für Gerichtskosten nach § 85 Abs. 2 Nr. 1 DGKG. und Sicherheitsleistungspflicht für Prozeßkosten nach § 110 Abs. 2 Nr. 1 ZPO. besteht nicht, ohne Rücksicht auf den Wohnsitz.

Betr. Hultschiner Land s. Magnus, Tabellen, und Anschriftenverzeichnis im Abschn. IV.

Tunis

s. Frankreich.

*) Zu vgl. auch Anhang S. 212.

Türkei.

Dem Haager Ziv.-Proz.-Abk. nicht angeschlossen. Die Konsulargerichtsbarkeit ist aufgehoben, daher sind auch Mitteilungen über Eintragungen oder Veränderungen in das Handelsregister an die Deutsche Botschaft in Konstantinopel nicht mehr zu machen (AV. vom 2. Juni 1925 — JMBl. S. 207 —).

Der Rechtsvertrag über gegenseitige Rechtshilfe in bürgerlichen Angelegenheiten und Auslieferungen vom 11. Jan. 1917 (RGBl. 1918 S. 244 u. 354) ist gegenstandslos geworden (Art. 290 des Vertrages von Versailles und Art. 25 des Vertrags von Lausanne). Freundschaftsvertrag vom 3. März 1924 — RGBl. II S. 175 —, in Kraft getreten am 16. Mai 1926, enthält keine einschlägigen Bestimmungen. Türken haben freien und ungehinderten Zutritt zu den Gerichten und können unter den gleichen Bedingungen auftreten, wie die eigenen Staatsangehörigen (Niederlassungsabkommen vom 25. Juni 1927 — RGBl. II S. 53, 454 —, in Kraft seit 22. Juli 1927). Wegen Zuleitung der Ersuchen an die zuständigen Stellen s. das Anschriftenverzeichnis im Abschn. IV und das Konsulatsverzeichnis im Abschn. VI. Gebühren und Auslagen für Zustellungen und sonstige Ersuchen. Betr. Konsulatskosten s. § 10 I Nr. 2 der RHV.

Nach Magnus, Tabellen:

Die Gegenseitigkeit bei der Vollstreckung von Urteilen (§§ 328 Ziff. 5, 722, 723 ZPO.) besteht nicht. Gegenseitigkeit bezüglich des Armenrechts im Sinne des § 114 Abs. 2 ZPO. ist verbürgt. Vorschußpflicht für Gerichtskosten nach § 85 Abs. 2 Nr. 1 DGKG. besteht nicht. Sicherheitsleistungspflicht für Prozeßkosten nach § 110 Abs. 2 Nr. 1 ZPO. besteht, außer in der ersten Instanz.

Turkmenistan

s. Rußland.

Ukraine (Transkaukasische Republik)

s. Rußland.

Ungarn

s. hinter Österreich.

§ 51.

Uruguay.[1])

1. Die Rechtshilfe in Strafsachen regelt sich nach dem Auslieferungsvertrage[2]) zwischen dem Reiche und Uruguay vom 12. Februar 1880 (RGBl. 83 S. 287) Art. 13—15. Wenngleich danach die Ersuchungsschreiben auf konsularischem Wege der fremden Regierung mitgeteilt werden können, so haben sich doch die Justizbehörden zur Beförderung der Ersuchungsschreiben stets der Vermittelung des Justizministers oder in eiligen Fällen der Vermittelung des Ministers der auswärtigen Angelegenheiten[3]) (vgl. § 21) zu bedienen.

2. Sollen Ersuchen in bürgerlichen Sachen durch uruguaysche Justizbehörden erledigt werden, so bedürfen sie der Beglaubigung durch den uruguayschen Konsul.

3. Bei der Erledigung von Ersuchen in bürgerlichen Sachen durch uruguaysche Justizbehörden entstehen erhebliche Kosten; hierauf ist bei Bemessung des Kostenvorschusses Rücksicht zu nehmen.[4])

1. Dem Haager Ziv.-Proz.-Abk. nicht angeschlossen. Handels- usw. Vertrag vom 20. Juni 1892 (RGBl. 1894 S. 505) enthält keine einschlägigen Bestimmungen. Wegen Zuleitung von Ersuchen an die zuständigen Stellen s. das Anschriftenverzeichnis im Abschn. IV und das Konsulatsverzeichnis im Abschn. VI. Gebühren und Auslagen für Zustellungen und sonstige Ersuchen. Betr. Konsulatskosten s. § 10 I Nr. 2 der RHV.

2. Der Vertrag ist gemäß Art. 289 Abs. 7 des Versailler Vertrags außer Kraft getreten. Abk. zur Abwehr bzw. Bekämpfung des Mädchenhandels*) s. RGBl. 1905 S. 695, 705, 1913 S. 31, 44, 1921 S. 1332; Übereinkunft zur Unterdrückung des Frauen- und Kinderhandels s. RGBl. 1924 II S. 180, 202, 454.

*) Zu vgl. auch Anhang S. 212.

3. Jetzt Auswärtiges Amt (AV. vom 27. Juni 1921 — JMBl. S. 366 —).

4. Kostenfragen, Urteilsvollstreckung usw.:

a) Bürgerliche Sachen:

s. Abs. 3 in § 51 und Anm. 1 vorstehend.

b) Strafsachen:

Keine Vereinbarung.

Nach Magnus, Tabellen:

Die Gegenseitigkeit bei der Vollstreckung von Urteilen (§§ 328 Ziff. 5, 722, 723 ZPO.) besteht nicht. Gegenseitigkeit bezüglich des Armenrechts im Sinne des § 114 Abs. 2 ZPO. besteht nicht. Sicherheitsleistungspflicht für Prozeßkosten nach § 110 Abs. 2 Nr. 1 ZPO. besteht nicht bei Wohnsitz im Inlande. Vorschußpflicht für Gerichtskosten nach § 85 Abs. 2 Nr. 1 DGKG. ist streitig (s. JW. S. 749).

Usbekistan

s. Rußland.

Vatikan

s. Italien.

§ 52.

Venezuela.[1])

Für Rechtshilfe berechnen die venezulanischen Justizbehörden Gebühren und Auslagen.

1. Dem Haager Ziv.-Proz.-Abk. nicht angeschlossen. Der Freundschafts- usw. Vertrag vom 26. Jan. 1909 (RGBl. 919) enthält keine einschlägigen Bestimmungen. Auch über Rechtshilfe in Strafsachen bestehen keine Vereinbarungen. Wegen Zuleitung der Ersuchen an die zuständigen Stellen s. das Anschriftenverzeichnis im Abschn. IV und das Konsulatsverzeichnis im Abschn. VI. Gebühren und Auslagen für Zustellungen und sonstige Ersuchen. Betr. Konsulatskosten s. § 10 I Nr. 2 der RHV.

Nach Magnus, Tabellen:

Die Gegenseitigkeit bei der Vollstreckung von Urteilen (§§ 328 Ziff. 5, 722, 723 ZPO.) besteht nicht. Gegenseitigkeit bezüglich des Armenrechts im Sinne des § 114 Abs. 2 ZPO. ist nicht verbürgt. Sicherheitsleistungspflicht für Prozeßkosten nach § 110 Abs. 2 Nr. 1 ZPO. besteht. Vorschußpflicht für Gerichtskosten nach § 85 Abs. 2 Nr. 1 DGKG. besteht (JW. 1924 S. 749).

§ 53.

Vereinigte Staaten von Amerika.[1])

1. Wegen der Ersuchen um Zustellungen vgl. § 8 I Abs. 1 c.

2. Ersuchen um Vernehmung oder um Abnahme von Eiden sind, wenn nicht ein Konsul um Gewährung der Rechtshilfe ersucht werden kann (vgl. § 18), in die Form einer commission zu kleiden. Diese ist unter Offenlassung der Anschrift mit dem Ersuchen um Vermittelung an den Konsul zu übersenden, in dessen Bezirke die Person, welche vernommen werden soll, oder die schwurpflichtige Partei sich aufhält. Die commission ist in folgender Form auszufertigen:

Im Namen des Königs von Preußen.[2])

Das Preußische Amts-(Land-)Gericht in . . . . an Herrn . . . . in . . . .

Sie werden hierdurch benachrichtigt, daß das oben genannte Gericht Sie zum commissioner bestellt hat und Sie durch Gegenwärtiges ermächtigt,

den in . . . . in dem Bezirk . . . . des Staates . . . . wohnenden A. in der vor dem genannten

Amts-(Land-)gericht schwebenden Prozeßsache des . . . ., Klägers, gegen den . . . . , Beklagten, als Zeugen in Gemäßheit der beigeschlossenen beglaubigten Abschrift des Beweisbeschlusses vom . . . . nach den nachfolgenden Richtlinien eidlich — nicht eidlich — zu vernehmen:

oder:

den in der beigefügten beglaubigten Abschrift des Beweisbeschlusses (Urteils) vom . . . . enthaltenen und darin dem A. in . . . . vom genannten Gericht auferlegten Eid in der vor diesem Gericht schwebenden Prozeßsache des . . . . , Klägers, gegen den . . . . , Beklagten, in Übereinstimmung mit den hier beigefügten Richtlinien dem genannten A. abzunehmen.

Urkundlich unter der Unterschrift des Vorsitzenden des genannten Gerichts in . . . . unter Beidrückung des Gerichtssiegels ausgefertigt am . . . .

Siegel. Unterschrift.
Amtsbezeichnung.

Außerdem ist in der commission der Streitgegenstand kurz zu bezeichnen.

3. Dem Ersuchen ist eine beglaubigte Abschrift des Beweisbeschlusses oder Urteils und, soweit erforderlich, eine beglaubigte Abschrift der gesetzlichen Vorschriften über das inländische Verfahren beizufügen.

4. Ist der zuständige Konsul dem ersuchenden Gericht nicht bekannt, so ist das Ersuchen dem Justizminister oder in eiligen Fällen dem Minister der auswärtigen Angelegenheiten[3]) einzureichen.

5. Die commission wird von dem Konsul unter Ausfüllung der Anschrift einer nach dem Rechte des betreffenden Staates zuständigen und befugten Person übergeben, die alsdann das Ersuchen ausführt.

6. Auch in Strafsachen und in Angelegenheiten der freiwilligen Gerichtsbarkeit sind die Ersuchen in der obigen Form zu stellen; der Wortlaut der commission ist dann entsprechend zu ändern. Die Ersuchen in Strafsachen müssen von einem Gericht ausgehen.

7. Die Kosten, welche durch die Erledigung der Ersuchen entstehen, sind gewöhnlich hoch; hierauf ist bei Bemessung des Kostenvorschusses Rücksicht zu nehmen.[4])

8. Die Erledigung von Ersuchen, die an ein Gericht in den Vereinigten Staaten gerichtet werden, ist mit vielen Weiterungen und mit unverhältnismäßig hohen Kosten verbunden. Solche Ersuchen sind daher nur dann zu stellen, wenn besondere Gründe ausnahmsweise dafür sprechen. Diese sind alsdann in dem Begleitberichte, mit dem das Ersuchungsschreiben dem Justizminister eingereicht wird, eingehend darzulegen.

1. Dem Haager Abkommen über den Zivilprozeß sind die Ver. Staaten nicht beigetreten. Gesetz über den Freundschafts-, Handels- und Konsularvertrag zwischen dem Deutschen Reiche und den Vereinigten Staaten von Amerika vom 17. Aug. 1925 und Bekanntmachung über seine Ratifikation vom 15. Okt. 1925 (RGBl. II S. 795 und S. 967):

Der Vertrag vom 8. Dez. 1923 ist am 14. Okt. 1925 ratifiziert und nach Art. XXXI mit diesem Tage in Kraft getreten. Er enthält u. a. Bestimmungen über Behandlung der amerikanischen Staatsangehörigen und juristischen Personen, z. B. bei Erwerb von Grundstücken, Verfolgung von Rechtsansprüchen, Armenrecht, über die Stellung von Konsularbeamten und ihre Gerichtsbarkeit und Urkundsbefugnisse, über die Behandlung des Nachlasses amerikanischer Staatsangehöriger u. dgl. m. — Meistbegünstigungsklausel —.

Abk. zur Abwehr des Mädchenhandels s. RGBl. 1905 S. 695, 705, 1908 S. 481, 1921 S. 1317/8, 1369, 1919 S. 687/8, 1920 S. 31, 95; Abk. zur Bekämpfung unzüchtiger Veröffentlichungen s. RGBl. 1911 S. 209, 215, 1921 usw. wie vor. Ein Abkommen über sonstige Rechtshilfe in Strafsachen besteht nicht.

Wegen Zuleitung der Ersuchen an die zuständigen Stellen s. das Anschriftenverzeichnis im Abschn. IV und das Konsulatsverzeichnis im Abschn. VI. Hohe Gebühren und Auslagen für Zustellungen und sonstige Ersuchen (sie betrugen in einem Falle 241,13 RM). Betr. Konsulatskosten s. § 10 I Nr. 2 der RHV.

2. Jetzt: Im Namen des Volkes!

3. Jetzt: Auswärtiges Amt (AV. vom 27. Juni 1921 — JMBl. S. 366 —).

4. Kostenfragen, Urteilsvollstreckung usw.:

a) Bürgerliche Sachen:

Vgl. Ziff. 7 in § 53 der RHV. u. Anm. 1 dazu.

b) Strafsachen:

Mangels einer vertraglichen Regelung wird Kostenerstattung bzw. Berechnung (vgl. § 105 Pr. GKG.) nach Weisung der Verwaltungsbehörde zu erfolgen haben (vgl. Ziff. 7 in § 53 der RHV.).

Nach Magnus, Tabellen:

Die Gegenseitigkeit bei der Vollstreckung von Urteilen (§§ 328 Ziff. 5, 722, 723 ZPO.) besteht nicht. Gegenseitigkeit bezüglich des Armenrechts im Sinne des § 114 Abs. 2 ZPO. ist nicht verbürgt. Vorschußpflicht für Gerichtskosten nach § 85 Abs. 2 Nr. 1 DGKG. besteht nicht. Sicherheitsleistungspflicht für Prozeßkosten nach § 110 Abs. 2 Nr. 1 ZPO. besteht nicht bei Wohnsitz im Inlande.

Bezüglich Alaska, Hawaii, Philippinen und Porto Rico s. Magnus Tabellen.

St. Vith

s. Belgien.

Völkerbund.

RV. vom 10. Nov. 1926 — I Fr. 2098 —:

„Um die für eine erfolgreiche Mitarbeit im Völkerbunde unbedingt erforderliche Einheitlichkeit der deutschen Stellungnahme zu den vom Völkerbunde zu erörternden Fragen zu gewährleisten, bestimme ich, daß jeder unmittelbare Geschäftsverkehr mit dem Völkerbund und seinen Organen, und zwar auch soweit ihnen deutsche Reichsangehörige als Mitglieder, Beamte oder Angestellte angehören, seitens der Justizbehörden und einzelner Beamter zu unterbleiben hat. Anträge und Anfragen des Völkerbundes und seiner Organe — auch persönlicher Art — sind unter Beachtung der AV. vom 24. April 1922 — JMBl. S. 146 — stets durch Vermittelung des Auswärtigen Amts oder nach zuvorigem Einvernehmen mit ihm zu erledigen."

Die zeitigen Mandatare sind im Abschnitt IV unter Völkerbund aufgeführt.

Weißrußland (Weißrussische Sowjetrepublik)

s. Rußland.

Westpreußen

s. Polen.

Zansibar.

Die Angehörigen des Deutschen Reiches usw. sind nach Delius „Handbuch des Rechtshilfeverfahrens" der Gerichtsbarkeit der in Z. eingerichteten englischen Gerichte unterworfen (s. Großbritannien).

II. Gesuche außerhalb des Gebiets der Rechtshilfe.

§ 54.

Allgemeine Vorschriften.

1. Außerhalb des Gebiets der Rechtshilfe findet ein Schriftwechsel mit den Behörden des Auslandes oder mit den im Auslande beglaubigten deutschen Gesandten oder Konsuln regelmäßig nicht statt (vgl. aber §§ 55, 56); vielmehr ist, wenn außerhalb des Gebiets der Rechtshilfe die Tätigkeit einer ausländischen Behörde in Anspruch genommen werden soll, dem Justizminister oder in eiligen Fällen dem Minister der auswärtigen Angelegenheiten[1]) unter Beobachtung der Bestimmungen des § 4 mit Begleitbericht (§ 5 Abs. 3) eine zur Übermittelung an die fremde Regierung geeignete, in deutscher Sprache abgefaßte Denkschrift einzureichen.[2])[3]) In dieser ist der Sachverhalt kurz darzustellen und anzugeben, welche Tätigkeit von der ausländischen Behörde gewünscht wird. Die Denkschrift ist mit Datum und Unterschrift zu versehen. Sie ist, wenn die Tätigkeit einer niederländischen Behörde in Anspruch genommen werden soll, mit lateinischen Buchstaben zu schreiben. Die Anwendung lateinischer Buchstaben ist ferner zulässig, wenn die Denkschrift mittels einer Schreibmaschine hergestellt wird. Das Amtssiegel ist der Unterschrift nicht beizufügen. Im übrigen finden die Bestimmungen des § 2 Abs. 1, 3 und § 3 Abs. 1, 4 entsprechende Anwendung. Tritt in der Sachlage eine wesentliche Änderung ein oder erledigt sich die Angelegenheit, so ist unverzüglich eine entsprechende Denkschrift einzureichen.[4])

2. Handelt es sich um die Erteilung einer Auskunft, insbesondere einer solchen über ausländisches Recht, so sind die Punkte, über welche Auskunft verlangt wird, in der Denkschrift einzeln zu bezeichnen. Ausländische Gesandte und Konsuln in Deutschland sind um Auskunft über ausländisches Recht nicht zu ersuchen.[5])

3. In verschiedenen ausländischen Staaten, insbesondere in Belgien,[6]) Griechenland, Großbritannien nnd Irland nebst den britischen Kolonien und auswärtigen Besitzungen, in den Niederlanden, in Schweden und in den Vereinigten Staaten von Amerika, wird von den Behörden Auskunft über das Landesrecht nicht erteilt.[7]) In diesen Staaten kann aber regelmäßig die Auskunft eines Rechtsverständigen durch die Vermittlung des deutschen Gesandten oder Konsuls beschafft werden; die Beschaffung ist mit Kosten verbunden.[8]) Wird eine solche Vermittlung gewünscht, so ist gemäß Abs. 1 zu verfahren.[9])[10])

4. Wegen der Übersetzung ausländischer Gesetzesvorschriften sind ausländische Behörden, insbesondere die ausländischen Gesandten und Konsuln in Deutschland, nicht in Anspruch zu nehmen.

5. Ob ein Deutscher im Auslande zur Sicherheitsleistung für die Prozeßkosten oder zu einer besonderen Vorausbezahlung oder Sicherstellung der Gerichtskosten verpflichtet ist (§ 110 der ZPO., § 419 der StPO.), § 85 des DGKG.) ist regelmäßig nicht auf dem im Abs. 1 bezeichneten Wege zu ermitteln; vielmehr ist die Beibringung des Nachweises regelmäßig der ausländischen Partei aufzugeben, da der Minister der auswärtigen Angelegenheiten[1]) es ablehnt, in deren Interesse seine Vermittlung eintreten zu lassen. Wegen der an dem Haager Abk. über den Ziv.-Proz. (§ 20 Abs. 1) beteiligten Staaten vgl. Art. 17 dieses Abk.

1. Jetzt Auswärtiges Amt (AV. vom 27. Juni 1921 — JMBl. S. 366 —).

2. Zu Abs. 1: Mitteilung an Niederländische Behörden betr. Vormundschaften über Minderjährige s. AV. vom 12. Oktober 1906 — JMBl. S. 301 — und Verfügung vom 12. Juni 1902 — RGBl. 1904 S. 240 —.

3. „Reichsstelle für Nachlässe und Nachforschungen im Ausland" ist aufgelöst und auf das Auswärtige Amt übergegangen (RGBl. 1928 I S. 4); zu vgl. S. 183 Fußnote *).

4. Nach Abs. 1 ist auch zu verfahren, wenn das Rechtshilfeersuchen erledigt, aber Beilagen desselben nicht wieder zurückgesandt worden sind und wieder herbeigeschafft werden müssen.

Betr. Denkschriften in Strafsachen s. § 55 Ziff. 3 RHV. Vgl. auch Abs. 3 in § 54 und § 16 Ziff. 3 Schlußsatz der RHV. für Konsulargerichtsbezirke.

5. Die Gerichte können in Prozessen, bei deren Entscheidung es auf die völkerrechtliche Gültigkeit, die Anwendbarkeit oder die Auslegung von Staatsverträgen ankommt, auf den Antrag einer Partei oder von Amts wegen vom Auswärtigen Amt die zum Zwecke der rechtlichen Beurteilung erforderliche Auskunft einholen (AV. vom 24. Nov. 1843 — Pr. GS. S. 369 —).

Nachfragen beim Auswärtigen Amt über Auslegung eines ausländischen Gesetzes sind nicht angängig. Wenn sich das Gericht den Text des ausländischen Gesetzes nicht anderweit sollte beschaffen können, so wird es Sache der Partei sein, die sich auf das Gesetz beruft, es beizubringen. Andererseits läßt das Auswärtige Amt seine Mitwirkung im Interesse einer ausländischen Partei erst dann eintreten, wenn das Prozeßgericht dieser Partei den Nachweis der zur Anwendung kommenden Rechtsnormen aufgegeben hat, aber den darauf erbrachten Nachweis als ausreichende Erkenntnisquelle nicht gelten lassen kann.

Sonstige Ersuchen müssen in die Form einer Denkschrift gekleidet werden, da das Auswärtige Amt die Anfragen weiterleitet.

Ein einfacheres Verfahren zur Ermittelung ausländischer Rechtsnormen bietet jedoch die Inanspruchnahme des „Instituts für ausländisches Recht beim Reichsverband der deutschen Industrie in Berlin W 35, Kurfürstendamm 137" (auch im Falle des § 293 ZPO., s. AV. vom 1. Dez. 1920 — JMBl. S. 696 —).

6. Bescheinigungen über belgisches Recht werden seitens des belgischen Justizministers nicht erteilt (JMBl. 1882 S. 28).

7. Für Ausstellungen von Zeugnissen über das in Preußen geltende Recht ist die Justizverwaltung zuständig.

8. So kostete z. B. das Gutachten eines Londoner Rechtsanwalts 50.— *RM*.

9. Betr. Ehesachen s. JMBl. 1922 S. 385.

10. Anfragen von Ausländern sollen durch Vermittelung des Auswärtigen Amtes gestellt und beantwortet werden, nachdem der betreffende Ausländer durch die Vertretung seines Landes dem Auswärtigen Amt empfohlen worden ist, damit eine gewisse Sicherheit für dessen Verläßlichkeit gegeben ist.

Aus Anlaß eines Einzelfalles hat der Preuß. Justizminister unterm 9. April 1927 — I 12664 — wie folgt, entschieden:

Seitens eines amerikanischen Konsulats in Deutschland ist um eine Aufstellung der von amerikanischen Staaten ernannten „Commissioners of Deeds" gebeten worden. Darunter versteht man in Amerika Urkundspersonen, die befugt sind, Urkunden mit Beweiskraft vor amerikanischen Behörden zu vollziehen. Sollte im dortigen Bezirk eine ähnliche Anfrage eingehen, so ist diese nicht sachlich zu beantworten, sondern die anfragende Behörde zu ersuchen, die Anfrage auf dem diplomatischem Wege zu wiederholen (AV. vom 23. August 1922 — JMBl. S. 357 —) und der Vorgang ist mit Bericht hierherzureichen.

RV. vom 15. Juni 1927 — I 13263 — betr. Amerikanische Commissioners of Deeds, im Anschluß an die Verfügung vom 9. April 1927 — I 12664 —:

„Das Auswärtige Amt hat hierher mitgeteilt, daß die Frage der Ernennung von sogenannten Notariatskommissaren durch amerikanische Staaten in Deutschland bereits im Jahre 1924 aus Anlaß der Bestellung eines Kommissioners im Lande Baden Gegenstand grundsätzlicher Erörterungen zwischen dem Auswärtigen Amt und der amerikanischen Regierung gewesen ist. Das Staatsdepartement in Washington hat damals, entsprechend dem Antrag der deutschen Regierung, bei den beteiligten amerikanischen Staaten die Zurücknahme der Ernennung des Kommissioners veranlaßt.

In Abänderung meiner vorbezeichneten Verfügung ersuche ich nunmehr etwaige Anfragen über derartige Urkundspersonen in dem Sinne zu beantworten, daß im Gebiet des Deutschen Reichs überhaupt keine Commissioners of Deeds von fremden Staaten bestellt sind, daß auch vom Standpunkte des deutschen Rechts ein fremder Staat sich nicht ohne Weiteres durch seine Gesetzgebung das Recht beilegen könne, in dem Gebiet eines anderen Staates Beamte anzustellen — wie auch von der amerikanischen Regierung gelegentlich früherer Fälle anerkannt worden sei —, daß im übrigen die von Preußen bestellten Urkundsbeamten aus dem alljährlich erscheinenden Terminkalender für Preußische Justizbeamte festzustellen sind."

In einem Einzelfalle, in dem wegen Herausgabe eines bei einem polnischen Gericht in Verwahrung befindlichen Testamentes eine Denkschrift gefertigt war, hat das Justizministerium durch Verfügung vom 4. März 1927 — V 1009 — angeordnet:

„Unter Bezugnahme auf den deutsch-polnischen Vertrag über den Rechtsverkehr gebe ich anheim, auf unmittelbarem Wege die Herausgabe des Testaments, wozu eine rechtliche Verpflichtung nicht besteht, von der polnischen Behörde zu erbitten. Zu diesem Zwecke ist es erforderlich anzugeben, daß der Erblasser die deutsche Reichsangehörigkeit besessen hat. Es empfiehlt sich hilfsweise den Antrag zu stellen, falls die Abgabe der Urschrift des Testaments untunlich erscheine, dieses zu eröffnen und beglaubigte Abschrift zu übersenden. Dazu aber ist die Beifügung der Urschriften der Hinterlegungsurkunde und der Sterbeurkunde erforderlich, sowie außerdem die Zusicherung, daß die Kosten erstattet werden."

11. Jetzt § 379 StPO.

§ 55.

Gesuche in Strafsachen.

1. In Strafsachen können Gerichte und Staatsanwälte auch außerhalb des Gebiets der Rechtshilfe, z. B. wegen polizeilicher Ermittelungen, Auskunftserteilung u. dgl., mit Staatsanwälten und Polizeibehörden eines ausländischen Staates in unmittelbaren Schriftwechsel[1]) treten, soweit ein solcher mit den Behörden dieses Staates sonst statthaft ist (vgl. § 31 Dänemark, § 41 Niederlande, § 43 Österreich-Ungarn, § 46 Rußland,[2]) § 48 Schweiz). Das gilt jedoch nicht für den Antrag auf Strafverfolgung eines Schweizers oder Niederländers wegen eines in Deutschland begangenen Verbrechens oder Vergehens vor den Gerichten seines Heimatstaats (vgl. die AV. vom 2. Nov. 1897 — JMBl. S. 278/26. März 1912 — JMBl. S. 134 — und vom 11. Sept. 1902 — JMBl. S. 236 —).

2. Die gleiche Befugnis steht den Staatsanwälten in denjenigen Grenzgebieten zu, in welchen ein dem Abs. 1 entsprechender unmittelbarer Geschäftsverkehr ohne einen Staatsvertrag bisher in Übung war.

3. Wird in Strafsachen behufs Erlangung einer Auskunft über ausländisches Recht eine Denkschrift eingereicht, so ist darin auch der Wortlaut der maßgebenden inländischen Vorschriften mitzuteilen.

1. Wegen Beifügung einer Übersetzung s. § 3 Nr. 1 der RHV.

2. Mit Rußland kann z. Zt. nur im diplomatischen Wege verkehrt werden (s. Erläuterungen zu § 46 der RHV.).

§ 56.

Ersuchen in Kassenangelegenheiten.

1. Bedarf es in Kassenangelegenheiten der Auskunft eines Konsuls[1]) oder einer ausländischen Behörde, mit der die Justizbehörden in unmittelbaren Geschäftsverkehr zu treten befugt sind, so hat nicht die Gerichtskasse, sondern der Landgerichtspräsident und bei Ersuchen der Gerichtskasse Berlin-Mitte der Amtsgerichtspräsident den Schriftwechsel zu führen. Der Unterschrift des Präsidenten ist das Amtssiegel beizufügen.

2. Kommt es in solchen Angelegenheiten auf die Auskunft anderer als der in Abs. 1 bezeichneten ausländischen Behörden an, und kann das Ersuchen nicht durch Vermittelung des zuständigen Konsuls erledigt werden, so hat der Land-(Amts-)gerichtspräsident an den Justizminister zu berichten.

1. Vgl. Anm. 3 zu § 57.

§ 57.[1])

Beitreibung von Gerichtskosten im Auslande.

1. Abgesehen von den Fällen der Art. 18, 19 des Haager Abk. über den Ziv.-Proz. und den Fällen der Art. 3 und 4 des deutsch-bulgarischen Vertrags über Rechtsschutz und Rechtshilfe in bürgerlichen Angelegenheiten[2]) (§ 25 Abs. 2) ist die Beitreibung im Inlande entstandener Gerichtskosten im Auslande nicht gewährleistet. Außerhalb des Geltungsbereichs jenes Abk. und Vertrags ist die zwangsweise Einziehung solcher Kosten nur dann durchführbar, wenn die Beitreibung in einem Lande erfolgen soll, in welchem Konsulargerichtsbarkeit ausgeübt wird (vgl. § 16). Dem Ersuchen ist eine Reinschrift der Kostenrechnung beizufügen. Dieselbe muß unter Beidrückung des Gerichtssiegels von dem Gerichtsschreiber*) unterschrieben sein und enthalten: den Namen des Zahlungspflichtigen, die Bezeichnung der Sache, die einzelnen Kostensätze mit Hinweis auf die angewendete Vorschrift des Kostengesetzes, die Gesamtsumme der Kosten. Die Beitreibung erfolgt kostenlos.

2. Klagen gegen Kostenschuldner sind im Auslande nicht zu erheben, da sie regelmäßig unverhältnismäßig hohe Aufwendungen erfordern und im Erfolge sehr zweifelhaft sind.[3])

3. In geeigneten Fällen, insbesondere wenn es sich um höhere Kostenbeträge handelt, können die Gerichtskassen versuchen, den Kostenschuldner durch Vermittelung des zuständigen Konsuls zur freiwilligen Berichtigung seiner Schuld zu bestimmen. Wird die Vermittelung eines Konsuls zur Einziehung von Gerichtskosten in Anspruch genommen, so ist dem Ersuchen eine besondere Kostenrechnung beizufügen; in der Rechnung ist zu bemerken, daß der Kostenbetrag sich um die Gebühren und Auslagen des Konsuls erhöht. Die nach dem Konsulatsgebührengesetze vom 17. Mai 1910 (RGBl. S. 847) zum Ansatze gelangenden Gebühren und Auslagen sind, soweit sie von dem Kostenschuldner nicht eingezogen werden, von der Gerichtskasse zu entrichten.

1. Vgl. auch § 7 Ziff. 1 der RHV. und § 16 a. a. O. betr. Beitreibung in Konsulargerichtsbezirken.

2. Außer Kraft getreten s. § 28 der RHV.

3. AV. vom 21. Juni 1924 — JMBl. S. 264 — über die Einziehung von Gerichtskosten von Zahlungspflichtigen im Auslande (AV. vom 7. Mai 1923 — JMBl. S. 368 —; Ziff. IV der AV. vom 3. Okt. 1923 — S. 651 —; § 56, § 57 Abs. 3 der RHV.).

An die Stelle der AV. vom 7. Mai 1923 und der Ziff. IV der AV. vom 3. Okt. 1923 treten die folgenden Bestimmungen:

„Bevor gemäß § 57 Abs. 3 deutsche Konsulate um Vermittelung der Einziehung rückständiger Gerichtskosten, die von Kostenschuldnern im Auslande geschuldet sind, in Anspruch genommen werden, ist sorgfältig zu prüfen, ob die einzuziehende Summe im richtigen Verhältnis zu den mit der Einziehung verknüpften bedeutenden Aufwendungen (Gebühren, Postgebühren und sonstigen Auslagen) steht. Die bei den Konsulaten erwachsenden Auslagen sind zum Teil recht hoch; die geschäftliche Behandlung der Einziehungsersuchen verursacht den damit befaßten Stellen Arbeit und allgemeine Geschäftsunkosten; bei Erfolglosigkeit des Einziehungsversuchs fallen überdies die Konsulatskosten der preußischen Staats-

*) Jetzt: Beamten der Geschäftsstelle.

kasse zur Last. Bei Beträgen von weniger als 10.— *RM* soll die Vermittelung einer deutschen Auslandsbehörde regelmäßig nicht in Anspruch genommen werden. Bei höheren Beträgen ist nach den Umständen des Falles zu entscheiden. Die endgültige Entscheidung steht dem Präsidenten des Landgerichts (des Amtsgerichts Berlin-Mitte) zu, durch dessen Hand der Schriftwechsel zu leiten ist."

Bezüglich der Beitreibung von Gerichtskosten im Gebiete des Haager Ziv.-Proz.-Abk. sind zu beachten:

Art. 18, 19 des Haager Ziv.-Proz.-Abk. — RGBl. 1909 S. 410 —, § 9 des Gesetzes zur Ausführung dieses Abk. — RGBl. 1909 S. 430 —, abgedruckt im Abschnitt III und § 25 der RHV.

Das Vollstreckungsersuchen bei Österreich ist unter Bezeichnung der Exekutionsmittel, der Vermögensteile, in die die Zwangsvollstreckung erfolgen soll, sowie des Ortes, wo die Vermögensteile sich befinden, von der Kasse (durch die Hand des Land- (Amts-)gerichtspräsidenten) unmittelbar beim österreichischen Gericht anzubringen (vgl. Art. 21, 24 des Vertrages vom 21. Juni 1923 — RGBl. II S. 55 von 1924 und Art. V der Ausf.-Verordnung vom 26. April 1924 — RGBl. II S. 91 —). In fast allen anderen Ländern kann die Vollstreckung nur in einem besonderen Verfahren betrieben werden. Doch werden Kostenentscheidungen gegen den Kläger oder Intervenienten gemäß Art. 18, 19 des Haager Ziv.-Proz.-Abk. durch die ausländische Behörde kostenfrei für vollstreckbar erklärt, zu vgl. Anm. 4 zu § 25 der RHV. In Ansehung der Gerichtskosten bedarf es für die zwangsweise Beitreibung im Auslande einer rechtskräftigen, gerichtlichen Entscheidung. Es hat deshalb die für die Beitreibung der Gerichtskosten zuständige inländische Behörde gemäß § 9 Abs. 1 des vorbezeichneten Gesetzes (RGBl. 1909 S. 430) bei dem Gerichte der Instanz, die nach Art. 18 des Abk. erforderliche Entscheidung (Kostenfestsetzung) zu beantragen. Die Entscheidung ist mit der sofortigen Beschwerde nach §§ 567 Abs. 2, 568—577 der ZPO. anfechtbar und somit der Rechtskraft fähig.

Behufs Stellung des für die Vollstreckbarkeitserklärung erforderlichen diplomatischen Antrags hat das Gericht erster Instanz mit der betreffenden Entscheidung nach § 25 der RHV. zu verfahren, Zwangsvollstreckungs- und Übersetzungskosten sind zu berücksichtigen (s. Anm. 2b zu § 3, 7 zu § 25 der RHV.).

Fußnote zu Anm. 3 S. 180:

*) AV. d. JM. v. 14. April 1928 — JMBl. S. 252 — über die Behandlung von Nachlaßsachen deutscher Reichsangehöriger durch die deutschen Auslandsvertretungen (I. 12634). Die Reichsstelle für Nachlässe und Nachforschungen im Ausland ist durch Verordnung des Reichspräsidenten vom 30. Dez. 1927 (RGBl. 1928 I S. 4) aufgelöst worden und hat mit dem 31. März 1928 ihre Tätigkeit eingestellt. Über die künftige Behandlung der Nachlässe im Ausland verstorbener Deutscher hat das Auswärtige Amt an alle deutschen Auslandsvertretungen durch Runderlasse vom 14. März — VSP 1400 — grundsätzliche Weisungen erlassen, die nachstehend auszugsweise zur Kenntnis der Justizbehörden gebracht werden:

Die Auslandsvertretungen sollen die Interessen der beteiligten Reichsangehörigen so lange und in dem Umfange wahrnehmen, als diese nicht selbst für ihre ausreichende Vertretung sorgen können, dabei aber die Aufnahme jeder Tätigkeit von Amts wegen vermeiden, die auszuüben entweder den Beteiligten und ihren Bevollmächtigten oder den zuständigen inneren deutschen Behörden obliegt. Für die Ermittlung der Erben und die Beschaffung der zur Abwicklung des Nachlasses erforderlichen Urkunden sind in Preußen in der Regel die Regierungspräsidenten als die zuständigen Behörden anzugehen. Die Auslandsvertretungen werden sich dabei an den Regierungspräsidenten des Bezirkes wenden, in dem die Erben oder die Mehrzahl von ihnen wohnen; soweit Erben zunächst nicht bekannt sind, wird der für den letzten deutschen Wohnort oder in Ermangelung eines solchen für den Herkunftsort (Geburtsort) des Erblassers zuständige Regierungspräsident mit den nötigen Ermittlungen befaßt werden. Für die Auszahlung des Nachlasses an die Empfangsberechtigten wird die Vermittlung derjenigen Verwaltungsbehörde in Anspruch genommen werden, in deren Bezirk die Mehrzahl der Erben oder Hauptbeteiligten unter ihnen wohnt; falls die Erben in verschiedenen deutschen Ländern oder preußischen Regierungsbezirken wohnen, soll auf die Bestellung eines gemeinsamen Bevollmächtigten hingewirkt werden, damit möglichst nur eine einzige inländische Stelle mit der Auszahlung befaßt zu werden braucht. Für die bei der Abwickelung erforderlichen und nach ausländischen Vorschriften auszustellenden Urkunden, insbesondere Vollmachten, werden den Heimatsbehörden die Auslandsvertretungen nach Möglichkeit Entwürfe mitsenden. Sie bewirken ferner in der Regel unmittelbar die mit Rücksicht auf die Bestimmungen des deutschen Erbschaftssteuergesetzes erforderlichen Mitteilungen an das Reichsfinanzministerium. Hinsichtlich der Behandlung von Seemannsnachlässen verbleibt es bei dem bisher üblichen vereinfachten Verfahren.

Über die Tätigkeit der Auslandsvertretungen in Testamentsangelegenheiten enthalten die Runderlasse die nachstehenden Bestimmungen:

1. Die Mitwirkung der Konsuln bei der Errichtung von Testamenten ist durch § 17a des Konsulargesetzes und die dort erwähnten Vorschriften des Bürgerlichen Gesetzbuchs geregelt.
2. Testamente, die nicht vor dem Konsul errichtet worden sind, sollen von den Auslandsvertretungen zu dauernder Aufbewahrung in der Regel nicht übernommen werden. Wird ein Testament dem Konsul vom Erblasser oder nach dem Tode des Erblassers von einem anderen übergeben, so ist dieser zu befragen, welchem deutschen Gerichte das Testament übersandt werden soll. Dabei ist der Einlieferer des Testaments zu belehren, daß das deutsche Gericht nach dem Tode des Erblassers das Testament nicht wieder herausgeben darf, und daß daraus den Erbbeteiligten Schwierigkeiten entstehen könnten, wenn das Testament Verfügungen über Vermögensstücke enthält, die sich ganz oder zum Teil in dem Lande des Amtssitzes des Konsuls befinden. Wird die Weitergabe des Testaments an ein deutsches Gericht nicht gewünscht, so ist das Testament dem Einlieferer zurückzugeben.

   Enthält das Testament Verfügungen über Vermögensstücke, die sich außerhalb des Landes befinden, in dem der Konsul seinen Amtssitz hat, und steht nach dem Recht dieses Landes den Ortsbehörden nicht die Abwicklung des ganzen Nachlasses des Erblassers zu, so hat der Konsul nach Möglichkeit eine von ihm oder von einer anderen öffentlichen Behörde oder einem Beamten beglaubigte Abschrift des Testaments an das zuständige deutsche Nachlaßgericht zu übersenden, wenn die Übersendung der Urschrift des Testaments von dem Einlieferer nicht gewünscht wird oder wenn die Urschrift des Testaments von dem Konsul nicht erlangt werden kann.

   Wird das Testament oder eine beglaubigte Abschrift des Testaments einem deutschen Gericht übersandt, so hat sich der Konsul im Hinblick auf die Vorschrift des Artikels 11 des Einführungsgesetzes zum Bürgerlichen Gesetzbuche darüber zu äußern, ob das übersandte Testament oder, wenn eine beglaubigte Abschrift übersandt wird, die Urschrift des Testaments nach dem Recht des Errichtungsortes formell gültig ist.

Abschnitt III.

Haager Abkommen über den Zivilprozeß nebst Nebengesetzen und Haager Abkommen über Internationales Privatrecht.

Abschnitt III.

Haager Abkommen über den Zivilprozeß nebst Nebengesetzen und Haager Abkommen über Internationales Privatrecht.

Inhalt:

A. Haager Abkommen über den Zivilprozeß[1]) vom 17. Juli 1905 (RGBl. 1909 S. 410ff.)

I. Mitteilung gerichtlicher und außergerichtlicher Urkunden.

Artikel 1.

In Zivil- oder Handelssachen[2]) erfolgt die Zustellung von Schriftstücken, die für eine im Auslande befindliche Person bestimmt sind, innerhalb der Vertragsstaaten[3]) auf einen Antrag, der vom Konsul[4]) des ersuchenden Staates an die von dem ersuchten Staate zu bezeichnende Behörde[5]) gerichtet wird. Der Antrag hat die Behörde, von der das übermittelte Schriftstück ausgeht, den Namen und die Stellung der Parteien, die Adresse des Empfängers sowie die Art des in Rede stehenden Schriftstücks anzugeben und muß in der Sprache der ersuchten Behörde abgefaßt sein[6]). Diese Behörde hat dem Konsul die Urkunde zu übersenden, welche die Zustellung nachweist oder den die Zustellung hindernden Umstand ergibt.

Alle Schwierigkeiten, die etwa aus Anlaß des Antrags des Konsuls entstehen, werden auf diplomatischem Wege geregelt.

Jeder Vertragsstaat kann in einer an die anderen Vertragsstaaten gerichteten Mitteilung das Verlangen ausdrücken, daß der Antrag auf eine in seinem Gebiete zu bewirkende Zustellung, der die im Abs. 1 bezeichneten Angaben zu enthalten hat, auf diplomatischem Wege an ihn gerichtet werde[7]).

Die vorstehenden Bestimmungen hindern nicht, daß sich zwei Vertragsstaaten über die Zulassung des unmittelbaren Verkehrs zwischen ihren beiderseitigen Behörden verständigen[8]).

1. Es sei hier auf das vorzügliche Werk von Dr. von Normann, „Das internationale Zivilprozeßrecht" aufmerksam gemacht, das u. a. auch das Haager Abk. in sehr eingehender und klarer Weise erläutert. Weitere Abk. über internationales Privatrecht siehe am Schlusse dieses Abschnitts.

2. Vgl. die nachstehend abgedruckte Denkschrift hinter Art. 29.

3. Zur Zeit sind ihm angeschlossen:

Belgien, Dänemark, Danzig, Finnland, Italien, Luxemburg, Niederlande, Norwegen, Österreich, Polen, Portugal, Schweden, Schweiz, Spanien, Tschechoslowakei und Ungarn. Das Memelgebiet ist dem Abk. nicht beigetreten, es wird jedoch vereinbarungsgemäß nach den Grundsätzen dieses Abk. verfahren. Bezüglich Frankreich und Rumänien ist das Abk. durch Art. 287 des Friedensvertrages von Versailles außer Kraft gesetzt.

4. Nicht in allen Fällen, s. Abs. 4.

5. Im Deutschen Reiche ist für die Entgegennahme der Landgerichtspräsident bestimmt (§ 1 des nachstehend abgedruckten Ausführungsgesetzes).

6. Die Ersuchen der inländischen Justizbehörden an die deutschen Konsuln im Auslande fallen nicht hierunter. Wegen der Übersetzungen siehe § 3 Anm. 2 der RHV. im Abschnitt II. Vor der Absendung Vorlage an den Landgerichtspräsidenten gemäß § 4 der RHV.

7. Hiervon ist bisher gegenüber Deutschland nur von Portugal Gebrauch gemacht worden.

8. Unmittelbarer Verkehr vom inländischen zum ausländischen Gericht bzw. zur ausl. Entgegennahmestelle und umgekehrt ist gestattet bei:

Dänemark, Danzig, Luxemburg, Memelgebiet, Niederlande, Österreich, Polen, Schweiz, Tschechoslowakei und Ungarn [zu vgl. die Bestimmungen in den RHV. (Abschn. II) unter den einzelnen Ländern].

Artikel 2.

Für die Zustellung hat die zuständige Behörde des ersuchten Staates Sorge zu tragen[1]). Diese Behörde kann sich, abgesehen von den im Artikel 3 vorgesehenen Fällen, darauf beschränken, die Zustellung durch Übergabe des Schriftstücks an den Empfänger zu bewirken, sofern er zur Annahme bereit ist[2]).

1. Siehe § 1 Abs. 2 des nachstehend abgedruckten AusfGes.

2. Vgl. Abschn. I der Begründung dieses Gesetzes und wegen der Erledigung im Inlande Abschn. VII.

Artikel 3.

Ist das zuzustellende Schriftstück in der Sprache der ersuchten Behörde oder in der zwischen den beiden beteiligten Staaten vereinbarten Sprache[1]) abgefaßt oder ist es von einer Übersetzung in eine dieser Sprachen begleitet, so läßt die ersuchte Behörde, falls in dem Antrag ein dahingehender Wunsch ausgesprochen ist, das Schriftstück in der durch ihre innere Gesetzgebung für die Bewirkung gleichartiger Zustellungen vorgeschriebenen Form oder in einer besonderen Form, sofern diese ihrer Gesetzgebung nicht zuwiderläuft, zustellen. Ist ein solcher Wunsch nicht ausgesprochen, so wird die ersuchte Behörde zunächst die Übergabe nach den Vorschriften des Artikel 2 zu bewirken suchen[2]).

Vorbehaltlich anderweitiger Übereinkunft[3]) ist die im vorstehenden Absatze vorgesehene Übersetzung von dem diplomatischen oder konsularischen Vertreter des ersuchenden Staates oder von einem beeidigten Dolmetscher des ersuchten Staates zu beglaubigen.

1. Inländische Verfügung betr. Übersetzungen siehe Anm. 6 zu Art. 1 vorstehend.

2. Vgl. die AV. vom 11. März 1922, abgedruckt im Abschn. VII unter B III a.

3. Z. B. bei Norwegen, Polen und Schweden.

Artikel 4.

Die Ausführung der in den Artikeln 1, 2, 3 vorgesehenen Zustellung kann nur abgelehnt werden, wenn der Staat, in dessen Gebiete sie erfolgen soll, sie für geeignet hält, seine Hoheitsrechte oder seine Sicherheit zu gefährden[1].

1. Z. B. Zustellungen mit Strafandrohungen, von aufrührerischen Schriften oder Zustellungen einer Klage oder einer Streitverkündung gegen das Reich oder von Pfändungs- und Überweisungsbeschlüssen an den Drittschuldner (vgl. Abschn. VII unter B I 5).

Artikel 5.

Der Nachweis der Zustellung erfolgt entweder durch ein mit Datum versehenes und beglaubigtes Empfangsbekenntnis des Empfängers oder durch ein Zeugnis der Behörde des ersuchten Staates, aus dem sich die Tatsache, die Form und die Zeit der Zustellung ergibt[1].

Ist das zuzustellende Schriftstück in zwei gleichen Stücken übermittelt worden, so ist das Empfangsbekenntnis oder das Zeugnis auf eins der beiden Stücke zu setzen oder damit zu verbinden.

1. Muster für Preußen siehe AV. vom 31. Juli 1922 — JMBl. S. 303 —, abgedruckt im Abschn. VII unter B III c.

Artikel 6.

Die Bestimmungen der vorstehenden Artikel lassen unberührt:

1. die Befugnis, den im Auslande befindlichen Beteiligten Schriftstücke unmittelbar auf dem Postwege zuzusenden;
2. die Befugnis der Beteiligten, die Zustellungen unmittelbar durch die zuständigen Vollziehungsbeamten oder sonst zuständigen Beamten des Bestimmungslandes bewirken zu lassen;
3. die Befugnis jedes Staates, Zustellungen an die im Auslande befindlichen Personen unmittelbar durch seine diplomatischen oder konsularischen Vertreter bewirken zu lassen[1].

In jedem dieser Fälle besteht die vorgesehene Befugnis nur dann, wenn Abkommen zwischen den beteiligten Staaten sie einräumen oder wenn in Ermangelung von Abkommen der Staat, in dessen Gebiete die Zustellung zu erfolgen hat, nicht widerspricht. Dieser Staat kann nicht widersprechen, wenn im Falle des Abs. 1 Nr. 3 das Schriftstück ohne Anwendung von Zwang einem Angehörigen des ersuchenden Staates zugestellt werden soll.

1. Siehe Schlußsatz im Absatz 2.

Artikel 7.

Für die Zustellungen dürfen Gebühren oder Auslagen irgend welcher Art nicht erhoben werden[1].

Jedoch ist, vorbehaltlich anderweitiger Übereinkunft, der ersuchte Staat berechtigt, von dem ersuchenden Staate die Erstattung der Auslagen zu verlangen, die durch die Mitwirkung eines Vollziehungsbeamten oder durch die Anwendung einer besonderen Form in den Fällen des Artikel 3 entstanden sind.

1. Wegen der Gebühr des deutschen Konsuls vgl. Art. 7 der Denkschrift und § 2 des nachstehend abgedruckten Ausführungsgesetzes. Betr. Armenrecht s. Art. 23. Im übrigen sind die Ausführungen im Abschn. II unter den einzelnen Ländern nachzuschlagen.

II. Ersuchungsschreiben.

Artikel 8.

In Zivil- oder Handelssachen kann sich die Gerichtsbehörde eines Vertragsstaats gemäß den Vorschriften ihrer Gesetzgebung mittels Ersuchens an die zuständige Behörde eines andern Vertragsstaats wenden, um die Vornahme einer Prozeßhandlung oder anderer gerichtlicher Handlungen innerhalb des Geschäftskreises dieser Behörde nachzusuchen[1]).

1. Nur Rechtshilfe, nicht z. B. Aktenüberlassung, Auskunftserteilung oder Entgegennahme und Beurkundung von Parteierklärungen (vgl. Abschn. VII C). Wegen Beförderung der Ersuchen s. Art. 9, 15.

Artikel 9.

Die Ersuchungsschreiben werden durch den Konsul des ersuchenden Staates der von dem ersuchten Staate zu bezeichnenden Behörde übermittelt[1]). Diese Behörde hat dem Konsul die Urkunde zu übersenden, aus der sich die Erledigung des Ersuchens oder der die Erledigung hindernde Umstand ergibt.

Alle Schwierigkeiten, die etwa aus Anlaß dieser Übermittelung entstehen, werden auf diplomatischem Wege geregelt.

Jeder Vertragsstaat kann in einer an die anderen Vertragsstaaten gerichteten Mitteilung das Verlangen ausdrücken, daß ihm die in seinem Gebiete zu erledigenden Ersuchungsschreiben auf diplomatischem Wege übermittelt werden[2]).

Die vorstehenden Bestimmungen schließen nicht aus, daß sich zwei Vertragsstaaten über die Zulassung der unmittelbaren Übermittelung von Ersuchungsschreiben zwischen ihren beiderseitigen Behörden verständigen[3]).

1. Siehe § 3 Abs. 2 des nachstehend abgedruckten Ausführungsgesetzes.

2. Hiervon haben Belgien, Italien und Portugal Gebrauch gemacht, s. §§ 26, 35, 44 der RHV. in Abschn. II.

3. Zu vgl. Anm. 8 zu Art. 1 hier.

Artikel 10.

Vorbehaltlich anderweitiger Übereinkunft muß das Ersuchungsschreiben in der Sprache der ersuchten Behörde oder in der zwischen den beiden beteiligten Staaten vereinbarten Sprache abgefaßt oder doch von einer Übersetzung in eine dieser Sprachen begleitet sein, die durch einen diplomatischen oder konsularischen Vertreter des ersuchenden Staates oder einen beeidigten Dolmetscher des ersuchten Staates beglaubigt ist[1]).

1. Siehe auch Art. 1, Satz 1, Art. 3 Abs. 2 sowie die AV. vom 21. Dez. 1926 — JMBl. S. 430 —, abgedruckt bei Anm. 2 zu § 3 der RHV. im Abschn. II.

Artikel 11.

Die Gerichtsbehörde, an die das Ersuchen gerichtet wird, ist verpflichtet, ihm zu entsprechen und dabei dieselben Zwangsmittel[1]) anzuwenden, wie bei der Erledigung eines Ersuchens der Behörden des ersuchten Staates oder eines zum gleichen Zwecke gestellten Antrags einer beteiligten Partei. Diese Zwangsmittel brauchen nicht angewendet zu werden, wenn es sich um das persönliche Erscheinen streitender Parteien handelt.

Die ersuchende Behörde ist auf ihr Verlangen von der Zeit und dem Orte der auf das Ersuchen vorzunehmenden Handlung zu benachrichtigen, damit die beteiligte Partei ihr beizuwohnen in der Lage ist.

Die Erledigung des Ersuchens kann nur abgelehnt[2]) werden:
1. wenn die Echtheit der Urkunden nicht feststeht;
2. wenn in dem ersuchten Staate die Erledigung des Ersuchens nicht in den Bereich der Gerichtsgewalt fällt;
3. wenn der Staat, in dessen Gebiete die Erledigung stattfinden soll, sie für geeignet hält, seine Hoheitsrechte oder seine Sicherheit zu gefährden.

1. Vgl. für Inland §§ 380, 381, 387 Abs. 1, 390, 409 ZPO.

2. Es ist die Weisung des Justizministers einzuholen (vgl. Abschn. VII unter B II und C).

Artikel 12.

Im Falle der Unzuständigkeit der ersuchten Behörde ist das Ersuchen von Amts wegen an die zuständige Gerichtsbehörde desselben Staates nach den von dessen Gesetzgebung aufgestellten Regeln abzugeben.

Artikel 13.

In allen Fällen, in denen das Ersuchen von der ersuchten Behörde nicht erledigt wird, hat diese die ersuchende Behörde hiervon unverzüglich zu benachrichtigen, und zwar im Falle des Artikel 11 unter Angabe der Gründe, aus denen die Erledigung des Ersuchens abgelehnt worden ist, und im Falle des Artikel 12 unter Bezeichnung der Behörde, an die das Ersuchen abgegeben wird.

Artikel 14.

Die Gerichtsbehörde, die zur Erledigung eines Ersuchens schreitet, hat in Ansehung der zu beobachtenden Formen die Gesetze ihres Landes anzuwenden.

Jedoch ist dem Antrage der ersuchenden Behörde, daß nach einer besonderen Form verfahren werde, zu entsprechen, sofern diese Form der Gesetzgebung des ersuchten Staates nicht zuwiderläuft.

Artikel 15.

Nicht ausgeschlossen wird durch die Bestimmungen der vorstehenden Artikel die Befugnis jedes Staates, die Ersuchen unmittelbar durch seine diplomatischen oder konsularischen Vertreter erledigen zu lassen, wenn Abkommen zwischen den beteiligten Staaten dies zulassen oder wenn der Staat, in dessen Gebiet das Ersuchen erledigt werden soll, nicht widerspricht[1]).

1. Z. B. gegenüber den Niederlanden (Art. 5 Abs. 1 des Zusatzabk.) und Schweden (Art. 2 Abs. 2 des Zusatzabk.) vertraglich geregelt. Die Abkommen sind im Abschn. II unter den betr. Ländern abgedruckt.

Artikel 16.

Für die Erledigung von Ersuchen dürfen Gebühren oder Auslagen irgend welcher Art nicht erhoben werden[1]).

Jedoch ist, vorbehaltlich anderweitiger Übereinkunft, der ersuchte Staat berechtigt, von dem ersuchenden Staate die Erstattung der an Zeugen oder Sachverständige gezahlten Entschädigungen sowie der Auslagen zu verlangen, welche für die wegen Nichterscheinens der Zeugen erforderlich gewordene Mitwirkung eines Vollziehungsbeamten oder durch die etwaige Anwendung des Artikel 14 Abs. 2 entstanden sind.

1. Wegen Konsulatsgebühren vgl. § 4 des nachstehend abgedruckten AusfGes., im übrigen die Ausführungen im Abschn. II unter den einzelnen Ländern. Betr. Armenrecht s. Art. 23.

III. Sicherheitsleistung für die Prozeßkosten.

Artikel 17.

Keine Sicherheitsleistung[1]) oder Hinterlegung, unter welcher Benennung es auch sei, darf den Angehörigen eines der Vertragsstaaten, die in einem dieser Staaten ihren Wohnsitz haben, und vor den Gerichten eines anderen dieser Staaten als Kläger oder Intervenienten auftreten, wegen ihrer Eigenschaft als Ausländer oder wegen Mangels eines inländischen Wohnsitzes oder Aufenthalts auferlegt werden.

Die gleiche Regel findet Anwendung auf die Vorauszahlung, die von den Klägern oder Intervenienten zur Deckung der Gerichtskosten einzufordern wäre.

Die Abkommen, wodurch etwa Vertragsstaaten für ihre Angehörigen ohne Rücksicht auf den Wohnsitz Befreiung von der Sicherheitsleistung für die Prozeßkosten oder von der Vorauszahlung der Gerichtskosten vereinbart haben, finden auch weiter Anwendung.

1. Nicht beseitigt ist die Sicherheitsleistung nach §§ 269, 272 HGB., § 75 GmbH.-Gesetz.

Artikel 18.

Ergeht in einem der Vertragsstaaten eine Verurteilung in die Prozeßkosten gegen einen Kläger[1]) oder Intervenienten, der von Sicherheitsleistung, Hinterlegung oder Vorauszahlung auf Grund des Artikel 17 Abs. 1, 2 oder eines im Staate der Klageerhebung geltenden Gesetzes befreit ist, so ist diese Verurteilung gemäß einem auf diplomatischem Wege zu stellenden Antrag in jedem der anderen Vertragsstaaten durch die zuständige Behörde kostenfrei für vollstreckbar zu erklären[2]).

Die gleiche Regel findet Anwendung auf gerichtliche Entscheidungen, durch die der Betrag der Kosten des Prozesses später festgesetzt wird.

Die vorhergehenden Bestimmungen hindern nicht, daß sich zwei Vertragsstaaten dahin verständigen, auch die Stellung eines Antrags auf Vollstreckbarkeitserklärung unmittelbar[3]) durch die beteiligte Partei zu gestatten.

1. Nicht Beklagten als Berufungskläger (Entsch. d. Kammergerichts in der Rechtsprechung d. OLG. Bd. 20 S. 97).

2. Für das Inland ist hierfür das Amtsgericht zuständig (§ 5 Abs. 1, 6 des nachstehend abgedruckten AusfGes.).

3. Deutschland hat mit keinem Staate eine dahingehende Vereinbarung getroffen. Vgl. im übrigen § 25 Abs. 2 der RHV. im Abschn. II.

Artikel 19.

Die Kostenentscheidungen werden ohne Anhörung der Parteien, jedoch unbeschadet eines späteren Rekurses der verurteilten Partei, gemäß der Gesetzgebung des Landes, wo die Vollstreckung betrieben wird, für vollstreckbar erklärt[1]).

Die für die Entscheidung über den Antrag auf Vollstreckbarkeitserklärung zuständige Behörde hat die Prüfung darauf zu beschränken:

1. ob nach dem Gesetze des Landes, wo die Verurteilung ausgesprochen ist, die Ausfertigung der Entscheidung die für ihre Beweiskraft erforderlichen Bedingungen erfüllt;
2. ob nach demselben Gesetze die Entscheidung die Rechtskraft erlangt hat;
3. ob der entscheidende Teil der Entscheidung in der Sprache der ersuchten Behörde oder in der zwischen den beiden beteiligten Staaten verein-

barten Sprache abgefaßt ist oder doch von einer Übersetzung in eine dieser Sprachen begleitet wird, die vorbehaltlich anderweitiger Übereinkunft durch einen diplomatischen oder konsularischen Vertreter des ersuchenden Staates oder einen beeidigten Dolmetscher des ersuchten Staates beglaubigt ist.

Den Erfordernissen des Abs. 2 Nr. 1, 2 wird genügt durch eine Erklärung der zuständigen Behörde des ersuchenden Staates, daß die Entscheidung die Rechtskraft erlangt hat. Die Zuständigkeit dieser Behörde ist, vorbehaltlich anderweitiger Übereinkunft, durch den höchsten Justizverwaltungsbeamten des ersuchenden Staates zu bescheinigen. Die Erklärung und die Bescheinigung, die soeben erwähnt sind, müssen nach Maßgabe des Abs. 2 Nr. 3 abgefaßt oder übersetzt sein[2]).

1. Siehe §§ 7—9 des nachstehend abgedruckten Ausführungsgesetzes und § 25 Abs. 2 der RHV. im Abschn. II.

2. Betr. Schweiz s. die Ausführungen unter § 25 der RHV., Anm. 9, im Abschn. II.

IV. Armenrecht.

Artikel 20.

Die Angehörigen eines jeden der Vertragsstaaten werden zur Wohltat des Armenrechts in allen anderen Vertragsstaaten ebenso wie die eigenen Staatsangehörigen zugelassen, sofern sie sich nach der Gesetzgebung des Staates richten, wo das Armenrecht nachgesucht wird.

Artikel 21.

In allen Fällen muß die Bescheinigung oder die Erklärung des Unvermögens von den Behörden des gewöhnlichen Aufenthaltsorts des Ausländers oder, in Ermangelung eines solchen, von den Behörden seines derzeitigen Aufenthaltsorts ausgestellt oder entgegengenommen sein. Gehören diese Behörden keinem Vertragsstaat an und werden von ihnen solche Bescheinigungen oder Erklärungen nicht ausgestellt oder entgegengenommen, so genügt die Ausstellung oder Entgegennahme der Bescheinigung oder der Erklärung durch einen diplomatischen oder konsularischen Vertreter des Landes, dem der Ausländer angehört.

Hält der Antragsteller sich nicht in dem Lande auf, wo das Armenrecht nachgesucht wird, so ist die Bescheinigung oder die Erklärung des Unvermögens kostenfrei von einem diplomatischen oder konsularischen Vertreter des Landes, wo die Urkunde vorgelegt werden soll, zu beglaubigen.

Artikel 22.

Die zur Ausstellung der Bescheinigung oder zur Entgegennahme der Erklärung über das Unvermögen zuständige Behörde kann bei den Behörden der anderen Vertragsstaaten Auskünfte über die Vermögenslage des Antragstellers einziehen.

Die Behörde, die über den Antrag auf Bewilligung des Armenrechts zu entscheiden hat, behält in den Grenzen ihrer Amtsbefugnisse das Recht, die ihr vorgelegten Bescheinigungen, Erklärungen und Auskünfte einer Nachprüfung zu unterziehen.

Artikel 23.

Ist die Wohltat des Armenrechts dem Angehörigen eines der Vertragsstaaten bewilligt worden, so werden für Zustellungen, die sich auf denselben

Prozeß beziehen und die in einem anderen dieser Staaten zu bewirken sind, von dem ersuchenden Staate dem ersuchten Staate nur die Auslagen erstattet, die durch die Anwendung einer besonderen Form auf Grund des Artikels 3 entstanden sind.

In demselben Falle werden für die Erledigung von Ersuchen dem ersuchten Staate von dem ersuchenden Staate nur die an Zeugen oder Sachverständige gezahlten Entschädigungen sowie die durch die etwaige Anwendung des Artikel 14 Abs. 2 erforderlich gewordenen Auslagen erstattet.

V. Personalhaft.

Artikel 24.

In Zivil- oder Handelssachen darf die Personalhaft sowohl als Mittel der Zwangsvollstreckung wie auch lediglich als Sicherungsmaßregel gegen die einem der Vertragsstaaten angehörenden Ausländer nur in den Fällen angewendet werden, in denen sie auch gegen Landesangehörige anwendbar sein würde. Eine Tatsache, auf Grund deren ein im Inlande wohnhafter Inländer die Aufhebung der Personalhaft beantragen kann, soll zugunsten des Angehörigen eines Vertragsstaates die gleiche Wirkung auch dann haben, wenn sich diese Tatsache im Ausland ereignet hat.

VI. Schlußbestimmungen.

Artikel 25.

Dieses Abkommen soll ratifiziert und die Ratifikationsurkunden sollen im Haag hinterlegt werden, sobald sechs der Hohen Vertragsparteien hierzu in der Lage sind.

Über jede Hinterlegung von Ratifikationsurkunden soll ein Protokoll aufgenommen werden; von diesem soll eine beglaubigte Abschrift einem jeden der Vertragsstaaten auf diplomatischem Wege mitgeteilt werden.

Artikel 26.

Dieses Abkommen findet auf die europäischen Gebiete der Vertragsstaaten ohne weiteres Anwendung.

Wünscht ein Vertragsstaat die Inkraftsetzung des Abkommens in seinen außereuropäischen Gebieten, Besitzungen oder Kolonien oder in seinen Konsulargerichtsbezirken, so hat er seine hierauf gerichtete Absicht in einer Urkunde kundzugeben, die im Archive der Regierung der Niederlande hinterlegt wird. Diese wird eine beglaubigte Abschrift davon einem jeden der Vertragsstaaten auf diplomatischem Wege übersenden. Das Abkommen tritt in Kraft für die Beziehungen zwischen den Staaten, die auf diese Kundgebung mit einer zustimmenden Erklärung antworten, und den außereuropäischen Gebieten, Besitzungen oder Kolonien sowie den Konsulargerichtsbezirken, für welche die Kundgebung erfolgt ist. Die zustimmende Erklärung wird gleichfalls im Archive der Regierung der Niederlande hinterlegt, die eine beglaubigte Abschrift davon einem jeden der Vertragsstaaten auf diplomatischem Wege übersenden wird.

Artikel 27.

Die Staaten, die auf der vierten Konferenz über internationales Privatrecht vertreten waren, werden zur Zeichnung dieses Abkommens bis zu der im

Artikel 25 Abs. 1 vorgesehenen Hinterlegung der Ratifikationsurkunden zugelassen.

Nach dieser Hinterlegung soll ihnen der vorbehaltlose Beitritt zu dem Abkommen stets freistehen. Der Staat, der beizutreten wünscht, gibt seine Absicht in einer Urkunde kund, die im Archive der Regierung der Niederlande hinterlegt wird. Diese wird eine beglaubigte Abschrift davon einem jeden der Vertragsstaaten auf diplomatischem Wege übersenden.

Artikel 28.

Dieses Abkommen tritt an die Stelle des Abkommens über internationales Privatrecht vom 14. November 1896 und des Zusatzprotokolls vom 22. Mai 1897.

Es tritt in Kraft am sechzigsten Tage nach dem Zeitpunkte, wo alle Staaten, die das Abkommen vom 14. November 1896 gezeichnet haben oder ihm beigetreten sind, ihre Ratifikationsurkunden zu dem vorliegenden Abkommen hinterlegt haben werden, spätestens aber am 27. April 1909.

Im Falle des Artikel 26 Abs. 2 tritt es vier Monate nach dem Zeitpunkte der zustimmenden Erklärung und im Falle des Artikel 27 Abs. 2 am sechzigsten Tage nach dem Zeitpunkte der Kundgebung des Beitritts in Kraft.

Es versteht sich, daß die im Artikel 26 Abs. 2 vorgesehenen Kundgebungen erst erfolgen können, nachdem dieses Abkommen gemäß Abs. 2 des vorliegenden Artikels in Kraft gesetzt worden ist.

Artikel 29.

Dieses Abkommen gilt für die Dauer von fünf Jahren, gerechnet von dem im Artikel 28 Abs. 2 angegebenen Zeitpunkte seiner Inkraftsetzung.

Mit demselben Zeitpunkte beginnt der Lauf dieser Frist auch für die Staaten, welche die Hinterlegung erst nach dem Zeitpunkte bewirken oder erst nachträglich beitreten, und ebenso in Ansehung der auf Grund des Artikel 26 Abs. 2 abgegebenen zustimmenden Erklärungen.

In Ermangelung einer Kündigung gilt das Abkommen als stillschweigend von fünf zu fünf Jahren erneuert.

Die Kündigung muß wenigstens sechs Monate vor dem Ablaufe der im Abs. 2, 3 bezeichneten Frist der Regierung der Niederlande erklärt werden, die hiervon allen anderen Staaten Kenntnis geben wird.

Die Kündigung kann auf die außereuropäischen Gebiete, Besitzungen oder Kolonien oder auch auf die Konsulargerichtsbezirke beschränkt werden, die in einer auf Grund des Artikel 26 Abs. 2 erfolgten Kundgebung aufgeführt sind.

Die Kündigung soll nur in Ansehung des Staates wirksam sein, der sie erklärt hat. Für die übrigen Vertragsstaaten bleibt das Abkommen in Kraft.

a) **Denkschrift zu dem Abkommen über den Zivilprozeß.**

Dieses Abkommen soll an die Stelle des auf der ersten und der zweiten Haager Privatrechtskonferenz ausgearbeiteten Abkommens über internationales Privatrecht vom 14. November 1896 (Reichs-Gesetzbl. 1899 S. 285) und des Zusatzprotokolls vom 22. Mai 1897 (Reichs-Gesetzbl. 1899 S. 295) treten. Es beschränkt sich ebenso wie das bestehende Abkommen auf den Bereich des bürgerlichen Gerichtsverfahrens, will aber diesen Bereich, wie die Konferenz ausdrücklich festgestellt hat, im weitesten Sinne verstanden wissen, dergestalt, daß darunter sowohl die streitige wie die freiwillige Gerichtsbarkeit*) fallen soll, und selbst

*) Also keine Anwendung z. B. auf Privatklagesachen; dieserhalb sind die Staatsverträge betr. Strafsachen maßgebend.

eine außerordentliche Gerichtsbarkeit, sofern es sich nur um bürgerliche Rechtssachen handelt. Das Abkommen hat auch sonst die Grundzüge des bestehenden Abkommens beibehalten; doch hat es dessen Bestimmungen in wesentlichen Punkten verbessert und ergänzt, indem es die aus der bisherigen Fassung sich ergebenden Zweifel beseitigt und wichtige Fragen zweckmäßiger regelt. Insbesondere will das Abkommen den Rechtshilfeverkehr durch möglichste Ausschaltung der Zentralinstanzen einfacher und schleuniger gestalten und auf diese Weise zugleich die Zentralinstanzen von einer unnötigen und stetig wachsenden Arbeitslast befreien. Die Vorschriften des deutschen Rechtes werden durch das neue Abkommen im allgemeinen nicht berührt; doch bedarf es einiger durch ein besonderes Gesetz zu erlassenden Ausführungsvorschriften.

Nach dem Vorbilde des bestehenden Abkommens behandelt das neue Abkommen in fünf Abschnitten fünf Gegenstände des Prozeßrechts, nämlich Zustellungen, Ersuchen, Sicherheitsleistung für die Prozeßkosten, Armenrecht und Personalhaft; dazu kommen in einem sechsten Abschnitte Schlußbestimmungen. Zu den Bestimmungen des neuen Abkommens ist folgendes zu bemerken.

I. Mitteilung gerichtlicher und außergerichtlicher Urkunden (Artikel 1 bis 7).

Artikel 1.

Dieser Artikel enthält die wichtigste Neuerung auf dem Gebiete des internationalen Zustellungsverkehrs. Nach Art. 1 Abs. 1 des bestehenden Abkommens sollen die Zustellungen auf Grund eines der zuständigen Behörde des ersuchten Staates auf diplomatischem Wege zu übermittelnden Ersuchens der Beamten der Staatsanwaltschaft oder der Gerichte des ersuchenden Staates erfolgen. In der Praxis werden die Zustellungen zur Vermeidung unnötigen Schreibwerkes regelmäßig auf Grund eines durch den diplomatischen Vertreter des ersuchenden Staates gestellten Antrags bewirkt, ohne daß ein besonderes Ersuchungsschreiben der ersuchenden Behörde verlangt wird. Da dieses Verfahren sich als zweckmäßig erwiesen hat, wird die bereits bestehende Übung nunmehr durch Artikel 1 Abs. 1 des neuen Abkommens vertragsmäßig festgelegt, jedoch zur weiteren Vereinfachung mit der Maßgabe, daß an die Stelle des Gesandten der Konsul des ersuchenden Staates tritt. Diese Ausschaltung des diplomatischen Weges wird die Abwicklung des Zustellungsverkehrs erheblich erleichtern und beschleunigen. Denn während gegenwärtig der diplomatische Weg neben den ausführenden Instanzen eine Reihe anderer Stellen, darunter auch mehrere Zentralinstanzen (Justizministerien, Ministerien des Äußern) des ersuchenden und des ersuchten Staates in Anspruch nimmt, werden künftig mit den Zustellungen außer dem Konsul des ersuchenden Staates im wesentlichen nur die unmittelbar beteiligten Stellen befaßt werden.

Vom Standpunkte der deutschen Zivilprozeßordnung ist im Sinne des § 199 bei den nach dem neuen Verfahren im Auslande zu bewirkenden Zustellungen der Konsul des Reichs als der von der deutschen Gerichtsbehörde ersuchte Beamte anzusehen, dergestalt, daß an ihn die im § 202 Abs. 1 vorgesehenen Ersuchungsschreiben zu richten sind, und daß er das im § 202 Abs. 2 vorgeschriebene Zustellungszeugnis auszustellen hat. Das neue Abkommen gibt dem ersuchten Konsul die Möglichkeit, die Zustellung in völkerrechtlich zulässiger Weise und unter Inanspruchnahme der fremden Behörden zu vollziehen; der im Artikel 5 aufgeführte Nachweis der Zustellung gewährt dem Konsul die Unterlage für das von ihm nach § 202 Abs. 2 der Zivilprozeßordnung zu erteilende Zustellungszeugnis. Für die nach dem neuen Abkommen innerhalb des Reichs zu erledigenden ausländischen Zustellungsanträge enthält der § 1 des Ausführungsgesetzes die erforderlichen Vorschriften; es kann daher auf dieses Gesetz und dessen Begründung Bezug genommen werden.

Etwaige Schwierigkeiten, die sich aus dem im Artikel 1 Abs. 1 geregelten Zustellungsverkehr ergeben, können naturgemäß nur auf diplomatischem Wege ausgetragen werden; der Abs. 2 enthält eine entsprechende Bestimmung.

Im Abs. 3 ist der Fall vorgesehen, daß ein Staat, sei es für den ganzen Umfang, sei es für einen Teil seines Gebiets, die diplomatische Übermittlung der von ihm zu erledigenden Zustellungsanträge beibehalten will. Einem solchen Verlangen soll entsprochen werden; doch erwächst hieraus dem verlangenden Staate nicht etwa das Recht, seinerseits Zustellungsanträge an die anderen Vertragsstaaten auf diplomatischem Wege zu richten.

Der Abs. 4 hält ebenso wie der Artikel 1 Abs. 2 des bestehenden Abkommens den Vertragsstaaten die Möglichkeit offen, den Zustellungsverkehr durch Zulassung des unmittelbaren Verkehrs zwischen den beteiligten Behörden noch weiter zu vereinfachen. Einen solchen Verkehr unterhalten beispielsweise die deutschen Gerichte mit den österreichischen, mit den schweizerischen und teilweise auch mit den russischen*) Gerichten.

Artikel 2, 3.

Bestimmungen über die Bewirkung der Zustellung sind in den Artikeln 2, 3 enthalten. Der Artikel 2 Satz 1 des bestehenden Abkommens läßt es zweifelhaft, ob die ersuchte Behörde auch zur Vornahme von Zwangszustellungen verpflichtet ist. Diese Frage ist von der Mehrheit der Vertragsstaaten verneint worden, so daß gegenwärtig auf die Bewirkung der Zustellung nur bei freiwilliger Annahme des Schriftstücks gerechnet werden kann. Den sich hieraus ergebenden Unzuträglichkeiten soll durch das neue Abkommen abgeholfen werden.

Der Artikel 2 behandelt den Regelfall, daß der Empfänger zur Annahme des Schriftstücks bereit ist. In diesem Falle soll die Zustellung durch einfache Übergabe des Schriftstücks an den Empfänger erfolgen, ohne daß es dabei einer Befolgung der in der Landesgesetzgebung vorgeschriebenen Förmlichkeiten oder einer Mitwirkung der dort vorgesehenen Zustellungsbeamten bedarf.

Der Artikel 3 trifft Vorkehr für die Fälle, wo die Zustellung in der einfachen Form, sei es wegen Verweigerung der Annahme, sei es aus anderen Gründen nicht ausführbar ist, oder wo eine solche Zustellung für die Zwecke der Rechtspflege des ersuchenden Staates nicht ausreichend erscheint. Dieser Artikel verpflichtet nämlich die ersuchte Behörde, die Zustellung auf Wunsch in der durch die Gesetzgebung ihres Landes vorgeschriebenen Form oder in einer besonderen, dieser Gesetzgebung nicht zuwiderlaufenden Form, also nötigenfalles auch unter Anwendung von Zwang, zu bewirken. Voraussetzung hierfür ist jedoch, daß das zuzustellende Schriftstück in der Landessprache oder in einer zwischen den beteiligten Staaten vereinbarten Sprache abgefaßt oder von einer gemäß Artikel 3 Abs. 2 beglaubigten Übersetzung begleitet ist. Eine solche Bestimmung erschien erforderlich, weil den ersuchten Behörden die zwangsweise Zustellung eines ihnen unverständlichen Schriftstücks nicht zugemutet werden kann.

Artikel 4.

Die Gründe, die zur Ablehnung der Zustellungsanträge berechtigen, sind im Artikel 4 angegeben, der mit Artikel 2 Satz 2 des bestehenden Abkommens übereinstimmt.

Artikel 5.

Dieser Artikel, der von den Zustellungsnachweisen handelt, weicht von dem entsprechenden Artikel 3 des bestehenden Abkommens sachlich nur insofern ab, als künftig aus dem von der Behörde des ersuchten Staates zu erteilenden Zeugnis auch die Form der Zustellung ersichtlich sein soll.

Artikel 6.

Neben dem in den Artikeln 1 bis 5 des Abkommens geordneten regelmäßigen Zustellungsverfahren stehen den Vertragsstaaten unter gewissen Voraussetzungen die im Artikel 6 aufgeführten besonderen Zustellungsarten zu Gebote. Der Abs. 1 entspricht nahezu wörtlich dem Artikel 4 Abs. 1 des bestehenden Abkommens. Der Abs. 2, der den Artikel 4 Abs. 2 in anderer Fassung wiedergibt, enthält außerdem die neue, auf völkerrechtlicher Übung beruhende Bestimmung, daß den diplomatischen und konsularischen Vertretern der Vertragsstaaten die Vornahme von Zustellungen an die eigenen Staatsangehörigen, sofern dabei kein Zwang angewendet wird, stets gestattet sein soll.

Artikel 7.

Das bestehende Abkommen enthält keine Bestimmungen darüber, in welchem Umfange für die Bewirkung von Zustellungen Kosten berechnet werden dürfen. Gegenwärtig werden hierfür in den meisten Vertragsstaaten Gebühren und Auslagen nicht erhoben, während solche in einzelnen Staaten berechnet werden. Es erschien daher schon aus Gründen der Gegenseitigkeit angezeigt, die Frage nunmehr vertragsmäßig zu regeln und dabei möglichst den Grundsatz der Kostenfreiheit durchzuführen. Dies empfiehlt sich um so mehr, als die Zustellungskosten im allgemeinen so unbedeutend sind, daß ihre Wiedereinziehung in keinem Verhältnisse zu der dafür aufzuwendenden Mühe steht.

*) Jetzt geändert (s. § 46 d. RHB. im Abschn. II).

Der Artikel 7 des neuen Abkommens hat daher im Abs. 1 die Regel aufgestellt, daß die Zustellungen in allen Vertragsstaaten kostenfrei zu erfolgen haben. Eine Ausnahme hiervon macht der Abs. 2, wonach in den Fällen des Artikel 3 die durch die Mitwirkung eines Vollziehungsbeamten oder durch die Anwendung einer besonderen Zustellungsform entstandenen Auslagen vorbehaltlich anderweitiger Übereinkunft erstattet werden sollen.

Die für die Mitwirkung der Konsuln des Reichs bei der Erledigung deutscher Zustellungsanträge zu erhebenden Gebühren sind im § 2 des Ausführungsgesetzes geregelt.

II. Ersuchungsschreiben (Artikel 8 bis 16).

Artikel 8, 9, 10.

Der Grundsatz, daß sich die Gerichtsbehörden der Vertragsstaaten in bürgerlichen Rechtssachen auch außerhalb des Zustellungsverkehrs Rechtshilfe zu leisten haben, ist aus dem Artikel 5 des bestehenden Abkommens in den Artikel 8 des neuen Abkommens unverändert übernommen worden.

Während aber nach Artikel 6 des bestehenden Abkommens die Übermittlung der Ersuchungsschreiben auf diplomatischem Wege zu erfolgen hat, sollen nach Artikel 9 des neuen Abkommens diese Schreiben der Regel nach durch den Konsul übermittelt werden. Auf diese Weise wird die im Artikel 1 Abs. 1 für die Zustellungen vorgesehene wichtige Neuerung zur Vereinfachung des Verfahrens auch für den sonstigen Rechtshilfeverkehr eingeführt, nur mit dem Unterschiede, daß hier der Konsul nicht einen selbständigen Antrag stellt, sondern lediglich das Ersuchungsschreiben der heimischen Behörde weitergibt, daß somit als die von dieser ersuchte Stelle im Sinne des § 363 Abs. 1 der Zivilprozeßordnung nicht der Konsul, sondern die ausländische Behörde anzusehen ist. Wegen der Beibehaltung des diplomatischen Weges sowie wegen der Zulassung des unmittelbaren Verkehrs trifft der Artikel 9 im Abs. 3, 4 dieselben Bestimmungen wie der Artikel 1 Abs. 3, 4 für den Zustellungsverkehr.

In Ansehung der Sprache, in der das Ersuchungsschreiben oder dessen Übersetzung abzufassen ist, schließt sich der Artikel 10 des neuen Abkommens im wesentlichen dem Artikel 6 Abs. 2 des bestehenden Abkommens an. Doch enthält er, entsprechend dem Artikel 3 Abs. 2 des neuen Abkommens, eine Bestimmung darüber, durch wen die Übersetzung zu beglaubigen ist.

Für die nach dem neuen Abkommen innerhalb des Reichs zu erledigenden Ersuchen ausländischer Gerichtsbehörden sind die erforderlichen Vorschriften im § 3 des Ausführungsgesetzes enthalten.

Artikel 11.

Die Verpflichtung der ersuchten Behörde zur Erledigung des Ersuchens wird im Artikel 11 im allgemeinen ebenso geregelt wie im Artikel 7 des bestehenden Abkommens. Zur Beseitigung von Zweifeln ist indes im Abs. 1 deutlicher zum Ausdrucke gebracht, daß zur Durchführung des Ersuchens erforderlichen Falles auch die in der Landesgesetzgebung vorgesehenen Zwangsmittel anzuwenden sind; diese Verpflichtung erstreckt sich jedoch nicht auf die Erzwingung des persönlichen Erscheinens streitender Parteien. Entsprechend einer bereits bestehenden Übung bestimmt ferner der Artikel 11 Abs. 2, daß die ersuchende Behörde auf ihren Antrag von dem zur Erledigung des Ersuchens anberaumten Termine zwecks Verständigung der Parteien zu benachrichtigen ist.

Artikel 12, 13, 14.

Diese Artikel, die mit den Artikeln 8, 9, 10 des bestehenden Abkommens übereinstimmen, enthalten Bestimmungen über die Weitergabe des Ersuchens im Falle der Unzuständigkeit der ersuchten Behörde, über die Benachrichtigung der ersuchenden Behörde im Falle der Nichterledigung des Ersuchens sowie über die bei der Erledigung des Ersuchens zu beobachtenden Förmlichkeiten.

Artikel 15.

Der in das Abkommen neu eingestellte Artikel 15 hält den Vertragsstaaten ausdrücklich die Möglichkeit offen, sich untereinander über die unmittelbare Erledigung von Rechtshilfeersuchen durch ihre diplomatischen oder konsularischen Vertreter zu verständigen. Von dieser Art der Erledigung wird schon jetzt, z. B. in Deutschland auf Grund des § 20 des Konsulargesetzes vom 8. November 1867 (Bundes-Gesetzbl. S. 137), ein umfassender Gebrauch gemacht.

Sie bietet den Vorteil, daß dabei sprachliche Schwierigkeiten vermieden werden, und daß die Erledigung der Ersuchen auch sonst den Verhältnissen des ersuchenden Staates besser Rechnung trägt.

Artikel 16.

Die Kostenfrage, die in dem bestehenden Abkommen nicht behandelt ist, wird im Artikel 16 geregelt. Dieser stellt im Abs. 1, entsprechend der im Artikel 7 Abs. 1 für den Zustellungsverkehr vorgesehenen Bestimmung, den Grundsatz auf, daß für die Erledigung von Rechtshilfeersuchen Gebühren oder Auslagen nicht erhoben werden dürfen. Doch sollen nach Abs. 2 die Zeugen- und Sachverständigengebühren sowie die durch die Mitwirkung eines Vollziehungsbeamten bei der Vorführung von Zeugen oder durch die Anwendung einer besonderen Erledigungsform entstandenen Auslagen vorbehaltlich anderweitiger Übereinkunft erstattet werden.

Die Gebühren für die Mitwirkung der Konsuln des Reichs bei der Erledigung deutscher Rechtshilfeersuchen an ausländische Behörden sind im § 4 des Ausführungsgesetzes geregelt.

III. Sicherheitsleistung für die Prozeßkosten (Artikel 17 bis 19).

Artikel 17.

Dieser Artikel gibt im Abs. 1 wörtlich den im Artikel 11 des bestehenden Abkommens ausgesprochenen Grundsatz wieder, daß die im Vertragsgebiete wohnenden Angehörigen eines Vertragsstaats in jedem anderen Vertragsstaate den Inländern in Ansehung der Sicherheitsleistung für die Prozeßkosten gleichzustellen sind.

Durch den neu eingefügten Abs. 2 wird klargestellt, daß sich der erwähnte Grundsatz auch auf die den Ausländern in einzelnen Vertragsstaaten, wie in Deutschland, auferlegte Verpflichtung zur Zahlung eines erhöhten Vorschusses für die Gerichtskosten erstreckt. Die deutschen Gerichte haben zwar schon das bestehende Abkommen in diesem Sinne ausgelegt. Immerhin kann die Überschrift „caution judicatum solvi“ zu Zweifeln Anlaß geben, die durch den in Rede stehenden Zusatz beseitigt werden.

Der Abs. 3 übernimmt in das Abkommen die im Zusatzprotokolle zum Artikel 11 des bestehenden Abkommens enthaltene Bestimmung, wonach weitergehende Abmachungen, welche die bezeichneten Vergünstigungen ohne die Bedingung des Wohnsitzes im Vertragsgebiete gewähren, unberührt bleiben sollen.

Artikel 18, 19.

Als Ausgleich für die Vergünstigungen in Ansehung der Sicherheitsleistung enthält bereits das bestehende Abkommen in den Artikeln 12, 13 Bestimmungen, welche die Vollstreckung der gegen den Kläger ergangenen Kostenentscheidungen im ganzen Vertragsgebiet erleichtern sollen. Zu diesem Zwecke haben die Artikel 12, 13 den erwähnten Kostenentscheidungen in sämtlichen Vertragsstaaten die Vollstreckbarkeit nach Maßgabe der Landesgesetzgebung beigelegt und zugleich die Prüfungsbefugnis der für die Vollstreckbarkeitserklärung zuständigen Behörden auf gewisse Punkte beschränkt. Diese Erleichterungen haben sich als unzulänglich erwiesen. Denn da nach der inneren Gesetzgebung der Vertragsstaaten die Vollstreckbarkeitserklärung regelmäßig von der Partei zu betreiben ist, auch ein mit Kosten verbundenes kontradiktorisches Verfahren voraussetzt, so stehen die mit dem Verfahren verbundenen Umstände und Kosten häufig in keinem Verhältnisse zu dem Betrage der beizutreibenden Prozeßkosten.

Diesen Übelständen will das neue Abkommen abhelfen. Es bestimmt zunächst im Artikel 18 Abs. 1, daß die Vollstreckbarkeitserklärung kostenfrei zu erfolgen hat, und daß der Antrag, soweit nicht auf Grund besonderer Vereinbarung gemäß Abs. 3 der Parteibetrieb stattfindet, auf diplomatischem Wege zu stellen ist, dem Verfahren somit von Amts wegen Fortgang gegeben wird. Diese Vergünstigungen erstrecken sich, wie in der Fassung des Abs. 1 zum Ausdrucke kommt, selbstverständlich auch auf den Staat, wenn dieser gemäß Artikel 17 Abs. 2 von der Einforderung eines erhöhten Vorschusses für die Gerichtskosten abgesehen hat. Eine Klarstellung über die Tragweite der Vergünstigungen enthält ferner der Artikel 18 Abs. 2, indem er ausspricht, daß nicht nur die durch Urteil, sondern auch die durch nachträglichen Gerichtsbeschluß ergehenden Kostenentscheidungen, also z. B. die in Deutschland auf Grund der §§ 104 ff. der Zivilprozeßordnung erlassenen Kostenfestsetzungsbeschlüsse, in der im Abkommen vorgesehenen Weise für vollstreckbar zu erklären sind.

Die wichtigste Neuerung aber auf diesem Gebiete findet sich im Artikel 19 Abs. 1, wonach das Verfahren ohne Anhörung der Parteien, also lediglich von Amts wegen durchzuführen ist. Hierdurch wird erreicht, daß die Partei, sofern die Voraussetzungen des Abkommens vorliegen, ohne Aufwendung von Zeit und Geld einen vollstreckbaren Titel gegen den Kostenschuldner erhält. Dieses Verfahren soll allerdings nicht zur Folge haben, daß dem Kostenschuldner etwaige Einwendungen gegen die Zulässigkeit der Vollstreckbarkeitserklärung ein für allemal abgeschnitten werden. Der Artikel 19 Abs. 1 setzt daher ausdrücklich fest, daß dem Kostenschuldner ein in der Landesgesetzgebung vorgesehener Rekurs gegen die Vollstreckbarkeitserklärung gewahrt bleibt.

Die für die Vollstreckbarkeitserklärung zuständige Behörde hat nach Artikel 19 Abs. 2 ebenso wie bisher ihre Prüfung auf die Echtheit der Ausfertigung der Kostenentscheidung sowie auf deren Rechtskraft zu beschränken. Mit Rücksicht auf die Schwierigkeiten, die eine solche Prüfung in einem von Amts wegen stattfindenden Verfahren mit sich bringt, kann der Nachweis der bezeichneten Erfordernisse durch eine entsprechende Erklärung der zuständigen Behörde des ersuchenden Staates erbracht werden, die indes selbstverständlich in einem etwaigen Rekursverfahren angefochten werden kann. Zur weiteren Erleichterung der Prüfung enthält der Artikel 19 im Abs. 2 Nr. 3 und im Abs. 3 Satz 2 für die Sprache der beizubringenden Unterlagen dieselben Bestimmungen, wie sie im Artikel 3 für die dort vorgesehenen Zustellungen und im Artikel 10 für die Ersuchungsschreiben gegeben sind.

Um für Deutschland die in den Artikeln 18, 19 vereinbarte Vollstreckung von Kostenentscheidungen dem Vertrage gemäß durchführen zu können, bedarf es einiger ergänzenden prozessualen Vorschriften, die in den §§ 5 bis 9 des auf Seite 10*) erwähnten Ausführungsgesetzes enthalten sind.

IV. Armenrecht. (Artikel 20 bis 23).

Die Bestimmungen des bestehenden Abkommens über das Armenrecht (Artikel 14 bis 16) sind in das neue Abkommen wörtlich übernommen worden. Doch sind die im Artikel 15 des bestehenden Abkommens enthaltenen Bestimmungen über die Ausstellung von Armutszeugnissen für den Fall ergänzt worden, daß die das Armenrecht nachsuchende Partei sich außerhalb des Gebiets der Vertragsstaaten aufhält und die Behörden des Aufenthaltsorts die Ausstellung derartiger Zeugnisse verweigern; für diesen Fall sollen nämlich nach Artikel 21 Abs. 1 Satz 2 des neuen Abkommens die Armutszeugnisse der diplomatischen oder konsularischen Vertreter des Landes, dem die Partei angehört, als genügend angesehen werden. Ferner regelt der in den Abschnitt neu aufgenommene Artikel 23 die in Armensachen durch den Rechtshilfeverkehr mit anderen Vertragsstaaten entstehenden Kosten. Danach wird in diesen Sachen die Unentgeltlichkeit der Rechtshilfe in noch weiterem Umfange gewährt als im gewöhnlichen Rechtshilfeverkehr, indem in den anderen Vertragsstaaten auch die Mitwirkung der Vollziehungsbeamten, und zwar sowohl bei den Zustellungen wie bei Erledigung der Ersuchen, unentgeltlich zur Verfügung gestellt werden soll.

V. Personalhaft (Artikel 24).

Dieser Artikel enthält im Satz 1 den die Personalhaft betreffenden Artikel 17 des bestehenden Abkommens, wonach in den Vertragsstaaten die Personalhaft gegen Ausländer nur unter denselben Voraussetzungen wie gegen Inländer verhängt werden darf. Nach den in der Praxis gemachten Erfahrungen hat diese Bestimmung die beabsichtigte völlige Gleichstellung von Inländern und Ausländern nicht zur Folge gehabt. In der Gesetzgebung einzelner Vertragsstaaten ist nämlich die Aufhebung der Personalhaft an Bedingungen geknüpft, deren Erfüllung voraussetzt, daß der Schuldner seinen Wohnsitz im Inlande hat. Dies trifft z. B. dann zu, wenn das Recht des Staates, wo die Personalhaft verhängt wird, die Aufhebung der Haft für den Fall vorsieht, daß im Inland über das Vermögen des Schuldners der Konkurs eröffnet wird, dasselbe Recht aber die Eröffnung des Konkurses nur in Ansehung desjenigen Schuldners zuläßt, der seinen Wohnsitz im Inlande hat; denn danach ist der im Auslande wohnende Schuldner nicht in der Lage, sich von der Personalhaft durch Herbeiführung des Konkurses zu befreien. In solchen Fällen versagt der Artikel 17 des geltenden Abkommens, da von dem fraglichen Rechte auch Inländer, sofern sie im Auslande wohnen, keinen Gebrauch machen können, mithin ein formeller Unterschied zwischen Inländern und Ausländern nicht gemacht ist. Materiell erscheint aber die Gleichstellung von Inländern und Ausländern nicht durchgeführt, da Fälle der in Rede stehenden Art sich im allgemeinen nur bei Ausländern ereignen werden. Hier wird Abhilfe durch den in den Artikel 24 neu aufgenommenen Satz 2 geschaffen, wonach die Aufhebung der Personalhaft nicht davon abhängig gemacht werden darf, ob die eine solche Aufhebung begründende

---

*) hier abgedruckt unter a vorstehend Abs. 1.

Tatsache sich im Ausland oder im Inland ereignet hat. Auf Grund dieser Bestimmung würde in dem besprochenen Beispiele der im Ausland eröffnete Konkurs, ebenso wie der im Inlande herbeigeführte, die Aufhebung der Personalhaft zur Folge haben, somit dem im Auslande wohnenden Ausländer die Möglichkeit, sich von der Personalhaft zu befreien, in gleicher Weise gewähren wie dem im Inlande wohnenden Inländer.

b) **Gesetz zur Ausführung des Abkommens über den Zivilprozeß vom 17. Juli 1905.**
Vom 5. April 1909 (RGBl. S. 430 ff.).
(In Kraft getreten am 27. April 1909).

I. Mitteilung gerichtlicher und außergerichtlicher Urkunden (Artikel 1 bis 7 des Abkommens).

§ 1.

Innerhalb des Reichs ist für die Entgegennahme des im Artikel 1 Abs. 1 des Abkommens vorgesehenen Zustellungsantrags eines ausländischen Konsuls der Präsident des Landgerichts zuständig, in dessen Bezirke die Zustellung erfolgen soll.

Für die Besorgung der gemäß Artikel 2, 3 zu bewirkenden Zustellungen ist innerhalb des Reichs der Gerichtsschreiber*) des Amtsgerichts**) zuständig, in dessen Bezirke die Zustellung zu bewirken ist. Der Gerichtsschreiber*) hat auch das im Artikel 5 bezeichnete Empfangsbekenntnis mit einem Beglaubigungsvermerke zu versehen oder das dort erwähnte Zustellungszeugnis auszustellen; ebenso hat er die im Artikel 1 Abs. 1 vorgesehene Urkunde aufzunehmen, welche den die Zustellung hindernden Umstand ergibt.

§ 2.

Für eine Zustellung im Auslande, die von dem darum ersuchten Konsul des Reichs auf dem im Artikel 1 Abs. 1 des Abkommens vorgesehenen Wege bewirkt wird, beträgt die Gebühr 1,50 Mark.

Die gleiche Gebühr wird für eine vom Konsul gemäß Artikel 6 Abs. 1 Nr. 3 unmittelbar bewirkte Zustellung erhoben; diese Vorschrift findet keine Anwendung in den Konsularbezirken, in denen die Zustellungen der Regel nach auf einem der im Artikel 1 Abs. 3, 4 vorgesehenen Wege zu erfolgen haben.

II. Ersuchungsschreiben (Artikel 8 bis 16 des Abkommens).

§ 3.

Innerhalb des Reichs ist für die Erledigung der im Artikel 8 des Abkommens vorgesehenen Ersuchen ausländischer Gerichtsbehörden das Amtsgericht zuständig, in dessen Bezirke die Amtshandlung vorgenommen werden soll.

Für die Entgegennahme der gemäß Artikel 9 Abs. 1 durch einen ausländischen Konsul übermittelten Ersuchungsschreiben ist innerhalb des Reichs der Präsident des Landgerichts zuständig, in dessen Bezirke die Erledigung des Ersuchens erfolgen soll.

§ 4.

Für die dem Konsul des Reichs gemäß Artikel 9 Abs. 1 des Abkommens in Ansehung eines Ersuchungsschreibens obliegenden Verrichtungen beträgt die Gebühr 1,50 Mark; die Gebühr wird nicht erhoben, wenn das Ersuchen keine Erledigung findet.

III. Sicherheitsleistung für die Prozeßkosten (Artikel 17 bis 19 des Abkommens).

§ 5.

Die Vollstreckbarkeitserklärung für die im Artikel 18 des Abkommens bezeichneten Kostenentscheidungen ausländischer Gerichte erfolgt durch Beschluß des Amtsgerichts.

Zuständig ist das Amtsgericht, bei dem der Kostenschuldner seinen allgemeinen Gerichtsstand hat, und in Ermangelung eines solchen das Amtsgericht, bei welchem in Gemäßheit des § 23 der Zivilprozeßordnung gegen den Schuldner Klage erhoben werden kann. Fehlt es auch an diesem Gerichtsstande, so ist, sofern der Kostenschuldner einem Bundesstaat angehört, das Amtsgericht für die Hauptstadt seines Heimatstaats, sofern er keinem Bundesstaat angehört, das Amtsgericht für die Stadt Berlin zuständig; soweit diese Orte in mehrere Amtsgerichtsbezirke geteilt sind, ist das Amtsgericht für den durch allgemeine Anordnung gemäß § 15 Abs. 1 Satz 2, 3 der Zivilprozeßordnung bestimmten Bezirk zuständig.

*) jetzt Urkundsbeamten der Geschäftsstelle.
**) Zu vgl. den Abschnitt I der Begründung (s. nachstehend).

§ 6.

Ist der Antrag auf Vollstreckbarkeitserklärung auf diplomatischem Wege gestellt, so hat das Amtsgericht eine von Amts wegen zu erteilende Ausfertigung seines Beschlusses der Landesjustizverwaltung einzureichen*); die Ausfertigung ist, sofern dem Antrage stattgegeben wird, mit der Vollstreckungsklausel zu versehen.

Im Falle des Artikel 18 Abs. 3 des Abkommens ist der Beschluß beiden Teilen von Amts wegen zuzustellen.

§ 7.

Gegen Beschlüsse, durch die der Antrag auf Vollstreckbarkeitserklärung abgelehnt wird, findet die Beschwerde nach Maßgabe der §§ 568 bis 571, 573 bis 575 der Zivilprozeßordnung statt. Die Beschwerde steht, sofern der Antrag auf diplomatischem Wege gestellt ist, dem Staatsanwalt, im Falle des Artikel 18 Abs. 3 des Abkommens dem Antragsteller zu.

Gegen Beschlüsse, durch die dem Antrag auf Vollstreckbarkeitserklärung stattgegeben wird, steht dem Kostenschuldner die sofortige Beschwerde nach Maßgabe der §§ 568 bis 575, 577 der Zivilprozeßordnung zu**).

§ 8.

Aus den für vollstreckbar erklärten Kostenentscheidungen findet die Zwangsvollstreckung gemäß den Vorschriften der Zivilprozeßordnung statt; die Vorschrift des § 798 findet entsprechende Anwendung.

§ 9.

Für die gerichtlichen Entscheidungen, die über den Betrag der Gerichtskosten nach Artikel 18 Abs. 2 des Abkommens zur Herbeiführung der Vollstreckbarkeitserklärung im Auslande zu erlassen sind, ist das Gericht der Instanz zuständig; die Entscheidungen ergehen auf Antrag der für die Beitreibung der Gerichtskosten zuständigen Behörde.

Gegen die Entscheidung findet sofortige Beschwerde nach Maßgabe des § 567 Abs. 2 und der §§ 568 bis 575, 577 der Zivilprozeßordnung statt. Die Einlegung kann durch Erklärung zum Protokolle des Gerichtschreibers oder schriftlich ohne Mitwirkung eines Anwalts erfolgen.

IV. Schlußbestimmung.

§ 10.

Dieses Gesetz tritt gleichzeitig mit dem Abkommen über den Zivilprozeß in Kraft.

Urkundlich usw.

c) Begründung.

Durch das neue Haager Abkommen über den Zivilprozeß vom 17. Juli 1905 werden, wie bereits in der erläuternden Denkschrift dargelegt ist, die Vorschriften des deutschen Rechtes im allgemeinen nicht berührt. Zur Ausführung einiger Bestimmungen des Abkommens ist indes der Erlaß eines besonderen Gesetzes erforderlich. Durch dieses Gesetz soll zunächst der in den Abschnitten I und II des Abkommens geregelte Rechtshilfeverkehr für das ganze Reichsgebiet gleichmäßig gestaltet, auch durch Ermäßigung einzelner konsularischen Gebührensätze möglichst billig eingerichtet werden. Ferner bedarf es einiger ergänzenden prozessualen Vorschriften, um die im Abschnitte III vorgesehene Vollstreckung von Kostenentscheidungen dem Vertrage gemäß durchführen zu können. Zu den einzelnen Vorschriften des Gesetzentwurfs ist nachstehendes zu bemerken.

I. Mitteilung gerichtlicher und außergerichtlicher Urkunden.

Nach Artikel 1 Abs. 1 des Abkommens über den Zivilprozeß hat jeder Vertragsstaat eine Behörde zu bezeichnen, an welche die Konsuln der übrigen Vertragsstaaten ihre Anträge auf Bewirkung von Zustellungen richten können. Da in Deutschland die Zustellungen in bürgerlichen Rechtssachen im allgemeinen als Ausfluß der Gerichtsgewalt behandelt werden, erscheint es angezeigt, für die Entgegennahme der konsularischen Zustellungsanträge eine

---

*) Eine Zustellung des Beschlusses findet hier nicht statt (vgl. jedoch Abs. 2 bei Parteibetrieb und im übrigen die §§ 722, 723, 328 ZPO.).

**) Die Beschwerdefrist beginnt nach § 577 Abs. 2 ZPO. mit der Zustellung des Beschlusses an den Kostenschuldner, deren Herbeiführung Sache der Gegenpartei ist. Lehnt das Amtsgericht den Antrag auf Vollstreckbarkeitserklärung ab, so hat die Landesregierung die Möglichkeit, eine Nachprüfung durch die höheren Instanzen vornehmen zu lassen. Zuständig ist die Staatsanwaltschaft beim Landgericht.

Gerichtsbehörde zu bestimmen. Als solche ist im § 1 Abs. 1 des Gesetzentwurfs der Landgerichtspräsident bezeichnet worden, da der Schriftwechsel mit den fremden Konsularvertretern zweckmäßig von einer höheren Behörde zu führen sein wird, auch dem Landgerichtspräsidenten vielfach schon jetzt Aufsichtsbefugnisse bei der Abwicklung des internationalen Rechtshilfeverkehrs übertragen sind. Dem Landgerichtspräsidenten fällt hiernach zunächst die Prüfung des konsularischen Zustellungsantrags zu, insbesondere nach der Richtung, ob er den Erfordernissen des Artikel 1 Abs. 1 Satz 2 des Abkommens entspricht und ob seiner Erledigung nicht etwa Hindernisse der im Artikel 4 bezeichneten Art entgegenstehen. Der Landgerichtspräsident hat alsdann, sofern diese Prüfung keine Bedenken ergibt, wegen der Bewirkung der Zustellung das Weitere zu veranlassen und schließlich gemäß Artikel 1 Abs. 1 Satz 3 dem Konsul den Ausweis über die Erledigung oder Nichterledigung seines Antrags zu ermitteln.

Als die im Artikel 2 des Abkommens vorgesehene Zustellungsbehörde ist im § 1 Abs. 2 des Entwurfs der Gerichtsschreiber*) des Amtsgerichts bestimmt. Für diese Regelung war die Erwägung maßgebend, daß im inneren Rechtsverkehre für die Besorgung der von Amts wegen zu bewirkenden Zustellungen der Gerichtsschreiber*) nach § 209 der Zivilprozeßordnung zuständig ist, und daß zur möglichsten Beseitigung der sich aus den Entfernungen ergebenden Schwierigkeiten der Gerichtsschreiber*) des Amtsgerichts am geeignetsten erscheint. Die Zuständigkeit des Gerichtsschreibers*) begreift alle gemäß Artikel 1 des Abkommens zu bewirkenden Zustellungen, gleichviel ob der Antrag nach Abs. 1 durch den Konsul oder nach Abs. 3 auf diplomatischem Wege oder nach Abs. 4 im unmittelbaren Verkehre gestellt ist. Der Gerichtsschreiber***) kann, wenn es sich gemäß Artikel 2 um eine Zustellung durch einfache Übergabe handelt, das Schriftstück persönlich dem Empfänger übergeben oder die Übergabe durch den Gerichtsdiener**) oder bei größeren Entfernungen durch die Post bewirken, ohne in solchen Fällen an die Vorschriften der Zivilprozeßordnung gebunden zu sein. Bei Inanspruchnahme der Post wird die Übersendung durch eingeschriebenen Brief gegen Rückschein genügen, da solche Sendungen nach den bestehenden postalischen Bestimmungen nur an den Empfänger selbst oder seinen Bevollmächtigten bestellt werden dürfen****). Handelt es sich um eine Zustellung, die gemäß Artikel 3 des Abkommens in der durch die deutsche Gesetzgebung vorgeschriebenen Form zu erfolgen hat, so wird der Gerichtsschreiber*) nach den Vorschriften des § 211 der Zivilprozeßordnung verfahren, dergestalt, daß hier der Gerichtsdiener**) oder der Postbote als Zustellungsorgan im eigentlichen Sinne in Tätigkeit tritt.

Nach § 1 Abs. 2 Satz 2 des Entwurfs hat ferner der Gerichtsschreiber*) die im Artikel 1 Abs. 1 Satz 3 und im Artikel 5 des Abkommens vorgesehenen Ausweise über die Erledigung oder Nichterledigung des Zustellungsantrags zu verabfolgen, indem er im Falle der Erledigung das etwaige Empfangsbekenntnis mit einem Beglaubigungsvermerke versieht oder über die von ihm selbst vollzogene Zustellung oder auf Grund des ihm gelieferten Nachweises das Zustellungszeugnis gemäß Artikel 5 ausstellt und im Falle der Nichterledigung die Urkunde über den die Zustellung hindernden Umstand aufnimmt. Der Beglaubigungsvermerk auf dem Empfangsbekenntnisse besteht in einer Beglaubigung der Unterschrift des Empfängers, wenn diesem der Gerichtsschreiber*) selbst das Schriftstück übergeben hat, und in einer Beglaubigung der Unterschrift des Gerichtsdieners**) oder des Postboten, wenn die Übergabe durch einen dieser Beamten bewirkt worden ist. Soweit eine solche Beglaubigung nicht tunlich oder die Weitergabe des Empfangsbekenntnisses nicht angezeigt erscheint, wird der Gerichtsschreiber*) den Nachweis der Zustellung durch das von ihm auszustellende Zustellungszeugnis führen können, da nach Artikel 5 des Abkommens dem ersuchten Staate die Wahl zwischen dem beglaubigten Empfangsbekenntnis und dem Zustellungszeugnisse frei steht.

§ 2.

Die Konsuln des Reichs, die eine Zustellung auf dem im Artikel 1 Abs. 1 des Abkommens vorgesehenen Wege bewirken, würden hierfür nach Nr. 7 des mit dem Gesetz über die Gebühren und Kosten bei den Konsulaten des Deutschen Reichs vom 1. Juli 1872 (Reichs-Gesetzbl. S. 245) eingeführten Tarifs eine Gebühr von 4,50 Mark zu erheben haben. Hierin würde eine Belastung der heimischen Rechtspflege liegen, die namentlich bei geringfügigen

---

*) jetzt Urkundsbeamte der Geschäftsstelle.

**) jetzt Gerichtswachtmeister.

***) Zu vgl. die AV. von 1922 — JMBl. S. 83 u. 303 —, abgedruckt im Abschnitt VII unter B III.

****) Vgl. § 38 X der Postordnung für das Deutsche Reich vom 22. Dez. 1921.

Streitgegenständen schwer empfunden werden könnte. Der Entwurf hat daher im § 2 Abs. 1 die Gebühr für solche Zustellungen auf 1,50 Mark ermäßigt.

In Fällen, wo der Empfänger ein Deutscher und zur Annahme des Schriftstücks bereit ist, sind die Konsuln des Reichs nach Artikel 6 Abs. 1 Nr. 3 in Verbindung mit Abs. 2 Satz 2 des Abkommens befugt, die Zustellung ohne Inanspruchnahme der ausländischen Behörden unmittelbar zu bewirken, so daß in demselben Konsularbezirke von dem Konsul Zustellungen teils mit, teils ohne Zuhilfenahme der Landesbehörden herbeigeführt werden können. Im Interesse der Gleichmäßigkeit und da die Mühewaltung des Konsuls in dem einen wie in dem anderen Falle annähernd gleich ist, erscheint es geboten, daß in beiden Fällen dieselbe Gebühr erhoben wird. Der Entwurf bestimmt daher im § 2 Abs. 2, daß in den Konsularbezirken, in denen die Zustellungen auf konsularischen Antrag gemäß Artikel 1 Abs. 1 des Abkommens die Regel bilden, die Gebühr für die von dem Konsul unmittelbar bewirkten Zustellungen gleichfalls 1,50 Mark betragen soll. Dagegen liegt zu einer solchen Herabsetzung kein Grund vor, wenn in dem Konsularbezirke gemäß Artikel 1 Abs. 3, 4 des Abkommens die Zustellung regelmäßig auf dem diplomatischen Wege oder im unmittelbaren Verkehre mit den Landesbehörden stattzufinden hat und gleichwohl ausnahmsweise der Konsul um die unmittelbare Bewirkung der Zustellung ersucht wird; in diesen Fällen behält es daher bei dem Gebührensatze von 4,50 Mark sein Bewenden.

II. Ersuchungsschreiben.

§ 3.

Für die Rechtshilfe, die sich die deutschen Gerichte untereinander leisten, ist nach § 158 des Gerichtsverfassungsgesetzes das Amtsgericht zuständig, in dessen Bezirke die Amtshandlung vorgenommen werden soll. In Anlehnung an diese Vorschrift wird in Deutschland schon jetzt die den ausländischen Gerichten in Ansehung von Prozeßhandlungen und anderen gerichtlichen Handlungen zu gewährende Rechtshilfe regelmäßig von den Amtsgerichten geleistet. Es empfiehlt sich, diese Übung, wie im § 3 Abs. 1 des Entwurfs geschehen ist, für die nach dem Abkommen in Deutschland zu erledigenden Ersuchungsschreiben nunmehr gesetzlich festzulegen.

Wegen der Vorschrift des § 3 Abs. 2, wonach für die Entgegennahme der Ersuchungsschreiben der Landgerichtspräsident zuständig ist, wird auf die Bemerkungen zum § 1 Abs. 1 verwiesen.

§ 4.

Für die nach Art. 9 Abs. 1 des Abkommens dem Konsul des Reichs zufallende Übermittelung eines deutschen Ersuchungsschreibens an die ausländische Behörde und für die Rückleitung des ausländischen Erledigungsschreibens an die deutsche Behörde würde nach Nr. 8 des für die Konsulate geltenden Gebührentarifs die Gebühr je 1,50 Mark, also insgesamt 3 Mark, betragen. Da die Mühewaltung des Konsuls durch diese Tätigkeit jedoch nur in verhältnismäßig geringem Maße in Anspruch genommen wird, erscheint die Festsetzung einer mäßigen Gesamtgebühr angezeigt. Nach § 4 des Entwurfs soll daher die Gebühr für die im Artikel 9 Abs. 1 des Abkommens vorgesehenen konsularischen Verrichtungen in Ansehung eines Ersuchungsschreibens nur einmal 1,50 Mark betragen und dann nicht erhoben werden, wenn das Ersuchen überhaupt keine, das heißt keine auch nur teilweise Erledigung findet. Durch diese Gebühr soll indes selbstverständlich eine Tätigkeit des Konsuls außerhalb des Artikel 9 Abs. 1, z. B. bei Anfertigung und Beglaubigung der im Artikel 10 vorgesehenen Übersetzung, nicht abgegolten sein.

III. Sicherheitsleistung für die Prozeßkosten.

§ 5.

Um die in den Artikeln 18, 19 des Abkommens ausgesprochene Verpflichtung zur Vollstreckung ausländischer Kostenentscheidungen erfüllen zu können, bedarf es zunächst der Bestimmung einer für die Vollstreckbarkeitserklärung zuständigen Behörde. Als solche ist im § 5 Abs. 1 des Entwurfs das Amtsgericht bezeichnet, da nach § 722 der Zivilprozeßordnung die Gerichte erster Instanz über die Zulässigkeit der Zwangsvollstreckung aus den Urteilen eines ausländischen Gerichts befinden, von einer Heranziehung des Landgerichts aber bei der Einfachheit der in Frage stehenden Fälle unbedenklich abgesehen werden kann.

Die örtliche Zuständigkeit wird im § 5 Abs. 2 des Entwurfs geregelt, und zwar in der Weise, daß entsprechend dem § 722 Abs. 2 der Zivilprozeßordnung in erster Linie der allgemeine Gerichtsstand des Kostenschuldners und in Ermangelung eines solchen der Gerichtsstand des Vermögens entscheidet. Da indes beide Gerichtsstände versagen können und im Hinblick auf den Artikel 18 Abs. 1 des Abkommens auch für diesen Fall Vorsorge getroffen werden muß, wird daneben in Anlehnung an den § 15 der Zivilprozeßordnung aushilfsweise der Gerichtsstand der Hauptstadt eingeführt.

§§ 6, 7.

Das Verfahren zur Herbeiführung der Vollstreckbarkeitserklärung*) ist, soweit nicht der Parteibetrieb auf Grund besonderer Vereinbarung gemäß Artikel 18 Abs. 3 stattfindet, von Amts wegen durchzuführen. Zu diesem Zwecke wird der auf diplomatischem Wege gestellte Antrag auf Vollstreckbarkeitserklärung von der damit befaßten Regierung, regelmäßig durch die Landesjustizverwaltung, dem Amtsgerichte zur weiteren Veranlassung übermittelt. Der darauf ergehende Beschluß ist vom Amtsgerichte nicht den Parteien zuzustellen, sondern nach § 6 Abs. 1 des Entwurfs der Landesjustizverwaltung einzureichen. Gibt der Beschluß dem Antrag auf Vollstreckbarkeitserklärung statt, so ist mit seiner Weitergabe an die fremde Regierung die in den Artikeln 18, 19 des Abkommens ausgesprochene Verpflichtung erfüllt. Der im Artikel 19 Abs. 1 vorbehaltene Rekurs gegen diesen Beschluß ist dem Kostenschuldner im § 7 Abs. 2 des Entwurfs in Form der sofortigen Beschwerde gemäß der Zivilprozeßordnung gegeben; die Beschwerdefrist beginnt nach § 577 Abs. 2 der Zivilprozeßordnung mit der Zustellung des Beschlusses an den Kostenschuldner, deren Herbeiführung Sache der Gegenpartei ist. Lehnt der Beschluß den Antrag auf Vollstreckbarkeitserklärung ab, so hat die Landesregierung nach § 7 Abs. 1 die Möglichkeit, eine Nachprüfung der Entscheidung durch die höheren Instanzen auf dem Wege einer von dem Staatsanwalt einzulegenden Beschwerde zu veranlassen. Eine solche Nachprüfung erscheint zur Durchführung der übernommenen internationalen Verpflichtung in dem Falle erforderlich, wo die Ablehnung nach Auffassung der Regierung zu Unrecht erfolgt ist.

Für den im Artikel 18 Abs. 3 vorgesehenen Parteibetrieb regelt der Gesetzentwurf das Verfahren im allgemeinen nach den Vorschriften der Zivilprozeßordnung. Demgemäß ist hier der Beschluß des Amtsgerichts nach § 6 Abs. 2 des Entwurfs den Parteien von Amts wegen zuzustellen; auch steht nach § 7 den Parteien selbst sowohl gegen den die Vollstreckbarkeit aussprechenden wie gegen den sie ablehnenden Beschluß das Rechtsmittel der Beschwerde zu.

§ 8.

Nach diesem Paragraphen sollen für die Zwangsvollstreckung aus den für vollstreckbar erklärten ausländischen Kostenentscheidungen die Vorschriften der Zivilprozeßordnung maßgebend sein, dergestalt, daß die Zwangsvollstreckung auf Betreiben der Partei zu erfolgen hat, und daß als Schuldtitel der die Vollstreckbarkeit aussprechende Beschluß des deutschen Gerichts anzusehen ist. Durch die Verweisung auf den § 798 der Zivilprozeßordnung wird erreicht, daß der Kostenschuldner von der ihm drohenden Zwangsvollstreckung rechtzeitig Kenntnis erhält, da diese erst einen Tag nach Zustellung des Schuldtitels beginnen darf.

§ 9.

In Deutschland wird der Betrag der Gerichtskosten regelmäßig durch eine vollstreckbare Kostenrechnung des Gerichtsschreibers**) festgesetzt, gegen welche die im § 4 des Gerichtskostengesetzes vorgesehenen Rechtsmittel gegeben sind. Nach den Artikeln 18, 19 des Abkommens bedarf es aber auch in Ansehung der Gerichtskosten einer rechtskräftigen gerichtlichen Entscheidung, um die dort vorgesehenen Vergünstigungen für die zwangsweise Beitreibung in Anspruch nehmen zu können. Aus diesem Grunde gibt der § 9 Abs. 1 des Entwurfs der für die Beitreibung der Gerichtskosten zuständigen inländischen Behörde die Möglichkeit, den Betrag der Gerichtskosten durch eine gerichtliche Entscheidung festsetzen zu lassen, die nach Abs. 2 mit dem Rechtsmittel der sofortigen Beschwerde angefochten werden kann und somit der Rechtskraft fähig ist. Für diese Entscheidung soll, entsprechend dem § 4 Abs. 1 Satz 1 des Gerichtskostengesetzes, das Gericht der Instanz zuständig sein; ebenso ist die im § 9 Abs. 2 Satz 2 des Entwurfs enthaltene Vorschrift über die Form der sofortigen Beschwerde dem § 4 Abs. 3 des Gerichtskostengesetzes entnommen.

IV. Schlußbestimmung.

§ 10.

Nach diesem Paragraphen tritt das Gesetz gleichzeitig mit dem Abkommen über den Zivilprozeß in Kraft. Die näheren Bestimmungen über das Inkrafttreten des Abkommens sind im Artikel 28 Abs. 2—4 enthalten.

---

*) Keine Beigabe von Übersetzungen s. AV. vom 21. Dez. 1926 — JMBl. S. 340 —, abgedruckt im Abschnitt II unter Anm. 2 von § 3 der RHV.

**) jetzt Urkundsbeamten.

B. Die Haager Abkommen über Internationales Privatrecht.

Die im Anschluß an das Haager Zivilprozeßabkommen mit den Niederlanden und der Schweiz, sowie mit Dänemark, Luxemburg, Norwegen und Schweden geschlossenen Staatsverträge sind im Abschnitt II bei den betreffenden Ländern abgedruckt.

Die am 28. November 1923 im Haag unterzeichneten 5 Protokolle über den Beitritt von Staaten zu den am 12. Juni 1902 und 17. Juli 1905 im Haag abgeschlossenen familienrechtlichen Abkommen (§ 1 des Gesetzes vom 16. Sept. 1924 — RGBl. II S. 363 —) sind von allen Signatarstaaten (das sind: Belgien, Dänemark, Frankreich, Italien, Luxemburg, Niederlande, Norwegen, Portugal, Rumänien, Schweden, Schweiz, Spanien, Ungarn) ratifiziert worden und am 5. Juni 1926 (bezügl. Schweden am 9. Juli 1926) in Kraft getreten (zu vgl. RGBl. 1926 II S. 553, abgedruckt im Abschnitt II unter Frankreich).

Die 5 Abkommen haben folgenden Wortlaut:

a) Das Haager Abkommen zur Regelung des Geltungsbereichs der Gesetze auf dem Gebiete der Eheschließung vom 12. Juni 1902 (RGBl. 1904 S. 221).

Art. 1. Das Recht zur Eingehung der Ehe bestimmt sich in Ansehung eines jeden der Verlobten nach dem Gesetze des Staates, dem er angehört (Gesetz des Heimatstaats), soweit nicht eine Vorschrift dieses Gesetzes ausdrücklich auf ein anderes Gesetz verweist.

Art. 2. Das Gesetz des Ortes der Eheschließung kann die Ehe von Ausländern untersagen, wenn sie verstoßen würde gegen seine Vorschriften über

1. die Grade der Verwandtschaft und Schwägerschaft, für die ein absolutes Eheverbot besteht;
2. das absolute Verbot der Eheschließung zwischen den des Ehebruchs Schuldigen, wenn auf Grund dieses Ehebruchs die Ehe eines von ihnen aufgelöst worden ist;
3. das absolute Verbot der Eheschließung zwischen Personen, die wegen gemeinsamer Nachstellung nach dem Leben des Ehegatten eines von ihnen verurteilt worden sind.

Ist die Ehe ungeachtet eines der vorstehend aufgeführten Verbote geschlossen, so kann sie nicht als nichtig behandelt werden, falls sie nach dem im Artikel 1 bezeichneten Gesetze gültig ist.

Unbeschadet der Bestimmungen des Artikel 6 Abs. 1 dieses Abkommens ist kein Vertragsstaat verpflichtet, eine Ehe schließen zu lassen, die mit Rücksicht auf eine vormalige Ehe oder auf ein Hindernis religiöser Natur gegen seine Gesetze verstoßen würde. Die Verletzung eines derartigen Ehehindernisses kann jedoch die Nichtigkeit der Ehe in einem anderen Lande als in dem, wo die Ehe geschlossen wurde, nicht zur Folge haben.

Art. 3. Das Gesetz des Ortes der Eheschließung kann ungeachtet der Verbote des im Artikel 1 bezeichneten Gesetzes die Ehe von Ausländern gestatten, wenn diese Verbote ausschließlich auf Gründen religiöser Natur beruhen.

Die anderen Staaten sind berechtigt, einer unter solchen Umständen geschlossenen Ehe die Anerkennung als einer gültigen Ehe zu versagen.

Art. 4. Die Ausländer müssen zum Zwecke ihrer Eheschließung nachweisen, daß sie den Bedingungen genügen, die nach dem im Artikel 1 bezeichneten Gesetz erforderlich sind.

Dieser Nachweis kann durch ein Zeugnis der diplomatischen oder konsularischen Vertreter des Staates, dem die Verlobten angehören, oder durch irgendein anderes Beweismittel geführt werden, je nachdem die Staatsverträge oder die Behörden des Landes, in welchem die Ehe geschlossen wird, den Nachweis als genügend anerkennen.

Art. 5. In Ansehung der Form ist die Ehe überall als gültig anzuerkennen, wenn die Eheschließung dem Gesetze des Landes, in welchem sie erfolgt ist, entspricht.

Doch brauchen die Länder, deren Gesetzgebung eine religiöse Trauung vorschreibt, die von ihren Angehörigen unter Nichtbeachtung dieser Vorschrift im Ausland eingegangenen Ehen nicht als gültig anzuerkennen.

Die Vorschriften des Gesetzes des Heimatsstaats über das Aufgebot müssen beachtet werden; doch kann das Unterlassen dieses Aufgebots die Nichtigkeit der Ehe nur in dem Lande zur Folge haben, dessen Gesetz übertreten worden ist.

Eine beglaubigte Abschrift der Eheschließungsurkunde ist den Behörden des Heimatlandes eines jeden der Ehegatten zu übersenden.

Art. 6. In Ansehung der Form ist die Ehe überall als gültig anzuerkennen, wenn sie vor einem diplomatischen oder konsularischen Vertreter gemäß seiner Gesetzgebung geschlossen wird, vorausgesetzt, daß keiner der Verlobten dem Staate, wo die Ehe geschlossen wird, angehört und dieser Staat der Eheschließung nicht widerspricht. Ein solcher Widerspruch kann nicht erhoben werden, wenn es sich um eine Ehe handelt, die mit Rücksicht auf eine vormalige Ehe oder ein Hindernis religiöser Natur gegen seine Gesetze verstoßen würde.

Der Vorbehalt des Artikel 5 Abs. 2 findet auf die diplomatischen oder konsularischen Eheschließungen Anwendung.

Art. 7. Eine Ehe, die in dem Lande, in welchem sie geschlossen wurde, in Ansehung der Form nichtig ist, kann gleichwohl in den anderen Ländern als gültig anerkannt werden, wenn die durch das Gesetz des Heimatstaats eines jeden der Verlobten vorgeschriebene Form beobachtet worden ist.

Art. 8. Dieses Abkommen findet nur auf solche Ehen Anwendung, welche im Gebiete der Vertragsstaaten zwischen Personen geschlossen sind, von denen mindestens eine Angehöriger eines dieser Staaten ist.

Kein Staat verpflichtet sich durch dieses Abkommen zur Anwendung eines Gesetzes, welches nicht dasjenige eines Vertragsstaats ist.

Art. 9. Dieses Abkommen, das nur auf die europäischen Gebiete der Vertragsstaaten Anwendung findet, soll ratifiziert usw.

b) Das Haager Abkommen zur Regelung des Geltungsbereichs der Gesetze und der Gerichtsbarkeit auf dem Gebiete der Ehescheidung und der Trennung von Tisch und Bett vom 12. Juni 1902 (RGBl. 1904 S. 231).

Art. 1. Die Ehegatten können eine Scheidungsklage nur dann erheben, wenn sowohl das Gesetz des Staates, dem sie angehören (Gesetz des Heimatstaats), als auch das Gesetz des Ortes, wo geklagt wird, die Scheidung zulassen.

Das gleiche gilt für die Trennung von Tisch und Bett.

Art. 2. Auf Scheidung kann nur dann geklagt werden, wenn sie in dem zu beurteilenden Falle sowohl nach dem Gesetze des Heimatstaats der Ehegatten als auch nach dem Gesetze des Ortes, wo geklagt wird, sei es auch aus verschiedenen Gründen, zulässig ist.

Das gleiche gilt für die Trennung von Tisch und Bett.

Art. 3. Ungeachtet der Bestimmungen der Artikel 1, 2 ist das Gesetz des Heimatstaats allein maßgebend, wenn das Gesetz des Ortes, wo geklagt wird, dies vorschreibt oder gestattet.

Art. 4. Das in den vorstehenden Artikeln bezeichnete Gesetz des Heimatstaates kann nicht angerufen werden, um einer Tatsache, die sich ereignet hat, während die Ehegatten oder einer von ihnen einem anderen Staate angehörten, die Wirkung eines Scheidungs- oder Trennungsgrundes zu verleihen.

Art. 5. Die Klage auf Scheidung oder auf Trennung von Tisch und Bett kann erhoben werden:

1. vor der nach dem Gesetze des Heimatstaats der Ehegatten zuständigen Gerichtsbarkeit;
2. vor der zuständigen Gerichtsbarkeit des Ortes, wo die Ehegatten ihren Wohnsitz haben. Wenn die Ehegatten nach der Gesetzgebung ihres Heimatstaats nicht denselben Wohnsitz haben, so ist die Gerichtsbarkeit des Wohnsitzes des Beklagten zuständig. Im Falle der böslichen Verlassung oder im Falle einer Verlegung des Wohnsitzes nach dem Eintritte des Scheidungs- oder Trennungsgrundes kann die Klage auch vor der zuständigen Gerichtsbarkeit des letzten gemeinsamen Wohnsitzes erhoben werden. — Die Gerichtsbarkeit des Heimatstaats ist allein berufen, soweit sie für die Scheidungs- oder Trennungsklage ausschließlich zuständig ist. Doch bleibt die fremde Gerichtsbarkeit zuständig für eine Ehe, in Ansehung deren die

Scheidungs- oder Trennungsklage vor der zuständigen Gerichtsbarkeit des Heimatstaats nicht erhoben werden kann.

Art. 6. Falls die Ehegatten nicht berechtigt sind, eine Scheidungs- oder Trennungsklage in dem Lande ihres Wohnsitzes zu erheben, kann sich gleichwohl jeder von ihnen an die zuständige Gerichtsbarkeit dieses Landes wenden, um die vorläufigen Maßnahmen zu erwirken, die in dessen Gesetzgebung für die Aufhebung der ehelichen Lebensgemeinschaft vorgesehen sind. Diese Maßnahmen bleiben aufrecht erhalten, wenn sie innerhalb eines Jahres durch die Gerichtsbarkeit des Heimatstaats bestätigt werden; sie bleiben nicht länger bestehen, als es das Gesetz des Wohnsitzes gestattet.

Art. 7. Die Scheidung und die Trennung von Tisch und Bett, die durch ein nach Artikel 5 zuständiges Gericht ausgesprochen werden, sind überall anzuerkennen, vorausgesetzt, daß die Bestimmungen dieses Abkommens beobachtet worden sind, und daß im Falle eines Versäumnisurteils die Ladung des Beklagten entsprechend den besonderen Vorschriften erfolgt ist, die das Gesetz seines Heimatstaats für die Anerkennung ausländischer Urteile erfordert.

In gleicher Weise sind überall anzuerkennen die Scheidung und die Trennung von Tisch und Bett, die von einer Verwaltungsgerichtsbarkeit ausgesprochen werden, vorausgesetzt, daß das Gesetz eines jeden der Ehegatten eine solche Scheidung oder Trennung anerkennt.

Art. 8. Wenn die Ehegatten nicht dieselbe Staatsangehörigkeit besitzen, so ist ihr letztes gemeinsames Gesetz als das Gesetz ihres Heimatsstaats im Sinne der vorstehenden Artikel anzusehen.

Art. 9. Dieses Abkommen findet nur auf solche Scheidungs- und Trennungsklagen Anwendung, welche in einem der Vertragsstaaten erhoben werden, und zwar nur dann, wenn mindestens eine der Parteien einem dieser Staaten angehört.

Kein Staat verpflichtet sich durch dieses Abkommen zur Anwendung eines Gesetzes, welches nicht dasjenige eines Vertragsstaats ist.

Art. 10. Dieses Abkommen, das nur auf die europäischen Gebiete der Vertragsstaaten Anwendung findet, soll ratifiziert usw.

c) **Das Haager Abkommen zur Regelung der Vormundschaft über Minderjährige vom 12. Juni 1902** (RGBl. 1904 S. 240).

Art. 1. Die Vormundschaft über einen Minderjährigen bestimmt sich nach dem Gesetze des Staates, dem er angehört (Gesetz des Heimatstaates).

Art. 2. Sieht das Gesetz des Heimatstaats für den Fall, daß der Minderjährige seinen gewöhnlichen Aufenthalt im Auslande hat, die Anordnung einer Vormundschaft im Heimatlande nicht vor, so kann der von dem Heimatstaate des Minderjährigen ermächtigte diplomatische oder konsularische Vertreter gemäß dem Gesetze dieses Staates die Fürsorge übernehmen, sofern der Staat, in dessen Gebiete der Minderjährige seinen gewöhnlichen Aufenthalt hat, dem nicht widerspricht.

Art. 3. Falls eine Vormundschaft gemäß den Bestimmungen des Artikel 1 oder des Artikel 2 nicht angeordnet ist oder nicht angeordnet werden kann, so ist für die Anordnung und die Führung der Vormundschaft über einen Minderjährigen, der seinen gewöhnlichen Aufenthalt im Auslande hat, das Gesetz des Aufenthaltsorts maßgebend.

Art. 4. Ist die Vormundschaft gemäß der Bestimmung des Artikel 3 angeordnet, so kann gleichwohl eine neue Vormundschaft auf Grund des Artikel 1 oder des Artikel 2 angeordnet werden.

Hiervon ist der Regierung des Staates, in welchem die Vormundschaft zuerst angeordnet wurde, sobald wie möglich Nachricht zu geben. Diese Regierung hat davon entweder die Behörde, welche die Vormundschaft angeordnet hat, oder, in Ermangelung einer solchen Behörde, den Vormund selbst zu benachrichtigen.

In dem Falle, den dieser Artikel vorsieht, bestimmt sich der Zeitpunkt, in welchem die ältere Vormundschaft endigt, nach der Gesetzgebung des Staates, in dessen Gebiete diese Vormundschaft angeordnet war.

Art. 5. In allen Fällen bestimmen sich der Zeitpunkt und die Gründe für den Beginn sowie für die Beendigung der Vormundschaft nach dem Gesetze des Heimatstaats des Minderjährigen.

Art. 6. Die vormundschaftliche Verwaltung erstreckt sich auf die Person sowie auf das gesamte Vermögen des Minderjährigen, gleichviel an welchem Orte sich die Vermögensgegenstände befinden.

Von dieser Regel sind Ausnahmen zulässig in Ansehung solcher Grundstücke, welche nach dem Gesetze der belegenen Sache einer besonderen Güterordnung unterliegen.

Art. 7. Solange die Vormundschaft nicht angeordnet ist, sowie in allen dringenden Fällen können die zuständigen Ortsbehörden die Maßregeln treffen, die zum Schutze der Person und der Interessen eines minderjährigen Ausländers erforderlich sind.

Art. 8. Liegt Anlaß vor, für einen minderjährigen Ausländer die Vormundschaft anzuordnen, so haben die Behörden des Staates, in dessen Gebiet er sich befindet, von dem Sachverhalte, sobald dieser ihnen bekannt wird, die Behörden des Staates zu benachrichtigen, dem der Minderjährige angehört*).

Die in solcher Art benachrichtigten Behörden sollen den Behörden, die ihnen die Mitteilung gemacht haben, sobald wie möglich Kenntnis geben, ob die Vormundschaft angeordnet ist oder angeordnet werden wird.

Art. 9. Dieses Abkommen findet nur Anwendung auf die Vormundschaft über Minderjährige, die Angehörige eines der Vertragsstaaten sind und ihren gewöhnlichen Aufenthalt im Gebiet eines dieser Staaten haben.

Die Artikel 7 und 8 dieses Abkommens finden jedoch auf alle Minderjährige Anwendung, die Angehörige eines Vertragsstaates sind.

Art. 10. Dieses Abkommen, das nur auf die europäischen Gebiete der Vertragsstaaten Anwendung findet, soll ratifiziert usw.

Eine Übersicht der Vorschriften betr. die Vormundschaft über Minderjährige nach den Gesetzgebungen derjenigen Staaten, welche dem Haager Abkommen vom 12. Juni 1902 (RGBl. 1904 S. 240) beigetreten sind, ist unter Hinweis auf Artikel 23 EG.BGB. durch die AV. vom 21. Juni 1906 — JMBl. S. 225 — zur Kenntnis der Justizbehörden gebracht. Die Übersicht ist im Reichsjustizamt auf Grund der Angaben der betreffenden Vertragsstaaten zusammengestellt.

d) **Das Haager Abkommen vom 17. Juli 1905, betreffend den Geltungsbereich der Gesetze in Ansehung der Wirkungen der Ehe auf die Rechte und Pflichten der Ehegatten in ihren persönlichen Beziehungen und auf das Vermögen der Ehegatten** (RGBl. 1912 S. 453).

I. Die Rechte und Pflichten der Ehegatten in ihren persönlichen Beziehungen.

Art. 1. Für die Rechte und Pflichten der Ehegatten in ihren persönlichen Beziehungen ist das Gesetz des Staates, dem sie angehören (Gesetz des Heimatstaats), maßgebend.

Jedoch dürfen wegen dieser Rechte und Pflichten nur solche Durchführungsmittel angewendet werden, die auch das Gesetz des Landes gestattet, wo die Anwendung erforderlich ist.

II. Das Vermögen der Ehegatten.

Art. 2. In Ermangelung eines Vertrags ist für die Wirkungen der Ehe sowohl auf das unbewegliche als auf das bewegliche Vermögen der Ehegatten das Gesetz des Heimatstaats des Mannes zur Zeit der Eheschließung maßgebend.

Eine Änderung der Staatsangehörigkeit der Ehegatten oder des einen von ihnen ist ohne Einfluß auf das eheliche Güterrecht.

Art. 3. Für einen jeden der Verlobten bestimmt sich die Fähigkeit, einen Ehevertrag zu schließen, nach dem Gesetze seines Heimatstaats zur Zeit der Eheschließung.

Art. 4. Das Gesetz des Heimatstaats der Ehegatten entscheidet darüber, ob sie während der Ehe einen Ehevertrag errichten und ihre güterrechtliche Vereinbarung aufheben oder ändern können.

Eine Änderung des ehelichen Güterrechts hat keine Rückwirkung zum Nachteile Dritter.

Art. 5. Für die Gültigkeit eines Ehevertrags in Ansehung seines Inhalts sowie für seine Wirkungen ist das Gesetz des Heimatsstaats des Mannes zur Zeit der Eheschließung oder, wenn der Vertrag während der Ehe geschlossen ist, das Gesetz des Heimatstaats der Ehegatten zur Zeit des Vertragsschlusses maßgebend.

Das gleiche Gesetz entscheidet darüber, ob und inwieweit die Ehegatten die Befugnis haben, auf ein anderes Gesetz zu verweisen; haben sie auf ein anderes Gesetz verwiesen, so bestimmen sich die Wirkungen des Ehevertrags nach diesem Gesetze.

*) Zu vgl. AV. v. 29. Mai 1928, abgedruckt S. 212/3.

Art. 6. In Ansehung der Form ist der Ehevertrag gültig, wenn er gemäß dem Gesetze des Landes, wo er errichtet wird, geschlossen ist, oder wenn er geschlossen ist, gemäß dem Gesetze des Heimatstaats eines jeden der Verlobten zur Zeit der Eheschließung oder aber während der Ehe gemäß dem Gesetze des Heimatstaats eines jeden der Ehegatten.

Macht das Gesetz des Heimatstaats eines der Verlobten oder, im Falle der Vertragsschließung während der Ehe, das Gesetz des Heimatstaats eines der Ehegatten die Gültigkeit des Vertrags davon abhängig, daß er, auch wenn er im Auslande geschlossen wird, einer bestimmten Form genügt, so müssen diese Gesetzesvorschriften beobachtet werden.

Art. 7. Die Bestimmungen dieses Abkommens sind nicht anwendbar auf solche Grundstücke, welche nach dem Gesetze der belegenen Sache einer besonderen Güterordnung unterliegen.

Art. 8. Jeder der Vertragsstaaten behält sich vor:

1. besondere Förmlichkeiten zu erfordern, wenn der eheliche Güterstand Dritten gegenüber geltend gemacht werden soll;
2. solche Vorschriften anzuwenden, welche den Zweck verfolgen, Dritte in ihren Rechtsbeziehungen zu einer Ehefrau zu schützen, die in dem Gebiete des Staates einen Beruf ausübt.

Die Vertragsstaaten verpflichten sich, die nach diesem Artikel anwendbaren Gesetzesvorschriften einander mitzuteilen.

III. Allgemeine Bestimmungen.

Art. 9. Haben die Ehegatten während der Ehe eine neue, und zwar die gleiche Staatsangehörigkeit erworben, so ist in den Fällen der Artikel 1, 4, 5 das Gesetz ihres neuen Heimatstaats anzuwenden.

Verbleibt den Ehegatten während der Ehe nicht die gleiche Staatsangehörigkeit, so ist bei Anwendung der vorbezeichneten Artikel ihr letztes gemeinsames Gesetz als das Gesetz ihres Heimatstaates anzusehen.

Art. 10. Dieses Abkommen findet keine Anwendung, wenn das Gesetz, das nach den vorstehenden Artikeln angewendet werden müßte, nicht das Gesetz eines Vertragsstaats ist.

IV. Schlußbestimmungen.

Art. 11. Dieses Abkommen soll ratifiziert usw.

e) Das Haager Abkommen vom 17. Juli 1905 über die Entmündigung und gleichartige Fürsorgemaßregeln (RGBl. 1912 S. 463).

Art. 1. Für die Entmündigung ist das Gesetz des Staates, dem der zu Entmündigende angehört (Gesetz des Heimatstaats), maßgebend, unbeschadet der in den folgenden Artikeln enthaltenen Abweichungen.

Art. 2. Die Entmündigung kann nur durch die zuständigen Behörden des Staates, dem der zu Entmündigende angehört, ausgesprochen und die Vormundschaft wird gemäß dem Gesetze dieses Staates angeordnet werden, abgesehen von den in den folgenden Artikeln vorgesehenen Fällen.

Art. 3. Befindet sich in einem Vertragsstaate der Angehörige eines anderen Vertragsstaats in einem Zustande, für den das Gesetz seines Heimatsstaats die Entmündigung vorsieht, so können alle erforderlichen vorläufigen Maßregeln zum Schutze seiner Person und seines Vermögens durch die örtlich zuständigen Behörden getroffen werden.

Hiervon ist der Regierung des Staates, dem er angehört, Mitteilung zu machen.

Die Maßregeln fallen weg, sobald die örtlich zuständigen Behörden von den Behörden des Heimatstaats die Mitteilung erhalten, daß vorläufige Maßregeln getroffen seien oder daß die Rechtslage der Person, um die es sich handelt, durch eine Entscheidung geregelt sei.

Art. 4. Die Behörden des Staates, in dessen Gebiet ein zu entmündigender Ausländer seinen gewöhnlichen Aufenthalt hat, haben von diesem Sachverhalte, sobald er ihnen bekannt geworden ist, den Behörden des Staates, dem der Ausländer angehört, Nachricht zu geben; hierbei haben sie den Antrag auf Entmündigung, falls sie mit einem solchen Antrage befaßt worden sind, und die etwa getroffenen vorläufigen Maßregeln mitzuteilen.

Art. 5. Die in den Artikeln 3, 4 vorgesehenen Mitteilungen werden auf diplomatischem Wege bewirkt, sofern nicht der unmittelbare Verkehr zwischen den beiderseitigen Behörden zugelassen ist.

Art. 6. Solange nicht die Behörde des Heimatsstaats auf die im Artikel 4 vorgesehene Mitteilung geantwortet haben, ist in dem Lande des gewöhnlichen Aufenthalts von jeder endgültigen Maßregel Abstand zu nehmen. Erklären die Behörden des Heimatsstaats, daß sie nicht einschreiten wollen, oder antworten sie nicht innerhalb einer Frist von sechs Monaten, so haben die Behörden des gewöhnlichen Aufenthalts über die Entmündigung zu befinden; sie haben hierbei die Hindernisse zu berücksichtigen, die nach der Antwort der Behörden des Heimatstaats eine Entmündigung im Heimatland ausschließen würden.

Art. 7. Falls die Behörden des gewöhnlichen Aufenthalts auf Grund des vorstehenden Artikels zuständig sind, kann der Antrag auf Entmündigung von den Personen und aus den Gründen gestellt werden, die zugleich von dem Gesetze des Heimatstaats und dem Gesetze des Aufenthalts des Ausländers zugelassen sind.

Art. 8. Ist die Entmündigung durch die Behörden des gewöhnlichen Aufenthalts ausgesprochen, so wird die Verwaltung in Ansehung der Person und des Vermögens des Entmündigten gemäß dem Gesetze des Ortes angeordnet; für die Wirkungen der Entmündigung ist dasselbe Gesetz maßgebend.

Schreibt jedoch das Gesetz des Heimatstaats des Entmündigten vor, daß die Fürsorge von Rechts wegen einer bestimmten Person zukommt, so ist diese Vorschrift tunlichst zu beachten.

Art. 9. Eine Entmündigung, die nach vorstehenden Bestimmungen von den zuständigen Behörden ausgesprochen wird, ist, soweit es sich um die Geschäftsfähigkeit des Entmündigten und die Vormundschaft über ihn handelt, in allen Vertragsstaaten wirksam, ohne daß es einer Vollstreckbarkeitserklärung bedarf.

Jedoch können Maßregeln zum Zwecke der Veröffentlichung, die das Gesetz des Ortes für eine durch die Behörden des Landes ausgesprochene Entmündigung vorschreibt, von diesem Gesetze gleicherweise auf die durch eine ausländische Behörde etwa ausgesprochene Entmündigung für anwendbar erklärt oder durch gleichartige Maßregeln ersetzt werden. Die Vertragsstaaten haben sich gegenseitig durch Vermittelung der Niederländischen Regierung die Vorschriften mitzuteilen, die sie in dieser Hinsicht erlassen haben.

Art. 10. Ist eine Vormundschaft gemäß Artikel 8 eingeleitet, so steht dies der Anordnung einer neuen Vormundschaft gemäß dem Gesetze des Heimatstaats nicht entgegen.

Von dieser Anordnung ist sobald wie möglich den Behörden des Staates Mitteilung zu machen, in dessen Gebiete die Entmündigung ausgesprochen worden ist.

Das Gesetz dieses Staates entscheidet darüber, in welchem Zeitpunkte die Vormundschaft, die dort eingeleitet ist, endigt. Von diesem Zeitpunkt an ist für die Wirkungen der durch die ausländischen Behörden ausgesprochenen Entmündigung das Gesetz des Heimatstaats des Entmündigten maßgebend.

Art. 11. Eine Entmündigung, die durch die Behörden des gewöhnlichen Aufenthalts ausgesprochen ist, kann von den Behörden des Heimatstaats gemäß ihren Gesetzen aufgehoben werden.

Die örtlich zuständigen Behörden, welche die Entmündigung ausgesprochen haben, können sie ebenfalls aufheben, und zwar aus allen den Gründen, die in dem Gesetze des Heimatstaats oder in dem Gesetze des Ortes vorgesehen sind. Der Antrag kann von jedem gestellt werden, der hierzu nach dem einen oder dem anderen dieser Gesetze ermächtigt ist.

Die Entscheidungen, welche eine Entmündigung aufheben, sind ohne weiteres und ohne daß es einer Vollstreckbarkeitserklärung bedarf, in allen Vertragsstaaten wirksam.

Art. 12. Die vorstehenden Bestimmungen finden Anwendung, ohne daß zwischen beweglichem und unbeweglichem Vermögen des Entmündigten zu unterscheiden ist; ausgenommen sind Grundstücke, die nach dem Gesetze der belegenen Sache einer besonderen Güterordnung unterliegen.

Art. 13. Die in diesem Abkommen enthaltenen Regeln gelten in gleicher Weise für die Entmündigung im eigentlichen Sinne, für die Anordnung einer Kuratel, für die Bestellung eines gerichtlichen Beistandes sowie für alle anderen Maßregeln gleicher Art, soweit sie eine Beschränkung der Geschäftsfähigkeit zur Folge haben.

Art. 14. Dieses Abkommen findet nur Anwendung auf die Entmündigung von solchen Angehörigen eines Vertragsstaats, welche ihren gewöhnlichen Aufenthalt im Gebiet eines der Vertragsstaaten haben.

Jedoch findet der Artikel 3 dieses Abkommens auf alle Angehörigen der Vertragsstaaten Anwendung.

Art. 15. Dieses Abkommen soll ratifiziert usw.

Anhang.

1.) Bekanntmachung, betr. das am 4. Mai 1910 in Paris unterzeichnete internationale Übereinkommen zur Bekämpfung des Mädchenhandels.

Vom 17. April 1928 — RGBl. II S. 314 —.

I. Unter Aufhebung der Bekanntmachungen vom 7. Febr. 1913 RGBl. S. 44, 19. Aug. 1913 RGBl. S. 703, 27. Nov. 1913 RGBl. S. 764, 31. März 1914 S. 105, 22. Aug. 1921 RGBl. S. 1237, 22. Okt. 1921 RGBl. S. 1332, 10. Dez. 1923 RGBl. II S. 491, 22. Febr. 1924 RGBl. II S. 43, 10. Nov. 1924 RGBl. II S. 425, 14. Aug. 1925 RGBl. II S. 812 werden nachstehend die Namen der Staaten bekanntgegeben, die das internationale Übereinkommen vom 4. Mai 1910 zur Bekämpfung des Mädchenhandels ratifiziert haben oder ihm beigetreten sind:

Deutsches Reich	23. Aug. 1912	Jersey, Guernsey, Man	29. Okt. 1923
Belgien	30. Juli 1914	Leeward-Inseln, Mauritius	9. März 1924
Brasilien	3. Juni 1924	Falkland-Inseln	30. April 1924
Bulgarien	15. Juni 1921	Goldküste	22. Juni 1924
China	7. Nov. 1925	Irak	8. Mai 1925
Danzig	23. Aug. 1921	Sierra Leone	28. Sept. 1927
Finnland	27. Sept. 1922	Italien	28. Mai 1924
Frankreich	8. Aug. 1912	Japan	21. Okt. 1925
Großbritannien	8. Aug. 1912	Kuba	10. Juli 1913
Australischer Bund	18. Febr. 1914	Monako	13. Juli 1921
Kanada	25. Aug. 1913	Niederlande	8. Aug. 1912
Südafrikanische Union	19. Sept. 1913	Niederländisch Indien	3. März 1913
Neufundland, Neuseeland	1. Okt. 1913	Surinam, Curaçao	21. Nov. 1921
Britisch Indien	7. April 1922	Norwegen	3. Jan. 1922
Bahama-Inseln, Ceylon, Cypern, Fidschi-Inseln, Gibraltar, Hongkong, Jamaika, Kenia, Malta, Njassaland, Straits Settlements, Südrhodesien, Trinidad	23. Nov. 1921	Österreich	8. Aug. 1912
		Polen	13. Jan. 1921
		Portugal	9. Sept. 1913
		Schweden	30. Juni 1925
		Schweiz	1. Febr. 1926
		Siam	28. Dez. 1921
Barbados, Britisch Guayana, Britisch Honduras, Grenada, St. Lucia, St. Vinzent, Seychellen	16. März 1923	Spanien	8. Aug 1913
		Tschechoslowakei	8. Juni 1921
		Ungarn	8. Aug. 1912
		Uruguay	24. Mai 1921

II. Unter Aufhebung der Bekanntmachungen über die Wirksamkeit der im § 1 des Ausführungsgesetzes vom 14. August 1912 — RGBl. 1913 S. 44 — zu dem vorbezeichneten Übereinkommen erwähnten Abrede vom 7. Febr. 1913 RGBl. S. 45, 27. Nov. 1913 RGBl. S. 764, 24. April 1914 RGBl. S. 117, 5. Sept. 1921 RGBl. S. 1262, 11. Dez. 1921 RGBl. S. 1586, 11. Jan. 1924 RGBl. II S. 34, 22. Febr. 1924 RGBl. II S. 44, 10. Nov. 1924 RGBl. II S. 425, 25. Juni 1925 RGBl. II S. 658, 14. Aug. 1925 RGBl. II S. 812 werden nachstehend die Namen derjenigen Staaten bekanntgegeben, denen gegenüber die Auslieferungsabrede zur Zeit wirksam ist:

Belgien, Großbritannien und alle Teile des Britischen Reichs, die dem Übereinkommen beigetreten sind oder für die es in Kraft gesetzt worden ist, Italien, Niederlande, Niederländisch Indien, Surinam, Curaçao, Norwegen, Schweden, Schweiz, Spanien, Tschechoslowakei.

Berlin, den 17. April 1928.

Der Reichsminister des Auswärtigen.

Der Reichsminister der Justiz.

2.) AV. d. JM. v. 29. Mai 1928 über die Bevormundung ausländischer Minderjähriger (I. 729) — S. 284 —.

„Nachstehender Erlaß des Preußischen Ministers für Volkswohlfahrt wird zur Kenntnis gebracht. Die im letzten Absatz vorgesehene Mitteilung des Vormundschaftsgerichts an das Jugendamt ist in allen Fällen zu machen, in denen für ein eheliches oder uneheliches Kind österreichischer Staatsangehörigkeit eine Einzelperson als Vormund bestellt wird.

Der Preußische Minister
für Volkswohlfahrt.
III. F. 262/28.

Berlin, den 5. April 1928.
W. 8, Leipziger Str. 3.

Betrifft: Vormundschaft über uneheliche Kinder ausländischer Staatsangehöriger.

I. Die nach § 35 des Reichsgesetzes für Jugendwohlfahrt mit der Geburt eines unehelichen Kindes eintretende gesetzliche Amtsvormundschaft des Jugendamtes erstreckt sich nur auf deutsche Kinder; ausländische Kinder werden von ihr nicht erfaßt. Gegenüber einer Reihe ausländischer Staaten bestehen aber für Deutschland auf dem Gebiete des Vormundschaftsrechts besondere völkerrechtliche Verpflichtungen, sei es zur Übernahme der Vormundschaft, sei es hinsichtlich der Anzeige von der Anordnung oder Nichtanordnung der Vormundschaft (vgl. z. B. Art. 8 des Haager Vormundschaftsabkommens*) — RGBl. 1904 S. 240 —; Art. 1 des Deutsch-Österreichischen Vorm.-Abk.**) — RGBl. 1927 II S. 511 — und Art. 4 des Deutsch-Polnischen Vorm.-Abk.***) — RGBl. 1925 II S. 145 —). Es ist deshalb sowohl im Interesse der Rechtssicherheit, wie auch der Erfüllung völkerrechtlicher Verpflichtungen notwendig, daß in allen Fällen unehelicher Geburt, in denen Unklarheit über die Staatsangehörigkeit des Kindes besteht, die Jugendämter sofort nach Eingang der Anzeige des Standesbeamten (§ 36 RJWG.) genaue Feststellungen der Personalien der Kindesmutter (Geburtsort und -tag, Name und Wohnort der Eltern) treffen und das Ergebnis dem Vormundschaftsgericht mitteilen.

II. Nach Art. 1 des Deutsch-Österreichischen Vormundschaftsabkommens vom 5. Febr. 1927 (RGBl. 1927 II S. 511) ist ein österreichisches Kind, das sich gewöhnlich in Deutschland aufhält, von deutschen Behörden zu bevormunden. Die Standesbeamten werden künftig auch die Geburt jedes unehelichen Kindes österreichischer Staatsangehörigkeit dem Vormundschaftsgericht über das Jugendamt melden; das Jugendamt wird in diesen Fällen nicht Vormund. Es kann aber gemäß § 41 RJWG. zum Vormund bestellt werden; es hat daher bei Weitergabe der Geburtsanzeige an das Vormundschaftsgericht sich darüber zu erklären, ob es bereit ist, die Vormundschaft über das Kind zu übernehmen. Ferner wird, wenn ein österreichischer Staatsangehöriger, der einen gewöhnlichen Aufenthalt in Deutschland hatte, unter Hinterlassung minderjähriger ehelicher Kinder stirbt, der Standesbeamte künftig eine Abschrift der von ihm an das Vormundschaftsgericht zu erstattenden Anzeige an das Jugendamt schicken, und zwar auch, wenn die Mutter noch lebt, da nach österreichischem Recht auch dann ein Vormund bestellt werden muß.

In allen diesen Fällen hat das Jugendamt bis zur Bestellung eines Vormundes gemäß Art. 5 a. a. O. für den österreichischen Minderjährigen die erforderlichen Maßnahmen zum Schutz der Person und des Vermögens zu treffen, wie für ein deutsches Kind.

Ebenso hat das Jugendamt auch in anderen dringenden Fällen zum Schutz der Person und des Vermögens eines Minderjährigen österreichischer Staatsangehörigkeit das Erforderliche zu veranlassen. Von dem Veranlaßten ist dem Vormundschaftsgericht Kenntnis zu geben. Wird das Jugendamt nicht zum Vormund bestellt, so teilt das Vormundschaftsgericht dem Jugendamt die anderweitige Bestellung eines Vormundes mit."

3.) Reichsgesetz vom 5. Februar 1921 betr. Abgabe von Versicherungen an Eides Statt zur Geltendmachung von Rechten und Interessen im Ausland, s. RGBl. 1921 S. 167.

4.) Verordnung über öffentliche Zustellungen in dem Verfahren vor den Gemischten Schiedsgerichtshöfen. Vom 15. Juni 1921 — RGBl. 1921 S. 753 —.

„Auf Grund des Artikels I § 2 Abs. 2 des Gesetzes zur Ausführung der Bestimmungen des Friedensvertrages über Gemischte Schiedsgerichtshöfe und die Vollstreckung ausländischer Urteile vom 10. August 1920 (Reichs-Gesetzbl. S. 1569) wird bestimmt:

§ 1.

In dem Verfahren vor den Gemischten Schiedsgerichtshöfen werden öffentliche Zustellungen im Deutschen Reiche, nachdem sie von dem deutschen Staatsvertreter ange-

---

*) Abdruck S. 208/9.
**) Zu vgl. nachstehend Ziff. II und S. 106 oben.
***) Abdruck S. 124/5.

ordnet sind, durch den Gerichtsschreiber*) desjenigen Landgerichts besorgt, in dessen Bezirk die Partei ihren letzten Wohnsitz oder, wenn ein solcher nicht bekannt ist, ihren letzten Aufenthalt im Deutschen Reiche gehabt hat; ist nach der Feststellung des deutschen Staatsvertreters weder der letzte Wohnsitz noch der letzte Aufenthalt der Partei im Deutschen Reiche bekannt, so wird die öffentliche Zustellung durch den Gerichtsschreiber*) des Landgerichts I in Berlin besorgt.

Die öffentliche Zustellung erfolgt durch Anheftung eines Auszuges des zuzustellenden Schriftstücks in deutscher Sprache an die Gerichtstafel des Landgerichts, dessen Gerichtsschreiber*) sie besorgt. Außerdem ist die einmalige Einrückung des Auszugs in den Deutschen Reichsanzeiger sowie die zweimalige Einrückung in dasjenige Blatt erforderlich, welches für den Sitz dieses Landgerichts zur Veröffentlichung der amtlichen Bekanntmachungen bestimmt ist.

Der deutsche Staatsvertreter kann anordnen, daß der Auszug auch an der Gerichtstafel anderer Gerichte angeheftet und noch in andere Blätter und zu mehreren Malen eingerückt werde.

§ 2.

Der Auszug des Schriftstücks ist von dem deutschen Staatsvertreter dem Gerichtsschreiber*) zu übermitteln. In ihm müssen bezeichnet sein:

1. der Gemischte Schiedsgerichtshof,
2. die Parteien,
3. der deutsche Staatsvertreter,
4. der Gegenstand des Rechtsstreits,
5. der Zweck des Schriftstücks und ein in ihm etwa gestellter Antrag,
6. der Termin zur mündlichen Verhandlung, falls ein solcher bereits bestimmt ist.

§ 3.

Das Schriftstück gilt als an dem Tage zugestellt, an welchem seit der letzten Einrückung des Auszugs in die öffentlichen Blätter ein Monat verstrichen ist."

Berlin, den 15. Juni 1921.

Der Reichsminister der Justiz.

---

*) Jetzt Beamten der Geschäftsstelle.

II. Teil.

Abschnitt IV.

Zusammenstellung

(Anschriften-Verzeichnis in alphabetischer Anordnung)

der Stellen, denen die Ersuchen in den einzelnen Staaten zu übermitteln sind.

II. Teil.

Abschnitt IV.

Zusammenstellung
(Anschriften-Verzeichnis in alphabetischer Anordnung) der Stellen, denen die Ersuchen in den einzelnen Staaten zu übermitteln sind.

Vorbemerkungen:

1. Bevor ein Ersuchen um Zeugen- und Sachverständigenvernehmung in einer bürgerlichen Rechtsstreitigkeit erlassen wird, ist bei den Ländern, die solche Ersuchen nicht kostenfrei erledigen (insbesondere dann, wenn die Rechtshilfe mit erheblichen Kosten verknüpft ist — z. B. bei Brasilien, Chile, Großbritannien, Mexiko, Uruguay und den Vereinigten Staaten von Nordamerika —), zu prüfen, ob nicht eine schriftliche Befragung nach Maßgabe der AV. vom 27. Febr. 1923 (JMBl. S. 161) erfolgen kann. Dabei ist die RV. des JM. vom 30. Mai 1925 — I 12748 — zu beachten, die folgenden Wortlaut hat:

„Mehrfach haben Gerichte im Wege unmittelbaren Briefwechsels von der durch § 377 Abs. 3 und 4 ZPO. eröffneten Möglichkeit gegenüber solchen Zeugen Gebrauch gemacht, die im Ausland wohnen. Dies Verfahren ist bedenklich, weil darin der ausländische Staat einen unzulässigen Eingriff in seine Justizhoheit erblicken kann. Falls nach dem Recht des ausländischen Staates die Abgabe einer falschen Versicherung an Eides statt nicht unter Strafe gestellt ist, ist ein solches Verfahren aber auch zur Beweiserhebung ungeeignet. Da Zulässigkeit und Zweckmäßigkeit der schriftlichen Befragung der im Ausland wohnenden Zeugen von den Gerichten im Einzelfalle mit Gewähr für Richtigkeit nicht geprüft werden kann, empfiehlt es sich, von diesem Verfahren derartigen Zeugen gegenüber abzusehen.

Eine schriftliche Befragung solcher Zeugen durch Vermittelung des Deutschen Konsuls erscheint nur insoweit zulässig, als dieser gemäß § 20 des Konsulargesetzes zu ihrer eidlichen Vernehmung befugt ist; ich verweise in dieser Hinsicht auf § 18 der Rechtshilfevorschriften (AV. vom 16. Juni 1910 — JMBl. S. 189 — und Nachträge) *).

Dem Gesichtspunkt der Beschleunigung des Verfahrens kann in den erörterten Fällen in der Weise Rechnung getragen werden, daß die Parteien gemäß den AV. vom 27. Febr. 1923 — JMBl. S. 162 — und vom 16. Sept. 1924 — JMBl. S. 358 — verfahren." Die beiden letzten Verfügungen sind abgedruckt im Abschn. II unter Anm. 1 zu § 9 d. RHV.

2. Ersuchen, in denen es sich um Zustellungen ohne Zwang und ohne Einhaltung prozeßrechtlicher Formvorschriften an deutsche Reichsangehörige oder bei Holland oder Schweden auch an Angehörige eines dritten Staates handelt, können nach § 199 ZPO.

---

*) hier abgedruckt im Abschnitt II.

und § 20 Abs. 3 der RHV. an die deutschen ausländischen Vertretungen (Botschaft, Gesandtschaft oder Konsulat — s. Verzeichnis im Abschnitt VI —) gerichtet werden, die zur eigenen unmittelbaren Erledigung in diesen Fällen zuständig sind. Antrag nach Muster a Ziff. 2 (in bürgerlichen Sachen) bzw. a Ziff. 6 (in Strafsachen) im Abschnitt V, ohne Übersetzung.

3. Die Abhörung von deutschen Zeugen und Sachverständigen oder die Abnahme eines Eides von einem deutschen Schwurpflichtigen oder bei Holland und Schweden auch von einem Angehörigen eines dritten Staates kann durch Ersuchen der allgemein oder für den Sonderfall zu vereidigenden (s. Vorbemerkungen zum Konsulatsverzeichnis im Abschn. VI) deutschen Auslandsvertretungen (Botschaft, Gesandtschaft, Konsulat — vgl. Verzeichnis im Abschn. VI —) erfolgen, wenn sich der Zeuge (Sachverständige oder Schwurpflichtige) am Amtssitze selbst oder in dessen unmittelbarer Nähe aufhält und voraussichtlich bereit ist, vor dem deutschen Auslandsvertreter zu erscheinen, der zur eigenen unmittelbaren Erledigung im Falle seiner allgemeinen Vereidigung zuständig ist (§ 363 Abs. 2 ZPO.). Im andern Falle ist die Ermächtigung durch die Vermittelung des Justizministeriums oder in eiligen Fällen durch das Auswärtige Amt zu erbitten. Anträge hierzu s. Muster b Ziff. 2, 6, 7 oder c (in bürgerlichen Sachen) bzw. b Ziff. 10 (in Strafsachen) im Abschnitt V, ohne Übersetzung.

4. Falls der zu 1 angegebene Weg nicht beschritten werden kann, ist vor der Abfassung der Ersuchen nach § 9 der RHV. zu verfahren (Muster s. unter A, b im Abschnitt V).

Anschriften-Verzeichnis.

— Vor Abfassung der Ersuchungsschreiben empfiehlt es sich, die für den betr. Staat geltenden Sonderbestimmungen im Abschnitt II des I. Teiles durchzusehen —.

Anschriften-Verzeichnis.

Betreffend den Staat	Ersuchen an ausländische Behörden: um Zustellung sind zu richten an:	Ersuchen an ausländische Behörden: um Zeugenvernehmung usw., Eidesabnahme, Vernehmung von Angeklagten sind zu leiten an:
Sp. 1	Sp. 2	Sp. 3
Abessinien (Aethiopien)	**1. in bürgerlichen Sachen:**	
	die Deutsche Gesandtschaft — Konsulatsabteilung — in Adis-Abeba (mit Gerichtsbarkeit ausgestattete Vertretung) nach Muster a Ziff. 2, ohne Rücksicht auf die Staatsangehörigkeit und ohne Übersetzung; eigene, unmittelbare Erledigung. Bei Ladungen sind im Inlande übliche Formulare mit Strafandrohung usw nur zu verwenden, wenn einem Reichsangehörigen oder einer unter deutschem Schutze stehenden Person zugestellt werden soll. Die Termine sind mit geräumigen Fristen (hier 5—6 Monate) anzuberaumen (§§ 2—4, § 5 Abs. 2, § 7, § 8 Abschn. I Abs. 1 c, Abs. 2, 3, 4 u. Abschn. II, § 16 der RHV. im Abschn. II).	wie nebenstehend (mit Gerichtsbarkeit ausgestattete Vertretung) nach Muster b Ziff. 2 oder c mit Begleitschreiben nach Muster b Ziff. 5, ohne Übersetzung; eigene, unmittelbare Erledigung. Hat die konsularische Vermittelung nicht zum Ziele geführt oder erscheint von vornherein aus besonderen Gründen diplomatische Vermittelung angemessen, so ist nach § 16 Abs. 3 der RHV. unter Benutzung des Musters b Ziff. 4 zu verfahren. (§§ 2—4, § 5 Abs. 1, 2, §§ 7, 9, 10 Abschn. I Abs. 3, 4, § 16 Abs. 1 u. 3, § 18 Abs. 1, 4 der RHV. im Abschn. II).
	2. in Strafsachen:	
	wie vorstehend, jedoch nach Muster a Ziff. 6, ohne Übersetzung, und zwar entsprechend den §§ 37 StPO., 199—202 ZPO. (s. nachstehende Anmerkung), sofern es sich um eine Zustellung von Ladungen, Entscheidungen u a. gemäß § 40 Abs. 1 StPO. an Beschuldigte oder um die Ladung des Angeklagten zur Hauptverhandlung nach § 278 StPO. handelt. Staatsangehörigkeit und strafbare Handlung angeben. Im übrigen siehe unter 1 Sp. 2 und die AV. vom 25. Juni 1924 unter d nebenstehend. Anmerkung: Die Zustellung des Urteils, falls dem Angeklagten die Ladung zur Hauptverhandlung schon vorher zugestellt war, ist dagegen, wenn sie nicht im Deutschen Reiche bewirkt werden kann, stets in der Weise zu bewirken, daß das Urteil zwei Wochen an der Gerichtstafel des Gerichts erster Instanz anzuheften ist (von den Beschlüssen und Urteilen wird nur der entscheidende Teil angeheftet, §§ 40 Abs. 2, 281 StPO). Auf das Strafverfahren sind von den Vorschriften der ZPO. nicht anwendbar:	wie vorstehend, jedoch nach Muster b Ziff. 10, ohne Übersetzung. Auch die Vernehmung von Angeklagten, die vom Erscheinen in der Hauptverhandlung entbunden sind, erfolgt hier durch den Konsul — s. Muster b Ziff. 11 und § 17 der RHV. —. Zu berücksichtigen: a) Benennung der zur Beiwohnung der Vernehmung Berechtigten — zu vgl. § 9 Ziff. 1 und 2 der RHV., § 193 (bei Voruntersuchungen), §§ 223, 224 StPO. (bei Vorbereitung der Hauptverhandlung) —; b) die Angabe der Staatsangehörigkeit sowie der persönlichen Verhältnisse des Beschuldigten und seines gegenwärtigen Aufenthaltsorts; c) die Mitteilung des Tatbestandes und die Lage des Strafverfahrens; d) die AV. v. 25. Juni 1924 — JMBl. S. 264 —, abgedruckt unter C im Abschn. VII, deren letzter Absatz folgenden Wortlaut hat: „Ist in einem bei einem preußischen Gericht anhängigen Strafverfahren der Beschuldigte ein Ausländer, der sich in seinem Heimatsstaat aufhält, so werden Ersuchen um

Betreffend den Staat	Ersuchen an ausländische Behörden: um Zustellung sind zu richten an:	Ersuchen an ausländische Behörden: um Zeugenvernehmung usw., Eidesabnahme, Vernehmung von Angeklagten sind zu leiten an:
Sp. 1	Sp. 2	Sp. 3
	§§ 166 Abs. 2, 167 (nur insoweit als er von einem Gerichtsvollzieher handelt, § 38 StPO.), 168, 169, 170 (zu § 170: ob Ausfertigung oder begl. Abschr. oder Urschrift ist im Strafprozeß gleichgültig), 171, 173, 174, 175, 176, 177, 178, 179, 189, 192, 196, 198, 203–207 (zu §§ 203–207: nur für Privatkläger, Nebenkläger oder Bürgen eines Beschuldigten), 213.	Rechtshilfe, insbesondere um Vermittelung der Zustellung von Urteilen, Strafbefehlen und Ladungen oder um Vornahme von Untersuchungshandlungen zu unterlassen sein." Im übrigen s. unter 1 Sp. 3.
Ägypten	siehe Egypten.	
Äthiopien	siehe Abessinien.	
Afghanistan	1. in bürgerlichen Sachen:	
	die Deutsche Gesandtschaft in Kabul — sonstige Vertretungen sind noch nicht eingerichtet — nach Muster a Ziff. 2, ohne Übersetzung (dipl. Weg). Bei Ladungen können usw., wie bei Argentinien hinter 1 b. (§§ 2–4, § 5 Abs. 2, § 8 Abschn. I Abs. 1 d, Abs. 2, 3, 4 u. Abschn. II der RHV. im Abschn. II).	wie nebenstehend, jedoch nach Muster b Ziff. 2 oder c mit Begleitschreiben nach Muster b Ziff. 3, ohne Übersetzung (dipl. Weg). (§§ 2–4, 5 Abs. 1, 4, § 9, § 10 Abschn. I Abs. 1, 2, 4, § 20 Abs. 2, § 21 Abs. 1 c, § 22 der RHV. im Abschn. II).
	2. in Strafsachen:	
	wie vorstehend, jedoch nach Muster a Ziff. 6, ohne Übersetzung, und zwar usw., wie bei Abessinien unter 2 Sp. 2.	wie vorstehend, jedoch nach Muster b Ziff. 10 usw., wie bei Argentinien unter 2 Sp. 3.
Alaska	siehe Vereinigte Staaten von Amerika.	
Albanien	1. in bürgerlichen Sachen:	
	die Deutsche Gesandtschaft in Tirana — sonstige Vertretungen sind z. Zt. nicht vorhanden — usw., wie vor bei Afghanistan unter 1 Sp. 2.	wie nebenstehend (sonstige Vertretungen sind noch nicht bekannt gegeben) nach Muster b Ziff. 2 usw., wie bei Afghanistan unter 1 Sp. 3.
	2. in Strafsachen:	
	wie vorstehend, jedoch nach Muster a Ziff. 6, ohne Übersetzung, und zwar usw., wie bei Abessinien unter 2 Sp. 2.	wie vorstehend, jedoch nach Muster b Ziff. 10 usw., wie bei Argentinien unter 2 Sp. 3.
	Wegen Rechtshilfe auf Sondergebieten s. unter Albanien im Abschn. II.	
Algier	siehe Frankreich.	
Amerika	Vereinigte Staaten von Nordamerika siehe unter V. Mittelamerika siehe unter M.	
Andorra	— Republik in den Pyrenäen — siehe Frankreich (steht unter französischem Schutze).	
Antillen	siehe Vereinigte Staaten von Nordamerika.	

Betreffend den Staat	Ersuchen an ausländische Behörden — um Zustellung sind zu richten an:	Ersuchen an ausländische Behörden — um Zeugenvernehmung usw., Eidesabnahme, Vernehmung von Angeklagten sind zu leiten an:
Sp. 1	Sp. 2	Sp. 3
Argentinien	**1. in bürgerlichen Sachen:**	
	a) das nach dem Verzeichnis im Abschn. VI für den Erledigungsort zuständige deutsche Konsulat nach Muster a Ziff. 2 bei Zustellungen an deutsche Reichsangehörige, ohne Übersetzung; eigene, unmittelbare Erledigung; b) die Deutsche Gesandtschaft in Buenos-Aires bei Zustellungen an Ausländer nach Muster a Ziff. 2, ohne Übersetzung (dipl. Weg); Zu a und b: Bei Ladungen können die prozessualischen Nachteile, welche für die Geladenen durch ihr Ausbleiben im Termine entstehen können, hervorgehoben werden; dagegen sind Strafen und Nachteile anderer Art nicht anzudrohen, da solche in der Regel sich nicht verwirklichen lassen und zu Weiterungen Anlaß geben können. Es sind deshalb die für Ladungen im Inlande üblichen Formulare nicht zu benutzen. Die Termine sind mit geräumigen Fristen (hier 5—6 Monate) anzuberaumen. (§§ 2—4, § 5 Abs. 2 u. 4, § 7, § 8 Abschn. I Abs. 1 c a a oder d, Abs. 2, 3, 4 u. Abschn. II der RHV. im Abschn. II).	c) das für den Erledigungsort nach dem Verzeichnis im Abschn. VI zuständige deutsche Konsulat (z. B. die Deutsche Gesandtschaft—Konsulatsabteilung—in Buenos Aires), und zwar aa) soweit der Konsul zur Beweisaufnahme allgemein ermächtigt (ob dies der Fall ist, ergibt sich aus den Vorbemerkungen zum Konsulatsverzeichnis im Abschn VI) und bb) sofern der zu Vernehmende deutscher Reichsangehöriger ist, am Amtssitze des Konsuls oder in dessen Nähe sich aufhält sowie zum Erscheinen bereit ist, nach Muster b Ziff 2 oder c mit Begleitschreiben nach Muster b Ziff. 6 ohne Übersetzung — eigene, unmittelbare Erledigung —; d) den Herrn Preußischen Justizminister in Berlin oder in eiligen Fällen das Auswärtige Amt in Berlin (dipl. Weg), und zwar aa) nach Muster b Ziff. 2 oder c mit Begleitbericht nach Muster b Ziff. 7 bei zur Beweisaufnahme nicht allgemein ermächtigten Konsuln (s. Konsulatsverzeichnis im Abschn. VI), ohne Übersetzung, unter den Voraussetzungen zu c bb vorstehend, eigene Erledigung; bb) wenn die Weitergabe in Zweifelsfällen an die zuständige fremde Behörde in Frage kommt; e) die Deutsche Gesandtschaft in Buenos-Aires (dipl. Weg) bei Ausländern nach Muster b Ziff. 2 oder c mit Begleitschreiben nach Muster b Ziff. 3, ohne Übersetzung. (§§ 2—4, § 5 Abs. 1, 2, 3, 4, § 7, § 9, § 10 Abschn. I Abs. 1, 2, 4, § 18 Abs. 2, 3, 4, § 20, § 21 Abs 1 c, § 22 der RHV. im Abschn. II).
	2. in Strafsachen:	
	wie vorstehend, jedoch nach Muster a Ziff. 6, ohne Übersetzung, und zwar usw., wie bei Abessinien unter 2 Sp. 2.	wie vorstehend, jedoch nach Muster b Ziff. 10 mit der Einschränkung, daß die Ersuchen um Vernehmung von Angeklagten, die vom Erscheinen in der Hauptverhandlung entbunden sind, stets dem Herrn Justizminister oder

Betreffend den Staat	Ersuchen an ausländische Behörden um Zustellung sind zu richten an:	 um Zeugenvernehmung usw., Eidesabnahme, Vernehmung von Angeklagten sind zu leiten an:
Sp. 1	Sp. 2	Sp. 3
		in eiligen Fällen dem Auswärtigen Amt zur Beförderung an die zuständige Stelle einzureichen sind, und zwar nach Muster b Ziff. 11 mit Begleitbericht — zu vgl. § 17 der RHV. —. Zu berücksichtigen: a) Benennung der zur Beiwohnung der Vernehmung Berechtigten — zu vgl. § 9 Ziff. 1 und 2 der RHV, § 193 (bei Voruntersuchungen), §§ 223, 224 StPO. (bei Vorbereitung der Hauptverhandlung) —; b) die Angabe der Staatsangehörigkeit sowie der persönlichen Verhältnisse des Beschuldigten und seines gegenwärtigen Aufenthaltsorts; c) die Mitteilung des Tatbestandes und die Lage des Strafverfahrens; d) die AV. v. 25. 6. 24 — JMBl. S. 264 —, abgedruckt unter C im Abschn. VII, deren letzter Absatz folgenden Wortlaut hat: „Ist in einem bei einem preußischen Gericht anhängigen Strafverfahren der Beschuldigte ein Ausländer, der sich in seinem Heimatsstaat aufhält, so werden Ersuchen um Rechtshilfe, insbesondere um Vermittelung der Zustellung von Urteilen, Strafbefehlen und Ladungen oder um Vornahme von Untersuchungshandlungen zu unterlassen sein“.
Armenien	— Transkaukasische Sowjet-Republik — siehe Rußland.	
Aserbeidschan	wie vor.	
Australischer Bund	siehe Britisches Reich.	
Azoren	siehe Portugal.	
Belgien	1. in bürgerlichen Sachen:	
a) Altgebiet	die Deutsche Gesandtschaft — Konsulatsabteilung — in Brüssel oder das Deutsche Generalkonsulat in Antwerpen, und zwar je nach Zuständigkeit — s. Verzeichnis zu § 7 der RHV. — nach Muster a Ziff. 2 mit Antrag auf etwaige Zwangszustellung auf Grund Art. 3 des Haager Ziv.-Proz.-Abk., ohne Rücksicht auf die Staatsangehörigkeit der Person, keine Übersetzung (Vermittelungsbehörden).	die Deutsche Gesandtschaft in Brüssel (dipl Weg) nach Muster b Ziff. 2 oder c mit Begleitschreiben nach Muster b Ziff 3, ohne Übersetzung. Wegen Vernehmung von deutschen Reichsangehörigen s. Vorbemerkungen unter Ziff. 3. (§§ 2—4, § 5 Abs. 1, 2, 4, § 9, § 10 Abschn. I und III, § 18 Abs. 2, 3, 4 § 20 Abs. 1, § 21 Abs. 1a cc., § 22,

Betreffend den Staat	Ersuchen an ausländische Behörden: um Zustellung sind zu richten an:	um Zeugenvernehmung usw., Eidesabnahme, Vernehmung von Angeklagten sind zu leiten an:
Sp. 1	Sp. 2	Sp. 3
	Wegen Zustellung an deutsche Reichsangehörige s. Vorbemerkungen unter Ziff. 2. Bei Ladungen können usw., wie bei Argentinien. (§§ 2—4, § 5, § 7 Abs. 3, § 8 Abschn. I Abs. 1 c bb, Abs. 3, 4 und Abschn. II, § 10 Abschn. III, § 26 der RHV. und Art. 1 Abs. 1 des Haager Ziv.-Proz.-Abk.).	§ 23, § 26 der RHV. u. Art. 9 Abs. 3 des Haager Ziv.-Proz.-Abk.).
b) Eupen Malmedy Moresnet	wie vor, jedoch in Überleitungssachen unmittelbar an die zuständige belgische Justizbehörde gem. Art. IV § 2 des Überleitungsabk. vom 23. April 1920, JMBl. 21 S. 198 ff.	
c) Außereurop. Besitzungen: Kongostaat (s. auch Mandate des Völkerbunds)	die Deutsche Gesandtschaft in Brüssel (dipl. Weg) nach Muster a Ziff. 2, ohne Übersetzung; die früheren deutschen Konsulate*) sind bisher nicht wieder eröffnet. Bei Ladungen usw., wie bei Argentinien unter 1 Sp. 2. (§ 8 Abschn. I Abs. 1 d der RHV. im Abschn. II).	wie vor (dipl. Weg).*) (§ 21 Abschn I Abs. 1 c der RHV. im Abschn. II).
	Das Haager Ziv.-Proz.-Abk. findet auf die belg. außereurop. Besitzungen keine Anwendung (§ 26 des Abk.).	
Zu a, b, c:	2. in Strafsachen:	
	die zuständigen Konsulate (s. Verzeichnis im Abschn. VI) bei Reichsdeutschen, sonst an die Deutsche Gesandtschaft in Brüssel (dipl. Weg)**) nach Muster a Ziff. 6, ohne Übersetzung, und zwar usw., wie bei Abessinien unter 2 Sp 2. Die Zustellung eines Strafbefehls an einen Ausländer bei Übertretung der Rheinschiffahrtspolizeiordnung ist im dipl. Wege (Gesandtschaft) zu beantragen.	wie vorstehend, jedoch nach Muster b Ziff. 10 mit Begleitschreiben nach Muster b Ziff. 3, ohne Übersetzung, und bei eidlichen Vernehmungen von Zeugen mit Zusatz, daß das Hauptverfahren eröffnet ist (vgl. § 24 RHV.). Für die Vernehmung deutscher Angeklagten, die vom Erscheinen in der Hauptverhandlung entbunden sind, gilt das bei Argentinien Gesagte. Zu berücksichtigen usw., wie bei Argentinien unter 2 Sp. 3.
	Wegen Rechtshilfe auf Sondergebieten s. § 26 der RHV. Die Rechtshilfe wird jedoch verweigert bei politischen, rein fiskalischen oder bei Straftaten, die in Belgien nicht strafbar sind (Auslief.-Vertrag vom 24. 12. 74 — RGBl. 75 S. 73, Art. 13—15, hier abgedruckt unter § 26 der RHV. im Abschnitt II).	
Bismarck-Inseln	siehe Brit. Reich (Austr. Bund).	

*) Inzwischen Konsulat in Matadi — Amtsbezirk: Belgisches Gebiet des Kongo — eröffnet (s. Vorbemerkungen unter Ziff. 2, 3 zu diesem Abschnitt).

**) In dringenden Angelegenheiten können Rechtshilfeersuchen der in den Art. 13 u. 15 des Auslief.-Vertrages bezeichneten Art unmittelbar an die belgischen Behörden gerichtet werden (Bekanntm. JMBl. 25 S. 200 nebst Verzeichnis der in Frage kommenden belgischen Behörden, hier abgedruckt unter § 26 d. RHV. im Abschnitt II).

Betreffend den Staat	Ersuchen an ausländische Behörden	
	um Zustellung sind zu richten an:	um Zeugenvernehmung usw., Eidesabnahme, Vernehmung von Angeklagten sind zu leiten an:
Sp. 1	Sp. 2	Sp. 3
Bolivien	1. in bürgerlichen Sachen:	
	a) wie bei Argentinien unter 1a; b) die Deutsche Gesandtschaft in La Paz (dipl. Weg) bei Zustellungen an Ausländer nach Muster usw., wie bei Argentinien unter 1b;	c) wie bei Argentinien unter 1c; d) „ „ „ „ 1d; e) die Deutsche Gesandtschaft in La Paz (dipl. Weg), nach Muster usw, wie bei Argentinien unter 1e bei Ausländern.
	2. in Strafsachen:	
	wie vorstehend, jedoch nach Muster a Ziff. 6, ohne Übersetzung, und zwar usw., wie bei Abessinien unter 2 Sp. 2.	wie vorstehend, jedoch nach Muster b Ziff. 10 mit der Einschränkung, daß usw, wie bei Argentinien unter 2 Sp. 3.
Bosnien	gehört jetzt zu Serbien (Jugoslavien).	
Brasilien	1. in bürgerlichen Sachen:	
	a) die nach dem Verzeichnis im Abschn. VI für den Erledigungsort zuständigen deutschen Konsulate nach Muster a Ziff. 2, ohne Übersetzung; eigene, unmittelbare Erledigung. Dies gilt jedoch nur dann, wenn der Zustellungsempfänger ein Deutscher ist und eine Vollstreckung nicht in Frage kommt, oder wenn die Zustellung nicht auch für Br. Rechtswirkungen hervorrufen soll. In den Fällen, in denen die Zustellung auch Rechtswirkungen in Br. haben soll, ist das Ersuchen nach Muster a Ziff. 2 mit einem Begleitschreiben (Muster a Ziff. 3 im Abschn. V) an die Deutsche Gesandtschaft in Rio de Janeiro zu übersenden (dipl. Weg). Wegen der alsdann zu beobachtenden Formvorschriften vgl. Abs. 5 der AV. vom 2. Nov. 1927 — JMBl. S. 337, abgedruckt im Teil I S. 50, wegen der Beifügung von Übersetzungen den Hinweis unter d bb nebenstehend. Bei Ladungen können usw., wie bei Argentinien unter 1 Sp 2. (§§ 2—4, § 5 Abs 2, 4, §§ 7, 8 Abschn. I Abs. 1c u. Abschn. II, § 27 der RHV. im Abschn. II).	b) wie bei Argentinien unter 1c; c) „ „ „ „ 1d; d) die Deutsche Gesandtschaft in Rio de Janeiro (dipl. Weg) nach Muster usw., wie bei Argentinien unter 1e unter Berücksichtigung folgender Sonderbestimmungen: Sofern bei der Rechtshilfe die Inanspruchnahme brasilianischer Gerichte (unter den Voraussetzungen zu d vorstehend) stattfindet, sind unter Zusicherung der Gegenseitigkeit folgende Zusätze zu machen: aa) im Begleitschreiben: „Zur Deckung der Kosten ist ein Vorschuß in Höhe von ... *RM* eingefordert — sehr hoch zu bemessen, da selten unter 150 *RM* —; bb) im Ersuchen um Zeugenvernehmung: „Falls der Zeuge verzogen sein sollte, wird um gefl. Abgabe an das für den derzeitigen Wohn- und Aufenthaltsort zuständige Gericht gebeten. Angeschlossen ist eine von dem Vorsitzenden des Prozeßgerichts beglaubigte Erklärung der die Vernehmung betreibenden Partei, durch die die Deutsche Gesandtschaft in Rio de Janeiro ermächtigt wird, erforderlichenfalls einen Rechtsanwalt anzunehmen." Wegen der Form des Ersuchungsschreibens und der Sprache usw. der beizufügenden Übersetzungen sind die Vorschrift des Abs. 5 in § 27 der RHV, aber auch die Vorbemerkung zu 1 dieses Verzeichnisses zu beachten.

Betreffend den Staat	Ersuchen an ausländische Behörden um Zustellung sind zu richten an:	um Zeugenvernehmung usw., Eidesabnahme, Vernehmung von Angeklagten sind zu leiten an:
Sp. 1	Sp. 2	Sp. 3
	2. in Strafsachen:	
	wie vorstehend, jedoch nach Muster a Ziff 6, ohne Übersetzung, und zwar usw., wie bei Argentinien unter 2 Sp. 2.	wie vorstehend unter d unter Zusicherung der Gegenseitigkeit für gleichartige Fälle in Anlehnung an Muster b Ziff 10 mit der Einschränkung, daß usw., wie bei Argentinien unter 2 Sp 3. Die Rechtshilfe wurde nach dem außer Kraft*) gesetzten Vertrag verweigert bei politischen Verbrechen oder Vergehen, bei in Brasilien nicht strafbaren Handlungen sowie, wenn der Brasilianer in Deutschland noch nicht verhaftet ist. Wegen Vernehmung von Reichsdeutschen siehe Vorbemerkung unter Ziff 3.
	Betr. Mädchenhandel s. Anm. 2 zu § 27 der RHV	
Britisches Reich	**1. in bürgerlichen Sachen:**	
a) Großbritannien einschl. Nordirland [Irischer Freistaat s. nachstehend zu b] Kanalinseln und Insel Man	die Deutsche Botschaft — Konsulatsabteilung — in London oder das nach dem Konsulatsverzeichnis im Abschn. VI für den Erledigungsort zuständige deutsche Konsulat nach Muster a Ziff 2, ohne Übersetzung und ohne Rücksicht auf die Staatsangehörigkeit des Empfängers; eigene, unmittelbare Erledigung. Absendung stets unter der äußeren Anschrift: Deutsche Botschaft — Konsulatsabteilung — in London. Bei Ladungen können usw., wie bei Argentinien unter 1 Sp. 2. (§ 8 Abschn I Abs. 1c, § 34 Abs 4 der RHV. im Abschn. II).	die Deutsche Botschaft, Konsulatsabteilung, in London oder die deutschen Konsulate in Glasgow und Liverpool — je nach Zuständigkeit, s. Verzeichn. im Abschn. VI — nach Muster b Ziff. 1 oder c, ohne Rücksicht auf die Staatsangehörigkeit, ohne Übersetzung; eigene, unmittelbare Erledigung. Zuzufügen: Angabe der Staatsangehörigkeit des Zeugen (Sachv.) oder des Schwurpflichtigen und des eingeforderten Auslagenvorschusses — sehr hoch zu bemessen. s. Vorbem. Ziff. 1 zu diesem Verz. — sowie den Antrag, das Ersuchen nach deutschem Recht zu erledigen; Belehrung über die deutschen Prozeßvorschriften ist daher hier nicht erforderlich. Ersuchen um Rechtshilfe sind an britische Justizbehörden wegen der Weiterungen, die sonst leicht entstehen, nicht zu richten. Soll dies ausnahmsweise doch geschehen, so ist das Ersuchungsschreiben unter Darlegung der Gründe dem Justizminister einzureichen. (§§ 2–4, § 5 Abs 1, 2, § 7, § 9, § 10 Abschn. I, § 18, § 22, § 34 der RHV im Abschn II).
b) Dominien einschl. des Irischen Freistaates, Indien, Kolonien, Protektorate, Dependenzen, Mandatsgebiete, und zwar:	das für den Erledigungsort nach dem Konsulatsverzeichnis im Abschn. VI zuständige deutsche Konsulat nach Muster a Ziff 2, ohne Rücksicht auf die Staatsangehörigkeit und ohne Übersetzung; eigene unmittelbare Erledigung. Bei Ladungen usw., wie bei Argentinien unter 1 Sp 2	den Herrn Preußischen Justizminister in Berlin oder in eiligen Fällen das Auswärtige Amt in Berlin nach Muster b Ziff 2 oder c mit Begleit-Bericht oder -Schreiben nach Muster b Ziff. 4 oder 3 ohne Übersetzung und ohne Rücksicht auf die Staatsangehörigkeit; Erledigung erfolgt durch das deutsche Konsulat.

*) Rechtshilfe wird unter Voraussetzung der Gegenseitigkeit aufrecht erhalten.

Betreffend den Staat	Ersuchen an ausländische Behörden — um Zustellung sind zu richten an:	um Zeugenvernehmung usw., Eidesabnahme, Vernehmung von Angeklagten sind zu leiten an:
Sp. 1	Sp. 2	Sp. 3
	Das vorstehend über die Außenanschrift Gesagte gilt hier nicht (§ 8 usw. wie vor).	Zusatz: Die zu vernehmende Person besitzt die deutsche Reichsangehörigkeit und ist bereit, vor dem Konsul zu erscheinen (g. F. einrücken, was sonst hierüber ermittelt ist) und Antrag, das Ersuchen nach deutschem Recht zu erledigen; Belehrung über die deutschen Prozeßvorschriften ist hier nicht erforderlich. Hohe Kosten, s Vorbem. Ziff. 1. (§§ 2–4, § 5 Abs. 3, § 9, § 22, § 34 der RHB. im Abschn. II).
1a. Aden *)		
1. Australischer Bund (s. auch Neu-Guinea unter Völkerbund).	das Deutsche Generalkonsulat in Melbourne **) (Amtsbezirk s. Konsulatsverzeichnis in Abschn. VI). Im übrigen wie vor zu b Sp. 2.	wie vor zu b Sp. 3.
2. Canada	das Deutsche Generalkonsulat in Montreal ***) (Amtsbezirk: Canada). Im übrigen wie vor zu b Sp. 2.	wie vor zu b Sp. 3.
3. China (Hongkong)	siehe lfd. Nr. 8.	
4. Ceylon *)		
5. Cypern	das Deutsche Konsulat in Larnaca (Amtsbezirk: Cypern). Im übrigen wie vor zu b Sp. 2.	wie vor zu b Sp. 3.
6. Gibraltar	das Deutsche Konsulat in Gibraltar (Amtsbez.: Britische Besitzung Gibraltar). Im übrigen wie vor zu b Sp. 2.	wie vor zu b Sp. 3.
7. Goldküste	das Deutsche Konsulat in Accra (Amtsbezirk: Britische Goldküstenkolonie). Im übrigen wie vor zu b Sp. 2.	wie vor zu b Sp. 3.
8. Hongkong	das Deutsche Konsulat in Hongkong (China) – Amtsbezirk: Britische Besitzung Hongkong —. Im übrigen wie vor zu b Sp. 2.	wie vor zu b Sp. 3.
9. Jamaica	das Deutsche Konsulat in Kingston (Amtsbezirk: Insel Jamaica). Im übrigen wie vor zu b Sp. 2.	wie vor zu b Sp. 3.
10. Indien	das Deutsche Generalkonsulat in Kalkutta ****) (Amtsbezirk: Britisch-Indien und Kolonie Ceylon). Im übrigen wie vor zu b Sp. 2.	wie vor zu b Sp. 3.
11. Irischer Freistaat (Irland)	das Deutsche Generalkonsulat in Dublin (Amtsbezirk: Irischer Freistaat). Im übrigen wie vor zu b Sp. 2.	wie nebenstehend nach Muster b Ziff. 1 (zu vgl. a Sp. 3 vorstehend).

*) Zwischenzeitlich Konsulate eingerichtet (in Aden bzw. in Colombo — s. S. 309 —).
**) oder das Deutsche Konsulat in Adelaide (s. S. 309).
***) „ „ „ „ „ Winnipeg (s. S. 309).
****) „ „ „ „ „ Bombay (s. S. 309).

Betreffend den Staat	Ersuchen an ausländische Behörden — um Zustellung sind zu richten an:	um Zeugenvernehmung usw., Eidesabnahme, Vernehmung von Angeklagten sind zu leiten an:
Sp. 1	Sp. 2	Sp. 3
12. Kapprovinz	das Deutsche Konsulat in Kapstadt (Amtsbezirk: Kapprovinz). Im übrigen wie vor zu b Sp. 2.	wie vor zu b Sp. 3.
13. Kenia	siehe Tanganyika (lfd. Nr. 23).	
14. Labuan	siehe lfd. Nr. 21.	
15. Neuguinea	siehe Austr. Bund (Kaiser-Wilhelm-Land und Bismarck-Inseln).	
15a. Neufundland *)		
16. Neuseeland (s. Völkerbund)	das Deutsche Konsulat in Wellington (Neuseeland) — Amtsbezirk: Neuseeland und Dependenzen sowie das Mandatsgebiet West-Samoa —. Im übrigen wie vor zu b Sp. 2.	wie vor zu b Sp. 3.
17. Nigeria	das Deutsche Konsulat in Lagos (Amtsbezirk: Protektorat und Kolonie: Nigeria). Im übrigen wie vor zu b Sp. 2.	wie vor zu b Sp. 3.
18. Palästina	das Deutsche Generalkonsulat in Jerusalem (Amtsbezirk: (Palästina). Im übrigen wie vor zu b Sp. 2.	wie vor zu b Sp. 3.
19a. Rangoon*)		
19. Rhodesia	siehe Südafrika-Union.	
20. Samoa	siehe Neuseeland (lfd. Nr. 15).	
21. Straits-Settlements (Britisch-Malakka)	das Deutsche Generalkonsulat in Singapore (Amtsbezirk s. Konsulatsverzeichnis im Abschn. VI). Im übrigen wie vor zu b Sp. 2.	wie vor zu b Sp. 3.
22. Südafrikanische Union (s. Völkerbund)	das Deutsche Generalkonsulat in Pretoria**) (Amtsbezirk s. Konsulatsverzeichnis Abschn. VI). Im übrigen wie vor zu b Sp. 2.	wie vor zu b Sp. 3.
23. Südwestafrika	siehe Südafrikanische Union (lfd. Nr. 22).	
24. Tanganyika	das Deutsche Konsulat in Mombasa (Amtsbezirk: Kenia, Uganda, und das Mandatsgebiet Tanganyika sowie Zanzibar und Britisch Nyassaland). Im übrigen wie vor zu b Sp. 2.	wie vor zu b Sp. 3.
25. Trinidad u. Tobago	das Deutsche Konsulat in Port of Spain (Trinidad) — Amtsbezirk s. Konsulatsverzeichnis im Abschn. VI —. Im übrigen wie vor zu b Sp. 2.	wie vor zu b Sp. 3.
26. Uganda	siehe Tanganyika.	

*) Zwischenzeitlich Konsulate eingerichtet (in St. John's bzw. in Rangoon — s. S. 309 —).
**) oder die deutschen Konsulate in Kapstadt bzw. Windhuk — s. S. 309 —).

Betreffend den Staat	Ersuchen an ausländische Behörden — um Zustellung sind zu richten an:	um Zeugenvernehmung usw., Eidesabnahme, Vernehmung von Angeklagten sind zu leiten an:
Sp. 1	Sp. 2	Sp. 3
	2. in Strafsachen:	
a) Großbritannien usw. wie vor b) Dominien usw. wie vor	wie vorstehend unter 1 a bzw. 1 b, jedoch nach Muster a Ziff. 6, ohne Übersetzung, und zwar usw., wie bei Abessinien unter 2 Sp. 2. Bei Großbritannien usw. ist insbesondere die Vorschrift unter a wegen der Außenanschrift zu beachten.	wie vorstehend zu 1 a bzw. 1 b, jedoch nach Muster b Ziff. 10. Die Vernehmung von Beschuldigten läßt sich überhaupt nicht erreichen (§ 34 Abs. 2 der RHV.). Zu berücksichtigen ist das bei Argentinien unter 2 Sp. 3 a—d Gesagte.
	Wegen Rechtshilfe auf Sondergebieten s. Anm. 6 zu § 34 der RHV. (I. Teil).	
Bulgarien	das nach dem Verzeichnis im Abschn. VI für den Erledigungsort zuständige bulgarische Gericht I. Instanz gemäß dem amtlich vorgeschriebenen doppelsprachigen Vordruck Nr. 136 mit einem Begleitschreiben an das zuständige deutsche Konsulat*) nach Muster a Ziff. 3 (siehe Abschn. V) mit Antrag auf Beschaffung der g. F. erforderlichen Übersetzung gemäß der AV. v. 21. Dez. 1926 (abgedr. Teil I S. 19) ohne Rücksicht auf die Staatsangehörigkeit (Vermittelungsstelle). Wegen Zustellung an Reichsdeutsche s. Vorbemerkung unter Ziff. 2 dieses Verzeichnisses und Art. 15 des Vertrages (abgedruckt S. 54, Teil I). Bei Ladungen usw., wie bei Argentinien unter 1 Sp. 2 (Termine nicht zu kurz anberaumen). (§§ 2—4, § 5 Abs. 4, § 7, § 8 Abschnitt I u. II der RHV., Art. 3, 4, 8 (1), 9, 10 des Vertrages vom 22. Dez. 1926, abgedruckt S. 52 im Teil 1).	wie nebenstehend nach Muster b Ziff. 1 oder c mit Begleitschreiben nach Muster a Ziff. 3 mit Antrag auf Beschaffung der Übersetzung, wie nebenstehend (Vermittelungsstelle). Wegen Vernehmung von Reichsdeutschen s. Vorbem. Ziff. 3 zu diesem Verzeichnis und Art. 1o des Vertrages S. 54 im I. Teil). (§§ 2—4, § 5 Abs. 4, § 7, § 9, § 20, § 22 der RHV., Art. 12 des nebenst. Vertrages).
	2. in Strafsachen:	
	wie bei Argentinien unter 2 Sp. 2.	wie nebenstehend, jedoch nach Muster b Ziff. 10 mit der Einschränkung, daß usw., wie bei Argentinien unter 2 Sp. 3.
	Die Rechtshilfe wurde nach dem außer Kraft gesetzten Vertrage**) verweigert, wenn die den Gegenstand der Untersuchung bildende Handlung nur eine Übertretung ist, oder nach den Gesetzen des ersuchten Teiles nicht, oder nur als Übertretung strafbar wäre, wenn sie ein politisches Verbrechen oder Vergehen oder ein fiskalisches Vergehen ist, wenn der ersuchte Teil die Erledigung des Ersuchens für geeignet hält, seine Hoheitsrechte oder seine Sicherheit zu gefährden, oder wenn es sich um Verfolgung eines Angehörigen des ersuchten Teiles handelt, der sich nicht im Gebiete des ersuchenden Teiles befindet (zu vgl. Anm. 2 zu § 28 der RHV., auch wegen Rechtshilfe auf Sondergebieten in Strafsachen).	
Canada	siehe Britisches Reich.	

*) Zu vgl. Anm. zum Konsulatsverzeichnis S. 324.

**) Bis zum Abschluß eines neuen Vertrages findet Rechtshilfe auf Grund Gegenseitigkeit statt.

Betreffend den Staat	Ersuchen an ausländische Behörden um Zustellung sind zu richten an:	um Zeugenvernehmung usw., Eidesabnahme, Vernehmung von Angeklagten sind zu leiten an:
Sp. 1	Sp. 2	Sp. 3
Carolinen	siehe Japan.	
Ceylon	siehe Britisches Reich.	
Chile	1. in bürgerlichen Sachen:	
	a) wie bei Argentinien unter 1 a (der dipl. Vertretung in Santiago sind ausnahmsweise nicht gleichzeitig konsularische Befugnisse erteilt); b) die Deutsche Gesandtschaft in Santiago (dipl. Weg) bei Zustellungen an Ausländer usw., wie bei Argentinien unter 1 b (zu vgl. auch § 29 der RHV. im Abschn. II);	c) wie bei Argentinien unter 1 c; d) „ „ „ „ 1 d; e) die Deutsche Gesandtschaft in Santiago (dipl. Weg) nach Muster usw., wie bei Argentinien unter 1 e bei Ausländern. Bei Erledigung von Rechtshilfeersuchen durch chilenische Justizbehörden entstehen erhebliche Kosten; hierauf ist bei Bemessung des Kostenvorschusses Rücksicht zu nehmen. (Zu vgl. auch § 29 der RHV. und Vorbem. 1 zu diesem Verzeichnis).
	2. in Strafsachen:	
	wie vorstehend, jedoch nach Muster a Ziff. 6, ohne Übersetzung, und zwar usw., wie bei Abessinien unter 2 Sp. 2.	wie vorstehend, jedoch nach Muster b Ziff. 10 mit der Einschränkung, daß usw., wie bei Argentinien unter 2 Sp. 3.
China einschl. Kiautschou (Schantung)	1. in bürgerlichen Sachen:	
	a) wie bei Argentinien unter 1 a; b) die Deutsche Gesandtschaft in Peking (dipl. Weg) bei Zustellungen an Ausländer usw., wie bei Argentinien unter 1 b;	c) wie bei Argentinien unter 1 c; d) „ „ „ „ 1 d; e) die Deutsche Gesandtschaft in Peking (dipl. Weg) nach Muster usw., wie bei Argentinien unter 1 e bei Ausländern.
	Konsulargerichtsbarkeit wird nicht mehr ausgeübt.	
	2. in Strafsachen:	
	wie vorstehend, jedoch nach Muster a Ziff. 6, ohne Übersetzung, und zwar usw., wie bei Abessinien unter 2 Sp. 2.	wie vorstehend, jedoch nach Muster b Ziff. 10 mit der Einschränkung, daß usw., wie bei Argentinien unter 2 Sp. 3.
	Wegen Rechtshilfe auf verschiedenen Sondergebieten siehe unter China im Abschn. II (S. 59). Konsulargerichtsbarkeit wird nicht mehr ausgeübt.	
Hongkong (Brit. Besitzg.)	siehe Britisches Reich.	
Columbien	1. in bürgerlichen Sachen:	
	a) wie bei Argentinien unter 1 a; b) die Deutsche Gesandtschaft in Bogotá (dipl. Weg) bei Zustellungen an Ausländer usw., wie bei Argentinien unter 1 b; (Vgl. auch § 30 der RHV. im Abschn. II).	c) wie bei Argentinien unter 1 c; d) wie bei Argentinien unter 1 d; e) die Deutsche Gesandtschaft in Bogotá (dipl. Weg) nach Muster usw., wie bei Argentinien unter 1 e bei Ausländern. (Zu vgl. auch § 30 der RHV. im Abschn. II).

Betreffend den Staat	Ersuchen an ausländische Behörden: um Zustellung sind zu richten an:	Ersuchen an ausländische Behörden: um Zeugenvernehmung usw., Eidesabnahme, Vernehmung von Angeklagten sind zu leiten an:
Sp. 1	Sp. 2	Sp. 3
	2. in Strafsachen:	
	wie vorstehend, jedoch nach Muster a Ziff. 6, ohne Übersetzung, und zwar usw., wie bei Abessinien unter 2 Sp. 2.	wie vorstehend, jedoch nach Muster b Ziff. 10 unter Zusicherung der Gegenseitigkeit für gleichartige Fälle mit der Einschränkung, daß usw., wie bei Argentinien unter 2 Sp. 3 (Art. 23 des Auslief.-Vertrags vom 23. Juli 1892 — RGBl. 94 S. 47 —, abgedruckt unter § 30 der RHB. im Abschn. II.
Congostaat	siehe Belgien.	
Costarica (siehe Mittelamerika)	1. in bürgerlichen Sachen:	
	a) wie bei Argentinien unter 1 a; b) die Deutsche Gesandtschaft in Guatemala (dipl. Weg) bei Zustellungen an Ausländer usw., wie bei Argentinien unter 1 b;	c) wie bei Argentinien unter 1 c; d) „ „ „ „ 1 d; e) die Deutsche Gesandtschaft in Guatemala (dipl. Weg) nach Muster usw., wie bei Argentinien unter 1 e bei Ausländern.
	2. in Strafsachen:	
	wie vorstehend, jedoch nach Muster a Ziff. 6, ohne Übersetzung, und zwar usw., wie bei Abessinien unter 2 Sp. 2.	wie vorstehend, jedoch nach Muster b Ziff. 10 mit der Einschränkung, daß usw., wie bei Argentinien unter 2 Sp. 3.
Croatien	siehe Serbien.	
Cuba (s. auch Haiti)	1. in bürgerlichen Sachen:	
	a) wie bei Argentinien unter 1 a; b) die Deutsche Gesandtschaft in Havana (dipl. Weg) bei Zustellungen an Ausländer usw., wie bei Argentinien unter 1 b;	c) wie bei Argentinien unter 1 c; d) „ „ „ „ 1 d; e) die Deutsche Gesandtschaft in Havana (dipl. Weg) nach Muster usw., wie bei Argentinien unter 1 e bei Ausländern.
	(Zu vgl. auch § 37 der RHB. im Abschn. II).	
	2. in Strafsachen:	
	wie vorstehend, jedoch nach Muster a Ziff. 6, ohne Übersetzung, und zwar usw., wie bei Abessinien unter 2 Sp. 2.	wie vorstehend, jedoch nach Muster b Ziff. 10 mit der Einschränkung, daß usw., wie bei Argentinien unter 2 Sp. 3.
	Wegen Rechtshilfe auf Sondergebieten s. unter Cuba im Abschn. II (S. 60).	
Curaçao	siehe Niederlande.	
Cypern	siehe Britisches Reich.	
Dänemark u. Besitzungen	1. in bürgerlichen Sachen:	
	a) dem Magistrat der Stadt Kopenhagen für Zustellungen in Kopenhagen, sonst an den für den Erledigungsort nach dem Verzeichnis im Abschn. VI zuständigen Herrn Amtmann — Vermittlungsstellen — nach Muster a Ziff. 1 mit Begleitschreiben nach Muster a Ziff. 3, ohne Übersetzung, unmittelbarer Verkehr.	d) das Dänische Justizministerium für Rechtshilfeersuchen in Kopenhagen, sonst an den für den Erledigungsort nach dem Verzeichnis im Abschn. VI zuständigen Herrn Amtmann — Vermittelungsstellen — nach Muster b Ziff. 1 oder c mit Begleitschreiben nach Muster a Ziff. 3, ohne Übersetzung;

Betreffend den Staat	Ersuchen an ausländische Behörden — um Zustellung sind zu richten an:	um Zeugenvernehmung usw., Eidesabnahme, Vernehmung von Angeklagten sind zu leiten an:
Sp. 1	Sp. 2	Sp. 3
Grönland Island	(Beschaffung einer Übersetzung ist bei Anträgen auf Zwangszustellung bei der ersuchten ausländischen Stelle zu beantragen). b) die Deutsche Gesandtschaft — Konsulatsabteilung — in Kopenhagen (Vermittelungsbehörde); c) die Deutsche Gesandtschaft in Kopenhagen (dipl. Weg); zu b und c: Nach Muster a Ziff. 2 ohne Übersetzung; zu a, b und c: Ohne Rücksicht auf die Staatsangehörigkeit. Wegen Zustellungen an Deutsche s. Vorbem. unter Ziff. 2 dieses Abschnitts. Bei Ladungen können usw. wie bei Argentinien unter 1 Sp. 2. Anm.: Die dänischen Antillen sind seit 1917 an die Vereinigten Staaten von Nordamerika abgetreten. Die Vereinbarung vom 1. Juni 1910 (s. unten) gilt nicht für Island und Grönland. (Zu vgl auch § 8 Abschn. I Abs. 1 b, c, d, § 10 Abschn. III, § 31 Abs. 2 der RHV., Art. 1 Abs. 4 (Abs. 1 bzw. 3 für Grönland bzw. Island) des Haager Ziv.-Proz.-Abk., Art. 2 der Vereinbarung vom 1. Juni 1910 — RGBl. S. 873, abgedruckt unter Anm. 2 zu § 31 der RHV. im Abschn. II —.	e) die Deutsche Gesandtschaft — Konsulatsabteilung — in Kopenhagen (Vermittelungsbehörde für Grönland); f) die Deutsche Gesandtschaft in Kopenhagen (dipl. Weg für Island). zu e u. f: Nach Muster b Ziff. 2 oder c mit Begleitschreiben nach Muster b Ziff. 3, ohne Übersetzung. In Ersuchen um Zeugenvernehmung, die von den dänischen Gerichten erledigt werden sollen, ist die beweisführende Partei zu bezeichnen. Bei Reichsdeutschen s. Vorbem. unter Ziff. 3 dieses Abschnitts. (§§ 2—4, § 5 Abs. 1, 2, 4, § 7, § 9, § 10 Abschn. I Abs. 1, 2, 4, Abschn. III § 18, § 20, § 21 a, § 22, § 31 Abs. 2 der RHV., Art. 9 Abs. 4 (Abs. 1 bzw. 3 für Grönland bzw. Island) des Haager Ziv.-Proz.-Abk., Art. 2 der nebenbezeichneten Vereinbarung).
	2. in Strafsachen:	
	a) wie bei Argentinien unter Strafsachen in Sp. 2.	b) wie bei Argentinien unter Strafsachen in Sp. 3.
	Wegen Rechtshilfe auf Sondergebieten s. Anm. 1 zu § 31 RHV., abgedruckt im Abschn. II. In schleunigen Strafsachen dürfen die Justizbehörden im Bezirke des Oberlandesgerichtes in Kiel mit den dänischen Behörden unter Beschränkung auf das tatsächliche Verhältnis und mit Vermeidung jeden Eingehens auf grundsätzliche Fragen nach Maßgabe des Zirkulars der Schleswig-Holsteinischen-Landesregierung vom 17. Februar 1865 und des Ausschreibens der Regierung des Herzogtums Lauenburg vom 18. desselben Monats unmittelbar verkehren (Verordnungsblatt für Schleswig-Holstein und Lauenburg — 1865 S. 27 —; offizielles Wochenblatt für Lauenburg 1865 S. 29). Dieser unmittelbare Geschäftsverkehr erstreckt sich nicht auf die Ersuchen um Zustellungen oder um Aushändigung gerichtlicher Schriftstücke. Wegen unmittelbaren Verkehrs außerhalb des Gebietes der Rechtshilfe s. § 55 der RHV. Bezüglich Vernehmung von Angeklagten s. § 17 der RHV. (Muster: b Ziff. 11 im Abschn. V).	
Nordschleswig	wie vor, jedoch in Überleitungssachen unmittelbar an das zuständige dänische Gericht gemäß Art. I § 12 des Überleitungsabk. vom 12. Juli 1921, RGBl. 221 S. 45.	

Betreffend den Staat	Ersuchen an ausländische Behörden — um Zustellung sind zu richten an:	um Zeugenvernehmung usw., Eidesabnahme, Vernehmung von Angeklagten sind zu leiten an:
Sp. 1	Sp. 2	Sp. 3
Danzig	(Hier ist die Übersendung von Akten mit Genehmigung des Oberlandesgerichtspräsidenten oder des Generalstaatsanwalts möglich).	
	1. in bürgerlichen Sachen:	
	das Amtsgericht in Danzig oder je nach Zuständigkeit in Neuteich, Schöneck, Tiegenhof, Zoppot nach Muster a Ziff. 1 ohne Übersetzung und ohne Rücksicht auf die Staatsangehörigkeit, unmittelbare Erledigung. Wegen Zustellungen an deutsche Reichsangehörige siehe Vorbem. unter Ziff. 2 dieses Abschnitts. Bei Ladungen können usw., wie bei Argentinien unter 1 Sp. 2. (§§ 2—4 der RHV., JMVfg. vom 12. Juni 1920 — I 17695 —, abgedruckt im Abschn. II unter Danzig).	wie nebenstehend nach Muster b Ziff. 1 oder c ohne Übersetzung; unmittelbare Erledigung. Wegen Vernehmung von Deutschen s Vorbem. zu diesem Abschn. unter Ziff. 3. (§§ 2—4, § 9, § 22 der RHV. und nebenbezeichnete RV.).
	2. in Strafsachen:	
	wie vorstehend, jedoch nach Muster a Ziff. 6, ohne Übersetzung, und zwar usw., wie bei Abessinien unter 2 Sp. 2.	wie vorstehend, jedoch nach Muster b Ziff. 10. Zu berücksichtigen usw., wie bei Argentinien unter 2 Sp 3. Bezüglich Vernehmung von Angeklagten s. § 17 der RHV. (Erledigung im unmittelbaren Verkehr nach Muster b Ziff. 11 im Abschn. V).
	Wegen Rechtshilfe auf Sondergebieten s. Abschn. II unter Danzig.	
Deutsches Reich (Saargebiet)	siehe Saargebiet.	
Dominika (San Domingo)	1. in bürgerlichen Sachen:	
	a) wie bei Argentinien zu 1a; b) die Deutsche Gesandtschaft in Havana (dipl. Weg) bei Zustellungen an Ausländer usw., wie bei Argentinien unter 1b;	c) wie bei Argentinien unter 1c; d) „ „ „ „ 1d; e) die Deutsche Gesandtschaft in Havana (dipl. Weg) nach Muster usw., wie bei Argentinien unter 1e bei Ausländern.
	2. in Strafsachen:	
	wie vorstehend, jedoch nach Muster a Ziff. 6 ohne Übersetzung, und zwar usw., wie bei Abessinien unter 2 Sp. 2.	wie vorstehend, jedoch nach Muster b Ziff. 10 mit der Einschränkung, daß usw., wie bei Argentinien unter 2 Sp. 3.
Ecuador	1. in bürgerlichen Sachen:	
	a) wie bei Argentinien zu 1 a; b) die Deutsche Gesandtschaft in Quito (dipl. Weg) bei Zustellungen an Ausländer usw., wie bei Argentinien zu 1 b;	c) wie bei Argentinien zu 1 c; d) „ „ „ 1 d; e) die Deutsche Gesandtschaft in Quito (dipl. Weg) nach Muster usw., wie bei Argentinien unter 1 e bei Ausländern

Betreffend den Staat	Ersuchen an ausländische Behörden: um Zustellung sind zu richten an:	Ersuchen an ausländische Behörden: um Zeugenvernehmung usw., Eidesabnahme, Vernehmung von Angeklagten sind zu leiten an:
Sp. 1	Sp. 2	Sp. 3
	2. in Strafsachen:	
	wie vorstehend, jedoch nach Muster a Ziff. 6 ohne Übersetzung, und zwar usw., wie bei Abessinien unter 2 Sp. 2.	wie vorstehend, jedoch nach Muster b Ziff. 10 mit der Einschränkung, daß usw., wie bei Argentinien unter 2 Sp. 3.
Egypten	1. in bürgerlichen Sachen:	
	das Deutsche Konsulat in Alexandrien oder die Deutsche Gesandtschaft in Kairo je nach Zuständigkeit (s. Konsulatsverzeichnis im Abschn. V), mit Gerichtsbarkeit ausgestattete Vertretungen, nach Muster a Ziff. 2 usw, wie bei Abessinien unter 1 Sp. 2. Zu vgl. jedoch AV. v. 21. April 1926 — JMBl. S. 160 — wegen Zustellung von Schriftstücken an britische Untertanen: „Schriftstücke, deren Zustellung an britische Untertanen in Egypten erfolgen soll, sind in zwei Ausfertigungen nebst englischer Übersetzung der Deutschen Gesandtschaft (Konsulatsabteilung) in Kairo mit Begleitschreiben zu übersenden.“ Zu vgl. jedoch AV. v. 26. Dezember 1926 — JMBl. S. 430 —, abgedruckt unter Anm. 2 zu § 3 der RHV.	wie nebenstehend, jedoch nach Muster b Ziff. 2 usw., wie bei Abessinien unter 1 Sp. 3.
	2. in Strafsachen:	
	wie vorstehend, jedoch nach Muster a Ziff. 6, ohne Übersetzung, und zwar usw., wie bei Abessinien unter 2 Sp. 2.	wie vorstehend, jedoch nach Muster b Ziff. 10 usw, wie bei Abessinien unter 2 Sp. 3.
	Wegen Rechtshilfe auf Sondergebieten s. Abschn. II unter Egypten.	
El Salvador	siehe Salvador.	
Elsaß-Lothringen	siehe Frankreich.	
England	siehe Britisches Reich.	
Estland	1. in bürgerlichen Sachen:	
	a) wie bei Argentinien zu 1 a; b) die Deutsche Gesandtschaft in Reval (dipl. Weg), bei Zustellungen an Ausländer wie bei Argentinien unter 1 b;	c) wie bei Argentinien unter 1 c; d) „ „ „ 1 d; e) die Deutsche Gesandtschaft in Reval (dipl. Weg) nach Muster usw., wie bei Argentinien unter 1 e bei Ausländern.
	2. in Strafsachen:	
	wie vorstehend, jedoch nach Muster a Nr. 6, ohne Übersetzung, und zwar usw, wie bei Abessinien unter 2 Sp. 2.	wie vorstehend, jedoch nach Muster b Nr. 10 mit der Einschränkung, daß usw., wie bei Argentinien unter 2 Sp. 3.
	Wegen Rechtshilfe auf Sondergebieten s. unter Estland im Abschn. II.	

Betreffend den Staat	Ersuchen an ausländische Behörden — um Zustellung sind zu richten an:	um Zeugenvernehmung usw., Eidesabnahme, Vernehmung von Angeklagten sind zu leiten an:
Sp. 1	Sp. 2	Sp. 3
Eupen	siehe Belgien.	
Finnland	1. in bürgerlichen Sachen:	
	die Deutsche Gesandtschaft (Konsulatsabteilung) in Helsingfors (Vermittelungsbehörde) nach Muster a Ziff. 2 mit Antrag auf etwaige Zwangszustellung nach Art. 3 des Haager Ziv.-Proz.-Abk., ohne Übersetzung und ohne Rücksicht auf die Staatsangehörigkeit. Wegen Zustellung an Reichsdeutsche s. Vorbem. zu diesem Verzeichnis unter Ziff. 2. Bei Ladungen können usw., wie bei Argentinien unter 1 Sp. 2. (§§ 2—4, § 5 Abs 2, § 7 Abs. 3, § 8 Abschn. I Abs. 1 c, Abs. 3, 4 u. Abschn. II der RHV. u. Art. 1 Abs. 1 Haager Ziv.-Proz.-Abk.).	die Deutsche Gesandtschaft (Konsulatsabteilung) in Helsingfors (Vermittelungsbehörde) nach Muster b Ziff. 2 oder c mit Begleitschreiben nach Muster b Ziff. 3, ohne Übersetzung. Wegen Vernehmung von Reichsdeutschen s. Vorbem. unter Ziff. 3 zu diesem Abschnitt. (§§ 2—4, § 5 Abs. 2, 4, § 7 Abs. 3, § 9, § 10 Abschn. I u. III, § 18 Abs. 2, 3, 4, § 20 Abs. 1, § 21 Abs. 1 a, § 22 der RHV. u. Art. 9 Abs. 1 des Haager Ziv.-Proz.-Abk.).
	2. in Strafsachen:	
	die zuständigen Konsulate (s. Abschn. VI) bei Reichsdeutschen — s. Vorbem. zu diesem Abschn. unter Ziff. 2 —, sonst an die Deutsche Gesandtschaft (Konsulatsabteilung) in Helsingfors (dipl. Weg), jedoch nach Muster a Ziff. 6, ohne Übersetzung, und zwar usw., wie bei Abessinien unter 2 Sp. 2.	wie bei Argentinien unter 2 Sp. 3.
	Wegen Rechtshilfe auf Sondergebieten s. Finnland im Abschn. II.	
Fiume	siehe Italien.	
Frankreich	1. in bürgerlichen Sachen:	
	A. den zuständigen Procureur de la République gemäß Muster a Ziff. 2 mit einem Begleitschreiben an den zuständigen deutschen Konsul (zu vgl. das Konsulatsverzeichnis im Abschn. VI) nach Muster a Ziff. 3 a. Bei Zwangszustellung vgl. die Anlage zu Muster a Ziff. 3 a. Wegen Zustellungen an Reichsdeutsche s. Vorbem. unter Ziff. 2 dieses Verzeichnisses. Bei Ladungen können usw., wie bei Argentinien unter 1 Sp. 2. (Zu vgl. § 32 der RHV.)	wie nebenstehend nach Muster b Ziff. 2 oder c mit Begleitschreiben nach Muster b Ziff. 3 a. Die Ersuchen müssen von einer Übersetzung, um deren Beschaffung zweckmäßig die zuständige deutsche konsul. Vertretung unter Bezugnahme auf die AV. v. 21 Dez. 1926 — JMBl. S. 430*) — zu ersuchen ist, begleitet sein. (Zu vgl. §§ 2—4, § 5 Abs. 2, 4, § 9, § 10, § 18 Abs. 2, § 22, § 23, § 32 der RHV.).

*) abgedruckt S. 19.

Betreffend den Staat	Ersuchen an ausländische Behörden um Zustellung sind zu richten an:	um Zeugenvernehmung usw., Eidesabnahme, Vernehmung von Angeklagten sind zu leiten an:
Sp. 1	Sp. 2	Sp. 3
Besitzungen: Indochina, Madagaskar, Marokko (franz. Zone), Syrien und Libanon, Tunis; siehe auch Völkerbund.	B. die Deutsche Botschaft in Paris (dipl. Weg), nach Muster a Ziff. 2, ohne Übersetzung. Wenn die Zustellung wegen Verweigerung der Annahme durch einen Gerichtsvollzieher erfolgen soll, ist um Beschaffung einer Übersetzung der zuzustellenden Schriftstücke zu bitten (AV. v. 21. Dez. 1926 — JMBl. S. 430 —, abgedruckt unter § 3 der RHV. Bei Ladungen können usw. wie bei Argentinien unter 1 Sp. 2. (Zu vgl. jedoch § 8 Abschn. I Abs. 1 d, § 32 der RHV.).	die Deutsche Botschaft in Paris (dipl. Weg) nach Muster b Ziff. 2 oder c mit Begleitschreiben nach Muster b Ziff. 3, ohne Übersetzung. (Zu vgl. §§ 2—4, § 5 Abs. 2, 4, § 9, § 10 Abschn. II, § 18 Abs. 2, 3, § 20 Abs. 1, § 21 Abs. 1 c, § 22, § 23, § 32 der RHV.)
Algerien	das Deutsche Generalkonsulat in Algier (bei Deutschen), sonst wie vor zu B.	
	2. in Strafsachen:	
	wie vorstehend zu B, jedoch nach Muster a Ziff. 6, ohne Übersetzung, und zwar usw. wie bei Abessinien unter 2 Sp. 2. Zustellung eines Strafbefehls an einen Ausländer bei Übertretung der Rheinschiffahrtspolizeiordnung ist ebenfalls im dipl. Wege (Botschaft) zu beantragen.	wie nebenstehend, jedoch nach Muster b Ziff. 10 mit der Einschränkung, daß usw., wie bei Argentinien unter 2 Sp. 3. Fr. läßt die Vernehmung von deutschen Reichsangehörigen durch deutsche Konsuln in Strafsachen nicht zu, s. Anm. 2 zu § 32 der RHV. Es werden nur die Ersuchen erledigt, die von einem Gericht ausgehen (§ 32 Ziff. 1 der RHV.). Bei eidlichen Vernehmungen von Zeugen ist zu bemerken, daß das Hauptverfahren eröffnet ist (§ 24 RHV; im übrigen s. Auslief.-Vertrag vom 21. Juni 1845 — Pr. GSamml. S. 579 —, wieder in Kraft getreten und erweitert — JMBl. 20 S. 158 —).
	Wegen Rechtshilfe auf Sondergebieten s. § 32 Anm. 1 im I. Teil S. 69.	
Elsaß-Lothringen	wie vor zu A, zu vgl. jedoch die AV. v. 25. März, 25. August, 13. Sept. 1920 und 14. Dez. 1923, JMBl. 20 S. 131, 452, 480 und 23 S. 758. Das Abk. vom 5. Mai 1920, RGBl. S 1996, enthält keine Vereinbarungen über Rechtshilfe in Überleitungssachen.	
Georgien	siehe Rußland (Transkaukasische Sowjet-Republik).	
Gibraltar	siehe Britisches Reich.	
Goldküste	wie vor.	
Griechenland	1. in bürgerlichen Sachen:	
	a) wie bei Argentinien unter 1 a; b) die Deutsche Gesandtschaft in Athen (dipl. Weg) bei Zustellungen an Ausländer usw., wie bei Argentinien unter 1 b;	c) wie bei Argentinien unter 1 c; d) „ „ „ 1 d; e) die Deutsche Gesandtschaft in Athen (dipl. Weg) nach Muster usw., wie bei Argentinien unter 1 e bei Ausländern. **Rechtshilfe kostenfrei, mit Ausnahme von Übersetzungskosten.** (Zu vgl. auch § 33 der RHV. im Abschn. II).

Betreffend den Staat	Ersuchen an ausländische Behörden	
	um Zustellung sind zu richten an:	um Zeugenvernehmung usw., Eidesabnahme, Vernehmung von Angeklagten sind zu leiten an:
Sp. 1	Sp. 2	Sp. 3
	2. in Strafsachen:	
	wie vorstehend, jedoch nach Muster a Ziff. 6, ohne Übersetzung, und zwar usw., wie bei Abessinien unter 2 Sp. 2.	wie vorstehend, jedoch nach Muster b Ziff. 10 mit der Einschränkung usw., wie bei Argentinien unter 2 Sp 3.
	Die Rechtshilfe wird verweigert bei politischen Strafsachen. Haussuchung oder Beschlagnahme nur in bestimmten Fällen (Auslief.-Vertrag v. 12. März/27. Febr. 1907 — RGBl. S. 545 —, Art. 15—18, abgedruckt unter § 33 im Abschn. II). Betr. Vorladung von Zeugen, deren persönliches Erscheinen für notwendig erachtet wird, s. Art. 17 des vorbezeichneten Vertrages. Wegen Rechtshilfe auf Sondergebieten s. Anm. 2 zu § 33 der RHV. im Abschn. II.	
Grönland	siehe Dänemark.	
Großbritannien	siehe Britisches Reich.	
Guatemala	**1. in bürgerlichen Sachen:**	
	a) wie bei Argentinien zu 1 a; b) die Deutsche Gesandtschaft in Guatemala (dipl. Weg) bei Zustellungen an Ausländer usw, wie bei Argentinien unter 1 b;	c) wie bei Argentinien unter 1 c; d) wie bei Argentinien unter 1 d; e) die Deutsche Gesandtschaft in Guatemala (dipl. Weg) nach Muster usw., wie bei Argentinien unter 1 e bei Ausländern.
	2. in Strafsachen:	
	wie vorstehend, jedoch nach Muster a Ziff. 6, ohne Übersetzung, und zwar usw., wie bei Abessinien unter 2 Sp. 2.	wie vorstehend, jedoch nach Muster b Ziff. 10 mit der Einschränkung, daß usw., wie bei Argentinien unter 2 Sp. 3.
	1. in bürgerlichen Sachen:	
Haiti (siehe auch Cuba)	a) wie bei Argentinien zu 1 a; b) die Deutsche Gesandtschaft in Havana (Cuba), dipl. Weg, bei Zustellungen an Ausländer usw., wie bei Argentinien unter 1 b;	c) wie bei Argentinien unter 1 c; d) „ „ „ „ 1 d; e) die Deutsche Gesandtschaft in Havana (Cuba), dipl. Weg usw., wie bei Argentinien unter 1 e bei Ausländern
	2. in Strafsachen:	
	wie vorstehend, jedoch nach Muster a Ziff. 6, ohne Übersetzung, und zwar usw., wie bei Abessinien unter 2 Sp. 2.	wie vorstehend, jedoch nach Muster b Ziff. 10 mit der Einschränkung, daß usw., wie bei Argentinien unter 2 Sp. 3.
Hawaische Inseln	siehe Vereinigte Staaten von Amerika.	
Hedschas	siehe Türkei (zu vgl. auch I. Teil S. 81).	
Heiliger Stuhl	siehe Italien (Vatikan).	
Holland	siehe Niederlande.	
Honduras	**1. in bürgerlichen Sachen:**	
	a) wie bei Argentinien zu 1 a; b) die Deutsche Gesandtschaft in Guatemala (dipl. Weg) bei Zustellungen an Ausländer usw., wie bei Argentinien unter 1 b;	c) wie bei Argentinien unter 1 c; d) wie bei Argentinien unter 1 d; e) die Deutsche Gesandtschaft in Guatemala (dipl. Weg) nach Muster usw., wie bei Argentinien unter 1 e bei Ausländern.

Betreffend den Staat	Ersuchen an ausländische Behörden um Zustellung sind zu richten an:	um Zeugenvernehmung usw., Eidesabnahme, Vernehmung von Angeklagten sind zu leiten an:
Sp. 1	Sp. 2	Sp. 3
	2 in Strafsachen:	
	wie vorstehend, jedoch nach Muster a Ziff. 6, ohne Übersetzung, und zwar usw., wie bei Abessinien unter 2 Sp. 2.	wie vorstehend, jedoch nach Muster b Ziff. 10, mit der Einschränkung, daß usw., wie bei Argentinien unter 2 Sp. 3.
Hongkong (Brit. Besitzung)	siehe Britisches Reich.	
Hultschiner Land	siehe Tschechoslowakei.	
Indien	siehe Britisches Reich.	
Irak	siehe Britisches Reich.	
Irland (Nord) und **Irischer Freistaat**	siehe Britisches Reich.	
Island	siehe Dänemark.	
Italien	1. in bürgerlichen Sachen:	
	die Deutsche Botschaft — Konsulatsabteilung — in Rom, die Deutschen Generalkonsulate Mailand oder Neapel oder die Deutschen Konsulate in Genua oder Triest, und zwar je nach Zuständigkeit (s. Verz. zu § 7 der RHV.) — Vermittelungsbehörden —, ohne Übersetzung nach Muster a Ziff 2 mit Antrag auf etwaige Zwangszustellung gemäß Art. 3 des Haager Ziv.-Proz.-Abk., ohne Rücksicht auf die Staatsangehörigkeit der Person. Wegen Zustellung an deutsche Reichsangehörige siehe Vorbem. Ziff. 2 dieses Abschnitts. Bei Ladungen können usw., wie bei Argentinien unter 1 Sp. 2. (§§ 2—4, § 5, § 7 Abs. 3, § 8 Abschn. I Abs. 1 c bb, Abs. 3, 4 und Abschn II, § 10 Abschn. III, § 35 der RHV. u. Art. 1 Abs. 1 des Haager Ziv.-Proz.-Abk.).	die Deutsche Botschaft in Rom (dipl. Weg) nach Muster b Ziff. 2 oder c mit Begleitschreiben nach Muster b Ziff. 3, ohne Übersetzung. Wegen Vernehmung von deutschen Reichsangehörigen s. Vorbemerkungen zu diesem Abschnitt unter Ziff. 3 Ersuchen um Rechtshilfe in den an Italien abgetretenen früheren österreichischen Gebieten sind bis zum Erlaß besonderer Bestimmungen ebenso zu behandeln. (§§ 2—4, § 5 Abs. 1, 2, 4, § 7, § 9, § 10 Abschn. I u. III, § 18 Abs. 2, 3, 4, § 20 Abs. 1, § 21 Abs. 1 a cc, § 22, § 23, § 35 der RHV u. Art. 9 Abs. 3 des Haager Ziv.-Proz.-Abk.).
	2. in Strafsachen:	
	das zuständige deutsche Konsulat (s. Konsulatsverzeichnis im Abschn. VI) bei Reichsdeutschen, sonst an die Deutsche Botschaft in Rom nach Muster a Ziff 6, ohne Übersetzung (dipl. Weg), und zwar usw, wie bei Abessinien unter 2 Sp. 2.	wie vorstehend nach Muster b Ziff 10 mit Begleitschreiben nach Muster b Ziff. 3, ohne Übersetzung und mit der Einschränkung usw., wie bei Argentinien unter 2 Sp. 3.
	Die Rechtshilfe wird verweigert bei politischen und bei solchen Handlungen, die in Italien nicht strafbar sind oder, wenn der Italiener in Deutschland noch nicht verhaftet worden ist (Auslief.-Vertrag vom 31. Okt. 1871 — RGBl. S. 446	

Betreffend den Staat	Ersuchen an ausländische Behörden um Zustellung sind zu richten an:	um Zeugenvernehmung usw., Eidesabnahme, Vernehmung von Angeklagten sind zu leiten an:
Sp. 1	Sp. 2	Sp. 3
	—, Art. 12—14, wieder in Kraft getreten — JMBl. 20 S. 459 —, abgedruckt unter § 36 der RHV.) Wegen Rechtshilfe auf Sondergebieten s. § 35 der RHV im Abschn. II.	
Besitzungen: Kyrenaika, Tripolis, Erythräa und Somaliland	die Deutsche Botschaft in Rom (dipl. Weg) nach Muster a Ziff. 2, ohne Übersetzung; wegen Zustellung an Deutsche s. jedoch Vorbem. unter Ziff. 2 dieses Abschn. Bei Ladungen usw., wie bei Argentinien unter 1 Sp. 2. (§ 8 Abschn. I Abs. 1 d der RHV. im Abschn. II).	wie vor (dipl. Weg). (§ 21 Abschn. I Abs. 1 c der RHV. im Abschn II).
	Das Haager Ziv.-Proz.-Abk. findet auf die italienischen außereuropäischen Besitzungen keine Anwendung (§ 26 des Abk.)	
Vatikan	Für die Rechtshilfe im Bereiche des Vatikans bestehen keine Ausnahmen. Es empfiehlt sich jedoch, in allen Fällen den diplomatischen Weg (Botschaft) zu nehmen. Der dipl. Vertretung in Rom (Vatikan) sind ausnahmsweise nicht gleichzeitig konsularische Befugnisse erteilt.	
Japan nebst Korea Mandate des Völkerbunds: Karolinen, Mariannen, Marschallinseln, Südseeinseln	1. in bürgerlichen Sachen: den Herrn Preußischen Justizminister in Berlin oder in eiligen Fällen das Auswärtige Amt in Berlin (dipl. Weg) nach Muster a Ziff. 2 (einr.: bis einschl. „bewirken zu lassen") mit Begleitbericht bzw. Begleitschreiben nach Muster b Ziff. 4 bzw. a Ziff. 3*), ohne Übersetzung, und zwar in allen Fällen, es sei denn, daß es sich um Zustellungen an deutsche Reichsangehörige handelt (s. Ziff. 2 der Vorbem. zu diesem Abschnitt). Bei Ladungen können usw., wie bei Argentinien unter 1 Sp. 2. (§§ 2—4, § 5 Abs. 3, § 8 Abschn. I Abs. 1 d, § 36 der RHV.).	wie nebenstehend nach Muster b Ziff. 2 oder c mit Begleitbericht nach Muster b Ziff. 4 bzw. Begleitschreiben nach Muster a Ziff. 3*), ohne Übersetzung, und zwar in allen Fällen, es sei denn, daß es sich um Vernehmungen von Reichsdeutschen handelt, s. Ziff. 3 der Vorbem. zu diesem Abschnitt. (§§ 2—4, § 5 Abs. 1, 3, § 9, § 18 Abs. 2, § 20, § 21 Abs. 1 c, § 36 der RHV.).

*) Bei Ersuchen, deren Erledigung durch japanische Justizbehörden herbeigeführt werden soll, ist zu beachten:

In dem Begleitschreiben an die Deutsche Botschaft in Tokio ist diese zu ersuchen, bei Übermittelung des Zustellungsantrages oder Rechtshilfeersuchens an die zuständige japanische Justizbehörde die Erklärung abzugeben, daß die durch die Erledigung des Ersuchens entstehenden Kosten erstattet werden, und daß bei Ersuchen japanischer Justizbehörden in gleicher Weise Rechtshilfe geleistet wird. Von Ersuchen um Anwendung von Vorschriften sowie von der Verweisung auf Vorschriften des deutschen Prozeßrechtes ist abzusehen, da Japan ausländische Ersuchen nur nach den Vorschriften der japanischen Gesetze erledigt.

Für die Beschaffung von Übersetzungen gelten die Bestimmungen der Ziff. 2 Abs. 1 der AV. vom 21. Dezember 1926, abgedruckt S. 19 im Teil I.

Die Erledigung von Zustellungsanträgen und Rechtshilfeersuchen erfolgt durch die japanischen Justizbehörden nur gegen Erstattung der durch die Erledigung entstehenden Kosten. Hierauf ist bei Einforderung des Vorschusses Rücksicht zu nehmen (zu vgl. § 36 im I. Teil, S. 34).

Betreffend den Staat	Ersuchen an ausländische Behörden um Zustellung sind zu richten an:	um Zeugenvernehmung usw., Eidesabnahme, Vernehmung von Angeklagten sind zu leiten an:
Sp. 1	Sp. 2	Sp. 3
	2. in Strafsachen:	
	wie vorstehend, jedoch nach Muster a Ziff. 6 mit Begleitbericht bzw. Begleitschreiben nach Muster b Ziff. 4 bzw. a Ziff. 3*), ohne Übersetzung usw., wie bei Abessinien unter 2 Sp. 2.	wie vorstehend, jedoch nach Muster b Ziff. 10 mit Begleitbericht bzw. Begleitschreiben nach Muster b Ziff. 4 bzw. a Ziff. 3*) usw., wie bei Argentinien unter 2 Sp. 3.
	Wegen Rechtshilfe auf Sondergebieten s. § 36 der RHV.	
Jugoslawien	siehe Serbien.	
Kaiser-Wilhelm-Land	siehe Britisches Reich (Australischer Bund).	
Kamerun	siehe Völkerbund.	
Kanada	siehe Britisches Reich.	
Karolinen	siehe Japan.	
Kiautschou	siehe China.	
Kolumbien	siehe Columbien.	
Kongostaat	siehe Belgien.	
Korea	siehe Japan.	
Kostarika	siehe Costarica.	
Kroatien	siehe Serbien.	
Kuba	siehe Cuba.	
Lettland	1. in bürgerlichen Sachen:	
	a) wie bei Argentinien zu 1 a; b) die Deutsche Gesandtschaft in Riga (dipl. Weg) bei Zustellungen an Ausländer usw., wie bei Argentinien unter 1 b;	c) wie bei Argentinien unter 1 c; d) wie bei Argentinien unter 1 d; e) die Deutsche Gesandtschaft in Riga (dipl. Weg) nach Muster usw., wie bei Argentinien unter 1 e bei Ausländern.
	2. in Strafsachen:	
	wie vorstehend, jedoch nach Muster a Ziff. 6, ohne Übersetzung, und zwar usw., wie bei Abessinien unter 2 Sp. 2.	wie vorstehend, jedoch nach Muster b Ziff. 10 mit der Einschränkung, daß usw., wie bei Argentinien unter 2 Sp. 3.
	Wegen Rechtshilfe auf Sondergebieten s. unter L. im Abschn. II.	
Libanon	siehe Frankreich.	
Liberia	1. in bürgerlichen Sachen:	
	a) das Deutsche Konsulat in Monrovia nach Muster a Ziff. 2, ohne Übersetzung (eine deutsche dipl. Vertretung besteht z. Zt. noch nicht). Bei Ladungen können usw., wie bei Argentinien unter 1 Sp. 2.	b) wie nebenstehend, jedoch nach Muster b Ziff. 2 oder c mit Begleitschreiben nach Muster b Ziff. 3, ohne Übersetzung. (§§ 2—4, § 5 Abs. 2, 4, § 7, § 9, § 10 Abschn. I, § 18 Abs. 2, 3, § 20, § 21 Abs. 1 c, § 22 der RHV. im Abschn. II).

*) Siehe Fußvermerk auf der Vorseite.

Betreffend den Staat	Ersuchen an ausländische Behörden um Zustellung sind zu richten an:	um Zeugenvernehmung usw., Eidesabnahme, Vernehmung von Angeklagten sind zu leiten an:
Sp 1	Sp. 2	Sp. 3
	2. in Strafsachen:	
	wie vorstehend, jedoch nach Muster a Ziff. 6, ohne Übersetzung, und zwar usw., wie bei Abessinien unter 2 Sp. 2.	wie vorstehend, jedoch nach Muster b Ziff. 10 mit der Einschränkung, daß usw., wie bei Argentinien unter 2 Sp. 3.
	In Zweifelsfällen ist die Vermittelung des Justizministers nachzusuchen.	
Liechtenstein	1. in bürgerlichen Sachen:	
	a) die Deutsche Gesandtschaft in Bern (dipl. Weg) nach Muster a Ziff. 2, ohne Übersetzung. Bei Ladungen können usw, wie bei Argentinien unter 1 Sp. 2.	b) wie nebenstehend, jedoch nach Muster b Ziff. 2 oder c mit Begleitschreiben nach Muster b Ziff. 3, ohne Übersetzung. (§§ 2—4 usw. wie bei Liberia).
	2. in Strafsachen:	
	wie vorstehend, jedoch nach Muster a Ziff 6, ohne Übersetzung, und zwar usw., wie bei Abessinien unter 2 Sp. 2.	wie vorstehend, jedoch nach Muster b Ziff 10 mit der Einschränkung, daß usw., wie bei Argentinien unter 2 Sp. 3.
Litauen	1. in bürgerlichen Sachen:	
	a) die Deutsche Gesandtschaft — Konsulatsabteilung — in Kowno wie bei Argentinien zu 1 a; b) die Deutsche Gesandtschaft in Kowno (dipl. Weg) bei Zustellungen an Ausländer usw., wie bei Argentinien unter 1 b Sp. 2;	c) wie nebenstehend, sofern usw., wie bei Argentinien zu 1 c; d) die Deutsche Gesandtschaft in Kowno (dipl. Weg) nach Muster usw., wie bei Argentinien zu 1 e bei Ausländern.
	2. in Strafsachen:	
	wie vorstehend, jedoch nach Muster a Ziff. 6, ohne Übersetzung, und zwar usw., wie bei Abessinien unter 2 Sp. 2.	wie vorstehend, jedoch nach Muster b Ziff. 10 mit der Einschränkung, daß usw., wie bei Argentinien unter 2 Sp. 3.
Memelgebiet	siehe unter M.	
Lothringen	siehe Frankreich.	
Luxemburg	1. in bürgerlichen Sachen:	
	den Herrn Staatsanwalt in der Stadt Luxemburg oder in Diekirch — Vermittelungsstellen, je nach Zuständigkeit, s. Verzeichnis im Abschn. VI — nach Muster a Ziff. 1 mit Begleitschreiben nach Muster a Ziff. 3, ohne Übersetzung und ohne Rücksicht auf die Staatsangehörigkeit (unmittelbarer Verkehr). Wegen Zustellung an Deutsche s. Vorbem. unter Ziff. 2 dieses Verzeichnisses. Bei Ladungen können usw, wie bei Argentinien unter 1 Sp. 2. (§§ 2—4, § 5, § 7, § 8 Abs. 1 b, § 10 Abschn. III, § 38 Abs. 2, 3 der RHV.,	wie nebenstehend, jedoch nach Muster b Ziff. 1 oder c mit Begleitschreiben nach Muster a Ziff. 3, ohne Übersetzung, (unmittelbarer Verkehr). Bei Vernehmung von Reichsdeutschen s. Vorbem. Ziff. 3 zu diesem Abschnitt. Eine uneidliche Vernehmung von Zeugen durch die Gerichte ist nach luxemburgischem Rechte nur wegen Verwandtschaft des Zeugen mit einem Beteiligten zulässig; sonst kann die uneidliche Vernehmung nur auf dem Verwaltungswege durch die Polizei erfolgen. (§§ 2—4, § 5, § 7, § 9, § 10 Abschn. III, § 20, § 38 der RHV., Art. 9 Abs. 4 des

Betreffend den Staat	Ersuchen an ausländische Behörden — um Zustellung sind zu richten an:	um Zeugenvernehmung usw., Eidesabnahme, Vernehmung von Angeklagten sind zu leiten an:
Sp. 1	Sp. 2	Sp. 3
	Art. 1 Abs. 4 des Haager Ziv.-Proz.-Abk. u. Art. 1, 2 der Vereinb. v. 1. August 1909, abgedruckt in Anm. 3 zu § 38 der RHV. im Abschn. II).	Haager Ziv.-Proz.-Abk. u. nebenstehende Vereinbarung).
	2. in Strafsachen:	
	wie vorstehend, jedoch nach Muster a Ziff. 6, ohne Übersetzung, und zwar usw., wie bei Abessinien unter 2 Sp. 2.	wie vorstehend, jedoch nach Muster b Ziff. 10, oder im diplomatischen Wege (Gesandschaft in Luxemburg). Eidliche Vernehmungen von Zeugen sind erst nach der Eröffnung des Hauptverfahrens zu beantragen (§ 24 der RHV. im Abschnitt II). Im Ersuchungsschreiben ist alsdann zu bemerken, daß das Hauptverfahren eröffnet ist. Betr. uneidliche Vernehmung von Zeugen gilt das unter 1 Sp. 3 Gesagte auch in Strafsachen. Im übrigen s. Argentinien unter 2 Sp. 3. Bezüglich Vernehmung deutscher Angeklagter, die von der Verpflichtung zum Erscheinen in der Hauptverhandlung entbunden sind, siehe § 17 der RHV. (unmittelbar nach Muster 6 Ziff. 11 im Abschn. V).
	Die Rechtshilfe wird verweigert bei politischen, rein fiskalischen oder bei Straftaten, die in Luxemburg nicht strafbar sind (Auslief.-Vertrag vom 9. März 1876 — RGBl. S. 223 —, Art. 13—15 in der Fassung RGBl. S. 491), abgedruckt im Abschn. II unter L. Wegen Rechtshilfe auf Sondergebieten s. Anm. 3 zu § 38 der RHV. im Abschn. II.	
Madagaskar	siehe Frankreich.	
Madeira	siehe Portugal.	
Malmedy	siehe Belgien.	
Mandate des Völkerbunds	siehe V.	
Marianen	siehe Japan.	
Marino (San)	siehe San M.	
Marokko (Spanisches Einflußgebiet)	1. in bürgerlichen Sachen:	
	a) das Deutsche Konsulat in Larasch, nur bei deutschen Reichsangehörigen (s. Vorbem. Ziff. 2 zu diesem Verzeichnis); b) das Deutsche Konsulat in Tetuan (mit Gerichtsbarkeit ausgestatteter Konsul), ohne Rücksicht auf die Staatsangehörigkeit und ohne Übersetzung nach Muster a Ziff. 2; eigene unmittelbare Erledigung.	wie nebenstehend, und zwar: zu a: nach Muster b Ziff. 2 u. 6 bzw. c; zu b: nach Muster usw., wie bei Abessinien unter Nr. 1 Sp. 3. Zu a: siehe auch § 21 Abs. 1, § 50 Abs. 2 der RHV. u. Art. 9 Abs. 1 des Haager Ziv.-Proz.-Abk. Zu b: siehe Abessinien unter 1 Sp. 3.

Betreffend den Staat	Ersuchen an ausländische Behörden: um Zustellung sind zu richten an:	um Zeugenvernehmung usw., Eidesabnahme, Vernehmung von Angeklagten sind zu leiten an:
Sp. 1	Sp. 2	Sp. 3
	Das Haager Ziv.-Proz.-Abk. findet nunmehr auch auf die Zone des spanischen Protektorats Anwendung. Bei Ladungen können usw., wie bei Abessinien unter 1 Sp. 2. Zu a: §§ 2—4, § 5, § 7, § 8 Abschn. I Abs. 1 c, § 50 Abs. 2 der RHV., Art. 1 Abs. 1 des Haager Ziv.-Proz.-Abk.) Zu b: siehe Abessinien unter 1 Sp. 2.	
	2. in Strafsachen:	
	wie vorstehend, jedoch nach Muster a Ziff. 6, ohne Übersetzung und zwar usw., wie bei Abessinien unter 2 Sp. 2.	wie vorstehend, jedoch nach Muster b Ziff. 10 usw., wie bei Abbessinien unter 2 Sp. 3. Wegen Vernehmung von Angeklagten vgl. § 17 der RHV. (Muster b Ziff. 11 im Abschnitt V).
(Französische und Tangerzone)	siehe Frankreich.	
Marschall-Inseln	siehe Japan.	
Memelgebiet	(Hier ist die Übersendung von Akten mit Genehmigung des Oberlandesgerichtspräsidenten bzw. des Generalstaatsanwalts zulässig).	
	1. in bürgerlichen Sachen:	
	das zuständige Amtsgericht (s. Verzeichnis im Abschn. VI) nach Muster a Ziff. 1, ohne Übersetzung und ohne Rücksicht auf die Staatsangehörigkeit (unmittelbare Erledigung). Bei Ladungen können usw., wie bei Argentinien unter 1 Sp. 2.	wie nebenstehend, nach Muster b Ziff. 1 oder c, ohne Übersetzung, (unmittelbare Erledigung).
	(RV. v. 12. Juni 1920 — I. 17138, abgedruckt unter M. im Abschn. II —, §§ 2—4 der RHV.).	
	2. in Strafsachen:	
	wie vorstehend, jedoch nach Muster a Ziff. 6, ohne Übersetzung, und zwar usw., wie bei Abessinien unter 2 Sp. 2.	wie vorstehend nach Muster b Ziff. 10. Zu berücksichtigen: a—d bei Argentinien unter 2 Sp. 3. Für Auslieferungs- oder Strafverfolgungsersuchen sowie Anträge auf verantwortliche Vernehmung ist jedoch der diplomatische Weg (durch Just.-Min.) vorgeschrieben.
Mesopotamien (Irak)	siehe Britisches Reich.	
Mexiko	1. in bürgerlichen Sachen:	
	a) wie bei Argentinien zu 1 a; b) die Deutsche Gesandtschaft in Mexiko (dipl. Weg) bei Zustellungen an Ausländer usw., wie bei Argentinien unter	c) wie bei Argentinien unter 1 c; d) „ „ „ „ 1 d; e) die Deutsche Gesandtschaft in Mexiko (dipl. Weg) bei Ausländern nach

Betreffend den Staat	Ersuchen an ausländische Behörden: um Zustellung sind zu richten an:	um Zeugenvernehmung usw., Eidesabnahme, Vernehmung von Angeklagten sind zu leiten an:
Sp. 1	Sp. 2	Sp. 3
	1 b Sp. 2 mit Begleitbericht nach Muster b Ziff. 4 an den Herrn Justizminister wegen Herbeiführung der Beglaubigung durch das Auswärtige Amt. Bei Ladungen können usw., wie bei Argentinien unter 1 Sp. 2. (§§ 2—4, § 5 Abs. 3, § 7, § 8 Abschn. I Abs. 1 d, § 39 der RHV).	Muster usw., wie bei Argentinien unter 1 e Sp. 3 mit Begleitbericht usw. wie nebenstehend. Zu vgl. auch Vorbem. Ziff. 1 zu diesem Verz. (§§ 2—4, § 5 Abs. 1, 2, 3, 4, § 7, § 9, § 10, § 18, § 20, Abs. 2, § 21 Abs. 1 c, § 22, § 39 der RHV.).
	2. in Strafsachen:	
	wie vorstehend, jedoch nach Muster a Ziff. 6, ohne Übersetzung, und zwar usw., wie bei Abessinien unter 2 Sp. 2.	wie vorstehend, jedoch nach Muster b Ziff. 10 mit der Einschränkung, daß usw., wie bei Argentinien unter 2 Sp. 3.
Mittel-Amerika	siehe Costarica, Guatemala, Honduras, Nicaragua, Panama, El Salvador.	
Monaco	1. in bürgerlichen Sachen:	
	die Deutsche Botschaft in Paris nach Muster a Ziff. 2, ohne Übersetzung (dipl. Weg). Bei Ladungen können usw., wie bei Argentinien unter 1 Sp. 2. (Zu vgl. auch § 40 der RHV. im Abschn. II).	wie nebenstehend nach Muster b Ziff. 2 oder c mit Begleitschreiben nach Muster b Ziff. 3, ohne Übersetzung. §§ 2—4, § 5 Abs. 1, 2, 4, § 9, § 10 Abschn. II, § 18 Abs. 2, 3, § 20 Abs. 2, § 21 Abs. 1 c, § 22, § 23, § 40 der RHV. im Abschn. II).
	2. in Strafsachen:	
	wie vorstehend, jedoch nach Muster a Ziff. 6, ohne Übersetzung, und zwar usw., wie bei Abessinien unter 2 Sp. 2.	wie vorstehend, jedoch nach Muster b Ziff. 10 mit der Einschränkung, daß usw., wie bei Argentinien unter 2 Sp. 3.
	Wegen Rechtshilfe auf Sondergebieten	s. § 40 der RHV. im Abschn. II.
Montenegro	siehe Serbien.	
Moresnet	siehe Belgien.	
Neuguinea	siehe Britisches Reich.	
Neufundland	siehe wie vor.	
Neuseeland	siehe wie vor.	
Neusüdwales	siehe wie vor.	
Nicaragua	1. in bürgerlichen Sachen:	
	a) wie bei Argentinien zu 1 a; b) die Deutsche Gesandtschaft in Guatemala (dipl. Weg) bei Zustellungen an Ausländer usw., wie bei Argentinien unter 1 b;	c) wie bei Argentinien unter 1 c; d) wie bei Argentinien unter 1 d; e) die Deutsche Gesandtschaft in Guatemala (dipl. Weg) nach Muster usw., wie bei Argentinien unter 1 e bei Ausländern.

Betreffend den Staat	Ersuchen an ausländische Behörden: um Zustellung sind zu richten an:	Ersuchen an ausländische Behörden: um Zeugenvernehmung usw., Eidesabnahme, Vernehmung von Angeklagten sind zu leiten an:
Sp. 1	Sp. 2	Sp. 3
	2. in Strafsachen:	
	wie vorstehend, jedoch nach Muster a Ziff. 6, ohne Übersetzung, und zwar usw., wie bei Abessinien unter 2 Sp. 2.	wie vorstehend, jedoch nach Muster b Ziff. 10 mit der Einschränkung, daß usw., wie bei Argentinien unter 2 Sp. 3.
Niederlande	1. in bürgerlichen Sachen:	
	A. den Herrn Staatsanwalt (Officier van Justitie) bei dem Arrondissementsgericht in .... — je nach Zuständigkeit, s. Verzeichnis im Abschn. VI — nach Muster a Ziff. 1 mit Begleitschreiben nach Muster a Ziff. 3, ohne Übersetzung und ohne Rücksicht auf die Staatsangehörigkeit (unmittelbare Erledigung). Die Beschaffung einer Übersetzung ist bei Anträgen auf Zwangszustellung bei der ersuchten ausländischen Stelle zu beantragen. Alles in lateinischer oder Maschinen-Schrift. Wegen Zustellung an Deutsche oder Angehörige eines dritten Staates s. Vorbem. Ziff. 2 zu diesem Verzeichnis. Im übrigen ist die Vorschrift des Schlußsatzes von Abs. 3 im § 41 (1. Teil S. 94) zu beachten. Bei Ladungen können usw., wie bei Argentinien unter 1 Sp. 2. (Zu vgl. auch §§ 2—4, 5, 7, 8, 41 der RHV., Art. 1 Abs. 4 des Haager Ziv.-Proz.-Abk. u. nebenst. Vereinb.).	wie nebenstehend nach Muster b Ziff. 1 oder c mit Begleitschreiben nach Muster a Ziff. 3, ohne Übersetzung (unmittelbare Erledigung). Alles in lateinischer oder Maschinen-Schrift Vereinbarungsgemäß muß die niederländische Behörde kostenfrei übersetzen. Bei Deutschen oder Angehörigen eines dritten Staates kann auch der deutsche Konsul angegangen werden (s. Vorbem. Ziff. 3 zu diesem Verzeichnis). (§§ 2—4, § 5 Abs. 2, § 7, § 9, § 10, § 18 Abs. 2, 3, § 21 Abs. 1 a, § 41 der RHV., Art. 9 Abs. 4 des Haager Ziv.-Proz.-Abk. u. Art. 1, 2 der Vereinbarung v. 31. Juli 1909, abgedruckt im Abschn II unter N).

Der diplomatischen Vertretung im Haag sind ausnahmsweise nicht gleichzeitig konsularische Befugnisse erteilt.

Die Rechtshilfe in Rheinschiffahrtssachen regelt sich nach § 40 der Rheinschiffahrtsakte vom 17. Okt. 1868 — Ges.-Samml. 69 S. 798 —, vgl. §§ 20 Abs. 1, 25 Abs. 3 der RHV. Die Ersuchen sind an den **Ambtenaar van het Openbaar Ministerie bij het Kantongerecht** zu richten (s. Anm. 7 S. 101 im 1. Teil).

Besitzungen: Niederländisch-Indien, Surinam und Curacao	B. a) das für den Erledigungsort nach dem Verzeichnis im Abschn. VI zuständige deutsche Konsulat nach Muster a Ziff. 2 bei Zustellungen an deutsche Reichsangehörige, ohne Übersetzung, (eigene, unmittelbare Erledigung); b) die Deutsche Gesandtschaft im Haag (dipl. Weg) bei Zustellungen an Ausländer nach Muster a Ziff. 2, ohne Übersetzung. Das Haager Ziv.-Proz.-Abk. findet auf die außereuropäischen Besitzungen	c) wie bei Argentinien unter 1 c; d) „ „ „ „ 1 d; e) die Deutsche Gesandtschaft im Haag (dipl. Weg) wie bei Argentinien unter e.

Betreffend den Staat	Ersuchen an ausländische Behörden um Zustellung sind zu richten an:	um Zeugenvernehmung usw., Eidesabnahme, Vernehmung von Angeklagten sind zu leiten an:
Sp. 1	Sp. 2	Sp. 3
	keine Anwendung. Termine mit drei Monaten Frist. Bei Ladungen usw., wie bei Argentinien unter 1 Sp. 2.	

In Strafsachen nach Muster a Ziff. 6 bzw. b Ziff. 10 wie bei Argentinien unter Strafsachen Sp. 2 bzw. 3.

2. in Strafsachen:

Sp. 2	Sp. 3
Zu A. den Herrn Staatsanwalt (Officier van Justicie bij de Arrondissements-Rechtbank) in ..... — je nach Zuständigkeit aus dem Verzeichnis im Abschn. VI einr. — nach Muster a Ziff. 6, ohne Übersetzung und zwar usw., wie bei Abessinien unter 2 Sp. 2.	wie nebenstehend, jedoch nach Muster b Ziff. 10 unter Beachtung des Vorstehenden (A Sp. 3) und des bei Argentinien zu 2 Sp. 3 unter a—d Gesagten. Eine eidliche Vernehmung von Zeugen ist während des Verfahrens in der Voruntersuchung nicht möglich; im übrigen ist sie nur bei Anwesenheit des Angeschuldigten zulässig (§ 24 Ziff. 2 der RHV.). Privatklagesachen sind nicht als solche, sondern als Strafsachen in den Ersuchungsschreiben zu bezeichnen. Bei Deutschen kann auch der Konsul angegangen werden (s. Vorbem. zu Ziff. 3 dieses Abschnitts). Für die Vernehmung deutscher Angeklagter, die vom Erscheinen in der Hauptverhandlung entbunden sind, s. § 17 RHV. (unmittelbar, mit Ausnahme nach den Besitzungen — Muster b Ziff. 11 —).

Die Rechtshilfe kann außer bei politischen und in Holland nicht strafbaren Handlungen auch verweigert werden, wenn die Untersuchung sich gegen einen Angehörigen des eigenen Staates richtet, der sich nicht auf dem Gebiete des anderen Staates befindet (Auslief.-Vertr. v. 21. Jan. 1896 — RGBl. 1897 S. 731 ff. —, Art. 12—14, 18 u. AV. v. 5. Juli 1915 — JMBl. S. 134 —, abgedruckt im Abschn. II unter § 41 der RHV.). Wegen Rechtshilfe in Rheinschiffahrtssachen s. oben zu 1; bezüglich sonstiger Sondergebiete vgl. Anm. 1 zu § 41 der RHV.

Auch außerhalb der Rechtshilfe (z. B. wegen polizeilicher Ermittelungen, Auskunftserteilung u. a.) ist ebenfalls der unmittelbare Verkehr gestattet, s. § 55 der RHV. im Abschn. II.

Norwegen

1. in bürgerlichen Sachen:

Sp. 2	Sp. 3
die Deutsche Gesandtschaft — Konsulatsabteilung — in Oslo, Drammensveien 74, nach Muster a Ziff. 2, ohne Rücksicht auf die Staatsangehörigkeit mit Antrag auf etwaige Zwangszustellung, ohne Übersetzung (Vermittelungsbehörde). Wegen Zustellung an Deutsche s. Vorbem. Ziff. 2 zu diesem Abschnitt. Die Beschaffung einer Übersetzung ist bei Anträgen auf Zwangszustellung	wie nebenstehend (Vermittelungsbehörde) nach Muster b Ziff. 2 oder c mit Begleitschreiben nach Muster b Ziff. 3, ohne Übersetzung. Wegen Vernehmung von deutschen Reichsangehörigen s. Vorbem. Ziff. 3 dieses Abschnitts. (§§ 2—4, § 5 Abs. 1, 2, 4, § 7 Abs. 3, § 9, § 10 Abschn. I u. III, § 18 Abs. 2, 3, § 20 Abs. 1, § 21 Abs. 1a, § 22, § 42 Abs. 2 der RHV., Art 9

Betreffend den Staat	Ersuchen an ausländische Behörden: um Zustellung sind zu richten an:	um Zeugenvernehmung usw., Eidesabnahme, Vernehmung von Angeklagten sind zu leiten an:
Sp. 1	Sp. 2	Sp. 3
	bei der ersuchten ausländischen Stelle zu beantragen. Bei Ladungen können usw., wie bei Argentinien unter 1 Sp. 2. (Zu vgl. auch § 7 Abs. 3, § 42 Abs. 2 der RHV. i. Abschn. II, Art. 1 Abs. 1 des Haager Ziv.-Proz.-Abk., Vereinbarung vom 2. Aug. 1909, abgedruckt unter Norw. im Abschn. II).	Abs. 1 des Haager Ziv.-Proz.-Abk. sowie nebenstehende Vereinbarung).
	2. in Strafsachen:	
	a) wie bei Argentinien unter a, jedoch nach Muster a Ziff. 6; b) die Deutsche Gesandtschaft in Oslo (dipl. Weg) bei Zustellungen an Ausländer usw., wie bei Argentinien unter b Sp. 2, und zwar ebenfalls nach Muster a Ziff. 6;	c) wie bei Argentinien unter 1 c und 1 d, jedoch nach Muster b Ziff. 10; d) die Deutsche Gesandtschaft in Oslo (dipl. Weg) nach Muster b Ziff. 10 usw. wie bei Argentinien unter 1 e. Zu berücksichtigen: usw., wie bei Argentinien unter 2 Sp. 3.
	Die Rechtshilfe wird verweigert bei politischen Straftaten und solchen, die in Norwegen nicht strafbar sind. Betr. Rechtshilfe auf Sondergebieten s. Anm. 1 unter § 42 der RHV. im Abschn. II. (Auslief.-Vertr. v. 19. Jan. 1878/7. März 1907 — RGBl. S. 110/39, Art. 12—14 —)	
Oberschlesien	siehe Polen.	
Österreich	1. in bürgerlichen Sachen:	
	das nach dem Verzeichnis im Abschn. VI zuständige Bezirksgericht nach Muster a Ziff. 1, ohne Übersetzung und ohne Rücksicht auf die Staatsangehörigkeit (unmittelbare Erledigung). Zustellungen ohne Zwang an deutsche Reichsangehörige sind auch durch deutsche diplomatische oder konsularische Vertreter statthaft (s. Vorbem. unter Ziff. 2 zu diesem Verzeichnis u. Art. 14 des Vertrages v. 21. Juni 1923, abgedruckt im Abschn. II unter Ö). Bei Ladungen können usw., wie bei Argentinien unter 1 Sp. 2. (§§ 2—4, § 5 Abs. 1, § 7, § 8 Abschn. I Abs. 3—5, Abschn. II, § 43 Abs. 1 der RHV., Art. 10 des Vertr. v. 21. Juni 1923, abgedruckt unter Anm. 2 von § 43 der RHV.).	wie nebenstehend nach Muster b Ziff. 1 oder c, ohne Übersetzung (unmittelbare Erledigung). Wegen Vernehmung von Reichsdeutschen s. Vorbem. unter Ziff. 3 zu diesem Verzeichnis. (§§ 2—4, § 5 Abs. 1, § 7, § 9, § 18 Abs 2, 3, § 20, § 21, § 22, § 43 der RHV., Art. 10 des nebenstehenden Vertrags).
	Für die Rechtshilfe (auch Urteilsvollstreckung) in Elbschiffahrtssachen ist § 50 der Additionalakte zur Elbschiffahrtsakte vom 13. April 1844 — Ges.-Samml. S. 458 — maßgebend, vgl. §§ 20 Abs. 1, 25 Abs. 3, 43 Abs. 3 der RHV. Durch die Aufteilung Ö. dürften jedoch diese Bestimmungen nicht mehr anwendbar werden.	

Betreffend den Staat	Ersuchen an ausländische Behörden: um Zustellung sind zu richten an:	um Zeugenvernehmung usw., Eidesabnahme, Vernehmung von Angeklagten sind zu leiten an:
Sp. 1	Sp. 2	Sp 3
	2 in Strafsachen:	
	wie vorstehend, jedoch nach Muster a Ziff. 6, ohne Übersetzung, und zwar usw, wie bei Abessinien unter 2 Sp. 2. (§ 43 Abs. 6 der RHV.).	wie vorstehend, jedoch nach Muster b Ziff. 10. Zu berücksichtigen: das bei Argentinien unter 2 Sp. 3 zu a bis d Gesagte. Wegen Vernehmung von Beschuldigten s. § 17 der RHV. (unmittelbar).
	Bezüglich Rechtshilfe auf Sondergebieten s. Anm. 5 zu § 43 der RHV. In Strafsachen können Gerichte und Staatsanwälte auch außerhalb des Gebiets der Rechtshilfe, z. B. wegen polizeilicher Ermittelungen, Auskunftserteilung u. dergl. unmittelbar verkehren (§ 55 RHV). Wegen Rechtshilfe in Elbschiffahrtssachen s. unter 1 vorstehend.	
Ostafrika	siehe Völkerbund.	
Palästina	siehe Britisches Reich.	
Panama	1. in bürgerlichen Sachen:	
	a) wie bei Argentinien zu 1 a; b) die Deutsche Gesandtschaft in Guatemala (dipl. Weg) bei Zustellungen an Ausländer usw., wie bei Argentinien unter 1 b;	c) wie bei Argentinien unter 1 c; d) wie bei Argentinien unter 1 d; e) die Deutsche Gesandtschaft in Guatemala (dipl. Weg) nach Muster usw., wie bei Argentinien unter 1 e bei Ausländern.
	2. in Strafsachen:	
	wie vorstehend, jedoch nach Muster a Ziff. 6 ohne Übersetzung, und zwar usw., wie bei Abessinien unter 2 Sp. 2.	wie vorstehend, jedoch nach Muster b Ziff. 10 mit der Einschränkung, daß usw., wie bei Argentinien unter 2 Sp. 3.
	Wegen Rechtshilfe bei Frauen- und Kinderhandel s. Abschn. II unter P.	
Paraguay	1. in bürgerlichen Sachen:	
	a) wie bei Argentinien zu 1 a; b) die Deutsche Gesandtschaft in Asunción (dipl. Weg) bei Zustellungen an Ausländer usw., wie bei Argentinien unter 1 b;	c) wie bei Argentinien unter 1 c; d) wie bei Argentinien unter 1 d; e) die Deutsche Gesandtschaft in Asunción (dipl. Weg) nach Muster usw., wie bei Argentinien unter 1 e bei Ausländern.
	2. in Strafsachen:	
	wie vorstehend, jedoch nach Muster a Ziff. 6, ohne Übersetzung, und zwar usw., wie bei Abessinien unter 2 Sp. 2.	wie vorstehend, jedoch nach Muster b Ziff. 10 mit der Einschränkung, daß usw., wie bei Argentinien unter 2 Sp. 3. Wegen Vorladung von Zeugen, deren persönliches Erscheinen für notwendig erachtet wird, s. Art. 13 des Auslief.-Vertr. v. 26. Nov. 1909, Art. 12, 13, abgedruckt unter § 43 a der RHV. Die Rechtshilfe wird gewährt bei im Art. 2 a. a. O. erwähnten nichtpolitischen Straftaten (zu vgl. auch § 43 a der RHV. im Abschn II).

Betreffend den Staat	Ersuchen an ausländische Behörden	
	um Zustellung sind zu richten an:	um Zeugenvernehmung usw., Eidesabnahme, Vernehmung von Angeklagten sind zu leiten an:
Sp. 1	Sp. 2	Sp. 3
Persien	1. in bürgerlichen Sachen:	
	die Deutsche Gesandtschaft — Konsulatsabteilung — in Teheran (mit Gerichtsbarkeit ausgestattete Vertretung), ohne Rücksicht auf die Staatsangehörigkeit des Empfängers nach Muster a Ziff. 2, ohne Übersetzung; unmittelbare, eigene Erledigung. Bei Ladungen können usw., wie bei Abessinien unter 1 Sp. 2.	die Deutsche Gesandtschaft — Konsulatsabteilung — in Teheran (mit Gerichtsbarkeit ausgestattete Vertretung) nach Muster b Ziff. 2 oder c mit Begleitschreiben nach Muster b Ziff. 5, ohne Übersetzung; eigene unmittelbare Erledigung. Im übrigen siehe Abessinien unter 1 Sp. 3.
	2. in Strafsachen:	
	wie vorstehend, jedoch nach Muster a Ziff. 6, ohne Übersetzung, und zwar usw., wie bei Abessinien unter 2 Sp. 2.	wie vorstehend, jedoch nach Muster b Ziff. 10 usw., wie bei Abessinien unter 2 Sp. 3.
Peru	1. in bürgerlichen Sachen:	
	a) wie bei Argentinien zu 1 a; b) die Deutsche Gesandtschaft in Lima (dipl. Weg) bei Zustellungen an Ausländer wie bei Argentinien unter 1 b;	c) wie bei Argentinien unter 1 c; d) wie bei Argentinien unter 1 d; e) die Deutsche Gesandtschaft in Lima (dipl. Weg) nach Muster usw., wie bei Argentinien unter 1 e bei Ausländern.
	2. in Strafsachen:	
	wie vorstehend, jedoch nach Muster a Ziff. 6, ohne Übersetzung, und zwar usw., wie bei Abessinien unter 2 Sp. 2.	wie vorstehend, jedoch nach Muster b Ziff. 10, wie bei Argentinien unter 2 Sp. 3.
Philippinen	siehe Vereinigte Staaten von Amerika.	
Polen	1. in bürgerlichen Sachen:	
	das nach dem Verzeichnis im Abschn. VI für den Erledigungsort zuständige polnische Gericht — im Verzeichnis als Amtsgericht bezeichnet — gemäß dem amtlich vorgeschriebenen doppelsprachigen Vordruck Nr. 119 mit einem Begleitschreiben an den Herrn Präsidenten des Sad Okregowy in . . . . (Ort nur in polnischer Sprache einrücken; auf dem Außenumschlag ist zuzufügen: Polen. Zuständig sind die als Landgerichte im Verzeichnis Abschn. VI bezeichneten Behörden) nach Muster a Ziff. 3, ohne Rücksicht auf die Staatsangehörigkeit; unmittelbare Erledigung. Die Beifügung einer Übersetzung der zuzustellenden Schriftstücke ist erforderlich, wenn Zwangszustellung in der durch die polnische Gesetzgebung vorgeschriebenen Form beantragt wird. Die Übersetzungen sind durch den dipl.	wie nebenstehend nach Muster b Ziff. 1 oder c mit Begleitschreiben nach Muster a Ziff. 3, ohne Übersetzung (unmittelbare Erledigung). Wegen Vernehmung von Reichsdeutschen s. Ziff. 3 der Vorbem. zu diesem Abschnitt. (§§ 2—4, § 5 Abs. 1, § 7, § 9, § 18, § 20, § 21 Abs. 1, § 22 der RHV. und Art. 9 des nebenbezeichneten Vertrages).

Betreffend den Staat	Ersuchen an ausländische Behörden — um Zustellung sind zu richten an:	um Zeugenvernehmung usw., Eidesabnahme, Vernehmung von Angeklagten sind zu leiten an:
Sp. 1	Sp. 2	Sp. 3
	oder konf. Vertreter des ersuchenden oder des ersuchten Staates oder durch einen Richter des ersuchenden Staates zu beglaubigen. Wegen Zustellung an Reichsdeutsche s. Vorbem. unter Ziff. 2 dieses Verzeichnisses. Bei Ladungen usw., wie bei Argentinien unter 1 Sp. 2. Termine weit hinausrücken — 2—3 Monate —. §§ 2—4, § 5 Abs. 1, § 7, § 8 Abschn. I, II der RHV. u. Art. 9, 10 des Vertrags vom 5. März 1924, abgedruckt im Abschn. II unter Polen).	
	Auch ist Erledigung nach dem Haager Ziv.-Proz.-Abk. möglich.	
	2. in Strafsachen:	
	an die nach dem Verzeichnis im Abschn. VI örtlich zuständige Gerichtsbehörde (diese ist ausschließlich nach polnischen Behörden- und Ortsnamen ohne jeglichen deutschen Zusatz z. B. Sad Powiatowy, Sad Chojnice zu bezeichnen) nach Muster a Ziff. 6, und zwar usw., wie bei Abessinien unter 2 Sp. 2, ohne Übersetzung; unmittelbare Erledigung.	wie nebenstehend nach Muster b Ziff. 10 ohne Übersetzung; unmittelbarer Verkehr. Zu berücksichtigen das bei Abessinien unter 2 Sp. 3 zu a—d Gesagte. Auch die Vernehmung von Angeklagten, die vom Erscheinen in der Hauptverhandlung entbunden sind, erfolgt durch die zuständige polnische Behörde (§ 17 der RHV., Muster b Ziff. 11 im Abschnitt V).
	Wegen Rechtshilfe auf Sondergebieten siehe Anm. 10 zu Polen im Abschn. II.	
Oberschlesien Posen Westpreußen	wie vor. Die Bestimmungen des Art. IV des oberschlesischen Überleitungsabkommens sind außer Kraft getreten.	
Porto Rico	siehe Vereinigte Staaten von Nordamerika.	
Portugal	1. in bürgerlichen Sachen:	
Azoren Madeira	die Deutsche Gesandtschaft in Lissabon (dipl. Weg) nach Muster a Ziff. 2, ohne Übersetzung*). Wegen Zustellung an Reichsdeutsche s. Vorbem. unter Ziff. 2 dieses Abschnitts. Bei Ladungen können usw., wie bei Argentinien unter 1 Spalte 2. (§ 8 Abschn. I Abs. 1 d, § 44 der RHV. im Abschn. II, Art. 1 Abs. 3 des Haager Ziv.-Proz.-Abk.).	die Deutsche Gesandtschaft in Lissabon (dipl. Weg) nach Muster b Ziff. 2 oder c mit Begleitschreiben nach Muster b Ziff. 3, ohne Übersetzung. Wegen Vernehmung von Reichsdeutschen s. Vorbem. unter Ziff. 3 zu diesem Abschnitt. (§§ 2—4, § 5 Abs. 1, 4, § 9, § 10, § 18, § 20, § 21 Abs. 1 c, § 44 der RHV., Art. 9 Abs. 3 des Haager Ziv.-Proz.-Abk.).
Besitzungen: Angola Guinea Macau Moçambique	in bürgerlichen Sachen wie vor; in Strafsachen wie nachstehend. Zwischenzeitlich sind deutsche Konsuln errichtet (s. S. 319).	

*) mit Antrag auf etwaige Zwangszustellung gemäß Art. 3 des Haager Ziv.-Proz.-Abk., ohne Rücksicht auf die Staatsangehörigkeit (Vermitt.-Stelle).

Betreffend den Staat	Ersuchen an ausländische Behörden	
	um Zustellung sind zu richten an:	um Zeugenvernehmung usw., Eidesabnahme, Vernehmung von Angeklagten sind zu leiten an:
Sp. 1	Sp. 2	Sp. 3
	2. in Strafsachen:	
	wie vorstehend, jedoch nach Muster a Ziff. 6, ohne Übersetzung und zwar usw., wie bei Abessinien unter 2 Sp. 2.	wie vorstehend, jedoch nach Muster b Ziff. 10 mit der Einschränkung, daß usw., wie bei Argentinien unter 2 Sp. 3.
	Wegen Rechtshilfe auf Sondergebieten siehe Anm. 1 zu § 44 der RHV.	
Posen	siehe Polen.	
Republik des Fernen Ostens	siehe Rußland.	
Rhodesia	siehe Britisches Reich.	
Rumänien	1. in bürgerlichen Sachen:	
	a) die Deutsche Gesandtschaft — Konsulatsabteilung — in Bukarest oder das für den Erledigungsort nach dem Verzeichnis im Abschn. VI zuständige Konsulat nach Muster a Ziff. 2 bei Zustellungen an deutsche Reichsangehörige, die am Sitze der Gesandtschaft oder des Konsulats wohnen, ohne Übersetzung (s. Vorbem. Ziff. 2 zu diesem Verzeichn.); b) die Deutsche Gesandtschaft in Bukarest (dipl. Weg) nach Muster a Ziff. 2, ohne Übersetzung, bei Ausländern. Die Gesandtschaft ist zu ersuchen, eine etwa erforderliche Übersetzung dortseits beschaffen zu wollen. Bei Ladungen können usw., wie bei Argentinien unter 1 Sp. 2. Termine weit hinausrücken (mindestens 3 Monate). (Zu vgl. auch § 8 Abschn. I Abs. 1 d der RHV. und AV. vom 15. Mai 1923 — JMBl. S. 376 —, abgedruckt unter Anm. 2 zu § 45 der RHV. im Abschn. II).	c) bei Vernehmung von reichsdeutschen Zeugen oder Sachverständigen und Eidesabnahme von einer reichsdeutschen Partei die Deutsche Gesandtschaft in Bukarest oder ein zur Vornahme der vorerwähnten Akte ermächtigter Berufskonsul (z. Zt. Czernowitz, Konsulate in Galatz, Kronstadt und Temesvar), wenn der zu vernehmende Zeuge (Sachverst.) oder die zu beeidigende Partei in nicht zu großer Entfernung von dem Sitze der Gesandtschaft (des Konsulats) wohnt, nach Muster b Ziff. 2 oder c, ohne Übersetzung, mit Begleitschreiben (Ersuchen um Erledigung mit Vorschußangabe, s. Ziff. 3 der Vorbem. zu diesem Abschnitt), sonst d) in allen anderen Fällen die Deutsche Gesandtschaft in Bukarest (dipl. Weg) nach Muster b Ziff. 2 oder c mit Begleitschreiben nach Muster b Ziff. 3, ohne Übersetzung. (§§ 2—4 usw., wie bei Argentinien sowie die nebenstehende Verfügung).
	2. in Strafsachen:	
	wie vorstehend, jedoch nach Muster a Ziff. 6, und zwar usw., wie bei Abessinien unter 2 Sp. 2, ohne Übersetzung.	wie vorstehend, jedoch nach Muster b Ziff. 10 mit der Einschränkung usw., wie bei Argentinien unter 2 Sp. 3.
	Wegen Rechtshilfe auf Sondergebieten s. Anm. 1 zu § 45 der RHV. im Abschn. II.	
Rußland (Union der Sozialistischen Sowjetrepubliken): Armenien, Aserbeidschan, Georgien, Transkaukasien, Turkmenistan, Ukraine, Usbekistan, Weißrußland	1. in bürgerlichen Sachen:	
	das nach dem Verzeichnis in Abschn. VI für den Erledigungsort zuständige Konsulat*) — Vermittlungsstelle — nach Muster a Ziff. 2, auch bei Ausländern. Zahl und kurzer Inhalt der zuzustellenden Schriftstücke sind anzugeben. Übersetzung der zuzustellenden Schriftstücke ist nur dann bei der deutschen Auslandsvertretung zu beantragen, wenn Zwangszustellung im Sinne des	die Deutsche Botschaft in Moskau (dipl. Weg) nach Muster b Ziff. 2 oder c mit Begleitschreiben nach Muster b Ziff. 3. Zahl und Inhalt etwaiger Anlagen sind im Ersuchungsschreiben kurz anzugeben. Die Beschaffung der erforderlichen Übersetzung ist bei der Botschaft zu erbitten. Wegen Vernehmung von Reichsdeutschen s. Vorbem. Ziff. 3 zu diesem Verzeichn.

*) Zu vgl. Anm. zum Konsulatsverzeichnis S. 324.

Betreffend den Staat	Ersuchen an ausländische Behörden um Zustellung sind zu richten an:	um Zeugenvernehmung usw., Eidesabnahme, Vernehmung von Angeklagten sind zu leiten an:
Sp. 1	Sp. 2	Sp. 3
	Art. 5 Abs. 2 des deutsch-russischen Rechtshilfeabkommens erfolgen soll. (§§ 2—4 usw., wie bei Argentinien und Art 2 Abs. 1 des Rechtshilfeabkommens vom 12. Oktober 1925, abgedruckt unter Anm. 1 zu § 46 der RHV.).	(§§ 2—4, § 5 Abs. 1, 2, 4, § 9, § 10 Abschn. II, § 18 Abs. 2, 3, § 20 Abs. 3, 4, § 21 Abs. 1c, § 22, § 23 und Art. 2 Abs. 2 des nebenbezogenen Abk.).
	2. in Strafsachen:	
	a) wie bei Argentinien unter a, jedoch nach Muster a Ziff. 6; b) die Deutsche Botschaft in Moskau (dipl. Weg) bei Zustellungen an Ausländer usw., wie bei Argentinien unter b Sp. 2, und zwar ebenfalls nach Muster a Ziff. 6.	c) wie bei Argentinien unter 1c und 1d, jedoch nach Muster b Ziff. 10; d) die Deutsche Botschaft in Moskau (dipl. Weg) nach Muster b Ziff. 10 usw. wie bei Argentinien unter 1 e. Zu berücksichtigen: usw, wie bei Argentinien unter 2 Sp. 3.
Saargebiet	ist nicht Ausland, daher Ersuchen in der für inländische Gerichte vorgesehenen Form an das zuständige Amtsgericht senden. Diese sind mit besonderem Umschlagbogen dem Herrn Oberpräsidenten der Rheinprovinz als Reichskommissar für die Übergabe des Saargebiets in Koblenz, Kastor Pfaffenstraße 9 I, mit dem Ersuchen um gefällige Weitergabe an den Regierungsausschuß des Saargebiets vorzulegen. Dies gilt auch für die an Behörden des Saargebiets zu richtenden Ersuchen um Strafvollstreckung, Verhaftung oder Zuführung von Personen usw. — s. II Ziff. 1 der AV. vom 12. Juni 1922 (I 18367), abgedruckt im Abschn. II unter Saargebiet. Bei Strafvollstreckungsersuchen ist die Erstattung der Strafvollstreckungskosten zuzusichern. Dem Justizministerium ist über die Entschließung usw. des Saargebiets zu berichten (s. II 2 a. a. O.). Wegen Rechtshilfe und Rechtsbeistand bei der Einziehung von Vermögensstrafen oder Gerichtskosten s. AV. vom 14. Januar 1924 — I Fr. 6139 —, abgedruckt ebenda. Zustellungen an Privatpersonen sind wie im Inlande möglich.	
Salvador	siehe San Salvador.	
Samoa	siehe Völkerbund.	
San Domingo	siehe Dominika.	
San Marino	1. in bürgerlichen Sachen:	
	die deutsche dipl. Vertretung bzw. die deutschen Konsulate — z. Zt. noch nicht bekannt gegeben — wie bei Argentinien.	die deutsche dipl. Vertretung, s. nebenstehend, nach Muster b Ziff. 2 oder c mit Begleitschreiben bzw. -Bericht nach Muster b Ziff 3 bzw. Ziff. 4, ohne Übersetzung (s. Argentinien).
	Bis zur Bekanntgabe der deutschen ausländischen Stellen ist die Vermittelung des Justizministeriums nachzusuchen.	
	2. in Strafsachen:	
	wie vorstehend, jedoch nach Muster a Ziff. 6, ohne Übersetzung, und zwar usw., wie bei Abessinien unter 2 Sp. 2.	wie vorstehend, jedoch nach Muster b Ziff. 10 usw., wie bei Argentinien unter 2 Sp. 3.
	Wegen Rechtshilfe auf Sondergebieten s. San Marino im Abschn. II (S. 156.	

Betreffend den Staat	Ersuchen an ausländische Behörden um Zustellung sind zu richten an:	um Zeugenvernehmung usw., Eidesabnahme, Vernehmung von Angeklagten sind zu leiten an:
Sp. 1	Sp. 2	Sp. 3
El oder San Salvador	1. in bürgerlichen Sachen:	
	a) wie bei Argentinien zu 1 a; b) die Deutsche Gesandtschaft in Guatemala (dipl. Weg) bei Zustellungen an Ausländer usw., wie bei Argentinien unter 1 b;	c) wie bei Argentinien unter 1 c; d) wie bei Argentinien unter 1 d; e) die Deutsche Gesandtschaft in Guatemala (dipl. Weg) nach Muster usw., wie bei Argentinien unter 1 e bei Ausländern.
	2. in Strafsachen:	
	wie vorstehend, jedoch nach Muster a Ziff. 6, und zwar usw., wie bei Abessinien unter 2 Sp 2, ohne Übersetzung	wie vorstehend, jedoch nach Muster b Ziff. 10 mit der Einschränkung, daß usw., wie bei Argentinien unter 2 Sp. 3.
Schiffer-Inseln	Ein Teil ist 1920 neuseeländisches Mandatsgebiet (s. Britisches Reich) geworden, der übrige Teil gehört den Vereinigten Staaten von Nordamerika an.	
Schottland	s. Britisches Reich.	
Schweden	1. in bürgerlichen Sachen:	
	die Deutsche Gesandtschaft — Konsulatsabteilung — in Stockholm nach Muster a Ziff. 2, ohne Rücksicht auf die Staatsangehörigkeit mit Antrag auf etwaige Zwangszustellung, keine Übersetzung (Vermittelungsbehörde). Wegen Zustellung an Deutsche oder an Angehörige eines 3. Staates s. Vorbem. Ziff. 2 zu diesem Abschnitt. Die Beschaffung einer Übersetzung ist bei Anträgen auf Zwangszustellung bei der ersuchten ausländischen Stelle zu beantragen. Bei Ladungen können usw., wie bei Argentinien unter 1 Sp. 2. (Zu vgl. auch § 7 Abs. 3, § 47 Abs. 2 der RHV. im Abschn. II, Art. 1 Abs 1 des Haager Ziv.-Proz.-Abk., Vereinbarung vom 1. Februar 1910, abgedruckt unter Schweden im Abschn. II).	wie nebenstehend (Vermittlungsbehörde) nach Muster b Ziff. 2' oder c mit Begleitschreiben nach Muster b Ziff. 3, ohne Übersetzung. Wegen Vernehmung von deutschen Reichsangehörigen oder von Angehörigen eines 3. Staates s. Vorbem. Ziff. 3 dieses Abschnitts. (§§ 2—4, § 5 Abs. 1, 2, 4, § 7 Abs. 3, § 9, § 10 Abschn. I und III, § 18, Abs. 2, 3, § 20 Abs. 1, § 21 Abs. 1 a, § 22, § 47 Abs. 2 der RHV., Art. 9 Abs. 1 des Haager Ziv.-Proz.-Abk. sowie nebenstehende Vereinbarung).
	2. in Strafsachen:	
	a) wie bei Argentinien unter a, jedoch nach Muster a Ziff. 6; b) die Deutsche Gesandtschaft in Stockholm (dipl. Weg) bei Zustellungen an Ausländer usw., wie bei Argentinien unter b Sp. 2, und zwar ebenfalls nach Muster a Ziff. 6.	c) wie bei Argentinien unter 1 c und 1 d, jedoch nach Muster b Ziff. 10; d) die Deutsche Gesandtschaft in Stockholm (dipl. Weg) nach Muster b Ziff. 10 usw., wie bei Argentinien unter 1 e. Zu berücksichtigen usw., wie bei Argentinien unter 2 Sp. 3. (Zu vgl. AV. vom 4. April 1923 — JMBl. S. 313 —, abgedruckt in Anm. 2

Betreffend den Staat	Ersuchen an ausländische Behörden	
	um Zustellung sind zu richten an:	um Zeugenvernehmung usw., Eidesabnahme, Vernehmung von Angeklagten sind zu leiten an:
Sp. 1	Sp. 2	Sp. 3
		zu § 47 der RHV. und Auslief.-Vertr. vom 19. Januar 1878, abgedruckt unter Norwegen im Abschn. III).
	Die Rechtshilfe wird verweigert bei politischen Straftaten und solchen, die in Schweden nicht strafbar sind. Wegen Rechtshilfe auf Sondergebieten s. Anm. 2 zu § 47 der RHV. im Abschn. II.	
Schweiz	1. in bürgerlichen Sachen:	
	das nach dem Verzeichnis für Zivilsachen im Abschn. VI zuständige Bezirks- usw. Gericht nach Muster a Ziff. 1, ohne Übersetzung und ohne Rücksicht auf die Staatsangehörigkeit; unmittelbare Erledigung. Wegen Zustellung an Deutsche oder Angehörige eines dritten Staates s. Vorbem. Ziff. 2 zu diesem Verzeichnis. Bei Ladungen können usw. wie bei Argentinien unter 1 Sp. 2. Die Beschaffung einer Übersetzung ist bei Anträgen auf Zwangszustellung bei der ersuchten Stelle zu beantragen. (Zu vgl. auch § 8 Abschn. I Abs. 1 b, § 48 der RHV. im Abschn. II, Art. 1 Abs. 4 des Haager Ziv.-Proz.-Abk. und Art. 1 der Vereinbarung vom 30. April 1910, abgedruckt unter Anm. 4 zu § 48 der RHV.).	wie nebenstehend nach Muster b Ziff. 1 oder c, ohne Übersetzung; unmittelbare Erledigung. Bei Deutschen oder Angehörigen eines dritten Staates kann auch der deutsche Konsul angegangen werden (s. Vorb. Ziff. 3 zu diesem Verzeichnis). (§§ 2—4, § 5 Abs. 1, 2, § 7, § 18 Abs. 2, 3, § 21 Abs. 1 a, § 22, § 23, § 48 der RHV., Art. 9 Abs. 4 des Haager Ziv.-Proz.-Abk., Art. 1 der nebenstehenden Vereinbarung).
	2. in Strafsachen:	
	wie vorstehend, jedoch nach Muster a Ziff. 6 und nach dem Verzeichnis für Strafsachen im Abschn. VI. Im übrigen vgl. Abessinien unter Ziff. 2 Sp. 2.	die nach dem Verzeichnis für Strafsachen im Abschn. VI zuständigen Behörden unmittelbar oder im diplomatischen Wege (Gesandtschaft) nach Muster b Ziff. 10 ohne Übersetzung. Betr. Vorladung von Zeugen s. Art. 13 des nachbezeichneten Auslief.-Vertr. Wegen Vernehmung von Angeklagten, die vom Erscheinen in der Hauptverhandlung entbunden sind, s. § 17 der RHV. (unmittelbar, Muster b Ziff. 11 im Abschn. V). Zu berücksichtigen: usw. wie bei Argentinien unter 2 Sp. 3.
	Die Rechtshilfe wird verweigert bei politischen Straftaten, bei in der Schweiz gerichtlich nicht strafbaren Handlungen und, wenn der Schweizer in Deutschland noch nicht verhaftet ist (Auslief.-Vertr. vom 24. Januar 1874, Art. 12—14, abgedruckt in Abschn. II unter Schw.). Wegen Rechtshilfe auf Sondergebieten s. Anm. 2 zu § 48 der RHV. Außerhalb des Gebiets der Rechtshilfe ist auch unmittelbarer Verkehr gestattet, vgl. § 55 der RHV. in Abschnitt II.	

Betreffend den Staat	Ersuchen an ausländische Behörden: um Zustellung sind zu richten an:	um Zeugenvernehmung usw., Eidesabnahme, Vernehmung von Angeklagten sind zu leiten an:
Sp. 1	Sp. 2	Sp. 3
Serbien (Königreich der Serben, Kroaten u. Slowenen)	1. in bürgerlichen Sachen:	
	a) die Deutsche Gesandtschaft — Konsulatsabteilung — in Belgrad nach Muster a Ziff. 2 bei Zustellungen an Reichsdeutsche (s. Ziff. 2 der Vorbem. zu diesem Abschn.), ohne Übersetzung eigene unmittelbare Erledigung; b) die Deutsche Gesandtschaft in Belgrad (dipl. Weg) nach Muster a Ziff 2 für Zustellungen an Ausländer ohne Übersetzung. Bei Ladungen usw., wie bei Argentinien unter 1 Sp. 2. Termine weit hinausrücken (2—3 Monate). (§§ 2—4, § 5 Abs. 1 u. 4, § 7, § 8 Abschn. I Abs. 1 c aa, d, § 8 Abschn. II, § 49 der RHV.).	c) das nach dem Konsulatsverzeichnis im Abschn. VI für den Erledigungsort zuständige deutsche Konsulat für Deutsche, ohne Übersetzung, nach Muster b Ziff. 2 oder c mit Begleitschreiben (Ersuchen um amtliche Verwendung mit Vorschußangabe, s. Ziff. 3 der Vorbem. zu diesem Abschn.), im übrigen d) die Deutsche Gesandtschaft in Belgrad (dipl. Weg) nach Muster b Ziff. 2 oder c mit Begleitschreiben nach Muster b Ziff. 3, ohne Übersetzung. Anzugeben ferner, ob Kostenvorschuß eingegangen ist. (§§ 2—4, § 5 Abs. 1, 2, 3 oder 4, § 7, § 9, § 10, § 16 Ziff. 4, § 18 Abs. 2, 3, § 20, § 21 Abs. 1 c, § 22, § 49 der RHV. im Abschn. II).
	2. in Strafsachen:	
	wie vorstehend, jedoch nach Muster a Ziff. 6, ohne Übersetzung, und zwar wie bei Abessinien unter 2 Sp. 2.	wie vorstehend, jedoch nach Muster b Ziff. 10 mit der Einschränkung, daß usw., wie bei Argentinien unter 2 Sp. 3.
Siam	1. in bürgerlichen Sachen:	
	die Deutsche Gesandtschaft in Bangkok (dipl. Weg), Konsulate sind z. Zt. nicht eingerichtet, nach Muster a Ziff. 2 usw., wie bei Argentinien unter 1 b.	wie nebenstehend, jedoch nach Muster b Ziff. 2 oder c, mit Begleitschreiben nach Muster b Ziff 3, ohne Übersetzung. (§§ 2—4, § 5 Abs. 2, 3, § 9, § 10 Abschn. I Abs. 1, 2, 4, § 18, § 20 Abs. 2, § 21 Abs. 1 c, § 22 der RHV. im Abschn. II).
	2. in Strafsachen:	
	wie vorstehend, jedoch nach Muster a Ziff. 6 ohne Übersetzung, und zwar usw., wie bei Abessinien unter 2 Sp. 2.	wie vorstehend usw. nach Muster b Ziff. 10, wie bei Argentinien unter 2 Sp. 3.
	Wegen Rechtshilfe auf Sondergebieten s. unter Siam im Abschn. II (S. 161).	
Slowenien	siehe Serbien.	
Sowjet-Rußland	siehe Rußland.	
Spanien	1. in bürgerlichen Sachen:	
	A. die Deutsche Botschaft — Konsulatsabteilung — in Madrid oder das Deutsche Generalkonsulat in Barcelona (Vermittelungsstellen), je nach Zuständigkeit (s. § 7 Abs. 3 der RHV.) nach Muster a Ziff. 2 mit Antrag auf Zwangszustellung gemäß Art. 3 des	wie nebenstehend (Vermittelungsstellen) nach Muster b Ziff. 2 oder c mit Begleitschreiben nach Muster b Ziff. 3, ohne Übersetzung. Wegen Vernehmung von deutschen Reichsangehörigen s. Vorbem. unter Ziff. 3 zu diesem Abschnitt.

Betreffend den Staat	Ersuchen an ausländische Behörden: um Zustellung sind zu richten an:	Ersuchen an ausländische Behörden: um Zeugenvernehmung usw., Eidesabnahme, Vernehmung von Angeklagten sind zu leiten an:
Sp. 1	Sp. 2	Sp. 3
	Haager Ziv.-Proz.-Abk., ohne Übersetzung und ohne Rücksicht auf die Staatsangehörigkeit. Wegen Zustellung an Reichsdeutsche s. Vorbem. unter Ziff. 2 zu diesem Verzeichnis. Bei Ladungen können usw. wie bei Argentinien unter 1 Sp. 2. Termine weit hinausrücken (3 Monate). (Zu vgl. auch § 7 Abs. 3, § 8 Abschn. I Abs 1c, § 50 Abs. 2 der RHV. im Abschn. II, Art. 1 Abs. 1 des Haager Ziv.-Proz.-Abk.).	(§§ 2—4, § 5 Abs. 1, 2, 4, § 7 Abs 3 § 9, § 10 Abschn. I, III, § 18 Abs 2, 3, § 20 Abs. 1, § 21 Abs 1a, § 22, § 50 der RHV., Art 9 Abs 1 des Haager Ziv.-Proz.-Abk.).
	Bei größeren Städten ist Angabe des Stadtteils, der Straße und der Hausnummer erforderlich.	
Besitzungen: Insel Fernando Po, Inseln und Festland (Munigebiet) am Golf von Guinea, Marokko	B. a) das nach dem Konsulatsverzeichnis im Abschn. VI für den Erledigungsort zuständige deutsche Konsulat nach Muster a Ziff. 2 bei Zustellungen an deutsche Reichsangehörige, ohne Übersetzung (eigene Erledigung); b) die Deutsche Botschaft in Madrid (dipl. Weg) bei Zustellungen an Ausländer nach Muster a Ziff. 2 ohne Übersetzung. Bei Ladungen können usw, wie bei Argentinien unter 1 Sp. 2.	c) wie nebenstehend, jedoch nach Muster b Ziff. 2 oder c usw, wie bei Argentinien unter 1 c—e.
	Das Haager Ziv.-Proz.-Abk. findet auf die Zone des Spanischen Protektorats in Marokko (s. unter M.) Anwendung, im übrigen jedoch nicht (RGBl. 25 II S. 4). In Strafsachen nach Muster a Ziff. 6 bzw. b Ziff. 10 wie bei Argentinien unter Strafsachen Sp. 2 bzw. 3.	
	2. in Strafsachen:	
	C. wie vorstehend zu B a, b, jedoch nach Muster a Ziff. 6, ohne Übersetzung, und zwar usw., wie bei Abessinien unter 2 Sp. 2.	die Deutsche Botschaft in Madrid (auch für die Kolonien) nach Muster b Ziff. 10 mit Begleitschreiben nach Muster b Ziff 3 ohne Übersetzung. Bei eidlichen Vernehmungen ist zuzufügen, daß das Hauptverfahren eröffnet ist (§ 24 RHV.). Für die Vernehmung deutscher Angeklagter, die vom Erscheinen in der Hauptverhandlung entbunden sind, gilt das bei Argentinien unter 2 Sp. 3 Gesagte. Zu beachten ferner a—d daselbst. Wegen Vernehmung von Deutschen s. Vorbem. Ziff. 3 zu diesem Verzeichnis.
	Die Rechtshilfe wird verweigert bei politischen oder rein fiskalischen Straftaten sowie bei Handlungen, die in Spanien nicht strafbar sind (Ausl.-Vertr. vom 2. Mai 1878, abgedruckt unter Sp. im Abschn. II). Wegen Rechtshilfe auf Sondergebieten s. Anm. 2 zu § 50 der RHV.	
Straits Settlements	siehe Britisches Reich.	

Betreffend den Staat	Ersuchen an ausländische Behörden — um Zustellung sind zu richten an:	um Zeugenvernehmung usw., Eidesabnahme, Vernehmung von Angeklagten sind zu leiten an:
Sp. 1	Sp. 2	Sp. 3
St. Vith	siehe Belgien.	
Südafrikanische Union	siehe Britisches Reich.	
Südseeinseln	unterstehen teils England, teils Frankreich bzw. Japan und den Vereinigten Staaten von Nordamerika.	
Südslawien	siehe Serbien.	
Südwestafrika	siehe Britisches Reich.	
Surinam	siehe Niederlande.	
Syrien	siehe Frankreich.	
Tobago	siehe Britisches Reich.	
Togo	siehe Völkerbund.	
Tonga	1. in bürgerlichen Sachen:	
	die Deutsche diplomatische Vertretung bzw. die deutschen Konsulate — z. Zt. noch nicht bekanntgegeben — wie bei Argentinien.	die deutsche diplomatische Vertretung usw. wie nebenstehend nach Muster b Ziff. 2 oder c mit Begleitschreiben bzw. -Bericht nach Muster b Ziff. 3 bzw. 4, ohne Übersetzung (s. Argentinien).
	Bis zur Bekanntgabe der deutschen ausländischen Stellen ist die Vermittelung des Justizministeriums nachzusuchen (Muster b Ziff. 4).	
	2. in Strafsachen:	
	wie vorstehend, jedoch nach Muster a Ziff. 6, ohne Übersetzung, und zwar usw., wie bei Abessinien unter 2 Sp. 2.	wie vorstehend, jedoch nach Muster b Ziff. 10.
Transjordanien	siehe Britisches Reich.	
Transkaukasien	siehe Rußland.	
Trinidad	siehe Britisches Reich.	
Tripolis	siehe Italien.	
Tschechoslowakei	1. in bürgerlichen Sachen:	
	das nach dem Verzeichnis für Zivilsachen im Abschn. VI für den Erledigungsort zuständige Präsidium des Gerichtshofes 1. Instanz (d. i. bei den Kreisgerichten) nach dem amtlich vorgeschriebenen doppelsprachigen Vordruck Nr. 111 mit Begleitschreiben nach Muster a Ziff. 3, ohne Rücksicht auf die Staatsangehörigkeit; unmittelbare Erledigung. Die Beifügung einer Übersetzung der zuzustellen-	wie nebenstehend, nach Muster b Ziff. 1 oder c mit Begleitschreiben nach Muster a Ziff. 3 unter Beifügung einer Übersetzung; unmittelbare Erledigung. Wegen Vernehmung von Reichsdeutschen s. Vorbem. unter Ziff 3 dieses Verzeichnisses. Auch ist die Erledigung nach den Vorschriften des Haager Ziv.-Proz.-Abk. möglich. (§§ 2—4, § 5 Abs. 2, § 7, § 9, § 18,

Betreffend den Staat	Ersuchen an ausländische Behörden — um Zustellung sind zu richten an:	um Zeugenvernehmung usw., Eidesabnahme, Vernehmung von Angeklagten sind zu leiten an:
Sp. 1	Sp. 2	Sp. 3
	den Schriftstücke ist erforderlich, wenn Zwangszustellung in der durch die innere tschechoslowakische Gesetzgebung vorgeschriebenen Form beantragt wird. Wegen Zustellung an deutsche Reichsangehörige s. Vorbem. Ziff. 2 zu diesem Abschn. Auch ist die Erledigung nach den Vorschriften des Haager Ziv.-Proz.-Abk. möglich. Bei Ladungen können usw., wie bei Argentinien unter 1 Sp. 2. (§§ 2—4, § 5 Abs. 1, 2, § 7 der RHV., Art. 5 des Rechtshilfevertrages vom 20. Jan. 1922, abgedruckt im Abschn. II unter Tsch.).	§ 20, § 21 Abs. 1, § 22 der RHV. u. Art. 5 des nebenbezeichneten Vertrages).
	Abkürzungen wie „Tschechei" oder „Tschechien" sind nicht anzuwenden.	
	2. in Strafsachen:	
	das Präsidium des nach dem Verzeichnis für Strafsachen im Abschn. VI für den Erledigungsort zuständigen Kollegialgerichts erster Instanz (d. s. Kreisgerichte, Landesgerichte, Landesstrafgerichte und Sedrien) nach Muster a Ziff. 6 mit Begleitschreiben nach Muster a Ziff. 3, mit Übersetzung, und zwar usw., wie bei Abessinien unter 2 Sp. 2. Das Ersuchen um Zustellung einer Ladung wird abgelehnt, wenn dem Geladenen für den Fall seines Ausbleibens Zwangsmaßnahmen oder sonstige Nachteile angedroht werden (Art. 17 Ziff. 2 des nebenstehenden Vertrags). Bei Zustellungen an Deutsche s. Vorbem. Ziff. 2 zu diesem Verzeichnis.	wie nebenstehend nach Muster b Ziff. 10 und Begleitschreiben nach Muster a Ziff. 3 mit Übersetzung in tschechischer oder slowakischer Sprache gemäß Art. 23 des Auslief.-Vertr v. 8. Mai 1922, abgedruckt im Abschn. II. Auch die Vernehmung von Beschuldigten, die vom Erscheinen in der Hauptverhandlung entbunden sind, erfolgt durch die zuständige tschechoslowakische Behörde (§ 17 der RHV., Muster b Ziff. 11 im Abschnitt V). Zu beachten: a—d bei Argentinien unter 2 Sp. 3. Wegen Vernehmung von Deutschen s. Ziff. 3 der Vorbem. zu diesem Abschnitt.
	(§§ 2—4, § 5 Abs. 1, 2, § 7 der RHV., AV. v. 22. Nov. 1923 und 30. Januar 1924, abgedruckt daselbst unter Tsch.). Wegen Rechtshilfe auf Sondergebieten s. S. 174 im 1. Teil. Abkürzungen wie „Tschechei" oder „Tschechien" sind nicht anzuwenden.	
Hultschiner Land	wie vor, jedoch in Überleitungssachen unmittelbar an die zuständigen tschechoslowakischen Bezirksgerichte (Art. I § 13 u. Art. III § 7 des Abk. v. 3. Februar 1921 — RGBl. S. 723 —.	
Tunis	siehe Frankreich.	
Türkei	**1. in bürgerlichen Sachen:**	
	a) wie bei Argentinien zu 1 a; b) die Deutsche Botschaft in Angora-Konstantinopel (dipl. Weg) — Postanschrift nur Konstantinopel — bei Zustellungen an Ausländer usw., wie bei Argentinien unter 1 b;	c) wie bei Argentinien unter 1 c; d) „ „ „ „ 1 d; e) die Deutsche Botschaft in Angora-Konstantinopel (dipl. Weg), s nebenst. nach Muster usw., wie bei Argentinien unter 1 e bei Ausländern.

Betreffend den Staat	Ersuchen an ausländische Behörden: um Zustellung sind zu richten an:	um Zeugenvernehmung usw., Eidesabnahme, Vernehmung von Angeklagten sind zu leiten an:
Sp. 1	Sp. 2	Sp. 3
	2. in Strafsachen:	
	wie vorstehend, jedoch nach Muster a Ziff. 6, ohne Übersetzung, und zwar usw., wie bei Abessinien unter 2 Sp. 2.	wie vorstehend, jedoch nach Muster b Ziff. 10 mit der Einschränkung, daß usw., wie bei Argentinien unter 2 Sp. 3.
Turkmenistan	siehe Rußland.	
Ukraine	siehe Rußland.	
Ungarn	**1. in bürgerlichen Sachen:**	
	a) die nach dem Verzeichnis im Abschnitt VI zuständigen Bezirksgerichte nach Muster a Ziff. 1, ohne Übersetzung, unmittelbare Erledigung; b) die Deutsche Gesandtschaft — Konsulatsabteilung — in Budapest (Vermittelungsstelle) nach Muster a Ziff. 2 mit Antrag auf etwaige Zwangszustellung gemäß Art 3 des Haager Ziv.-Proz.-Abk. ohne Rücksicht auf die Staatsangehörigkeit, sofern der unmittelbare Verkehr wegen Sprachschwierigkeiten nicht möglich ist. Wegen Zustellungen an deutsche Reichsangehörige s. Vorbem. Ziff. 2 zu diesem Verzeichnis. Betr. Beifügung einer von einem vereideten Dolmetscher des ungarischen Staates beglaubigten Übersetzung im Falle unbedingter Zwangszustellung s. § 43 Ziff. 5 der RHV. im Abschn. II. Bei Ladungen können usw. wie bei Argentinien unter 1 Sp. 2. Termine mit einer Frist von mindestens 6 Wochen anberaumen (§§ 2—4, § 5 Abs. 1, § 7 Abs. 3, § 8 Abschn. I Abs. 1 b, c u. Abschn. II, § 43 der RHV, Art. 1 Abs. 1 u. 4 des Haager Ziv.-Proz.-Abk.	c) wie nebenstehend nach Muster b Ziff. 1 oder c, ohne Übersetzung, unmittelbare Erledigung; d) wie nebenstehend nach Muster b Ziff. 2 oder c mit Begleitschreiben nach Muster b Ziff. 3, sofern der unmittelbare Verkehr wegen Sprachschwierigkeiten nicht möglich ist. Wegen Vernehmung von Reichsdeutschen s. Vorbem. Ziff. 3 zu diesem Verzeichnis. (§§ 2—4, § 5 Abs. 1, 2, 4, § 7 Abs. 3, § 9, § 18, § 20, § 21 Abs. 1, § 22, § 43 der RHV., Art. 9 Abs. 1 u. 4 des Haager Ziv.-Proz.-Abk. u. nebenstehende AV.).
	Die Rechtshilfe in Rheinschiffahrtsangelegenheiten regelt sich nach § 50 der Additionalakte zur Elbschiffahrtsakte vom 13. April 1844 (Gesetzsammlung S. 458), vgl. §§ 20 Abs. 1, 25 Abs. 3 der RHV. im Abschn. II.	
	2. in Strafsachen:	
	die Deutsche Gesandtschaft in Budapest, (dipl. Weg) nach Muster a Ziff. 6, ohne Übersetzung, und zwar usw., wie bei Abessinien unter 2 Sp 2. (AV. vom 10. Dez. 1924, abgedruckt unter II. im Abschn. II).	die Deutsche Gesandtschaft in Budapest (dipl. Weg) nach Muster b Ziff. 10 mit Begleitschreiben nach Muster b Ziff. 3, ohne Übersetzung mit der Einschränkung, daß usw., wie bei Argentinien unter 2 Sp. 3 (AV. v. 10. Dez. 1924, abgedruckt

Betreffend den Staat	Ersuchen an ausländische Behörden — um Zustellung sind zu richten an:	um Zeugenvernehmung usw., Eidesabnahme, Vernehmung von Angeklagten sind zu leiten an:
Sp. 1	Sp. 2	Sp. 3
		unter Ungarn im Abschn. II). Wegen Vernehmung von Deutschen s. Vorbem. Ziff. 3.
	Bezüglich Rechtshilfe in Elbschiffahrtssachen s. vorstehend unter 1. Wegen Rechtshilfe auf Sondergebieten s. S. 117 im 1. Teil.	
	In Strafsachen können Gerichte und Staatsanwälte außerhalb des Gebiets der Rechtshilfe, z. B. wegen polizeilicher Ermittelungen, Auskunftserteilung u. dgl. unmittelbar verkehren (s. § 55 der RHV. im Abschn. II).	
Uruguay	1. in bürgerlichen Sachen:	
	a) die Deutsche Gesandtschaft — Konsulatsabteilung — in Montevideo oder die nach dem Konsulatsverzeichnis im Abschn. VI sonst zuständigen Konsulate nach Muster a Ziff. 2, ohne Übersetzung bei Zustellung an deutsche Reichsangehörige (s. Vorbem. Ziff. 2 zu diesem Verzeichnis), eigene Erledigung; b) die Deutsche Gesandtschaft in Montevideo (dipl. Weg) bei Zustellungen an Ausländer usw., wie bei Argentinien unter b; Wegen Beglaubigung s. nebenstehend.	c) wie nebenstehend, sofern der zu Vernehmende usw., wie bei Argentinien unter 1 c (s. Vorbem. Ziff. 3 zu diesem Verzeichnis), eigene Erledigung; d) die Deutsche Gesandtschaft in Montevideo (dipl. Weg) nach Muster usw. wie bei Argentinien unter e bei Ausländern. Bei Ersuchen, die durch uruguayische Justizbehörden (alsdann entstehen erhebliche Kosten) erledigt werden müssen, ist eine Beglaubigung durch den urug. Konsul in Deutschland erforderlich.
	(Zu vgl. § 51 Abs. 2, 3 der RHV., Vorbem. 1 zu diesem Verzeichnis).	
	2. in Strafsachen:	
	wie vorstehend zu a, jedoch nach Muster a Ziff. 6, ohne Übersetzung, und zwar usw., wie bei Argentinien unter 2 Sp. 2. Im übrigen sind die Ersuchen nach § 51 der RHV. durch Vermittelung des Justizministers oder in eiligen Fällen durch das Auswärtige Amt einzureichen (Muster a Ziff. 6 mit Begleitbericht bzw. Begleitschreiben nach Muster b Ziff. 4 bzw. a Ziff. 3).	wie vorstehend zu c, jedoch nach Muster b Ziff. 10 mit der Einschränkung, a) daß usw. wie bei Argentinien unter 2 Sp. 3; b) daß die für die urug. Behörden bestimmten Ersuchen gemäß § 51 der RHV. stets durch Vermittelung des Just.-Min. oder in eiligen Fällen durch das Auswärtige Amt einzureichen sind (Muster b Ziff 10 mit Begleitbericht bzw. Begleitschreiben nach Muster b Ziff. 4 bzw. a Ziff. 3).
	Wegen Rechtshilfe auf Sondergebieten s. Anm. 2 zu § 51 der RHV. im Abschnitt II.	
Usbekistan	siehe Rußland.	
Vatikan	siehe Italien.	
Venezuela	1. in bürgerlichen Sachen:	
	a) wie bei Argentinien unter 1 a (der dipl. Vertretung in Carácas sind ausnahmsweise nicht gleichzeitig konsularische Befugnisse erteilt);	c) wie bei Argentinien unter 1 c; d) „ „ „ 1 d; e) die Deutsche Gesandtschaft in Carácas (dipl. Weg) nach Muster usw., wie

Betreffend den Staat	Ersuchen an ausländische Behörden — um Zustellung sind zu richten an:	um Zeugenvernehmung usw., Eidesabnahme, Vernehmung von Angeklagten sind zu leiten an:
Sp. 1	Sp. 2	Sp. 3
	b) die Deutsche Gesandtschaft in Carácas (dipl. Weg) bei Zustellungen an Ausländer usw., wie bei Argentinien unter 1 b (zu vgl. auch § 52 der RHV. im Abschn. II);	bei Argentinien unter 1e bei Ausländern.
	2. in Strafsachen:	
	wie vorstehend, jedoch nach Muster a Ziff. 6, ohne Übersetzung, und zwar usw., wie bei Abessinien unter 2 Sp. 2.	wie vorstehend, jedoch nach Muster b Ziff. 10 mit der Einschränkung, daß usw., wie bei Argentinien unter 2 Sp. 3.
Vereinigte Staaten von Nordamerika	1. in bürgerlichen Sachen:	
	a) das für den Erledigungsort nach dem Konsulatsverzeichnis im Abschn. VI zuständige deutsche Konsulat (der dipl. Vertretung in Washington sind ausnahmsweise nicht gleichzeitig konsularische Befugnisse erteilt) auch für Ausländer, nach Muster a Ziff. 2, ohne Übersetzung; Bei Ladungen können usw., wie bei Argentinien unter 1 Sp. 2. (Zu vgl. auch § 8 Abschn. I Abs. 1 c, § 53 Abs. 1 RHV.).	b) das nach dem Konsulatsverzeichnis im Abschn. VI für den Erledigungsort zuständige deutsche Konsulat, soweit der Konsul zur Beweisaufnahme allgemein ermächtigt und sofern der zu Vernehmende deutscher Reichsangehöriger ist, am Amtsitze des Konsuls oder in dessen unmittelbarer Nähe sich aufhält sowie zum Erscheinen bereit ist, und zwar nach Muster b Ziff. 2 oder c mit einem Begleitschreiben nach Muster b Ziff. 6, ohne Übersetzung; c) das nach dem Konsulatsverzeichnis im Abschn. VI für den Erledigungsort zuständige deutsche Konsulat für sonstige Ersuchen, und zwar in Form einer „commission" nach dem im § 53 der RHV. im Abschn. II vorgesehenen Muster unter Beachtung der dort vorgeschriebenen Sonderbestimmungen mit einem Begleitschreiben entsprechend dem Formular a Ziff. 3. Ist das Konsulat nicht bekannt, so ist das Ersuchen dem Herrn Preußischen Justizminister oder in eiligen Fällen dem Auswärtigen Amt einzureichen (Muster b Ziff. 4 bzw. a Ziff. 3). Sehr hohe Kosten, daher Vorbem. Ziff. 1 zu diesem Verzeichnis zu beachten. (§§ 2—4, § 5 Abs. 2, 3, 4, § 7, § 9, § 18, § 20, § 22, § 53 der RHV. im Abschn. II).
	2. in Strafsachen:	
	wie vorstehend, jedoch nach Muster a Ziff. 6, ohne Übersetzung, und zwar usw., wie bei Abessinien unter 2 Sp. 2.	wie vorstehend, jedoch nach Muster 6 Ziff. 10 mit der Einschränkung, daß usw., wie bei Argentinien unter 2 Sp. 3.
	Die Ersuchen müssen von einem Gericht ausgehen (§ 53 Ziff. 6 der RHV. im Abschn. II). Wegen Rechtshilfe auf Sondergebieten s. Anm. 1 zu § 53 der RHV.	

Betreffend den Staat	Ersuchen an ausländische Behörden um Zustellung sind zu richten an:	Ersuchen an ausländische Behörden um Zeugenvernehmung usw., Eidesabnahme, Vernehmung von Angeklagten sind zu leiten an:
1	Sp. 2	Sp. 3
Besitzungen: Alaska, Hawaii, Philippinen, Portorico	wie vor.	
St. Vith	siehe Belgien.	
Völkerbund	Zu beachten die nachstehende RV. des JM. v. 10. Nov. 1926 — I. Fr. 2098 —: „Um die für eine erfolgreiche Mitarbeit im Völkerbunde unbedingt erforderliche Einheitlichkeit der deutschen Stellungnahme zu den vom Völkerbunde zu erörternden Fragen zu gewährleisten, bestimme ich, daß jeder unmittelbare Geschäftsverkehr mit dem Völkerbund und seinen Organen, und zwar auch soweit ihnen deutsche Reichsangehörige als Mitglieder, Beamte oder Angestellte angehören, seitens der Justizbehörden und einzelner Beamter zu unterbleiben hat. Anträge und Anfragen des Völkerbundes und seiner Organe — auch persönlicher Art — sind unter Beachtung der AV. 24. April 1922 — JMBl. S. 146 — stets durch Vermittelung des Auswärtigen Amts oder nach zuvorigem Einvernehmen mit ihm zu erledigen."	
Mandate des Völkerbunds:		
Kamerun	Mandatare: Frankreich und Großbritannien (s. Britisches Reich).	
Libanon	siehe Syrien nachstehend.	
Neuguinea	Mandatar: Australischer Bund (s. Britisches Reich).	
Ostafrika	Mandatare: Belgien und Großbritannien (s. Britisches Reich).	
Palästina	Mandatar: Großbritannien (s. Britisches Reich).	
Samoa	Mandatar: Neuseeland (s. Britisches Reich).	
Südseeinseln	Mandatar: Japan.	
Südwestafrika	Mandatar: Südafrikanische Union (s. Britisches Reich).	
Syrien und Libanon	Mandatar: Frankreich.	
Togo	Mandatare: Frankreich und Großbritannien (s. Britisches Reich).	
Weißrußland	siehe Rußland.	
Westpreußen	siehe Polen.	
Zansibar	Die Angehörigen des Deutschen Reiches sind nach Delius „Handbuch des Rechtshilfeverfahrens" der Gerichtsbarkeit der in Zansibar eingerichteten englischen Gerichte unterworfen (s. Britisches Reich).	

Anmerkungen:

1. Nach der Neugestaltung des Auslandsdienstes üben die meisten diplomatischen Vertretungen auch gleichzeitig konsularische Befugnisse aus. In derartigen Fällen hat die Anschrift z. B. zu lauten: Deutsche Gesandtschaft — Konsulatsabteilung — in Buenos-Aires.
2. Das Haager Abkommen findet Anwendung bei: Belgien, Dänemark, Danzig, Finnland, Italien, Luxemburg, Niederlande, Norwegen, Österreich, Polen, Portugal, Schweden, Schweiz, Spanien, Tschechoslowakei und Ungarn. Das Memelgebiet ist dem Abkommen

nicht beigetreten; es wird jedoch vereinbarungsgemäß nach den Grundsätzen dieses Abkommens verfahren.

Unmittelbarer Verkehr von Gericht zu Gericht ist nur mit Danzig, dem Memelgebiet, Österreich, Polen, der Schweiz, Tschechoslowakei und Ungarn gestattet. Für die Niederlande und Luxemburg bestimmte Ersuchen sind an den Staatsanwalt, für Dänemark an das Justizministerium oder an den Magistrat bzw. Amtmann, für die übrigen Länder an die zuständigen Konsulate zu richten, sofern ein Vorbehalt nach Art. 9 Abs. 3 des Haager Ziv.-Proz.-Abk. nicht ausgesprochen ist (dies ist der Fall: bei Belgien, Italien und Portugal).

3. Alle Ersuchen — soweit sie vom Amts- oder Landgericht ausgehen — sind dem Landgerichtspräsidenten (für Berlin-Mitte g. F. dem Amtsgerichtspräsidenten) vor ihrer Absendung vorzulegen; gehen die Ersuchungsschreiben von einem andern Beamten der Staatsanwaltschaft als dem Oberstaatsanwalt aus, so sind sie diesem zur Prüfung vorzulegen.

4. Erscheint in den Fällen, in denen regelmäßig die Ersuchungsschreiben den deutschen Gesandten zu übersenden sind, aus besonderen Gründen diplomatische Vermittelung angemessen, so ist gemäß der AV. v. 25. Aug. 1923 — JMBl. S. 613 — unter deren Darlegung das Ersuchungsschreiben mit Begleitbericht bzw. Begleitschreiben dem Justizministerium oder in eiligen Fällen dem Auswärtigen Amt einzureichen (vgl. auch § 34 Abs. 3 Satz 2, § 36 der RHV. im Abschn. II). Die Anschrift der an das Justizministerium zu leitenden Ersuchen lautet: An den Herrn Preußischen Justizminister in Berlin W 8, Wilhelmstraße 65.

5. Letztes Verzeichnis der im Auslande befindlichen deutschen Konsulate s. JMBl. 1927, S. 355 ff.; Nachträge hierzu vgl. Bekanntmachung vom 29. Juni 1926 — JMBl. S. 239 —. Abdruck des z. Zt. gültigen Verzeichnisses befindet sich im Abschn. VI.

6. Die Übersetzungen sind im allgemeinen durch einen diplomatischen oder konsularischen Vertreter des ersuchenden Staates oder beeidigten Dolmetscher des ersuchten Teiles zu beglaubigen. Hierum ist die mit der Übermittelung befaßte deutsche konsularische oder diplomatische Behörde zu ersuchen. Ausnahmen bestehen bezüglich Norwegen und Schweden (hier genügt auch die Beglaubigung durch einen beeidigten Dolmetscher des ersuchenden Teils) sowie bei der Tschechoslowakei und Polen (neben der vorerwähnten Vereinfachung ist hier auch der Richter zur Beglaubigung ermächtigt). Die Beschaffung der Übersetzungen ist nicht Sache der Parteien, sie geschieht vielmehr auf deren Kosten durch das Gericht bzw. die ausländische deutsche Vertretung (vgl. im übrigen Anm. 2 zu § 3 der RHV. im Abschn. II).

Abschnitt V.

Muster für Ersuchungs- und Begleitschreiben, Begleitberichte, Denkschriften, Vollstreckungsersuchen usw.

Abschnitt V.

Muster für Ersuchungs- und Begleitschreiben, Begleitberichte, Denkschriften, Vollstreckungsersuchen usw.

Inhalt.

A. Vorbemerkungen.

Aktenverfügungen:

a) Zustellungen in Zivilsachen betr.:

1. Termin zur mündlichen Verhandlung wird anberaumt auf den . . . .
2. Die Einlassungsfrist wird auf . . . . Wochen (Monate) festgesetzt (vgl. § 262 ² — Landgericht — bzw. 499 ² ZPO. — Amtsgericht —). Betr. Einspruchsfrist s. § 339 ² ZPO.
3. Vom Kläger ist ein Auslagenvorschuß (wegen der Abhängigmachung von der vorherigen Zahlung vgl. §§ 379, 402 ZPO., § 84 Abs. 1 DGKG., § 6 Abs. 1 PrGKG.) von . . . . RM anzufordern.
4. Die zuzustellenden Anlagen sind — erforderlichen Falles — zu beglaubigen (§§ 170, 196, 210 ZPO.).
5. Auf die beglaubigte Abschrift der Klageschrift ist unmittelbar unter dem oberen Rande der ersten Seite mit roter Tinte der Vermerk zu setzen: Zuzustellen an (Name, Wohnort und genaue Wohnung des Empfängers einrücken).
6. Zu schreiben (Außenanschrift mit lateinischen Buchstaben oder Maschinenschrift):

   An usw. wie in dem Muster a Ziff. 3 usw. (nur bei Dänemark, Luxemburg und Holland) oder b Ziff. 4 Abs. 1 (wie z. B. bei Japan).
7. Zu schreiben: Einrücken wie Muster a Ziff. 1 bzw. 2.
8. Die Schreiben zu 6 und 7 sind mit Begleitbericht (beim Amts- und Landgericht) dem Landgerichtspräsidenten (nur in Berlin für AG. Mitte dem Amtsgerichtspräsidenten) zur gefälligen Nachprüfung gemäß § 4 der RHV. (z. B. in folgender Fassung) vorzulegen:

   Mit . . . . . Anlagen

   dem Herrn Landgerichtspräsidenten *)

   <u>hier</u>

   gemäß § 4 der Rechtshilfevorschriften vorgelegt.

   Köln, den . . . .

   Der Vorsitzende der . . . . Zivilkammer.

   (Name).
9. Wiedervorzulegen am . . . .

   Köln, den . . . .

---

*) Gehen die Ersuchen von einem anderen Beamten der Staatsanwaltschaft als dem Oberstaatsanwalt aus (Amtsanwälte haben sich der Vermittelung der Staatsanwaltschaft zu bedienen), so sind sie diesem zur Prüfung vorzulegen.

b) Beweiserhebung in Zivilsachen:

1. Auslagenvorschuß von ..... *RM* einfordern (vgl. Ziff. 3 vorstehend).

2. Zu schreiben an die Rechtsanwälte .... u. ....:

   In Sachen .... (kurzes Rubrum) soll antragsgemäß die Vernehmung des Zeugen .... im Auslande erfolgen. Es wird daher um eine gefällige umgehende Erklärung gebeten, ob auf Benachrichtigung seitens der Auslandsstellen von dem zur Erledigung bestimmten Termine verzichtet wird. Da diese Benachrichtigung nicht selten mit Schwierigkeiten verbunden ist und die Erledigung des Ersuchens erheblich verzögert, liegt es sowohl im Interesse der Vereinfachung des Geschäftsverkehrs als auch im Interesse einer beschleunigten Erledigung, wenn die Benachrichtigung nur dann verlangt wird, wenn die Absicht besteht, dem Beweistermine wirklich beizuwohnen.

3. Wiedervorlage am ....

Köln, den ....

....

Nach Eingang der Erklärungen der Prozeßbevollmächtigten und des Vorschusses ist zu verfügen:

1. Zu schreiben: Einrücken das entsprechende Muster unter b Ziff. 1 oder 2 oder c usw. — Außenanschrift in lateinischen Buchstaben —.
2. Zu schreiben: Einrücken Muster b Ziff. 3 oder 4 usw., falls ein Begleitschreiben erforderlich ist.
3. Die Schreiben zu 1 und 2 sind mittels Begleitbericht dem Landgerichtspräsidenten*) gemäß § 4 der RHV. zur gefälligen Prüfung vorzulegen (Muster s. vorstehend unter a Ziff. 8).
4. Nach ..... Monaten.

Köln, den ....

....

In Strafsachen ist in Anlehnung an die Vorschriften der StPO. wie vorstehend zu a und b entsprechend zu verfahren (eine Vorschußerhebung findet hier nicht statt).

---

*) Gehen die Ersuchen von einem anderen Beamten der Staatsanwaltschaft als dem Oberstaatsanwalt aus (Amtsanwälte haben sich der Vermittelung der Staatsanwaltschaft zu bedienen), so sind sie diesem zur Prüfung vorzulegen.

B. Mustersammlung.

Muster a Ziff. 1 — Zustellungsersuchen in bürgerlichen Sachen im unmittelbaren Verkehr für den Geltungsbereich des Haager Zivilprozeßabkommens, z. B. Dänemark, Danzig, Luxemburg, Memelgebiet, Niederlande, Schweiz und Ungarn —:

Preußisches Amtsgericht, Köln, den . . . .
Abt. . .

Geschäftsnummer: . . . .

An das
Amtsgericht
in
Danzig
(g. F. Staat einrücken)
oder an die sonst zuständige Behörde.

In dem bürgerlichen Rechtsstreit des . . . ., Klägers, Prozeßbevollmächtigter: . . . . gegen den . . . ., Beklagten, Prozeßbevollmächtigter: . . . . wegen Forderung, Aktenzeichen . . . . ., wird
2 Anlagen ergebenst ersucht, die Zustellung der anliegenden Klageschrift nebst Ladung durch einfache Übergabe gemäß Art. 2 des Haager Zivilprozeßabkommens vom 17. Juli 1905 an den . . . . (genaue Anschrift, Straße, Hausnummer einrücken) bewirken zu lassen und den Zustellungsnachweis hierher zu übersenden.

Für den Fall, daß die Übergabe nach den Vorschriften des Art. 2 nicht tunlich ist, wird ergebenst um Zwangszustellung im Sinne des Art. 3 des genannten Abkommens ersucht.

1 Anlage Gemäß Anlage ist dem Kläger das Armenrecht bewilligt.

Siegel. (Name)
(Amtsbezeichnung).

Anm. 1. Bei Polen und der Tschechoslowakei, die auch dem Haager Ziv.-Proz.-Abk. angeschlossen sind, empfiehlt es sich, die Zustellung auf Grund der neuen Verträge zu beantragen (s. die Rechtshilfevorschriften im Abschnitt II unter den betr. Staaten). Bei Österreich ist stets auf Grund des neuen Vertrags zu ersuchen.

2. Für die Niederlande ist alles in lateinischen Buchstaben oder in Maschinenschrift zu schreiben. Außerdem, wie auch für Dänemark und Luxemburg vorgeschrieben, ist ein Begleitschreiben nach Muster a Ziff. 3 beizufügen. In diesen Fällen ist die Innenanschrift nur auf das Begleitschreiben zu setzen.

3. In Armensachen ist für den Geltungsbereich des Haager Ziv.-Proz.-Abk. — s. Teil I S. 188, Anm. 3 — eine beglaubigte Abschrift des das Armenrecht bewilligenden Beschlusses beizufügen.

4. Die zur Zustellung bestimmten Schriftstücke sind ihrer Art und ihrem Inhalte nach tunlichst kurz, aber treffend zu bezeichnen („Beschluß" z. B. genügt nicht; es muß vielmehr heißen: einstweilige Verfügung, Arrestbefehl, Klageschrift usw.).

5. Betr. Zustellungsvermerk in roter Tinte auf die zuzustellenden Anlagen siehe § 8 Ziff. 4 der RHV. im Abschnitt II.
6. Vorschußangabe und Staatsangehörigkeit des Empfängers sind nur in Ersuchen an Konsulate zu erörtern (siehe Muster a Ziff. 2).
7. Bei Anträgen auf Zwangszustellung im Verkehr mit Dänemark, den Niederlanden und der Schweiz ist die Beschaffung der Übersetzung bei der ersuchten ausländischen Behörde zu beantragen. Im übrigen ist wegen Beifügung von Übersetzungen (es sei denn, daß von vornherein Zwangszustellung beantragt wird), nichts zu veranlassen. In diesen Fällen ist für die Einforderung ausreichender Kostenvorschüsse Sorge zu tragen (AV. v. 21. Dez. 1926 — JMBl. S. 430 —, abgedruckt unter Anm. 2 zu § 3 der RHV. im Abschnitt II).
8. In Preußen ist der amtliche Vordruck LG. I 54 zu benutzen.

Muster a Ziff. 2 — Zustellungsersuchen in bürgerlichen Sachen an ein deutsches Konsulat bzw. an eine deutsche diplomatische Vertretung —:

Preußisches Amtsgericht, Köln, den . . . .
Abt. . .

Geschäftsnummer: . . . .

An das

Deutsche Generalkonsulat

in

Chicago

Vereinigte Staaten von Amerika.

In dem bürgerlichen Rechtsstreit des . . . ., Klägers, Prozeßbevollmächtigter: . . . ., gegen den . . . ., Beklagten, wegen Forderung, Aktenzeichen . . . ., wird ergebenst ersucht, die Zustellung anliegenden Versäumnisurteils an den . . . . (genaue Anschrift, Straße und Hausnummer einrücken), welcher die . . . . . . Staatsangehörigkeit besitzt, — oder über dessen Staatsangehörigkeit Bestimmtes nicht ermittelt werden konnte — bewirken zu lassen und die Zustellungsurkunde hierher zu übersenden. (Randvermerk: 1 Anlage)

Zur Deckung der Kosten ist ein Vorschuß in Höhe von . . . . RM eingefordert oder: Dem . . . . ist das Armenrecht bewilligt (g. F. Beschluß darüber liegt bei — vgl. Anm. Ziff. 3 —). (Randvermerk: 1 Anlage)

Siegel. (Name)

(Amtsbezeichnung).

Anm. 1. Eine Zustellung ohne Zwang und ohne Einhaltung prozeßrechtlicher Formvorschriften an deutsche Reichsangehörige kann in allen Ländern durch den im fremden Lande residierenden deutschen Gesandten oder Konsul erfolgen. In den Niederlanden und Schweden ist die Zustellung auf diesem Wege auch an Angehörige dritter Staaten möglich.

2. Soll die Zustellung in einem Staate*) vorgenommen werden, der dem Haager Ziv.-Proz.-Abk. beigetreten ist, so ist am Schlusse beizufügen: Für den Fall usw. wie beim Muster a Ziff. 1 vorletzter Satz (z. B. Belgien, Finnland, Italien, Norwegen, Schweden, Spanien und Ungarn).

*) Vertragsstaaten s. Teil I S. 188, Anm. 3.

3. In Armensachen ist für den Geltungsbereich des Haager Abk., s. Anm. 3 zum Muster a Ziff. 1, eine beglaubigte Abschrift des das Armenrecht bewilligenden Beschlusses beizufügen.

4. Die Anmerkungen unter Ziff. 4 und 5 zu Muster a Ziff. 1 gelten auch hier.

5. Ein besonderes Begleitschreiben (s. § 5 Ziff. 4 der RHV.) ist in Zustellungsangelegenheiten nicht erforderlich.

6. Falls bei Anträgen auf Zwangszustellung eine Übersetzung erforderlich sein sollte, so ist zu bitten, diese gemäß der AV. v. 21. Dez. 1926 — JMBl. S. 430 — beschaffen zu wollen. Ausnahme: bei Anträgen auf Zwangszustellung im Verkehr mit Norwegen ist die Beschaffung der Übersetzung bei der ersuchten ausländischen Behörde zu beantragen.

7. In Preußen kann der amtliche Vordruck LG. I 55 benutzt werden.

Muster a Ziff 3 — Begleitschreiben an die Empfangsbehörden im Verkehr mit Dänemark, Luxemburg und den Niederlanden —:

Preußisches Amtsgericht, Köln, den . . . .

Abt. . . .

Geschäftsnummer: . . . .

An den

Herrn Staatsanwalt (Officier van Justitie)

bei dem Arrondissementsgericht

in

Amsterdam

(Niederlande)

oder an die sonst zuständige Behörde.

In der Vormundschaftssache betr. . . . . ,
1 Anlage Aktenzeichen . . . . , wird ergebenst ersucht, das anliegende Ersuchen um Vornahme (einrücken: einer Zustellung des . . . . -Beschlusses oder einer Vernehmung über Anerkennung der Vaterschaft usw.) an die zuständige Behörde gefälligst weitergeben zu wollen.

Siegel. (Name)

(Amtsbezeichnung).

Anm. 1. Für die Niederlande ist alles in lateinischer Schrift oder Maschinenschrift zu schreiben.

2. Einer Innenanschrift auf dem Ersuchungsschreiben bedarf es nicht, da die ersuchte Behörde nur Vermittelungs-, nicht Erledigungsstelle ist (§ 2 Ziff. 2 Schlußsatz der RHV. im Abschn. II).

3. In Preußen ist der amtliche Vordruck LG. I 57 eingeführt.

Muster a Ziff. 3 a — Begleitschreiben für Zustellungsersuchen an die deutsche konsul. Vertretung im Verkehr mit Frankreich —:

Preußisches Amtsgericht, Abt. . . . Köln, den . . . .

Geschäftsnummer: . . . .

Anlage: . . . .

An das Deutsche Konsulat
in . . . .
(Frankreich)

In dem bürgerlichen Rechtsstreit X/Y wegen . . . ., Aktenzeichen . . . . ., beehre ich mich, in der Anlage ein Ersuchen um Vornahme einer Zustellung mit der Bitte um gefl. Weitergabe an den zuständigen Herrn Procureur de la République zu überreichen.

Den Zustellungsnachweis bitte ich gefl. unmittelbar hierher zurückzusenden.

Der Zustellungsempfänger besitzt die . . . . Staatsangehörigkeit. Es wird anheimgestellt, das Ersuchen selbst zu erledigen, falls die dortige Stelle dazu in der Lage sein sollte.

Für den Fall, daß eine Übersetzung des Übermittlungsschreibens erforderlich sein sollte, wird auf Grund der AV. v. 21. Dez. 1926 (JMBl. S. 430) gebeten, diese dort fertigen zu lassen.

Zur Deckung etwaiger Kosten ist ein Vorschuß in Höhe von . . . . . . RM. eingefordert (g. F.: Dem . . . . ist das Armenrecht bewilligt).

Siegel. (Name)
(Amtsbezeichnung).

Anm. Soll die Zustellung auf ausdrücklichen Antrag durch einen Vollziehungsbeamten in der durch die innere französische Gesetzgebung vorgeschriebenen Form erfolgen, so muß die zuzustellende Urkunde von einer Übersetzung in die Sprache des ersuchten Staates begleitet sein. Diese Übersetzung ist von dem konsul. Vertreter des ersuchenden Staates oder von einem beeidigten Übersetzer eines der beiden Staaten zu beglaubigen (Art. 3 Abs. 3 des deutsch-französ. Rechtshilfevertr. vom 5. Okt. 1927 — in Kraft seit 30. Nov. 1927 —; zu vgl. jedoch hierzu die AV. vom 21. Dez. 1926 — JMBl. S. 430 —, abgedruckt unter § 32 bzw. § 3 der RHV.).

Staatsangehörigkeit und Vorschußangabe sind in dem Ersuchungsschreiben an den Procureur (Muster a Ziff. 2) nicht zu erörtern.

Muster a Ziff. 4 — Zustellungsersuchen in bürgerlichen Sachen im unmittelbaren Verkehr mit der Tschechoslowakei —:

Es ist das im RGBl. 1924 Teil II S 134 veröffentlichte doppelsprachige Muster zu verwenden, amtlicher Vordruck in Preußen: Nr. 111.*)

Muster a Ziff. 5 — Zustellungsersuchen in bürgerlichen Sachen im unmittelbaren Verkehr mit Polen —:

Doppelsprachiges Muster s. RGBl. 1926 II S. 238, amtlicher Vordruck in Preußen: Nr. 119.*)

Muster a Ziff. 5a — Zustellungsersuchen in bürgerlichen Sachen im unmittelbaren Verkehr mit Bulgarien —:

Abgedruckt im RGBl. 1927 II S. 515**); in Preußen amtlicher Vordruck Nr. 136 — zu vgl. AV. v. 24. Okt. 1927, abgedruckt Teil I S. 56 unten —.

*) Ähnlich dem Muster für Bulgarien, S. 274.
**) Hier S. 274.

Muster a Ziff. 5a (siehe Vorseite).

Ersuchen um Zustellung von Schriftstücken, die für Personen in Bulgarien bestimmt sind.

Молба за врѫчване на документи, предназначени за лица, живущи въ България.

.... (Ort und Datum)
.... (мѣсто и дата)
....
....

in .... (ersuchende Behörde)
въ .... (моляще учреждение)

ersucht ....
моли ....

in .... (ersuchte Behörde)
въ .... (замолено учреждение)

die Zustellung des anliegenden, unten näher bezeichneten Schriftstücks — durch einfache Übergabe
да извърши врѫчването на приложения по-долу подробно описанъ документъ — чрезъ просто
— in der durch die bulgarische innere Gesetzgebung vorgeschriebenen Form [1]) — gemäß Artikel 10
предаване — по предписания отъ българскитѣ вѫтрешни закони начинъ [1]) — съгласно чл. 10
— Abs. 1 — Abs. 2 [1]) — des deutsch-bulgarischen Vertrags über den Rechtsverkehr vom 22. Dezember
— ал. 1 — ал. 2 [1]) — отъ германско-българския договоръ за правни отношения отъ 22-ий Де-
1926 bewirken zu lassen und die Zustellungsurkunde dem diesen Antrag übermittelnden Konsul zu
кемврий 1926 г. и да изпрати на консула, отъ когото е получена настоящата молба, разписката
übersenden.
за врѫчване.

Eine bulgarische Übersetzung des zuzustellenden Schriftstücks wird beigefügt [2]).
Преводъ на документа за врѫчване на български се прилага [2]).

.... (Namensunterschrift)
.... (подписъ)

Name und Stellung der Parteien:
Име и положение на странитѣ:

Name und Anschrift der Person, der zugestellt werden soll:
Име и адресъ на лицето, комуто се врѫчва:

Art des Schriftstücks:
Видъ на документа:

---

[1]) Das Nichtzutreffende ist zu streichen.
[1]) Несъответнето да се зачеркне.

[2]) Diese Worte gelten nur für den Fall, daß in der durch die bulgarische innere Gesetzgebung vorgeschriebenen Form zugestellt werden soll.
[2]) Тия думи важатъ въ случаитѣ, когато документа ще се врѫчи по начинъ предписанъ отъ българскитѣ закони.

Muster a Ziff. 6 — Zustellungsersuchen in Strafsachen — z. B. Memelgebiet, Österreich, Niederlande, Schweiz, Tschechoslowakei —:

Preußisches Amtsgericht, Köln, den . . . .
Abt. . . .

Geschäftsnummer: . . . .

Innenanschrift (dieser ist im unmittelbaren Verkehr zuzusetzen: oder an die sonst zuständige Behörde).

In der Strafsache gegen den . . . ., preußischer Staatsangehörigkeit, wegen . . . . wird ergebenst gebeten, die Zustellung der anliegenden Ladung zur Hauptverhandlung an den . . . . (genaue Anschrift, Straße und Hausnummer), welcher die . . . . . . Staatsangehörigkeit besitzt — oder: über dessen Staatsangehörigkeit nichts ermittelt werden konnte —, gefälligst bewirken zu lassen und die Zustellungsurkunde hierher zu übersenden.

Siegel. (Name)

(Amtsbezeichnung).

Anm. 1. Unmittelbarer Verkehr findet z. B. mit den oben bezeichneten Staaten statt.

2. Bei Luxemburg und den Niederlanden ist die Innenanschrift auf das durch § 2 Ziff. 2 der RHV. vorgeschriebene Begleitschreiben (s. Muster a Ziff. 3) zu setzen.

3. Beifügung einer Übersetzung ist nur erforderlich im Verkehr mit der Tschechoslowakei (s. Anm. 2 zu § 3 der RHV. im Abschnitt II).

Muster b Ziff. 1 — Ersuchen um Zeugenvernehmung in bürgerlichen Rechtsstreitigkeiten im unmittelbaren Verkehr, z. B. Dänemark, Danzig, Memelgebiet, Niederlande, Österreich, Polen, Schweiz, Tschechoslowakei und Ungarn —:

Dem Ersuchen geht gemäß § 9 Abs. 1 der Rechtshilfevorschriften an die Parteien bzw. deren Vertreter eine Verfügung folgenden Inhalts voraus:

In Sachen usw., wie unter b Ziff. 2 der Vorbemerkungen unter A dieses Abschnittes. Zu beachten sind auch die Vorbemerkungen zu Abschnitt IV.

Preußisches Landgericht, Köln, den . . . .
. . . . Zivilkammer.

Geschäftsnummer: . . . .

Anlage: . . . . . .

An das

Bezirksgericht

in

Zürich

Schweiz

oder an die sonst zuständige Behörde.

In dem bürgerlichen Rechtsstreit des . . . . , Klägers, Prozeßbevollmächtigter . . . . , gegen den . . . . , Beklagten, Prozeßbevollmächtigte . . . . , wegen Forderung, ersuche ich ergebenst, den . . . . als Zeugen, falls nach dortigem Rechte zulässig, eidlich — g. F. unbeeidigt — über folgendes zu vernehmen: . . . . (einrücken).

Ein Zeuge ist nach deutschem Recht zur Verweigerung seiner Aussage berechtigt, wenn er mit einer der Parteien verlobt, verheiratet, in gerader Linie oder in der Seitenlinie bis zum dritten Grade verwandt oder im zweiten Grade verschwägert ist, oder, wenn die Beantwortung der Fragen dem Zeugen oder einer der vorgenannten Personen zur Unehre gereichen, einen unmittelbaren Schaden verursachen oder die Gefahr strafgerichtlicher Verfolgung zuziehen würde. (Hier bei Ehescheidungssachen zutreffendenfalls zusetzen: strafbar ist der Ehebruch auf Antrag des nichtschuldigen Ehegatten, wenn wegen des Ehebruchs die Ehe geschieden worden ist).

Vorgenannte Personen, die von diesem Rechte der Zeugnisverweigerung keinen Gebrauch machen, sind unbeeidigt zu vernehmen.

Ich bitte, den Zeugen hierüber zu belehren.

(G. F.: Nach den inländischen Vorschriften sind unbeeidigt zu vernehmen Personen, welche zur Zeit der Vernehmung das 16. Lebensjahr noch nicht vollendet haben oder wegen mangelnder Verstandesreife oder Verstandesschwäche von dem Wesen und der Bedeutung des Eides keine genügende Vorstellung haben, oder die schon genannten zur Verweigerung des Zeugnisses berechtigten Personen, sofern sie von diesem Rechte keinen Gebrauch machen oder Personen, welche ein rechtliches Interesse daran haben, daß in dem Rechtsstreite die eine Partei obsiege, ferner Personen, welche einen in einem Rechtsstreite geltend gemachten Anspruch übertragen haben, auch dann, wenn sie zur Gewährleistung nicht verpflichtet sind — zu vgl. § 393 ZPO. —).

Auf Grund des deutschen Prozeßrechts haben die Parteien sowie die von ihnen beauftragten Personen — einrücken in Ehescheidungssachen: und die Staatsanwaltschaft — das Recht, der Vernehmung beizuwohnen und die ihnen zur Aufklärung des Sachverhältnisses sowie der Persönlichkeit des Zeugen zweckdienlichen Fragen zu stellen. Ich bitte, mich wegen Bekanntgabe an die Parteien von dem angesetzten Termine rechtzeitig benachrichtigen zu wollen, sofern dies nach dem dortigen Recht zulässig ist (falls jedoch allseitig auf Terminsbenachrichtigung verzichtet ist, ist an Stelle dieses Satzes einzurücken: Auf Terminsbenachrichtigung ist allseitig verzichtet).

Zum besseren Verständnis der Beweisfragen soll folgende Sachdarstellung dienen:

Einrücken . . . .

Die aufgenommene Verhandlung bitte ich unter Rückgabe dieses Schreibens unmittelbar hierher zu übersenden.

Dem Kläger (oder Beklagten usw.) ist das Armenrecht bewilligt. G. F. zusetzen: Beschluß darüber liegt bei (siehe Anmerkung Ziff. 3).

Siegel. Der Vorsitzende:

(Unterschrift)

(Amtsbezeichnung).

Anm. 1. Im Gebiete des Haager Ziv.-Proz.-Abk. (s. Anm. 3 nachstehend) ist in dem vorstehenden Muster im ersten Absatz hinter „ersuche ich ergebenst" zuzufügen: auf Grund des Art. 8 des Haager Ziv.-Proz.-Abk. v. 17 Juli 1905. Bei Polen und der Tschechoslowakei empfiehlt es sich, auf Grund der neuen Verträge zu ersuchen (abgedruckt in den RHV. unter den betr. Staaten). Bei Österreich ist stets auf Grund des neuen Vertrags zu ersuchen.

2. Ersuchen um Vernehmung eines Sachverständigen sind entsprechend dem vorstehenden Muster abzufassen.

3. Im Geltungsbereich*) des Haager Abkommens ist beglaubigte Abschrift des Armenrechtsbeschlusses beizufügen (d. i. hier bei Dänemark, Danzig, Luxemburg, dem Memelgebiet, den Niederlanden, Österreich, Polen, der Schweiz, der Tschechoslowakei und Ungarn — zu vgl. aber Anm. 1 —).

4. Zu beachten sind folgende Sonderbestimmungen:

a) betr. Dänemark § 31 Ziff. 2 Schlußsatz der RHV. „Für das Verfahren vor den dänischen Gerichten bei der Erledigung von Ersuchen um Zeugenvernehmung in bürgerlichen Sachen ist es von Wichtigkeit, welche Partei die Vernehmung veranlaßt hat; in den Ersuchen ist daher die beweisführende Partei als solche zu bezeichnen" und §§ 2 Ziff. 2, 31 Ziff. 2 RHV. wegen Beifügung eines Begleitschreibens (Muster a Ziff. 3);

b) betr. Großbritannien: § 34 Ziff. 3 Satz 1 der RHV. „In den Ersuchungsschreiben ist zu beantragen, daß das Ersuchen nach deutschem Rechte erledigt und die aufgenommene Verhandlung unmittelbar an das ersuchende Gericht geschickt wird" sowie Ziff. 5 a. a O. betr. Angabe des Kostenvorschusses, der sehr hoch zu bemessen ist, sowie der Staatsangehörigkeit;

c) betr. Luxemburg § 38 Ziff. 3 der RHV. „Eine uneidliche Vernehmung von Zeugen durch die Gerichte ist nur wegen Verwandtschaft des Zeugen mit einem Beteiligten zulässig; sonst kann die uneidliche Vernehmung nur auf dem Verwaltungswege durch die Polizei erfolgen" und §§ 2 Ziff. 2, 38 Ziff. 2 RHV. wegen Beifügung eines Begleitschreibens (Muster a Ziff. 3);

d) betr. Niederlande §§ 2 Ziff. 2, 41 Ziff. 3 RHV. wegen Beifügung eines Begleitschreibens (Muster a Ziff. 3).

5. Ein Zeugnisverweigerungsrecht ist nicht zulässig, wenn der Zeuge über diejenigen Handlungen vernommen werden soll, die von ihm selbst als Rechtsvorgänger oder Vertreter einer der Prozeßparteien vorgenommen sein sollen.

Der Hinweis auf das Recht der Zeugnisverweigerung ist nicht in jedem Falle aufzunehmen, sondern nur dann, wenn es nach der Lage des Einzelfalles erforderlich ist.

6. Der Beifügung einer Übersetzung bedarf es nur im Verkehr mit der Tschechoslowakei, s. Anm. 2 zu § 3 der RHV. im Abschnitt II.

*) Vertragsstaaten s. Teil I S. 188, Anm. 3.

Muster b Ziff. 2 — Ersuchen um Vernehmung eines Zeugen in bürgerlichen Rechtsstreitigkeiten durch Vermittelung einer Gesandtschaft, Botschaft oder des Justizministers, z. B. bei Frankreich, Portugal, Rumänien —:

Vor Erlaß des Schreibens ist nach § 9 Abs. 1 der RHV. zu verfahren (vgl. **Vorbemerkungen zu Abschnitt IV und A unter b Ziff. 2 dieses Abschnittes**).

Preußisches Landgericht, Köln, den . . . .
. . . . Zivilkammer.

Geschäftsnummer: . . . .

Anlage . . . . . . Keine Innenanschrift!

In dem bürgerlichen Rechtsstreit des . . . . , Klägers, Prozeßbevollmächtigte . . . . , gegen den . . . . , Beklagten, Prozeßbevollmächtigte . . . . , wegen Forderung, ersuche ich ergebenst, den . . . . als Zeugen, falls nach dortigem Rechte zulässig, eidlich — g. F. unbeeidigt — über folgendes zu vernehmen: **Einrücken** . . . . .

Nach deutschem Recht ist ein Zeuge zur Verweigerung seiner Aussage berechtigt, wenn er usw. **einrücken wie beim Muster b Ziff. 1 bis verzichtet.**

Zum besseren Verständnis der Beweisfragen soll folgende Sachdarstellung dienen: . . . . **einrücken.**

Siegel. Der Vorsitzende:
(Unterschrift)
(Amtsbezeichnung).

Anm. 1. Im Geltungsbereiche*) des Haager Ziv.-Proz.-Abk. (d. i. hier bei Belgien, Finnland, Italien, Norwegen, Schweden, Spanien, Ungarn — bei diesem Lande auf diesem Wege nur dann, wenn der unmittelbare Verkehr wegen Sprachschwierigkeiten nicht möglich ist —) ist in dem vorstehenden Muster im ersten Absatz hinter „ersuche ich ergebenst" zuzufügen: auf Grund des Artikels 8 des Haager Ziv.-Proz.-Abk. v. 17. Juli 1905.

2. Die Anmerkungen 2 und 5 zum Muster b Ziff. 1 sind auch hier zu beachten.

Muster b Ziff. 3 — Begleitschreiben an eine Gesandtschaft (z. B. bei Belgien), Botschaft (bei Italien) oder an ein Generalkonsulat (bei Norwegen, Schweden, Spanien) zum Muster b Ziff. 2 —:

Preußisches Landgericht, Köln, den . . . .
. . . . Zivilkammer.

1 Anlage.

An die

Deutsche Gesandtschaft (bzw. Botschaft bzw.
das Deutsche Generalkonsulat)
in
Brüssel
(bzw. Rom bzw. Oslo bzw. Barzelona).

---

*) Vertragsstaaten s. Teil I S. 188, Anm. 3.

In dem bürgerlichen Rechtsstreit (kurze Bezeichnung der Sache, z. B. Hinz/Kunz) beehre ich mich, in der Anlage ein Ersuchen um Zeugenvernehmung mit der Bitte um Weiterleitung an die zuständige ausländische Behörde zu übersenden. Es wird anheimgestellt, falls die dortige Stelle dazu in der Lage sein sollte (Anm.: dies ist der Fall z. B. bei ortsansässigen deutschen Staatsangehörigen) das Ersuchen selbst zu erledigen.

Der Zeuge (Sachverständige, Schwurpflichtige) ist . . . . Staatsangehörigkeit.

Die aufgenommene Verhandlung bitte ich unter Rückgabe dieses Schreibens unmittelbar hierher zu übersenden.

Gemäß AV. v. 21. Dez. 1926 — JMBl. S. 430 — wird um gefällige Beschaffung der etwa erforderlichen Übersetzung gebeten.

Betr. Armenrecht und Vorschußangabe s. Anm. 2.

Siegel. Der Vorsitzende:
(Unterschrift)
(Amtsbezeichnung).

Anm. 1. Einer Innenanschrift im Ersuchungsschreiben bedarf es nicht (§ 2 Ziff. 2 Schlußsatz d. RHV.).

2. Ist für die Erledigung ein Konsulat zuständig, so ist noch zuzufügen: . . . . *RM* Auslagenvorschuß sind erhoben (eingezahlt) oder im Geltungsbereiche des Haager Ziv.-Proz.-Abk. (vgl. Anm. 1 zum Muster b Ziff. 2): Beschluß über Armenrechtsbewilligung liegt bei; sonst genügt die Angabe, dem . . . . ist das Armenrecht bewilligt.

3. Ersuchen um Vernehmung von Zeugen und Sachverständigen werden in Serbien regelmäßig von der Hinterlegung der Zeugen- und Sachverständigengebühren abhängig gemacht. Es ist daher vor Einreichung des Ersuchungsschreibens ein angemessener Kostenvorschuß einzufordern; in dem Begleitbericht ist anzugeben, ob der Vorschuß eingegangen ist (§ 49 Ziff. 4 RHV. im Abschnitt II).

Muster b Ziff. 3a — Begleitschreiben an die deutsche konsul. Vertretung im Verkehr mit Frankreich bei Rechtshilfeersuchen —:

Preuß. Landgericht, Köln, den . . . .
. . . Zivilkammer.

Geschäftsnummer: . . . .

1 Anlage.

An die

Deutsche Botschaft
Konsulatsabteilung
Paris
(Frankreich).

In dem bürgerlichen Rechtsstreit X/Y (kurze Bezeichnung der Sache) beehre ich mich, in der Anlage ein Ersuchen um Zeugenvernehmung mit der Bitte um Weiterleitung an den zuständigen Herrn „Procureur de la République“ zu übersenden.

Es wird anheimgestellt, falls die dortige Stelle dazu in der Lage sein sollte (z. B. bei ortsansässigen deutschen Staatsangehörigen), das Ersuchen selbst zu erledigen.

Der Zeuge — Sachverständige — Schwurpflichtige — besitzt (vermutlich) die . . . . Staatsangehörigkeit.

Die aufgenommene Verhandlung bitte ich unter Rückgabe dieses Schreibens unmittelbar hierher zurückzusenden.

Gemäß der AV. v. 21. Dez. 1926 — JMBl. S. 430 — und unter Bezugnahme auf Art. 4 des deutsch-französ. Rechtshilfevertrages vom 5. Okt. 1927 — RGBl. Teil II S. 892ff. — wird um gefl. Beschaffung und Beglaubigung der erforderlichen Übersetzung gebeten.

Zur Deckung der Kosten ist ein Vorschuß von . . . . . RM. eingefordert.

(Siegel) Der Vorsitzende
(Unterschrift)
(Amtsbezeichnung).

Anm. Betr. Armenrecht siehe Anm. 2 bei Muster b Ziff. 3.

Muster b Ziff. 4 — Begleitbericht an das Justizministerium zum Muster b Ziff. 2, wenn aus besonderen Gründen diplomatische Vermittelung angemessen erscheint, z. B. für Japan und die britischen Kolonien (§§ 36, 34 Ziff. 3 der RHV. im Abschnitt II) —:

Preußisches Landgericht, Köln, den . . . .
. . . . Zivilkammer.
Geschäftsnummer: . . . .
. . . . **Anlage.**

An
den Herrn Preußischen Justizminister
in
Berlin W 8
Wilhelmstr. 65.

In Sachen — kurze Bezeichnung, z. B. Klein / Groß — überreiche ich in der Anlage ein Ersuchen um Zeugenvernehmung mit der Bitte, die Weiterleitung an die zuständige ausländische Stelle veranlassen zu wollen (hier sind die Gründe zu erörtern, die eine Vorlage an das Ministerium erforderlich machen).

Der Zeuge (Sachverständige, Schwurpflichtige) ist . . . . Staatsangehörigkeit.

Die zur Beiwohnung der Beweisaufnahme Berechtigten haben auf Benachrichtigung vom Termin verzichtet (g. F. nicht verzichtet). Eine etwa erforderliche Übersetzung bitte ich beschaffen zu lassen.

Zur Deckung der Unkosten ist ein Vorschuß von .... RM eingefordert (oder dem .... ist das Armenrecht bewilligt).

Kein Siegel. Der Vorsitzende:

(Unterschrift)

(Amtsbezeichnung).

Anm. 1. Einer Innenanschrift im Ersuchungsschreiben selbst bedarf es nicht (§ 2 Ziff. 2 Schlußsatz d. RHV).

2. Wegen Erörterung der Gründe s § 5[3] der RHV. im Abschnitt II.

Muster b Ziff. 5 — Begleitschreiben an einen deutschen Konsul mit Gerichtsbarkeit (z. B. Ägypten, Abessinien, Marokko, Persien) —:

Preußisches Landgericht, Köln, den ....

.... Zivilkammer.

Geschäftsnummer: ....

.... Anlagen.

An das

Deutsche Konsulat

in

....

(Bezeichnung des Staates).

In dem bürgerlichen Rechtsstreit — kurze Bezeichnung, z. B. Kurz / Lang — übersende ich ergebenst anliegend ein Ersuchen um .... mit der Bitte um gefl. eigene Erledigung oder Herbeiführung der Rechtshilfeleistung.

Der Zeuge (Sachverständige oder Schwurpflichtige) ist ...... Staatsangehöriger (oder Angabe, was ermittelt ist).

Ein Vorschuß in Höhe von .... RM ist eingefordert (g. F. Angabe, daß Armenrecht bewilligt ist).

Gemäß AV. v. 21. Dez. 1926 — JMBl. S. 430 — wird um gefl. Beschaffung der etwa erforderlichen Übersetzung gebeten.

Siegel. Der Vorsitzende:

(Unterschrift)

(Amtsbezeichnung).

Anm. In den Fällen, in denen das Konsulat zur eigenen Erledigung zuständig ist, ist im Ersuchungsschreiben kurz um Erledigung nach deutschem Recht zu bitten; einer Mitteilung der deutschen Vorschriften bedarf es alsdann nicht.

Muster b Ziff. 6 — Begleitschreiben an einen deutschen Konsul, der zur Beweisaufnahme allgemein ermächtigt ist, z. B. das Deutsche Generalkonsulat in Valparaiso (Chile) —:

Preußisches Landgericht, Köln, den . . . .

. . . . Zivilkammer.

Geschäftsnummer: . . . .

. . . . Anlagen.

An das

Deutsche Konsulat

in

. . . .

(Bezeichnung des Staates).

In dem bürgerlichen Rechtsstreit — kurze Bezeichnung, z. B. Dick / Dünn — übersende ich ergebenst in der Anlage ein Ersuchen um . . . . mit der Bitte, die aufgenommene Verhandlung gefl. unmittelbar hierher zurücksenden zu wollen.

Der Zeuge (Sachverständige oder Schwurpflichtige) ist preußischer Staatsangehöriger.

. . . . RM Vorschuß sind eingefordert (g. F. Angabe über Armenrechtsbewilligung).

Siegel. Der Vorsitzende:
(Unterschrift)
(Amtsbezeichnung).

Muster b Ziff. 7 — Begleitbericht an das Justizministerium für Ersuchen an deutsche Konsuln, die zur Beweisaufnahme nicht allgemein ermächtigt sind, z. B. Konsul in Victoria (Brasilien) —:

Preußisches Landgericht, Köln, den . . . .

. . . . Zivilkammer.

Geschäftsnummer: . . . .

. . . . Anlagen.

An den Herrn

Preußischen Justizminister

Berlin W 8

Wilhelmstr. 65.

In Sachen — kurze Bezeichnung, z. B. Hoch / Tief — überreiche ich beigeschlossen ein Ersuchen um Zeugenvernehmung mit der Bitte um Weiterleitung an den Konsul in . . . . und um dessen Ermächtigung zu der erbetenen Amtshandlung.

Der Zeuge (Sachverständige oder Schwurpflichtige) ist Reichsdeutscher, hält sich am Amtssitze des Konsuls (oder: in unmittelbarer

Nähe des Konsuls) auf und ist voraussichtlich bereit, der Vorladung Folge zu leisten. (Bestehen Zweifel hierüber, so sind diese mitzuteilen; auch ist dann anzugeben, ob für den Fall, daß die Ermächtigung nicht erteilt wird, gegen die Weiterbeförderung des Ersuchungsschreibens an die zuständige ausländische Behörde Bedenken bestehen).

Die Personen, welche der Beweisaufnahme beiwohnen könnten, haben auf dieses Recht (nicht) verzichtet.

Kein Siegel. Der Vorsitzende:

(Unterschrift)

(Amtsbezeichnung).

Anm. Die Anschrift der ersuchten Behörde ist in das Ersuchungsschreiben nicht aufzunehmen (§ 18 Ziff. 3 der RHV.).

Muster b Ziff. 8 — Schriftliche Befragung von Zeugen und Sachverständigen durch deutsche Konsulate gemäß der AV. v. 27. Febr. 1923 — JMBl. S. 161 —, z. B. für Brasilien, Chile, Großbritannien, Mexiko, Uruguay, Vereinigte Staaten von Nordamerika —:

Preußisches Landgericht, Köln, den . . . .

. . . . Zivilkammer.

Geschäftsnummer: . . . .

1 Anlage.

An das

Deutsche Generalkonsulat

in

New-York

U. S. Amerika.

In dem bürgerlichen Rechtsstreit des . . . ., Klägers, Prozeßbevollmächtigter . . . ., gegen den . . . ., Beklagten, Prozeßbevollmächtigte . . . ., wegen Forderung, ersuche ich ergebenst, die . . . ., wohnhaft bei . . . . in . . . . . . als Zeugin gemäß der AV. v. 27. Febr. 1923 (JMBl. S. 161) schriftlich darüber zu befragen:

1. ob . . . . ?
2. ob . . . . ?

Zum besseren Verständnis der Beweisfrage(n) soll folgende Sachdarstellung dienen: (einrücken: . . . .).

Vom Kläger ist ein Vorschuß von . . . . RM eingefordert.

Die Staatsangehörigkeit der Zeugin ist unbekannt.

Die Parteien haben sich mit dieser Art der Vernehmung einverstanden erklärt.

Siegel. Der Vorsitzende:

(Name)

(Amtsbezeichnung).

Muster b Ziff. 9 — Ersuchungsschreiben um Ernennung und Vernehmung eines Sachverständigen —:

Dem Ersuchen geht usw., wie unter Muster b Ziff. 1.

Preußisches Landgericht, Köln, den ....
.... Zivilkammer.

Geschäftsnummer: ....

In dem bürgerlichen Rechtsstreit des ...., Klägers, Prozeßbevollmächtigter ...., gegen den ...., Beklagten, Prozeßbevollmächtigter ...., wegen Forderung, ist die Vernehmung eines Sachverständigen über folgende Fragen angeordnet worden:

a)
b) } (einrücken).

Die Auswahl eines in ...... ansässigen Sachverständigen soll laut Beschluß des hiesigen Gerichts der zur Vernehmung zuständigen Stelle überlassen werden, da hier eine Person, welche die Gewähr voller Unparteilichkeit bietet, nicht benannt werden kann.

Ich bitte daher ergebenst, den dort zu ernennenden Sachverständigen über die oben gestellten Fragen, falls nach dortigem Rechte zulässig, eidlich zu vernehmen.

Nach deutschem Rechte (usw., wie unter b Ziff. 1, vgl. § 408 ZPO.).

Zum besseren Verständnis soll folgende Sachdarstellung dienen: (einrücken).

Siegel. Der Vorsitzende:
(Name)
(Amtsbezeichnung).

Anm. Eine Innenanschrift ist nur im unmittelbaren Verkehr unten links einzurücken und ihr zuzusetzen: oder an die zuständige Behörde. In das Ersuchungsschreiben ist ferner am Schlusse folgender Zusatz aufzunehmen: Die aufgenommene Verhandlung usw., wie beim Muster b Ziff. 1 am Schluß. In sonstigen Fällen ist ein Begleitschreiben nach den Mustern b Ziff. 3—7 erforderlich. Vgl. im übrigen die Anmerkungen zu den entsprechenden Mustern b Ziff. 1 oder 2.

Muster b Ziff. 10 — Ersuchen um Vernehmung eines Zeugen in Strafsachen *) —:

Das Landgericht, Köln, den ....
.... Strafkammer.

Geschäftsnummer: ....

In der Strafsache gegen den ...., preußischer Staatsangehörigkeit, ist wegen schweren Diebstahls Anklage erhoben und das Hauptverfahren eröffnet. Ich ersuche daher ergebenst, den in .... wohnenden .... als Zeugen über die nachstehenden Fragen eidlich zu vernehmen, soweit

*) Zu vgl. Vorbemerkungen zu diesem Abschnitt unter A b Schluß.

dies nach dortigem Recht ohne Anwesenheit des Angeklagten zulässig ist. Die Strafkammer hat seine Beeidigung beschlossen.

1. Hat . . . . . ?

2. usw.?

Auf die Frage (z. B. Ziff. 2) kann der Zeuge gemäß den inländischen Vorschriften (zu vgl. § 54 StPO.) die Aussage verweigern, wenn deren Beantwortung ihm selbst, einem Verlobten, Ehegatten, den mit ihm in gerader Linie verwandten oder durch Adoption verbundenen Personen oder solchen Personen, die mit ihm in der Seitenlinie bis zum dritten Grade verwandt oder bis zum zweiten Grade verschwägert sind, auch wenn die Ehe, durch welche die Schwägerschaft begründet ist, nicht mehr besteht, die Gefahr einer strafrechtlichen Verfolgung zuziehen würde.

Der Zeuge kann auch die Beeidigung verweigern, wenn die obigen Voraussetzungen vorliegen, er kann sie auch dann verweigern, wenn er bereits vernommen ist.

Ich bitte, den Zeugen über dieses Recht gefälligst zu belehren.

Der Zeuge besitzt die deutsche Staatsangehörigkeit und ist voraussichtlich bereit, vor dem Konsul zu erscheinen.

Nach den inländischen Vorschriften sind berechtigt der Vernehmung beizuwohnen oder zur Aufklärung des Sachverhältnisses oder der Persönlichkeit des Zeugen zweckdienliche Fragen zu stellen, der Angeklagte (Verteidiger) und die Staatsanwaltschaft; ihrer Anwesenheit bedarf es jedoch nicht. Sie haben auf Benachrichtigung von dem zur Erledigung des Ersuchens anzuberaumenden Termin verzichtet.

Das Sachverhältnis ist folgendes:

. . . . . . (einrücken).

Siegel. Der Vorsitzende:
(Name)
(Amtsbezeichnung).

Anm. Eine Innenanschrift ist nur im unmittelbaren Verkehr (z. B. bei Danzig, Luxemburg, dem Memelgebiet, den Niederlanden, Österreich, Polen, der Schweiz, der Tschechoslowakei) hier einzurücken und ihr zuzufügen: oder an die sonst zuständige Behörde. Dem Ersuchen ist ferner am Schluß noch zuzusetzen: die aufgenommene Verhandlung usw., wie beim Muster b Ziff. 1 am Schluß.

Bei Luxemburg und den Niederlanden s. Anm. 2 zu Muster a Ziff. 6. Im Verkehr mit der Tschechoslowakei ist eine Übersetzung beizufügen (s. Anm. 2 zu § 3 d. RHV. im Abschnitt II). In sonstigen Fällen ist ein Begleitschreiben nach den Mustern b Ziff. 3—7 erforderlich.

Muster b Ziff. 11 — Ersuchen um Vernehmung von Angeklagten, die vom Erscheinen in der Hauptverhandlung entbunden sind (vgl. § 17 der RHV. im Abschn. II) —:

a) an ein — mit Gerichtsbarkeit ausgestattetes — Konsulat:

Preußisches Amtsgericht, Abt. . . . . Köln, den . . . .

Geschäftsnummer: . . . .

Durch Beschluß des Amtsgerichts in Köln vom . . . . ist das Hauptverfahren gegen den . . . . , ...

Staatsangehörigkeit, geboren am . . . . , bisher wohnhaft in . . . . , z. Zt. wohnhaft in Adis-Abeba, Koloniestraße 8, wegen Betrugs eröffnet worden, und zwar ist er beschuldigt . . . . (Vergehen gegen § 263 des RStGB.).

Der Angeklagte hat beantragt, ihn von der Verpflichtung zum Erscheinen in der Hauptverhandlung zu entbinden. Diesem Antrage ist durch Beschluß des Gerichts vom . . . . entsprochen worden.

Es wird ergebenst ersucht, den Angeklagten zu der Beschuldigung verantwortlich zu vernehmen und ihm gleichzeitig zu eröffnen, daß seinem Antrage auf Entbindung von der Verpflichtung zum Erscheinen in der Hauptverhandlung stattgegeben ist.

Auf Terminsbenachrichtigung wird verzichtet.

Siegel. (Unterschrift)
(Amtsbezeichnung).

Keine Innenanschrift!

b) Begleitschreiben zu dem vorstehenden Muster a nach Muster b Ziff. 5, und zwar ist es in diesem Falle an die Deutsche Gesandtschaft — Konsulatsabteilung — in Adis-Abeba (Abessinien) zu richten;

c) in sonstigen Fällen (unmittelbar):

Preußisches Amtsgericht, Köln, den . . . .
Abt. . . .

Geschäftsnummer: . . . .

Durch Beschluß des Amtsgerichts in Köln vom . . . . ist das Hauptverfahren gegen den . . . . , ... Staatsangehörigkeit, geboren am . . . . , bisher wohnhaft in . . . . , zur Zeit wohnhaft in Buenos-Aires, ... -Straße 1, eröffnet worden, wegen der Beschuldigung, ... , Vergehen gegen § 263 des RStGB., der lautet: „. . . . .".

Der Angeklagte hat beantragt, ihn von der Verpflichtung zum Erscheinen in der Hauptverhandlung zu entbinden. Diesem Antrage ist durch Beschluß des Gerichts vom . . . . entsprochen worden.

Auf Grund des deutschen Strafprozeßrechts kann der Angeklagte auf seinen Antrag von der Verpflichtung zum Erscheinen in der Hauptverhandlung entbunden werden. Wird der Angeklagte von der Verpflichtung zum Erscheinen in der Hauptverhandlung entbunden, so muß er (für den Fall, daß seine richterliche Vernehmung nicht schon im Vorverfahren erfolgt sein sollte), durch einen beauftragten oder ersuchten Richter über die Anklage vernommen werden. Von dem zum Zwecke der Vernehmung anberaumten Termine ist die Staatsanwaltschaft vorher zu benachrichtigen. Die Staatsanwaltschaft (Anklagebehörde) und der Verteidiger des Angeklagten haben das

Recht, der Vernehmung beizuwohnen und zur Aufklärung des Sachverhältnisses zweckdienliche Fragen zu stellen; ihrer Anwesenheit bei der Vernehmung bedarf es nicht. Die Beteiligten haben auf Terminsbenachrichtigung verzichtet.

Es wird ergebenst ersucht, den Angeklagten zu der Beschuldigung verantwortlich zu vernehmen und ihm gleichzeitig zu eröffnen, daß seinem Antrage auf Entbindung von der Verpflichtung zum Erscheinen in der Hauptverhandlung stattgegeben ist.

Siegel. (Unterschrift)
(Amtsbezeichnung).

Wegen Innenanschrift usw. s. Muster b Ziff. 10.

d) Begleitbericht zum Muster c vorstehend, wenn das Ersuchen durch Vermittelung des Justizministeriums zu befördern ist.

Preußisches Amtsgericht, Köln, den . . . .
Abt. . . .

Geschäftsnummer: . . . .

2 Anlagen.

An den Herrn

Preußischen Justizminister

Berlin W 8

Wilhelmstr. 65.

In der Strafsache gegen . . . . wegen Betrugs überreiche ich in der Anlage ein Ersuchen um Vernehmung des Angeklagten . . . . , der von der Verpflichtung zum Erscheinen in der Hauptverhandlung entbunden ist, mit der Bitte, die Weiterleitung an die zuständige ausländische Stelle veranlassen zu wollen.

Die Beteiligten (Staatsanwaltschaft und Verteidiger) haben auf Benachrichtigung vom Termin verzichtet.

Eine etwa erforderliche Übersetzung bitte ich beschaffen zu lassen.

Kein Siegel. (Unterschrift)
(Amtsbezeichnung).

Muster c — Ersuchen um Eidesabnahme —:

Dem Ersuchen geht gemäß § 9 Abs. 1 usw. . . . s. Muster b Ziff. 1.

Preußisches Landgericht, Köln, den . . . .
. . . . Zivilkammer.

Geschäftsnummer: . . . .

An das

Amtsgericht

in

Zoppot (b. Danzig)

oder an die sonst zuständige Behörde.

In dem bürgerlichen Rechtsstreit des . . . . , Klägers, Prozeßbevollmächtigter . . . . , gegen den . . . . , Beklagten, Prozeßbevollmächtigter . . . . , wegen Forderung, ist dem Kläger durch Urteil hiesiger Stelle vom . . . . folgender Eid auferlegt worden.

Die Eidesnorm lautet:

„. . . . . . " (einrücken).

Nach den inländischen Vorschriften wird der Eid in der Weise geleistet, daß der Richter die Eidesnorm mit der Eingangsformel: „Sie schwören bei Gott dem Allmächtigen und Allwissenden" vorspricht und der Schwurpflichtige hierauf unter Erhebung der rechten Hand die Worte spricht: „Ich schwöre es, so wahr mir Gott helfe." Es bleibt in das Ermessen des Schwurpflichtigen gestellt, den Eid auch unter Weglassung der religiösen Eidesform zu leisten, indem er nur spricht: „Ich schwöre es."

Ich ersuche ergebenst, die Eidesabnahme, falls zulässig, in dieser Form vornehmen zu wollen.

Auf Grund des deutschen Prozeßrechts haben die Parteien sowie die von ihnen Bevollmächtigten das Recht, der Eidesleistung beizuwohnen. Ich bitte, mich zum Zwecke der Bekanntgabe an die Parteien von dem angesetzten Termine rechtzeitig zu benachrichtigen, sofern dies nach dortigem Rechte zulässig ist. (Falls jedoch allseitig verzichtet ist, ist an Stelle dieses Satzes einzurücken: Auf Terminsbenachrichtigung ist allseitig verzichtet).

Der Eid darf nach deutschem Recht verweigert werden. Dies hat zur Folge usw. (einrücken).

Hierüber bitte ich, den Schwurpflichtigen zu belehren. Die aufgenommene Verhandlung wolle unter Rückgabe dieses Schreibens unmittelbar hierher übersandt werden.

Armenrecht bewilligt?, g. F. Beschluß darüber beilegen (vgl. Anm. Ziff. 2 hierunter).

Siegel. Der Vorsitzende:

(Name)

(Amtsbezeichnung).

Anm. 1. Zu vgl. Art. 177, 136 Abs. 4 der Reichsverfassung wegen der religiösen Eidesformel.

2. Im Geltungsbereich des Haager Ziv.-Proz.-Abk. ist beglaubigte Abschrift des Armenrechtsbeschlusses beizufügen (zu vgl. Anm. 3 zu Muster b Ziff. 1 und Anm. 1 zu Muster b Ziff 2).

3. Für die Niederlande ist alles in lateinischen Buchstaben oder in Maschinenschrift zu schreiben.

4. Soll das Ersuchen um Eidesabnahme mit Begleitschreiben an eine Botschaft, Gesandtschaft oder an ein Konsulat (s. Muster b Ziff. 3) oder an das Justizministerium (vgl. Muster b Ziff. 4) eingereicht werden, so ist die Innenanschrift auf dem Ersuchen selbst wegzulassen.

5. Im Verkehr mit Dänemark, Luxemburg und den Niederlanden fällt die Innenanschrift auf dem Ersuchen selbst fort, da dieses mit einem Begleitschreiben (s. Muster a Ziff. 3) zu übersenden ist.

Zu beachten ist ferner folgende Sonderbestimmung betr. Großbritannien im § 34 Ziff. 3 Satz 1 der RHV. im Abschn. II: „In den Ersuchungsschreiben ist zu beantragen, daß das Ersuchen nach deutschem Rechte erledigt und die aufgenommene Verhandlung unmittelbar an das ersuchende Gericht geschickt wird", sowie Ziff. 5 a. a. O. betr. Angabe des Kostenvorschusses, der sehr hoch zu bemessen ist.

6. Vgl. im übrigen die Anmerkungen zu den entsprechenden Mustern b Ziff. 1 oder 2.

Muster d Ziff. 1 — Ersuchen um Zwangsvollstreckung aus einem Kostenurteil gegen den Kläger im diplomatischen Wege (nur bei Ungarn vorgeschrieben, s. §§ 25, 43 Ziff. 9 der RHV. im Abschn. II) —:

a) Ersuchungsschreiben:

Preußisches Landgericht, Köln, den . . . .
. . . . Zivilkammer.

Geschäftsnummer: . . . .

. . . . Anlagen.

In der Zwangsvollstreckungssache des . . . ., Gläubigers, Prozeßbevollmächtigter . . . ., gegen den . . . ., Schuldner, schuldet der . . . . dem . . . . nach dem angeschlossenen Beschluß des hiesigen Landgerichts, ... Zivilkammer, vom . . . . den Betrag von . . . . . *RM.* Der Beschluß ist rechtskräftig und unterliegt daher nach deutschem Recht keinem die Vollstreckbarkeit hemmenden Rechtszuge.

Es wird gebeten, für den angegebenen Betrag die Exekution zu bewilligen und ausführen zu lassen. Die Exekution soll durch Pfändung und Verkauf der im Gewahrsam des Verpflichteten in seiner Wohnung befindlichen beweglichen Sachen erfolgen (g. F. hier entsprechend § 43 Ziff. 9 der RHV. das Erforderliche zufügen).

Den etwa beigetriebenen Betrag bitte ich, an . . . . übermitteln zu lassen.

Siegel. Der Vorsitzende:
(Name)
(Amtsbezeichnung).

Keine Innenanschrift!

b) Begleitbericht:

Preußisches Landgericht, Köln, den . . . .
. . . . Zivilkammer.

Geschäftsnummer: . . . .

. . . . Anlagen.

An den Herrn

Preußischen Justizminister

Berlin W 8

Wilhelmstraße 65.

In der Zwangsvollstreckungssache . . . . gegen . . . . (kurzes Rubrum, z. B. Schwarz/Weiß) werden in den Anlagen ein für Ungarn bestimmtes Ersuchen um Bewilligung der Exekution nebst Kostenfestsetzungsbeschluß des . . . . vom . . . . gemäß § 43 der AV. v. 16. Juni 1910/11 mit der Bitte überreicht, die Zwangsvollstreckung herbeiführen zu wollen.

Die Rechtskraftbescheinigung ist von dem . . . . erteilt.

Eine etwa erforderliche Übersetzung bitte ich beschaffen zu lassen.

Kein Siegel. Der Vorsitzende:

(Name)

(Amtsbezeichnung).

Muster d Ziff. 2 — Ersuchen um Zwangsvollstreckung aus einem Urteil im unmittelbaren Verkehr (im Wege der Rechtshilfe zurzeit nur in der Tschechoslowakei und in Rheinschiffahrtssachen sowie Elbzollsachen möglich, § 25 der RHV., abgedruckt im Abschn. II) —:

Preußisches Landgericht, Köln, den . . . .

. . . Zivilkammer.

Geschäftsnummer: . . . .

. . . . Anlagen.

An das

Präsidium des Gerichtshofes 1. Instanz

in

. . . . (Staat)

oder an die sonst zuständige Behörde.

In der Zwangsvollstreckungssache des . . . ., Gläubigers, Prozeßbevollmächtigter . . . ., gegen den . . . ., Schuldner, Prozeßbevollmächtigter . . . . , ist der Schuldner durch Urteil der . . . . Zivilkammer des hiesigen Landgerichts vom . . . . verurteilt worden, ... (einrücken).

Die Klageschrift nebst Ladung zur mündlichen Verhandlung ist dem Schuldner . . . . am . . . . laut beiliegendem Zustellungsschein von dem . . . . . . Gericht in . . . . . . (zu eigenen Händen) zugestellt worden.

Eine Ausfertigung des rechtskräftigen Urteils ist beigefügt; es unterliegt nach deutschem Recht keinem die Vollstreckbarkeit hemmenden Rechtszuge. Das gleiche gilt hinsichtlich des angeschlossenen Kostenfestsetzungsbeschlusses vom . . . ., wonach der Schuldner an den Gläubiger . . . . RM zu erstatten hat.

Auf Antrag des Gläubigers bitte ich ergebenst, die Exekution gegen den Schuldner anzuordnen, und folgende Beträge durch die zuständige Stelle von ihm beitreiben zu lassen:

a)
b) } (einrücken).

Die Exekution soll sich auf die Pfändung von .... erstrecken.

Siegel. Der Vorsitzende:

(Name)

(Amtsbezeichnung).

Anm. Im Verkehr mit der Tschechoslowakei ist der Antrag mit einer Übersetzung in doppelter Ausfertigung einzureichen; vgl. im übrigen die Bestimmungen unter Tschechoslowakei in den Rechtshilfevorschriften, abgedruckt im Abschn. II.

Muster e — Antrag auf Vollstreckbarkeitserklärung nach dem Haager Ziv.-Proz.-Abk. (z. B. Belgien, Dänemark — s. Anm. 2 unten —, Danzig, Finnland, Italien, Luxemburg, Memelgebiet, Niederlande, Norwegen, Polen, Schweden, Spanien):

Preußisches Landgericht, Köln, den ....
.... Zivilkammer.

Geschäftsnummer: ....

An den Herrn

Preußischen Justizminister

in

Berlin W 8

Wilhelmstraße 65.

Betr. Vollstreckbarkeitserklärung eines Kostenfestsetzungsbeschlusses in Belgien.
1 Anlage.

Auf Antrag des .... überreiche ich den anliegenden Kostenfestsetzungsbeschluß vom .... gemäß § 25 der AV. vom 16. Juni 1910 — JMBl. S. 189 ff. — mit der Bitte, die Vollstreckbarkeitserklärung durch die zuständige belgische Behörde herbeiführen zu wollen.

Die Rechtskraftbescheinigung hat der Justizobersekretär .... ausgestellt.

Eine etwa erforderliche Übersetzung bitte ich beschaffen zu lassen.

Kein Siegel. Der Vorsitzende:

(Name)

(Amtsbezeichnung).

Anm. 1. Die Entscheidung ist in einer mit der Bescheinigung der Rechtskraft versehenen, ohne Benutzung eines Formulars auf weißem Papier hergestellten Ausfertigung beizulegen (hinter Ausfertigungsvermerk folgt Rechtskraftbescheinigung; die für das Ausland belanglose Vollstreckungsklausel ist fortzulassen).

2. Zu beachten sind für Dänemark einige Sonderbestimmungen, die in der AV. v. 1. Juli 1914 — JMBl. S. 566*) — enthalten sind.

3. Eine Übersetzung ist seitens der Gerichte nicht mehr zu beschaffen, vielmehr ist in dem Begleitschreiben um die Beschaffung der Übersetzung zu ersuchen; s. AV. v. 21. Dez. 1926 — JMBl. S. 430 —, abgedruckt unter Anm. 2 zu § 3 der RHV. im Abschn. II.

4. Bei Österreich, Ungarn und der Schweiz ist eine Vollstreckbarkeitserklärung nicht erforderlich (§ 25 Ziff. 2 der RHV. im Abschn. II).

5. Die Betreibung der Zwangsvollstreckung auf Grund des für vollstreckbar erklärten Beschlusses ist Sache der Partei, die sich der Vermittelung des zuständigen Gesandten (Konsuls) bedienen kann.

Muster f — Muster einer Denkschrift —:

Preußisches Landgericht, Köln, den . . . .
. . . . Zivilkammer.

Geschäftsnummer: . . . .

Denkschrift.

Die Ehefrau . . . . hat gegen ihren Ehemann, den Rottenarbeiter . . . ., jetzt ohne bekannten Aufenthaltsort, auf Ehescheidung geklagt.

Der Beklagte erklärte im Juli 1920 seiner Ehefrau, er habe zwei Tage Urlaub genommen, um in die Eifel hamstern zu gehen. Von dieser Reise ist er nicht zurückgekehrt.

Der Beklagte ist geboren am . . . . in Niederemmels, Kreis Malmedy.

Seine Ehefrau will auf eine Anfrage durch das Bürgermeisteramt in St. Vith die Auskunft erhalten haben, daß ihr Ehemann sich in der Fremdenlegion befände. Es fragt sich:

1. ob das Bürgermeisteramt St. Vith diese Auskunft erteilt hat?
2. ist dem Bürgermeisteramt St. Vith etwas über den Aufenthalt des Beklagten bekannt?

Kein Siegel. Der Vorsitzende:
(Name)
(Amtsbezeichnung).

Anm. Eine Anschrift ist in die Denkschrift nicht aufzunehmen, sie ist vielmehr mit einem kurzen Begleitbericht (§ 5 Ziff. 3 der RHV. im Abschn. II, s. Muster b Ziff. 4 Abs. 1) dem Justizminister einzureichen. Die Beifügung einer Übersetzung ist nicht vorgesehen (vgl. AV. v. 21. Dez. 1926 — JMBl. S. 430 —, abgedruckt unter Anm. 2 bei § 3 der RHV. im Abschn. II).

*) abgedruckt im Teil I, S. 63.

Muster g Ziff. 1 — Erinnerungsschreiben, Änderung eines früheren Ersuchens gemäß § 6 der RHV. —:

Preußisches Landgericht, Köln, den . . . .
. . . . Zivilkammer.
Geschäftsnummer: . . . .

An das
Deutsche Konsulat
(das zur eigenen Erledigung zuständig ist)
in
. . . . (Staat)
oder das Bezirksgericht in . . . . (Staat)
oder an die sonst zuständige Behörde.

In dem bürgerlichen Rechtsstreit des . . . . gegen den . . . . wegen . . . . ist am . . . . ein Ersuchen an . . . . gerichtet worden, in dem um Zustellung der Klageschrift vom . . . . an den Beklagten unter der oben angegebenen Anschrift gebeten wurde.

Obgleich dem Beklagten diese Klageschrift zugestellt worden ist, denn er antwortete darauf mit Schreiben vom . . . . , ist bisher ein Nachweis über die Zustellung nicht hierher gelangt. Da der ordnungsmäßige Fortgang des Verfahrens von dem prozeßrechtlichen Nachweis der erfolgten Zustellung abhängig ist, so wird hiermit ergebenst ersucht, für die Übermittelung des Zustellungsnachweises nach hier gefl. umgehend Sorge tragen zu wollen.

Siegel. Der Vorsitzende:
(Name)
(Amtsbezeichnung).

Anm. Ist das Ersuchen seinerzeit einem Konsulat als Vermittelungsbehörde, einer Botschaft, einer Gesandtschaft oder dem Justizministerium eingereicht worden, so ist dem Erinnerungsschreiben ein Begleitschreiben oder Begleitbericht (entsprechend den Mustern b Ziff. 3, 4) beizugeben und eine Innenanschrift in das Ersuchen nicht aufzunehmen. Soll ein früheres Ersuchen abgeändert werden, so ist in ähnlicher Weise zu verfahren.

Muster g Ziff. 2 — Erinnerung an die Erledigung einer Denkschrift —:

Preußisches Landgericht, Köln, den . . . .
. . . . Zivilkammer.
Geschäftsnummer: . . . .
Anlage: Eine Denkschrift.

An den Herrn
Preußischen Justizminister
in
Berlin W 8
Wilhelmstr. 65.

Auf die am . . . . vorgelegte, nochmals hier beigefügte Denkschrift habe ich bis heute eine Mitteilung nicht erhalten. Ich bitte, wegen der baldgefl. Erledigung vorstellig werden zu wollen.

Kein Siegel. **Der Vorsitzende:**
(Name)
(Amtsbezeichnung).

Muster h Ziff. 1 — Ersuchen der Gerichtskasse an ein deutsches Konsulat wegen freiwilliger Begleichung einer Kostenschuld im Auslande — (§ 57 RHV., abgedruckt im Abschnitt II) —:

Der Landgerichtspräsident. Köln, den . . . .

Geschäftsnummer: . . . .

1 Anlage.

An das

Deutsche Konsulat

in

. . . . (Staat).

Die Firma . . . . in . . . . schuldet der Preußischen Staatskasse, vertreten durch die Gerichtskasse in . . . ., nach der anliegenden Rechnung an Gerichtskosten in der Prozeßsache . . . . gegen . . . . (Aktenzeichen) zum Kassenzeichen . . . . Reichsmark.

Trotz Erinnerung zahlt die Firma nicht, sodaß Beitreibung erfolgen müßte.

Bevor jedoch eine solche in die Wege geleitet wird, bitte ich, zunächst von dortiger Seite nochmals auf die Zahlung gefl. hinwirken und, falls sie erfolgt, die portofreie Übersendung des Betrages an die hiesige Gerichtskasse zu dem vorbezeichneten Kassenzeichen veranlassen zu wollen.

Im Nichtzahlungsfalle ersuche ich ergebenst um eine Auskunft über die Vermögensverhältnisse der Kostenschuldnerin, insbesondere auch darüber, ob eine Beitreibung Aussicht auf Erfolg haben wird, und wie hoch die Kosten sich hierfür stellen werden.

Siegel. (Unterschrift).

Anm. Dem Ersuchen ist eine Kostenrechnung beizufügen. In ihr ist zu bemerken, daß der Kostenbetrag sich um die Gebühren und Auslagen des Konsulats erhöht. Klagen dürfen nur bei sehr hohen Beträgen erhoben werden (§ 57 der RHV. im Abschn. II); es empfiehlt sich, die Genehmigung des Justizministers einzuholen.

Begleitschreiben hierzu:

Gerichtskasse. Köln, den . . . .

Kassenzeichen: . . . .

2 Anlagen.

Dem

Herrn Landgerichtspräsidenten

hier

bestimmungsgemäß vorgelegt.

Der Kassendirektor:

Muster h Ziff. 2 — Ersuchen der Gerichtskasse um Veranlassung der Zwangsvollstreckung aus einem vollstreckbar erklärten Kostenfestsetzungsbeschluß im Gebiete des Haager Abkommens —:

Der Landgerichtspräsident. Köln, den . . . .

Geschäftsnummer: . . . .

. . . . Anlagen.

An die

Deutsche Gesandtschaft

in

. . . .

(Staat: . . . .).

Der Kaufmann . . . . schuldet der Preußischen Staatskasse, vertreten durch die Gerichtskasse in Köln, in der Prozeßsache . . . . gegen . . . . — Aktenzeichen — zu dem Kassenzeichen . . . . . die Summe von . . . . . RM.

Unter Überreichung zweier Kostenfestsetzungsbeschlüsse vom . . . . und . . . . sowie der Vollstreckbarkeitserklärung dieser Beschlüsse durch das Gericht zu Brüssel vom . . . . bitte ich ergebenst, zunächst den Schuldner nochmals zur freiwilligen Berichtigung seiner Schuld aufzufordern. Im Falle der Erfolglosigkeit dieses Versuchs wird gebeten, nach Feststellung der Zahlungsfähigkeit die Zwangsvollstreckung gegen den Schuldner . . . . herbeiführen und zu diesem Zwecke der hiesigen Gerichtskasse gütigst behilflich sein zu wollen.

Die Art der Zwangsvollstreckung wird völlig in das Ermessen der Gesandtschaft gestellt.

Die entstehenden Kosten werden von der Staatskasse erstattet für den Fall, daß die durch die Beitreibung entstehenden Kosten nicht gleichzeitig miteingezogen werden können.

Siegel. (Unterschrift).

Muster i Ziff. 1 — Zuschrift an das Amtsgericht zur Herbeiführung einer Zustellung von ausländischen Schriftstücken im Inlande —:

Gegen Rückgabe

der mit (z. B. ×) bezeichneten 3 Anlagen

der

Geschäftsstelle des Amtsgerichts Abt. . . . . .

<u>hier</u>

zur gefl. Erledigung, sofern Bedenken nicht bestehen. Gegen die Benutzung des angeschlossenen Zustellungsvordrucks ist nichts einzuwenden. Die Unterschrift des Wachtmeisters ist durch den Urkundsbeamten zu beglaubigen.

Köln, den . . . .

Der Landgerichtspräsident.

Anm. Bei Bulgarien, Österreich und Polen sind die entstandenen Kosten mitzuteilen (s. Abschn. VII unter B III hinter d am Schluß).

Muster i Ziff. 2 — Zuschrift an das Amtsgericht zur Herbeiführung von Rechtshilfe im Inlande auf Antrag ausländischer Stellen —:

Gegen Rückgabe der . . . . . Anlagen

an das Amtsgericht Abt. . . . . .

hier

mit dem Ersuchen um gefl. Erledigung, sofern Bedenken nicht bestehen.

Eine Ausfertigung der aufgenommenen Verhandlung ist beizufügen. Die Urschrift und die sonst entstandenen Schriftstücke sind dort aufzubewahren.

Köln, den . . . .

Der Landgerichtspräsident.

Anm. Bei Bulgarien, Österreich und Polen sind die entstandenen Kosten mitzuteilen (s. Abschn. VII unter C am Schluß), und zwar bei B. und P. unter Benutzung des amtlichen Vordrucks.

Muster i Ziff. 3 — Zuschrift an das Amtsgericht bei kostenpflichtiger*) Rechtshilfe, falls durch das Justizministerium eine entsprechende Anordnung nicht getroffen sein sollte —:

Gegen Rückgabe mit . . . . . Anlagen

dem Amtsgericht Abt. . . . . .

in . . . .

mit dem Ersuchen um gefl. Erledigung des Ersuchungsschreibens, sofern Bedenken nicht entgegenstehen.

Mit einer Ausfertigung der Verhandlung ist eine Kostenrechnung (vgl. § 105 PrGKG.) hierher einzureichen. In der ohne Verwendung eines Formulars herzustellenden Rechnung ist ein Kostenschuldner nicht anzugeben. Die Kosten sind erst zum Soll zu stellen, wenn sie der Gerichtskasse gezahlt sind. Die Bezahlung ist dortseits zu überwachen. Sollte usw. einrücken wie Muster i Ziff. 4.

Die Urschrift der Verhandlung und die sonst entstandenen Schriftstücke sind dort aufzubewahren.

Köln, den . . . .

Der Landgerichtspräsident.

Muster i Ziff. 4 — Zuschrift bei kostenpflichtiger Rechtshilfe im Falle Vorliegens einer Anordnung des Justizministeriums —:

. . . . Anlagen.

Gegen Rückgabe

an das Amtsgericht Abt. . . . . .

in . . . .

mit dem Ersuchen um gefl. Erledigung des Ersuchungsschreibens entsprechend der angeschlossenen Anordnung des Herrn Justizministers.

*) Ob Kosten erstattungsfähig sind, ist S. 45 ff. im 1. Teil unter den betr. Staaten zu ersehen.

Mit einer Ausfertigung der Verhandlung ist eine Kostenrechnung, deren Bezahlung dortseits zu überwachen ist, hierher einzureichen. Sollte innerhalb Jahresfrist eine entsprechende Mitteilung zu den dortigen Akten nicht gelangt sein, so ist mir zu berichten.

Köln, den . . . .

Der Landgerichtspräsident.

Muster i Ziff. 5 — Zuschrift an das Amtsgericht mit gleichzeitiger Erläuterung des Ersuchens —:

Der Landgerichtspräsident. Köln, den . . . .

Geschäftsnummer: . . . .

Anlagen: . . . . Schriftstücke.

Dem

Amtsgericht Abt. . . . . .

hier

mit dem Ersuchen um gefl. unverzügliche, genaue und sorgfältige Erledigung.

Ich erläutere das Ersuchen, wie folgt:

a) Nach der Anlage 5 Ziff. 1 obliegt dem Amtsgerichte die Zustellung der Ehetrennungsklage (Anlage 4) an die Ehefrau . . . . z. Zt. in der Strafanstalt . . . . sowie des Beschlusses des Kreisgerichts . . . . vom . . . . (Anlage 3) betr. Einleitung des vorbereitenden Verfahrens. Die Zustellung hat zu eigenen Händen der genannten Ehefrau zu erfolgen. Die Beurkundung der Zustellung ist gegebenenfalls in die durch ihre Vernehmung (vgl. unter b) notwendig werdende Verhandlung aufzunehmen. Eine Zwangszustellung kommt vorläufig nicht in Frage;

b) nach derselben Anlage 5, Ziff. II, IV, V, VI ist sodann die Ehefrau . . . . durch einen Richter unter Zuziehung eines Protokollführers unter Benutzung der Klageschrift in deutscher Sprache (Anlage 6) und unter Beachtung des in Ziff. III des Ersuchens mitgeteilten . . . . Rechts eingehend zu vernehmen, und zwar in genauer Anlehnung an die Fragen des Ersuchens und der besonderen Wünsche des ersuchenden Gerichts. Ich weise noch darauf hin, daß auch die etwa von der genannten Ehefrau . . . . benannten Zeugen genau zu bezeichnen sind. Von der Niederschrift ist eine mit Stempel zu versehende, beglaubigte Ausfertigung auf weißem Papier anzufertigen. Abkürzungen und Verbesserungen sind unzulässig. Von Zwangsmaßnahmen gegen die genannte Ehefrau ist abzusehen, da der deutsche Rechtsgang in Ehescheidungssachen solche nicht kennt und diese mit dem deutschen Verfahren unvereinbar sind;

c) die in der Klageschrift aufgeführten Zeugen sowie die Zeugen, welche die Ehefrau . . . . etwa benennt, sind, soweit sie im dortigen Bezirke wohnen, gemäß den Vorschriften des deutschen Rechtsganges in bürgerlichen Rechtsstreitigkeiten eidlich zu vernehmen (Ziff. VII Anlage 5). Von der Niederschrift ist eine beglaubigte, mit Dienststempel versehene Ausfertigung anzufertigen. Für diese gilt im übrigen das zu b Gesagte.

Wegen „Beischlusses einer Strafkarte", vgl. Anlage 8, ersuche ich, g. F. die Strafanstalt in Anspruch zu nehmen.

Die vom Amtsrichter vollzogene Benachrichtigung über den angesetzten Termin ist (g. F. mit einem Begleitbericht an den Herrn Justizminister) durch meine Vermittelung einzureichen.

Die Anlagen 1, 2, 5 bis 9 sind mit den Niederschriften wieder einzureichen. Die Urschriften und die dort entstandenen sonstigen Schriftstücke sind zurückzubehalten.

Anm. Muster einer Terminsbenachrichtigung s. Muster k.

Muster k — Benachrichtigung einer ausländischen Behörde von dem im Inlande auf ihr Ersuchen angesetzten Beweistermin —:

a) Begleitschreiben.

Amtsgericht Abt. . . . . Köln, den . . . .

Geschäftsnummer: . . . .

An den Herrn

Preußischen Justizminister

in

Berlin W 8

Wilhelmstr. 65

durch den Herrn

Landgerichtspräsidenten

hier

(zur Geschäftsnummer . . . .)

Auf die Verfügung vom . . . .

— . . . . —

1 Anlage.

In der Zivilprozeßsache Blau gegen Rot — kurzes Rubrum — wird anliegende Terminsbenachrichtigung mit der Bitte um Weiterleitung überreicht.

Kein Siegel. (Name)

(Amtsstellung).

Anm. Eines Begleitschreibens bedarf es nur dann, wenn die Übermittelung im diplomatischen oder konsularischen Wege erfolgen muß.

b) Terminsbenachrichtigung:

Preußisches Amtsgericht, Köln, den . . . .

Abt. . . . .

Geschäftsnummer: . . . .

An das

Tribunal cantonal

zu

Metz

(Frankreich)

zum Aktenz. C Nr. . . . . . .

In dem bürgerlichen Rechtsstreit des . . . ., vertreten durch . . . ., gegen . . . ., vertreten durch . . . ., ist auf Ersuchen des Amtsgerichts in Metz vom . . . . — C Nr. . . . . — in Erledigung desselben Termin bestimmt zur Beweisaufnahme durch Vernehmung des Zeugen . . . . auf den . . . . vor dem hiesigen Amtsgericht Abt. . . . ., Zimmer . . . ., II. Stockwerk, im Gebäude am . . . . Platz 1.

Es wird gebeten, die Parteien bzw. deren Vertreter von dem genannten Termin gefl. benachrichtigen zu wollen.

Siegel. (Name)

(Amtsstellung).

Muster 1 Ziff. 1 — Muster eines Zustellungszeugnisses gemäß AV. vom 31. Juli 1922 (JMBl. S. 303) —:

Zustellungszeugnis.

Die Zustellung de . . . . vom . . . . Aktenzeichen . . . . ist am . . . . durch Aushändigung de . . . . zuzustellenden Schriftstück . . . . an d . . . Adressat . . . selbst — an . . . . als . . . . de . . . . . Adressat . . . . — erfolgt.

. . . ., den . . . . 19 . . .

Die Geschäftsstelle

Stempel. des Amtsgerichts Abt. . . .

(Unterschrift)

(Amtsbezeichnung).

Muster 1 Ziff. 2 — Bescheinigung über Undurchführbarkeit einer Zustellung —:

Bescheinigung.

Die Zustellung des mit Schreiben des . . . . in . . . . vom . . . . überfandten Schriftstücks, enthaltend (kurze Inhaltsangabe) an . . . . (Anschrift des Empfängers einrücken) konnte nicht erfolgen, weil der Empfänger in . . . . nach den Feststellungen in dem betreffenden Hause und bei der . . . . Polizeibehörde nicht gemeldet ist oder war (oder z. B. weil der Empfänger gemäß Feststellung . . . . nach Holland verzogen ist).

Köln, den . . . .

Die Geschäftsstelle

Siegel. des Amtsgerichts Abt. . . . .

(Unterschrift)

(Amtsstellung).

Muster m Ziff. 1 — Vollstreckbarkeitserklärung eines ausländischen Urteils (§§ 722, 723, 328, 329 ZPO.) —:

Geschäftsnummer: ....

Beschluß*):

In Sachen des — einzurücken vollständiges Rubrum — wird dem Antragsteller die Zwangsvollstreckung aus dem Urteil des Österreichischen Bezirksgerichts in .... vom .... — Geschäftsnummer: ....—, wonach der Antragsgegner zur Zahlnng von .... verurteilt ist, gegen den Antragsgegner im Gebiete des Deutschen Reiches bewilligt, und zwar zuzüglich einer Kostenforderung in Höhe von .... laut ....

Der Antragsgegner hat die Kosten dieses Verfahrens zu tragen.

Gründe:

Auf Grund des Vertrages vom 21. Juni 1923 über den Rechtsverkehr zwischen Österreich und dem Deutschen Reiche (RGBl. 1924 II S. 55ff.) beantragt Antragsteller die Bewilligung der Zwangsvollstreckung aus dem vorbezeichneten Urteil und .... bezüglich der genannten Beträge. Die Zuständigkeit des unterzeichneten Gerichts ist nach §§ 12, 13 der deutschen ZPO. gegeben. Die Rechtskraft der bezogenen Entscheidung .... ist durch öffentliche Urkunden nachgewiesen, desgleichen, daß die Zustellung der Klage sowie des Urteils dem Beklagten zu eigenen Händen am ...... bzw. .... erfolgt ist. Ein Versagungsgrund gemäß Art. 25 Abs. 3 Ziff. 2 a. a. O. liegt nicht vor. Da auch der Antrag den Erfordernissen des Art. 21 des erwähnten Vertrages entspricht, war auf Grund der §§ 722, 723, 328, 329 der deutschen ZPO. in Verbindung mit Art. 24 des bezogenen Vertrags durch Beschluß, wie eingangs, zu erkennen.

Einer Aufforderung zur freiwilligen Berichtigung der Schuldsumme ist der Antragsgegner nicht nachgekommen.

Köln, den ....

Amtsgericht**), Abt. ....

(Unterschrift)

(Amtsstellung).

Ausgefertigt:

Siegel. (Unterschrift)

(Amtsstellung)

als Urkundsbeamter der Geschäftsstelle des Amtsgerichts**).

---

*) Ausnahme gemäß Sondervereinbarung.

**) Je nach Zuständigkeit, g. F. Landgericht (Z.-K. oder KfH.).

Vorstehende Ausfertigung wird dem Kläger . . . ., vertreten durch . . . ., zum Zwecke der Zwangsvollstreckung*) gegen den Beklagten . . . . erteilt.

Köln, den . . . .

Siegel. (Unterschrift)
(Amtsstellung)

als Urkundsbeamter der Geschäftsstelle des Amtsgerichts**).

Muster m Ziff. 2 — Vollstreckbarkeitserklärung einer ausländischen Kostenentscheidung gemäß § 5 des Ausführungsgesetzes zum Haager Ziv.-Proz.-Abk. —:

Geschäftsnummer: . . . .

Beschluß.

In der Prozeßsache des . . . ., Klägers, gegen a) . . . ., b) . . . ., Beklagte, hat das Staatsgericht in . . . . durch Urteil vom . . . . den Kläger für verpflichtet erklärt, dem Beklagten die Prozeßkosten mit 450 schwedischen Kronen zu erstatten. Dieses Urteil hat das Oberlandesgericht . . . . durch Beschluß vom . . . . bestätigt und die weiter vom Kläger dem Beklagten zu erstattenden Kosten festgesetzt auf 80.— schwedische Kronen sowie 10.75 schwedische Kronen für die Urteilsausfertigung. Die Rechtskraft und Vollstreckbarkeit der beiden Entscheidungen ist vom Chef des Schwedischen Justizministeriums zu Stockholm unterm . . . . beschеinigt. Beide Urteile haben in schwedischer Sprache vorgelegen, begleitet von einer deutschen Übersetzung des vereidigten öffentlichen Übersetzers . . . ., dessen Unterschrift durch den öffentlichen Notar . . . . bzw. den Deutschen Konsul zu Gothenburg beglaubigt war.

Da der Kläger dem hiesigen Ersuchen vom . . . ., die Kosten freiwillig zu zahlen, nicht nachgekommen ist, werden gemäß Artikel 19 des Haager Abk. über den Zivilprozeß vom 17. Juli 1905 in Verbindung mit § 5 des Gesetzes zur Ausführung dieses Abkommens vom 5. April 1909 die genannten Kostenentscheidungen in Höhe von 540.75 schwedischen Kronen (i. B. Fünfhundertvierzig Kronen 75 Öre) für vollstreckbar erklärt.

Gegen diesen Beschluß steht dem Kläger der in Art. 19 Abs. 1 des Haager Ziv.-Proz.-Abk. vorbehaltene Rekurs in Form der sofortigen Beschwerde nach Maßgabe der §§ 567 ff. der Deutschen Zivilprozeßordnung zu.

---

*) Diese Ausfertigung ist dem Antragsteller durch die deutsche Geschäftsstelle von Amts wegen zuzustellen. Sache des Antragstellers ist es dann, die Zustellung einer Ausfertigung dieses Beschlusses nebst einer Abschrift seines Antrages an den Antragsgegner durch den Gerichtsvollzieher zu veranlassen.

**) Je nach Zuständigkeit, g. F. Landgericht (Z.-K. oder KfH.).

Diese Entscheidung ergeht kostenfrei (Art. 18 Abs. 1 des Haager Ziv.-Proz.-Abk.).

Köln, den . . . .

Preußisches Amtsgericht Abt. . . .

(Unterschrift)
(Amtsstellung).

Ausgefertigt:

Die Geschäftsstelle des Amtsgerichts:

Siegel. (Name)
(Amtsbezeichnung).

Vorstehende Ausfertigung wird den a) . . . ., b) . . . . als Beklagten zum Zwecke der Zwangsvollstreckung gegen den Kläger . . . . erteilt.

Köln, den . . . .

Siegel. (Name)
(Amtsbezeichnung)

als Urkundsbeamter der Geschäftsstelle des Amtsgerichts.

Anm. Wegen Zustellung usw. s. §§ 6 ff. des AusfGes. z. Haager Ziv.-Proz.-Abk., abgedruckt im Teil I S. 202.

Abschnitt VI.

Verzeichnis der deutschen Konsulate im Auslande und der fremden Behörden des Auslandes, mit denen unmittelbar verkehrt werden darf.

Abschnitt VI.

Verzeichnis der deutschen Konsulate im Auslande und der fremden Behörden des Auslandes, mit denen unmittelbar verkehrt werden darf.

Inhalt.

Vorbemerkung.

Bei Zweifel, ob eine Ortschaft von Deutschland abgetreten worden ist, ist das bei jedem preußischen Gericht befindliche Ortschaftsverzeichnis über die abgetretenen Gebiete nachzuschlagen.

A. Verzeichnis der Orte, an denen sich Konsulate des Deutschen Reiches befinden.

(Stand vom Oktober 1927 — JM. I. 12933. 1927).

Bemerkung:

Den diplomatischen Vertretungen mit Ausnahme derjenigen in Santiago (Chile), Haag (Niederlande), Rom (beim Vatikan), Caracas (Venezuela) und Washington (Vereinigte Staaten von Amerika) sind gleichzeitig konsularische Befugnisse erteilt. Dadurch sind sie nach der vom Reichsminister der Justiz geteilten Auffassung des Auswärtigen Amtes zugleich zu Konsulaten und ihre Leiter zu Konsuln im Sinne des § 2 des Konsulargesetzes vom 8. November 1867 sowie der sonstigen Gesetze geworden, die den Konsulaten bestimmte Rechte und Pflichten zuweisen.

In allen Ländern, wo eine diplomatische Vertretung besteht, sind die Konsularbehörden dieser unterstellt.

In den mit † bezeichneten Orten befinden sich Gesandte, Konsuln usw., denen für ihren Amtsbezirk die Ermächtigung erteilt worden ist, bürgerlich gültige Eheschließungen von Deutschen oder von Deutschen und Schutzgenossen vorzunehmen und ihre Geburten, Heiraten und Sterbefälle zu beurkunden.

In den mit ° bezeichneten Orten befinden sich Gesandte, Konsuln usw., denen die allgemeine Ermächtigung zur Abhörung von Zeugen und Abnahme von Eiden erteilt worden ist.

In den mit * bezeichneten Orten befinden sich Berufskonsulate oder durch Berufsbeamte verwaltete Konsularämter.

In den mit □ bezeichneten Orten befinden sich Gesandte und Konsuln usw., die mit Gerichtsbarkeit ausgestattet sind.

„(D)" oder „(C)" hinter Ortsnamen bezeichnen die abgekürzten Telegrammanschriften „Diplogerma" oder „Consugerma" dieser Behörden; abweichende Abkürzungen sind an gleicher Stelle in Buchstaben ausgeschrieben.

1. In Abessinien:

Adis Abeba (D) □ † °, Gesandter.
Amts- und Gerichtsbezirk: Abessinien.

2. In Afghanistan:

Kabul (D) † °, Gesandter.
Amtsbezirk: Afghanistan.

3. In Albanien:

Tirana † °, Gesandter.
Amtsbezirk: Albanien.

4. In Argentinien:

Buenos Aires (D) † °, Gesandter.
Amtsbezirk: Argentinien. Engerer Amtsbezirk: Stadt und Prov. Buenos Aires mit Ausschluß der dem Konsulat in Bahia Blanca zugewiesenen Teile der Provinz.

Bahia Blanca, Konsul.
Amtsbezirk: Territorien Pampa Central und Neuquen; von der Provinz Buenos Aires die Distrikte Alsina, Guamini, Coronel Suarez, General Lamadrid, Laprida, Juarez, Necochea, Chaves, Tres Arroyos, Coronel Pringles, Coronel Dorrego, Saavedra, Tornquist, Bahia Blanca, Puan, Villarino y Patagones.

Comodoro Rivadavia, Vizekonsul.
Amtsbezirk: Departement Sarmiento und Kolonie San Martin des Territoriums Chubut.

Concordia, Vizekonsul.
Amtsbezirk: Departements Curuzú-Cuatiá, Mercedes, Monte Caseros, Paso de los Libres, General San Martin und Sauce der Provinz Corrientes sowie Prov. Entre Rios mit Ausnahme der Departements Diamante, Nogoyá, Victoria, La Paz und Paraná.

Cordoba, Konsul.
Amtsbezirk: Provinz Cordoba und La Rioja.

Mendoza, Konsul.
Amtsbezirk: Prov. Mendoza, San Juan und San Luis.

Posadas °, Vizekonsul.
Amtsbezirk: Territorium Misiones.

Puerto Gallegos, Vizekonsul.
Amtsbezirk: Territorien Santa Cruz (mit Ausnahme der Departements San Julian und Deseado) und Tierra del Fuego.

Puerto Madryn, Vizekonsul.
Amtsbezirk: Territorium Chubut mit Ausnahme des Departements Sarmiento und der Kolonie San Martin.

Resistencia, Vizekonsul (vom V.-K. Posadas mitverwaltet).
Amtsbezirk: Gobernación Chaco.

Rosario, Konsul.
Amtsbezirk: Von der Prov. Santa Fé die Departements Rosario, San Lorenzo, Iriondo, San Geronimo, San Martin, Belgrano, Caseros, General Lopez und Constitución.

Salta, Vizekonsul.
Amtsbezirk: Prov. Salta und Jujuy und das Territorium Los Andes.

San Julian, Vizekonsul.
Amtsbezirk: Departements San Julian und Deseado des Territoriums Santa Cruz.

Santa Fé, Vizekonsul.
Amtsbezirk: Die Departements Garay, La Capital, Las Colonias, Castellanos, San Cristóbal, San Justo, San Javier, General Obligado, Vera und Nueve de Julio der Prov. Santa Fé und die Departements La Paz, Paraná, Diamante, Victoria und Nogoyá der Prov. Entre Rios.

Tucumán, Vizekonsul.
Amtsbezirk: Prov. Tucumán, Catamarca und Santiago del Estero.

5. In Armenien:

(siehe Rußland: Transkaukasien).

6. In Aserbeidschan:

(wie vor).

7. In Belgien:

Brüssel (D) °, Gesandter.
Amtsbezirk: Prov. Brabant.

Antwerpen * °, Generalkonsul.
Amtsbezirk: Belgien. Engerer Amtsbezirk: Prov. Antwerpen, West- und Ostflandern und Limburg.

Lüttich * °, Konsul.
Amtsbezirk: Prov. Lüttich, Luxemburg, Namur und Hennegau.

8. In den Belgischen Besitzungen:

Matadi, Konsul.
Amtsbezirk: Belgisches Gebiet des Kongo.

9. In Bolivien:

La Paz (D) †, Gesandter.
Amtsbezirk: Bolivien.

Cochabamba †, Konsul.
Amtsbezirk: Departement Cochabamba.

La Paz, Konsul.
Amtsbezirk: Departement La Paz.

Oruro †, Konsul.
Amtsbezirk: Departement Oruro.

Potosi †, Konsul.
Amtsbezirk: Departements Potosi, Chuquisaca und Tarija, letzteres mit Ausnahme der Prov. Gran Chaco.

Puerto Suárez, Konsul.
Amtsbezirk: Bezirk der Delegación del Oriente (Kantone Puerto Suárez San Matias, Santo Corazón und Santiago), ferner die Kantone San Juán und Santa Ana des Departements Santa Cruz.

Riberalta, Vizekonsul.
Amtsbezirk: Departement Beni mit Ausnahme der Prov. Cercado und Itenez, sowie das nordwestliche Kolonialgebiet.

Santa Cruz †, Konsul.
Amtsbezirk: Departement Santa Cruz mit Ausnahme der dem Konsulat in Puerto Suárez zugewiesenen Gebietsteile.

Trinidad, Vizekonsul.
Amtsbezirk: Prov. Cercado und Itenez des Departements Beni.

Villa Montes, Vizekonsul.
Amtsbezirk: Prov. Gran Chaco des Departements Tarija.

10. In Brasilien:

Rio de Janeiro (D) † °, Gesandter.
Amtsbezirk: Brasilien. Engerer Amtsbezirk: Bundeshauptstadt und Staat Rio de Janeiro.

Bahia * † °, Konsul.
Amtsbezirk: Staaten Bahia, Sergipe, Alagoas, Pernambuco, Parahyba, Rio Grande do Norte, Ceará, Piauhy, Maranhão, Grao Pará und Amazonas mit Acre-Territorium.

Aracajú, Vizekonsul.
Amtsbezirk: Staat Sergipe.

Ceará, Konsul.
Amtsbezirk: Staat Ceará.

Manaos, Konsul.
Amtsbezirk: Staat Amazonas und Acre-Territorium.

Pará, (Belem) †, Konsul.
Amtsbezirk: Staat Grão Pará.

Pernambuco, Konsul.
Amtsbezirk: Staaten Pernambuco, Rio Grande do Norte, Parahyba und Alagoas.

São Luiz do Maranhão, Konsul.
Amtsbezirk: Staaten Maranhão und Piauhy.

Curitiba * † °, Konsul.
Amtsbezirk: Staat Paraná.

Cuyabá, Konsul.
Amtsbezirk: Staat Matto Grosso.

Florianopolis * † °, Konsul.
Amtsbezirk: Staat Santa Catharina. Engerer Amtsbezirk: Staat Santa Catharina mit Ausnahme der den Konsulaten in Blumenau und Joinville zugewiesenen Bezirke.

Blumenau, Konsul.
Amtsbezirk: Municipien Blumenau und Brusque des Staates Santa Catharina.

Joinville, Konsul.
Amtsbezirk: Comarcas Joinville, Paraty, São Bento, Mafra, Itajopolis, Porto União, Canoinhas, Cruzeiro und Chapeco des Staates Santa Catharina.

Juiz de Fóra, Vizekonsul.
Amtsbezirk: Staat Minas Geraes.

Porto Alegre (Rio Grande do Sul (C) * † °, Konsul.
Amtsbezirk: der nördlich des 31. Breitengrades gelegene Teil des Staates Rio Grande do Sul.

Rio Grande (Rio Grande do Sul) †, Konsul.
Amtsbezirk: der südlich des 31. Breitengrades gelegene Teil des Staates Rio Grande do Sul.

Santos †, Konsul.
Amtsbezirk: Comarcas Santos, Parahybuna, Ubatuba, São Sebastião und Iguape des Staates São Paulo.

São Francisco do Sul, Vizekonsul[1]).
Amtsbezirk: Insel São Franciso do Sul nebst Stadt und Hafen.

São Paulo (C) * † °, Konsul.
Amtsbezirk: Staat São Paulo, mit Ausschluß des dem Konsulat in Santos zugewiesenen Bezirks, und Staat Goyaz.

Goyaz, Vizekonsul.
Amtsbezirk: Staat Goyaz.

Victoria, Konsul.
Amtsbezirk: Staat Espirito Santo.

11. Im Britischen Reich:

a) Großbritannien, Nordirland, Kanalinseln und Insel Man:

London, Botschafter.
Amtsbezirk: Britisches Reich. Engerer Amtsbezirk: Der Teil Englands südlich des Amtsbezirks des Konsulats Liverpool.

[1]) Anmerkung: Die Einrichtung der Behörde ist beschlossen; ihre Eröffnung erfolgt erst zu einem später im Reichsanzeiger bekannt zu machenden Zeitpunkt.

Bristol, Konsul.
Amtsbezirk: Bristol, Avonmouth, Portishead, Sharpneß und die ganze Südküste des Kanals von Bristol bis westlich nach Barnstaple.

Cardiff, Konsul.
Amtsbezirk: Wales und der Hafenbezirk Newport.

Dover, Vizekonsul.
Amtsbezirk: Bezirke Dover und Folkestone und Küstenstrich von Hythe bis Deal einschließlich.

Falmouth, Vizekonsul.
Amtsbezirk: Küstenstrich vom Lizard Head bis Dodman Point.

Fowey, Vizekonsul.
Amtsbezirk: Küstenstrich von Dodman Point bis Looe einschließlich.

Glasgow * °, Konsul.
Amtsbezirk: Schottland.

Aberdeen, Konsul.
Amtsbezirk: Grafschaften Aberdeen, Kincardine und Banff.

Burntisland, Vizekonsul.
Amtsbezirk: Burntisland nebst der Nordküste des Firth of Forth westlich bis St. Davids und Charlestown und östlich bis Kirkaldy und Dysart, einschließlich dieser u. aller dazwischenliegender Plätze.

Dundee, Konsul.
Amtsbezirk: Grafschaften Forfair, Perth und Kinroß, sowie derjenige Teil der Grafschaft Fife, der nördlich von St. Andrew's Bay und westlich und nördlich von der von Leuchars Junction über Ladybank nach Mawcarse Junction führenden Eisenbahn gelegen ist.

Edinburgh-Leith, Konsul.
Amtsbezirke: Grafschaften Edinburgh, Haddington, Peebles, Selkirk und Roxburgh, sowie der östlich von Blackneß gelegene Teil der Grafschaft Linlithgow.

Grangemouth, Vizekonsul.
Amtsbezirk: Stirling mit dem östlich von dieser Stadt gelegenen Teil der Grafschaft Stirling, Grafschaft Clackmannan und der westlich von Blackneß gelegene Teil der Grafschaft Linlithgow.

Kirkwall, Vizekonsul.
Amtsbezirk: Orkney-Inseln.

Lerwick, Vizekonsul.
Amtsbezirk: Shettlandinseln.

Methil, Vizekonsul.
Amtsbezirk: Methil nebst der Nordküste des Firth of Forth westlich bis East und West Wemyß und östlich bis Leven, sowie darüber hinaus bis zur Nordostspitze des Firth of Forth (Kap Fifeneß), und von da nördlich, der Küste folgend, bis zur St. Andrew's Bay, einschließlich der vorgenannten und aller anderen dazwischenliegenden Plätze.

Wick, Vizekonsul.
Amtsbezirk: Bezirke Wick, Thurso, Lybster und Helmsdale.

King's Lynn, Vizekonsul.
Amtsbezirk: Küstenstrich an der Bucht the Wash von der Grenze zwischen den Grafschaften Lincoln und Norfolk bis zum Orte Wells an der Nordküste von Norfolk einschließlich, sowie die Orte Sutton, Bridge und Wisbech.

Liverpool * °, Konsul.
Amtsbezirk: Grafschaften Cheshire, Derby, Nottingham, Lincoln, Lancashire, Yorkshire, Westmoreland, Durham, Cumberland, Northumberland und ferner Nord-Irland.

Belfast, Vizekonsul.
Amtsbezirk: Stadt und Hafen Belfast.

Blyth, Vizekonsul.
Amtsbezirk: Küstenstrich vom Bezirk Warkworth bis zur Gegend von St. Mary's Island, einschließlich dieser Insel.

Boston, Vizekonsul.
Amtsbezirk: Hafen und Stadt Boston.

Bradford, Vizekonsul.
Amtsbezirk: West Riding von Yorkshire mit Ausnahme der Wahlbezirke Stadtgemeinde Sheffield, Hallamshire und Rotherham.

Hull, Konsul.
Amtsbezirk: Hull, Scarborough, Bridlington, Goole, Immingham u. Grimsby.

Middlesbrough, Vizekonsul.
Amtsbezirk: Strecke des Flusses Tees von Stockton bis zur Mündung.

Newkastle on Tyne, Konsul.
Amtsbezirk: Tynemündung sowie Küstenstrich gegenüber von St. Mary's Island bis Souter Point.

Sunderland, Vizekonsul.
Amtsbezirk: Küstenstrich von Souter Point bis Seaham Harbour.

West Hartlepool, Vizekonsul.
Amtsbezirk: West Hartlepool.

Lowestoft, Vizekonsul.
Amtsbezirk: Häfen Lowestoft und Great Yarmouth.

Penzance, Vizekonsul.
Amtsbezirk: Küstenstrecke vom Lizard Head bis zum Godrevy Leuchtturm östlich von St. Ives.

Plymouth, Vizekonsul.
Küstenstrich westlich von Looe, ausschließlich dieses Platzes, bis einschließlich Torquay.

Portland Harbour, Vizekonsul.
Amtsbezirk: Bezirk von West Bay bis Poole, ausschließlich dieses Ortes.

Southampton, Konsul.
Amtsbezirk: Küstenstrecke von Poole bis Portsmouth einschließlich, sowie Insel Wight.

b) Die Dominien einschließlich des Irischen Freistaats, Indien, Kolonien, Protektorate, Dependenzen u. Mandatsgebiete:
(Für die Gebiete, wo eine besondere deutsche Konsulvertretung nicht besteht, ist die Botschaft in London zuständig).

Accra (Goldküste), Konsul.
Amtsbezirk: Britische Goldküstenkolonie.

Colombo (Ceylon) (C)*°, Konsul.
Amtsbezirk: Insel Ceylon.

Dublin (Irischer Freistaat)*°, Generalkonsul.
Amtsbezirk: Irischer Freistaat.

Gibraltar, Konsul.
Amtsbezirk: Britische Besitzung Gibraltar.

Hongkong (C)*°, Konsul.
Amtsbezirk: Britische Besitzung Hongkong.

Kalkutta (Indien) (C)*°, Generalkonsul.
Amtsbezirk: Britisch-Indien. Engerer Amtsbezirk: Britisch-Indien mit Ausnahme der dem Konsulat in Bombay zugewiesenen Gebiete.

Bombay (C)*°, Konsul.
Amtsbezirk: Präsidentschaft Bombay einschließlich Aden und Karachi mit Sind, ferner Rajputana, Centralindien, Centralprovinzen und Hyderabad.

Aden, Konsul (z. Zt. unbesetzt).
Amtsbezirk: Britische Besitzung Aden.

Rangoon, Konsul.
Amtsbezirk: Stadt und Hafen Rangoon.

Kingston (Jamaica), Konsul.
Amtsbezirk: Insel Jamaica.

Lagos (Nigeria), Konsul.
Amtsbezirk: Protektorat und Kolonie Nigeria.

Larnaca (Cypern), Konsul.
Amtsbezirk: Cypern.

Melbourne (Australien) (C)*°, Generalkonsul.
Amtsbezirk: Australischer Bund (Common Wealth) und Dependenzen, Neuseeland und Dependenzen, Fidschi-, Gilbert- und Ellice-Inseln, Britische Salomoninseln-Protektorat und die Inseln, die der Jurisdiktion des Kommissars für den Westpazifik unterstehen, Tonga, sowie die Mandatsgebiete Neu-Guinea und Nauru.

Adelaide, Konsul.
Amtsbezirk: Südaustralien.

Wellington (Neuseeland), Konsul.
Amtsbezirk: Neuseeland und Depedenzen, sowie das Mandatsgebiet West-Samoa.

Mombassa*°, Konsul.
Amtsbezirk: Kenia, Uganda und das Mandatsgebiet Tanganyika sowie Zanzibar und Britisch-Nyassaland.

Montreal (Canada) (C)*°, Generalkonsul.
Amtsbezirk: Canada. Engerer Amtsbezirk: Canada mit Ausnahme der dem Konsulat in Winnipeg zugewiesenen Gebietsteile.

Winnipeg (C)*°, Konsul.
Amtsbezirk: Prov. Britisch-Columbien, Manitoba, Saskatchewan und Alberta.

Port of Spain (Trinidad), Konsul.
Amtsbezirk: Inseln Trinidad, Tobago, Barbados, St. Lucia, St. Vincent und Grenada.

Pretoria (Union von Südafrika) (C)°, Generalkonsul.
Amtsbezirk: Union von Südafrika, Süd- und Nord-Rhodesien, Basutoland, Betschuanaland-Protektorat, Swaziland und Mandatsgebiet Südwestafrika.

Kapstadt, Konsul.
Amtsbezirk: Kapprovinz.

Windhuk (C)*°, Konsul.
Amtsbezirk: Mandatsgebiet Südwestafrika und Gebiet der Walfischbucht.

Singapore (C)*°, Generalkonsul.
Amtsbezirk: Kolonie Straits Settlements einschließlich Insel Labuan und ihrer Zubehörgebiete (Dependencies): Kokos-(Keeling-) Inseln und Weihnachtsinsel, Djohor, Vereinigte Schutzstaaten von Malakka (Federated Malay States) und die unter britischem Schutz stehenden Staaten auf der Halbinsel Malakka (Kelantan, Tringganu, Kedah, Perlis nebst den Langkavi-Inseln), und auf der Insel Borneo: Britisch-Nord-Borneo (State of North Borneo), Brunei (Schutzstaat) und Sarawak.

St. John's (Neufundland), Konsul.
Amtsbezirk: Neufundland.

12. In Bulgarien:

Sofia (D) °, Gesandter.
Amtsbezirk: Bulgarien. Engerer Amtsbezirk: Bulgarien mit Ausnahme der den nachgeordneten Konsularbehörden zugewiesenen Bezirke.

Burgas, Vizekonsul.
Amtsbezirk: Kreise Burgas, Stara Zagora, Haskowo und Mastanli.

Sofia, Konsul.
Amtsbezirk: Kreise Sofia, Philippopel, Küstendil, Paschmakli und Petritsch.

Varna * ° †, Konsul.
Kreise Varna, Schumla, Rustschuk, Tirnowo, Plewen, Widdin u. Wratza.

Gabrovo, Vizekonsul.
Amtsbezirk: Landkreis Gabrovo.

Rustschuk, Vizekonsul.
Amtsbezirk: Kreise Rustschuk, Tirnowo ohne Landkreis Gabrovo, Plewen, Widdin und Wratza.

13. In Chile:

Santiago (D), Gesandter.

Valparaiso (C) * °, Generalkonsul.
Amtsbezirk: Chile. Engerer Amtsbezirk: Prov. Valparaiso, Aconcagua (mit Ausnahme der Departements Putaendo, San Felipe und Los Andes) und Atacama mit Ausnahme des Departements Copiapó).

Antofagasta, Konsul.
Amtsbezirk: Departements Antofagasta und El Loa.

Arica, Vizekonsul.
Amtsbezirk: Prov. Tacna.

Caldera, Vizekonsul.
Amtsbezirk: Departement Copiapó der Prov. Atacama.

Concepción, Konsul.
Prov. Concepción mit Ausnahme der Hafenplätze Coronel und Talcahuano, die Prov. Nuble, Arauco und Biobio, sowie die Departements Angol und Traiguen (mit Ausnahme der Gemeinde Quillen) der Prov. Malleco.

Coronel, Vizekonsul.
Amtsbezirk: Hafenplatz Coronel.

Iquique, Konsul.
Amtsbezirk: Prov. Tarapacá.

La Serena, Vizekonsul.
Amtsbezirk: Prov. Coquimbo.

Los Andes, Vizekonsul.
Amtsbezirk: Departements Putaendo, San Felipe und Los Andes der Prov. Aconcagua.

Osorno, Vizekonsul.
Amtsbezirk: Departement Osorno.

Puerto Montt, Vizekonsul.
Amtsbezirk: Prov. Chiolé und Llanquihue ausschließlich des Departements Osorno.

Punta Arenas, Konsul.
Amtsbezirk: Territorio de Magellanes.

Santiago, Konsul.
Amtsbezirk: Prov. Santiago, O'Higgins, Colchagua und Curico.

Talca, Vizekonsul.
Amtsbezirk: Prov. Talca, Maule und Linares.

Talcahuano, Vizekonsul.
Amtsbezirk: Hafen von Talcahuano.

Taltal, Konsul.
Amtsbezirk: Departement Taltal.

Temuco, Vizekonsul.
Amtsbezirk: Prov. Cautin und Malleco, letztere mit Ausnahme der dem Konsulat in Concepción zugewiesenen Teile.

Tocopilla, Vizekonsul.
Amtsbezirk: Departement Tocopilla.

Valdivia, Konsul.
Amtsbezirk: Prov. Valdivia.

14. In China:

Peking (D) † °, Gesandter.
Amtsbezirk: China.

Canton (C) * † °, Generalkonsul.
Amtsbezirk: Prov. Kwangtung mit der Insel Hainan, Kwangsi, Kweichow und Yünnan.

Chungking (C) * † °, Konsul.
Amtsbezirk: Prov. Szechwan u. Tibet.

Hankow (C) * † °, Generalkonsul.
Amtsbezirk: Provinzen Hupeh, Shensi, Hunan und Honan südlich des Huangho.

Harbin (C) * † °, Konsul.
Amtsbezirk: Prov. Heilungkiang und von der Prov. Kirin die Regierungsbezirke Ilan und Pinchiang und vom Regierungsbezirk Yenchi die Kreise Tungning und Ningan.

Mukden (C) * † °, Konsul.
Amtsbezirk: Prov. Fengtien und von der Prov. Kirin der Regierungsbezirk Chi Chang (Kirin und Kangchun) und vom Regierungsbezirk Yen Chi die Kreise Omu, Tunhua, Lungchingtsun, Holung, Wangching und Hunchun.

Shanghai (C) * † °, Generalkonsul.
Amtsbezirk: Prov. Kiangsu, Nganhui, Kiangsi, Chekiang und Fukien.

Tientsin (C) * † ° Generalkonsul.
Amtsbezirk: Prov. Chihli, Shansi, Kansu und Honan nördlich des Huangho, sowie die innere und äußere Mongolei und Turkestan (Sinkiang).

Tsinanfu (C) * † °, Konsul.
Amtsbezirk: Prov. Shantung ausschließlich des dem Konsulat in Tsingtau zugewiesenen Teiles.

Tsingtau (C) * † °, Konsul.
Amtsbezirk: Ost-Shantung (Verwaltungsbezirk Kiaotungtao).

15. In Columbien:

Bogotá (D) † °, Gesandter.
Amtsbezirk: Columbien. Engerer Amtsbezirk: Departements Huila, Tolima, Boyacá und Cundinamarca.

Barranquilla †, Konsul.
Amtsbezirk: Departement del Atlántico.

Bucaramanga, Konsul.
Amtsbezirk: Departement Santander.

Cali †, Konsul.
Amtsbezirk: Departements del Valle, Cauca und Territorium del Choco (mit Ausnahme des dem Konsulat in Cartagena zugewiesenen Teiles des letzteren).

Cartagena, Konsul.
Amtsbezirk: Departement Bolivar, die Inseln San Andrés, Providencia und Roncador, der Teil des Departements Antioquia zwischen der Cordillera Occidental und den Flüssen Atrato und Arquia und von dem Territorium del Choco der Teil vom Golfe von Urabá bis südlich zum 5. Grad nördlicher Breite.

Manizales, Konsul.
Amtsbezirk: Departement Caldas.

Medellin, Konsul.
Amtsbezirk: Departement Antioquia mit Ausnahme des dem Konsulat in Cartagena zugewiesenen Teiles.

Orocué, Konsul.
Amtsbezirk: Territorium Nacional del Meta.

San José de Cúcuta, Konsul.
Amtsbezirk: Departement del Norte de Santander.

Santa Marta, Vizekonsul (z. Zt. unbesetzt)
Amtsbezirk: Departement Magdalena und Territorium Gonjira.

Tumaco, Vizekonsul (z. Zt. unbesetzt).
Amtsbezirk: Departement Nariño.

16. In Costarica:

(siehe Mittelamerika).

17. In Cuba, der Dominikanischen Republik und Haiti:

(siehe auch Dominikanische Republik und Haiti):

Havana (D) °, Gesandter.
Amtsbezirk: Cuba, Dominikanische Republik und Haiti.

Havana (C), Konsul.
Amtsbezirk: Prov. Havana, Pinar del Rio, Santa Clara und Camaguey.

Matanzas, Vizekonsul.
Amtsbezirk: Prov. Matanzas.

Santiago de Cuba, Konsul.
Amtsbezirk: Prov. Oriente.

18. In Dänemark und Island

(siehe auch Island):

Kopenhagen °, Gesandter.
Amtsbezirk: Dänemark, die dänischen Besitzungen und Island.

Aalborg, Konsul.
Amtsbezirk: Amt Aalborg.

Aarhus, Konsul.
Amtsbezirk: Amt Aarhus mit Ausschluß des ehemaligen Amtes Skanderborg.

Apenrade * °, Konsul.
Amtsbezirk: Ämter Hadersleben, Apenrade, Sonderburg und Tondern. In Paßangelegenheiten: Jütland einschließlich der abgetretenen Landesteile, die Insel Fünen und deren Nebeninseln.

Esbjerg, Konsul.
Amtsbezirk: Amt Ribe mit Ausschluß der Anst- und Slaugs-Harden.

Frederikshavn, Konsul.
Amtsbezirk: Osthälfte des Amtes Hjörring (einschließlich der Halbinsel Skagen) mit den Horns- und Droninglund-Harden und der Insel Läsöe.

Fridericia, Konsul.
Amtsbezirk: Südlicher Teil des Amtes Veile, und zwar unter Ausschluß der Kolding-Harde, die Elbo-, Brusk-, Holmanns- und Jerlev-Harden.

Helsingör, Konsul.
Amtsbezirk: Amt Frederiksborg.

Hjörring, Konsul.
Amtsbezirk: Westhälfte des Amtes Hjörring mit den Börglum-, Hvetbo-, Wenneberg- und Öster-Han-Harden.

Horsens, Konsul.
Amtsbezirk: Ehemaliges Amt Skanderborg (der die Hjelmslev-, Gjern-, Tyrsting-, Vrads-, Vor- und Nim-Harden umfassende westliche Teil des jetzigen Amtes Aarhus sowie der nördliche Teil des Amtes Veile [Bjerge-, Hatting-, Nörvang- und Törrild-Harden]).

Kallundborg, Vizekonsul.
Amtsbezirk: Amt Holbäk.

Kolding, Konsul.
Amtsbezirk: Anst- und Slaugs-Harden vom Amte Ribe und die Kolding-Harde vom Amte Veile.

Korsör, Konsul.
Amtsbezirk: Amt Sorö.

Naestved, Konsul.
Amtsbezirk: Amt Präßtö einschl. Möen.

Nyborg, Konsul.
Amtsbezirk: Amt Svendborg.

Nykjöbing (Falster), Konsul.
Amtsbezirk: Inseln Falster und Laaland.

Odense, Konsul.
Amtsbezirk: Amt Odense.

Randers, Konsul.
Amtsbezirk: Amt Randers.

Ringkjöbing, Konsul.
Amtsbezirk: Amt Ringkjöbing.

Rönne, Konsul.
Amtsbezirk: Westküste der Insel Bornholm von Hammeren bis Due Odden.

Skive, Vizekonsul.
Amtsbezirk: Amt Viborg.

Svaneke, Konsul.
Amtsbezirk: Ostküste der Insel Bornholm von Hammeren bis Due Odden und Inselgruppe Christiansö.

Thisted, Konsul.
Amtsbezirk: Amt Thisted.

19. In den Dänischen Besitzungen:

Trangisvaag, Vizekonsul.
Amtsbezirk: Die Färöer.

20. In Danzig:

Danzig * °, Generalkonsul.
Amtsbezirk: Freie Stadt Danzig.

21. In der Dominikanischen Republik:

(Havana, Cuba) °, Gesandter.
Amtsbezirk: Dominikanische Republik.

San Pedro de Macoris, Konsul.
Amtsbezirk: Prov. Macoris und Seybo.

Santo Domingo (Hohlt), Konsul.
Amtsbezirk: Dominikanische Republik mit Ausnahme der Provinz Macoris und Seybo.

22. In Ecuador:

Quito (D) † °, Gesandter.
Amtsbezirk: Ecuador. Engerer Amtsbezirk: Ecuador mit Ausnahme der Prov. Esmeraldas, Guayas und Manabi.

Guayaquil, Konsul.
Amtsbezirk: Prov. Esmeraldas, Guayas und Manabi.

23. In Egypten:

Kairo (D) ◻ † °, Gesandter.
Amtsbezirk: Egypten. Engerer Amts- und zugleich Konsulargerichtsbezirk des mit der Gesandtschaft vereinigten Konsulats Kairo: Egypten mit Ausnahme der dem Konsulat in Alexandrien zugewiesenen Gebietsteile.

Alexandrien (C) ◻ † °, Konsul.
Amts- und Konsulargerichtsbezirk: Stadt Alexandrien, unteregyptische Provinzen Behera, Gharbieh, Dakahlieh, Charkieh, Gouvernorate Damiette, Canal (Port Said-Ismailia) und Suez.

Port Said, Konsul.
Amtsbezirk: Gouvernorat Canal (Port Said-Ismaila).

Suez, Konsul.
Amtsbezirk: Gouvernorat Suez.

24. In Estland:

Reval (D) °, Gesandter.
Amtsbezirk: Estland.

Dorpat, Konsul.
Amtsbezirk: Kreise Dorpat und Werro-Walk.

Narwa, Konsul.
Amtsbezirk: Stadt Narwa und umgebender Landdistrikt, begrenzt im Norden von der Küste, im Süden vom Peipussee, im Osten von der estnischen Staatsgrenze und im Westen von einer Linie, die von Norden nach Süden geht und den Ort Jewe schneidet.

Pernau, Vizekonsul.
Amtsbezirk: Kreise Pernau, Fellin und Weißenstein.

Reval, Konsul.
Amtsbezirk: Estland mit Ausnahme der den Konsularbehörden in Dorpat, Narwa und Pernau zugewiesenen Bezirke.

25. In Finnland:

Helsingfors (D) °, Gesandter.
Amtsbezirk: Finnland.

Abo, Konsul,
Amtsbezirk: Landskapet Åland und Åbo-Län, letzteres mit Ausnahme der im Åbo-Län belegenen Konsulatsbezirke Björneborg und Raumo.

Björneborg, Konsul.
Amtsbezirk: Städte Björneborg, Mantyluoto, Räffö und Norrmark.

Gamlakarleby, Vizekonsul.
Amtsbezirk: Zollbezirk Gamlakarleby.

Jakobstad, Vizekonsul.
Amtsbezirk: Zollbezirke Jakobstad und Nykarleby sowie das Härad Pedersöre und der Länsmanbezirk Nykarleby des Gouvernements Wasa.

Kemi, Vizekonsul.
Amtsbezirk: Zollbezirke Kemi und Torneå.

Kotka-Frederikshamn, Vizekonsul.
Amtsbezirk: Zollbezirke Kotka und Frederikshamn.

Lovisa, Vizekonsul.
Amtsbezirk: Zollbezirk Lovisa.

Raumo, Vizekonsul.
Amtsbezirk: Stadt und Hafen Raumo, sowie Distriktshäfen Kaunissaari und Luvia.

Uleåborg, Konsul.
Amtsbezirk: Uleåborg-Län mit Ausnahme der Zollbezirke Kemi und Torneå.

Wasa, Konsul.
Amtsbezirk: Wasa-Län.

Wiborg, Konsul.
Amtsbezirk: Wiborg-Län (mit Ausnahme der Zollbezirke Frederikshamn u. Kotka), Kuopio- und St. Michel-Län.

26. In Frankreich:

Paris (Germadiplo), Botschafter.
Amtsbezirk: Frankreich. Engerer Amtsbezirk: Departements Seine, Seine et Oise, Seine et Marne, Oise, Aisne, Ardennes, Marne, Meuse, Meurthe et Moselle, Moselle, Haut Rhin, Bas Rhin, Haute Marne, Aube, Vosges, Indre, Cher, Nièvre, Yonne, Loiret, Loire et Cher, Eure et Loire und Territorium von Belfort.

Bordeaux * °, Konsul[1]).
Amtsbezirk: Departements Gironde, Landes, Basses Pyrénées, Hautes Pyrénées, Dordogne, Lot et Garonne, Gers, Corrèze, Charente, Charente Inférieure, Deux Sèvres, Vienne, Haute Vienne, Creuze, Morbihan, Loire Inférieure, Vendée, Maine et Loire und Indre et Loire.

Le Hâvre * °, Konsul.
Amtsbezirk: Departements Seine Inférieure, Eure, Calvados, Manche, Ille et Villaine, Mayenne, Sarthe, Somme, Côtes du Nord, Finistère, Nord, Orne und Pas de Calais.

Lyon * °, Konsul.
Amtsbezirk: Departements Rhône, Loire, Haute Loire, Cantal, Drôme, Ardèche, Isère, Savoie, Haute Savoie, Ain, Jura, Côte d'Or, Haute Saône, Doubs, Saône et Loire, Allier und Puy de Dôme.

Marseille * °, Generalkonsul.
Amtsbezirk: Bouches du Rhône, Vaucluse, Gard, Hérault, Lozère, Aveyron, Tarn, Aude, Pyrénées Orientales, Ariège, Haute Garonne, Tarn et Garonne Lot, Alpes Maritimes, Var, Hautes Alpes, Basses Alpes und Corsica.

27. In den Französischen Besitzungen:

Algier (C) * °, Generalkonsul.
Amtsbezirk: Algerien.

28. In Georgien:

(siehe Rußland: Transkaukasien).

29. In Griechenland:

Athen (D) † °, Gesandter.
Amtsbezirk: Griechenland.

Kanea †, Konsul.
Amtsbezirk: Insel Kreta.

Korfu †, Konsul.
Amtsbezirk: Korfu, Paxos, Kephallonia, Santa Maura, Ithaka, Zante, Stadt Arta und das griechische Epirus.

Patras, Konsul.
Amtsbezirk: Regierungsbez. Achaia-Elis, Messenien und Aetolien-Akarnanien, letzterer mit Ausnahme des zum Amtsbezirk des Konsulats Korfu gehörigen Golfes von Arta.

Piräus, Konsul.
Amtsbezirk: Stadt und Hafen Piräus, Alt- und Neuphaleron und die Insel Salamis mit den zugehörigen Territorialgewässern.

Salonik (C) * † °, Konsul.
Amtsbezirk: Mazedonien u. Westthrazien.

Samos-Vathy, Vizekonsul.
Amtsbezirk: Insel Samos.

Volo, Konsul.
Amtsbezirk: Thessalien und nördliche Sporaden.

30. In Großbritannien und Irland:

(siehe Britisches Reich).

31. In Guatemala:

(siehe Mittelamerika).

32. In Haiti:

(Havana, Cuba) °, Gesandter. (siehe auch Cuba).
Amtsbezirk: Haiti.

Port au Prince (Helmcke), Konsul.
Amtsbezirk: noch nicht festgesetzt.

[1]) Siehe Anmerkung S. 307.

33. Bei dem Heiligen Stuhl:
(siehe Vatikan).

34. In Honduras:
(siehe Mittelamerika).

35. In Irak: (Mesopotamien):
(Britisches Mandatsgebiet).

Bagdad (C) * † °, Konsul.
Amtsbezirk: Irak.

36. In Island:

Kopenhagen °, Gesandter.
(Siehe auch Dänemark.)
Amtsbezirk: Island.

Reykjavik, Generalkonsul.
Amtsbezirk: Insel Island.

Akureyri, Vizekonsul.
Amtsbezirk: Eyjafjord bis Langanes.

Eskifjord, Vizekonsul.
Amtsbezirk: Langanes bis einschließlich Ingolfshöfti.

Isafjord, Vizekonsul.
Amtsbezirk: Westküste Islands von Kap Horn bis Reykjavik.

Siglufjord, Vizekonsul.
Amtsbezirk: Siglufjord bis Langanes.

Vestmannaeyjar, Vizekonsul.
Amtsbezirk: Westmanninseln.

37. In Italien:

Rom (Quirinal) (D) † °, Botschafter.
Amtsbezirk: Prov. Perugia, Rom, Aquila, Macerata, Ascoli, Teramo, Frosinone, Rieti, Terni, Viterbo und Ancona.

Mailand (C) * † °, Generalkonsul.
Amtsbezirk: Italien. Engerer Amtsbezirk: Prov. Pavia, Como, Varese, Sondrio, Bergamo, Mailand, Piacenza, Cremona, Parma, Brescia, Mantua, Reggio Emilia, Verona, Vicenza, Modena, Bologna, Bozen und Trient.

Genua (C) * † °, Konsul.
Amtsbezirk: Provinzen Genua, Imperia, Massa-Carrara, Lucca, Pisa, Livorno, Florenz, Siena, Arezzo, Grosseto, Savona und Pistoia, ferner die Insel Sardinien.

Carrara, Konsul.
Amtsbezirk: Prov. Massa-Carrara (mit Ausnahme der zur Garfagnana gehörigen Teile) sowie das nördlich angrenzende Küstengebiet mit der Stadt und dem Hafen Spezia bis Chiavari.

Florenz (C) † °, Konsul.
Amtsbezirk: Prov. Florenz, Siena, Arezzo und Pistoia.

Livorno, Konsul.
Amtsbezirk: Prov. Livorno, Pisa, Lucca, Grosseto, die zur Garfagnana gehörigen Teile der Prov. Massa-Carrara, Insel Elba, und die übrigen Inseln des toskanischen Archipels.

San Remo, Konsul.
Amtsbezirk: Prov. Imperia.

Neapel (C) * † °, Generalkonsul.
Amtsbezirk: Prov. Chieti, Campobasso, Foggia, Caserta, Neapel, Benevent, Avellino, Salerno, Potenza, Bari, Lecce, Cosenza, Catanzaro, Reggio, Calabria, Pescara, Matera und Brindisi.

Bari, Konsul.
Amtsbezirk: Prov. Bari und Foggia.

Brindisi, Konsul.
Amtsbezirk: Prov. Brindisi, Lecce und Taranto.

Palermo * †, Konsul.
Amtsbezirk: Insel Sizilien. Engerer Amtsbezirk: Prov. Palermo, Girgenti und Trapani.

Catania, Konsul.
Amtsbezirk: Prov. Catania, Sirakusa und Caltanisetta, Castrogiovanni und Ragusa der Insel Sizilien.

Messina, Konsul.
Amtsbezirk: Prov. Messina.

Triest (C) * † °, Konsul.
Amtsbezirk: Prov. Udine, Belluno, Treviso, Venedig, Rovigo, Ferrara, Ravenna, Forli, Pesaro, Urbino, Görz, Padua, Triest, Pola, Fiume und Zara.

Venedig, Konsul.
Amtsbezirk: Prov. Venedig, Treviso, Ferrara, Rovigo und Padua.

Turin * † °, Konsul.
Amtsbezirk: Prov. Turin, Cuneo, Novara, Alessandria, Aosta und Vercelli.

38. In Japan:

Tokyo (D) † °, Botschafter.
Amtsbezirk: Japan.

Dairen (C) * † °, Konsul.
Amtsbezirk: Kwantung Prov. und Korea.

Kobe (C) * † °, Generalkonsul.
Amtsbezirk: Verwaltungsbezirke Miye, Shiga, Wakayama, Hiogo, Okayama, Shimane, Kyoto, Nara, Osaka, Ehime, Kagawa, Kochi, Tokushima, Tottori, Nagasaki, Kumamoto, Kagoshima, Okinawa, Ogasawara, Saga, Miyasaki, Hiroshima, Yamaguchi, Fukuoka, Oita und die Insel Formosa.

Yokohama (C) * † °, Konsul.
Amtsbezirk: Verwaltungsbezirke Aomori, Iwate, Miyagi, Fukushima, Ibaraki, Tochigi, Gumma, Saitama, Chiba, Kanagawa, Yamanashi, Shizuoka, Nagano, Aichi, Gifu, Akita, Yamagata, Niigata, Ishikawa, Fukui, Toyama und Tokyo sowie Departement des Hokkaido.

39. In Jugoslawien:

(s. Königreich der Serben, Kroaten und Slowenen).

40. In Lettland:

Riga (D) °, Gesandter.
Amtsbezirk: Lettland.

Libau (C), Konsul.
Amtsbezirk: Kreise Grobin, Hasenpoth und Goldingen.

41. In Libanon:

(siehe Syrien und Libanon).

42. In Liberia:

Monrovia (C) * † °, Konsul.
Amtsbezirk: Liberia.

43. In Liechtenstein:

(s. unter Schweiz: Bern und Zürich).

44. In Litauen:

Kowno (D) °, Gesandter.
Amtsbezirk: Litauen.

Für das autonome Memelgebiet:

Memel (C) *, Generalkonsul.
Amtsbezirk: Memelgebiet.

45. In Luxemburg:

Luxemburg °, Gesandter.
Amtsbezirk: Großhzgt. Luxemburg.

46. In den Mandatsgebieten:

(außer Irak, Palästina und Syrien):

a) In Nauru und Neu-Guinea:

(siehe Britisches Reich unter b: Melbourne).

b) In Südwestafrika:

(siehe Britisches Reich unter b: Pretoria und Windhuk).

c) In Tanganyika:

(siehe Britisches Reich unter b: Mombassa).

d) In West-Samoa:

(siehe Britisches Reich unter b: Wellington).

47. In Marokko:

Schutz der deutschen Interessen in Marokko (französische und Tangerzone) durch die Niederlande.

Larasch, Vizekonsul. (Vom Konf. Tetuan mitverwaltet).
Amtsbezirk: Küste vom Kap Sparte bis Baharah.

Tetuan ◘ * † °, Konsul.
Amts- u. Gerichtsbezirk: Spanisches Einflußgebiet Nord-Marokkos.

48. Im Memelgebiet:

(s. unter Litauen).

49. In Mexiko:

Mexiko (D) °, Gesandter.
Amtsbezirk: Vereinigte Staaten von Mexiko.

Chihuahua, Konsul.
Amtsbezirk: Staat Chihuahua.

Colima, Konsul.
Amtsbezirk: Staat Colima.

Durango, Vizekonsul.
Amtsbezirk: Staat Durango.

Guadalajara, Konsul.
Amtsbezirk: Staat Jalisco.

Guanajuato, Vizekonsul.
Amtsbezirk: Staat Guanajuato.

Guaymas, Vizekonsul.
Amtsbezirk: Staat Sonora und vom Territorium Baja California der Bezirk Mulegé.

Mazatlán, Konsul.
Amtsbezirk: Staat Sinaloa und Territorium Baja California außer dem Bezirke Mulegé.

Mérida, Konsul.
Amtsbezirk: Staat Yukatan und Partidos de Hecelchakan, de Campeche und de los Chenes des Staates Campeche.

Monterrey, Konsul.
Amtsbezirk: Staaten Coahuila u. Nuevo León.

Morelia, Vizekonsul.
Amtsbezirk: Staat Michoacán.

Oaxaca, Vizekons. (z. Zt. unbesetzt).
Amtsbezirk: Staat Oaxaca.

Orizaba, Vizekonsul.
Amtsbezirk: Bezirke Orizaba, Zongolica, Huatusco, Cordoba und Coatepec des Staates Veracruz.

Puebla, Konsul.
Amtsbezirk: Staaten Puebla u. Tlaxcala.

San Luis Potosi, Konsul.
Amtsbezirk: Staaten San Luis Potosi, Zacatecas und Aguascalientes.

Tampico, Konsul.
Amtsbezirk: Staat Tamaulipas.

Tapachula, Konsul.
Amtsbezirk: Departements Soconusco, Tonalá und Motocintla des Staates Chiapas.

Tepic, Konsul.
Amtsbezirk: Staat Nayarit.

Tuxtla Gutiérrez, Vizekonsul.
Amtsbezirk: Staat Chiapas außer den Departements Tonalá, Motocintla und Soconusco.

Veracruz, Konsul.
Amtsbezirk: Staat Veracruz mit Ausnahme der dem Vizekonsulat in Orizaba zugewiesenen Bezirke.

Villa Hermosa (San Juan Bautista), Vizekonsul.
Amtsbezirk: Partidos de Champoton und de Carmen des Staates Campeche und Staat Tabasco.

50. In Mittelamerika:

(Staaten Guatemala, Costarica, Honduras, Nicaragua und El Salvador).

Guatemala (D) † °, Gesandter.
Amtsbezirk: Mittelamerika.

Cobán (Guatemala), Konsul.
Amtsbezirk: Departements Petén, Alta Verapaz und Baja Verapaz mit Ausnahme des Flußlaufs des Polochic aufwärts bis Panzós.

Guatemala (Guatemala) Konsul. (Von Gesandtschaft in Guatemala mitverwaltet).
Amtsbezirk: Departements Guatemala, Amatitlan, Escuintla, Zacatepéquez, Chimaltenango, Sololá, Quiché, Zacapa, Chiquimula, Jalapa, Jutiapa und Santa Rosa.

Livingston (Guatemala), Konsul.
Amtsbezirk: Departement Yzabal und Flußlauf des Polochic aufwärts bis Panzós.

Quezaltenango (Guatemala), Konsul.
Amtsbezirk: Departements Quezaltenango, Totonicapan, Huehuetenango und San Marcos.

Retalhuleu (Guatemala), Vizekonsul.
Amtsbezirk: Departements Retalhuleu und Suchitepéquez.

San José de Costarica (Costarica) † °, Gesandter (z. Zt. in Guatemala).

Puerto Limón (Costarica), Vizekonsul.
Amtsbezirk: Prov. Limón.

Puntarenas (Costarica), Vizekonsul.
Amtsbezirk: Provinzen Puntarenas und Guanacaste.

San José de Costarica (Costarica), Konsul.
Amtsbezirk: Provinzen San José, Alajuela, Cartago und Heredia.

Amapala (Honduras), Konsul.
Amtsbezirk: Departements La Paz, El Valle, Intibuca, Gracias u. Ocotopeque.

Choluteca (Honduras), Konsul.
Amtsbezirk: Departements Choluteca u. El Paraiso.

San Pedro Sula (Honduras), Konsul.
Amtsbezirk: Departements Santa Bárbara, Cortez, Yoro, Atlántida, Colón, Islas de la Bahia und Landstrich Comarca de la Mosquitia.

Tegucigalpa (Honduras), Konsul.
Amtsbezirk: Departements Tegucigalpa Copan, Olancho und Comayagua.

Bluefields (Nicaragua), Vizekonsul.
Amtsbezirk: Ostküste Nicaraguas.

León (Nicaragua), Vizekonsul.
Amtsbezirk: Departements León und Chinandega.

Managua (Nicaragua), Konsul.
Amtsbezirk: Nicaragua mit Ausnahme der den Konsularbehörden in Bluefields, León und Matagalpa zugewiesenen Bezirke.

Matagalpa (Nicaragua), Vizekonsul.
Amtsbezirk: Departements Matagalpa, Esteli, Jinotega und Nueva Segovia.

San Salvador † °, Gesandter, (z. Zt. in Guatemala).

San Salvador (Salvador), Konsul.
Amtsbezirk: El Salvador.

51. In Monaco:

Die deutschen Interessen in Monaco werden durch die deutsche Botschaft in Paris wahrgenommen.

52. In Nicaragua:

(siehe Mittelamerika).

53. In den Niederlanden:

Haag, Gesandter.

Amsterdam * °, Generalkonsul.
Amtsbezirk: Niederlande.

Arnheim, Konsul.
Amtsbezirk: Prov. Gelderland nördlich des Rheins mit Ausnahme des dem Vizekonsulat in Zevenaar zugewiesenen Gebiets.

Groningen, Vizekonsul.
Amtsbezirk: Prov. Groningen.

Harlingen, Vizekonsul.
Amtsbezirk: Nordwestl. Teil der Prov. Friesland (Kantongerichtsbezirke Dokkum, Bergum, Leeuwarden, Sneek, Bolswaard und Harlingen) und Vlieland.

Maastrich * °, Konsul.
Amtsbezirk: Prov. Limburg.

Nymwegen, Konsul.
Amtsbezirk: Prov. Gelderland südlich des Rheins.

Rotterdam * °, Konsul.
Amtsbezirk: Südlicher Teil der Prov. Südholland bis zur Nordgrenze des Arrondissementsgerichtsbezirks Rotterdam, westlicher Teil der Prov. Nord-Brabant (Arrondissementsgerichtsbezirk Breda, Kantongerichtsbezirke Heusden u. Waalwijk und Prov. Zeeland.

Dordrecht, Vizekonsul.
Amtsbezirk: Dordrecht und Zwyndrecht.

Middelburg, Konsul.
Amtsbezirk: Prov. Zeeland.

Ymuiden, Vizekonsul.
Amtsbezirk: Gemeinde Velsen.

Zevenaar, Vizekonsul.
Amtsbezirk: Bezirke der Kantongerichte Doesburg, Terborg und Groenlo sowie die Ortschaften Duiven, Herwen en Aerdt, Pannerden, Westervoort und Zevenaar von dem Kantongericht in Arnheim.

54. In den Niederländischen Besitzungen:

Batavia (Java) (C) * °, Generalkonsul.
Amtsbezirk: Niederländisch Indien. Engerer Amtsbezirk: Residentschaften Batavia, Bantam, Preanger-Regentschaften, Djeribon (auf Java), Palembang, Rio nebst zugehörigen Gebieten, Banka nebst zugehörigen Gebieten, Lampongsche Distrikte (auf Sumatra) und Assistentresidentschaft Billiton.

Makassar (Celebes), Konsul.
Amtsbezirk: Gouvernement Celebes nebst zugehörigen Gebieten, Gouvernement der Molukken, die Residentschaften Menado und Niederländisch Timor nebst zugehörigen Gebieten.

Medan (Sumatra), Konsul.
Amtsbezirk: Gouvernements Sumatra Ostküste und Atjeh nebst zugehörigen Gebieten.

Padang (Sumatra), Konsul.
Amtsbezirk: Residentschaften Sumatra Westküste, Tapanuli und Benkulen.

Samarang (Java), Konsul.
Amtsbezirk: Residentschaften Samarang, Pekalongan, Banjumas, Djokdjakarta, Kedu, Surakarta, Madiun u. Rembang.

Surabaya (Java) (C) * °, Konsul.
Amtsbezirk: Residentschaften Surabaya, Kediri, Passuruan, Besuki (auf Java), Madura, Bali, Lombok und Borneo.

Curaçao, Konsul.
Amtsbezirk: Niederländische Kolonie Curaçao.

Paramaribo, Konsul.
Amtsbezirk: Niederländisch Guayana (Surinam).

55. In Norwegen:

Oslo °, Gesandter.
Amtsbezirk: Norwegen. Engerer Amtsbezirk: Zollbezirk Oslo und Zollstättebezirk Horten.

Aalesund, Vizekonsul.
Amtsbezirk: Zollstättebezirk Aalesund.

Arendal, Konsul.
Amtsbezirk: Zollstättebezirke Arendal, Österrisöer und Tvedestrand.

Bergen * °, Konsul.
Amtsbezirk: Bergen, Hordalandfylke und Sogn og Fjordane fylke.

Bodö (Amt Nordland), Vizekonsul.
Amtsbezirk: Südlicher Teil des Amtes Nordland (die Gerichtsbezirke Salten, Nordre Helgeland u. Söndre Helgeland).

Drammen, Konsul.
Amtsbezirk: Zollstättebezirke Drammen und Holmestrand.

Drontheim, Konsul.
Amtsbezirk: Sör-Tröndelag fylke und Nord-Tröndelag fylke mit Ausschluß des Zollstättebezirks Namsos.

Farsund, Vizekonsul.
Amtsbezirk: Zollstättebez. Farsund.

Flekkefjord, Vizekonsul.
Amtsbezirk: Westlicher Teil der Vest Agder fylke. (Bezirksämter Ovre Sirdal, Tonstad, Fjotland, Bakke, Gyland, Nes, Hidra, Feda und Kvinesdal).

Frederikshald, Vizekonsul.
Amtsbezirk: Zollstättebezirk Frederikshald.

Frederiksstad, Vizekonsul.
Amtsbezirk: Zollstättebezirk Frederiksstad.

Grimstad, Vizekonsul.
Amtsbezirk: Zollstättebezirke Grimstad und Lillesand.

Hammerfest, Konsul.
Amtsbezirk: Zollbezirk Hammerfest.

Haugesund, Vizekonsul.
Amtsbezirk: Zollstättebezirk Haugesund.

Kragerö, Vizekonsul.
Amtsbezirk: Zollstättebezirk Kragerö.

Kristiansand S, Konsul.
Amtsbezirk: Vest Agder fylke mit Ausnahme der Zollstättebezirke Farsund und Mandal und des dem Vizekonsulat in Flekkefjord zugewiesenen Bezirks.

Kristiansund N, Vizekonsul.
Amtsbezirk: Zollstättebezirk Kristiansund.

Larvik, Vizekonsul.
Amtsbezirk: Zollstättebezirk Larvik.

Mandal, Vizekonsul.
Amtsbezirk: Zollstättebezirk Mandal.

Melbo, Vizekonsul.
Amtsbezirk: Gerichtsbezirk Vesteraalen.

Molde, Vizekonsul.
Amtsbezirk: Zollstättebezirk Molde.

Moß, Vizekonsul.
Amtsbezirk: Zollstättebezirk Moß.

Namsos, Vizekonsul.
Amtsbezirk: Zollstättebezirk Namsos.

Narvik, Konsul.
Amtsbezirk: Nördlicher Teil des Nordland fylke (die Gerichtsbezirke Steigen und Lofoten).

Porsgrund, Vizekonsul.
Amtsbezirk: Zollstättebezirk Skien, Porsgrund, Brevik und Langesund.

Sandefjord, Vizekonsul.
Amtsbezirk: Zollstättebezirk Sandefjord.

Sarpsborg, Vizekonsul.
Amtsbezirk: Zollstättebezirk Sarpsborg.

Stavanger, Konsul.
Amtsbezirk: Rogaland fylke mit Ausschluß des Zollstättebezirks Haugesund.

Tönsberg, Vizekonsul.
Amtsbezirk: Zollstättebezirk Tönsberg.

Tromsö, Konsul.
Amtsbezirk: Troms fylke.

Vardö, Vizekonsul.
Amtsbezirk: Zollstättebezirke Vardö, Vadsö und Kirkenes.

56. In Österreich:

Wien (D), Gesandter.
Amtsbezirk: Österreich. Engerer Amtsbezirk: Niederösterreich sowie die politischen Bezirke des Burgenlandes: Eisenstadt, Mattersdorf, Neusiedl und Oberpullendorf.

Graz *, Konsul.
Amtsbezirk: Steiermark sowie die politischen Bezirke des Burgenlandes: Güssing, Jennersdorf und Oberwarth.

Innsbruck *, Konsul.
Amtsbezirk: Tirol und Vorarlberg.

Klagenfurt (C) *, Konsul.
Amtsbezirk: Kärnten.

Linz *, Konsul.
Amtsbezirk: Ober-Österreich.

Salzburg *, Konsul.
Amtsbezirk: Land Salzburg.

57. In Palästina:

(Britisches Mandatsgebiet).

Jerusalem (C) * † °, Generalkonsul.
Amtsbezirk: Palästina.

58. In Panamá:

(Guatemala) † °, Gesandter, siehe auch Mittelamerika.
Amtsbezirk: Panamá.

Bocas del Toro, Konsul.
Amtsbezirk: Provinz Bocas del Toro.

Colón (Aspinwall), Konsul.[1]).
Amtsbezirk: Prov. Colón.

Panamá, Konsul.[2]).
Amtsbezirk: Panamá mit Ausschluß der Prov. Bocas del Toro und Colón.

59. In Paraguay:

Asunción (D) † °, Gesandter.
Amtsbezirk: Paraguay.

Encarnación, Konsul.
Amtsbezirk: Alto Paraná-Gebiet.

60. In Persien:

Teheran (D) □ † °, Gesandter.
Amtsbezirk: Persien. Engerer Amts- und zugleich Gerichtsbezirk: Persien mit Ausschluß des dem Konsulat in Täbris zugewiesenen Gebiets.

Täbris □ * † °, Konsul.
Amts- und Gerichtsbezirk: Provinz Aserbeidschan.

61. In Peru:

Lima (D) † °, Gesandter:
Amtsbezirk: Peru.

Arequipa †, Konsul.
Amtsbezirk: Departement Arequipa mit Ausschluß der Prov. Islay, Departement Puno und Prov. Tarata.

Cajamarca, Konsul.
Amtsbezirk: Departements Cajamarca, Amazonas und San Martin.

Callao, Konsul.
Amtsbezirk: Konstitutionelle Prov. Callao.

---

[1]) Auch zuständig für den Hafen San Cristóbal und den atlant. Teil der Panamakanalzone.

[2]) Auch zuständig für den Hafen Balboa und den pazifischen Teil der Panamakanalzone.

Cuzco, Konsul.
Amtsbezirk: Departements Cuzco, Apurimac und Madre de Dios.

Iquitos, Konsul.
Amtsbezirk: Departement Loreto.

Lima, Konsul.
Amtsbezirk: Departements Lima, Ancash, Huancavelica, Ayacucho, Ica, Huanuco und Junin.

Mollendo, Konsul.
Amtsbezirk: Provinz Islay und Provinzia litoral de Moquegua.

Piura, Konsul.
Amtsbezirk: Departement Piura u. Provinz Tumbes.

Salaverry-Trujillo, Konsul.
Amtsbezirk: Departements Libertad und Lambayque.

62. **In Polen:**

Warschau (D) °, Gesandter.
Amtsbezirk: Polen. Engerer Amtsbezirk: Ehemaliges Kongreßpolen (mit Ausnahme der Wojwodschaft Lodz und der Kreise Czenstochau und Bendzin der Wojwodschaft Kielce) sowie die östlich und nordöstlich davon gelegenen ehemals russischen Gebietsteile.

Kattowitz (C) * °, Generalkonsul.
Amtsbezirk: Wojwodschaft Schlesien sowie die Kreise Czenstochau und Bendzin der Wojwodschaft Kielce; in Paßsachen auch die Starosteien Biala, Oswiecim und Chrzanow der Wojwodschaft Krakau.

Krakau (C) * °, Konsul.
Amtsbezirk: Wojwodschaften Krakau, Lemberg, Stanislau und Tarnopol; in Paßsachen ausschließlich der Starosteien Biala, Oswiecim und Chrzanow der Wojwodschaft Krakau.

Lodz * °, Konsul.
Amtsbezirk: Wojwodschaft Lodz.

Posen (C) * °, Generalkonsul.
Amtsbezirk: Wojwodschaft Posen.

Thorn (C) * °, Konsul.
Amtsbezirk: Wojwodschaft Pommerellen.

63. **In Portugal:**

Lissabon (D) † °, Gesandter.
Amtsbezirk: Portugal.

Angra do Heroismo, Vizekonsul.
Amtsbezirk: Distrikt Angra do Heroismo (Inseln Terceira, Graciosa und St. Jorge).

Coimbra, Konsul.
Amtsbezirk: Distrikt Coimbra.

Funchal †, Konsul.
Amtsbezirk: Insel Madeira.

Ponta Delgada (São Miguel, Azoren), Konsul.
Amtsbezirk: Azoren mit Ausnahme der Inseln Terceira, Graciosa und St. Jorge.

Porto †, Konsul.
Amtsbezirk: Distrikte Aveiro, Braga, Bragança, Guarda, Porto, Vianno do Castello Villa Real und Vizeu.

Ville Nova de Portimão, Vicekonsul.
Amtsbezirk: Distrikt Faro (Algarve).

64. **In den Portugiesischen Besitzungen:**

Bissao, Konsul.
Amtsbezirk: Portugiesisch Guinea.

(Canton, China)*, Generalkonsul.
(Siehe auch unter China).
Amtsbezirk: Portugies. Kolonie Macau.

Loanda * † °, Konsul.
Amtsbezirk: Portugies. Kolonie Angola. Engerer Amtsbezirk: Distrikte Loanda, Lunda und Congo.

Lobito, Konsul.
Amtsbezirk: Prov. Benguella.

Lourenço Marques (C) * † °, Konsul.
Amtsbezirk: Kolonie Moçambique.

Beira, Konsul.
Amtsbezirk: Gebiet der Companhia Moçambique und Distrikt Tete.

Moçambique-Ort, Konsul[1]).
Amtsbezirk: Distrikte Moçambique und Quelimane.

Margão, Konsul.
Amtsbezirk: Goa.

65. **In Rumänien:**

Bukarest (D) † °, Gesandter.
Amtsbezirk: Rumänien. Engerer Amtsbezirk: Distrikte Ilfov, Prahova, Buzau, Mehedinti, Gorj, Dolj, Romanati, Valcea, Argeş, Olt, Muscel, Teleorman Dambovita und Vlaşca.

Czernowitz (Cernauti) * °, Konsul.
Amtsbezirk: Distrikte Cernauţi, Suceava, Campulung, Radauţi, Storojineţ, Dorohoi, Botoşani, Falticeni, Jaşi, Roman, Neamţ, Hotin, Soroca, Valţi, Orhei und Lapuşna.

Kischineff (Chişinau), Vizekonsul.
Amtsbezirk: Distrikt Lapuşna.

Galatz (Galati) * † °, Konsul.
Distrikte: Vaslui, Bacau, Falciu, Totuva, Putna, Jalomita, Tecuci, Covurlui, Braila, Tulcea, Constanţa, Ismail, Caliacra, Cetatea, Alba, Durostor, Ramnicu Sarat, Thigina und Cahul.

[1]) Siehe Anmerkung S. 307.

Kronstadt (Brașov) * °, Konsul.
Amtsbezirk: Distrikte Maramureș, Nasaud, Cluj, Someș, Mureș, Ciuc, Turda, Odorheiu, Târnava Mică, Târnava Mare, Alba, Trei Scaune, Sibiu, Făgăraș und Brașov.

Klausenburg (Cluj), Konsul.
Amtsbezirk: Distrikte Cluj, Turda, Somes, Nasaud und Maramures.

Ploesti, Konsul.
Amtsbezirk: Distrikt Prahova.

Temesvar (Timisoara) * °, Konsul.
Amtsbezirk: Distrikte Timis-Torontal, Caras-Severin, Arad, Hunedoara, Bihor, Salaj und Satu Mare.

66. In Rußland:

(Union der sozialistischen Sowjetrepubliken).

Moskau (D) † °, Botschafter.
Amtsbezirk: Rußland.

Leningrad * † °, (Petersburg; Postanschrift nur Leningrad) (C) Generalkonsul.
Amtsbezirk: Stadt Leningrad, Gouvernements Leningrad, Pskow, Nowgorod, Tscherjepowjetz, Wologda, Archangelsk, Nord-Dwinks, Murmansk sowie Gebiet der Karelischen Arbeitskommune und autonomes Gebiet Komi (Syrjan).

Nowosibirsk (C) * † °, Konsul.
Amtsbezirk: autonome sozialistische Sowjetrepubliken der Burjäten und Mongolen, der Kirgisen, der Jakuten, autonomes Gebiet der Oiraten; Gouvernements Altai, Jenissei, Irkutsk, Nowosibirsk, Omsk und Tomsk; ferner das Uralgebiet (ehemalige Gouvernements Tjumen, Tobolsk und Tscheljabinsk).

Wladiowstok * † °, Konsul.
Amtsbezirk: Gouvernements Amur, Sabaikalien, Kamtschatka, Primorsk einschließlich des nördlichen Teils der Insel Sachalin.

Charkow (Ukraine) (C) * † °, Generalkonsul.
Amtsbezirk: Urkraine. Engerer Amtsbezirk: Gouvernements Charkow, Donjez, Jekaterinoslaw und Poltawa.

Kiew * † °, Konsul.
Amtsbezirk: Gouvernements Kiew, Wolhynien, Podolien und Tschernigow.

Odessa * † °, Konsul.
Amtsbezirk: Gouvernements Odessa und Krim-Republik.

Tiflis (Transkaukasien: Armenien, Aserbeidschan, Georgien) (C) * † °, Generalkonsul.
Amtsbezirk: Transkaukasien.

67. In Salvador:

(s. Mittelamerika).

68. In Schweden:

Stockholm °, Gesandter.
Amtsbezirk: Schweden. Engerer Amtsbezirk: Prov. Stockholm und Prov. Upsala (mit Ausnahme der Härads Orbyhus und Oland).

Åhus, Vizekonsul.
Amtsbezirk: Stadt und Hafen Åhus.

Gefle, Konsul.
Amtsbezirk: Vogtei Gestrikland der Prov. Gefle und von der Prov. Upsala die Härads Orbyhus und Oland; ferner die Vogteien Kopparberg und Näsgard der Prov. Stora Koppaberg.

Gotenburg * °, Konsul.
Amtsbezirk: Göteborgs- und Bohus-Län, Elfsborg-Län, Jönköpings-Län und der nördliche Teil der Prov. Halland bis zur Südgrenze des Härad Himble.

Halmstad, Vizekonsul.
Amtsbezirk: Südlicher Teil der Prov. Halland bis zur Nordgrenze des Härad Faurås.

Helsingborg, Konsul.
Amtsbezirk: Von der Prov. Malmö das Härad Luggude und die Härads Norra- und Södra-Asbo und Bjäre der Prov. Christianstad.

Hernösand, Konsul.
Amtsbezirk: Prov. Westernorrland mit Ausnahme der Vogtei Medelpad.

Hudiksvall, Vizekonsul.
Amtsbezirk: Nördliche Vogtei Helsingland der Prov. Gefleborg.

Kalmar, Konsul.
Amtsbezirk: Prov. Kalmar mit Ausschluß der den Vizekonsulaten in Oskarshamn und Westerwik zugewiesenen Gebiete und Prov. Kronoberg mit Ausnahme des Sunnerbo-Härad.

Karlshamn, Vizekonsul.
Amtsbezirk: Westlich des Wieryds-Ån gelegener Teil der Prov. Bleking und von der Prov. Christianstad die Vogtei Willands.

Karlskrona, Konsul.
Amtsbezirk: Östlich des Wieryds-Ån gelegener Teil der Prov. Bleking.

Landskrona, Vizekonsul.
Amtsbezirk: Von der Prov. Malmö die Härads Harjager und Rönneberg.

Luleå, Konsul.
Amtsbezirk: Prov. Norbotten mit Ausnahme der Vogtei Piteå.

Malmö, Konsul.
Amtsbezirk: Küste der Prov. Malmö zwischen den Flüssen Lodde-å und Hoerte-å.

Norrköping, Konsul.
Amtsbezirk: Prov. Östergötland.

Nyköping, Vizekonsul.
Amtsbezirk: Prov. Södermanland.

Oskarshamn, Vizekonsul.
Amtsbezirk: Küste des Zollkammerbezirkes Oskarshamn mit Ausnahme von Mönsterås.

Piteå, Vizekonsul.
Amtsbezirk: Vogtei Piteå.

Skellefteå, Vizekonsul.
Amtsbezirk: Nördliche Vogtei der Prov. Westerbotten.

Söderhamn, Konsul.
Amtsbezirk: Südliche Vogtei Helsingland der Prov. Gefleborg.

Sundsvall, Konsul.
Amtsbezirk: Vogtei Medelpad der Prov. Westernorrland.

Umeå, Vizekonsul.
Amtsbezirk: Südliche Vogtei der Prov. Westerbotten.

Westerwik, Vizekonsul.
Amtsbezirk: Zollkammerbezirk Westerwik.

Wisby, Konsul.
Amtsbezirk: Insel Gotland.

Ystad, Vizekonsul.
Amtsbezirk: Vogteien Jerrestad und Ingelstad der Prov. Christianstad und von der Prov. Malmö die Küste westlich bis zum Hoerte-å.

69. In der Schweiz:

Bern (D), Gesandter.
Amtsbezirk: Schweiz und Fürstentum Liechtenstein. Engerer Amtsbezirk: Kantone Bern und Freiburg.

Zürich (C) *, Generalkonsul.
Amtsbezirk: Schweiz und Fürstentum Liechtenstein. Engerer Amtsbezirk: Kantone Zürich, Schaffhausen, Glarus, Graubünden, Schwyz, Zug, Unterwalden, Uri und Tessin, sowie Fürstentum Liechtenstein.

Basel (C) *, Konsul.
Amtsbezirk: Kantone Basel Stadt, Basel Land, Solothurn, Aargau und Luzern.

Davos, Konsul.
Amtsbezirk: Kanton Graubünden.

Genf (C) *, Konsul.
Amtsbezirk: Kantone Genf, Waadt, Wallis und Neuenburg.

Lugano, Konsul.
Amtsbezirk: Kanton Tessin.

St. Gallen *, Konsul.
Amtsbezirk: Kantone St. Gallen, Thurgau und Appenzell.

70. Im Königreich der Serben, Kroaten und Slowenen:

Belgrad (D) † °, Gesandter.
Amtsbezirk: Königreich der Serben, Kroaten und Slowenen. Engerer Amtsbezirk: Gebiete des früheren Königreichs Serbien einschließlich Sandschak Novibazar, der Wojwodina (Batschka, Banat und Baranya) sowie der den Regierungsbezirk Srem umfassende Teil Slawoniens.

Sarajevo * † °, Konsul.
Amtsbezirk: Die bisher zu Bosnien, der Herzegowina, Dalmatien und Montenegro gehörenden Gebiete des Königreichs der Serben, Kroaten und Slowenen.

Split, Vizekonsul.
Amtsbezirk: Oblast Split.

Zagreb (Agram) * °, Konsul.
Amtsbezirk: Die bisher zu Slowenien und Kroatien gehörenden Gebiete sowie der den Regierungsbezirk Osijek (Esseg) umfassende Teil Slawoniens.

71. In Siam:

Madrid (D) †, Gesandter.
Amtsbezirk: Siam.

72. In Spanien:

Madrid (D) †, Gesandter.
Amtsbezirk: Spanien mit den Balearen, den spanischen Besitzungen im Golf von Guinea und Kolonie Rio de Oro. Engerer Amtsbezirk: Provinzen Madrid, Toledo, Cuenca, Guadalajara, Segovia, Ciudad Real und Cáceres.

Barcelona * † °, Generalkonsul.
Amtsbezirk: Spanien mit den Balearen, den spanischen Besitzungen im Golf von Guinea und Kolonie Rio de Oro. Engerer Amtsbezirk: Prov. Barcelona und Lérida.

Alicante, Konsul.
Amtsbezirk: Prov. Alicante (mit Ausnahme des Gerichtsbezirkes — partido judicial — Denia) und Albacete.

Almeria, Vizekonsul.
Amtsbezirk: Prov. Almeria.

Bilbao †, Konsul.
Amtsbezirk: Prov. Vizcaja, Burgos, Soria und Logroño.

Cádiz, Konsul.
Amtsbezirk: Prov. Cádiz.

Cartagena, Konsul.
Amtsbezirk: Prov. Murcia.

Coruña (La), Konsul.
Amtsbezirk: Prov. La. Coruña.

Corcubión, Vizekonsul.
Amtsbezirk: Stadtbezirk Corcubión.

Gijón, Konsul.
Amtsbezirk: Prov. Oviedo und León.

Granada, Vizekonsul.
Amtsbezirk: Prov. Jaén und Granada.

Huelva, Konsul.
Amtsbezirk: Prov. Huelva.

Las Palmas †, Konsul.
Amtsbezirk: Insel Gran Canaria und Kolonie Rio de Oro.

Mahón, Konsul.
Amtsbezirk: Insel Menorca.

Málaga †, Konsul.
Amtsbezirk: Prov. Málaga und Córdoba.

Palma de Mallorca, Konsul.
Amtsbezirk: Insel Mallorca.

San Feliú de Guixols, Vizekonsul.
Amtsbezirk: Prov. Gerona.

San Sebastián, Konsul.
Amtsbezirk: Prov. Alava, Guipúzcoa und Navarra.

Santa Cruz de Tenerife †, Konsul.
Amtsbezirk: Canarische Inseln außer Gran Canaria.

Santander, Konsul.
Amtsbezirk: Prov. Santander und Palencia.

Saragossa, Konsul.
Amtsbezirk: Prov. Saragossa und Huesca.

Sevilla * † °, Konsul.
Amtsbezirk: Prov. Sevilla, Badajoz, Almeria, Granada, Jaén, Málaga, Córdoba, Cadiz und Huelva.

Tarragona, Vizekonsul.
Amtsbezirk: Prov. Tarragona.

Valencia, Konsul.
Amtsbezirk: Prov. Valencia, Castellón und Teruel, die Inseln Ibiza und Formentera sowie der zur Prov. Alicante gehörige Gerichtsbezirk (partido judicial) Denia.

Valladolid, Vizekonsul.
Amtsbezirk: Prov. Valladolid, Salamanca, Avila und Zamora.

Vigo, Konsul.
Amtsbezirk: Prov. Pontevedra und Orense.

Vivero, Vizekonsul.
Amtsbezirk: Prov. Lugo.

73. In den Spanischen Besitzungen:

Santa Isabel †, Konsul.
Amtsbezirk: Insel Fernando Po und die spanischen Besitzungen im Golf von Guinea (die Inseln und das sogenannte Munigebiet auf dem Festland).

74. In Syrien und Libanon:

(Französisches Mandatsgebiet)
[umfassend die Vereinigten Staaten von Syrien (Staaten Damaskus und Aleppo), Staat Groß-Libanon mit Beirut, Staat der Alauiten und den selbständigen Bezirk Alexandrette].

Beirut (C) * † °, Konsul.
Amtsbezirk: Syrien und Libanon.

75. In Transkaukasien:

(s. Rußland; Transkaukasien).

76. In der Tschechoslowakei:

Prag (D) °, Gesandter.
Amtsbezirk: Tschechoslowakei.

Brünn *, Konsul.
Amtsbezirk: Mähren und Schlesien.

Kaschau *, Konsul.
Amtsbezirk: Ostslowakei (Zupanat Kaschau) und Karpathorußland (Ungvar, Munkacs und Seveljus).

Pilsen *, Konsul.
Amtsbezirk: Handelskammerbezirke Pilsen und Budweis.

Preßburg *, Konsul.
Amtsbezirk: West- und Mittelslowakei (Zupanate Preßburg, Neutra, Turc. Sv. Martin, Zvolen, Lipt Sv. Mikulas).

Reichenberg *, Konsul.
Amtsbezirk: Handelskammerbez. Reichenberg.

77. In der Türkei:

Angora-Konstantinopel (D) † °, (Postanschrift nur Konstantinopel), Botschafter.
Amtsbezirk: Türkei. Engerer Amtsbezirk: **Vilajets** Adrianopel (Edirne), Kirklar-Ili, Rodosto (Tekir-Dagh)), Konstantinopel (Stambul), Tschanak-Kale, Brussa, Ismid (Kodja-Ili), Biledjik (Ertogrul), Eski-Schehir Bolu, Sunguldak, Angora, Tschankri, Kastamuni, Tschorum, Kir-Schehir und Josgad (Bos-Ojük).

Smyrna (C) * † °, Generalkonsul.
Amtsbezirk: Vilajets Smyrna (Ismid), Karassi (Balikessir), Kutahia, Saruchan (Magnissa), Aidin, Mentesche (Mugla), Denizli, Burdur, Afiun-Karahissar, Isparta, Adalia (Antalia), Konia, Akserail, Itsch-Ili (Selefke), Nigde, Kaissari, Mer-

sina, Adana, Djebel-Bereket (Osmanie), Marasch, Gasi-Aintab, Malatia, Urfa, Mamuret-el-Asis, Diarbekir, Mardin, Serd und Hakkiari.

Trapezunt (C) * † °, Konsul.
Amtsbezirk: noch nicht festgesetzt.

78. In der Ukraine:

(siehe Rußland: Ukraine).

79. In Ungarn:

Budapest (D), Gesandter.
Amtsbezirk: Ungarn.

80. In Uruguay:

Montevideo (Germadiplo) °, Gesandter.
Amtsbezirk: Uruguay.

Rocha, Vizekonsul.
Amtsbezirk: Departements Rocha, Maldonado und Treinta y Tres.

Salto, Vizekonsul.
Amtsbezirk: Departement Salto.

81. Im Vatikan:

Rom (Vatikan) (Germanova), Botschafter.

82. In Venezuela:

Carácas (D), Gesandter.

Carácas, Konsul.
Amtsbezirk: Bundesbezirk und Staat Miranda mit Ausschluß der Meeresküste von beiden bis zum Kamme der Küstenkordilleren; ferner die Staaten Aragua und Guarico, letzterer jedoch mit Ausschluß der Ufer des Orinoko u. Apure.

Ciudad Bolivar, Konsul.
Amtsbezirk: Staaten Bolivar, Monagas, Apure und Zamora sowie die südlichen an den Orinoko grenzenden Distrikte des Staates Anzoátegui: Independencia (Soledad), Miranda (El Pao) und Monagas (San Diego) und vom Staate Guarico die Uferstrecken am Orinoko und Apure, ferner die Bundesterritorien Delta Amacuro und Amazonas.

La Guayra, Konsul.
Amtsbezirk: Die Meeresküste des Bundesbezirkes und des Staates Miranda bis zum Kamme der Küstenkordilleren; die Staaten Nueva Esparta, Sucre und Anzoátegui, letzterer mit Ausschluß der südlichen an den Orinoko stoßenden Distrikte: Independencia (Soledad), Miranda (El Pao) und Monagas (San Diego).

Maracaibo, Konsul.
Amtsbezirk: Staaten Zulia, Falcón (mit Ausschluß des Bezirkes Silva), Trujillo und Merida (mit Ausschluß des Bezirkes Tovar).

Puerto Cabello, Konsul.
Amtsbezirk: die Meeresküste des Staates Carabobo, Staaten Lara und Yaracuy sowie Bezirk Silva des Staates Falcón.

San Cristóbal, Konsul.
Amtsbezirk: Staat Táchira und Bezirk Tovar des Staates Merida.

Valencia, Konsul.
Amtsbezirk: Staaten Carabobo (mit Ausnahme der Meeresküste), Cojedes und Portuguesa.

83. In den Vereinigten Staaten von Amerika:

Washington (D), Botschafter.

Atlanta * °, Konsul.[1])
Amtsbezirk: Staaten Alabama, Florida, Georgia, Nord- und Süd Carolina.

Boston (Massachusetts) (C) * °, Konsul.
Amtsbezirk: Staaten Maine, New Hampshire, Massachusetts, Vermont u. Rhode-Island.

Chicago (C) * °, Generalkonsul.
Amtsbezirk: Staaten Illinois, Jowa, Nebraska, Wisconsin, Minnesota, Nord- und Süd Dakota.

Cleveland (Ohio) * °, Konsul.
Amtsbezirk: Staaten Ohio, Michigan, Indiana und West Virginia.

Cincinnati, Konsul.
Amtsbezirk: Staaten Ohio (mit Ausnahme der Stadt Cleveland) und West Virginia.

New Orleans (Louisiana) * °, Konsul.
Amtsbezirk: Staaten Louisiana, Mississippi, Texas, Alabama, Florida, Georgia, Tennessee, Nord- und Süd Carolina.

Charleston (Süd Carolina), Konsul.
Amtsbezirk: Staaten Nord- uno Süd Carolina.

Galveston (Texas), Konsul.
Amtsbezirk: Gebiet des Staates Texas, das östlich bezw. südlich der Grafschaften Grayson, Collin, Rockwall, Kaufman, Henderson, Freestone, Leon, Madison, Grimes, Montgomery, Harris, Brazoria, Matagorda, Jackson, Victoria, Refugio, San Patricio, Nueces liegt, mit Einschluß dieser Grafschaften.

Jacksonville (Florida), Konsul.
Amtsbezirk: Der östlich und südlich vom Suwannee River liegende Teil des Staates Florida.

[1]) Das Konsulat wird voraussichtlich gegen Ende 1927 eröffnet werden; alsdann scheiden die Staaten seines Amtsbezirks aus dem Bezirk des Konsulats in New Orleans aus.

Mobile (Alabama), Konsul. (Von Kons. Pensacola mitverwaltet).
Amtsbezirk: Staat Alabama.

Pensacola (Florida), Konsul.
Amtsbezirk: Staat Florida mit Ausnahme des dem Konsulat in Jacksonville zugewiesenen Teiles.

San Antonio (Texas), Konsul.
Amtsbezirk: Gebiet des Staates Texas, das westlich bzw. nördlich bzw. südlich der Grafschaften Grayson, Collin, Rockwall, Kaufman, Henderson, Freestone, Leon, Madison, Grimes, Montgomery, Harris, Brazoria, Matagorda, Jackson, Victoria, Refugio, San Patricio, Nueces liegt, mit Ausschluß dieser Grafschaften.

Savannah (Georgia), Konsul.
Amtsbezirk: Staat Georgia.

New York (C) * °, Generalkonsul.
Amtsbezirk: Staaten Connecticut, New Jersey, New York, Maryland und der Distrikt Columbia, Virginia, Pennsylvanien und Delaware.

Baltimore (Maryland), Konsul.
Amtsbezirk: Staaten Delaware, Maryland und Distrikt Columbia.

Buffalo (NY), Konsul.[1])
Amtsbezirk: Grafschaften Erie, Niagara, Orleans, Monroe, Wayne, Seneca, Ontario, Yates, Livingston, Genesee, Wyoming, Chautauqua, Catharaugus, Alleghany u. Steuben des Staates New York.

Newport News-Norfolk (Virginia), Vizekonsul.
Amtsbezirk: Newport News, Portsmouth und Norfolk.

Pittsburgh (Pennsylvanien), Vizekonsul.
Amtsbezirk: Grafschaften Erie, Warren, McKean, Crawford, Forrest, Elk, Cameron, Mercer, Venango, Clarion, Jefferson, Clearfield, Lawrence, Butler, Armstrong, Indiana, Cambria, Blair, Beaver, Alleghany, Westmoreland, Washington, Greene, Fayette, Somerset und Bedford des Staates Pennsylvanien.

San Francisko (Kalifornien) (C) * °, Generalkonsul.
Amtsbezirk: Staaten California, Nevada, Utah, Arizona, Colorado u. New Mexiko.

Denver, Konsul.
Amtsbezirk: Staat Colorado.

Los Angeles (Kalifornien), Konsul.
Amtsbezirk: Grafschaften San Luis Obispo, Kern, Santa Barbara, Ventura, Los Angeles, San Bernardino, Orange, Riverside, San Diego und Imperial des Staates Kalifornien.

Seattle (C) * °, Konsul.
Amtsbezirk: Staaten Washington, Oregon, Idaho, Montana, Wyoming und Territorium Alaska.

Portland (Oregon), Konsul.
Amtsbezirk: Staat Oregon.

St. Louis (Missouri) (C) * °, Konsul.
Amtsbezirk: Staaten Missouri, Kansas, Oklahoma, Arkansas u. Kentucky.

84. **In den Besitzungen der Vereinigten Staaten von Amerika:**

Aguadilla (Porto Rico), Vizekonsul.
Amtsbezirk: Distrikt Aguadilla.

Manila * † °, Konsul.
Amtsbezirk: Philippinen, Insel Guam der Ladronengruppe und Gruppe der Suluinseln.

San Juan (Porto Rico), Konsul.
Amtsbezirk: Insel Porto Rico mit Ausnahme des Distrikts Aguadilla.

85. **In Zanzibar:**

(siehe Britisches Reich unter b: Mombasa).

[1]) Siehe Anmerkung S. 307.

Zu dem vorstehenden Verzeichnis wird bemerkt, daß zur Stellung von Anträgen auf Zustellung von Schriftstücken gemäß Artikel 1 des Haager Abkommens über den Zivilprozeß vom 17. Juli 1905 (RGBl. 1909 S. 409), Artikel 8 des deutsch-bulgarischen Vertrages über den Rechtsverkehr vom 22. Dezember 1926 (RGBl. 1927 II S. 416) und Artikel 2 des deutsch-russischen Abkommens über Rechtshilfe in bürgerlichen Angelegenheiten vom 12. Oktober 1925 (RGBl. 1926 II S. 84) nur die Berufskonsuln, nicht auch die Wahlkonsuln ermächtigt sind (vgl. die Anlage zu § 7 Abs. 3 der AV. vom 16. Juni 1910 — JMBl. S. 189 — in der Fassung der AV. vom 29. Juli 1922 — JMBl. S. 288 —).

B. Behörden des Auslandes, mit denen unmittelbar verkehrt werden darf.

a) Bulgarien.

Сѫдебни учреждения въ Царство България

Die Justizbehörden des Königreichs Bulgarien

Върховенъ касационенъ сѫдъ въ София

Kassationshof in Sofia

Апелативенъ сѫдъ въ София — Appellationsgericht in Sofia

Окр. сѫдилища Gerichte erster Instanz	Мирови сѫдилища Friedensrichter	Сѫдии-следователи Untersuchungsrichter	Сѫдии-изпълнители Vollstreckungsrichter
Видинъ съ две отдѣления и нотариусъ **Vidin**	I Видинъ — Vidin II » — » Кула — Kula Бѣлоградчикъ — Belogradtschik	I Видинъ — Vidin II » — »	I Видинъ — Vidin II » — » Кула — Kula Бѣлоградчикъ — Belogradtschik
Врацa съ две отдѣления и нотариусъ **Vratza**	I Враца — Vratza II » — » Бѣла Слатина — Bela Slatina Берковица — Berkovitza Мездра — Mezdra Габаре — Gabare Койнаре — Koïnare	I Враца — Vratza II » — »	I Враца — Vratza II » — » Берковица — Berkovitza Бѣла Слатина — Bela Slatina
Гор. Джумая съ едно отдѣление и нотариусъ **Gorna Djumaya**	Горна Джумая — Gorna Djumaya Петричъ — Petritsch Свети Врачъ — Sveti Vratsch	Горна Джумая — Gorna Djumaya	Петричъ — Petritsch Горна Джумая — Gorna Djumaya
Кюстендилъ съ две отдѣления и нотариусъ **Küstendil**	I Кюстендилъ — Küstendil II » — » I Дупница — Dupnitza II » — » I Радомиръ — Radomir II » — » Трекляно — Trekliano Бобошево — Boboschevo	Кюстендилъ — Küstendil Дупница — Dupnitza	Кюстендилъ — Küstendil Дупница — Dupnitza Радомиръ — Radomir
Ломъ съ едно отдѣление и нотариусъ **Lom**	I Ломъ — Lom II » — » I Фердинандъ — Ferdinand II » — »	Ломъ — Lom Фердинандъ — Ferdinand	I Ломъ — Lom II » — » Фердинандъ — Ferdinand
Орѣхово съ едно отдѣление и нотариусъ **Orechovo**	I Орѣхово — Orechovo II » — » Кнежа — Kneja	Орѣхово — Orechovo	I Орѣхово — Orechovo Кнежа — Kneja
София съ осемь отдѣления и петима нотариуси **Sofia**	I София — Sofia II » — » III » — » IV » — » V » — » VI » — » VII » — » Самоковъ — Samokov I Новоселци — Novoseltzi II » — » Пирдопъ — Pirdop Етрополе — Etropole Орхание — Orhanie Своге — Svoge Долна Баня — Dolna Banya Сливница — Slivnitza Годечъ — Godetsch Ихтиманъ — Ihtiman Перникъ — Pernik	I София — Sofia II » — » III » — » IV » — » V » — » VI » — » VII » — » VIII » — » IX » — »	I София — Sofia II » — » III » — » IV » — » V » — » VI » — » VII » — » VIII » — » IX » — » Сливница — Slivnitza Самоковъ — Samokov Орхание — Orhanie Пирдопъ — Pirdop Новоселци — Novoseltzi Годечъ — Godetsch Ихтиманъ — Ihtiman
Трънъ съ едно отдѣление безъ нотариусъ **Trin**	Трънъ — Trin Брѣзникъ — Breznik	Трънъ — Trin	Трънъ — Trin Брѣзникъ — Breznik

Апелативенъ сѫдъ въ Русе — Appellationsgericht in Russe

Окр. сѫдилища Gerichte erster Instanz	Мирови сѫдилища Friedensrichter	Сѫдии-следователи Untersuchungsrichter	Сѫдии изпълнители Vollstreckungsrichter
Варна съ две отдѣления и нотариусъ **Varna**	I Варна — Varna II „ — „ Провадия — Provadia Ново Село — Novo Selo Козлуджа — Kozludja	I Варна — Varna II „ — „ Провадия — Provadia	I Варна — Varna II „ — „ Провадия — Provadia
Ловечъ съ едно отдѣление и нотариусъ **Lovetsch**	I Ловечъ — Lovetsch II „ — „ Тетевенъ — Tetevene Троянъ — Trojan	Ловечъ — Lovetsch	Ловечъ — Lovetsch Тетевенъ — Tetevene Троянъ — Trojan
Плѣвенъ съ три отдѣления и нотариусъ **Pleven**	I Плѣвенъ — Pleven II „ — „ III „ — „ Луковитъ — Lukovit Никополъ — Nikopol Червенъ Брѣгъ — Tscherveni Breg	I Плѣвенъ — Pleven II „ — „	I Плѣвенъ — Pleven II „ — „ Луковитъ — Lukovit Никополъ — Nikopol
Разградъ съ едно отдѣление безъ нотариусъ **Razgrad**	I Разградъ — Razgrad II „ — „ Кеманларъ — Kemanlar	Разградъ — Razgrad	Разградъ — Razgrad Кеманларъ — Kemanlar
Русе съ две отдѣления и двама нотариуси **Russe**	I Русе — Russe II „ — „ Бѣла — Bela Балбунаръ — Balbunar Две Могили — Dve Mogili	I Русе — Russe II „ — „	I Русе — Russe II „ — „ Бѣла — Bela Балбунаръ — Balbunar
Свищовъ съ едно отдѣление и нотариусъ **Svischtov**	I Свищовъ — Svischtov II „ — „	Свищовъ — Svischtov	Свищовъ — Svischtov
Севлиево съ едно отдѣление и нотариусъ **Sevlievo**	Севлиево — Sevlievo Сухиндолъ — Suhiudo Габрово — Gabrovo	Севлиево — Sevlievo	Севлиево — Sevlievo Габрово — Gabrovo
Търново съ две отдѣления и нотариусъ **Tirnovo**	I Търново — Tirnovo II „ — „ Елена — Elena Г. Орѣховица — Gorna Orehovitzo Трѣвна — Trevna Дрѣново — Drenovo Павликени — Pavlikeni Стражица — Strajitza	I Търново — Tirnovo II „ — „ Г. Орѣховица — Gorna Orchovitza	Търново — Tirnovo Г. Орѣховица — Gorna Orehovitza Дрѣново — Drenovo Елена — Elena Павликени — Pavlikeni
Шуменъ съ две отдѣления и нотариусъ **Schumen**	Шуменъ — Schumen Ески Джумая — Eski Djumaya Османъ-Пазаръ — Osman-Pazar Нови Пазаръ — Novi Pazar Попово — Popovo Прѣславъ — Preslav	I Шуменъ — Schumen II „ — „ III Ески Джумая — Eski Djumaya	Шуменъ — Schumen Преславъ — Preslav Ески Джумая — Eski Djamaya Осм. Пазаръ — Osman Pazar Нови Пазаръ — Novi Pazar Попово — Popovo

Апелативенъ сѫдъ въ Пловдивъ — Appellationsgericht in Plovdiv

Окр. сѫдилища (Gerichte erster Instanz	Мирови сѫдилища Friedensrichter	Сѫдии-следователи Untersuchungsrichter	Сѫдии-изпълнители Vollstreckungsrichter
Бургазъ съ три отдѣления и нотариусъ **Burgas**	I Бургазъ — Burgas II » — » I Карнобатъ — Karnobat II » — » Айтосъ — Aïtos Анхиало — Anhialo Кара-Бунаръ — Kara-Bunar Созополъ — Sozopol Малко Търново — Malko Tirnovo	Бургазъ — Burgas Айтосъ — Aïtos	I Бургасъ — Burgas II » — » Карнобатъ — Karnobat Айтосъ — Aïtos Анхиало — Anhialo
Кърджали съ едно отдѣление безъ нотариусъ **Kirdjali**	Кърджали — Kirdjali Орта-Кьой — Orta-Kjöi Егри-Дере — Egri-Dere Дари-Дере — Dara-Dere Кошу-Кавакъ — Koschu-Kavak	Кърджали — Kirdjali	Кърджали — Kirdjali Кошу-Кавакъ — Koschu-Kavak
Неврокопъ съ едно отдѣление безъ нотариусъ **Nevrokop**	Неврокопъ — Nevrokop Разлогъ — Razlog	Неврокопъ — Nevrokop	Неврокопъ — Nevrokop
Пашмакли съ едно отдѣление безъ нотариусъ **Paschmakly**	Пашмакли — Paschmakly Дьовленъ — Deuvlen	Пашмакли — Paschmakly	Пашмакли — Paschmakly
Пловдивъ съ четири отдѣл. и двама нотариуси **Plovdiv**	I Пловдивъ — Plovdiv II » — » III » — » Голѣмо Конаре — Golemo Konare I Станимака — Stanimaka II » — » I Карлово — Karlovo II » — » Брѣзово — Brezovo Чепеларе — Tschepelare Перущица — Peruschtitza Ст.-Ново-Село—Staro-Novo-Selo	I Пловдивъ — Plovdiv II » — » III » — » Станимака — Stanimaka	I Пловдивр — Plovdiv II » — » III » — » Станимака — Stanimaka Карлово — Karlovo Брѣзово — Brezovo
Сливенъ съ едно отдѣление и нотариусъ **Sliven**	I Сливенъ — Sliven II » — » Котелъ — Kotel	Сливенъ — Sliven	I Сливенъ -- Sliven II » — »
Стара Загора съ две отдѣления и нотариусъ **Stara Zagora**	I Стара Загора -- Stara Zagora II » » — » » I Нова Загора — Nova Zagora II » » — » » I Чирпанъ — Tschirpan II » — » I Казанлъкъ — Kazanlik II » — » с. Гълъбово — Galabovo	I Стара Загора — Stara Zagora II » » — » »	I Стара Загора — Stara Zagora I » » — » » Казанлъкъ — Kazanlik Нова Загора — Nova Zagora Чирпанъ — Tschirpau
Татаръ-Пазарджикъ съ две отдѣления и нотариусъ **Pazardjik**	I Т.-Пазарджикъ— Pazardjik II » — » Панагюрище — Panaghurischte Пещера — Peschtera Вѣтренъ — Vetren Лѫджене — Ladjene	I Т.-т.-Пазарджикъ — Pazardjik II » » — » III » » — »	I Т.-Пазарджикъ — Pazardjik II » — » Пещера — Peschtera Панагюрнще — Panaghurischte
Хасково съ две отдѣления и нотариусъ **Haskovo**	I Хасково — Haskovo II » — » Харманлий — Harmanli Търн.-Сейменъ—Tirnovo-Seimen Борисовградъ — Borissovgrad Свиленградъ — Svilengrad Кн. Борисово — Kniaz Borissovo	Хасково -- Haskovo Харманлий — Harmanli	Хасково — Haskovo Борисовградъ — Borissovgrad Харманлий — Harmanli Търн.-Сейменъ—Tirnovo-Seimen
Ямболъ съ две отдѣления и нотариусъ **Yambol**	I Ямболъ — Yambol II » — » Кавакляй — Kavakly Елхово — Elhovo Пашакьой — Pascha-Kjöi	Ямболъ — Yambol Елхово — Elhovo	Ямболъ — Yambol Елхово — Elhovo

СПИСЪКЪ
на върховнитѣ административни сѫдилища въ Царство България съ седалище гр. София

Върховенъ административенъ сѫдъ.

Verzeichnis
der obersten bulgarischen Verwaltungsgerichte mit dem Sitz in Sofia

Das Oberverwaltungsgericht.

СПИСЪКЪ
на българскитѣ най-високи и по-високи административни учреждения съ седалище гр. София

1. Канцелария на Българския Царски дворъ.
2. Канцелария на Народното събрание.
3. Канцелария на Министерския съветъ.
4. Върховна смѣтна палата.
5. Министерство на външнитѣ работи и изповѣданията.
6. Св. Синодъ на Българската църква.
7. Министерство на вѫтрешнитѣ работи и народното здраве.
8. Дирекция на полицията.
9. Главна дирекция на народното здраве.
10. Министерство на народното просвѣщение.
11. Държавенъ университетъ въ София.
12. Министерство на финанситѣ.
13. Дирекция на държавнитѣ дългове.
14. Българска народна банка.
15. Българска земледѣлска банка.
16. Българска централна кооперативна банка.
17. Министерство на правосѫдието.
18. Министерство на войната.
19. Министерство на търговията, промишленостьта и труда.
20. Главна дирекция на статистиката.
21. Министерство на земледѣлието и държавнитѣ имоти.
22. Дирекция на трудовитѣ земледѣлски стопанства.
23. Министерство на общественитѣ сгради, пѫтищата и благоустройството.
24. Главна дирекция на пѫтищата, благоустройството и сградитѣ.
25. Министерство на желѣзницитѣ, пощитѣ и телеграфитѣ.
26. Главна дирекция на желѣзницитѣ и пристанищата.
27. Главна дирекция на пощитѣ, телеграфитѣ и телефонитѣ.
28. Дирекция на въздухоплаването.

Verzeichnis
der obersten und höheren bulgarischen Verwaltungsbehörden mit dem Sitz in Sofia

1. Die Hofkanzlei Seiner Majestät des Königs der Bulgaren.
2. Die Kanzlei der Nationalversammlung.
3. Die Kanzlei des Ministerrats.
4. Der Oberrechnungshof.
5. Das Ministerium der auswärtigen Angelegenheiten und des Kultus.
6. Der Heilige Synod der Bulgarischen Kirche.
7. Das Ministerium des Innern und des öffentlichen Gesundheitswesens.
8. Die Polizeidirektion.
9. Die Generaldirektion des öffentlichen Gesundheitswesens.
10. Das Ministerium des öffentlichen Unterrichtswesens.
11. Die Staatsuniversität.
12. Das Finanzministerium.
13. Die Direktion der Staatsschulden.
14. Die Bulgarische Nationalbank.
15. Die Bulgarische Landwirtschaftsbank.
16. Die Bulgarische Zentralgenossenschaftsbank.
17. Das Justizministerium.
18. Das Kriegsministerium.
19. Das Ministerium für Handel, Industrie und Arbeit.
20. Die Statistische Generaldirektion.
21. Das Ministerium für Landwirtschaft und Staatsdomänen.
22. Die Direktion der Dienstpflicht auf den Staatsgütern.
23. Das Ministerium der öffentlichen Arbeiten.
24. Die Generaldirektion der öffentlichen Arbeiten.
25. Das Ministerium für Eisenbahnen, Post und Telegraphie.
26. Die Generaldirektion der Eisenbahnen und Häfen.
27. Die Generaldirektion der Post, Telegraphie und Telephonie.
28. Die Direktion des Luftfahrwesens.

b) Dänemark.

1. Magistrat der Stadt Kopenhagen in Kopenhagen;
2. Dänisches Justizministerium in Kopenhagen;
3. Amtmänner befinden sich in
Aalborg, Aarhus, Viborg, Bornholm, Frederiksburg, Hjörring, Holback, Maribo, Odense, Praestö, Randers, Ribe, Ringjöbing, Sorö, Svendborg, Thisted, Veile. Abenraa, Haderesleb, Sönderborg, Tönder in Neu-Dänemark.

c) Danzig.

Außer dem Amtsgericht Danzig gehören noch der Freien Stadt Danzig an die Amtsgerichte: Neuteich, Schönebeck, Tiegenhof, Zoppot.

d) Luxemburg.

Es gehören:

a) zum Gerichtsbezirk Luxemburg die Kantone:
Capellen, Esch a. d. Alzette (Esch s. A.), Grevenmacher, Luxemburg-Stadt (Luxemburg-ville), Luxemburg-Land (Luxemburg-c.), Mersch, Remich,

b) zum Gerichtsbezirk Diekirch die Kantone:
Clerf (Clervaux), Diekirch, Echternach, Redingen, Vianden, Wiltz.

e) Memelgebiet.

Amtsgerichte:

Heydekrug, Memel, Prokuls, Ruhs, Wischwill.

f) Sitz und Bezirk der Staatsanwälte in den Niederlanden.

(Verzeichnis aus dem JMBl. 1899 S. 251).

Alkmaar (Kantone: Alkmaar, Helder, Hoorn, Medemblik, Schagen).
Almelo (Kantone: Almelo, Enschede, Goor).
Amsterdam (Kantone: Amsterdam I—IV, Hilversum).
Arnhem (Kantone: Arnhem, Doesburg, Elst, Nijmegen, Terborgh, Wageningen).
Assen (Kantone: Assen, Emmen, Hoogeveen, Meppel).
Breda (Kantone: Bergen-op-Zoom, Breda, Oosterhout, Tilburg, Zevenbergen).
Dordrecht (Kantone: Dordrecht, Gorinchem, Oud-Beijerland, Ridderkerk, Sliedrecht).
Groningen (Kantone: Appingedam, Groningen, Onderdendam, Zuidhorn).
Haag (Kantone: Alphen, Delft, Haag, Leiden).
Haarlem (Kantone: Haarlem, Haarlemmermeer, Purmerend, Zaandam).
Heerenveen (Kantone: Beetsterzwaag, Heerenveen, Lemmer, Steenwijk).
Herzogenbusch (Kantone: Boxmeer, Eindhoven, Herzogenbusch, Heusden, Oirschot, Oß, Veghel, Waalwijk).
Leeuwarden (Kantone: Bergum, Berlikum, Bolsward, Dokkum, Harlingen, Leeuwarden, Sneek).
Maastricht (Kantone: Hulpen, Maastricht, Sittard).
Middelburg (Kantone: Goes, Hulst, Middelburg, Oostburg, Terneuzen).
Roermond (Kantone: Helmond, Roermond, Venlo, Weert).
Rotterdam (Kantone: Brielle, Gouda, Rotterdam I—III, Schiedam, Schoonhoven, Sommelsdijk).
Tiel (Kantone: Truten, Geldermalsen, Tiel, Vianen, Zalt-Bommel).
Utrecht (Kantone: Amersfoort, Breukelen-Nijenrode, Utrecht, Wijkbij-Duurstede, Woerden).
Winschoten (Kantone: Winschoten, Zuidbroek).

Zierikzee (Kantone: Tholen, Zierikzee).
Zutphen (Kantone: Apeldoorn, Deventer, Groenlo, Zutphen).
Zwolle (Kantone: Harderwijk, Kampen, Ommen, Zwolle).

g) Verzeichnis der österreichischen Gerichte.

I.

Oberlandesgericht Wien.

Niederösterreich und Burgenland.

1. Landesgericht Wien für Zivilrechtssachen,
2. Landesgericht Wien für Strafsachen Wien I,
3. Landesgericht Wien für Strafsachen Wien II,
4. Handelsgericht Wien.

Bezirksgerichte Wien:

Bezirksgericht Innere Stadt, Leopoldstadt, Landstraße, Margarethen, Neubau, Josefstadt, Favoriten, Meidling, Hietzing, Fünfhaus, Ottakring, Hernals, Währing, Döbling, Floridsdorf.

Bezirksgericht für Handelssachen, Exekutionsgericht, Jugendgericht, Strafbezirksgericht I, Gewerbegericht.

Bezirksgericht des Landesgerichtssprengels Wien in Niederösterreich:

Bezirksgericht Bruck a. d. Leitha, Hainburg, Klosterneuburg, Liesing, Möbling, Purkersdorf, Schwechat.

Bezirksgerichte des Landesgerichtssprengels Wien im Burgenlande:

Bezirksgericht Eisenstadt, Güssing, Jennersdorf, Mattersdorf, Neusiedl am See, Oberpullendorf, Oberwarth.

Kreisgericht Korneuburg

mit den Bezirksgerichten Groß-Enzersdorf, Haugsdorf, Korneuburg, Laa, Marchegg, Matzen, Mistelbach, Oberhollabrunn, Poysdorf, Ravelsbach, Retz, Stockerau, Wolkersdorf, Zistersdorf.

Kreisgericht Krems

mit den Bezirksgerichten Allentsteig, Dobersberg, Eggenburg, Geras, Gföhl, Gmünd, Groß-Gerungs, Horn, Kirchberg am Wagram, Krems, Langenlois, Litschau, Ottenschlag, Persenbeug, Pöggstall, Raabs, Schrems, Spitz, Waidhofen a. d. Thaya, Weitra, Zwettl.

Kreisgericht Wr. Neustadt

mit den Bezirksgerichten Aspang, Baden, Ebreichsdorf, Gloggnitz, Gutenstein, Kirchschlag, Neunkirchen, Pottenstein, Wr. Neustadt.

Kreisgericht St. Pölten

mit den Bezirksgerichten Amstetten, Atzenbrugg, Gaming, Haag, Hainfeld, Herzogenburg, Kirchberg a. d. Pielach, Lilienfeld, Mank, Melk, Neulenzbach, St. Peter i. d. Au, St. Pölten, Scheibbs, Tulln, Waidhofen a. d. Ybbs, Ybbs.

Oberösterreich.

Landesgericht Linz

mit den Bezirksgerichten Aigen, St. Florian, Freistadt, Grein, Lembach, Leonfelden, Linz, Mauthausen, Neufelden, Ottensheim, Perg, Prägarten, Rohrbach, Unter-Weißenbach, Urfahr.

Kreisgericht Ried im Innkreis

mit den Bezirksgerichten Braunau am Inn, Engelhartszell, Mattighofen, Mauerkirchen, Obernberg am Inn, Raab in O.-Ö., Ried im Innkreis, Schärding, Wildshut.

Kreisgericht Steyr

mit den Bezirksgerichten Enns, Grünburg, Kirchdorf a. d. Krems, Kremsmünster, Neuhofen a. d. Krems, Steyr, Weyer, Windischgarsten.

Kreisgericht Wels

mit den Bezirksgerichten Eferding, Frankenmarkt, Gmunden, Grieskirchen, Haag am Hausruck, Bad Ischl, Lambach, Mondsee, Peuerbach, Schwanenstadt, Vöcklabruck, Wels.

Salzburg.

Landesgericht Salzburg

mit den Bezirksgerichten Abtenau, Gastein (Hofgastein), St. Gilgen, Hallein, Salzburg, St. Johann i. P., Mattsee, St. Michael, Mittersill, Neumarkt bei Salzburg, Oberndorf, Radstadt, Saalfelden, Tamsweg, Taxenbach, Thalgau, Werfen, Zell am See.

II.

Oberlandesgericht Graz.

Steiermark.

Landesgericht für Zivilrechtssachen und Landesgericht für Strafsachen in Graz

mit den Bezirksgerichten Arnfels, Birkfeld, Deutschlandsberg, Eibiswald, Fehring, Feldbach, Friedberg, Frohnleiten, Fürstenfeld, Gleisdorf, Graz für Zivilrechtssachen, Graz für Strafsachen, Umgebung Graz in Graz, Hartberg, Kirchbach, Leibnitz, Mureck, Pöllau, Radkersburg, Stainz, Voitsberg, Vorau, Weiz, Wildon.

Kreisgericht Leoben

mit den Bezirksgerichten Bad Aussee, Bruck a. d. Mur, Eisenerz, Gröbming, Irdning, Judenburg, Kindberg, Knittelfeld, Liezen, Leoben, Maria Zell, Murau, Mürzzuschlag, Neumarkt i. Steiermark, Oberwölz, Oberzeiring, Rottenmann, St. Gallen, Schladming.

Kärnten.

Landesgericht Klagenfurt

mit den Bezirksgerichten Althofen, Bleiburg, Eberndorf, Eberstein, Eisenkappel, Feldkirchen, Ferlach, Friesach, Gmünd in Kärnten, Greifenburg, Gurk, Hermagor, Klagenfurt, Kötschach, Millstatt, Obervellach, Paternion, Rosegg, St. Leonhard i. K., St. Paul, St. Veit a. d. Glan, Spittal a. d. Drau, Villach, Völkermarkt, Winklern, Wolfsberg.

III.

Oberlandesgericht Innsbruck.

Tirol.

Landesgericht Innsbruck

mit den Bezirksgerichten Hall, Hopfgarten, Imst, Innsbruck, Kitzbühel, Kufstein, Landeck, Lienz, Matrei in Osttirol, Rattenberg, Reutte, Ried in Tirol, Schwaz, Sillian, Silz, Steinach, Telfs, Zell am Ziller.

Vorarlberg.

Landesgericht Feldkirch

mit den Bezirksgerichten Bezau, Bludenz, Bregenz, Dornbirn, Feldkirch, Schruns-Montafon.

h) Polen.

1. Verzeichnis der Gerichte der Republik Polen.*)

(Art. 9, 21 des Vertrags über den Rechtsverkehr.)

Sąd Najwyższy (Oberstes Gericht): **Warszawa** Warschau.

I. Sąd Apelacyjny (Oberlandesgericht): Katowice Kattowitz.

1. Sąd Okręgowy (Landgericht):

Cieszyn	Teschen
Sąd Powiatowy (Amtsgericht):	
Bielsko	Bielitz
Cieszyn	Teschen
Skoczów	Skotschau
Strumień	Schwarzwasser

2. Sąd Okręgowy (Landgericht):

Katowice	Kattowitz
Sąd Powiatowy (Amtsgericht):	
Katowice	Kattowitz
Królewska Huta	Königshütte
Lubliniec	Lublinitz
Mikolów	Nikolai
Myslowice	Myslowitz
Pszczyna	Pleß
Ruda Śląska	Ruda
Rybnik	Rybnik
Tarnowskie Góry	Tarnowitz
Wodzislaw Śląski	Loslau
Żory	Sohrau

II. Sąd Apelacyjny (Oberlandesgericht): Kraków Krakau.

1. Sąd Okręgowy (Landgericht):

Jaslo	Jaslo
Sąd Powiatowy (Amtsgericht):	
Biecz	Biecz
Brzostek	Brzostek
Dukla	Dukla
Gorlice	Gorlice
Jasło	Jaslo
Krosno	Krosno
Żmigród	Zmigrod

2. Sąd Okręgowy (Landgericht):

Kraków	Krakau
Sąd Powiatowy (Amtsgericht):	
Bochnia	Bochnia
Brzesko	Brzesko
Chrzanów	Chrzanow
Dobczyce	Dobczyce
Jaworzno	Jaworzno
Kraków	Krakau
Krzeszowice	Krzescowice
Liszki	Liszki
Niepołomice	Niepolomice
Podgórze	Podgorz
Radłów	Radlow
Skawina	Skawina
Wieliczka	Wieliczka
Wiśnicz k. Bochni	Wisnicz
Wojnicz	Wojnicz
Zakliczyn n. Dunajcem	Zakliczyn

3. Sąd Okręgowy (Landgericht):

Nowy Sącz	Neu-Sandec
Sąd Powiatowy (Amtsgericht):	
Ciężkowice	Cienzkowice
Grybów	Grybow
Limanowa	Limanowa
Mszana Dolna	Mszana Dolna
Muszyna	Muszyna
Nowy Sącz	Neu-Sandec
Nowy Targ	Neumarkt
Stary Sącz	Alt-Sandec

4. Sąd Okręgowy (Landgericht):

Rzeszów	Rzeszow
Sąd Powiatowy (Amtsgericht):	
Głogów	Glogow
Kolbuszowa	Kolbuszowa
Leżajsk	Lezajsk
Łańcut	Lancut
Nisko	Nisko
Przeworsk	Przeworsk
Rozwadów	Rozwadow
Rzeszów	Rzeszow
Sokołów k. Rzeszowa	Sokolow
Strzyżów n. Wisłokiem	Strzyzow
Tarnobrzeg	Tarnobrzeg
Tyczyn	Tyczyn
Ulanów	Ulanow

5. Sąd Okręgowy (Landgericht):

Tarnów	Tarnow
Sąd Powiatowy (Amtsgericht):	
Dąbrowa k. Tarnowa	Dombrowa
Dębica	Dembica
Mielec	Mielec
Pilzno	Pilzno
Radomyśl Wielki	Radomysl Wielki

*) Den im Rechtshilfeverkehr anzuwendenden amtlichen polnischen Bezeichnungen der Gerichte und Ortsnamen sind zur Aufklärung der deutschen Gerichtsbehörden die entsprechenden deutschen Bezeichnungen beigefügt.

Ropczyce	Ropczyce
Tarnów	Tarnow
Tuchów	Tuchow
Żabno k. Tarnowa	Zabno

6. Sąd Okręgowy (Landgericht):

Wadowice	Wadowice

Sąd Powiatowy (Amtsgericht):

Andrychów	Andrichau
Biała	Biala
Jordanów	Jordanow
Kalwarja	Kalwarja
Kęty	Kenty
Maków Małopolski	Makow
Milówka	Milowka
Myślenice	Myslenice
Oświęcim	Auschwitz
Sucha k. Żywca	Sucha
Wadowice	Wadowice
Zator	Zator
Żywiec	Saybusch

III. Sąd Apelacyjny (Oberlandesgericht): Lublin Lublin.

1. Sąd Okręgowy (Landgericht):

Kielce	Kielce

Sąd Pokoju (Amtsgericht):

Bodzentyn	Bodzentyn
Busk Kielecki	Busk
Chęciny	Chenciny
Chmielnik	Chmielnik
Daleszyce p. Kielce	Daleszyce
Jędrzejów *Okręg**) *I*	Jendrzejow, Amtsb. I
„ *Okręg II*	Jendrzejow, Amtsb. II
„ *Okręg III*	Jendrzejow, Amtsb. III
Kazimierza Wielka *Okręg I*	Kazimierza Wielka, Amtsb. I
Kazimierza Wielka *Okręg II*	Kazimierza Wielka, Amtsb. II
Kielce *Okręg I*	Kielce, Amtsb. I
„ *Okręg II*	„ Amtsb. II
Miechów *Okręg I*	Miechow, Amtsb. I
„ *Okręg II*	„ Amtsb. II
Pińczów	Pinczow
Promnik	Promnik
Proszowice	Proszowice
Słomniki	Slomniki
Stopnica	Stopnica
Szczekociny	Szczekociny
Szydłów	Szydlow
Włoszczowa *Okręg I*	Wloszczowa, Amtsb. I
„ *Okręg II*	Wloszczowa, Amtsb. II

2. Sąd Okręgowy (Landgericht):

Lublin	Lublin

Sąd Pokoju (Amtsgericht):

Bełżyce	Belzyce
Bychawa	Bychawa
Chełm Lubelski	Cholm
Janów Lubelski	Janow
Kazimierz n. Wislą	Kazimierz a. d. Weichsel
Kraśnik	Krasnik
Krasnystaw	Krasnystaw
Kurów	Kurow
Lubartów	Lubartow
Lublin *Okręg I*	Lublin, Amtsb. I
„ *Okręg II*	„ Amtsb. II
„ *Okręg III*	„ Amtsb. III
„ *Sad dla nieletnich* **)	
Lublin-Tatary	Lublin-Tatary
Opole	Opole
Puławy	Pulawy
Rury p. Lublin	Rury
Siedliszcze Lubelskie	Siedliszcze

3. Sąd Okręgowy (Landgericht):

Łuck	Luzk

Sąd Pokoju (Amtsgericht):

Horochów	Horochow
Kamień Koszyrski	Kamin-Koszyrski
Kiwerce	Kiwerce
Kowel	Kowel
Luboml	Luboml
Łokacze	Lokacze
Łuck	Luzk
Ołyka	Olyka
Poryck	Poryck
Ratno	Ratno
Rózyszcze	Rozyszcze
Włodzimierz Wołyński	Wlodzimierz

4. Sąd Okręgowy (Landgericht):

Równe Wołyńskie	Rowno

Sąd Pokoju (Amtsgericht):

Berezno	Berezno
Dąbrowica	Dombrowiza
Dubno	Dubno
Kostopol	Kostopol
Krzemieniec	Krzemieniec
Mizocz	Mizocz
Ostróg Wołyński	Ostrog
Poczajów	Poczajow
Równe Wołyńskie	Rowno
Sarny	Sarni
Włodzimierzec	Wlodzimierzec
Zdołbunowo	Zdolbunowo
Żukowce	Zukowce

*) Gerichtsbezirk.
**) Strafgericht für Jugendliche.

5. Sąd Okręgowy (Landgericht):

Radom	Radom
Sąd Pokoju (Amtsgericht):	
Białobrzegi	Bialobrzegi
Drzewica	Drzewica
Iłża	Ilza
Kamienna p. Skarżysko	Kamienna
Klimontów	Klimontow
Końskie *Okręg I*	Konsk, Amtsb. I
„ *Okręg II*	„ Amtsb. II
Kozienice	Kozienice
Lipsko Radomskie	Lipsko
Łagów	Lagow
Magnuszew	Magnuszew
Opatów Kielecki	Opatow
Opoczno	Opoczno
Ostrowiec	Ostrowiec
Ożarów Radomski	Ozarow
Przedbórz	Przedborz
Przytyk	Przytyk
Radom	Radom
Sandomierz	Sandomierz
Sienno Kieleckie	Sienno
Staszów	Staszow
Szydłowiec	Szydlowiec
Wierzbnik	Wierzbnik
Zwoleń	Zwolen
Żarnów	Zarnow

6. Sąd Okręgowy (Landgericht):

Zamość	Zamosz
Sąd Pokoju (Amtsgericht):	
Biłgoraj	Bilgoraj
Hrubieszów	Hrubieszow
Komarów	Komarow
Łaszczów	Laszczow
Szczebrzeszyn	Szczebrzeszyn
Tarnogród	Tarnogrod
Tomaszów Lubelski	Tomaszow
Zamość *Okręg I*	Zamosz, Amtsb. I
„ *Okręg II*	„ Amtsb. I
Zwierzyniec Lubelski	Zwierzyniec

IV. Sąd Apelacyjny (Oberlandesgericht): Lwów Lemberg.

1. Sąd Okręgowy (Landgericht):

Brzeżany	Brzezany
Sąd Powiatowy	(Amtsgericht):
Brzeżany	Brzezany
Bursztyn	Bursztyn
Chodorów	Chodorow
Kozowa	Kozowa
Podhajce	Podhajce
Przemyślany	Przemyslany
Rohatyn	Rohatyn

2. Sąd Okręgowy (Landgericht):

Czortków	Czortkow
Sąd Powiatowy	(Amtsgericht):
Borszczów	Borszczow
Budzanów k. Trembowli	Budzanow
Czortków	Czortkow
Kopyczyńce	Kopyczynce
Mielnica	Mielnica
Tłuste	Tluste
Zaleszczyki	Zaleszczyki

3. Sąd Okręgowy (Landgericht):

Kolomyja	Kolomea
Sąd Powiatowy (Amtsgericht):	
Gwoździec	Gwozdziec
Horodenka	Horodenka
Jabłonów k. Kołomyi	Jablonow
Kołomyja	Kolomea
Kosów k. Kołomyi	Kosow
Kuty	Kuty
Obertyn	Obertyn
Peczyniżyn	Peczynizyn
Śniatyn	Sniatyn
Zabłotów	Zablotow
Żabie	Zabie

4. Sąd Okręgowy (Landgericht):

Lwów	Lemberg
Sąd Powiatowy (Amtsgericht):	
Belz	Belz
Bóbrka	Bobrka
Cieszanów	Cieszanow
Gródek Jagielloński	Grodek Jagiellonski
Kulików	Kulikow
Lwów *Sekcja I cywilna dla miasta* *)	Lemberg I
„ *Sekcja II dla powiatu* **)	„ II
„ *Sekcja III karna* ***)	„ III
Lubaczów	Lubaczow
Mosty Wielkie	Mosty Wielkie
Niemirów	Niemirow
Rawa Ruska	Rawa Ruska
Sokal	Sokal
Szczerzec k. Lwowa	Szczerzec
Uhnów	Uhnow
Winniki	Winniki
Żółkiew	Zolkiew

*) Abteilung I Zivilsachen Stadt.
**) Abteilung II Zivilsachen Land.
***) Abteilung III Strafsachen.

5. Sąd Okręgowy (Landgericht):

Przemyśl	Przemysl

Sąd Powiatowy (Amtsgericht):

Dobromil	Dobromil
Dubiecko	Dubiecko
Jarosław	Jaroslau
Jaworów	Jaworow
Krakowiec	Krakowiec
Mościska	Mosciska
Niżankowice	Nizankowice
Pruchnik	Pruchnik
Przemyśl	Przemysl
Radymno	Radymno
Sądowa Wisznia	Sadowa-Wisznia
Sieniawa	Sieniawa

6. Sąd Okręgowy (Landgericht):

Sambor	Sambor

Sąd Powiatowy (Amtsgericht):

Borynia	Borunia
Drohobycz	Drohobycz
Komarno	Komarno
Podbuż	Podbuz
Rudki	Rudki
Sambor	Sambor
Stary Sambor	Alt-Sambor
Turka n. Stryjem	Turka a. Stryj

7. Sąd Okręgowy (Landgericht):

Sanok	Sanok

Sąd Powiatowy (Amtsgericht):

Baligród	Baligrod
Bircza	Bircza
Brzozów	Brzozow
Bukowsko	Bukowsko
Dynów	Dynow
Lisko	Lisko
Lutowiska	Lutowiska
Rymanów	Rymanow
Sanok	Sanok
Ustrzyki Dolne	Ustrzyki Dolne

8. Sąd Okręgowy (Landgericht):

Stanisławów	Stanislau

Sąd Powiatowy (Amtsgericht):

Bohorodczany	Bohorodczany
Buczacz	Buczacz
Delatyn	Delatyn
Halicz	Halicz
Kałusz	Kalusz
Monasterzyska	Monasterzyska
Nadwórna	Nadworna
Ottynia	Ottynia
Potok Złoty k. Buczacza	Potok Zloty
Sołotwina	Solotwina
Stanisławów	Stanislau
Tłumacz	Tlumacz
Tyśmienica	Tysmienica

9. Sąd Okręgowy (Landgericht):

Stryj	Stryj

Sąd Powiatowy (Amtsgericht):

Bolechów	Bolechow
Dolina	Dolina
Medenice	Medenice
Mikołajów	Mikolajow
Różniatów	Rozniatow
Skole	Skole
Stryj	Stryj
Żurawno	Zurawno
Żydaczów	Zydaczow

10. Sąd Okręgowy (Landgericht)

Tarnopol	Tarnopol

Sąd Powiatowy (Amtsgericht):

Grzymałów	Grzymalow
Mikulińce	Mikulince
Nowesioło k. Podwołoczysk	Nowesiolo
Podwołoczyska	Podwoloczyska
Skałat	Skalat
Tarnopol	Tarnopol
Trembowla	Trembowla
Zbaraż	Zbaraz

11. Sąd Okręgowy (Landgericht):

Złoczów	Zloczow

Sąd Powiatowy (Amtsgericht):

Brody	Brody
Busk k. Lwowa	Busk
Gliniany	Gliniany
Kamionka Strumiłowa	Kamionka Strumilowa
Łopatyn	Lopatyn
Olesko	Olesko
Podkamień k. Brodów	Podkamien
Radziechów	Radziechow
Zborów	Zborow
Złoczów	Zloczow

V. Sąd Apelacyjny (Oberlandesgericht): Poznań Posen.

1. Sąd Okręgowy (Landgericht):

Bydgoszcz	Bromberg

Sąd Powiatowy (Amtsgericht):

Bydgoszcz	Bromberg
Inowrocław	Hohensalza
Kcynia	Exin
Koronowo	Crone a. d. Brahe
Łabiszyn	Labischin
Łobżenica	Lobsens
Margonin	Margonin
Nakło	Nakel (Netze)

Strzelno	Strelno
Szubin	Schubin
Wyrzysk	Wirsitz
Żnin	Znin

2. Sąd Okręgowy (Landgericht):

Gniezno	Gnesen

Sąd Powiatowy (Amtsgericht):

Gniezno	Gnesen
Mogilno	Mogilno
Trzemeszno	Tremessen
Wągrówiec	Wongrowitz
Witkowo	Witkowo
Września	Wreschen

3. Sąd Okręgowy (Landgericht):

Leszno	Lissa

Sąd Powiatowy (Amtsgericht):

Bojanowo Poznańskie	Bojanowo
Gostyń	Gostyn
Jutrosin	Jutroschin
Kościan	Kosten
Leszno	Lissa
Rawicz	Rawitsch
Śmigiel	Schmiegel
Wolsztyn	Wollstein

4. Sąd Okręgowy (Landgericht):

Ostrów Poznański	Ostrowo

Sąd Powiatowy (Amtsgericht):

Jarocin Poznańki	Jarotschin
Kępno	Kempen
Koźmin	Koschmin
Krotoszyn	Krotoschin
Odolanów	Adelnau
Ostrów Poznański	Ostrowo
Ostrzeszów	Schildberg
Pleszew	Pleschen

5. Sąd Okręgowy (Landgericht):

Poznań	Posen

Sąd Powiatowy (Amtsgericht):

Chodzież	Kolmar
Czarnków	Czarnikau
Grodzisk Poznański	Grätz
Międzychód n. Wartą	Birnbaum a. d. Warthe
Nowy Tomyśl	Neutomischel
Oborniki	Obornik
Pniewy	Pinne
Pobiedziska	Pudewitz
Poznań	Posen
Rogoźno n. Wełną	Rogasen
Szamotuły	Samter
Śrem	Schrimm
Środa	Schroda
Wieleń	Filehne
Wronki	Wronke
Zbąszyń	Bentschen

VI. Sąd Apelacyjny (Oberlandesgericht): Toruń Thorn.

1. Sąd Okręgowy (Landgericht):

Chojnice	Konitz

Sąd Powiatowy (Amtsgericht):

Chojnice	Konitz
Czersk	Czersk
Kościerzyna	Berent
Sępolno	Zempelburg
Tuchola	Tuchel
Więcbork	Vandsburg

2. Sąd Okręgowy (Landgericht):

Grudziądz	Graudenz

Sąd Powiatowy (Amtsgericht):

Gniew	Mewe
Grudziądz	Graudenz
Nowe	Neuenburg
Świecie n. Wisłą	Schwetz

3. Sąd Okręgowy (Landgericht):

Starogard	Stargard

Sąd Powiatowy (Amtsgericht):

Kartuzy	Karthaus
Puck	Putzig
Skarszewy	Schöneck
Starogard	Stargard
Tczew	Dirschau
Wejherowo	Neustadt (b. Rheda)

4. Sąd Okręgowy (Landgericht):

Toruń	Thorn

Sąd Powiatowy (Amtsgericht):

Brodnica n. Drwęcą	Strasburg
Chełmno	Culm
Chełmża	Culmsee
Działdowo	Soldau
Gołub	Gollub
Lidzbark	Lautenburg
Lubawa	Löbau
Nowe Miasto n. Drwęcą	Neumark
Toruń	Thorn
Wąbrzeżno	Briesen b. Schönsee

VII. Sąd Apelacyjny (Oberlandesgericht): Warszawa Warschau.

1. Sąd Okręgowy (Landgericht):

Biała	Biala
Sąd Pokoju (Amtsgericht):	
Biała Podlaska	Biala
Janów Podlaski	Janow
Łosice	Losice
Międzyrzec	Miedzyrzec
Parczew	Parczew
Piszczac	Piszczac
Radzyń Podlaski	Radzyn
Włodawa	Wlodawa

2. Sąd Okręgowy (Landgericht):

Białystok	Bialystok
Sąd Pokoju (Amtsgericht):	
Białowieża	Bialowieza
Białystok *Okręg I*	Bialystok, Amtsbezirk I
„ *Okręg II*	Bialystok, Amtsbezirk II
„ *Okręg III*	Bialystok, Amtsbezirk III
„ *Okręg IV*	Bialystok, Amtsbezirk IV
Bielsk Podlaski	Bielsk
Ciechanowiec	Ciechanowiec
Knyszyn	Knyszyn
Siemiatycze	Siemiatycze
Sokółka *Okręg I*	Sokolka, Amtsbezirk I
„ *Okręg II*	Sokolka, Amtsbezirk II

3. Sąd Okręgowy (Landgericht):

Kalisz	Kalisch
Sąd Pokoju (Amtsgericht):	
Błaszki	Blaszki
Dąbie n. Nerem	Dombie a. Ner
Kalisz *Okręg I*	Kalisch, Amtsb. I
„ *Okręg II*	„ Amtsb. II
Kleczew	Kleczew
Koło	Kolo
Konin *Okręg I*	Konin, Amtsb. I
„ *Okręg II*	„ Amtsb. II
Osiaków	Osjakow
Praszka	Praszka
Sieradz *Okręg I*	Sieradz, Amtsb. I
„ *Okręg II*	„ Amtsb. II
Słupca	Slupca
Turek	Turek
Tyniec p. Kalisz	Tyniec
Uniejów	Uniejow
Warta	Warta
Wieluń	Wielun
Zagórów	Zagorow
Zduńska Wola	Zdunska Wola
Złoczew Kaliski	Zloczew

4. Sąd Okręgowy (Landgericht):

Łomża	Lomza
Sąd Pokoju (Amtsgericht):	
Czerwin	Czerwin
Czyżew	Czyzew
Grajewo	Grajewo
Kolno	Kolno
Łomża	Lomza
Myszyniec	Myszyniec
Ostrołęka	Ostrolenka
Ostrów Łomżyński *Okręg I*	Ostrow, Amtsb. I
„ „ *Okręg II*	„ Amtsb. II
Poręba n. Bugiem	Poremba a. Bug
Rajgród	Rajgrod
Rutki-Kossaki	Rutki
Sokoły	Sokoly
Stawiski	Stawiski
Szczuczyn	Szczuczyn
Śniadowo	Snjadowo
Wysokie Mazowieckie	Wysokie
Zambrów	Zambrow

5. Sąd Okręgowy (Landgericht):

Łódż	Lodz
Sąd Pokoju (Amtsgericht):	
Brzeziny Łódzkie	Brzeziny
Konstantynów n. Nerem	Konstantinow
Łask	Lask
Łęczyca	Lenczyca
Łodź *Okręg I*	Lodz, Amtsb. I
„ *Okręg II*	„ Amtsb. II
„ *Okręg III*	„ Amtsb. III
„ *Okręg IV*	„ Amtsb. IV
„ *Okręg V*	„ Amtsb. V
„ *Okręg VI*	„ Amtsb. VI
„ *Okręg VII*	„ Amtsb. VII
„ *Okręg VIII*	„ Amtsb. VIII
„ *Okręg IX*	„ Amtsb. IX
„ *Okręg X*	„ Amtsb. X
„ *Sad dla nieletnich*)*	„
„ *Sad dla spraw o lichwe wojenna**)*	„
Ozorków	Ozorko
Pabjanice	Pabjanize
Poddębice	Poddembice
Stryków Łódzki	Strykow
Tuszyn	Tuszyn
Widawa	Widawa
Zgierz	Zgierz

6. Sąd Okręgowy (Landgericht):

Mlawa	Mlawa
Sąd Pokoju (Amtsgericht):	
Chorzele	Chorzele
Ciechanów Mazowiecki	Chiechanow

*) Strafgericht für Jugendliche.
**) Kriegswuchergericht.

Kuczbork	Kuczbork
Maków n. Orzycem	Makow
Mława	Mlawa
Nasielsk	Nasielsk
Przasnyśz	Przasnysz
Pułtusk	Pultusk
Różan	Rozan
Wyszków	Wyszkow

7. Sąd Okręgowy (Landgericht):

Piotrków	Petrikau
Sąd Pokoju (Amtsgericht):	
Bełchatów	Belchatow
Częstochowa *Okręg I*	Czenstochau, Amtsbezirk I
„ *Okręg II*	Czenstochau, Amtsbezirk II
„ *Okręg III*	Czenstochau, Amtsbezirk III
Kłobuck	Klobuck
Kłomnice	Klomnice
Krzepice	Krzepice
Piotrków Trybunalski	Petrikau
Radomsk *Miasto* *)	Radomsk, Amtsbezirk I Stadt
„ *Okolica* **)	Radomsk, Amtsbezirk II Land
Rawa Mazowiecka	Rawa
Sulejów	Sulejow
Tomaszów Rawski	Tomaszow

8. Sąd Okręgowy (Landgericht):

Płock	Plozk
Sąd Pokoju (Amtsgericht):	
Bieżuń	Biezun
Drobin	Drobin
Gostynin	Gostynin
Płock *Okręg I*	Plozk, Amtsb. I
„ *Okręg II*	„ Amtsb. II
Płońsk *Okręg I*	Plonsk, Amtsb. I
„ *Okręg II*	„ Amtsb. II
Rypin *Okręg I*	Rypin, Amtsb. I
„ *Okręg II*	„ Amtsb. II
Sierpc	Sierpc
Wyszogród	Wyszogrod

9. Sąd Okręgowy (Landgericht):

Siedlce	Siedlce
Sąd Pokoju (Amtsgericht):	
Garwolin	Garwolin
Grębków p. Kałuszyn	Grembkow
Kossów	Kossow
Łuków *Okręg I*	Lukow, Amtsb. I
„ *Okręg II*	„ Amtsb. II
Maciejowice	Maciejowice
Mordy	Mordy
Siedlce *Okręg I*	Siedlce, Amtsb. I
Siedlce *Okręg II*	Siedlce, Amtsb. II
Skrzeszew p. Sokołów	Skrzeszewice
Sobienie-Jeziory	Sobienie-Jeziory
Sokołów Podlaski	Sokolow
Stoczek Węgrowski	Stoczek
Węgrów	Wengrowo
Wiszniów p. Domanice	Wisznlow
Żelechów	Zelechow

10. Sąd Okręgowy (Landgericht):

Sosnowiec	Sosnowice
Sąd Pokoju (Amtsgericht):	
Będzin	Bendzin
Dąbrowa górnicza	Dombrowa
Olkusz	Olkusz
Pilica	Pilica
Siewierz	Siewierz
Skała p. Ojcowem	Skala
Sosnowiec	Sosnowice, Amtsbez. I, II, II
„ *Sąd Pokoju dla spraw o lichwę wojenną* ***)	Sosnowice
Wolbrom	Wolbrom
Zawiercie	Zawiercie
Żarki	Zarki

11. Sąd Okręgowy (Landgericht):

Suwałki	Suwalki
Sąd Pokoju (Amtsgericht):	
Augustów	Augustow
Sejny	Sejny
Sopoćkinie	Soposkinie
Suwałki *Okręg I*	Suwalki, Amtsb.
„ *Okręg II*	„ Amtsb. II

12. Sąd Okręgowy (Landgericht):

Warszawa	Warschau
Sąd Pokoju (Amtsgericht):	
Góra-Kalwarja	Gora Kalwarja
Grodzisk Warszawski	Grodzisk
Grójec	Grojec
Jabłonna k. Warszawy	Jablonna
Jadów	Jadow
Łowicz *Okręg I*	Lowitsch, Amtsb. I
„ *Okręg II*	„ Amtsb. II
Mińsk-Mazowiecki *Okręg I*	Minsk, Amtsb.
Mińsk-Mazowiecki *Okręg II*	„ Amtsb. I
Mogielnica k. Grójca	Mogielnica
Nowy Dwór k. Modlina	Nowy Dwor
Otwock	Otwozk
Piaseczno k. Warszawy	Piaseczne

*) Stadt.
**) Land.
***) Kriegswuchergericht.

Skierniewice *Okręg I*	Skierniewice, Amtsb. I
„ *Okręg II*	Skierniewice, Amtsb. II
Sochaczew *Okręg I*	Sochaczew, Amtsb. I
„ *Okręg II*	Sochaczew, Amtsb. II
Radzymin	Radzymin
Warka	Warka
Warszawa *Okręg I*	Warschau, Amtsb. I
„ *Okręg II*	Warschau, Amtsb. II
„ *Okręg III*	Warschau, Amtsb. III
„ *Okręg IV*	Warschau, Amtsb. IV
„ *Okręg V*	Warschau, Amtsb. V
„ *Okręg VI*	Warschau, Amtsb. VI
„ *Okręg VII*	Warschau, Amtsb. VII
„ *Okręg VIII*	Warschau, Amtsb. VIII
„ *Okręg IX*	Warschau, Amtsb. IX
„ *Okręg X*	Warschau, Amtsb. X
„ *Okręg XI*	Warschau, Amtsb. XI
„ *Okręg XII*	Warschau, Amtsb. XII
„ *Okręg XIII*	Warschau, Amtsb. XIII
„ *Okręg XIV*	Warschau, Amtsb. XIV
„ *Okręg XV*	Warschau, Amtsb. XV
„ *Okręg XVI*	Warschau, Amtsb. XVI
„ *Okręg XVII*	Warschau, Amtsb. XVII
„ *Okręg XVIII*	Warschau, Amtsb. XVIII
„ *Okręg XIX*	Warschau, Amtsb. XIX
Warszawa *Okręg XX*	Warschau, Amtsb. XX
„ *Okręg XXI*	Warschau, Amtsb. XXI
„ *Okręg XXII*	Warschau, Amtsb. XXII
„ *Okręg XXIII*	Warschau, Amtsb. XXIII
„ *Okręg XXIV*	Warschau, Amtsb. XXIV
„ *Okręg XXV*	Warschau, Amtsb. XXV
„ *Okręg XXVI*	Warschau, Amtsb. XXVI
„ *Okręg XXVII*	Warschau, Amtsb. XXVII
„ *Okręg XXVIII*	Warschau, Amtsb. XXVIII
„ *Okręg XXIX*	Warschau, Amtsb. XXIX
„ *Sad dla nieletnich* *)	Warschau
Warszawa *Sad dla spraw o lichwę wojenna* **)	Warschau
Wołomin	Wolomin
Żyrardów	Zyrardow

13. Sąd Okręgowy (Landgericht):

Włocławek	Wloclawek

Sąd Pokoju (Amtsgericht):

Aleksandrów Kujawski	Alexandrowo
Brześć Kujawski	Brzesc Kujawski
Chodecz	Chodecz
Krośniewice	Krosniewice
Kutno	Kutno
Lipno Warszawskie	Lipno
Radziejów Kujawski	Radziejow
Włocławek *Okręg I*	Wloclawek, Amtsb. I
„ *Okręg II*	Wloclawek, Amtsb. II
Żychlin	Zychlin

VIII. Sąd Apelacyjny (Oberlandesgericht): Wilno Wilna.

1. Sąd Okręgowy (Landgericht):

Grodno	Grodno

Sąd Pokoju (Amtsgericht):

Bereza Kartuzka	Bereza-Kartuska
Dereczyn	Dereczyn
Druskieniki	Druskenniki
Grodno *Okręg I*	Grodno, Amtsb. I
„ *Okręg II*	„ Amtsb. II
„ *Okręg III*	„ Amtsb. III
Indura	Indura
Kosów Poleski	Kosow i Polessie
Krynki	Krynki
Porozowo	Porozowo
Prużana	Pruzany
Słonim *Okręg I*	Slonim, Amtsb. I
„ *Okręg II*	„ Amtsb. II
„ *Okręg III*	„ Amtsb. III
Szereszew	Szereszew
Swisłocz	Swisslotsch
Wołkowysk *Okręg I*	Wilkowischki, Amtsb. I
„ *Okręg II*	Wilkowischki, Amtsb. II
Zdzięcioł	Zdzieciol
Zelwa	Zelwa

2. Sąd Okręgowy (Landgericht):

Nowogródek	Nowogrodek

Sąd Pokoju (Amtsgericht):

Baranowicze *Okręg I*	Baranowicze, Amtsb. I
„ *Okręg II*	Baranowicze, Amtsb. II
Horodziej	Horodziej
Kleck	Kleck

*) Strafgericht für Jugendliche.
**) Kriegswuchergericht.

Lachowicze k. Baranowicz	Lachowicze
Nieśwież	Nieświez
Nowogródek *Okręg I*	Nowogrodek, Amtsb. I
„ *Okręg II*	Nowogrodek, Amtsb. II
Raków Nowogrodzki	Rakow
Rubieżewicze	Rubiezewice
Stołpce	Stolpce
Wsielub	Wsielub

3. Sąd Okręgowy (Landgericht):

Pińsk	Pinsk

Sąd Pokoju (Amtsgericht):

Brześć n. Bugiem *Okręg I*	Brestlitowsk a. Bug, Amtsb. I
Brześć n. Bugiem *Okręg II*	Brestlitowsk a. B., Amtsb. II
Dawidgródek	Dawidgrodek
Derewek p. Lubieszowska Wólka	Derewek
Domaczewo	Domatschewo
Drohiczyn Poleski	Drohiczyn
Hancewicze	Hancewicze
Janów Kobryński	Janow
Kamieniec Litewski	Kamieniec
Kobryó *Okręg I*	Kobryn, Amtsb. I
„ *Okręg II*	„ Amtsb. II
„ *Okręg III*	„ Amtsb. III
Łachwa	Lachwa
Łuniniec	Luninietz
Małoryta	Maloryta
Pińsk *Okręg I*	Pinsk, Amtsb. I
„ *Okręg II*	„ Amtsb. II
„ *Okręg III*	„ Amtsb. III
Stolin	Stolin
Wysokie Litewskie	Wysokie

4. Sąd Okręgowy (Landgericht):

Wilno	Wilna.

Sąd Pokoju (Amtsgericht):

Brasław	Braslaw
Derewno	Derewno
Dokszyce	Dokszyce
Druja	Druja
Dukszty	Dukszty
Dzisna	Dzisna
Ejszyszki	Ejszyszki
Głębokie	Glembokie
Holszany	Holszany
Ilja	Ilja
Iwje k. Lidy	Iwie
Jaszuny	Jaszuny
Komaje	Komaje
Krasne n. Uszą	Krasne a. Usza
Landwarów	Landwarowo
Lida *Okręg I*	Lida, Amtsb. I
„ *Okręg II*	„ Amtsb. II
Lipniszki	Lipniszki
Łużki	Luzki
Miadzioł	Miadziol
Nowo-Swięciany	Nowo-Swenzjany
Oszmiana	Oszmiana
Postawy	Postawy
Szarkowczyzna	Szarkowczyzna
Szczuczyn Lidzki	Szczuczyn
Swięciany Wileńskie	Swenziany
Swir	Swir
Wasiliszki	Wasiliszki
Wilejka	Wilejka
Wilno	Wilna
Wołożyn	Wolozyn
Worniany	Worniany
Zalesie	Zalesie

2. Verzeichnis der polnischen obersten und höheren Verwaltungsbehörden, deren Urkunden im Deutschen Reiche keiner Beglaubigung bedürfen.

(Art. 18, 21 des Vertrags über den Rechtsverkehr.)

Alle Ministerien einschließlich des Präsidiums des Ministerrats,
die Kanzlei des Sejms und des Senats;
die Wojewodschaften;
der Regierungskommissar für die Hauptstadt Warschau;
die Schulkuratorien.

3. Verzeichnis der obersten Verwaltungsgerichte der Republik Polen.

(Art. 18, 21 des Vertrags über den Rechtsverkehr.)

Oberstes Verwaltungsgericht, Warschau.

4. Verzeichnis der obersten Verwaltungsbehörden für die Führung der Standesregister in der Republik Polen.

(Art. 19, 21 des Vertrags über den Rechtsverkehr)

1. Für die Wojewodschaften Pommerellen, Posen, Schlesien, Krakau, Lemberg, Stanislau und Tarnopol: Polnisches Ministerium des Innern, Warschau;
2. für alle anderen Wojewodschaften: Polnisches Justizministerium, Warschau.

5. Verzeichnis der Strafregisterbehörden*) der Republik Polen.

(Nr. 2 des Notenwechsels vom 16. Dezember 1925.)

1. Für die Appellationsgerichtsbezirke Lublin, Warschau und Wilno: Justizministerium, Warschau;
2. für die Appellationsgerichtsbezirke Kattowitz, Krakau, Lemberg, Posen und Thorn: Staatsanwalt bei dem Landgericht**).

i) Schweiz.

1. Verzeichnis der Behörden, denen der direkte Verkehr mit den deutschen Gerichtsbehörden gemäß der Erklärung vom 13. Dezember 1878 (in **Zivilsachen**) zukommt.

Zusammengestellt im Februar 1906 und als Anlage mitgeteilt zu einer Bekanntmachung des Preuß. Justiz-Ministeriums vom 21. Mai 1906 im JMBl. 1906 S. 152.

A. Eidgenossenschaft.

Bundesgericht in Lausanne,
Eidgen. Generalanwalt in Bern,
Eidgen. Untersuchungsrichter (ohne festen Sitz),
Polizeiabteilung des Eidgenössischen Justiz- und Polizeidepartements, Bern,
Schweizerisches Zentralpolizeibureau in Bern.

B. Kantone.

Aargau.

Obergericht, Handelsgericht, Kriminalgericht, Staatsanwaltschaft } in Aarau,
Bezirksgericht und Bezirksamt in Aarau, Baden, Bremgarten, Brugg, Kulm, Laufenburg, Lenzburg, Muri, Rheinfelden, Zofingen, Zurzach.

Appenzell a. Rh.

Obergericht, Kriminalgericht, Kantonsverhöramt } in Trogen,
Bezirksgericht Hinterland in Herisau,
„ Mittelland in Teufen,
„ Vorderland in Heiden.

Appenzell i. Rh.

Kantonsgericht in Appenzell,
Bezirksgericht in Appenzell,
„ in Oberegg.

---

*) Als zuständig gilt die Behörde, in deren Bezirk die Person geboren ist.
**) Anschrift: Prokurator przy Sądzie Okregowym.

Basellandschaft.

Obergericht
Kriminalgericht
Staatsanwaltschaft
} in Liestal,

Bezirksgericht und Bezirksstatthalteramt in Arlesheim, Liestal, Sissach, Waldenburg,
" in Gelterkinden.

Baselstadt.

Appellationsgericht
Zivilgericht
Strafgericht
Staatsanwaltschaft
} in Basel.

Bern.

Appellations- und Kassationshof
Anklagekammer
Kriminalkammer
Polizeikammer
Generalprokurator
Untersuchungsrichter
} in Bern,

Untersuchungsrichter in Biel,
Polizeirichter in Bern,
Polizeirichter in Pruntrut,
Aufsichtsbehörde in Betreibungs- und Konkurssachen für den Kanton Bern in Bern,
Gerichtspräsident, Amtsgericht und Regierungsstatthalter in Aarberg, Aarwangen, Bern, Belp, Biel, Blankenburg, Büren, Burgdorf, Courtelary, Delsberg, Erlach, Fraubrunnen, Frutigen, Interlaken, Langnau, Laufen, Laupen, Meiringen, Münster, Neuenstadt, Nidau, Pruntrut, Saanen, Schloßwyl, Schwarzenburg, Saignelégier, Thun, Trachselwald, Wangen und Wimmis.

Freiburg.

Tribunal cantonal in Freiburg,
Tribunal d'arrondissement in Bulle, Châtel, Estavayer, Freiburg, Murten, Romont und Tafers (Tavel).

St. Gallen.

Justizdepartement
Kantonsgericht
Staatsanwaltschaft
} in St. Gallen,

Bezirksgericht und Bezirksamt in Gossau, Rorschach, St. Gallen, Tablat, Wil.
Für den Bezirk Oberrheintal in Altstätten, Gaster in Benken, Werdenberg in Buchs, Untertoggenburg in Flawil, Sargans in Flums, Alttoggenburg in Kirchberg, Obertoggenburg in Neßlau, Unterrheintal in Rheineck, See in Uznach, Neutoggenburg in Wattwil.

Genf.

Président de la Cour de Justice
" du Tribunal de première instance
" du Tribunal de prud'hommes
" de la Chambre des tutelles
Procureur général
Juge d'instruction
} in Genf.

Glarus.

Obergericht
Kriminalgericht
Zivilgericht
} in Glarus.

Graubünden.

Kantonsgericht in Chur,
Bezirksgericht für Hinterrhein in Andeer,
" " Plessur in Chur,
" " Moësa in Grono,
" " Glenner in Flanz,

Bezirksgericht für Oberlandquart in Klosters,
" " Unterlandquart in Malans,
" " Bernina in Poschiavo,
" " Im Boden in Reichenau,
" " Inn in Schuls,
" " Maloja in Silvaplana,
" " Münsterthal in St. Maria,
" " Heinzenberg in Thusis,
" " Albula in Tiefenkastel,
" " Vorderrhein in Truns,
Kreisgericht (Kreisamt) in Alvaschein, Avers, Belfort, Bergell, Bergün, Brusio, Calanca, Chur, Churwalden, Davos, Disentis, Domleschg, Fünf-Dörfer, Jenaz, Ilanz, Klosters, Küblis, Lugnez, Luzein, Maienfeld, Misox, Münsterthal, Oberengadin, Oberhalbstein, Obtasna, Poschiavo, Remüs, Rhäzüns, Rheinwald, Roveredo, Ruis, Safien, Schams, Schanfigg, Schiers, Seevies, Thusis, Trins, Untertasna.

Luzern.

Obergericht in Luzern,
Staatsanwaltschaft in Luzern,
Statthalteramt in Entlebuch, Hochdorf, Luzern, Sursee und Willisau.
Bezirksgericht in Altishofen, Entlebuch, Escholzmatt, Habsburg, Hitzkirch, Hochdorf, Kriens und Malters, Luzern, Münster, Reiden und Pfaffnau, Rothenburg, Ruswyl, Schüpfheim, Sempach, Sursee, Triengen, Weggis, Willisau, Zell.

Neuenburg.

Tribunal cantonal, Procureur général, Juge d'instruction } in Neuenburg,
Substitut du Procureur général in Chaux-de-Fonds,
Juge d'instruction des Montagnes in Chaux-de-Fonds,
Tribunal du district in Boudry, Cernier, Chaux-de-Fonds, Locle, Môtiers, Neuenburg.

Schaffhausen.

Obergericht, Kantonsgericht, Verhöramt } in Schaffhausen,
Bezirksgericht in Neunkirch, Schaffhausen, Schleitheim, Stein, Thayngen, Unterhallau.

Schwyz.

Kantonsgericht, Staatsanwaltschaft, Verhöramt } in Schwyz,
Bezirksgericht und Bezirksamt in Einsiedeln, Gersau, Küßnacht, Lachen, Schwyz, Wollerau.

Solothurn.

Obergericht, Schwurgerichtshof, Anklagekammer, Kassationshof, Staatsanwaltschaft } in Solothurn,
Amtsgericht Balsthal in Balsthal,
" Dorneck—Thierstein in Dornach,
" Olten—Gösgen in Olten,
" Bucheggberg-Kriegstetten in Solothurn,
" Solothurn—Lebern in Solothurn.

Tessin.

Tribunale di Appello in Lugano,
Procuratore Pubblico in Bellinzona,
" " in Lugano,

Giudice Istruttore in Locarno,
" " in Lugano,
Tribunale Distrettuale in Acquarossa, Bellinzona, Cevio, Faido, Locarno, Lugano, Mendrisio.

Thurgau.

Obergericht
Staatsanwaltschaft } in Frauenfeld,
Verhörrichteramt
Bezirksgericht und Bezirksamt in Arbon, Bischofszell, Diessenhofen, Frauenfeld, Kreuzlingen, Münchwilen, Steckborn, Weinfelden.

Unterwalden nid dem Wald.

Obergericht in Stans.

Unterwalden ob dem Wald.

Landammannamt
Obergericht
Kantonsgericht } in Sarnen.
Untersuchungs- und Überweisungsbehörde

Uri.

Obergericht
Kriminalgericht } in Altdorf,
Kreisgericht
Kreisgericht in Andermatt,
Verhöramt in Erstfeld.

Waadt.

Département de Justice et Police in Lausanne,
Tribunal cantonal in Lausanne.

Wallis.

Cour d'Appell et de Cassation in Sitten,
Président du Tribunal du district Conthey in Ardon,
" " " " " Entremont in Bagnes,
" " " " " Brig in Brig,
" " " " " Leuk in Leuk,
" " " " " Martigny in Martigny,
" " " " " Monthey in Monthey,
" " " " " Rarogne-or. in Mörel,
" " " " " Couches in Münster,
" " " " " Rarogne-occ. in Rarogne,
" " " " " Sierre in Sierre,
" " " " " Hérens in Sitten,
" " " " " Sitten in Sitten,
" " " " " St. Maurice in St. Maurice,
" " " " " Visp in Visp.

Zürich.

Obergericht
Handelsgericht
Schwurgericht } in Zürich,
Staatsanwaltschaft
Bezirksanwaltschaft
Bezirksanwaltschaft in Winterthur,
Bezirksgericht in Affoltern, Andelfingen, Bülach, Dielsdorf, Hinweil, Horgen, Meilen, Pfäffikon, Uster, Winterthur und Zürich,
Statthalteramt in Affoltern, Andelfingen, Bülach, Dielsdorf, Hinweil, Horchen, Meilen, Pfäffikon und Uster.

Zug.

Kantonsgericht
Obergericht
Verhöramt } in Zug.
Staatsanwaltschaft

2. Verzeichnis derjenigen Amtsstellen der Kantone, an welche sich die deutschen Behörden wegen Rechtshilfe in **Strafsachen** wenden können — JMBl. 1903 S. 215 —.

Kanton Aargau. Staatsanwaltschaft des Kantons in Aarau.

Kanton Appenzell a. Rh. Kantonspolizeidirektion in Trogen.

Kanton Appenzell i. Rh. Polizeidirektion des Kantons in Appenzell.

Kanton Basellandschaft. Staatsanwaltschaft des Kantons in Liestal.

Kanton Baselstadt. Staatsanwaltschaft in Basel.

Kanton Bern. Anklagekammer des bernischen Obergerichtes in Bern.

Kanton Freiburg. Tribunal d'arrondissement de la Sarine in Freiburg, de la Singine in Tafers (Tavel), de la Broye in Estavayer, de la Glâne in Romont, de la Gruyère in Bulle, de la Veveyse in Châtel, du Lac in Murten.

Kanton St. Gallen. Bezirksamt St. Gallen in St. Gallen, Tablat in St. Fiden, Rorschach in Rorschach, Unterrheintal in Rheineck, Oberrheintal in Altstätten, Werdenberg in Buchs, Sargans in Flums, Gaster in Benken, See in Uznach, Obertoggenburg in Neßlau, Neutoggenburg in Wattwil, Alttoggenburg in Kirchberg, Untertoggenburg in Flawil, Wil in Wil, Gossau in Gossau.

Bei Unkenntnis über die örtliche Unzuständigkeit dieser Ämter sich zu wenden an das Justizdepartement des Kantons in St. Gallen.

Kanton Genf. Procureur Général du Canton in Genf (Genève).

Kanton Glarus. Verhöramt des Kantons in Glarus.

Kanton Graubünden. Kreisamt Chur, Schanfigg, Churwalden, Fünf-Dörfer, Schiers, Luzein, Klosters, Oberhalbstein, Belfort, Domleschg, Safien, Schams, Misox, Calanca, Ruis, Lugnez, Oberengadin, Brusio, Untertasna, Münsterthal, Rhäzüns, Trins, Maienfeld, Seewis, Jenaz, Küblis, Davos, Alvaschein, Bergün, Thusis, Avers, Rheinwald, Roveredo, Disentis, Jlanz, Bergell, Poschiavo (Puschlaw), Obtasna, Remüs.

Kanton Luzern. Statthalteramt in Luzern, in Hochdorf, in Sursee, in Willisau, Entlebuch in Schüpfheim.

Kanton Neuenburg. Procureur Général in Neuenburg (Neuchâtel).

Kanton Schaffhausen. Polizeidirektion des Kantons in Schaffhausen, oder wenn es sich lediglich um Einvernahme von Zeugen und Angeschuldigten handelt, Verhöramt des Kantons in Schaffhausen.

Kanton Schwyz. Bezirksamt Schwyz in Schwyz, Gersau in Gersau, March in Lachen, Einsiedeln in Einsiedeln, Küßnacht in Küßnacht, Höfe in Wollerau.

Kanton Solothurn. Regierungsrat oder Justizdepartement des Kantons in Solothurn.

Kanton Tessin. Justizdepartement des Kantons in Bellinzona.

Kanton Thurgau. Bezirksamt in Bischofszell, in Dießenhofen, in Frauenfeld, in Kreuzlingen, in Münchweilen, in Steckborn, in Weinfelden in korrektionellen Strafsachen. Kantonales Verhörrichteramt in Frauenfeld in kriminellen Strafsachen.

Kanton Unterwalden nid dem Wald. Regierungsrat in Stans.

Kanton Unterwalden ob dem Wald. Justizkommission für Strafsachen in Sarnen.

Kanton Uri. Justiz- und Polizeidirektion in Altdorf, Staatsanwaltschaft in Altdorf, Verhöramt Uri in Erstfeld, nach Belieben.

Kanton Waadt. Département de Justice et Police in Lausanne.

Kanton Wallis. Département de Justice et Police in Sitten (Sion).

Kanton Zug. Polizeidirektion in Zug.

Kanton Zürich. Bezirksanwaltschaft in Zürich, Winterthur, Statthalteramt in Affoltern, Horgen, Meilen, Hinweil, Uster, Pfäffikon, Andelfingen, Bülach, Dielsdorf; im Zweifelsfalle: Staatsanwaltschaft des Kantons in Zürich.

k) Tschechoslowakei.

1. Übersicht der Einteilung der tschechoslowakischen Gerichtshöfe erster Instanz*) in bürgerlichen Angelegenheiten.

I. Oberlandesgericht in Prag.

Kreisgericht:

Praha	Prag

Bezirksgerichte:

Staré Město a Josefov	Altstadt und Josefstadt
Horní Nové Město	Obere Neustadt
Dolní Nové Město	Untere Neustadt
MaláStrana-Hradčany	Kleinseite-Hradschin
Holešovice-Bubny	Holleschowitz-Bubna
Beroun	Beraun
Brandýs n. L.	Brandeis a. d. E.
Brod Český	Böhmisch-Brod
Dobříš	Dobřiš
Hořovice	Hořowitz
Jílové	Eule
Karlín	Karolinental
Kladno	Kladno
Kostelec n. Č. lesy	Schwarzkosteletz
Kralupy n. Vlt.	Kralup a. d. M.
Křivoklát	Pürglitz
Mělník	Melnik
Nusle	Nusle
Příbram	Pribram
Rakovník	Rakonitz
Říčany	Ričan
Slaný	Schlan
Smíchov	Smichow
Stršecí Nové	Neustraschitz
Unhošt	Unhošt
Velvary	Welwarn
Vinohrady Král.	Kgl. Weinberge
Vršovice	Wrschowitz
Zbiroh	Zbirow
Zbraslav	Königsaal
Žižkov	Žižkow

Kreisgericht:

Mladá Boleslav	Jungbunzlau

Bezirksgerichte:

Benátky Nové	Neu-Benatek
Bělá p. Bezd.	Weißwasser
Brod Železný	Eisenbrod
Boleslav Mladá	Jungbunzlau
Dub Český	Böhmisch-Aicha
Hradiště Mnichovo	Münchengrätz
Nymburk	Nimburg
Sobotka	Sobotka
Turnov	Turnau

Kreisgericht:

Č. Budějovice	Budweis

Bezirksgerichte:

Brod Vyšší	Hohenfurt
Č. Budějovice	Budweis
Bystřice Nová	Neubistritz
Hluboká n. Vlt.	Frauenberg
Hradec Jindřichův	Neuhaus
Hrady Nové	Gratzen
Chvalšiny	Kalsching
Kaplice	Kaplitz
Krumlov Český	Böhm.-Krumau
Lišov	Lischau
Lomnice n. L.	Lomnitz a. d. E.
Planá Horní	Ober-Plan
Sviny Throvė	Schweinitz
Třeboň	Wittingau
Týn n. Vlt.	Moldautein

Kreisgericht:

Kutná Hora	Kuttenberg

Bezirksgerichte:

Brod Německý	Deutschbrod
Čáslav	Časlau
Habry	Habern
Humpolec	Humpoletz
Chotěboř	Chotebor
Janovice Uhlířské	Kohl-Janowitz
Kolín	Kolin
Kouřim	Kouřim
Kralovice Dolní	Unter-Kralowitz
Kutná Hora	Kuttenberg
Ledeč n. Sáz.	Ledeč

*) Die in der linken Spalte angegebenen Ortsnamen stellen die grundsätzlich im Rechtshilfeverkehr anzuwendenden amtlichen tschechoslowakischen Ortsbezeichnungen dar. Bei den Gerichtsbezirken mit einer anerkannten sprachlichen Minderheit können daneben die Bezeichnungen in der Sprache der Minderheit in Klammern beigefügt werden; diese Ortsbezeichnungen sind in der rechten Spalte in großer Schrift abgedruckt. Zur Aufklärung der Gerichtsbehörden sind in kleiner Schrift die früher gebräuchlichen Ortsbezeichnungen angegeben. Soweit diese von den tschechoslowakischen Ortsbezeichnungen abweichen, ist ihre Verwendung jedoch im amtlichen Verkehr mit den tschechoslowakischen Gerichtsbehörden nicht zulässig.

Poděbrady	Podebrad
Polná	Polna
Přibyslav	Pribyslau
Štoky	Stecken

Kreisgericht:

Hradec Králové	Königgrätz

Bezirksgerichte:

Broumov	Braunau
Dvůr Králové	Königinhof
Jaroměř	Jaromer
Hradec Králové	Königgrätz
Kostelec n. O.	Adler-Kosteletz
Králíky	Grulich
Město Nové n. M.	Neustadt a. d. M.
Náchod	Nachod
Nechanice	Nechanitz
Opočno	Opocno
Police n. Met.	Politz
Rokytnice v Orl. H.	Rokytnitz im Adlergebirge
Rychnov n. Kn.	Reichenau a. Kn.
Skalice Č.	Böhm.-Skalitz
Teplice n. Met.	Werkelsdorf
Upice	Eipel
Zamberk	Senftenberg

Kreisgericht:

Cheb	Eger

Bezirksgerichte:

Aš	Asch
Bečov n. Teplou	Petschau
Bezdrušice	Weseritz
Horni Blatná	Bergstadt Platten
Bochov	Buchau
Falknov n. Obří	Falkenau a. d. Eger
Cheb	Eger
Jáchymov	St. Joachimstal
Kraslice	Graslitz
Kynžvart Lázně	Bad Königswart
Lázně Marianské	Marienbad
Loket	Elbogen
Nejdek	Neudek
Planá	Plan
Přimda	Pfraumberg
Tachov	Tachau
Teplá	Tepl
Vary-Karlovy	Karlsbad
Vildštejn	Wildstein
Žlutice	Luditz

Kreisgericht:

Chrudim	Chrudim

Bezirksgerichte:

Hlinsko	Hlinsko
Holice	Holitz
Chrudim	Chrudim
Lanškroun	Landskron
Litomyšl	Leitomischl
Mýto Vysoké	Hohenmaut
Nasavrky	Nassaberg
Pardubice	Pardubitz
Polička	Policka
Přelouč	Prelouc
Skuteč	Skutsch
Ústí n. Orl.	Wildenschwert

Kreisgericht:

Jičín	Gitschin

Bezirksgerichte:

Bydžov Nový	Neubydzow
Hořice	Horitz
Hostinné	Arnau
Chlumec n. C.	Chlumetz a. d. C.
Jičín	Gitschin
Jilemnice	Starkenbach
Libáň	Liban
Lomnice n. P.	Lomnitz a. Pop.
Maršov	Marschendorf
Městec Králové	Königstadtl
Paka Nová	Neupaka
Rokytnice n. J.	Rochlitz a. d. Isar
Trutnov	Trautenau
Vrchlabí	Hohenelbe
Vysoké n. Jiz.	Hochstadt
Žaclér	Schatzlar

Kreisgericht:

Liberec	Reichenberg

Bezirksgerichte:

Frýdlant	Friedland
Chrastava	Kratzau
Jablonec n. N.	Gablonz a. d. N.
Jablonné Něm.	Deutsch Gabel
Liberec	Reichenberg
Město Nové p. S.	Neustadt a. Tafelf.
Tanvald	Tannwald

Kreisgericht:

Česká Lípa	Böhmisch Leipa

Bezirksgerichte:

Bor u Č. Lípy	Haida
Cvikov	Zwickau
Dubá	Dauba
Haňšpach	Hainspach
Kamenice Česká	Böhmisch Kamnitz
Č. Lípa	Böhmisch Leipa
Mimoň	Niemes
Rumburk	Rumburg
Šluknov	Schluckenau
Varnsdorf	Warnsdorf

Kreisgericht:

Litoměřice	Leitmeritz

Bezirksgerichte:

Benešov n. Pl.	Bensen
Děčín	Tetschen
Chabařovice	Karbitz
Libochovice	Libochowitz
Lovosice	Lobositz
Úštěk	Auscha
Roudnice	Raudnitz
Štěti	Wagstädtl
Teplice-Šenov	Teplitz-Schönau
Ústí n. L.	Aussig
Litoměřice	Leitmeritz

Kreisgericht:

Most	Brüx

Bezirksgerichte:

Hora Sv. Šebestiána	Sebastiansberg
Bílina	Bilin
Doupov	Duppau
Duchcov	Dux
Hora sv. Kateřiny	Katharinaberg
Chomutov	Komotau
Jesenice	Jechnitz
Jirkov	Görkau
Kadan	Kaaden
Litvínov Horní	Ober-Leutensdorf
Louny	Laun
Most	Brüx
Podbořany	Podersam
Postoloprty	Postelberg
Přísečnice	Preßnitz
Vejprty	Weipert
Žatec	Saaz

Kreisgericht:

Písek	Pisek

Bezirksgerichte:

Blatná	Blatna
Březnice	Breznitz
Hartmanice	Hartmanitz
Horaždovice	Horaždowitz
Hory Kašperské	Bergreichenstein
Mirovice	Mirowitz
Netolice	Netolitz
Pisek	Pisek
Prachatice	Prachatitz
Strakonice	Strakonitz
Sušice	Schüttenhofen
Vimperk	Winterberg
Vodňany	Wodnan
Volary	Wolarn
Volyně	Wollin

Kreisgericht:

Plzeň	Pilsen

Bezirksgerichte:

Blovice	Blowitz
Dobřany	Dobran
Domažlice	Taus
Hostouň	Hostau
Kdýně	Neugedein
Klatovy	Klattau
Královice	Kralowitz
Manětin	Manetin
Nepomuk	Nepomuk
Nýrsko	Neuern
Plánice	Planitz
Plzeň	Pilsen
Přeštice	Prestitz
Rokycany	Rokytzan
Ronšperk	Ronsperg
Stod	Staab
Stříbro	Mies
Touškov	Tuschkau
Týn Horšovský	Bischofteinitz

Kreisgericht:

Tábor	Tabor

Bezirksgerichte:

Bechyně	Bechin
Benešov	Beneschau
Kamenice n. L.	Kamenitz a. d. L.
Milevsko	Mühlhausen
Neveklov	Neweklau
Pacov	Patzau
Pelhřimov	Pilgram
Počátky	Pocatek
Sedlčany	Seltschan
Sedlec	Sedletz
Soběslav	Sobeslau
Tábor	Tabor
Veselí n. L.	Wesseli a. Luž.
Vlašim	Wlaschim
Votice	Wotitz
Vožice Mladá	Jungwoschitz

Gewerbegerichte:

Praha	Prag
Plzeň	Pilsen
Ústí n. L.	Aussig
Teplice Šanov	Teplitz-Schönau
Liberec	Reichenberg

II. Oberlandesgericht in Brünn.

Kreisgericht:

Brno	Brünn

Bezirksgerichte:

Brno-Město	Brünn-Stadt
Brno-okolí	Brünn-Umgebung
Blansko	Blansko
Boskovice	Boskowitz
Břeclava	Lundenburg
Bučovice	Butschowitz
Hustopeč	Auspitz
Ivančice	Eibenschütz
Jevíčko	Gewitsch
Klobouky u Brna	Klobouk bei Brünn
Kunštát	Kunstadt
Pohořelice	Pohrlitz
Slavkov	Austerlitz
Svitavy	Zwittau
Tišnov	Tischnowitz
Třebová Mor.	Mähr. Trübau
Vyškov	Wischau
Ždánice	Steinitz
Židlochovice	Grosseelowitz

Kreisgericht:

Hradiště Uherské	Ungarisch Hradisch

Bezirksgerichte:

Bojkovice	Bojkowitz
Brod Uherský	Ung. Brod
Hodonín	Göding
Holešov	Holeschau
Hradiště Uherské	Ungar. Hradisch
Klobouky Valašské	Wallach. Klobouk
Kroměříž	Kremsier
Kyjov	Gaya
Napajedla	Napajedl
Ostroh Uherský	Ungar. Ostra
Strážnice	Straßnitz
Vizovice	Wisowitz
Zdounky	Zdounek
Zlin	Zlin

Kreisgericht:

Nový Jičín	Neutitschein

Bezirksgerichte:

Bystřice p. Hosp.	Bystritz am Hostein
Frenštát	Frankstadt
Fulnek	Fulnek
Hranice	Mähr. Weißkirchen
Rožnov p. Radh.	Rožnau am Radhost
Libava Město	Stadt Liebau
Lipník	Leipnik
Meziřičí Valšské	Wallach. Meseritsch
Příbor	Freiberg
Nový Jičín	Neutitschein
Vsetín	Wsetin

Kreisgericht:

Jihlava	Iglau

Bezirksgerichte:

Bystřice p. Pern.	Bystritz am Pernstein
Byteč Velká	Großbittesch
Dašice	Batschitz
Meziřičí Velké	Groß-Meseritsch
Město Nové n. Mor.	Neustadt in Mähren
Jihlava	Iglau
Slavonice	Zlabings
Telč	Teltsch
Třebíč	Trebitsch
Třešt	Triesch
Žďár	Saar

Kreisgericht:

Olomouc	Olmütz

Bezirksgerichte:

Dvorec	Hof in Mähren
Kojetín	Kojetein
Konice	Konitz
Litovel	Littau
Město Staré	Mähr. Altstadt
Mohelnice	Müglitz
Olomouc	Olmütz
Plumlov	Plumenau
Prostějov	Proßnitz
Přerov	Prerau
Rýmařov	Römerstadt
Šilperk	Schildberg
Šternberg	Sternberg
Šumperk	Mähr. Schönberg
Unčov	Mähr. Neustadt
Viesenberk	Wiesenberg
Zábřeh	Hohestadt

Kreisgericht:

Znojmo	Znaim

Bezirksgerichte:

Budějovice Mor.	Mähr. Budwitz
Hrotovice	Hrottowitz
Jaroslavice	Joslowitz
Jemnice	Jamnitz
Mor. Krumlov	Mähr. Kromau
Mikulov	Nikolsburg
Námešt n. Osl.	Namiest an der Oslawa
Vranov	Frain
Znojmo	Znaim

Landesgericht:

Opava	Troppau

Bezirksgerichte:

Albrechtice	Olberdorf
Benešov Sl.	Bennisch

Bilovec	Wagstadt
Bruntal	Freudental
Cukmantl (Suuchomlaty)	Zuckmantel
Frývaldov	Freiwaldau
Hlučín	Hultschin
Javorník	Jauernig
Jindřichov Sl.	Hennersdorf
Klimkovice	Königsberg
Krnov	Jägerndorf
Odry	Odrau
Opava	Troppau
Osoblaha	Hotzenplatz
Vidnava	Weidenau
Vitkov	Wigstadtl
Vrbno	Würbental

Kreisgericht:

Moravská Ostrava	Mährisch Ostrau

Bezirksgerichte:

Bohumín	Oderberg
Frýdek	Friedek
Fryšták	Freistadt
Jablunkov	Jablunkau
Místek	Mistek
Ostrava Mor.	Mähr. Ostrau
Ostrava Slezská	Schles. Teschen
Těšín Český	Tschechisch Teschen

Gewerbegerichte:

Brno	Brünn
Ostrava Mor.	Mähr. Ostrau
Šumperk	Mähr. Schönberg
Krnov	Jägerndorf
Šternberk	Sternberg
Prostějov	Proßnitz

III. Gerichtstafel in Preßburg.

Kreisgericht:

Bánská Bystřice	Neusohl

Bezirksgerichte:

Báňská Bystříce	Neusohl
Brezno	Bries
Lučenec	Losonos
Stub. Teplice	Bad Stuben
Turč. Sv. Martin	Turocz Skt. Martin
Zvolen	Altsohl
Krupina	Karpfen
Kremnice	Kremnitz
Nová Bana	Königsberg
Báňská Stávnice	Banska Stavnice

Kreisgericht:

Bratislava	Preßburg

Bezirksgerichte:

Bratislava	Preßburg	
Dunajská Streda	Dunajska Streda	Dunaszerdahely
Galanta	Galanta	
Malacky	Malacky	
Pezinek	Bösing	
Samorýn	Sommerein	Somorja
Trnava	Tyrnau	
Myjava	Miawa	
Senica	Senica	Szenicze
Skalica	Skalitz	

Kreisgericht:

Komárno	Komorn

Bezirksgerichte:

Komárno	Komorn	
Parkán	Parkan	
Stará Ďala	Stara Ďala	Ógyala
Ipolské Šahy	Ipolske Sahy	Ipolyságh
Levice	Lewenz	

Kreisgericht:

Nitra	N. utra

Bezirksgerichte:

Nitra	Neutra	
Hlohovec	Freistadt	
Nové Zámky	Neuhäusel	Ersékujvár
Prividza	Priewitz	
Velké Topolčany	Topolčany	
ZlatéMoravce	Goldmorawitza	
Vráble	Vráble	
Šala n. V.	Šala	

Kreisgericht:

Růžomberk	Rosenberg

Bezirksgerichte:

Růžomberk	Rosenberg
Hrádek	Hradek
Dolní Kubín	Dolny Kubin
Lipt. sv. Mikuláš	Liptovsky Sv. Mikulaš
Námestovo	Námestovo
Trstená	Trstena

Kreisgericht:

Trenčín	Trencin

Bezirksgerichte:

Trenčín	Trenčin	
Bánovce	Banovce	
Čaca	Cadca	
Ilava	Illau	
Považská Bystrica	Waagbistritz	
Puchov	Puchov	
Velká Bytča	Velka Bytca	
Žilina	Sillein	
Nové Město n. V.	Neustadt a. d. Waag	

IV. Gerichtstafel in Košice.

Kreisgericht:

Košice	Kaschau	

Bezirksgerichte:

Košice	Kaschau	uh. Kassa
Humenné	Homenau	
Král. Chlumec	Kiralhelmece	uh. Királyhelmecz
Michalovce	Michalovce	
Moldava	Moldau	uh. Szepsi
Vranov na Slovensku	Vranow	
Sečovce	Sečovce	uh. Gálszécs
Sobránce	Sobrance	
Velké Kapušany	Groß-Kopisch	uh. Nagykapos

Kreisgericht:

Levoča	Leutschau	

Bezirksgerichte:

Levoča	Leutschau	
Gelnica	Göllnitz	
Kežmark	Käsmark	
Stará Lubovna	Altlublau	
Spišská Nová Ves	Zips-Neudorf	
Spišaké Podhradie	Spišake Podhradie	
Spišská Sobota	Georgenberg	
Spišská Stará Ves	Zips-Altendorf	

Kreisgericht:

Prešov	Eperjes	

Bezirksgerichte:

Prešov	Eperjes	
Bardiov	Bartfeld	
Giraltovce	Giralt	
Sabinov	Klein-Zeben	
Vyšší Svídnik	Vyšuy Svidnik	
Stropkov	Stropkov	

Kreisgericht:

Rimavská Sobota	Groß-Steffelsdorf	

Bezirksgerichte:

Rimavská Sobota	Groß-Steffelsdorf	Rimaszombat
Rožnava	Rosenau	Rosznyó
Tornalja	Tornala	Tornalja
Veledin	Feled	
Velká Revúca	Großrauschenbach	Nagyröcze

Kreisgericht:

Berehovo	Sächs. Bereg	

Bezirksgerichte:

Berehovo	Sächs. Bereg	Beregsás
Iršava	Irsava	
Velky Sevljuš	Groß-Allisch	

Kreisgericht:

Hust	Huszt	

Bezirksgerichte:

Hust	Huszt	
Volové	Volove	
Tiačevo	Tačevo	
Rahovo	Rahovo	

Kreisgericht:

Užhorod	Užhorod	

Bezirksgerichte:

Užhorod	Užhorod	uh. Ungvár
Velká Berezna	Berezna	
Mukačevo	Mukacevo	uh. Munkács
Nizni Verecky	Niznije Vereck	

2. Verzeichnis der Kollegialgerichte erster Instanz (die tschedische [ungarische] Ortsbezeichnung ist in Klammern angegeben) in Strafsachen.

I. Bezirk des Oberlandesgerichts in Prag.

1. Landesstrafgericht in Prag.
2. Kreisgericht in Jungbunzlau (Boleslav Mladá),
3. „ „ Budweis (Ceské Budéjowice),
4. „ „ Kuttenberg (Kutná Hora),
5. „ „ Königgrätz (Hradeé Králové),
6. „ „ Eger (Cheb),
7. „ „ Chrudim (Chrudim),
8. „ „ Jicin (Jicin),
9. „ „ Reichenberg (Liberec),
10. „ „ Böhmisch-Leipa (Ceska Lipa),
11. „ „ Leitmeritz (Litomerice),
12. „ „ Brüx (Most),
13. „ „ Pisek (Pisek),
14. „ „ Pilsen (Plzen),
15. „ „ Tabor (Tábor).

II. Bezirk des Oberlandesgerichts in Brünn.

1. Landesstrafgericht in Brünn (Brno).
2. Kreisgericht in Ungarisch-Hradisch (Hradiste Uhérské),
3. „ „ Neutitschein (Nocy Jicin),
4. „ „ Iglau (Jihlava),
5. „ „ Olmütz (Olomouc),
6. „ „ Znaim (Znojomo).
7. Landesgericht in Troppau (Opava).
8. Kreisgericht in Mährisch-Ostrau (Ostrava-Moroská).

III. Bezirk der Gerichtstafel in Preßburg.

1. Sedrie in Neusohl (Banska Bystrice),
2. „ „ Preßburg (Bratislava),
3. „ „ Komorn (Komarno),
4. „ „ Neutra (Nitra),
5. „ „ Rosenberg (Ruzomberg),
6. „ „ Trencin (Trencin).

IV. Bezirk der Gerichtstafel in Kaschau.

1. Sedrie in Kaschau (Kosice),
2. „ „ Leutschau (Levoca),
3. „ „ Eperjes (Presov),
4. „ „ Groß-Steffelsdorf (Rimavska Sobota, ungarisch Rimaszembat),
5. „ „ Sächs. Bereg (Beregsaz),
6. „ „ Hußt (Huszt),
7. „ „ Uzhorod (Uzhorod, ungarisch Ungvar).

3. Übersicht über die Einteilung der Gerichte und Staatsanwaltschaften in der Tschechoslowakischen Republik.

(Zu vgl. RV. v. 22. Nov. 1923 — I 4928 —).

I. Oberlandesgericht in Prag.

Prag:

a) Landeszivilgericht.
b) Landesstrafgericht.
c) Handelsgericht.

Bezirksgerichte:

Staré Město a Josefov	Altstadt und Josefstadt	Malá Strana-Hradčany	Kleinseite-Hradschin
Horní Nové Město	Obere Neustadt	Holešovice-Bubny	Holleschowitz-Bubna
Dolní Nové Město	Untere Neustadt		

Bezirksgerichte für Übertretungen und für Handelssachen.

Beroun	Beraun	Příbram	Přibram
Brandýs n. L.	Brandeis a. E.	Rakovník	Rakonitz
Brod Český	Böhmisch-Brod	Říčany	Ričan
Dobříš	Dobřis	Slany	Schlan
Hořovice	Hořowitz	Smíchow	Smichow
Jílové	Eule	Strašecí Nové	Neustraschitz
Karlín	Karolinental	Unhošt	Unhošt
Kladno	Kladno	Velvary	Welwarn
Kostelec n. Č. Lesy	Schwarzkostelletz	Vinohrady Král	Kgl. Weinberge
Kralupy n. Vl.	Kralup a. M.	Vršovice	Wrschowitz
Křivokládt	Prüglitz	Zbiroh	Zbirow
Mělník	Melnik	Zbraslav	Königsaal
Nusle	Nusle	Zižkov	Žižkow

Jungbunzlau: Kreisgericht.

Bezirksgerichte:

Benátky Nové	Neu-Benatek	Hradiště Mnichovo	Münchengrätz
Bělá p. Bezd.	Weißwasser	Nymburk	Nimburg
Brod Zelezny	Eisenbrod	Sobotka	Sobotka
Boleslav Mladá	Jungbunzlau	Turnov	Turnau
Dub Český	Böhmisch-Aicha		

Budweis: Kreisgericht.

Bezirksgerichte:

Brod vyšší	Hohenfurt	Krumlov	Krummau
Budějovice	Budweis	Lišov	Lischau
Bystřice Nová	Neubystritz	Lomnice n. L.	Lomnitz a. L.
Hluboká	Frauenberg	Planá Horní	Oberplan
Hradec Jindřichův	Neuhaus	Sviny Trhové	Schweinitz
Hrady Nové	Neuschloß	Třebon	Wittingau
Chvalsiny	Kalsching	Týn n. Vlt.	Moldautein
Kaplice	Kaplitz		

Kuttenberg: Kreisgericht.

Bezirksgerichte:

Brod Německý	Deutschbrod	Kralovice Dolní	Unter-Kralowitz
Cáslav	Caslau	Kutná Hora	Kuttenberg
Habry	Habern	Ledeč	Ledeč
Humpolec	Humpoletz	Poděbrady	Podebrad
Chotěboř	Chotěboř	Polná	Polna
Janovice Uhlířské	Kohl-Janowitz	Přibislav	Přibyslau
Kolín	Kolin	Stocky	Stocken
Kourím	Kouřim		

Königgrätz: Kreisgericht.

Bezirksgerichte:

Broumov	Braunau	Opočno	Opočno
Dvúr Králové	Königinhof	Police	Politz
Jaroměř	Jaroměř	Rokytnice	Rokytnitz
Hradec Králové	Königgrätz	Rychnov n. Kn.	Reichenau a. Kn.
Kostelec n. O.	Adler-Kosteletz	Skalice C.	Böhm.-Skalitz
Králíky	Grulich	Teplice	Weckelsdorf
Město nové n. M.	Neustadt a. M.	Upice	Eipel
Náchod	Nachod	Zamberk	Senftenberg
Nachanice	Nechanitz		

Eger: Kreisgericht.

Bezirksgerichte:

Aš	Asch	Lázné Marianské	Marienbad
Bečov	Petschau	Loket	Elbogen
Bezdružice	Weseritz	Nýdek	Neudek
Blatno	Platten	Planá	Plan
Bochov	Buchau	Prímda	Pfraumberg
Falknov	Falkenau	Tachov	Tachau
Cheb	Eger	Teplá	Tepl
Jáchymov	Joachimstal	Vary-Karlovy	Karlsbad
Kraslice	Graslitz	Vildstein	Wildstein
Kynšvart	Königswart	Žlutice	Luditz

Chrudin: Kreisgericht.

Bezirksgerichte:

Hlinsko	Hlinsko	Nasavrky	Nassaberg
Holico	Holitz	Pardubice	Pardubitz
Chrudim	Chrudim	Polička	Policka
Lanškroun	Landskron	Přelouč	Přelauč
Litomyšl	Leitomischl	Skutec	Skutsch
Mýto Vysoké	Hohenmaut	Ústí n. Orl.	Wildenschwert

Jičín: Kreisgericht.

Bezirksgerichte:

Baydžov Nový	Neubydžow	Městec Králúv	Königstadtl
Hořice	Horitz	Paka Nová	Neupaka
Hostinné	Arnau	Roketnice	Rokitnitz
Chlumec n. C.	Chlumetz a. C.	Semily	Semil
Jičín	Jičin	Trutnov	Trautenau
Jilemnice	Starkenbach	Vrchlabí	Hohenelbe
Libán	Liban	Vysoké n. Jiz.	Hochstadt
Lomnice n. Po.	Lomnitz a. Pop.	Zaclér	Schatzlar
Maršov	Marschendorf		

Reichenberg: Kreisgericht.

Bezirksgerichte:

Frýdland	Friedland	Liberec	Reichenberg
Chrastava	Kratzau	Méstó Nove n. Obr.	Neustadt a. Ta'elf.
Jablonec n. N.	Gablonz a. N.	Tannwald	Tannwald

Böhmisch-Leipa: Kreisgericht.

Bezirksgerichte:

Bor	Haida	Mimoň	Niemes
Cvikov	Zwickau	Rumburk	Rumburg
Dubá	Dauba	Šluknov	Schluckenau
Hanšpach	Hanspach	Warnsdorf	Warnsdorf
Kamenice Česká	Böhmisch-Kamnitz		

Leitmeritz: Kreisgericht.

Bezirksgerichte:

Benešow	Bensen	Roudnice	Raudnitz
Děčín	Tetschen	Štětí	Wagstädtl
Chabařovice	Karbitz	Teplice	Teplitz
Libochovice	Libochowitz	Ustí n. L.	Aussig a. E.
Lovosice	Lobositz	Litoměříce	Leitmeritz
Ouštěk	Auscha		

Brüx: Kreisgericht.

Bezirksgerichte:

Bastianperk	Sebastiansberg	Litvínové Horní	Oberleutensdorf
Bustina	?	Louny	Laun
Doupov	Duppau	Most	Brüx
Duchcov	Dux	Podbořany	Podersam
Hera sv. Kateřiny	Skt. Katharinaberg	Postoloprty	Postelberg
Chomutov	Komotau	Přísečnice	Preßnitz
Jesenice	Jechnitz	Výptry	Weipert
Jirkov	Görkau	Zatec	Saaz
Kadaň	Kaaden		

Pisek: Kreisgericht.

Bezirksgerichte:

Blatna	Blatna	Práchatice	Prachatitz
Březnice	Breznitz	Strakonice	Strakonitz
Hartmanice	Hartmanitz	Sušice	Schüttenhofen
Horaždóvice	Horaždowitz	Vimperk	Winterberg
Hory Kašperské	Bergreichenstein	Vodňany	Wodnan
Mirovice	Mirowitz	Volary	Wolarn
Netolice	Netolitz	Volyné	Wollin
Písek	Pisek		

Pilsen: Kreisgericht.

Bezirksgerichte:

Blovice	Blowitz	Planice	Planitz
Dobřany	Dobřan	Pilzeň	Pilsen
Domazlice	Taus	Přestice	Přestitz
Hostoun	Hostau	Rokycany	Rokytzan
Kdýně Nová	Neugebein	Ronšperk	Ronsperg
Klatovy	Klattau	Stodo	Staab
Kralovice	Kralowitz	Stříbro	Mies
Manětín	Manetin	Touškov	Tuschkau
Nepomuk	Nepomuk	Týn Horšův	Bischofteinitz
Nýrsko	Neuern		

Tabor: Kreisgericht.

Bezirksgerichte:

Bechyně	Bechin	Sedlčany	Seltschan
Benešov	Beneschau	Sedlec	Sedletz
Kamenice n. L.	Kamenitz a. L.	Soběslav	Soběslau
Milevsko	Mühlhausen	Tábor	Tabor
Neveklov	Neweklau	Veselí n. L.	Wesseli a. Luž.
Pacov	Patzau	Vlašim	Wlaschim
Pelhřimov	Pilgram	Votice	Wotitz
Počátky	Počatek	Vožice Mladá	Jungwoschitz

Gewerbegerichte:

Praha	Prag	Teplice	Teplitz
Pilzeň	Pilsen	Liberec	Reichenberg
Ústí n. L.	Aussig a. Elbe		

II. Oberlandesgericht in Brünn.

Brünn: a) Landeszivilgericht.
b) Landesstrafgericht.

Bezirksgerichte:

Brno-Město	Brünn-Stadt	Brno-okolí	Brünn-Umgebung

Bezirksgericht für Übertretungen.

Blansko	Blansko	Pohořelice	Pohrlitz
Boskovice	Boskowitz	Slavkov	Austerlitz
Břeclava	Lundenburg	Svitavy	Zwittau
Bucovice	Butschowitz	Tisnov	Tischnowitz
Ivancice	Eibenschütz	Třebová Mor.	Mähr.-Trübau
Hustopeč	Auspitz	Vyškov	Wischau
Jevičko	Gewitsch	Zdanice	Steinitz
Klobouky u Brna	Klobouk bei Brünn	Židlochovice	Grosseelowitz
Kunštát	Kunstadt		

Ungarisch Hradisch: Kreisgericht.

Bezirksgerichte:

Bojkovice	Bojkowitz	Kyjev	Gaya
Brod Uherský	Ungar. Brod	Nypajedla	Napajedl
Hodonin	Göding	Ostroh Uherský	Ungar. Ostra
Holešov	Holeschau	Strážnice	Straßnitz
Hradišté Uherské	Ungar. Hradisch	Vizovíce	Wisowitz
Klobouky Valašské	Wallach. Klobouk	Ždounky	Zdounek
Kroměříz	Kremsier		

Neutitschein: Kreisgericht.

Bezirksgerichte:

Bystřice p. Host.	Bystric am Hostein	Lipník	Leipnik
Frenštat	Frankstadt	Máziriči Valašské	Wallachisch-Meseritsch
Fulnek	Fulnek	Přibor	Freiberg
Hranice	Mährisch Weißkirchen	Nový Jičín	Neutitschein
Rožnov	Rožnau am Radhost	Vsetin	Wsetin
Libava	Stadt Liebau		

Iglau: Kreisgericht.

Bezirksgerichte:

Bystřice p. Pernez.	Bystritz am Pernstein	Slavonice	Zlabings
Bytěš Velká	Großbittesch	Telć	Teltsch
Dačice	Datschitz	Třebíč	Trebitsch
Meziřiči Velké	Groß-Meserisch	Třešt	Triesch
Město Nové	Neustadt in Mähren	Ždár	Saar
Jihlava	Iglau		

Olmütz: Kreisgericht.

Bezirksgerichte:

Dvoroc	Hof in Mähren	Přerov	Prerau
Kojetín	Kojetein	Bymařov	Römerstadt
Konice	Konitz	Silperk	Schildberg
Litoval	Littau	Šternberk	Sternberg
Město staré	Mähr. Altstadt	Šumperk	Mähr. Schönlerg
Mohelnice	Miglitz	Unčov	Mähr. Naustadt
Olomouc	Olmütz	Wiesenberk	Wiesenberg
Plumlov	Plumenau	Zábřeh	Hohenstadt
Prostějov	Proßnitz		

Znaim: Kreisgericht.

Bezirksgerichte:

Budějovice Mor.	Mähr. Budwitz	Mikulov	Nikolsburg
Hrotovice	Hrottowitz	Náměst n. Osl.	Namiest an der Oslawa
Jaroslavice	Joslowitz		
Jemnice	Jamnitz	Vranov	Frain
Krimlov	Mähr. Kromau	Znojmo	Znaim

Troppau: Landesgericht.

Bezirksgerichte:

Albrechtice	Olbersdorf	Jindřichov	Hennersdorf
Benešov	Bennisch	Klimkovice	Königsberg
Bílovice	Wagstadt	Krnov	Jägerndorf
Bruntal	Freudental	Odry	Odrau
Cukmantl (Suuchomlaty)	Zuckmantel	Opava	Troppau
Frývaldov	Freiwaldau	Osoblaha	Hotzenplotz
Hlučin	Hultschin	Vidnava	Weidenau
Javorník	Jauernig	Vítkov	Wigstadtl
		Vrbno	Würbental

Mährisch-Ostrau: Kreisgericht.

Bezirksgerichte:

Bohumín	Oderberg	Místek	Mistek
Frýdek	Friedek	Ostrava Mor.	Mähr.-Ostrau
Frýstát	Freistadt	Ostrava Slezská	Schles.-Ostrau
Jablunkov	Jablunkau	Těšín Český	Tschechisch-Teschen

Gewerbegerichte:

Brno	Brünn	Krnov	Jägerndorf
Ostrava Mor.	Mähr.-Ostrau	Mor. Sternberk	Mähr.-Sternberg
Sumperk	Mähr.-Schönberg	Prostějov	Proßnitz

III. Gerichtstafel in Preßburg.

Neusohl (Bánská Bystřice): Sedrie.

Bezirksgerichte:

Bánská Bystřice	Neusohl		Zvolen	Altsohl	
Březno	Bries		Krupina	Karpfen	
Lučenec	Losoncz		Bánská Bystřice	Neusohl	
Stub Teplice	Bad Stuben		Kremnice	Kremnitz	
Turč. sv. Martin	Turocz Skt. Martin		Nová Bana	Königsberg	ung. Ujbanya

Preßburg: Sedrie.

Bezirksgerichte:

Bratislava	Preßburg		Samarýn	Sommerein	
Dunajská Stréda	Dunajská Streda	ung. Dunaszerdahely	Trnava	Tyrnau	
Galanta	Galanta		Myjava	Miawa	
Malacky	Malacky	ung. Malaczka	Senica	Senica	ung. Szenicze
Pezinek	Bösing		Skalica	Skalitz	

Komorn: Sedrie.

Bezirksgerichte:

Komárno	Komorn		Ipolské Šahy	Ipolské Šahy	ung. Ipolyzágh
Parkán	Parkan		Levice	Lewenz	
Stará Dála	Stara Dála	ung. Ogyalla			

Neutra: Sedrie.

Bezirksgerichte:

Nitra	Neutra		Zlaté Moravce	Goldmorawitza	
Hlovec	Freistadt	ung. Galgóoz	Vráble	Vráble	ung. Versbély
Nové Zámky	Neuhäusel		Sala n. V.	Sala	Vágsellye
Prievidza	Priewitz				
Velké Topolčany	Topolcany	ung. Nagytapolcsány			

Rosenberg: Sedrie.

Bezirksgerichte:

Ružonberg	Rosenberg	
Hrádek	Hrádek	ung. Liptoújvar
Dolní Kubín	Dolny Kubín	ung. Alsókubin
Lipt. sv. Mikuláš	Liptovsky Sv. Mikuláš	ung. Lipto Szent Mikl
Námestovo	Námestovo	ung. Námesztó
Trstená	Trstená	ung. Trsztena

Trenčín: Sedrie.

Bezirksgerichte:

Trenčín	Trenčin	
Bánoves	Bánovce	ung. Bán
Caca	Cadca	ung. Csacza
Ilava	Illau	
Považská Bystřica	Waagbistritz	
Puchov	Púchov	ung. Puhé
Velká Bytča	Velká Bytča	ung. Nagybiesese
Zilina	Sillein	
Nové Mèsto n. V.	Neustadt an der Waag	

IV. Gerichtstafel in Kaschau.

Kaschau: Sedrie.

Bezirksgerichte:

Košice	Kaschau	
Humene	Homenau	
Král. Chlunec	Miralhelmece	
Michalovee	Michalovee	ung. Nagymihály
Moldava	Moldau	
Vranov na Slovensku	Vranov	ung. Varannó
Sečovse	Secovce	ung. Gálazécs
Sobránce	Sobránce	ung. Szobránoz
Velke Kapušany	Groß-Kopisch	ung. Nagykapos

Leutschau: Sedrie.

Bezirksgerichte:

Levoča	Leutschau	
Gelnica	Göllnitz	
Režmark	Käsmark	
Stará Dubovňa	Altlublau	
Spišská Nová Ves	Zips-Neudorf	
Spišská Sobota	Georgenberg	
Spišská Stara Ves	Zips-Altendorf	

Eperjes: Sedrie.

Bezirksgerichte:

Prešov	Eperjes	
Bardiov	Bartfeld	
Ciraltovce	Giralt	
Sabinov	Klein-Zeben	
Svidnik	Vyšny Svidnik	
Strpkov	Stropkov	ung. Felsóvizkóz

Groß-Steffelsdorf: Sedrie.

Bezirksgerichte:

Rimavská Sobota	Groß-Steffelsdorf	ung. Rimaszombat
Rižnova	Rosenau	
Tornala	Tornala	ung. Tornalja
Veladin	Feled	
Velká Revúca	Großrauschenbach	ung. Revuca

Sächs.-Bereg: Sedrie.

Bezirksgerichte:

Beregsáz	Sächs.-Bereg	ung. Beregsáz
Itšava	Irsava	ung. Ilosva
Velká Selvjuš	Groß-Ullisch	

Húszt: Sedrie.

Bezirksgerichte:

Hust	Húszt	
Volové	Volové	ung. Ökörmezo Rahó
Tačevo	Tacevo	
Rahovo	Rahovo	

Užhorod:

Sedrie.

Bezirksgerichte:

Užhorod	Užhorod	ung. Ungvár	Mukačevo	Mukacevo	ung. Munkacs
Velká Berezna	Berezna		Nižní Verecky	Nižnije Verecki	ung. Alsóvereczke

I. Oberstaatsanwaltschaft in Prag.

Staatsanwaltschaften:

Praha	Prag	Liberec	Reichenberg
Mladá Boleslav	Jungbunzlau	Česká Lípa	Böhm.-Leipa
České Budějovice	Budweis	Litoměřice	Leitmeritz
Kutná Hora	Kuttenberg	Most	Brüx
Králové Hradec	Königgrätz	Písek	Pisek
Cheb	Eger	Pilzen	Pilsen
Chrudím	Chrudim	Tábor	Tabor
Jičín	Jičin		

II. Oberstaatsanwaltschaft in Brünn.

Staatsanwaltschaften:

Brno	Brünn	Olomouc	Olmütz
Uherské Hradište	Ung.-Hradisch	Znojmo	Znaim
Nový Jičín	Neutitschein	Opava	Troppau
Jihlava	Iglau	Moravská Ostrava	Mähr.-Ostrau

III. Oberstaatsanwaltschaft in Preßburg.

Staatsanwaltschaften:

Bánská Bystřice	Neusohl	Nitra	Neutra
Bratislava	Preßburg	Růzomberk	Rosenberg
Komárno	Komorn	Trenčin	Trentschin

IV. Oberstaatsanwaltschaft in Kaschau.

Staatsanwaltschaften:

Košice	Kaschau		Beregsáz	Sächs.-Bereg	ung. Beregsaz
Levoča	Leutschau		Hust	Huszt	
Prešov	Prešov	ung. Eperjes	Užhorod	Užhorod	ung. Ungvar
Rimavská Sobota	Groß-Steffelsdorf	ung. Rimaszombat			

I. Anzahl der Gerichte.

Böhmen: 1 Oberlandesgericht, 2 Landesgerichte, 1 Handelsgericht, 14 Kreisgerichte, 233 Bezirksgerichte, 5 Gewerbegerichte.

Mähren: 1 Oberlandesgericht, 3 Landesgerichte, 6 Kreisgerichte, 106 Bezirksgerichte, 6 Gewerbegerichte.

Slowakei: 2 Gerichtstafeln, 10 Sedrien, 76 Bezirksgerichte.

Karpathorußland: 3 Sedrien, 11 Bezirksgerichte.

Zusammen 468 ord. Gerichte, 11 Gewerbegerichte.

II. Anzahl der Staatsanwaltschaften.

Böhmen:	1	Oberstaatsanwaltschaft,	15	Staatsanwaltschaften
Mähren:	1	"	8	"
Slowakei:	2	"	10	"
Karpathorußland:	—	"	3	"

4 Oberstaatsanwaltschaften, 36 Staatsanwaltschaften, zusammen 40.

l) Verzeichnis über die ungarischen Justizbehörden.

Standort der kgl. Bezirksgerichte	Vorgesetzter kgl. Gerichtshof
Abaujszántó	Miskolcz
Abádszalók	Szolnok
Adony	Székesfehérvár
Baja	Szekszárd
Balassagyarmat	Balassagyarmat
Balatonfüred	Veszprém
Battonya	Szeged
Bácsalmás	Szekszárd
Berettyóujfalu	Debrecen
Békés	Gyula
Békéscsaba	Gyula
Bicske	Székesfehérvár
Bonyhád	Szekszárd
Budapest	
I.—III. Bezirk	Budapest
Budapest Zentral	Budapest
Budapest Kriminal	Budapest Kriminal
Csepreg	Sopron
Csongrád	Szeged
Csorna	Sopron
Csurgó	Kaposvár
Cegléd	Kecskemét
Celldömölk	Szombathely
Debrecen	Debrecen
Derecske	Debrecen
Devecser	Veszprém
Dombovár	Szekszárd
Dunaföldvár	Szekszárd
Dunavecse	Kalocsa
Edelény	Miskolc
Eger	Eger
Enying	Veszprém
Esztergom	Pestvidék
Fehérgyarmat	Nyiregyháza
Gödöllö	Pestvidék
Gyoma	Gyula
Gyöngyös	Eger
Gyönk	Szekszárd
Györ	Györ
Gyula	Gyula
Hajduböszörmény	Debrecen
Hajdunánás	Debrecen
Hajduszoboszló	Debrecen
Hatvan	Eger
Heves	Eger
Hódmezövásárhely	Szeged
Igal	Kaposvár
Jászapáti	Szolnok
Jászberény	Szolnok
Kalocsa	Kalocsa
Kaposvár	Kaposvár
Kapuvár	Sopron
Karcag	Szolnok
Kecskemét	Kecskemét
Keszthely	Nagykanizsa
Kiskörös	Kolocsa
Kiskunfélegyháza	Kecskemét
Kiskunhalas	Kalocsa
Kisujszállás	Szolnok
Kisvárda	Nyiregyháza
Körmend	Szombathely
Köszeg	Szombathely
Kunszentmárton	Solznok
Kunszentmiklós	Kecskemét
Lengyeltóti	Kaposvár
Letenye	Nagykanizsa
Magyaróvár	Györ
Makó	Szeged
Marcali	Kaposvár
Mátészalka	Nyiregyháza
Mezöcsát	Miskolcz
Mezökövesd	Miskolcz
Mezötur	Szolnok
Miskolcz	Miskolcz
Mohács	Pécs
Monor	Pestvidék
Mór	Székesfehérvár
Nagyatád	Kaposvár
Nagyigmánd	Györ
Nagykanizsa	Nagykanizsa
Nagykálló	Nyiregyháza
Nagykáta	Pestvidék
Nagykörös	Kecskémét
Nyirbátor	Nyiregyháza
Nyiregyháza	Nyiregyháza
Orosháza	Gyula
Ocsa	Pestvidék
Paks	Szekszárd
Pápa	Veszprém
Pesterzsébet	Pestvidék
Pestvidék	Pestvidék
Pécs	Pécs
Pécsvárad	Pécs
Pétervására	Eger
Püspökladány	Debrecen
Ráckeve	Pestvidék
Rétság	Balassagyarmat
Sajószentpéter	Miskolcz
Salgótarján	Balassagyarmat
Sárbogárd	Székesfehérvár
Sárospatak	Sátoraljaujhely
Sárvár	Szombathely
Sásd	Pécs
Sátoraljaujhely	Sátoraljaujhely
Siklós	Pécs
Sopron	Sopron
Sümeg	Zalaegerszeg
Szarvas	Gyula
Szeged	Szeged
Szeghalom	Gyula
Szekszárd	Szekszárd
Szentendre	Pestvidék

Standort der kgl. Bezirksgerichte	Vorgesetzter kgl. Gerichtshof	Standort der kgl. Bezirksgerichte	Vorgesetzter kgl. Gerichtshof
Szentes	Szeged	Tata	Györ
Szentgotthárd	Szombathely	Tét	Györ
Szentlörinc	Pécs	Tiszafüred	Eger
Szerencs	Sátoraljaujhely	Tiszalök	Nyiregyháza
Szécsény	Balassagyarmat	Tokaj	Sátoraljaujhely
Székesfehérvár	Székesfehérvár	Törökszentmiklós	Szolnok
Szigetvár	Kaposvár	Ujpest	Pestvidék
Szikszó	Miskolcz	Vasvár	Szombathely
Szirák	Balassagyarmat	Vác	Pestvidék
Szolnok	Szolnok	Vámosmikola	Pestvidék
Szombathely	Szombathely	Veszprém	Veszprém
Tab	Kaposvár	Zalaegerszeg	Zalaegerszeg
Tamási	Szekszárd	Zirc	Veszprém
Tapolca	Zalaegerszeg		

Expositur.

Szekszárder, Kgl. Gerichtshof, Expositur: Baja,
Sajószentpéter, Kgl. Bezirksgericht, Expositur: Putnok,
Nyiregyházáer, „ „ „ Vásárosnamény,

Kgl. Arbeiterversicherungsgericht in Budapest.

Berggerichte.

Pestprovinz (Pestvidéki) Kgl. Gerichtshof,
„ „ „ Bezirksgericht.

Kgl. Tafel: Budapest, Debrecen, Györ, Pécs, Szeged.

Abschnitt VII.

Zusammenstellung der Vorschriften über die Erledigung von Rechtsangelegenheiten im Inlande auf Ersuchen ausländischer Behörden.

Abschnitt VII.

Zusammenstellung der Vorschriften über die Erledigung von Rechtsangelegenheiten im Inlande auf Ersuchen ausländischer Behörden.

Inhalt.

Vorbemerkungen:

Nicht oder nicht ausreichend freigemachte Sendungen ausländischer Behörden oder diesen gleich zu achtender Auslandsstellen sind in jedem Falle anzunehmen. Die Postgebühren sind auf die Staatskasse zu übernehmen. Ebenso ist zu verfahren, wenn aus dem Briefumschlag nicht zu ersehen ist, ob die Sendung von einer ausländischen Behörde oder von einer Privatperson stammt.

Die Annahme nicht oder nicht ausreichend freigemachter Postsendungen ausländischer Privatpersonen, soweit sie als solche ohne weiteres erkenntlich sind, ist grundsätzlich abzulehnen — AV. vom 14. August 1923 (JMBl. S. 580) —.

Wegen Behandlung gebührenpflichtiger Sendungen im Verkehr mit der Schweiz s. AV. vom 8. April 1878 — JMBl. S. 60 —.

A. Allgemeines.

In bürgerlichen Angelegenheiten pflegen sich die Staaten nach internationalem Brauch, auch soweit besondere Rechtshilfeverträge nicht bestehen (z. B. Rumänien), gegenseitig Rechtshilfe zu leisten. Vertraglich geregelt ist der Rechtshilfeverkehr im Verhältnis zwischen Deutschland und:

a) Belgien, Dänemark, Danzig, Finnland, Italien, Luxemburg, den Niederlanden, Norwegen, Österreich, Polen, Portugal, Schweden, der Schweiz, Spanien, der Tschechoslowakei und Ungarn durch das Haager Abk. über den Ziv.-Proz. vom 17. Juli 1905 (s. Abschn. III);
b) Österreich durch den Vertrag über Rechtsschutz und Rechtshilfe vom 21. Juni 1923 (s. Abschn. II);
c) der Tschechoslowakei durch den Vertrag über Rechtsschutz und Rechtshilfe in bürgerlichen Angelegenheiten vom 20. Jan. 1922 (s. Abschn. II);
d) Polen durch den Vertrag über den Rechtsverkehr vom 5. März 1924 (s. Abschn. II);
e) Rußland (Union der Sozialistischen Sowjet-Republiken) durch den Vertrag über Rechtshilfe in bürgerlichen Angelegenheiten vom 12. Okt. 1925 (s. Abschn. II);
f) Frankreich durch den Vertrag vom 5. Okt. 1927 — RGBl. II S. 892 —;
g) Bulgarien durch den Vertrag vom 22. Dezbr. 1926 — RGBl. 1927 II S. 416 —.

Die Rechtshilfe in Strafsachen ist vielfach in Auslieferungsverträgen*) gewährleistet (Frankreich und Österreich haben besondere Verträge mit verschiedenen Bundesstaaten Deutschlands geschlossen). Siehe im übrigen Preußische Gerichtsverfassung, Ausgabe 1926, S. 66, sowie die gegenwärtig geltenden Bestimmungen für die einzelnen Staaten im Abschn. II.

Die Gewährung der Rechtshilfe ausländischer Behörden ist, sofern Rechtshilfeverträge bestehen, die Erfüllung einer völkerrechtlichen Verbindlichkeit, im übrigen geschieht sie aus Entgegenkommen.

Ob Rechtshilfe zu gewähren ist, bestimmt die Justizverwaltung.

Bestehen keine Verträge, so sind die Gerichte als Organe der Justizverwaltung an deren Weisung — auch in der Form der Erledigung — gebunden, da die §§ 157 ff. des GVG. hier keine Anwendung finden. Nach § 4 EGGVG. ist die Erledigung jeder beliebigen Gerichtsbehörde oder Verwaltungsbehörde übertragbar. Ihre Erledigung ist nur mit den Mitteln der Verwaltung, nicht mit denen der Gerichtshoheit möglich. Eine Anwendung einer Ersatzzustellung oder einer Zustellung gegen den Willen des Zustellungsempfängers ist hier unzulässig; ebenso können Zwangsmaßnahmen gegen Zeugen und Sachverständige in diesen Fällen nicht angewendet werden.

Sofern Verträge bestehen, sind die zur Erledigung von ausländischen Rechtshilfeersuchen zuständigen Stellen durch die zu den Verträgen ergangenen Ausführungsgesetze für das ganze Reichsgebiet gleichmäßig bestimmt. Durch ihre Verkündung als Reichsgesetze schaffen die Rechtshilfeverträge eine Rechtsgrundlage dafür, daß sich die Justizverwaltung bei Erledigung der Rechtshilfeersuchen der besonderen Mittel der Gerichtshoheit bedienen kann, z. B. Zwangszustellung, Zwangsmaßnahmen gegen Zeugen und Sachverständige, wie dies im Haager Ziv.-Proz.-Abk. und in Einzelverträgen (z. B. Polen) vorgesehen ist (zu vgl. von Normann, „Das Internationale Zivilprozeßrecht").

B. Erledigung von Zustellungsersuchen.

I. Prüfung der Anträge auf Zustellung:

Anträge ausländischer Stellen um Zustellung von Schriftstücken sind, unbeschadet der Vorprüfung durch den Landgerichtspräsidenten, daraufhin zu prüfen:

1. ob die Empfangsstelle zur Entgegennahme berechtigt ist. Dies ist im unmittelbaren Verkehr mit Danzig, Österreich, dem Memelgebiet, mit der Schweiz und Ungarn die Gerichtsschreiberei**) des Amtsgerichts, im übrigen der Landgerichtspräsident oder das Justizministerium; g. F. Vorlage an die zuständige Stelle;
2. ob die Zuständigkeit hinsichtlich der Erledigung gegeben ist; sonst Abgabe an die zuständige und Benachrichtigung der ersuchenden Behörde. Zu einer Abgabenachricht besteht eine Verpflichtung nur bei Dänemark, Luxemburg und den Niederlanden. Im unmittelbaren Verkehr (s. Ziff. 1 vorstehend) ist das Sache der Gerichtsschreiberei**) des Amtsgerichts;
3. ob die Stelle, von der das Ersuchen im unmittelbaren Verkehr ausgeht, auch zur Stellung des Antrags befugt ist. Im Verhältnis zu Österreich, Ungarn und der Schweiz sind das alle Behörden, bei Danzig, Dänemark,

*) Oder Sonderverträgen mit einzelnen Ländern z. B. Polen, Tschechoslowakei — abgedruckt im Abschnitt II —.

**) Jetzt Geschäftsstelle.

Luxemburg, beim Memelgebiet, bei den Niederlanden und Polen sind es alle gerichtlichen Behörden einschließlich der Staatsanwaltschaften, bei der Tschechoslowakei sind es die Präsidien der Gerichtshöfe erster Instanz. Im übrigen werden sie durch einen ausländischen Konsul oder durch den Justizminister an den Landgerichtspräsidenten zur weiteren Veranlassung geleitet. Privatpersonen sind zu Zustellungsanträgen nicht befugt. Die Abfassung der Schriftstücke erfolgt im unmittelbaren Geschäftsverkehr in der Sprache der ersuchenden Behörde. Der Konsul bedient sich der Amtssprache der ersuchten Behörde. Betr. Gültigkeit der Übersetzung s. Abschn. IV Anm. 6 am Schluß;

4. ob sie im Bereich des Haager Ziv.-Proz.-Abk. (welche Länder das sind, s. C. Ziff. 4 nachstehend) den Vorschriften dieses Abkommens entsprechen, insofern als
   a) es sich nur um eine Angelegenheit des bürgerlichen Rechts (Zivilrecht, freiw. Gerichtsbarkeit, Vollstreckungs- und Konkursverfahren) oder des Handelsrechtes handeln darf. Neben den ordentlichen Gerichten können auch Sondergerichte, wie die Rheinschiffahrts-, Elbzoll-, Agrar-, Kaufmanns- und Gewerbegerichte, Arbeitsgerichte, Verwaltungsbehörden Anträge stellen. Ausgeschlossen sind Angelegenheiten des öffentlichen Rechts und des Strafrechts einschließlich Privatklagesachen;
   b) die Stelle, von der das Schriftstück ausgeht, der Name und die Stellung der Parteien, die Anschrift des Empfängers sowie die Art des in Rede stehenden Schriftstücks in dem Zustellungsantrag angegeben sein müssen (z. B. Ladung, Klageschrift, Urteil; die vielfach gebräuchliche Bezeichnung „gerichtliches Dokument" genügt nicht);
5. ob sie etwa wegen Besorgnis der Gefährdung der inländischen Hoheitsrechte abzulehnen sind. Dieser Fall liegt z. B. vor, wenn Zustellung einer Klage oder einer Streitverkündung an das Deutsche Reich oder dessen Länder erfolgen soll, oder, wenn die Zustellung einer Zeugenladung, in der dem Zeugen Strafen für den Fall seines Nichterscheinens angedroht sind, oder, wenn die Zustellung eines Pfändungs- und Überweisungsbeschlusses an den Drittschuldner oder eines Beschlusses, durch den ein vom ersuchten Staat verliehenes Patent gepfändet wird, beantragt wird (s. auch Abschn. II Anm. 8 zu § 8 der RHV., Abschn. IV a der AV. vom 11. März 1922 — JMBl. S. 83 —, abgedruckt nachstehend unter B III c, sowie die nachstehende Verfügung:

AV. vom 14. Juli 1917, betr. ausländische Ersuchen um Zustellung in Klagesachen gegen das Deutsche Reich oder einen deutschen Bundesstaat (JMBl. S. 261):

„Nach Art. 4 des Haager Abk. über den Ziv.-Proz. vom 17. Juli 1905 (RGBl. 1909 S. 410) können Ersuchen ausländischer Staaten um Zustellung gerichtlicher oder außergerichtlicher Urkunden insbesondere dann abgelehnt werden, wenn ihre Erledigung geeignet ist, die Hoheitsrechte des Deutschen Reichs oder eines Bundesstaats zu gefährden. Eine solche Gefährdung der inländischen Hoheitsrechte wird, abgesehen von vereinzelten Ausnahmefällen, regelmäßig dann anzunehmen sein, wenn sich aus der zuzustellenden Urkunde ergibt, daß der ersuchende Staat eine Gerichtsbarkeit über das Deutsche Reich oder einen deutschen Bundesstaat in Anspruch nimmt. Ob eine solche ausländische Gerichtsbarkeit im Einzelfalle anzuerkennen ist, bedarf sorgfältiger Prüfung. Ich bestimme deshalb, daß ausländische Ersuchen um Zustellungen in Klagesachen gegen das Deutsche Reich oder gegen einen deutschen Bundesstaat von den Justizbehörden anzuhalten und mir unerledigt einzureichen sind."

6. ob sie etwa wegen Besorgnis der Gefährdung der Sicherheit des ersuchten Staates abzulehnen sind. Hierunter fallen z. B. Ersuchen um Zustellung aufrührerischer oder unsittlicher Schriften oder solcher beleidigenden Inhalts gegen den ersuchten Staat.

II. Beanstandung, Ablehnung der Anträge auf Zustellung:

Soweit etwa notwendige Ergänzungen der Ersuchen (z. B. Fehlen der bezogenen Anlagen) im unmittelbaren Verkehr nicht behoben werden können (s. B I Ziff. 1), sind die Ersuchen dem Landgerichtspräsidenten mit einem entsprechenden Bericht unerledigt vorzulegen. Ist die Zustellung undurchführbar infolge Vorliegens tatsächlicher Hinderungsgründe (z. B. Empfänger ist gestorben, nicht ermittelt oder ins Ausland verzogen usw.), so ist nach Abschn. III der AV. vom 11. März 1922 — JMBl. S. 83 —, nachstehend unter B III a abgedruckt, zu verfahren. Geht ein Ersuchen unmittelbar bei einem deutschen Gericht ein, ohne daß dieser Weg zugelassen ist, oder wird die Erledigung aus einem der unter B I 3, 4, 5 aufgeführten Grunde, sofern eine Ergänzung des Ersuchens nicht in Frage kommt, beanstandet, so muß die Sache durch den Landgerichtspräsidenten zur Herbeiführung einer Entscheidung, ob dem Ersuchen entsprochen werden soll, dem Justizminister vorgelegt werden (zu vgl. Abschn. IV der vorbezeichneten AV.). Es empfiehlt sich aber, falls dies im Interesse eines deutschen Beteiligten liegt, das ausländische Schriftstück — ohne daß es auf diesem vermerkt wird — vorher dem Beteiligten formlos zur Kenntnis vorzulegen, damit dieser in der Lage ist, seine Rechte wahrzunehmen.

III. Erledigung der Anträge auf Zustellung:

Zuständig zur Erledigung der Zustellungsanträge ist der Gerichtsschreiber *) des Amtsgerichts, in dessen Bezirk die Zustellung erfolgen soll, es sei denn, daß ausdrücklich die Zustellung durch den Gerichtsvollzieher seitens der inländischen Justizverwaltung angeordnet ist. Die Ersuchen sind als Eilsachen zu behandeln. Die allgemeinen Richtlinien, nach der der Gerichtsschreiber *) die Zustellung vornehmen soll, sind enthalten:

a) in der AV. vom 11. März 1922 — JMBl. S. 83 —, die folgenden Wortlaut hat:

AV. vom 11. März 1922 über das Verfahren bei Zustellung in bürgerlichen Rechtsangelegenheiten auf Ersuchen ausländischer Behörden (JMBl. S. 83).

„Unter Aufhebung der Allgemeinen Verfügung vom 16. August 1921 (JMBl. S. 453) wird das Folgende bestimmt:

A. Zustellungen im Anwendungsbereiche des Haager Abkommens über den Zivilprozeß vom 17. Juli 1905 (RGBl. 1909 S. 410) sowie des deutsch-bulgarischen Rechtshilfevertrages **) vom 29. Nov. 1911 (RGBl. 1913 S. 457).

Zuständig für die Empfangnahme und Prüfung (Ziffer IV unten) von Zustellungsanträgen ist der Präsident des Landgerichts (§ 1 Abs. 1 des Gesetzes vom 5. April 1909 — RGBl. 1909 S. 430 —, § 2 des Gesetzes vom 29. Nov. 1912 — RGBl. 1913 S. 492 —), soweit unmittelbarer Geschäftsverkehr zugelassen ist, das Amtsgericht, in dessen Bezirk die Zustellung erfolgen soll.

Zuständig für die Besorgung der Zustellung, für die Beglaubigung des Empfangsbekenntnisses des Empfängers oder die Erteilung des Zustellungszeugnisses sowie für die Aufnahme der Urkunde, welche den die Zustellung hindernden Umstand ergibt, ist der Gerichtsschreiber *) des Amtsgerichts, in dessen Bezirk die Zustellung zu bewirken ist (§ 1 Abs. 2 des Gesetzes vom 5. April 1909 — RGBl. 1909 S. 430 —, § 2 des Gesetzes vom 29. Nov. 1912 — RGBl. 1913 S. 492 —).

*) Jetzt Geschäftsstelle bzw. Urkundsbeamter der . . .

**) Inzwischen neuer Vertrag abgeschlossen (z. vgl. S. 52).

I. Besorgung von Zustellungen.

1. Ist das zuzustellende Schriftstück nicht in deutscher Sprache abgefaßt und nicht von einer gehörig beglaubigten deutschen Übersetzung begleitet, so kommt regelmäßig (vgl. jedoch unten Ziffer 3) nur die Zustellung durch formlose Übergabe in Frage; die Vorschriften der Zivilprozeßordnung über die Zustellung finden keine Anwendung.

a) Der Gerichtsschreiber*) hat das zuzustellende Schriftstück dem Empfänger entweder selbst zu übergeben oder die Übergabe an ihn durch den Justizwachtmeister oder (bei größeren Entfernungen) durch die Post mittels eingeschriebenen Briefes gegen Rückschein (§ 38 X der Postordnung vom 22. Dez. 1921 — RGBl. S. 1609 —) bewirken zu lassen.

b) Die Übergabe ist an den Zustellungsadressaten oder die in §§ 171—173 ZPO. genannten Personen zu bewirken; eine Ersatzzustellung (§§ 181 ff. ZPO.) findet nicht statt. Die Zustellung darf nur erfolgen, wenn der Empfänger zur Annahme des zuzustellenden Schriftstücks bereit ist. Die Zustellung gegen den Willen des Empfängers (§ 186 ZPO.) ist unzulässig.

2. Ist das zuzustellende Schriftstück in deutscher Sprache abgefaßt oder von einer gehörig beglaubigten Übersetzung in die deutsche Sprache begleitet, so kommt es darauf an, ob in dem Antrag der ersuchenden Behörde der Wunsch ausgesprochen ist, das Schriftstück in der durch die deutsche Gesetzgebung vorgeschriebenen Form zuzustellen:

a) Ist ein solcher Wunsch ausgesprochen, so hat der Gerichtsschreiber*) nach den Vorschriften der §§ 208 ff. ZPO. (Allgemeine Verfügung vom 1. Febr. 1910 — JMBl. S 43 —) zu verfahren.

b) Ist ein solcher Wunsch nicht ausgesprochen, so ist, wenn der Empfänger zur Annahme bereit ist, ihm das zuzustellende Schriftstück gemäß Ziffer 1 auszuhändigen; ist der Empfänger zur Annahme nicht bereit oder ist nur Ersatzzustellung möglich, so ist gemäß Ziffer 2 a (oben) zu verfahren. Steht nicht fest, ob der Empfänger zur Annahme bereit ist, so ist zunächst gemäß Ziffer 1 zu verfahren; wenn in diesem Falle ein Justizwachtmeister mit der Zustellung beauftragt wird, so ist ihm das zuzustellende Schriftstück von vornherein in der durch § 211 ZPO. vorgeschriebenen Form auszuhändigen und ihm ein Formular einer Zustellungsurkunde mit ausgefülltem Kopfe (§ 5 Abs. 2 der Allgemeinen Verfügung vom 1. Febr. 1910 — JMBl. S. 43 —) mitzugeben, von welchem er bei Verweigerung der Annahme oder bei Notwendigkeit der Ersatzzustellung Gebrauch zu machen hat.

3. Ist das zuzustellende Schriftstück weder in deutscher Sprache abgefaßt, noch von einer gehörig beglaubigten Übersetzung in die deutsche Sprache begleitet, ist jedoch im Antrag der ersuchenden Behörde der Wunsch ausgesprochen, das Schriftstück in der durch die deutsche Gesetzgebung vorgeschriebenen Form zuzustellen, und ist nach den bestehenden Vereinbarungen die vorgeschriebene Übersetzung auf Kosten der ersuchenden Behörde von der ersuchten Behörde zu beschaffen (Niederlande: Art. 3 Abs. 2 Satz 2 der Vereinbarung vom 31. Juli 1909**) — RGBl. S. 908 —, Norwegen: Art. 1 Abs. 2 der Vereinbarung vom 2. Aug. 1909**) — RGBl. S. 912 —, Schweiz: Art. 2 Abs. 2 Satz 2 der Vereinbarung vom 30. April 1910**) — RGBl. S. 674 —, Dänemark: Vereinbarung vom 1. Juni 1910**) — RGBl. S. 872 —), so ist nach Beschaffung der vorgeschriebenen Übersetzung gemäß Ziffer 2 a zu verfahren.

II. Erteilung des Zustellungsnachweises.

1. Erfolgt die Zustellung im Wege der formlosen Übergabe unmittelbar durch den Gerichtsschreiber*) oder Justizwachtmeister, so ist ein datiertes Empfangsbekenntnis aufzunehmen. Wird das Empfangsbekenntnis von einer der in den §§ 171 bis 173 ZPO. bezeichneten Personen erteilt, so ist darin anzugeben, in welchem Verhältnisse diese Person zu dem Empfänger steht.

Das Empfangsbekenntnis ist bei der Zustellung durch den Gerichtsschreiber*) von diesem zu beglaubigen. Bei Zustellung durch Vermittelung des Justizwachtmeisters hat der Gerichtsschreiber*) über die Zustellung auf Grund des dem Justizwachtmeister erteilten datierten Empfangsbekenntnisses ein Zustellungszeugnis zu erteilen, aus dem sich die Tatsache, die Form und die Zeit der Zustellung ergibt; ebenso finden die Bestimmungen des § 13 Ziffer 1 c der Allgemeinen Verfügung vom 1. Februar 1910 (JMBl. S. 43) entsprechende Anwendung. Ein gleiches Zustellungszeugnis ist, falls die Zustellung durch eingeschriebenen Brief gegen Rückschein bewirkt ist, auf Grund des Rückscheins zu erteilen.

2. Erfolgt die Zustellung in den Formen der Zivilprozeßordnung, so ist von dem Gerichtsschreiber*) auf Grund der Zustellungsurkunde ein Zustellungszeugnis zu erteilen,

*) Jetzt Urkundsbeamter der Geschäftsstelle.

**) Abgedruckt im Abschnitt II unter den betr. Staaten.

aus dem sich die Tatsache, die Form und die Zeit der Zustellung ergibt; ebenso finden die Bestimmungen des § 13 Ziffer 1c der Allgemeinen Verfügung vom 1. Februar 1910 (JMBl. S. 43) entsprechende Anwendung.

3. In beiden Fällen (1 und 2) ist der Unterschrift des Gerichtsschreibers*) unter dem Beglaubigungsvermerk oder dem Zustellungszeugnisse das Amtssiegel beizufügen.

Wurde das zuzustellende Schriftstück in einem Stück übermittelt, so ist es in dem Zustellungszeugnis (Empfangsbekenntnis) unzweideutig zu bezeichnen (z. B. „Beschluß des Gerichts in A. vom .....“ und Aktenzeichen des Gerichts). Wurde das zuzustellende Schriftstück in zwei gleichen Stücken übermittelt, so ist das Empfangsbekenntnis nebst dem Beglaubigungsvermerk oder das Zustellungszeugnis auf eines der beiden Stücke zu setzen oder damit zu verbinden.

4. Hat der Gerichtsschreiber*) die Zustellung im Wege der formlosen Übergabe unmittelbar bewirkt, so ist das gemäß Ziffer 1 aufgenommene und beglaubigte Empfangsbekenntnis der für die Rücksendung zuständigen Stelle (vgl. unter V) zu übermitteln. Hat der Gerichtsschreiber*) auf Grund der Zustellung durch den Justizwachtmeister oder auf Grund der Zustellung durch eingeschriebenen Brief gegen Rückschein ein Zustellungszeugnis erteilt, so ist das dem Justizwachtmeister erteilte Empfangsbekenntnis oder der Rückschein zu den Akten des die Zustellung bewirkenden Gerichts zu nehmen und lediglich das Zustellungszeugnis zu übermitteln.

III. Undurchführbarkeit der Zustellung.

Ist die Zustellung gemäß den Vorschriften zu I nicht möglich, so hat der Gerichtsschreiber*) ein datiertes Zeugnis auszustellen, aus welchem sich die versuchte Art der Zustellung und der ihre Ausführung hindernde Umstand ergibt. Der Unterschrift des Gerichtsschreibers*) ist das Amtssiegel beizufügen. Lehnt der Empfänger in den Fällen zu I, 1 die Annahme ab und kann aus diesem Grunde die Zustellung nicht erfolgen, so ist das vorbezeichnete Zeugnis nicht auszustellen, vielmehr bei Rücksendung des Ersuchens lediglich zum Ausdruck zu bringen, daß die Zustellung mangels Annahmebereitschaft des Empfängers nicht möglich war.

IV. Ablehnung des Ersuchens.

Mit Rücksicht darauf, daß nach Artikel 4 des Haager Abkommens über den Zivilprozeß vom 17. Juli 1905 und nach Artikel 13 Abs. 1 des deutsch-bulgarischen Rechtshilfevertrages vom 29. September 1911**) Ersuchen ausländischer Staaten um Zustellung gerichtlicher oder außergerichtlicher Urkunden in den dort bezeichneten Fällen abgelehnt werden können, hat vor Ausführung der Zustellung der Landgerichtspräsident (soweit unmittelbarer Verkehr zwischen den Gerichten des ersuchenden Staates und den deutschen Gerichten zugelassen ist, das ersuchte Gericht) zu prüfen, ob Anlaß besteht, auf Grund dieser Bestimmung das Ersuchen abzulehnen. Es wird hierzu bemerkt, daß eine Gefährdung der inländischen Hoheitsrechte regelmäßig dann anzunehmen ist, wenn das Ersuchen sich richtet auf Zustellung

a) einer Klage, eines Zahlungsbefehls oder einer Streitverkündung an das Reich oder an ein Deutsches Land, (Allgemeine Verfügung vom 14. Juli 1917***) — JMBl. S. 261), sofern nicht im Einzelfall die ausländische Gerichtsbarkeit anzuerkennen ist,
b) eines Pfändungs- und Überweisungsbeschlusses an den Drittschuldner.

Ersuchen dieser Art sind nicht zu erledigen und mir zwecks weiterer Veranlassung mit Begleitbericht einzureichen.

Der Ausstellung eines Zeugnisses über den die Zustellung hindernden Umstand durch den Gerichtsschreiber*) gemäß Ziffer III bedarf es in diesen Fällen nicht.

V. Rücksendung des Ersuchens.

Die Rücksendung des Ersuchens erfolgt, soweit den Gerichten der unmittelbare Verkehr gestattet ist, durch das ersuchte Gericht, im übrigen durch den Landgerichtspräsidenten an die Stelle, durch die das Ersuchen übermittelt ist. Bei der Rücksendung sind die unter II 4 und III bezeichneten Urkunden anzuschließen, die bei Erledigung der Zustellung erwachsenen sonstigen Schriftstücke dagegen zurückzubehalten.

B. Zustellungen außerhalb des Anwendungsbereichs des Haager Abkommens über den Zivilprozeß vom 17. Juli 1905 (RGBl. 1909 S. 409) sowie des deutsch-bulgarischen Rechtshilfevertrags vom 29. September 1911**) (RGBl. 1913 S. 457).

Ergeht das Zustellungsersuchen von der Behörde eines Staates, auf den weder das Haager Abkommen über den Zivilprozeß noch die Artikel 7 bis 12 des deutsch-bulgarischen**)

---

*) Jetzt Geschäftsstelle bzw. der Urkundsbeamte der . . .
**) Inzwischen neuer Vertrag in Kraft (s. S. 52).
***) Abgedruckt S. 364 unter Ziff. 5.

Rechtshilfevertrags vom 29. September 1911 Anwendung finden, so ist nach den Bestimmungen zu Ziffer I 1; II 1, 3, 4; III und IV zu verfahren.

Eine Ersatzzustellung (§§ 181 bis 184 ZPO.) oder Zustellung gegen den Willen des Empfängers (§ 186 ZPO.) findet nicht statt.

Die Rücksendung des Ersuchens erfolgt an den Justizminister."

b) In der dazu erlassenen Ausf.-Rundverf. des Justizministers vom 21. März 1922 — I 3606 —, deren Inhalt lautet:

Der Justizminister. I 3606. „**Betrifft: Ausführung der Allgemeinen Verfügung vom 21. März 1922** (JMBl. S. 83) **über das Verfahren bei Zustellungen in bürgerlichen Rechtsangelegenheiten auf Ersuchen ausländischer Behörden.**

„1. Das Haager Abkommen über den Zivilprozeß ist von folgenden Staaten ratifiziert und diesen gegenüber noch in Geltung:

Belgien (vgl. Art. 287 des Friedensvertrages, RGBl. 1919 S. 1097),
Dänemark (einschließlich der dänischen Antillen, aber ausschließlich Island),
Italien (vgl. Art. 287 des Friedensvertrages),
Luxemburg,
Niederlande,
Norwegen,
Österreich,
Schweden,
Schweiz,
Spanien,
Ungarn *).

Deutsch-Österreich und Ungarn haben die Fortgeltung des Abkommens im Verhältnis zu Deutschland nach dem Kriege anerkannt.

Im Verhältnis zu diesen Staaten sind daher die Vorschriften des Abschnitts A der Allgemeinen Verfügung zur Anwendung zu bringen. Das Gleiche gilt für Bulgarien gemäß Artikel 7—12 des deutsch-bulgarischen Vertrages über Rechtsschutz und Rechtshilfe in bürgerlichen Angelegenheiten **).

2. Der unmittelbare Geschäftsverkehr ist in allen Fällen, in denen durch das Haager Abkommen über den Zivilprozeß der Rechtshilfeverkehr in Zivil- und Handelssachen für die Mitteilung gerichtlicher und außergerichtlicher Urkunden sowie für die Erledigung von Ersuchungsschreiben geregelt ist, den deutschen Gerichten gestattet, im Verkehr mit den gerichtlichen Behörden von

Dänemark ***) (Bekanntmachung vom 3. Juni 1910, RGBl. S. 877, 878),
Luxemburg (Bekanntmachung vom 16. August 1909, RGBl. S. 907, 910),
den Niederlanden ***) (Bekanntmachung vom 16. August 1910, RGBl. S. 907 ff.),
Österreich (Bekanntmachung vom 3. Juni 1910, RGBl. S. 871 ff.),
der Schweiz ***) (Bekanntmachung vom 7. Mai 1910, RGBl. S. 674).

In den Vereinbarungen mit Dänemark, Luxemburg und den Niederlanden ist zur Entgegennahme von Zustellungs- und sonstigen Rechtshilfeersuchen nur der Landgerichtspräsident für zuständig erklärt.

Im Verkehr mit Österreich und der Schweiz ist diese Beschränkung nicht vorgesehen. Die in Ziffer IV der Allgemeinen Verfügung vom 11. März 1922 vorgeschriebene Prüfung der Frage, ob ein Anlaß vorliegt, die Erledigung des Ersuchens gemäß Art. 4 des Haager Abkommens über den Zivilprozeß vom 17. Juli 1905 abzulehnen, liegt daher bei Ersuchen um Zustellungen von seiten österreichischer oder schweizerischer Behörden dem jeweils ersuchten Gericht ob.

3. Im Verkehr mit den unter Ziffer 1 nicht genannten Staaten ist bei Ersuchen um Zustellung gerichtlicher oder außergerichtlicher Urkunden gemäß Abschnitt B der Allgemeinen Verfügung vom 11. März 1922 zu verfahren, soweit nicht im folgenden besonderes bestimmt ist.

---

*) Ferner Danzig, Finnland, Polen, Portugal, Tschechoslowakei.

**) Inzwischen neuer Vertrag (z. vgl. S. 3).

***) Übersetzungskosten werden nur bei Zwangszustellung und bei Anwendung des Art. 19 des Haager Ziv.-Proz.-Abk. berechnet; s. S. 19.

Dies gilt insbesondere auch im Verkehr mit Frankreich, Rumänien und Portugal*), denen gegenüber das Haager Abkommen über den Zivilprozeß gemäß Artikel 287 des Friedensvertrages (RGBl. 1919 S. 1097) nicht wieder anwendbar geworden ist.

Frankreich hat zwar für die französischen Staatsangehörigen die aus Art. 2 und 5 des deutsch-bulgarischen Rechtshilfevertrages vom 29. September 1911**) (RGBl. 1913 S. 457) sich ergebenden Rechte gemäß Art. 291 des Friedensvertrages in Anspruch genommen (vgl. Bekanntmachung vom 3. Juni 1921, RGBl. S. 732), aber nicht die Rechte, die sich aus den die Rechtshilfe in bürgerlichen Angelegenheiten behandelnden Artikeln 7—12 des bezeichneten deutsch-bulgarischen Vertrages ergeben.

4. In den Runderlassen vom 12. Juni 1920 über die vorläufige Regelung des Rechtshilfeverkehrs mit dem Memelgebiet und der Freien Stadt Danzig (I 17138/21, I 17695/21) ist bis zum Abschluß der geplanten Rechtspflegeabkommen die entsprechende Anwendung der Bestimmungen des Haager Abkommens vom 17. Juli 1905 über den Rechtshilfeverkehr in Zivilsachen vorgeschrieben.

Demgemäß finden auf Ersuchen von Behörden dieser Gebiete um Zustellung von Schriftstücken die Bestimmungen des Abschnitts A der Allgemeinen Verfügung vom 11. März 1922 Anwendung. Der Erledigung dieser Zustellungsersuchen sind die Vorschriften der deutschen Zivilprozeßordnung auch dann zugrunde zu legen, wenn das Ersuchungsschreiben einem dahingehenden Wunsch nicht ausdrücklich entspricht. Hingegen sind Ersatzzustellungen (§§ 181—184 ZPO.) oder Zustellungen wider den Willen des Empfängers (§ 186 ZPO.) auf Ersuchen von Behörden dieser Gebiete nicht vorzunehmen. Will der Gerichtsschreiber***) gemäß § 211 ZPO. verfahren, so hat er daher am Kopf der dem Justizwachtmeister auszuhändigenden Zustellungsurkunde (vgl. § 5 Ziffer 2 der Allgemeinen Verfügung vom 1. Februar 1910, JMBl. S. 43) und am Kopf des der Post zu übergebenden Formulars (vgl. §§ 25 und 39 der Postordnung vom 22. Dezember 1921, RGBl. S. 1609; Anweisung der Post über die postamtliche Bestellung von Briefen mit Zustellungsurkunde § 3, JMBl. 1914 S. 455 ff.) zu vermerken, daß eine Zustellung an Ersatzpersonen (§§ 181—184 ZPO.) oder gegen den Willen des Empfängers (§ 186 ZPO.) nicht erfolgen dürfe.

5. Soweit in den Abkommen zur Überleitung der Rechtspflege (deutsch-französisches Abkommen über elsaß-lothringische Rechtsangelegenheiten vom 22. November 1920, RGBl. S. 1995; deutsch-polnisches Abkommen vom 8. Dezember 1920, RGBl. S. 2043; deutsch-belgische Vereinbarung betreffend Eupen und Malmedy vom 21. Februar 1921, RGBl. S. 197; deutsch-tschechoslowakisches Abkommen betreffend das Hultschiner Land vom 28. Mai 1921, RGBl. S. 723; Gesetz über das deutsch-dänische Abkommen vom 9. Januar 1922, RGBl. S. 45) über Zustellungsersuchen ausländischer Behörden Sonderbestimmungen getroffen sind, bewendet es bei ihnen."

c) In der AV. vom 31. Juli 1922 (JMBl. S. 303), die bestimmt:

AV. vom 31. Juli 1922 (JMBl. S. 303) über das Verfahren bei Zustellungen in bürgerlichen Rechtsangelegenheiten auf Ersuchen ausländischer Behörden AV. 11. März 1922 (JMBl. S. 303).

„In Ergänzung der vorbezeichneten AV. wird folgendes bestimmt:

I. Form des Zustellungszeugnisses.

1. Das in der AV. vom 11. März 1922 vorgesehene Zustellungszeugnis ist nach folgendem Muster zu erteilen:

Zustellungszeugnis.

Die Zustellung de . . . .
vom . . . . Aktenzeichen . . . .
ist am . . . . durch Aushändigung de . . .
zuzustellenden Schriftstück . . an d . . Adressat . . . selbst
— an . . . . als . . . . de . .
Adressat . . — erfolgt.

. . . . , **den** . . . . 19 . .

Stempel: **Der Gerichtsschreiber***) des Amtsgerichts**
Unterschrift und Amtsbezeichnung.

---

*) Bezüglich Portugal ist das Abk. seit 28. Mai 1928 wieder in Kraft.
**) Inzwischen ist ein neuer Vertrag abgeschlossen (s. S. 52).
***) Jetzt Geschäftsstelle bzw. der Urkundsbeamte der . . .

2. Erfolgte die Zustellung in der durch die deutsche Gesetzgebung vorgeschriebenen Form (Abschnitt A Ziff. I, 2, 3 der AV. vom 11. März 1922) und konnte sie durch Aushändigung des zuzustellenden Schriftstücks an den Adressaten selbst oder eine der in den §§ 171 bis 173 ZPO. genannten Personen nicht bewirkt werden, so ist

a) im Falle der Zustellung an einen Ersatzempfänger (§§ 181, 183, 184 ZPO.) durch einen entsprechenden Zusatz der Grund anzugeben, durch welchen die Zustellung an den Ersatzempfänger gerechtfertigt wird;

b) im Falle der Zustellung durch Niederlegung des zuzustellenden Schriftstücks bei einer Behörde (§ 182 ZPO.) unter Fortlassung der Worte „durch Aushändigung an .... usw." anzugeben, weshalb die Niederlegung erforderlich wurde und in welcher Weise die sie betreffenden Vorschriften (§ 34 der Geschäftsanweisung für die Gerichtsvollzieher vom 24. März 1914 — JMBl. S. 343 —) befolgt sind;

c) im Falle der Zwangszustellung (§ 186 ZPO.) unter Fortlassung der Worte „durch Aushändigung an ......" einzufügen: „da die Annahme des zuzustellenden Schriftstücks verweigert wurde, durch Zurücklassung des Schriftstücks am Orte der Zustellung".

3. Wenn das zuzustellende Schriftstück nur in einem Stück übermittelt ist, so ist das Zustellungszeugnis (beglaubigte Empfangsbekenntnis) auf ein besonderes Blatt zu setzen.

4. Tintenstift ist zur Herstellung des Zustellungszeugnisses (Empfangsbekenntnisses) nicht zu verwenden.

5. Die Landgerichtspräsidenten haben, sofern Zustellungszeugnisse, die durch ihre Hand an mich zurückgereicht werden, den vorstehenden Bestimmungen nicht entsprechen, vor der Weitergabe die Beseitigung der Mängel zu veranlassen.

II. Beschleunigte Behandlung der Ersuchen.

Zustellungsersuchen ausländischer Behörden in bürgerlichen Rechtsangelegenheiten sind als Eilsachen zu behandeln. Ihre beschleunigte Erledigung ist durch Fristvermerke zu kontrollieren."

d) In der AV. vom 15. Mai 1904 (JMBl. S. 130), die wie folgt lautet:

AV. vom 15. Mai 1904, betr. die Zustellung ungarischer Schriftstücke (JMBl. S. 130).

„Ausländische Schriftstücke, welche mit dem Ersuchen um Herbeiführung der Zustellung im diplomatischen Wege dem Herrn Minister der auswärtigen Angelegenheiten zugehen, werden von diesem regelmäßig den Justizbehörden unmittelbar zur Erledigung übersandt. Nur bei der Übersendung ungarischer Zustellungsersuchen ist bisher meine Vermittlung eingetreten. Künftig werden indessen zur Vereinfachung und Beschleunigung des Geschäftsgangs auch die ungarischen Schriftstücke, welche zugestellt werden sollen, den Justizbehörden unmittelbar durch den genannten Herrn Minister übermittelt werden. Indem ich die Justizbehörden hiervon in Kenntnis setze, bestimme ich:

Ersuchen ungarischer Behörden um Zustellung sind von den Amtsgerichten regelmäßig in der Weise zu erledigen, daß die Person, welcher zugestellt werden soll, schriftlich ohne Zustellungsnachweis von dem Eingange des Schriftstücks, wenn tunlich unter kurzer Mitteilung des Inhalts und unter Bezeichnung der ersuchenden ungarischen Behörde benachrichtigt wird. Damit ist die Aufforderung zu verbinden, das Schriftstück binnen einer Woche auf der Gerichtsschreiberei*) persönlich oder durch einen Bevollmächtigten in Empfang zu nehmen, widrigenfalls die Annahme als verweigert angesehen und das Schriftstück zurückgesandt werden würde.

Erscheint der Adressat an der Gerichtsstelle, so ist ihm das Schriftstück vorzulegen und ihm dabei zu eröffnen, daß er es in Empfang nehmen oder ohne Angabe von Gründen die Annahme ablehnen könne.

Wird das Schriftstück ausgehändigt, so hat der Gerichtsschreiber*) auf dem Empfangsscheine, welcher gewöhnlich den ungarischen Zustellungsersuchen beigefügt wird, die Unterschrift des Empfängers unter Beifügung des Amtssiegels zu beglaubigen. In dem Beglaubigungsvermerk ist die Person des Empfängers genau zu bezeichnen. Der Empfangsschein ist demnächst zurückzureichen.

Wird die Annahme abgelehnt, so ist unter Wiederbeifügung des Zustellungsersuchens über das Veranlaßte an den Herrn Minister der auswärtigen Angelegenheiten**) zu berichten. Der Bericht ist möglichst kurz zu fassen. Werden Schriftstücke zurückgereicht, so ist die Verwendung eines Umschlagbogens gestattet.

*) Jetzt Geschäftsstelle.

**) Nunmehr: das Auswärtige Amt (AV. vom 27. Juni 1921 — JMBl. S. 366 —).

Gebühren und Auslagen sind für das Verfahren bis auf weiteres nicht in Ansatz zu bringen. Eine Übersetzung der zuzustellenden Schriftstücke ist regelmäßig nicht anzufertigen.

Eine abweichende Behandlung ungarischer Ersuchen um Zustellung ist gestattet, wenn besondere Umstände dies rechtfertigen. Insbesondere können Schriftstücke den Empfängern durch Gerichtsvollzieher ausgehändigt werden, wenn dies im Interesse deutscher Reichsangehöriger erforderlich erscheint, z. B. das Schriftstück die Ladung zu einem Termin enthält, der auf Ersuchen einer deutschen Behörde vor einem ungarischen Gericht anberaumt ist. In dieser Weise ist jedoch, wenn das Schriftstück durch Vermittlung des Herrn Ministers der auswärtigen Angelegenheiten eingegangen ist, nur auf dessen Ersuchen zu verfahren.

Die vorstehenden Bestimmungen finden, wenn das Ersuchen um Zustellung im Wege des unmittelbaren Geschäftsverkehrs eingegangen ist, entsprechende Anwendung; die Zurücksendung des Empfangsscheins oder sonstiger Schriftstücke hat jedoch in diesen Fällen nicht an den Herrn Minister der auswärtigen Angelegenheiten, sondern unmittelbar an die ersuchende ungarische Behörde zu erfolgen."

Ferner sind zu beachten die im Abschn. II bei den einzelnen Ländern vermerkten Sondervereinbarungen, insbesondere die AV. vom 27. Mai 1926 — JMBl. S. 206 — betr. Rücksendung erledigter polnischer Zustellungsanträge (die Rückschreiben sind von einem richterlichen Beamten zu vollziehen)*), ferner betr. Rechtshilfe in bürgerlichen Angelegenheiten mit Polen, die AV. vom 27. Dez. 1926 — JMBl. S. 435 — betr. Rechtshilfe in Strafsachen im Verkehr mit Polen sowie die AV. vom 28. Sept. 1926 — JMBl. S. 358 — wegen Übersetzungen im Verkehr mit Polen, ferner die Bekanntmachung vom 29. April 1925 (RGBl. II S. 289) betr. unmittelbaren Verkehr mit Belgien und den Niederlanden (AV. vom 5. Juli 1915 — JMBl. S. 134 —) in Strafsachen, sämtlich abgedruckt im Abschn. II unter Polen bzw. Belgien bzw. Niederlande**). Über unmittelbaren Verkehr mit Österreich und der Schweiz s. den Abschn. II unter den betreffenden Ländern. Eine Zustellung zu „eigenen Händen", die für die Vollstreckbarkeit eines Urteils im Verkehr mit Österreich früher erforderlich war, kann nach der AV. v. 23. Dez. 1904 — JMBl. S. 331 — nicht mehr verlangt werden (vgl. auch Art. 25 des neuen Vertrages vom 21. Juni 1923 — RGBl. 1924 II S. 55 ff. —, abgedruckt im Abschn. II unter Österreich).

Wegen der Verpflichtung zur Erstattung der Gebühren und Auslagen, die für Zustellung von Schriftstücken entstanden sind, ist im Abschn. II unter den betreffenden Staaten nachzuschlagen, vgl. auch § 12 Abs. 11 der KO.

Im Falle des Armenrechtes sind im Gebiete des Haager Ziv.-Proz.-Abk. im allgemeinen für Zustellungen von dem ersuchenden Staate dem ersuchten nur die Auslagen zu erstatten, die durch die Anwendung einer besonderen Form auf Grund des Art. 3 des Haager Ziv.-Proz.-Abk. entstanden sind. Wegen Mitteilung der entstandenen Kosten im Verkehr mit Bulgarien, Österreich und Polen s. unter den betreffenden Staaten im Abschn. II.

Bei Zustellungsersuchen, die nach Anordnung des Justizministers durch den Gerichtsvollzieher bewirkt werden sollen, tritt dieser auf Grund eines ihm von der Justizbehörde erteilten amtlichen Auftrages in Tätigkeit, wofür er die nach § 24 Gerichtsvollzieher-Gebührenordnung bestimmte Entschädigung aus der Staatskasse erhält (s. Müller, Justizverwaltung, 5. Aufl. S. 1507 unten).

C. Erledigung von Rechtshilfeersuchen.

Hierunter fallen alle Ersuchen um Vornahme von Gerichtshoheitsakten z. B. Vernehmung von Zeugen, Sachverständigen oder Parteien, Eidesabnahme,

*) Auch jetzt für Bulgarien vorgeschrieben.

**) Zu vgl. auch die neuen Vorschriften für Bulgarien S. 52 ff., für Frankreich S. 70 ff.

Augenscheinseinnahme, Urkundenbeweis durch Vorlage von Büchern usw., Beschlagnahmen, Versteigerungen, Verwahrungen. Ersuchen um Vollstreckungshilfe, Auskunftserteilung über inländisches Recht, Wohnungsermittelungen, Übersendung von Wertsachen, Gestattung der Akteneinsicht sind Beistandsleistungen (zu vgl. Abschn. I unter B 2 c). Ersuchen ausländischer Stellen um Rechtshilfe sind daraufhin zu prüfen,

1. ob die empfangende Behörde zur Entgegennahme berechtigt ist. Dies ist bei Danzig, Österreich, beim Memelland, bei der Schweiz und bei Ungarn das Amtsgericht, im übrigen der Landesgerichtspräsident oder das Justizministerium; gegebenenfalls Vorlage an die zuständige Stelle;
2. ob die Zuständigkeit hinsichtlich der Erledigung gegeben ist, sonst Abgabe an die zuständige und Benachrichtigung der ersuchenden Behörde bzw. Rückgabe mit entsprechendem Bericht an die vorgesetzte Behörde, falls das Ersuchen von dort zugefertigt war;
3. ob die Stelle, von der das Ersuchen (beim unmittelbaren Verkehr) ausgeht, auch zur Stellung des Antrags befugt ist. Im Verhältnis zu Österreich, Ungarn und der Schweiz sind das alle Behörden, bei Danzig, Dänemark, Luxemburg, dem Memelgebiet, den Niederlanden und Polen sind es alle gerichtlichen Behörden einschließlich der Staatsanwaltschaften, bei der Tschechoslowakei die Präsidien der Gerichtshöfe erster Instanz; im übrigen werden sie durch den Justizminister oder durch einen ausländischen Konsul an den Landgerichtspräsidenten zur weiteren Veranlassung weitergeleitet;
4. ob sie im Bereich des Haager Ziv.-Proz.-Abk. (d. i. bei Belgien, Dänemark, Danzig, Finnland, Italien, Luxemburg, Memelgebiet *)), den Niederlanden, Norwegen, Österreich, Polen, Portugal, Schweden, Schweiz, Spanien, Tschechoslowakei und Ungarn) etwa abzulehnen sind, und zwar:
   a) weil das Ersuchen keine bürgerliche Angelegenheit darstellt (zu vgl. Abschn. B I 4 a vorstehend);
   b) weil Zweifel an der Echtheit des Ersuchungsschreibens bestehen. (Anträge von Privatpersonen regelt § 23 der RHV. im Abschn. II);
   c) weil die Erledigung nicht in den Bereich der Gerichtsgewalt fällt, s. eingangs dieses Abschnitts unter C;
   d) weil die Erledigung des Ersuchens geeignet ist, die Hoheitsrechte oder die Sicherheit des ersuchten Staates zu gefährden (vgl. B I Ziff. 6);
   e) weil in dem Ersuchen die Anwendung einer „besonderen Form" erbeten ist und diese Form der Gesetzgebung des ersuchten Staates zuwiderläuft.

Kein Ablehnungsgrund besteht, wenn die erbetene Handlung dem inländischen Prozeßrecht unbekannt ist, z. B. eidliche Vernehmung von Prozeßparteien nach österreichischem Recht (s. von Normann S. 43).

Zu beachten sind ferner

a) die AV. vom 24. Juni 1903, betr. die Behandlung der Ersuchen ausländischer Behörden um Vornahme von Untersuchungshandlungen in einer Zoll- oder anderen fiskalischen Angelegenheit (JMBl. S. 136):

„Den auf dem Wege des unmittelbaren Schriftwechsels bei den inländischen Justizbehörden eingehenden Ersuchen ausländischer Behörden, womit die Vornahme von Untersuchungshandlungen in einer Zoll- oder anderen fiskalischen Angelegenheit

*) Das Memelgebiet ist dem Abk. nicht beigetreten, es wird vielmehr vereinbarungsgemäß nur nach den Grundsätzen dieses Abk. verfahren.

beantragt wird, ist auch dann nicht stattzugeben, wenn der unmittelbare Schriftwechsel mit diesen Behörden an sich zugelassen ist, es sei denn, daß nach den bestehenden Staatsverträgen eine Verpflichtung zur Erledigung von Ersuchen der bezeichneten Art besteht. Ist dies nicht der Fall, so ist die ersuchende Stelle auf den diplomatischen Weg zu verweisen."

b) die AV. vom 25. Juni 1924 über die Prüfung der Staatsangehörigkeit der Beschuldigten bei der Gewährung und bei der Inanspruchnahme der zwischenstaatlichen Rechtshilfe in Strafsachen (JMBl. S. 264)*):

„Im Rechtshilfeverkehr mit außerdeutschen Behörden in Strafsachen ist es im allgemeinen Aufgabe der ersuchenden Stelle, den für die Gewährung der Rechtshilfe zuständigen Behörden die Prüfung der Voraussetzungen der Rechtshilfe zu ermöglichen. Wenn demnach auch den ersuchenden außerdeutschen Stellen gegenüber grundsätzlich daran festzuhalten sein wird, daß sich die ersuchten Behörden auf die Prüfung der von der ersuchenden Stelle beschafften und ihnen übermittelten Unterlagen beschränken können, so wird dadurch doch eine eigene Ermittelungstätigkeit in geeigneten Fällen nicht ausgeschlossen. Eine solche wird namentlich in Frage kommen, falls es auf die Feststellung der Staatsangehörigkeit einer Person ankommt, die sich innerhalb des Deutschen Reiches befindet.

Nach einem allgemein anerkannten Rechtssatz des Völkerrechts wird Rechtshilfe in der Regel nicht gewährt, wenn sich das Strafverfahren gegen einen Reichsangehörigen richtet, der sich nicht im Hoheitsbereich der ersuchenden Regierung befindet. Eine Prüfung der Staatsangehörigkeit wird daher auch bei Ersuchen um Rechtshilfe stets erforderlich sein. Dabei wird die eigene Ermittelungstätigkeit zeitraubenden und möglicherweise ergebnislosen Rückfragen bei der ersuchenden ausländischen Behörde jedenfalls dann vorzuziehen sein, wenn nach den Umständen die Person, deren Staatsangehörigkeit wesentlich ist, die Reichsangehörigkeit besitzen könnte.

Ist in dem Ersuchungsschreiben die Staatsangehörigkeit des Beschuldigten nicht angegeben, so ist nicht schlechthin die Erledigung des Ersuchens abzulehnen, sondern unter Zuhilfenahme der Polizeibehörde des Aufenthaltsorts des Beschuldigten und durch Anfrage bei diesem selbst zunächst der Versuch zu machen, seine Staatsangehörigkeit festzustellen. Von dem Ergebnis dieser Feststellung ist die weitere Behandlung des Rechtshilfeersuchens abhängig zu machen.

Ist in einem bei einem preußischen Gericht anhängigen Strafverfahren der Be-

---

*) Zu vgl. auch die RV. des JM. vom 7. Mai 1928 — I 3542 —, die lautet:

„Im zwischenstaatlichen Rechtshilfeverkehr in Strafsachen ist auf deutscher Seite bisher grundsätzlich daran festgehalten worden, Rechtshilfe nicht zu leisten, wenn sich das ausländische Strafverfahren gegen Reichsangehörige richtet, die sich außerhalb des Machtbereichs der ausländischen Behörden befinden. In den letzten Jahren haben sich indessen die Zweifel gemehrt, ob es sich empfiehlt, diese Übung auch weiterhin uneingeschränkt beizubehalten. Schwierigkeiten haben sich namentlich in den Grenzgebieten bei der Verfolgung von Zuwiderhandlungen gegen die Verkehrs- und Grenzbestimmungen herausgestellt. Die entstandenen Schwierigkeiten haben Veranlassung gegeben, die dem bisherigen deutschen Standpunkt zugrundeliegenden Gesichtspunkte nachzuprüfen. Es hat sich dabei Übereinstimmung mit den beteiligten Ressorts des Reichs und Preußens dahin ergeben, daß Rechtsgründe nicht dazu zwingen, an der bisherigen Übung festzuhalten, und daß praktische Erwägungen dafür sprechen, den Grundsatz zwar nicht völlig preiszugeben, aber auch nicht mehr starr durchzuführen. Zur Behebung der bestehenden Schwierigkeiten dürfte es ausreichen, wenn die Rechtshilfe nicht mehr unbedingt abgelehnt, sondern im Einzelfall geprüft wird, ob es nach Lage der Umstände angezeigt und nach der Behandlung der Abwesenheitsverfahren in dem ersuchenden Staat unbedenklich ist, dem Ersuchen stattzugeben.

Um eine einheitliche Handhabung des Rechtshilfeverkehrs sicherzustellen und eine Übersicht darüber zu gewinnen, bei welchen Zuwiderhandlungen der bisherige Grundsatz unbedenklich allgemein wird aufgegeben werden können, ersuche ich, bis auf weiteres Rechtshilfeersuchen, die im unmittelbaren Geschäftsverkehr bei den Justizbehörden eingehen, mit Bericht hier vorzulegen, wenn das ausländische Strafverfahren gegen einen Deutschen gerichtet ist, der sich außerhalb des Machtbereichs der ersuchenden ausländischen Behörde befindet."

schuldigte ein Ausländer, der sich in seinem Heimatstaat aufhält, so werden Ersuchen um Rechtshilfe, insbesondere um Vermittelung der Zustellung von Urteilen, Strafbefehlen und Ladungen oder um Vornahme von Untersuchungshandlungen zu unterlassen sein."

Nach Prüfung des Ersuchens hinsichtlich der vorerwähnten Punkte ist es als Eilsache zu erledigen und hierauf an den Landgerichtspräsidenten zurückzusenden, sofern nicht die Rücksendung, wie bei Österreich, beim Memelgebiet und bei der Schweiz, durch das Amtsgericht selbst zu geschehen hat.

Die Zuständigkeit der Amtsgerichte insbesondere zur Erledigung der im Art. 8 des Haager Ziv.-Proz.-Abk. vorgesehenen Ersuchen ausländischer Gerichtsbehörden ergibt sich aus § 3 des Ausf.-Gesetzes zu diesem Abkommen, abdruckt im Abschn. III.

Ist eine Erledigung des Ersuchens aus Gründen tatsächlicher Art unmöglich (z. B. wegen Verweigerung der Aussage, Unauffindbarkeit oder Todes des zu Vernehmenden), so empfiehlt sich hierüber eine Bescheinigung auszustellen, sofern die Hinderungsgründe nicht aus der etwa aufgenommenen Verhandlung zu ersehen sind. Kann das Ersuchen aus Rechtsgründen nicht erledigt werden, so genügt bei der Rückschrift ihre Erwähnung.

Geht ein Ersuchen unmittelbar bei einem deutschen Gericht ein, ohne daß der unmittelbare Verkehr zugelassen ist, so muß die Sache durch den Landgerichtspräsidenten zur Herbeiführung einer Entscheidung, ob dem Ersuchen entsprochen werden soll, dem Justizminister vorgelegt werden (zu vgl. im übrigen Abschn. B II).

Vor der Erledigung hat das Amtsgericht die ersuchende Behörde (g. F. durch den Landgerichtspräsidenten an den Justizminister — s. Muster k Nr. 1 im Abschn. V —) von der Zeit und dem Orte der auf das Ersuchen vorzunehmenden Handlung zu benachrichtigen.

Im Inlande gebräuchliche Abkürzungen (z. B. für „s. v." — sonst verneinend — ist zu setzen: „Eideshindernisse verneint, über mögliche Zeugnisverweigerung belehrt", für „v. g. u.": „vorgelesen, genehmigt, unterschrieben") oder Anziehung von deutschen Gesetzesparagraphen sind in den aufgenommenen Verhandlungen oder Erledigungsschreiben zu vermeiden. Zu beachten ist, daß aus den aufgenommenen Verhandlungen mit Zeugen oder Sachverständigen hervorgeht, ob diese beeidigt oder unbeeidigt vernommen worden sind.

Von der aufgenommenen Verhandlung ist aus praktischen Gründen (Verhütung des Verlustes der Urschrift auf dem Postwege, bessere Lesbarkeit) eine beglaubigte Abschrift zu fertigen, und diese mit dem Ersuchen zurückzusenden; dagegen sind die Urschrift und die sonstigen etwa entstandenen Schriftstücke (Zustellungsurkunden usw.) beim Amtsgericht zurückzubehalten.

Wegen Zwangsmaßnahmen gegen Zeugen usw. s. unter A in diesem Abschnitt. Ein Zwang, sich als Auskunftsperson vernehmen zu lassen, ist gegen Exterritoriale nicht zu üben, und demgemäß wird Ladung unter Strafandrohung oder usw. s. RV. vom 30. Juni 1920 — I 4845 —, abgedruckt unter Anm. 8 zu § 8 der RHV. im Abschnitt II.

Bei Rückschriften an den Landgerichtspräsidenten ist in den Fällen, in denen eine Erstattung von Kosten in Frage kommt, zu berichten, ob und g. F. in welcher Höhe solche entstanden sind. Wegen Erstattungsfähigkeit der Gebühren oder Auslagen für die Erledigung der Rechtshilfe ist im Abschn. II unter dem betr. Staat nachzuschlagen, s. auch § 12 Abs. 11 der Kassenordnung. Im Falle des Armenrechts sind im Gebiete des Haager Ziv.-Proz.-Abk. für Rechtshilfeleistungen allgemein nur die an Zeugen und Sachverständige gezahlten Entschädigungen sowie die durch die etwaige Anwendung einer besonderen Form auf Grund des Art. 14 Abs. 2 des Haager Ziv.-Proz.-Abk. entstandenen Auslagen erstattungsfähig. Wegen Mitteilung der entstandenen Kosten im Verkehr mit Bulgarien, Österreich und Polen s. im Abschn. II unter den betr. Ländern. Bezüglich Anweisung von Sachverständigengebühren für Übersetzungen im Verkehr mit Polen s. AV. vom 28. September 1926 — JMBl. S. 358 —, abgedruckt im Abschn. II unter Polen.

Es wird darauf aufmerksam gemacht, daß mit Grenz-Staaten vielfach Vereinfachungen (unmittelbarer Verkehr) oder sonstige Erleichterungen vereinbart sind. Wegen der Rechtshilfe in Strafsachen siehe auch eingangs im Abschn. A.

In Zweifelsfällen geben die Bücher Delius und von Normann Auskunft.

D. Sonstige Ersuchen.

Ersuchen um Vollstreckungshilfe*), Auskunftserteilung über inländisches Recht, Übersendung von Wertsachen, Gestattung der Akteneinsicht usw. fallen nicht unter Rechtshilfe, sind vielmehr Beistandsleistungen (s. auch eingangs im Abschnitt C).

Anträge auf Vollstreckbarkeitserklärungen von Urteilen sind von der zuständigen Zivilprozeßabteilung (nicht etwa einer bestehenden Rechtshilfeabteilung) zu erledigen. Im Gebiete der Haager Vertragsstaaten über den Zivilprozeß (vgl. C Ziff. 4) sind hierzu die Paragraphen 5 bis 8 des Ausf.-Gesetzes zum Haager Abk., abgedruckt im Abschn. III, im übrigen die Sonderverträge mit den einzelnen Staaten z. B. Bulgarien, Österreich, Polen, Rußland, Tschechoslowakei zu beachten, abgedruckt im Abschn. II. Muster von Vollstreckbarkeitserklärungen s. Abschn. V unter m.

Für das Verfahren über Anträge österreichischer Gerichte auf Bewilligung der Zwangsvollstreckung sind Gebühren nach § 8 DGKG. zu berechnen (s. Art. IV Ausf.-V., abgedruckt im Abschn. II unter Österreich). Eines Vollstreckungs urteils nach § 722 ZPO. bedarf es jetzt nicht mehr.

Die Behörden des Auslandes können die Überlassung von Akten, wenn solche nicht freiwillig geschieht, nicht verlangen; Ausnahmen: Danzig und Memelgebiet, s. Abschnitt II. Für Zivilsachen besteht zwar ein ausdrückliches Verbot gegen die Überlassung nicht, jedoch empfiehlt es sich, die Weisung des Justizministeriums einzuholen.

Auf ein Gesuch eines schweizerischen Untersuchungsrichters an das Landgericht Köln um Gestattung der Vornahme von Vernehmungen durch ihn selbst in Köln hat das Justizministerium am 14. Juni 1923 — V 1721 —, wie folgt, entschieden:

„Auf das in der Untersuchungssache gegen . . . an das Amtsgericht in Köln gerichtete und von diesem mir vorgelegte Schreiben vom 4. Juni d. J. teile ich Ihnen, Herr Untersuchungsrichter, ergebenst mit, daß die Vornahme der gewünschten Vernehmungen in Köln durch Sie nach der deutschen Gesetzgebung nicht zulässig ist. Es bestehen aber keine Bedenken dagegen, daß Sie an der Vernehmung durch den deutschen Richter als Zuhörer und Antragsteller teilnehmen.

---

*) Ausnahmen: z. Zt. kommt § 791 Abs. 1 ZPO. nur gegenüber der Tschechoslowakei und bezüglich Kostenentscheidungen gegen den Kläger in Ungarn sowie für die Elbzoll- und Rheinschiffahrtsgerichte in Frage.

Sollte diese Art der Erledigung ihren Zwecken entsprechen, stelle ich anheim, dem Amtsgericht in Köln ein entsprechendes Ersuchen zugehen zu lassen und wegen Anberaumung eines Ihren Wünschen entsprechenden Termins mit dem Amtsgericht das Erforderliche zu vereinbaren. Es ist auch nichts dagegen zu erinnern, daß Sie mit dem Richter in Köln vor dem Termine persönliche Rücksprache nehmen und ihm aus den Akten die erforderlichen Mitteilungen machen.

Ich bitte usw."

Für Auskünfte über das im Inland geltende Recht ist die Justizverwaltung [Justizministerium]*) zuständig (§ 86 AGGVG., Art. 130 X PrFGG.).

Über die Erledigung von Anfragen ausländischer Konsularbehörden s. AV. vom 30. August 1922 — JMBl. S. 357 —, die lautet:

„Anfragen ausländischer Konsularbehörden, deren Leitern namens des Deutschen Reichs das Exequatur erteilt worden ist, sind von den Justizbehörden nur dann unmittelbar zu beantworten, wenn und soweit sie sich auf einen Einzelfall beziehen und sich im Rahmen der den Konsularbehörden nach völkerrechtlicher Übung oder auf Grund besonderer Staatsverträge eingeräumten Befugnisse halten. Hingegen sind Anfragen, welche neben oder ohne Erörterung von Einzelfällen grundsätzliche Angelegenheiten, insbesondere solche von politischer Bedeutung, zum Gegenstande haben, nur dahin zu beantworten, daß anheimgestellt werde, die Frage auf diplomatischem Wege zu wiederholen; die Anfragen sind mir mit Bericht einzureichen. Bei Anfragen in Einzelfällen von grundsätzlicher, insbesondere politischer Bedeutung, ist meine Weisung einzuholen.

Anfrage von fremdländischen Vertretern, denen weder durch die Erteilung des Exequatur noch durch die Gewährung der vorläufigen Anerkennung und Zulassung die Ausübung konsularischer Befugnisse gestattet worden ist, sind nicht zu beantworten, sondern mir mit Bericht einzureichen.

Den ausländischen Konsularvertretern, denen das Exequatur erteilt worden ist, sind diejenigen gleichzuachten, die vorläufig zugelassen und anerkannt worden sind. Die Mitteilungen über die Erteilung des Exequatur oder über die vorläufige Anerkennung und Zulassung werden durch mich laufend erfolgen**)."

Anfragen von Ausländern sollen durch Vermittelung des Auswärtigen Amts gestellt und beantwortet werden, nachdem der betreffende Ausländer durch die Vertretung seines Landes dem Auswärtigen Amt empfohlen worden ist, damit eine gewisse Verläßlichkeit gegeben ist.

Bei sonstigen Zweifeln in abseits liegenden Fällen schlage man die Bücher Müller, Justizverwaltung, oder Delius, Handbuch des Rechtshilfeverfahrens, nach.

Zu beachten bleibt, daß im Verkehr mit Grenzstaaten vielfach Erleichterungen (Vereinfachungen) bestehen.

---

*) Für Bulgarien, Reichsjustizministerium (s. S. 53, Art. 7); für Österreich, Reichsjustizministerium (s. S. 107, Art. 9); für Polen, Reichsjustizministerium (s. S. 121, Art. 8).

**) Das „Verzeichnis der ausländischen Konsuln im Deutschen Reiche" befindet sich bei jedem Oberlandesgericht und Landgericht (s. AV. vom 14. April 1923 — JMBl. S. 332 —).

Abschnitt VIII.

Legalisation von Urkunden.

Abschnitt VIII.

Legalisation von Urkunden.

Beamten, die mit der Bearbeitung von Legalisationen (Unterschriftsbeglaubigungen) befaßt sind, dürfte im Rahmen dieses Werkes eine Zusammenstellung der wichtigsten, zur Zeit hierfür geltenden Bestimmungen willkommen sein (zu Grunde gelegt sind die preußischen Vorschriften *)).

Um den Überblick zu erleichtern, sind nachstehend nach einer kurzen Einleitung die maßgebende AV. des JM. vom 19. September 1925 — JMBl. S. 357 —, die bei der Erledigung der Ersuchen um Unterschriftsbeglaubigung zu beachtenden Bestimmungen, die für einzelne Staaten in Kraft befindlichen Vereinbarungen sowie die Gebühren und Stempelvorschriften zusammengestellt.

Nach Delius „Handbuch des Rechtshilfeverfahrens" können öffentliche Urkunden, welche im Inlande errichtet und zur Vorlegung bei Behörden des Auslandes bestimmt sind, diesem Zwecke oft nur dienen, wenn nicht bloß die Unterschrift des die Verhandlung tätigenden Beamten (Richters bzw. Notars) legalisiert, sondern die Urkunde überdies mit der Bescheinigung versehen ist, daß dieselbe dem am Orte ihrer Errichtung geltenden Gesetze entspricht, und dadurch die Zuständigkeit jenes Beamten zur Aufnahme der Urkunde, sowie die Statthaftigkeit des Inhaltes der letzteren bezeugt wird. Durch Verfügung des Justizministers vom 17. Oktober 1891 — JMBl. S. 264 — ist für Preußen angeordnet, daß die erwähnte Bescheinigung ebensowie die gerichtliche Beglaubigung amtlicher Unterschriften zum Zwecke der Legalisation im diplomatischen Wege (§ 43 AGGVG.) durch den Präsidenten des Landgerichtes zu erfolgen hat.

Über den Geschäftsgang bei Legalisation von Urkunden trifft nähere Bestimmungen die AV. des JM. vom 19. September 1925 — JMBl. 1925 S. 357 —, die lautet:

„Unter Aufhebung der AV. vom 21. Febr. 1923 wird folgendes bestimmt:

1. Die zum Gebrauch im Auslande bestimmten, der Legalisation im diplomatischen Wege bedürfenden Urkunden sind nach der Beglaubigung durch den Landgerichtspräsidenten (§ 43 des Ausführungsgesetzes zum Deutschen Gerichtsverfassungsgesetze) den Antragstellern zur eigenen Veranlassung der weiteren Beglaubigung zurückzugeben.

2. Den Antragstellern bleibt überlassen, die Urkunden zur Beschaffung der Beglaubigungen, für welche die Mitwirkung des Justizministers erforderlich ist, an das Justizministerium postfrei einzusenden. Dabei ist anzugeben, wo von der Urkunde demnächst im Auslande Gebrauch gemacht werden soll.

3. In besonders dringlichen Fällen darf die Einsendung auch durch die Gerichtsschreiberei **) des Landgerichts mittels Briefumschlags unter Verwendung von Dienstmarken erfolgen. Dabei ist der Name und die Wohnung des Antragstellers, soweit sie nicht aus der Urkunde oder dem eingereichten Antrag erhellen, genau anzugeben.

---

*) Die Legalisation von Urkunden der Gerichte und Notare in Mecklenburg-Strelitz erfolgt durch das dortige Ministerium. Für die Legalisation von Urkunden kirchlicher Behörden ist der Mecklenb.-Strelitzsche Oberkirchenrat in Neustrelitz zuständig.

**) Jetzt Geschäftsstelle.

4. Bestehen hinsichtlich der Beglaubigung besondere Bedenken oder bedarf der Beglaubigungsantrag einer besonderen Begründung, so erfolgt die Einsendung der Urkunden, wie bisher, durch den Landgerichtspräsidenten an den Justizminister mittels besonderen Berichts, und zwar ebenfalls unter Verwendung von Dienstmarken.

5. Das Justizministerium sendet die Urkunden in allen Fällen, sofern sie nicht vom Antragsteller persönlich in Empfang genommen werden, an diesen als gebührenpflichtige Dienstsache, gegebenenfalls unter Nachnahme der entstandenen Portokosten usw., zurück.

Ist nach den bestehenden Vorschriften eine Beglaubigung durch das Auswärtige Amt erforderlich, so werden die Urkunden diesem auf Antrag zugeleitet und von ihm nach Beglaubigung den Antragstellern unter Nachnahme der Kosten zurückgesandt. Den Antragstellern bleibt überlassen, sich wegen der weiteren Beglaubigung an das zuständige fremde Konsulat usw. unmittelbar zu wenden.

6. Die besonderen Anordnungen, welche für Legalisationen ergangen sind, die einer Zwischenbeglaubigung durch den Justizminister nicht bedürfen, bleiben unberührt.

7. Es empfiehlt sich, daß die Gerichte und Notare bei der Aufnahme oder Ausstellung zum Gebrauch im Auslande bestimmter Urkunden die Beteiligten auf diese Änderung des bisherigen Verfahrens aufmerksam machen." [1] [2] [3] [4] [5]

---

[1]) Wird der Beglaubigungsvermerk auf eine Verlängerung des Schriftstücks oder auf ein mit dem Schriftstück zu verbindendes besonderes Blatt gesetzt, so ist, um Beanstandungen zu vermeiden, das Dienstsiegel derart beizudrücken, daß ein Teil des Siegels das Schriftstück selbst, der andere Teil die Verlängerung bzw. das mit dem Schriftstück verbundene Blatt erfaßt.

[2]) Blankovollmachten müssen beglaubigt werden — JW. 1925 S. 597 — (s. jedoch Ziff. 3 nachstehend).

[3]) Die für Rußland bestimmten Vollmachten, deren Beglaubigung nachgesucht wird, dürfen nicht in Blanko ausgestellt sein (Verf. des JMin. vom 21. Dez. 1893 und Anm. zu der, der AV. vom 20. April 1895 beigefügten Zusammenstellung — JMBl. 1895 S. 136 —).

[4]) Eine Blankovollmacht dürfte keine stempelpflichtige Urkunde im Sinne der Tarifstelle 19 [1] StStG. darstellen, weil ein wesentliches Erfordernis, die Bezeichnung der Person des Bevollmächtigten, fehlt. Es liegt also eine Vollmacht überhaupt noch nicht vor. Die Stempelpflicht der Urkunde tritt vielmehr erst mit der Ausfüllung des Blanketts durch Eintragung des Bevollmächtigten ein (vgl. Hummel-Specht und Heinitz 1909 S.153 u. 152 ff.).

[5]) Im übrigen ist darauf zu achten, daß der vorgeschriebene Stempel verwandt ist (vgl. hierzu AV. vom 10. Mai 1913 — JMBl. S. 164 — (siehe unten) und § 8 Nr. 9 der AusfBest. zum StStG. in Verbindung mit § 22 der AV. vom 28. Juli 1910 — JMBl. S. 299 —).

Die im Inlande ausgestellten Urkunden unterliegen den in den Tarifen des Stempelsteuergesetzes vorgesehenen Stempelabgaben. Auch die von Inländern oder Ausländern im Auslande errichteten Urkunden über Geschäfte, welche im Inlande befindliche Gegenstände betreffen oder welche im Inlande zu erfüllen sind, unterliegen der Stempelsteuer (§ 1 Abs. 1 und § 2 Abs. 1, 2 Pr. StStG.).

AV. vom 10. Mai 1913 über die Versteuerung der zum Zwecke der Legalisation vorgelegten Urkunden (JMBl. S. 164).

„Das nachstehend im Auszug abgedruckte Schreiben des Herrn Ministers der auswärtigen Angelegenheiten teile ich im Einvernehmen mit dem Herrn Finanzminister den Justizbehörden und Notaren zur Kenntnis und Beachtung mit.

Bei den von preußischen Notaren beglaubigten und von den Landgerichtspräsidenten legalisierten Urkunden, die hier fast täglich in großer Anzahl zur Legalisation vorgelegt werden, ist es aufgefallen, daß die Vorschriften des Preußischen Stempelsteuergesetzes vom 26./30. Juni 1909 — Gesetzsamml. S. 535 (veraltet, jetzt: gültig Bek. vom 27. Okt. 1924, Pr. GesS. S. 627 — in Kraft seit 1. Nov. 1924 —) in vielen Fällen nicht hinreichend beachtet werden. Der Vollmachtsstempel — Tarifst. 73 des Stempeltarifs (jetzt: Tarifst. 19. 1), der neben dem Stempel für notarielle Beglaubigung der Unterschrift des Ausstellers — Tarifst. 46, 77 a. a. O. (jetzt: Tar. 4) zu entrichten ist, ist bei diesen Urkunden fast regelmäßig nicht verwendet worden; aber auch die Entrichtung des Stempels für das notarielle Zeugnis ist wiederholt, insbesondere in Patentsachen, unterblieben. Wie Rückfragen ergeben haben, ist dies in einzelnen Fällen geschehen, weil die Stempelpflichtigen glaubten, daß

Wird ein Antrag auf Beglaubigung einer Unterschrift vorgelegt, so wird zu prüfen sein,

1. ob die betreffende Dienststelle örtlich und sachlich zuständig ist;
2. ob das zu dem gedachten Zwecke vorgelegte Schriftstück der Form nach den inländischen Bestimmungen entspricht.

Hierzu ist zu bemerken: Nach § 43 AGGVG. sind, wie eingangs gesagt, für die Beglaubigung der zum Gebrauch im Auslande bestimmten der Legalisation im diplomatischen Wege bedürfenden Urkunden die Landgerichtspräsidenten zuständig *). Außer den Unterschriften der ihrer Dienstaufsicht unter-

---

Vollmachten zur Anmeldung von Patenten und Warenzeichen nicht stempelpflichtig seien, wenn deren Wert von ihnen auf unter 150 Mk. angegeben wird (§ 4 Abs. 1a des StStG.). Diese Auffassung kann aber nicht für zutreffend erachtet werden. Der Wert des Gegenstandes bei solchen Vollmachten ist nach den maßgebenden Vorschriften des § 6 des StStG. regelmäßig in Geld nicht zu berechnen und muß deshalb als unschätzbar im Sinne der Tarifst. 73 Abs. 3 (jetzt: Tarifst. 19 Abs. 3) angesehen werden, so daß die Urkunden dem dort vorgesehenen Stempel von 1,50 Mk. unterliegen. Diese Stempelpflicht kann auch durch eine Schätzung des Wertes nach allgemeinen, außerhalb der stempelgesetzlichen Vorschriften liegenden Normen nicht beseitigt werden (zu vgl. die Erläuterungswerke zum StStG. von Hummel-Specht S. 100 Anm. 1 Abs. 2, S. 1217 Anm. 22 II und von Heinitz III. Aufl. S. 50 Anm. 2)."

Zu § 41 Abs. 2 S. 2 PrGKG.

Aus den Gründen:

„Der Landgerichtspräsident hat die Unterschriften des Notars unter 2 Urkunden zum Zwecke der Legalisation beglaubigt. In der Urkunde Nr. 1388 ist die Überlassung des den Eheleuten H. gehörigen Grundstücks auf ihren Sohn beurkundet. In der Urkunde Nr. 121 haben dieselben Vertragsparteien zunächst erklärt, daß zu dem überlassenen Grundstuck ein Flächenabschnitt gehört, der zur Republik Polen gehört und dann die in dem Überlassungsvertrag abgegebenen Erklärungen berichtigt, insbesondere die Papiermarkbeträge in Reichsmarkbeträge abgeändert. Für die Berechnung der Gebühren wurde für die Beglaubigung der Urkunde Nr. 1388 der Grundstückswert mit 36 000 ℳ und für die Urkunde Nr. 121 der angegebene bare Überlassungspreis von 14 200 RM als Wert zugrunde gelegt und danach 66,20 RM Gebühren berechnet. Der Kostenschuldner erhob Erinnerung und beantragte die Gebühren nur nach einem Objekt von 300 RM zu berechnen, da die Legalisation nur wegen der kleinen in Polen belegenen Ackerparzelle, deren Wert höchstens 300 RM betrage, erforderlich gewesen sei. Der Landgerichtspräsident setzte darauf die Gerichtsgebühren unter Zugrundelegung eines Wertes von 14—16 000 RM auf 44 RM fest. Der Kostenschuldner legte Beschwerde ein und beantragte, festzustellen, daß die Kosten von einem Objekt von 300 RM zu berechnen seien. Die Beschwerde ist nach §§ 26, 24 PrGKG. zulässig, aber nicht begründet. Der Landgerichtspräsident hat, wie dies nicht anders beantragt und auch nicht anders möglich war, da die gerichtliche Beglaubigung amtlicher Unterschriften zum Zwecke der Legalisation im diplomatischen Wege nicht teilbar ist, die Unterschriften des Notars unter den beiden Urkunden nicht nur bezüglich eines Teils der in den Urkunden abgegebenen Erklärungen, sondern schlechthin beglaubigt. Für die Berechnung der Gebühren für diese Beglaubigung ist daher der Wert zugrunde zu legen, der nach § 41 Abs. 2 S. 2 PrGKG. für die Beglaubigung der Unterschriften unter den Urkunden in ihrer Gesamtheit in Betracht kommt, ohne Rücksicht darauf, ob, wie der Beschwerdeführer behauptet, die Legalisation nur wegen des kleinen in Polen belegenen Grundstücksteils erforderlich war.

Zu beanstanden ist danach nicht, daß der Landgerichtspräsident als Wert der Beglaubigung beider Unterschriften den in der Urkunde 121/27 angegebenen Grundstückswert von 14 200 RM zugrunde gelegt hat. (KG. I a ZS. v. 17. 6. 27, I a X. 597.27.)"

*) Standesamtliche Urkunden werden durch den zuständigen Regierungspräsidenten, polizeiliche Schriftstücke durch den Polizeipräsidenten zu beglaubigen sein (vgl. hierzu auch RV. des JM. vom 2. Febr. 1916 — I 1106 —). Unterschriften von Urkundsbeamten höherer Ordnung werden durch den Präsidenten dieses Gerichts beglaubigt, z. vgl. z. B. die Sonderbestimmung für Polen.

stellten Beamten — einschl. der Notare — werden durch sie auch die Unterschriften der allgemein vereidigten Dolmetscher beglaubigt (Reskr. vom 22. Januar 1895 — I 101 —, s. Müller, Just.-Verw., 5. Aufl. S. 1567 Nr. 16 unter e).

Bei Beglaubigung von gerichtlichen Urkunden ist besonderes Augenmerk darauf zu richten, ob der Beamte, dessen Unterschrift zu beglaubigen ist, zur Vollziehung des Schriftstückes befugt ist. Die Bestimmungen über die Vollziehung von Schriftstücken bei den Justizbehörden sind durch die AV. vom 5. Februar 1924 — JMBl. S. 54 — zusammengestellt. Hiernach sind von der Vollziehung durch Beamte oder Angestellte der Kanzlei u. a. ausgenommen: Erteilung vollstreckbarer Ausfertigungen, Ausstellung von Rechtskraft- und Notfristzeugnissen sowie die Erteilung von Ausfertigungen, Abschriften und Bescheinigungen aus öffentlichen Registern.

Die von Notaren aufgenommenen Urkunden (Verhandlungen, Beglaubigungen usw.) müssen in deutscher Sprache abgefaßt sein (vgl. Art. 84 Pr. GFG. und §§ 8, 9 RGFG.). Jede Urschrift, jede beglaubigte Abschrift und jede Ausfertigung muß mit einer Kostenrechnung versehen sein (§ 24 Abs. 2 GO. f. Notare). Alle aufgenommenen Verhandlungen, die angefertigten und beglaubigten Entwürfe und die Beglaubigungen von Unterschriften und Handzeichen sowie die sonstigen Zeugnisse*) sind in das Notariatsregister einzutragen. Bei Vorlage derartiger Schriftstücke ist daher darauf zu achten, daß diese mit einer Registernummer versehen sind.

Bei folgenden Staaten sind Sondervereinbarungen getroffen:

Bulgarien.

Zu vgl. Art. 17 des Deutsch-Bulgarischen Vertrags über den Rechtsverkehr, abgedruckt S. 55, sowie nachstehendes Verzeichnis, bekanntgegeben im RGBl. 1928 II S. 397:

Verzeichnis der obersten und höheren Verwaltungsbehörden im Deutschen Reiche, deren Urkunden keiner Beglaubigung bedurfen.

A. Reichsbehörden:

1. Der Reichskanzler und sämtliche Reichsministerien.
2. Das Büro des Reichstags und des Reichsrats.

B. Behörden einzelner Länder.

I. Preußen:

1. Der Ministerpräsident und sämtliche Ministerien.
2. Das Büro des Landtags und des Staatsrats.
3. Die Oberpräsidenten.
4. Die Regierungspräsidenten und der Polizeipräsident in Berlin.
5. Die Provinzialschulkollegien.

II. Bayern:

1. Sämtliche Staatsministerien.
2. Das Landtagsamt.
3. Die Regierungspräsidien und die Polizeidirektion in München und Nürnberg-Fürth.

III. Sachsen:

1. Der Ministerpräsident und sämtliche Ministerien.
2. Die Staatskanzlei und das Büro des Landtags.
3. Die Kreishauptmannschaften.

IV. Württemberg:

1. Das Staatsministerium und sämtliche Ministerien.
2. Die Oberämter und das Polizeipräsidium in Stuttgart.

V. Baden:

1. Das Staatsministerium und sämtliche Ministerien.
2. Die Landeskommissäre in Konstanz, Freiburg, Karlsruhe und Mannheim.

*) Ausgenommen sind Beglaubigungen von Abschriften und Wechselprotesten.

VI. Thüringen:
1. Das Staatsministerium und sämtliche Ministerien.
2. Das Büro des Landtags.

VII. Hessen:
1. Der Staatspräsident und sämtliche Ministerien.
2. Das Landtagsamt.
3. Die Provinzialdirektionen.
4. Das Landesamt für Bildungswesen.

VIII. Hamburg:
1. Der Senat, die Senatskommissionen und Deputationen.
2. Die Senatskanzlei und die Kanzlei der Bürgerschaft.
3. Der Polizeipräsident.
4. Die Oberschulbehörde.

IX. Mecklenburg-Schwerin:
Die Ministerien.

X. Oldenburg:
1. Das Staatsministerium und die Einzelministerien.
2. Das Büro des Landtags.
3. Die Regierungen in Eutin und Birkenfeld.
4. Das Evangelische und Katholische Oberschulkollegium.

XI. Braunschweig:
1. Das Staatsministerium und die Einzelministerien.
2. Das Büro des Landtags.
3. Die Landesschulämter.

XII. Anhalt:
1. Das Staatsministerium und die Regierung.
2. Das Büro des Landtags.

XIII. Bremen:
1. Der Senat und die Senatskommissionen.
2. Die Regierungskanzlei und die Kanzlei der Bürgerschaft.

XIV. Lippe:
1. Das Landespräsidium und die Regierung.
2. Das Büro des Landtags.

XV. Lübeck:
1. Der Senat und die Senatskommissionen.
2. Die Senatskanzlei.
3. Die Oberschulbehörde.

XVI. Mecklenburg-Strelitz:
1. Das Staatsministerium und die Ministerialabteilungen.
2. Das Landtagsbüro.

XVII. Waldeck:
1. Der Landesdirektor.
2. Das Büro der Waldeckischen Landesvertretung.

XVIII. Schaumburg-Lippe:
1. Landesregierung.
2. Das Büro des Landtags.

Verzeichnis der obersten Verwaltungsgerichte im Deutschen Reiche.

A. Oberste Verwaltungsgerichte des Reichs:
1. Reichsfinanzhof, München.
2. Reichsoberseeamt, Berlin.
3. Reichsversicherungsamt, Berlin.
4. Reichsversorgungsgericht, Berlin.
5. Reichswirtschaftsgericht, Berlin.
6. Kartellgericht, Berlin.

B. Oberste Verwaltungsgerichte der Länder:

Preußen:
Oberverwaltungsgericht, Berlin.

Bayern:
Verwaltungsgerichtshof, München.

Sachsen:
Oberverwaltungsgericht, Dresden.

Württemberg:
Verwaltungsgerichtshof, Stuttgart.

Baden:
Verwaltungsgerichtshof, Karlsruhe.

Thüringen:
Oberverwaltungsgericht, Jena.

Hessen:
Verwaltungsgerichtshof, Darmstadt.

Hamburg:
Oberverwaltungsgericht, Hamburg.

Mecklenburg-Schwerin:
Landesverwaltungsgericht, Schwerin.

Oldenburg:
Oberverwaltungsgericht, Oldenburg.

Braunschweig:
Verwaltungsgerichtshof, Braunschweig.

Anhalt:
Oberverwaltungsgericht, Dessau.

Bremen:
Verwaltungsgericht, Bremen.

Lippe:
Oberverwaltungsgericht, Detmold.

Lübeck:
Verwaltungsgericht, Lübeck.

Mecklenburg-Strelitz:
Landesverwaltungsgericht, Neustrelitz.

Waldeck:
Landesdirektorium, Arolsen.

Schaumburg-Lippe:
Landesregierung, Bückeburg.

Verzeichnis der obersten Verwaltungsbehörden für die Führung der Standesregister im Deutschen Reiche.

Preußen:
Minister des Innern, Berlin.

Bayern:
Rechtsrheinisch: Staatsministerium des Innern, München.
Linksrheinisch (Pfalz): Staatsministerium der Justiz, München.

Sachsen:
Ministerium des Innern, Dresden.

Württemberg:
Justizministerium, Stuttgart.

Baden:
Justizministerium, Karlsruhe.

Thüringen:
Ministerium für Volksbildung und Justiz, Abteilung Justiz, Weimar.

Hessen:
Ministerium der Justiz, Darmstadt.

Hamburg:
Aufsichtsamt für Personenstandswesen, Hamburg.

Mecklenburg-Schwerin:
Ministerium des Innern, Schwerin.

Oldenburg:
Ministerium der Justiz, Oldenburg.

Braunschweig:
Ministerium des Innern, Braunschweig.

Anhalt:
Regierung, Abteilung des Innern, Dessau.

Bremen:
Senatskommission für die Standesämter, Bremen.

Lippe:
Landespräsidium, Detmold.

Lübeck:
Stadt- und Landamt, Lübeck.

Mecklenburg-Strelitz:
Ministerium, Abteilung des Innern, Neustrelitz.

Waldeck:
Landesdirektor, Arolsen.

Schaumburg-Lippe:
Landesregierung, Bückeburg.

Memelgebiet.

Da memelländische Gerichte nicht die Legalisation deutscher Notariatsurkunden verlangen, erscheint es billig, auch in Deutschland an den Nachweis der Echtheit memelländischer Notariatsurkunden nicht höhere Anforderungen zu stellen, als es seitens des Memellandes geschieht (DJZ. 1926 S. 355).

Österreich.

Aus dem Gesetz über den Vertrag über Rechtsschutz und Rechtshilfe und den Beglaubigungsvertrag zwischen dem Deutschen Reiche und der Republik Österreich vom 6. März 1924 — RGBl. 1924 II S. 55 und 61 —:

Artikel 1.

„Urkunden, die von einer Gerichts- oder Verwaltungsbehörde des einen vertragschließenden Staates ausgestellt wurden, bedürfen zum Gebrauch im Gebiete des anderen Staates keiner weiteren Beglaubigung, wenn sie mit dem Siegel oder Stempel der Gerichts- oder Verwaltungsbehörde versehen sind.

Artikel 3.

Die von Notaren ausgefertigten und mit dem amtlichen Siegel des Notars versehenen Urkunden, die von Standesbeamten des Deutschen Reichs ausgefertigten und mit ihrem Siegel oder Stempel versehenen Urkunden, ferner die von den Gerichtskanzleien und gerichtlichen Hilfsämtern, Gerichtsvollziehern oder anderen gerichtlichen Hilfsbeamten ausgefertigten und mit dem Gerichtssiegel versehenen Urkunden bedürfen zum Gebrauch im Gebiete des anderen Staates keiner weiteren Beglaubigung.

Artikel 4.

Die einer Privaturkunde von einer Gerichts- oder Verwaltungsbehörde oder einem Notare beigefügte Beglaubigung bedarf keiner weiteren Beglaubigung."

Zu vgl. im übrigen S. 113.

Polen.

Aus dem deutsch-polnischen Vertrag über den Rechtsverkehr — RGBl. 1925 II S. 139/143:

„3. Abschnitt.

Beglaubigung (Legalisation) von Urkunden.

Artikel 18.

1. Urkunden, die von einem deutschen Landgericht oder einem polnischen Gerichtshof erster Instanz oder einem deutschen oder polnischen Gericht höherer Instanz, von einer der obersten oder höheren deutschen oder polnischen Verwaltungsbehörden oder von einem obersten Verwaltungsgericht aufgenommen, ausgestellt oder beglaubigt und mit dem Siegel oder Stempel der Behörde versehen sind, bedürfen zum Gebrauch im Gebiete des anderen Staates keiner Beglaubigung (Legalisation).

2. Für Urkunden, die von einem der in Abs. 1 nicht erwähnten deutschen oder polnischen Gerichte, einem Gerichtsvollzieher oder einem Grundbuchamt oder einer Hinterlegungsstelle (Depositenamt) oder einem deutschen oder polnischen Notar aufgenommen, ausgestellt oder beglaubigt sind, genügt zum Gebrauch im Gebiete des anderen Staates die Beglaubigung (Legalisation) durch den zuständigen Landgerichtspräsidenten (Präsidenten des Gerichtshofs erster Instanz) unter Beifügung des Amtssiegels oder Amtsstempels. Das gleiche gilt für die von einem Gerichtsschreiber*) eines deutschen oder polnischen Gerichts aufgenommen, ausgestellten oder beglaubigten Urkunden. Gehört der Gerichtsschreiber*) einem Gericht höherer Ordnung an, so erfolgt die Beglaubigung durch den Präsidenten dieses Gerichts."

AV. vom 5. April 1921 betr. Überlassung von Namensunterschriften und Siegelabdrücken der zur Beglaubigung amtlicher Unterschriften zwecks Legalisation zuständigen Justizbeamten an polnische Konsularbehörden (JMBl. 21 S. 250):

AV. vom 20. April 1895 — JMBl. S. 131 — und vom 5. März 1921 — JMBl. S. 188 —.

„Die polnischen Konsularbehörden beabsichtigen, die zum Gebrauch in Polen bestimmten, der Legalisation bedürftigen inländischen Urkunden nach erfolgter Beglaubigung durch den Landgerichtspräsidenten (§ 43 AGGVG.) unter Verzicht auf die Mitwirkung des Justizministers und des Auswärtigen Amtes zu legalisieren.

Es bestehen keine Bedenken, den Konsularbehörden auf ihren Antrag zu diesem Zwecke die Namensunterschriften der Landgerichtspräsidenten und ihrer ständigen Vertreter nebst Abdrücken ihrer Dienstsiegel zu überlassen."

Rußland.

AV. vom 6. März 1896 betr. die Beglaubigung**) der zum Gebrauche in Rußland bestimmten gerichtlichen und notariellen Urkunden (JMBl. 96 S. 92):

AV. vom 17. Oktober 1891 (JMBl. S. 264),

AV. vom 20. April 1895 (JMBl. S. 131).

---

*) [einer Geschäftsstelle bzw. Urkundsbeamten der . . .].

**) Es ist, wie in letzter Zeit von russischer Seite gewünscht worden ist, zu beobachten, daß nur die rechte Seitenhälfte beschrieben wird.

„Nach den für Rußland geltenden Bestimmungen werden gerichtliche und notarielle Urkunden dort als beweiskräftig nur angesehen, wenn mit der Beglaubigung seitens des zuständigen russischen Konsulats eine von diesem in russischer Sprache zu erteilende Bescheinigung darüber verbunden wird, daß die Urkunde den am Orte ihrer Errichtung geltenden Gesetzen entspricht. Nach neuerer Entscheidung der Kaiserlich-Russischen Regierung können die fraglichen Erklärungen in gültiger Weise nur von demjenigen russischen Konsulate abgegeben werden, in dessen Bezirk der Landgerichtspräsident, welcher die auf Grund der AV. vom 17. Okt. 1891 (JMBl. S. 264) zu erteilende Bescheinigung ausgestellt hat, seinen Amtssitz hat. Mit Rücksicht hierauf wird eine Beglaubigung der Unterschriften der Landgerichtspräsidenten auf den für Rußland bestimmten Urkunden behufs Herbeiführung einer Beglaubigung durch das Auswärtige Amt seitens des Justizministers nicht mehr erfolgen; vielmehr muß es den Beteiligten überlassen bleiben, das betreffende russische Konsulat um Legalisation der Unterschrift des Landgerichtspräsidenten und Beifügung des fraglichen Vermerks anzugehen."

Schweiz.

Aus dem Vertrag zwischen dem Deutschen Reiche und der Schweiz über die Beglaubigung öffentlicher Urkunden vom 14. Februar 1907 — RGBl. 1907 S. 411 —:

Artikel 1.

„Die von Gerichten des einen Teiles, mit Einschluß der Konsulargerichte aufgenommenen, ausgestellten oder beglaubigten Urkunden bedürfen, wenn sie mit dem Siegel oder Stempel des Gerichts versehen sind, zum Gebrauch in dem Gebiete des anderen Teiles keiner Beglaubigung (Legalisation).

Zu den bezeichneten Urkunden gehören auch die von dem Gerichtsschreiber*) unterschriebenen Urkunden, sofern diese Unterschrift nach den Gesetzen des Teiles genügt, dem das Gericht angehört."

Bekanntmachung über die Änderung des Behördenverzeichnisses zu dem deutsch-schweizerischen Beglaubigungsvertrage. Vom 17. September 1928 — RGBl. II S. 608 —.

In dem Verzeichnis, das dem deutsch-schweizerischen Vertrag über die Beglaubigung öffentlicher Urkunden vom 14. Februar 1907 — RGBl. S. 411 — beigefügt ist, wird der Abschnitt „Deutsches Reich" folgendermaßen ersetzt:

Deutsches Reich.

A. Reich:

Das Auswärtige Amt.

B. Länder.

I. Preußen:

1. Der Oberpräsident der Provinz Brandenburg und von Berlin.
2. Der Polizeipräsident in Berlin.
3. Die Regierungspräsidenten.

II. Bayern:

1. Das Staatsministerium des Äußern.
2. Die Kreisregierungen.

III. Sachsen:

1. Das Ministerium der auswärtigen Angelegenheiten.
2. Die Kreishauptmannschaften.

IV. Württemberg:

1. Das Staatsministerium.
2. Die Ministerialabteilung für Bezirks- und Körperschaftsverwaltung.

V. Baden:

Das Staatsministerium.

VI. Thüringen:

Das Staatsministerium.

VII. Hessen:

Das Staatsministerium.

VIII. Hamburg:

Das Staatsamt für auswärtige Angelegenheiten.

IX. Mecklenburg-Schwerin:

Das Ministerium des Äußern.

X. Oldenburg:

Das Staatsministerium.

XI. Braunschweig:

Das Staatsministerium.

---

*) (der Geschäftsstelle).

XII. Anhalt:

1. Das Staatsministerium.
2. Die Regierung, Abteilung des Innern.

XIII. Bremen:

Die Senatskommission für die Reichs- und auswärtigen Angelegenheiten.

XIV. Lippe:

Das Landespräsidium.

XV. Lübeck:

Der Senat und die Senatskanzlei.

XVI. Mecklenburg-Strelitz.

Das Staatsministerium.

XVII. Waldeck:

Der Landesdirektor.

XVIII. Schaumburg-Lippe:

Die Landesregierung.

AV. v. 5. Sept. 1922 über die Beglaubigung öffentlicher Urkunden im Verkehr mit schweizerischen Behörden — JMBl. 1922 S. 363 —:

„Nach dem Vertrage zwischen dem Deutschen Reiche und der Schweiz über die Beglaubigung öffentlicher Urkunden vom 14. Febr. 1907 — RGBl. 1907 S. 411 — bedürfen die von den Gerichten des einen Teiles aufgenommenen, ausgestellten oder beglaubigten Urkunden, wenn sie mit dem Siegel oder Stempel des Gerichts versehen sind, zum Gebrauch in dem Gebiete des anderen Teiles keiner Beglaubigung (Legalisation). Auch bedürfen Urkunden, die von einer der im Artikel 2 des Vertrages bezeichneten Verwaltungsbehörden des einen der beiden Teile aufgenommen, ausgestellt oder beglaubigt und mit dem Siegel oder Stempel der Behörde versehen sind, zum Gebrauch in dem Gebiete des anderen Teiles keiner Beglaubigung (Legalisation).

Da nach einer Mitteilung der deutschen Vertretung in der Schweiz trotzdem deutsche Gerichte, insbesondere Grundbuchämter, nicht selten noch die Beglaubigung schweizerischer Urkunden der bezeichneten Art durch deutsche Konsulatsbehörden verlangt haben, bringe ich die Bestimmungen des Staatsvertrages vom 14. Febr. 1907 hierdurch in Erinnerung und weise zugleich auf das dem Vertrag angehängte Verzeichnis derjenigen schweizerischen Behörden (Bundeskanzlei, Staatskanzleien, Kantonskanzleien, Chancelleries d'Etat usw.) hin, deren Beurkundungen (Beglaubigungen) zum Gebrauch im Gebiete des Deutschen Reichs keiner Beglaubigung (Legalisation) bedürfen."

Tschechoslowakei.

Bekanntmachung über die obersten und diejenigen höheren Verwaltungsbehörden des Deutschen Reichs sowie der Deutschen Länder, deren Urkunden im Verhältnis zur Tschechoslowakei einer Beglaubigung nicht bedürfen, vom 10. November 1923 — RGBl. 1923 II S. 412 —:

„Das Verzeichnis der obersten und derjenigen höheren Verwaltungsbehörden des Deutschen Reichs sowie der deutschen Länder, deren Urkunden nach dem im Verhältnis zur Tschechoslowakei wieder in Kraft gesetzten Vertrage zwischen dem Deutschen Reiche und der österreich-ungarischen Monarchie wegen Beglaubigung der von öffentlichen Behörden und Beamten ausgestellten oder beglaubigten Urkunden vom 25. Febr. 1880 (RGBl. 1881 S. 4 und 1921 S. 504) keiner weiteren Beglaubigung bedürfen, ist neu zusammengestellt worden und wird nachstehend veröffentlicht.

Diese Bekanntmachung schließt sich an die Bekanntmachung vom 16. Sept. 1922 (RGBl. II S. 760) an.

1. ff.

14. Die Präsidenten der Oberlandesgerichte.
15. Die Generalstaatsanwälte bei den Oberlandesgerichten.
16. Die Präsidenten beim Landgerichte."

Unterschriftsbeglaubigung in Strafsachen (s. Art. 24, RGBl. 1923 II S. 55, abgedruckt unter Tschechosl. im Abschn. II).

Für die Beglaubigung der von öffentlichen Behörden und Beamten der vertragschließenden Teile ausgestellten oder beglaubigten Urkunden gelten die Bestimmungen des in der Mitteilung der tschechischen Regierung vom 9. Juli 1920 erwähnten Beglaubigungsvertrages vom 25. Februar 1880.

Türkei.

AV. d. JM. vom 21. März 1927 — JMBl. S. 124 — über die Beglaubigung von Urkunden im Verkehr mit türkischen Behörden (I 12599):

„Nach einer Mitteilung der türkischen Botschaft an das Auswärtige Amt müssen alle Vollmachten, die im Ausland ausgestellt und zur Verwendung bei türkischen Gerichten oder sonstigen Behörden bestimmt sind, entweder von Notaren des betreffenden Landes ausgestellt und von den türkischen Konsulaten, die in demselben Lande ihren Sitz haben, beglaubigt werden, oder sie müssen von den türkischen Konsulaten ausgestellt werden.

Die Übersetzung aller Urkunden, Akten, Quittungen usw., die in der Türkei zur Verwendung kommen, muß entweder von türkischen Notaren oder von den türkischen Konsulaten im Ausland ausgeführt sein. Vollmachten sowie andere Urkunden, die diesen Bestimmungen nicht entsprechen, können seitens der türkischen Gerichte nicht anerkannt werden."

Ungarn.

Vertrag zwischen dem Deutschen Reich und der österreichisch-ungarischen Monarchie wegen Beglaubigung der von öffentlichen Behörden und Beamten ausgestellten oder beglaubigten Urkunden vom 25. Februar 1880 — RGBl. 1881 S. 4 —:

Artikel 1.

„Urkunden, welche von Zivil- oder Militärgerichten in streitigen oder nichtstreitigen bürgerlichen Angelegenheiten und in Strafsachen ausgestellt werden, bedürfen, wenn sie mit dem Amtssiegel versehen sind, keiner Beglaubigung."

Vereinigte Staaten von Amerika.

RV. d. JM. vom 18. Mai 1893 — I 2103 —:

„Mit der Unterschriftsbeglaubigung ist gleichzeitig zu bescheinigen, daß der betreffende Beamte zur Aufnahme der Urkunde befugt ist und daß die Urkunde den Gesetzen gemäß aufgenommen ist."

Die Gebührenfrage ist im § 41 Abs. 2 des PrGKG. geregelt*). Danach sind $^{5}/_{10}$ der vollen Gebühr des § 32 PrGKG. zu erheben, z. Zt. also:

Wert bis einschl.	Mark	Wert bis einschl.	Mark	Wert bis einschl.	Mark
50	2	5 000	11	24 000	30
100	2	6 000	12	26 000	32
200	2	7 000	13	28 000	34
300	2,50	8 000	14	30 000	36
500	3	9 000	15	35 000	40
1000	4	10 000	16	40 000	44
1500	5	12 000	18	50 000	50
2000	6	14 000	20	60 000	56
2500	7	16 000	22	70 000	62
3000	8	18 000	24	80 000	68
3500	9	20 000	26	90 000	74
4000	10	22 000	28	100 000	80 usw.

*) Gemäß § 6 Abs. 2 PrGKG. empfiehlt es sich, insbesondere bei Antragstellern die im Auslande wohnen, die Aushändigung der Urkunde von der vorherigen Zahlung der Kosten und Stempelabgaben abhängig zu machen.

Anhang.

a) AV. d. JM. v. 14. Juni 1928 — JMBl. S. 305 — über **Geltendmachung von Unterhaltsansprüchen** für in Deutschland von einer deutschen Mutter geborene uneheliche Kinder **in Frankreich** (I 13124):

„Auf die Unterhaltsansprüche unehelicher Kinder, die von Franzosen erzeugt und in Deutschland von einer deutschen Mutter geboren sind, findet nach den Grundsätzen des französischen ebenso wie des deutschen internationalen Privatrechts das deutsche materielle Recht Anwendung. Der Anspruch dieser Kinder gründet sich auf das deutsche Bürgerliche Gesetzbuch und kann, wenn er nach dessen Bestimmungen begründet ist, auch in Frankreich verfolgt werden.

Nach den Bestimmungen des Zeichnungsprotokolls zu Art. 25 des Handelsabkommens zwischen Deutschland und Frankreich (RGBl. 1927 II S. 864) wird den deutschen Prozeßparteien das Armenrecht vor französischen Gerichten wieder gewährt. Zur Durchführung eines Prozesses im Armenrecht muß sich der Kläger ein amtliches Armutszeugnis von der Polizeibehörde seines Wohnortes ausstellen und dieses von dem zuständigen französischen Konsulat legalisieren lassen. Die Legalisierung erfolgt gebührenfrei. Das Zeugnis muß außerdem mit einer amtlichen französischen Übersetzung versehen sein. Die Deutsche Botschaft in Paris ist bereit, nach Beibringung der Unterlagen wegen Bewilligung des Armenrechts sowie Stellung eines Armenanwalts das Erforderliche zu veranlassen."

b) Betrifft: RV. des JM. vom 4. Mai 1928 — I 507 — über Geschäftsverkehr mit der Zentralkommission für die **Rheinschiffahrt**:

„Die Zentralkommission für die Rheinschiffahrt ist eine internationale Behörde, wie schon ihre aus Art. 355 des Versailler Vertrages ersichtliche Zusammensetzung ergibt. Ein unmittelbarer Verkehr zwischen preußischen Dienststellen und der Kommission oder deren Sekretariat entspricht daher nicht den geltenden Bestimmungen über den Geschäftsverkehr der Behörden. Ersuchen der Kommission und etwaige Anfragen, Antworten und Mitteilungen an die Kommission sind vielmehr durch mich weiterzuleiten.

Ausnahmen sind nur insoweit zulässig, als es sich um die formlose Übersendung von Akten und um die Entgegennahme von Urteilen der Zentralkommission zum Zwecke der Zustellung in Fällen handelt, in denen die Kommission gemäß Art. 37 der Rheinschiffahrtsakte vom 17. Oktober 1868 (Gesetzsamml. 1869 S. 814) als Berufungsgericht tätig wird."

c) AV. d. JM. vom 11. Juni 1928 über Auskunft aus dem **Strafregister** an Konsuln ausländischer Staaten (I 3771) — JMBl. 1928 S. 295 —:

„Ersuchen ausländischer in Deutschland zugelassener Konsuln um Auskunft aus einem preußischen Strafregister sind nicht unmittelbar zu erledigen, sondern mit Bericht mir vorzulegen. Dem Bericht ist ein Auszug aus dem Strafregister beizufügen, bei dessen Aufstellung § 37 Abs. 2 StRV. zu beachten ist.

Beim Bestehen von Zweifeln ist vor der Weitergabe des Ersuchens an mich durch Rückfrage bei dem Konsulat festzustellen, zu welchem Zweck die Auskunft gewünscht wird."

d) AV. d. JM. vom 25. August 1928 — JMBl. S. 396 — über den Schriftverkehr mit dem Auslande in Strafsachen wegen **Mädchenhandels** (I 4465):
AV. v. 17. März 1914 (JMBl. S. 286), 7. Mai 1914 (S. 512), 28. Juli 1914 (S. 669), 28. Februar 1923 (S. 167) und 18. März 1924 (S. 127).

„Nach einer Mitteilung der Großbritannischen Botschaft in Berlin sind die in den Artikeln 6 und 11 Abs. 4 des internationalen Übereinkommens zur Bekämpfung des Mädchenhandels vom 4. Mai 1910 vorgesehenen Ersuchungsschreiben, die sich auf die in dem Übereinkommen bezeichneten strafbaren Handlungen beziehen und für die Inseln Jersey, Guernsey und Man sowie den Irak bestimmt sind, der Großbritannischen Regierung auf diplomatischem Wege zu übermitteln."

e) AV. d. JM. vom 1. Sept. 1928 — JMBl. S. 396 — über zwischenstaatliche Rechtshilfe in Angelegenheiten des Verkehrs mit Betäubungsmitteln (I 4507):

„Soweit nach der nachstehend abgedruckten Bekanntmachung der Reichsminister der Justiz und des Innern v. 11. Juni 1928 (RMBl. S. 364) der unmittelbare Geschäftsverkehr zwischen dem Reichsgesundheitsamt und dem amerikanischen Schatzamt zugelassen ist, können sich die Justizbehörden zur Erlangung von Rechtshilfe aus den Vereinigten Staaten von Amerika der Vermittlung des Reichsgesundheitsamts in Berlin NW. 87 bedienen. Ersuchen an das Reichsgesundheitsamt sind dem Justizminister zur Weiterleitung einzureichen.

Da der unmittelbare Geschäftsverkehr des Reichsgesundheitsamts mit dem amerikanischen Schatzamt nur in laufenden Angelegenheiten ohne grundsätzliche Bedeutung zugelassen ist, sind insbesondere Ersuchen um eine Festnahme oder Auslieferung und Erörterungen über die Auslegung der zwischenstaatlichen Abmachungen über den Verkehr mit Betäubungsmitteln dem unmittelbaren Geschäftsverkehr entzogen. Die Behandlung solcher Angelegenheiten erfolgt nach wie vor auf diplomatischem Weg.

Auch zur Erlangung von Rechtshilfe aus dem übrigen Ausland kann in Angelegenheiten des Verkehrs mit Betäubungsmitteln die Vermittlung des Reichsgesundheitsamts angerufen werden, soweit es sich um Beschaffung von Auskünften über Vorgänge im Betäubungsmittelverkehr und über die damit in Beziehung stehenden Personen handelt.

Bekanntmachung über den unmittelbaren Geschäftsverkehr zwischen den mit der Beaufsichtigung des Verkehrs mit Betäubungsmitteln beauftragten Behörden des Deutschen Reiches und der Vereinigten Staaten von Amerika vom 11. Juni 1928 (RMBl. S. 364).

Die Deutsche Regierung und die Regierung der Vereinigten Staaten von Amerika haben, um die Aufsicht über den Verkehr mit Betäubungsmitteln zu erleichtern, auf Grund eines Schriftwechsels der Botschaft der Vereinigten Staaten von Amerika in Berlin und des Auswärtigen Amtes vom 24. Dezember 1927/14. Februar 1928 das Reichsgesundheitsamt in Berlin NW. 87 und das Amerikanische Schatzamt (Deputy Commissioner in charge of Narcotics, Treasury Departement) in Washington, D. C., ermächtigt, in laufenden Angelegenheiten ohne grundsätzliche Bedeutung unmittelbar miteinander zu verkehren.

Die Ermächtigung umfaßt:

1. den Austausch von Nachrichten und Beweismitteln, die sich auf Personen beziehen, die an dem verbotenen Verkehre mit Betäubungsmitteln beteiligt sind, insbesondere die Übersendung von Lichtbildern, Straflisten, Fingerabdruckbogen, Bertillon-Messungen sowie Mitteilungen über die Arbeitsweise und das Tätigkeitsfeld der in Frage kommenden Personen und der sonst etwa Beteiligten;
2. die briefliche und telegraphische Übermittlung von Nachrichten über vermutete Verlagerungen von Betäubungsmitteln und vermutete Ortswechsel der am Schmuggel von Betäubungsmitteln beteiligten Personen, soweit der andere Staat davon berührt werden kann;
3. Ersuchen um Unterstützung bei Ermittlungen und Untersuchungen."

Alphabetisches Stichwörterverzeichnis.

(Die Zahlen verweisen auf die Seiten).

A.

T.

U.

Druck von Dr. F. P. Datterer & Cie., Freising-München.

Kolibri 360 GmbH
Ferdinand-Jühlke-Straße 7
99095 Erfurt, Deutschland
produktsicherheit@kolibri360.de